2024 고용보험 백서

THE EMPLOYMENT INSURANCE WHITE PAPER

고용노동부

발간사

2023년은 인구구조 변화와 산업구조 전환에 대비하면서 이러한 노동시장 변화에 취약할 수 있는 노동 약자에 대한 보호도 강화하여 고용보험제도가 지속 가능한 양질의 일자리 창출을 뒷받침할 수 있도록 노력한 한 해였습니다.

우선, 일자리 창출을 지원하기 위해 직업훈련 분야에 대한 투자를 확대하고 디지털·신기술 분야를 중심으로 인재 양성을 추진하는 한편, 중소기업 종사자와 취약계층의 직업능력개발을 적극적으로 지원하였습니다.

이를 위해 반도체와 바이오와 같은 첨단산업 공동훈련센터를 추가 신설하고, 인공지능·빅데이터 등 고숙련·신기술 분야 훈련을 확대하여 재직자 직무능력 향상을 지원하였습니다.
또한 자립준비 청년과 한부모가족 대상자에 대한 국민내일배움카드 지원을 확대하고 훈련비 지원 특례대상에 차상위 계층을 추가하는 등 취약계층에 대한 직업훈련을 강화하였습니다.

둘째, 저출산 고령화 등 인구구조 변화에 대응하기 위한 지원을 확대 하였습니다.
일하는 부모의 양육 부담을 완화하고 부모 맞돌봄 확산을 위해 '3+3 부모육아휴직제'를 '6+6 부모육아휴직제'로 개편을 추진하고, 일하는 부모가 충분한 육아시간을 확보할 수 있도록 육아기 근로시간 단축 활성화를 추진하였습니다.

또한, 고령층 숙련인력의 계속 고용을 지원하고 고령자의 고용연장에 따른 기업 부담을 완하하기 위해 고령자 고용안정지원금의 지원대상과 지원기간도 확대하였습니다.

셋째, 구직급여 수급자에 대한 맞춤형 취업지원서비스를 강화하고, 취업취약계층이 노동시장에 적극 참여하도록 대상별 특화서비스를 제공하였습니다.
대면 실업인정을 확대하는 등 코로나 19 등으로 간소화된 실업인정 방식을 정상화하고,

고용복지센터를 중심으로 통합네트워크를 구축하고 조선업·반도체를 중심으로 광역단위 채용지원서비스를 지원하는 등 취업·채용지원서비스를 강화하였습니다.

넷째, 고용유지지원금 등 코로나 19 위기 대응을 위해 확대된 사업의 규모를 재조정하고 완화된 기준을 이전 수준으로 정상화하는 한편, 지원의 효과성 제고를 위해 세부 기준을 정비하였습니다.

또한, 사업주가 제도를 편하게 이용할 수 있도록 고용장려금에 대한 디지털화를 확대 시행하여 불필요한 서류 제출을 생략하고 절차를 간소화하는 등 편의성을 높이기 위해 노력하였습니다.

앞으로도 고용보험이 적극적 노동시장정책의 핵심 수단으로서 기업의 채용과 인재 양성, 구직자의 재취업을 지원하여 우리 사회 든든한 사회안전망으로 역할을 다할 수 있도록 더욱 노력하겠습니다.

2024년 9월

고용정책실장 **이 정 한**

고용보험 주요 통계 그래프

고용보험 적용사업장 및 피보험자수 추이

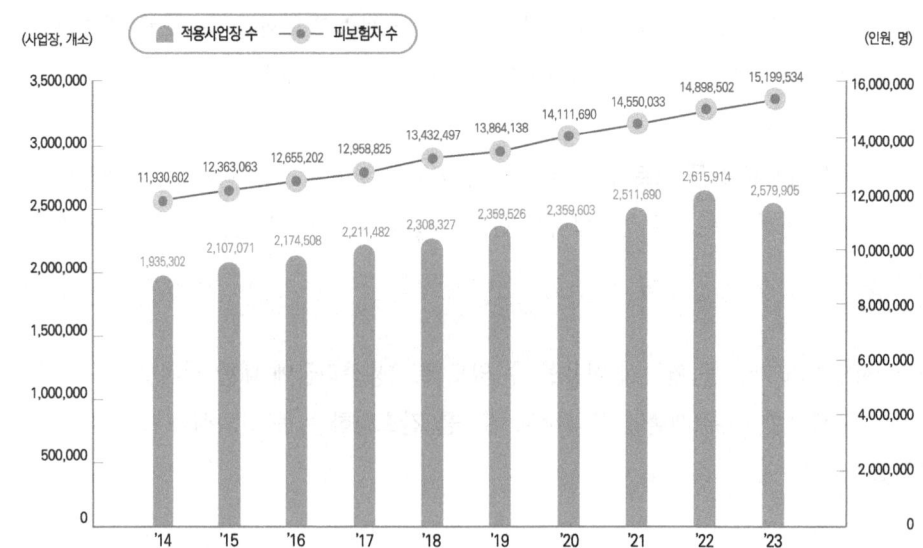

※ 피보험자 수: 상용 근로자 및 자영업자 피보험자수(예술인 및 특수형태근로종사자 미포함)

고용률·실업률

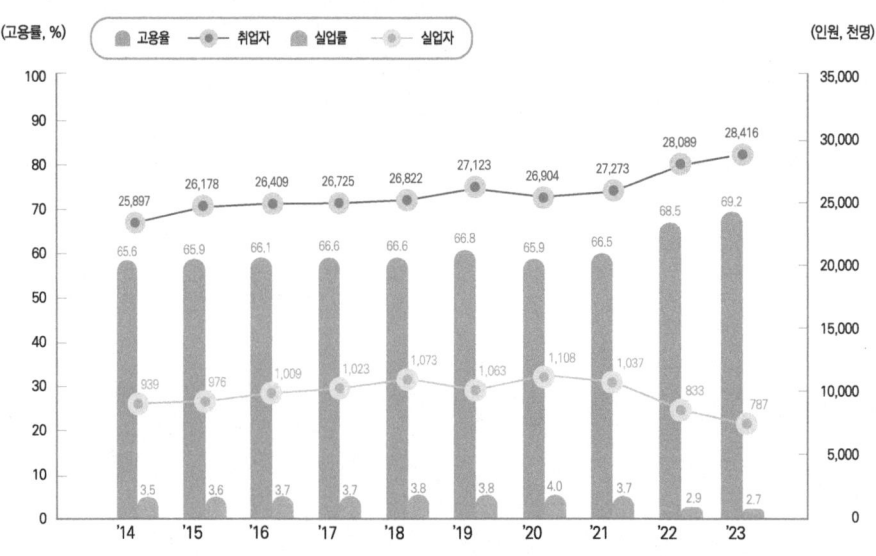

2024년판 **고용보험백서**

고용유지지원금 지원현황

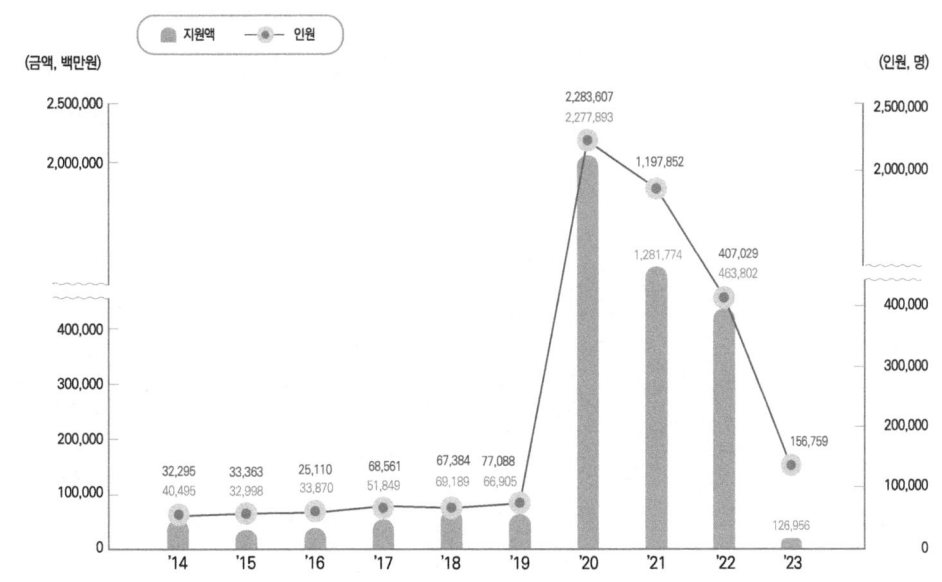

고용창출장려금 지원현황

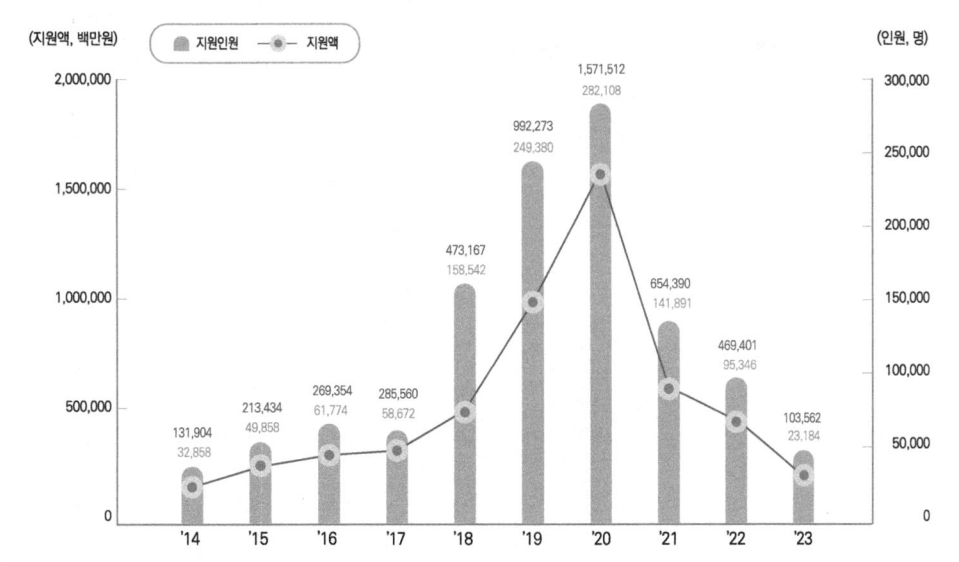

고용보험 주요 통계 그래프

고용안정장려금 지원현황

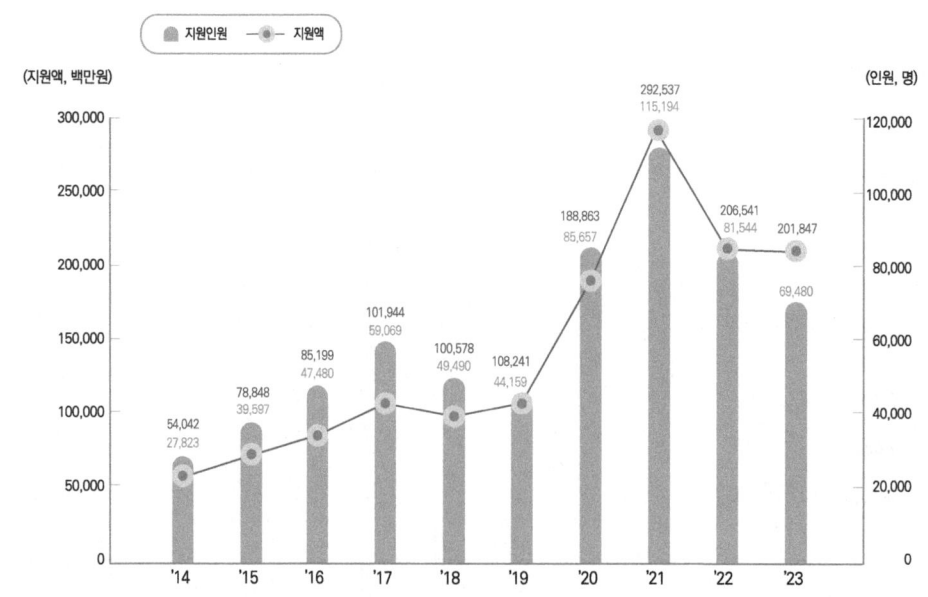

고령자 계속고용장려금 지급 현황

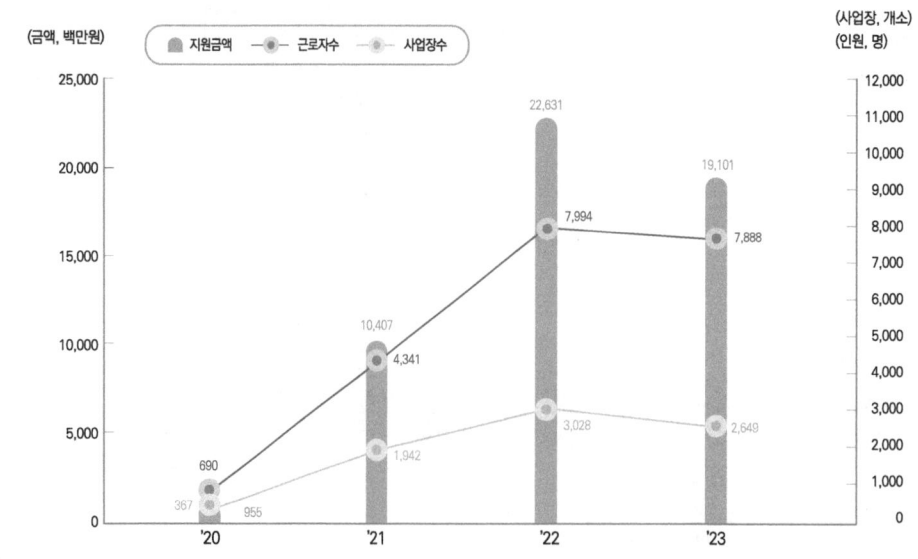

실업급여 지급실적 변화추이

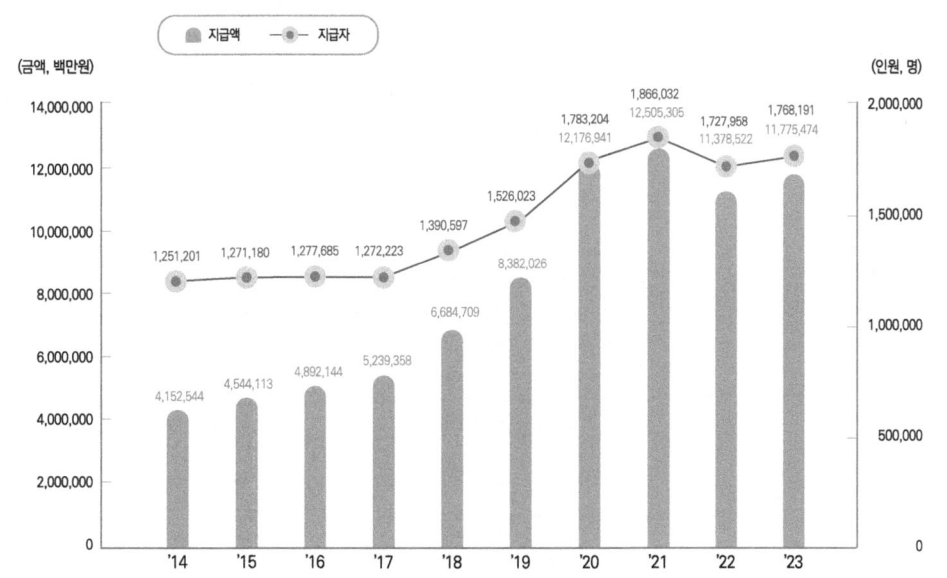

모성보호급여 추이

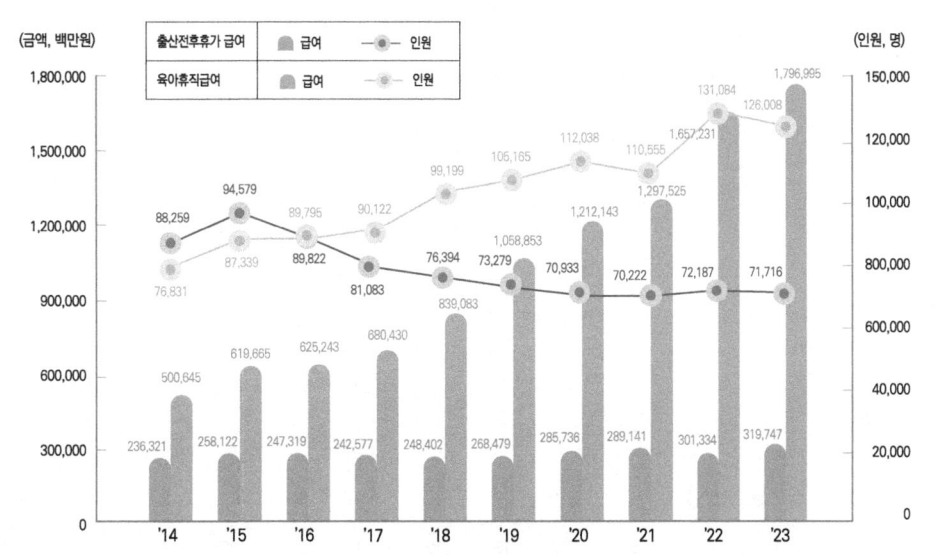

고용보험 주요 통계 그래프

사업주 및 재직자 직업훈련 실시인원 및 지원액

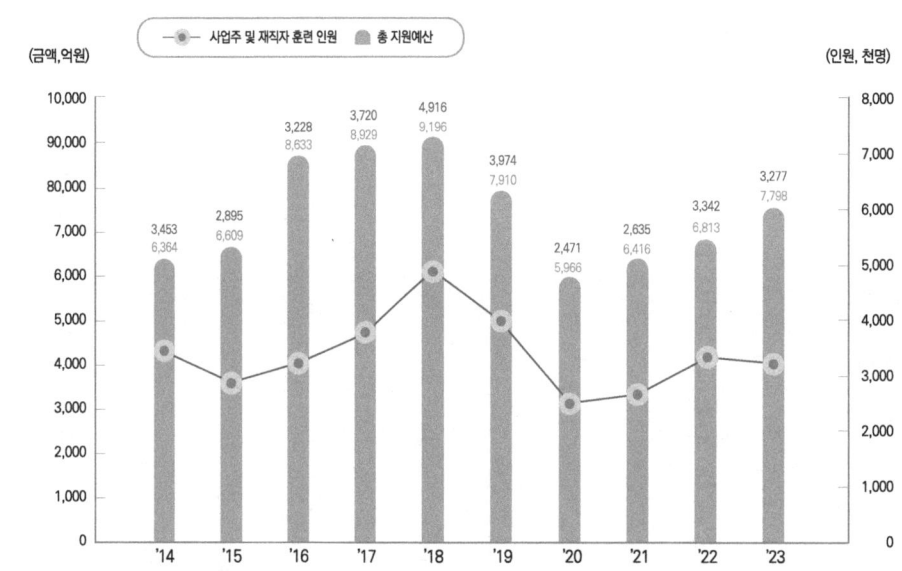

실업자 등 직업훈련 실시인원 및 지원액

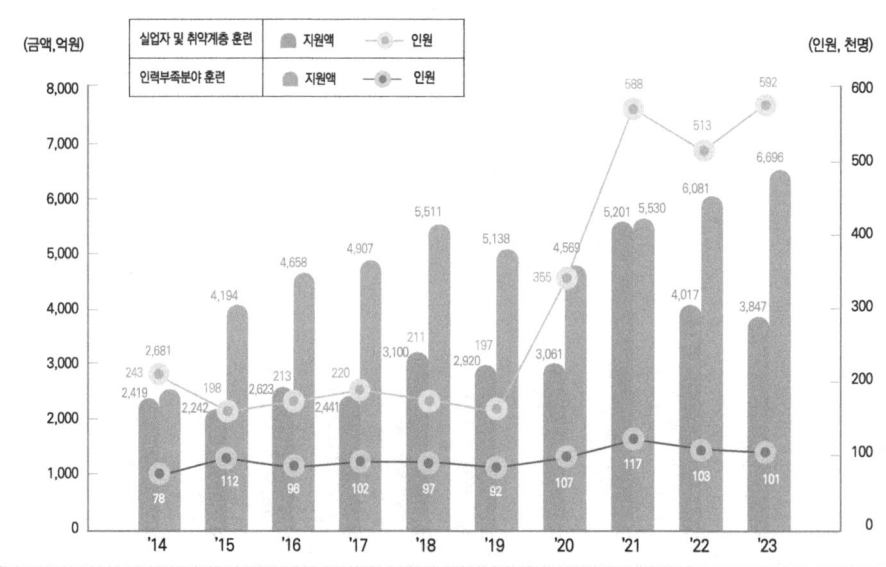

Contents

차 례

Contents

제1편 2023년 고용보험제도 운영 성과 ... 1

제1장 2023년 경제·산업 및 노동시장 현황 ... 3

제2장 2023년도 고용보험 운영의 주요 특징과 성과 ... 5
제1절 개 요 ... 5
제2절 2023년도 고용보험의 주요 제도개선 내용 ... 8
  1. 주요 제도개선 내용 ... 8
제3절 2023년도 고용보험 기금운용의 세부사업별 성과 ... 12
  1. 2023년 정책방향 ... 12
  2. 세부 사업별 성과와 주요특징 ... 13

제2편 고용보험제도의 개요 ... 21

제1장 고용보험제도의 의의 및 기능 ... 23
제1절 고용보험제도의 의의 ... 23
제2절 고용보험제도의 유형 및 기능 ... 24
  1. 유 형 ... 24
  2. 기 능 ... 27

제2장 고용보험제도의 주요내용 ... 29
제1절 고용보험사업의 내용 ... 29
제2절 적용범위 ... 32
  1. 적용 사업장 ... 32
  2. 적용제외 근로자 ... 33
  3. 고용보험 임의가입 적용 ... 34
  4. 예술인 고용보험 ... 34
  5. 노무제공자 고용보험 ... 35

2024년판
고용보험백서
The Employment Insurance White paper

제3절 고용안정사업	36
제4절 직업능력개발사업	39
제5절 실업급여	44
제6절 일·육아지원제도	47
제7절 고령자 고용지원	49
제3장 적 용	**52**
제1절 적용범위	52
1. 적용 사업	52
2. 적용 대상	54
3. 예술인	55
4. 노무제공자	56
제2절 고용보험 적용 현황	59
1. 적용변화 및 적용실적	59
2. 적용사업장 및 피보험자 변화	60
제4장 보험료의 징수	**63**
제1절 고용보험료 및 보험료율	63
1. 보험료의 개념	63
2. 보험료율 및 부담비율	63
3. 보험료의 산정 등	64
4. 보수총액의 범위	66
제2절 보험료의 납부 절차	67
1. 보험료의 징수기관	67
2. 개산 및 확정보험료의 납부(건설·벌목업)	68
3. 월별보험료의 납부(건설·벌목업 이외 사업)	70
4. 기타 징수금의 납부	72
5. 보험료 징수현황	72

Contents

제3절 고용보험 보험사무대행기관	74
1. 의 의	74
2. 자격기준 및 신청절차	74
3. 지원금 지급	75
4. 추진실적 및 평가	76
제5장 피보험자	**77**
제1절 피보험자의 의의	77
1. 피보험자와 보험가입자	77
2. 피보험자의 고용보험법상 의의	78
제2절 피보험자의 관리	79
1. 피보험자 관리의 의의	79
2. 피보험자 관리의 내용	80
제3절 피보험자 현황	85
1. 피보험자	85
2. 피보험자격 상실자	93
제6장 소규모사업 저임금 종사자 사회보험료 지원제도	**96**
제1절 개 요	96
제2절 사업 내용	97
제3절 주요 제도개선 내용	98
제4절 추진 실적 및 평가	99
제7장 고용보험전산시스템 운영	**100**
제1절 개 요	100
제2절 고용보험전산시스템 운영현황	101
제3절 주요 전산시스템 개편 내용	102

제4절 추진실적 및 평가 · 103
1. 법·제도 개선 내용의 신속한 반영으로 업무 효율성 향상 · 103
2. 고용보험 개인정보보호체계 구축 · 103
3. 최신의 정보기술 적용을 위한 기반 마련 · 105

고용보험사업 주요 현황 · 107 (제3편)

제1장 고용안정사업 · 109

제1절 개 요 · 109
1. 고용안정사업의 의의 · 109
2. 고용안정사업의 기본체계 · 109
3. 고용안정사업의 종류 · 110
4. 주요 제도개선 내용 · 111

제2절 고용창출장려금 · 117
1. 개 요 · 117
2. 사업 내용 · 118
3. 주요 제도개선 내용 · 119
4. 추진실적 및 평가 · 123

제3절 고용유지지원금 · 124
1. 개 요 · 124
2. 사업 내용 · 124
3. 주요 제도개선 내용 · 126
4. 추진실적 및 평가 · 128

제4절 고용안정장려금 · 130
1. 개 요 · 130
2. 사업 내용 · 130
3. 주요 제도개선 내용 · 132
4. 추진실적 및 평가 · 134

| Contents |

제5절 고령자 고용안정지원금 135
  1. 고령자 계속고용장려금 135
  2. 고령자 고용지원금 137

제6절 지역별·산업별 맞춤형 고용정책 추진 138
  1. 고용위기지역 및 특별고용지원 업종 개요 138
  2. 주요 제도개선 내용 138
  3. 추진실적 및 평가 139

제7절 건설근로자 고용복지 개선 142
  1. 건설일용근로자 기능향상지원 142
  2. 건설근로자 무료취업지원 144

제2장 직업능력개발사업 147

제1절 개 요 147
  1. 직업능력개발사업의 의의 147
  2. 직업능력개발사업 관련 법령 150
  3. 직업능력개발사업 현황 151

제2절 사업주의 직업능력개발사업 지원 155

제3절 중소기업 근로자 직업능력개발 지원 161
  1. 국가인적자원개발 컨소시엄 사업 162
  2. 중소기업 학습조직화 지원 167
  3. 일학습병행 169
  4. 대한민국산업현장교수 지원사업 174

제4절 개인에 대한 직업능력개발 지원 175
  1. 국민내일배움카드제 175
  2. 국가기간·전략산업직종훈련 179
  3. 직업훈련 생계비 대부 181

제5절 공공훈련기관에 대한 지원	184
1. 한국산업인력공단 직업능력개발사업 지원	184
2. 한국폴리텍대학 능력개발사업 지원	191
3. 한국기술교육대학교 직업능력개발사업 지원	195
제3장 실업급여	**199**
제1절 개 요	199
1. 실업급여의 의의	199
2. 실업급여의 기본체계	200
3. 실업급여의 종류	200
제2절 구직급여 및 상병급여	203
1. 개 요	203
2. 사업 내용	203
3. 주요 제도개선 내용	204
4. 추진실적 및 평가	209
제3절 연장급여	211
1. 개 요	211
2. 사업 내용	211
3. 주요 제도개선 내용	211
4. 추진실적 및 평가	213
제4절 취업촉진수당	214
1. 개 요	214
2. 사업 내용	214
3. 주요 제도개선 내용	215
4. 추진실적 및 평가	216
제4장 모성보호제도 및 일·가정 양립지원	**218**
제1절 개 요	218
1. 모성보호 및 일·가정 양립지원 의의	218
2. 모성보호의 사회 분담화 배경	219

Contents

제2절 출산전후휴가 급여	220
1. 개 요	220
2. 사업 내용	220
3. 주요 제도개선 내용	221
4. 추진실적 및 평가	222
제3절 육아휴직 급여	224
1. 개 요	224
2. 사업 내용	224
3. 주요 제도개선 내용	224
4. 추진실적 및 평가	226
제4절 직장어린이집 설치에 대한 지원	229
1. 개 요	229
2. 사업 내용	229
3. 주요 제도개선 내용	232
4. 추진실적 및 평가	233
제5절 출산육아기 고용안정장려금	237
1. 개 요	237
2. 사업 내용	237
3. 주요 제도개선 내용	238
4. 추진실적 및 평가	241
제6절 일·생활균형 고용문화 확산 지원	242
1. 개 요	242
2. 사업 내용	242
3. 주요 제도개선 내용	244
4. 추진실적 및 평가	245
제5장 자영업자 고용보험(실업급여)	**247**
제1절 자영업자 고용보험 의의	247
제2절 사업 내용	248
제3절 주요 제도개선 내용	250

제4절 추진실적 및 평가	250
제6장 예술인·노무제공자 고용보험	**251**
제1절 예술인·노무제공자 고용보험 연혁	251
제2절 사업 내용	251
제3절 주요 제도개선 내용	253
제4절 추진실적 및 평가	254
제7장 고용보험사업 평가	**255**
제1절 개요 및 추진경과	255
제2절 고용보험사업 평가	256
제8장 고용보험심사제도	**258**
제1절 개 요	258
1. 의 의	258
2. 고용보험심사관 및 고용보험심사위원회	259
제2절 고용보험심사청구 처리절차	263
1. 심사청구 및 결정	263
2. 재심사청구 및 재결	268
제3절 주요 제도개선 내용	271
1. 고용보험 제도개선 요청	271
2. 당사자의 진술기회 보장	271
3. 공정하고 신속한 권리 구제 도모	271
4. 고용보험재심사 전문성 제고	272
5. 기 타	272
제4절 심사·재심사청구 현황	273
1. 심사청구 현황	273
2. 재심사청구 현황	275

Contents

제4편 고용보험재정 — 277

제1장 고용보험기금 운용 — 279

제1절 고용보험기금 개요 — 279
  1. 설치근거 및 목적 — 279
  2. 재원의 조성 — 280
  3. 기금의 운용 — 281

제2절 기금운용계획 수립 및 기금운용 평가 — 282
  1. 기금운용계획 수립 — 282
  2. 기금운용 평가 — 284

제2장 기금운용현황(최근 5년간) — 291

제1절 2023년 기금운용계획 변경 — 293
제2절 기금의 사업별 집행실적 — 294
제3절 여유자산 운용 현황 — 295

제5편 부록 — 297

제1장 관리운영주체 — 299

제1절 개요 — 299

제2절 관리운영 주체의 역할 및 변화과정 — 301
  1. 고용노동부 본부 — 301
  2. 지방고용노동관서 — 329
  3. 고용보험위원회 — 346

제2장 고용보험법령의 발전과정(최근 5년간) — 354

제1절 고용보험법 제23차 개정(2019.1.15. 법률 제16269호) — 354
  1. 개정이유 — 354
  2. 주요개정내용 — 355

제2절 고용보험법 제24차 개정(2019.8.27. 법률 제16557호)	356
1. 개정이유	356
2. 주요개정내용	356
제3절 고용보험법 제25차 개정(2020.6.9. 법률 제17429호)	358
1. 개정이유	358
2. 주요개정내용	358
제4절 고용보험법 제26차 개정(2021.1.5. 법률 제17859호)	359
1. 개정이유	359
2. 주요개정내용	359
제5절 고용보험법 제27차 개정(2022.6.10. 법률 제18920호)	360
1. 개정이유	360
2. 주요개정내용	360
제6절 고용보험법 제28차 개정(2022.12.31. 법률 제19210호)	361
1. 개정이유	361
2. 주요개정내용	361
제3장 고용보험 및 산업재해보상보험의 보험료징수 등에 관한 법률의 발전과정(최근 5년간)	**377**
제1절 보험료징수법 제25차 개정(2019.1.15. 법률 제16268호)	377
1. 개정이유	377
2. 주요개정내용	377
제2절 보험료징수법 제26차 개정(2020.6.9. 법률 제17428호)	378
1. 개정이유	378
2. 주요개정내용	378
제3절 보험료징수법 제27차 개정(2021.1.5. 법률 제17858호)	379
1. 개정이유	379
2. 주요개정내용	379
제4절 보험료징수법 제28차 개정(2021.8.17. 법률 제18422호)	380
1. 개정이유	380
2. 주요개정내용	380

Contents

제5절 보험료징수법 제29차 개정(2022.6.10. 법률 제18919호)	381
1. 개정이유	381
2. 주요개정내용	381
제6절 보험료징수법 제30차 개정(2022.12.31. 법률 제19209호)	382
1. 개정이유	382
2. 주요개정내용	382

제4장 연도별 고용보험 주요 통계 현황(최근 5년간)   389

제1절 고용보험적용 및 피보험자 현황	389
제2절 고용안정사업 통계 현황	401
제3절 직업능력개발사업 통계 현황	407
제4절 실업급여 관련 통계 현황	409
제5절 모성보호 및 일·가정양립지원 관련 통계 현황	415
제6절 고령자 관련 통계 현황	418

제5장 고용보험 연구사업 및 홍보사업(최근 5년간)   419

제1절 고용보험 연구성과	419
제2절 고용보험 홍보실적	427

제6장 주요 고용보험일지(최근 5년간)   435

제1절 2019년 고용보험일지	435
제2절 2020년 고용보험일지	442
제3절 2021년 고용보험일지	451
제4절 2022년 고용보험일지	456
제5절 2023년 고용보험일지	460

고용보험제도 그간의 변천과정   465

2024년판 고용보험백서
The Employment Insurance White paper

표 목차

〈표 1-1-1〉	지출항목별 경제성장률(실질GDP)	3
〈표 1-1-2〉	경제활동별 성장률(실질GDP)	3
〈표 1-1-3〉	고용동향	4
〈표 1-2-1〉	연도별 적용사업장 피보험자 현황	13
〈표 1-2-2〉	수납 추이	15
〈표 1-2-3〉	보험료 수납액 추이	15
〈표 1-2-4〉	실업급여 수급 중 재취업률	17
〈표 1-2-5〉	육아휴직·육아기 근로시간 단축·대체인력 지원금 지급액	18
〈표 2-3-1〉	당연 적용대상 사업장 규모 변화	53
〈표 2-3-2〉	고용보험의 적용 범위	57
〈표 2-3-3〉	연도별 적용 변화	59
〈표 2-3-4〉	사업규모별 고용보험 적용 현황	60
〈표 2-3-5〉	지역별 고용보험 적용 현황	61
〈표 2-3-6〉	연도별·산업별 적용사업장 현황	62
〈표 2-4-1〉	보험사업별 보험료율 및 부담(영 제12조)	64
〈표 2-4-2〉	2023년 일괄적용 사업장	66
〈표 2-4-3〉	보수총액의 적용 기준	66
〈표 2-4-4〉	사업종류별 보험료 납부 방식	70
〈표 2-4-5〉	연도별·사업별 징수현황	72
〈표 2-4-6〉	연도별·사업장 규모별 징수현황	73
〈표 2-4-7〉	보험료 징수 및 미수납액 현황	73
〈표 2-4-8〉	고용보험 보험사무대행기관 현황(2023년)	76
〈표 2-5-1〉	고용보험 피보험자 변동 추이	85
〈표 2-5-2〉	성·연령별 피보험자 비중 추이	86
〈표 2-5-3〉	산업별 피보험자 비중 추이	87
〈표 2-5-4〉	규모별 피보험자 비중 추이	88
〈표 2-5-5〉	지역별 피보험자 비중 추이	89
〈표 2-5-6〉	성·연령별 취득자 비중 추이	90
〈표 2-5-7〉	산업별 취득자 비중 추이	91

Contents

〈표 2-5-8〉 규모별 취득자 비중 추이	92
〈표 2-5-9〉 성·연령별 상실자 비중 추이	93
〈표 2-5-10〉 규모별 상실자 비중 추이	94
〈표 2-5-11〉 산업별 상실자 비중 추이	95
〈표 2-6-1〉 근로자 10인 미만, 월 보수 250만원 보험료 지원금(예시)	98
〈표 2-6-2〉 연도별 신규가입 근로자 및 예술인·특수형태근로종사자 지원현황(월평균)	99
〈표 2-7-1〉 고용보험시스템 프로그램 및 자료현황	101
〈표 2-7-2〉 고용보험전산시스템 내부 사용자 현황	101
〈표 3-1-1〉 고용창출 지원의 사업내용	118
〈표 3-1-2〉 고용창출 지원 현황	123
〈표 3-1-3〉 2023년 고용유지지원제도 주요내용	125
〈표 3-1-4〉 고용유지지원금 연도별 추진실적	128
〈표 3-1-5〉 고용유지지원금 종류별 지원실적	129
〈표 3-1-6〉 2023년 고용유지지원금 예산 집행 현황	129
〈표 3-1-7〉 고용안정장려금 사업내용	130
〈표 3-1-8〉 고용안정장려금 지원 현황	134
〈표 3-1-9〉 고령자 계속고용장려금의 사업내용	135
〈표 3-1-10〉 고령자 고용지원금의 사업내용	137
〈표 3-1-11〉 건설일용근로자 기능향상지원사업 연도별 실적	143
〈표 3-1-12〉 건설근로자 무료취업 지원사업 연도별 실적	146
〈표 3-2-1〉 직업능력개발사업 관련 법령	150
〈표 3-2-2〉 2023년 재직자 직업능력개발사업 추진실적	151
〈표 3-2-3〉 기업 규모별 재직자 훈련비 지원실적	152
〈표 3-2-4〉 연도별 실업자 직업능력개발 실시 인원	153
〈표 3-2-5〉 실업자 직업능력개발 사업별 실시현황	153
〈표 3-2-6〉 연도별 훈련실시자 취업률	154
〈표 3-2-7〉 훈련생 구성현황	154
〈표 3-2-8〉 사업주에 대한 직업능력개발훈련 지원수준(2023년)	157
〈표 3-2-9〉 최근 3년간 사업주 직업능력개발훈련 실적	160
〈표 3-2-10〉 기업 규모별 직업능력개발사업 추진실적	161

〈표 3-2-11〉 국가인적자원개발 컨소시엄 유형별 운영기관 현황	163
〈표 3-2-12〉 국가인적자원개발 컨소시엄 훈련 실적	166
〈표 3-2-13〉 일학습병행 참여 현황(누계)	172
〈표 3-2-14〉 중소기업 등 지원실적	174
〈표 3-2-15〉 계좌발급 현황	176
〈표 3-2-16〉 세부사업별 훈련실시 현황	177
〈표 3-2-17〉 국민내일배움카드 주요사업 예산집행 현황	178
〈표 3-2-18〉 직종개편에 따른 직종 현황	180
〈표 3-2-19〉 국가기간전략직종훈련 지원	180
〈표 3-2-20〉 직업훈련 생계비대부 추진실적	183
〈표 3-2-21〉 한국산업인력공단 능력개발사업 지원의 사업 내용	184
〈표 3-2-22〉 최근 국제기능올림픽 참가직종 및 성적	189
〈표 3-2-23〉 2023년 한국산업인력공단 능력개발사업 지원 실적(12월 기준)	189
〈표 3-2-24〉 2023년 한국폴리텍대학 직업능력개발사업지원 -기술·기능인력양성 사업성과 및 실적	194
〈표 3-2-25〉 2023년 한국폴리텍대학 직업능력개발사업지원 -능력개발훈련지원 사업성과 및 실적	194
〈표 3-2-26〉 직업훈련교원 양성실적	197
〈표 3-2-27〉 직업훈련교원 모집실적(2023년)	197
〈표 3-2-28〉 직업훈련교원기술개발 연수실적	198
〈표 3-3-1〉 구직급여의 소정급여일수	205
〈표 3-3-2〉 구직급여 지급실적	209
〈표 3-3-3〉 구직급여 중 상병급여 지급실적	210
〈표 3-3-4〉 연장급여 지급실적	213
〈표 3-3-5〉 취업촉진수당 지급실적	217
〈표 3-4-1〉 여성근로자의 모성보호 범위	218
〈표 3-4-2〉 연도별 출산전후휴가 급여 지원실적	222
〈표 3-4-3〉 연도별 육아휴직 급여 지원실적	227
〈표 3-4-4〉 직장어린이집 설치 및 운영비 지원 범위	231
〈표 3-4-5〉 연도별 직장어린이집 설치 현황	234
〈표 3-4-6〉 연도별 직장어린이집 보육교사 등 인건비 지원실적	235

Contents

〈표 3-4-7〉 연도별 중소기업 직장어린이집 운영비 지원실적	235
〈표 3-4-8〉 연도별 직장어린이집 설치비 무상 지원실적	236
〈표 3-4-9〉 연도별 직장어린이집 설치비용 융자 지원실적 (2019년 사업폐지)	236
〈표 3-4-10〉 출산육아기 고용안정장려금의 지원 내용	238
〈표 3-4-11〉 출산육아기 고용안정장려금(육아휴직, 육아기 근로시간 단축 지원금) 지원실적	241
〈표 3-4-12〉 출산육아기 고용안정장려금(대체인력 지원금) 지원실적	241
〈표 3-4-13〉 시간선택제 및 일·가정양립 환경개선 지원내용	243
〈표 3-4-14〉 워라밸일자리 장려금 지원실적	246
〈표 3-4-15〉 일·가정 양립 환경개선 지원제도 지원실적	246
〈표 3-5-1〉 자영업자 고용보험 기준보수, 보험료	248
〈표 3-5-2〉 가입기간에 따른 자영업자 실업급여 수급기간	248
〈표 3-6-1〉 예술인 고용보험 가입자수 및 지원현황 (2023년 말 기준)	254
〈표 3-6-2〉 노무제공자 고용보험 가입자수 및 지원현황 (2023년 말 기준)	254
〈표 3-8-1〉 심사청구 제기요건	264
〈표 3-8-2〉 연도별 심사청구 및 결정현황	273
〈표 3-8-3〉 내용별 심사청구 현황	274
〈표 3-8-4〉 연도별 재심사청구 및 재결현황	275
〈표 3-8-5〉 내용별 재심사청구 현황	276
〈표 4-2-1〉 연도별 고용보험기금 수입·지출 현황 (2019~2023년)	291
〈표 4-2-2〉 연도별 결산 현황(2019~2023년)	292
〈표 4-2-3〉 2023년 고용보험기금 기금운용계획 변경 내역	293
〈표 4-2-4〉 연도별 기금의 사업별 집행실적	294
〈표 4-2-5〉 여유자산 운용 현황	295
〈표 5-1-1〉 지방고용노동관서 고용분야 인원현황	332
〈표 5-1-2〉 고용센터 주요 업무성과	342
〈표 5-1-3〉 고용보험위원회 운영현황	348

그림 목차

[그림 1-2-1] 연도별 적용사업장 피보험자 현황	13
[그림 1-2-2] 연도별 육아휴직급여·출산전후휴가급여 지원실적	18
[그림 2-1-1] 고용보험제도의 기본구조	23
[그림 2-4-1] 부과고지제도 업무처리 흐름도	71
[그림 2-5-1] 피보험자관리 업무처리 흐름도	84
[그림 2-5-2] 고용보험 피보험자 변동 추이	85
[그림 3-1-1] 2023년 고용안정 지원제도 체계도	110
[그림 3-1-2] 고용창출 지원사업 추진체계도	119
[그림 3-1-3] 고용유지지원금 연도별 추진실적	128
[그림 3-1-4] 고용안정장려금 추진체계도	131
[그림 3-1-5] 고령자 계속고용장려금 연도별 지원실적	136
[그림 3-2-1] 사업주 직업능력개발훈련 지원절차	151
[그림 3-2-2] 국민내일배움카드(재직자) 지원절차	151
[그림 3-2-3] 국민내일배움카드(실업자) 지원절차	152
[그림 3-2-4] 국가기간·전략산업직종훈련 지원절차	153
[그림 3-2-5] 일학습병행 프로세스	170
[그림 3-3-1] 실업급여 제도의 기본구조	202
[그림 3-3-2] 연도별 구직급여 지급실적	209
[그림 3-3-3] 조기재취업수당 지급실적	217
[그림 3-4-1] 연도별 출산전후휴가 급여 지원실적	223
[그림 3-4-2] 연도별 육아휴직 급여 지원실적	227
[그림 3-4-3] 육아기 근로시간 단축 급여 지원실적	228
[그림 3-4-4] 연도별 직장어린이집 보육교사 등 임금 지원실적	235
[그림 3-5-1] 자영업자 고용보험 업무처리 절차	249
[그림 3-8-1] 이의신청 처리 흐름도	270
[그림 4-1-1] 기금운용계획 수립절차	282
[그림 4-2-1] 고용안정·직업능력개발 및 실업급여 수입·사업비 현황(2019-2023년)	292
[그림 5-1-1] 고용보험 운영기관 업무처리 흐름도	300
[그림 5-1-2] 고용보험 관련 본부조직 변화	305
[그림 5-1-3] 지방고용노동관서의 조직	331
[그림 5-1-4] 유관기관의 조직 및 인원현황	346

**2024년판
고용보험백서**

The Employment
Insurance
White paper

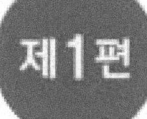

2023년 고용보험제도 운영 성과

제1장 2023년 경제·산업 및 노동시장 현황
제2장 2023년도 고용보험 운영의 주요 특징과 성과

제1장 2023년 경제·산업 및 노동시장 현황

  2023년 경제성장률(실질 GDP)은 소비지출과 투자 및 수출 증가 폭 둔화로 전년 대비 1.4% 증가하였다. 최종소비지출은 민간과 정부지출 증가 폭이 둔화되며 전년 대비 1.7% 증가하였다. 총고정자본형성은 건설투자와 설비투자가 전년도 감소에서 증가로 전환되었지만, 경기둔화로 증가 폭(+1.1%)은 상대적으로 크지 않은 모습이다. 수출(+3.1%)과 수입(+3.1%)은 지난해와 유사한 수준으로 증가하였다.

〈표 1-1-1〉 지출항목별 경제성장률(실질GDP)

(단위: %, 전년대비)

연도	국내총생산	최종소비지출		총고정자본형성				수출	수입
		민간	정부	건설투자	설비투자	지식재산생산물투자			
2021	4.3	4.1	3.6	5.5	3.2	-1.6	9.3	6.1	11.1	10.1
2022	2.6	4.1	4.1	4.0	-0.5	-2.8	-0.9	5.0	3.4	3.5
2023	1.4	1.7	1.8	1.3	1.1	1.3	0.5	1.6	3.1	3.1

* 자료: 한국은행, 국민계정(2015년 가격 기준), 2022년, 2023년은 잠정치

  경제활동별 성장률은 제조업(+1.0%)과 서비스업(+2.1%) 증가 폭이 전년 대비 둔화되었다. 농림어업(-2.4%)은 감소 폭이 확대되었고, 전기, 가스 및 수도업(-5.0%)은 전년도 증가에서 감소로 전환되었다. 건설업(+2.7%)은 전년 대비 증가 폭이 확대되었다.

〈표 1-1-2〉 경제활동별 성장률(실질GDP)

(단위: %, 전년대비)

연도	농림어업	제조업	전기, 가스 및 수도업	건설업	서비스업
2021	5.2	7.1	2.7	-1.9	3.8
2022	-1.0	1.5	1.9	0.7	4.2
2023	-2.4	1.0	-5.0	2.7	2.1

* 자료: 한국은행, 국민계정(2015년 가격 기준), 2022년, 2023년은 잠정치

2023년 우리나라 노동시장은 경기둔화와 지난해 기저효과의 영향으로 취업자(28,416천명)가 327천명(+1.2%) 증가하며 전년 대비 증가 폭이 둔화되었다. 산업별 취업자를 보면, 제조업(-43천명) 감소가 주요한 가운데, 건설업(-9천명)과 부동산업(-18천명)에서의 감소도 증가 폭 둔화에 영향을 미쳤다.

다만, 보건복지(+143천명), 정보통신(+57천명), 전문과학기술(+70천명)을 중심으로 한 서비스 부문의 견조한 노동수요 지속으로 전년 대비 증가세를 이어나갔다.

한편, 2023년은 고용률(15세 이상 62.6%, 15~64세 69.2%), 경제활동참가율(64.3%), 실업률(2.7%) 모두 관련 통계 작성 이래 역대 최고·최저를 기록하며 견조한 고용 흐름을 지속하였다. 청년층(15~29세)의 경우 청년 실업률(5.9%)은 역대 최저를 기록하였다.

〈표 1-1-3〉 고용동향

(단위: 천명, %, 전년대비)

		2020		2021		2022		2023	
15세 이상 인구		44,785	(281)	45,080	(295)	45,260	(180)	45,407	(147)
(증 가 율)			0.6		0.7		0.4		0.3
경제활동인구		28,012	(-174)	28,310	(298)	28,922	(612)	29,203	(281)
(증 가 율)			-0.6		1.1		2.2		1.0
	취업자	26,904	(-218)	27,273	(369)	28,089	(816)	28,416	(327)
	(증 가 율)		-0.8		1.4		3.0		1.2
	실업자	1,108	(45)	1,037	(-71)	833	(-205)	787	(-46)
	(증 가 율)		4.2		-6.4		-19.7		-5.5
비경제활동인구		16,773	(455)	16,770	(-3)	16,339	(-432)	16,204	(-134)
(증 가 율)			2.8		0.0		-2.6		-0.8
경제활동참가율		62.5	(-0.8p)	62.8	(0.3p)	63.9	(1.1p)	64.3	(0.4p)
실업률		4.0	(0.2p)	3.7	(-0.3p)	2.9	(-0.8p)	2.7	(-0.2p)
	15-29세 기준	9.0	(0.1p)	7.8	(-1.2p)	6.4	(-1.4p)	5.9	(-0.5p)
고용률		60.1	(-0.8p)	60.5	(0.4p)	62.1	(1.6p)	62.6	(0.5p)
	15-64세 기준	65.9	(-0.9p)	66.5	(0.6p)	68.5	(2.0p)	69.2	(0.7p)

* 자료: 통계청, 경제활동인구조사
  주: 1) ( )는 전년대비 증감

제2장 2023년도 고용보험 운영의 주요 특징과 성과

제1절 개요

2023년 고용보험 피보험자는 1,520만명(전년대비 301천명, 2.0% 증가)으로 지속적으로 완만한 증가세를 보였다. 성별로는 남성이 전년대비 163천명(2.0%), 여성이 전년대비 138천명(2.1%) 증가하였으며, 연령별로는 60세 이상의 피보험자가 가장 크게 증가(전년대비 7.5%)하였고, 40대와 29세 이하의 피보험자는 감소하였다. 산업별로는 '농림어업'이 전년대비 12천명(28.2%), '숙박 및 음식점업'이 전년대비 41천명(5.8%) 증가하였다.

고용보험제도는 2023년에 다음과 같이 변화·발전하였다.

첫째, 코로나19 확산으로 인한 경영난과 고용위기 상황이 개선되면서 고용유지지원 수요가 점차 감소하여 2023년에는 6,204개소, 61,176명 근로자 대상 1,268억원을 지원하였다. 또한 고용상황이 호전됨에 따라 그간 코로나19 대응을 위해 추진한 특례 적용방안을 종료하고 고용유지지원제도 개편을 추진하였다. 코로나19로 인한 장기간 대규모 고용 위기 이후 고용유지지원 제도에 대한 인식이 확산되어 지금보다 더 효과적이고 효율적인 제도로 자리매김해야 한다는 현장의 요구가 늘었다. 이에 코로나19 시기 전후의 지원실적과 제반 사업평가 결과, 국회의 지적 등을 토대로 제도를 개편하고 법령을 개정하여 제도가 취지에 부합할 수 있도록 노력하였다. 고용안정 효과 및 고용유지율 제고를 위해 고용보험법 시행령을 개정하여 고용조정 제한 기준과 지원 제외 대상 근로자 등 지원 조건을 정비하였다. 또한 시행규칙 개정을 통해 지원 대상 사업주 판단기준을 매출액으로 간소화하여 사업주의 서류 부담을 줄이는 등 국민 편의를 개선하기 위해 노력하였다.

둘째, 일하고자 하는 국민 모두에게 평생에 걸친 훈련을 지원하기 위해 2020년부터 실업자, 재직자를 통합한 '국민내일배움카드'를 시행하여, 422만명이 카드를 발급받았고(2020년~2023년 발급인원 누계), 379만명이 직업훈련을 받았다(2020년~2023년 연인원 누계). 2023년에는 훈련비 지원 특례대상에 차상위계층을 추가하고, 생계급여 조건 부과 유예자도 국민내일배움카드를 발급받을 수 있도록 그 대상을 확대하였다. 또한, 자립준비청년, 한부모가족 대상자 등을 계좌 한도 추가 지원 대상에 포함하는 등 취약계층에 대한 직업훈련을 강화하였다. 현장성 높은 훈련을 제공하는 한국형 도제훈련제도인 일학습병행은 2013년 시범사업으로 시작된 이래 졸업생 위주의 사업 운영에서 재학생 단계까지 확장하여 2023년 말 기준 20,412개 기업이 지정되어 145,302명의 학습근로자가 일학습병행 훈련에 참여하는 등 지속적인 성과를 보였다.

셋째, 일하는 부모의 양육 부담을 완화하고 일·육아 양립 환경을 조성하기 위해 부모 맞돌봄 확산, 충분한 육아시간 확보 지원, 실질적 사용 여건 개선 등 다양한 정책을 추진하고 있다. 우선 남성의 육아 참여 확대, 육아휴직 기간 연장 추진 등을 통해 부모 맞돌봄을 확산하고, 기존의 '3+3 부모육아휴직제'를 확대하여 생후 18개월 이내 자녀를 대상으로 부모가 동시에 또는 순차적으로 육아휴직을 사용한 경우, 부모 각각의 첫 6개월간 육아휴직급여를 통상임금의 100%(상한 200~450만원)로 인상하는 '6+6 부모육아휴직제'로 개편하였다. 아울러 일하는 부모가 충분한 육아시간을 확보할 수 있도록 육아기 근로시간 단축 활성화를 추진하는 한편, 중소기업 직장어린이집 임차비 지원도 신설하였다. 무엇보다 제도를 중소기업에서 부담 없이 활용할 수 있도록 대체인력 채용지원 서비스 확대, 육아기 단축업무 분담지원금 신설 등 행·재정적 지원을 확대할 계획이다.

넷째, 실업급여 수급 중 재취업률은 수급자의 수급기간 중 적극적인 재취업 활동 노력과 함께 정부의 재취업 지원 노력에 힘입어 2016년 이후 7년 만에 30%대를 기록했다. 그간 코로나19 등으로 간소화된 실업인정 방식을 정상화하는 「실업인정 강화방안(2022년 7월~)」을 전면 적용(2023년 5월~) 하였다. 대면 실업인정 확대, 구직활동 필수 지정 등을 통해 수급자의 Activation을 강화하였으며, 수급자의 구직의욕·능력에 따라 적합한 취업지원 서비스로 연계하는 등 맞춤형 취업지원을 강화하였다. 또한 허위·형식적 구직활동 모니터링을 통해 정당한 사유 없이 면접 불참·취업 거부 시 엄중 경고, 부지급 조치를 적극 실시하였다.

한편, 구직급여 산정 시 근로시간이 4시간 미만인 경우도 실제 근로시간을 반영하도록 고용보험법 시행규칙·관련 예규를 개정(2023년 12월~)하여 국민 눈높이에 맞지 않는 불합리한 문제를 개선하였다.

다섯째, 고령자의 주된 일자리에서의 고용안정을 위해 2020년 신설된 고령자 계속고용장려금은 2023년에 신청서류를 줄이고 심사를 자동화하기 위해 지원 제외 대상 근로자 요건인 '최저임금 미만자'를 '월평균 보수총액이 110만원 미만인 자'로 대체하는 등 제도개선을 하였고, 전년도 7,994명(3,028개사, 226억원)보다 다소 줄어든 7,888명(2,649개사, 191억원)을 지원하였다. 고령자 고용지원금은 장기근속 지원 취지에 맞춰 지원대상자 중 신규채용자를 제외하고 근속기간이 1년을 초과한 고령자만 지원하는 방식으로 요건을 변경하였고, 전년도 9,208개사(226억원) 대비 큰 폭으로 증가한 14,563개사(717억원)을 지원하였다.

제2절 2023년도 고용보험의 주요 제도개선 내용

1 주요 제도개선 내용

가. 고용장려금 운영에 관한 규정 제정 및 디지털화 사업 추진

고용장려금에 대한 일관성 있고 효율적인 정책 수립과 지방관서의 정책 수용도 제고를 위해 2022년 4월 '고용장려금 운영에 관한 규정(고용노동부 훈령)'을 제정하였다.

이를 통해, 고용장려금 신설이나 내용변경 시 고용장려금 증빙자료의 필요성, 제출서류 최소화 및 대체 방안, 각종 서류의 공공정보 연계 등 자동화 방안, 지원요건 심사 시 해당 사항을 객관적으로 확인할 방안, 다른 고용장려금과 중복지원 여부 등을 전반적으로 고려하고 조정하는 기능을 신설하여 국민에게 편의를 제공하고 업무를 효율적으로 수행할 수 있도록 하였다.

또한, 2022년 7월부터 공공기관이 보유하고 있는 공공정보 연계를 통한 제출서류 생략, 서식 간소화, 모의계산 결과 제공, 지원요건 자동심사 등 사업주의 제도 이용 편의성과 행정효율성 제고를 위해 고용촉진장려금 등 2개 고용장려금을 대상으로 디지털화 시범사업을 시행한 결과, 장려금 신청 시간이 단축(35분 → 5분)되었고, 온라인 신청 건수는 72%(2,475건 → 4,264건)가 증가한 반면 같은 기간 오프라인 신청은 22% 감소하였다.

이와 같은 성과를 토대로 2023년 9월부터는 고용유지지원금(유급)에 대해 제2차 디지털화 시범사업을 추진하는 등 철저한 사전 준비 과정을 거친 후 2023년 11월에는 전체 장려금에 대한 디지털화를 확대 시행하였다.

나. 고용장려금 제도 개편

2023년에는 '중대 산업재해 등 명단공표 사업장'을 고용장려금 지원 제외 사업장으로 새로 정하여 산업재해 예방의 중요성을 강조하고, 사업주의 사회적 책임성을 강화하는 한편, 고용촉진장려금 및 고령자계속고용장려금의 산정 기준에 포함된 '임금' 요건과 지원 제외 기준인 '최저임금액 미만의 임금' 요건을 "사업주가 「고용보험 및 산업재해보상보험의 보험료징수 등에 관한 법률」(이하 '보험료징수법'이라 한다) 제16조의10에 따라 신고한 보수"로 변경하는 등 공공정보를 활용하여 지원 요건 확인이 가능하도록 제도를 변경하여 사업주 등의 사무부담 경감을 위해 노력하였다.

고용상황이 호전됨에 따라 그간 코로나19 대응을 위해 추진한 특례 적용방안을 종료하고 고용유지지원제도 개편을 추진하였다.

2023년에는 고용보험법 시행령과 시행규칙 개정을 통해 지원 조건을 정비하여 국민 편의를 개선하였다. 고용보험법 시행령 개정으로 지원 제외 근로자에 사업주의 배우자 및 직계 존·비속을 추가하고, 지원금 수급 이후 6개월간 피보험자 10% 이상 고용조정 시 신규 지원을 제한하였다. 또한, 같은 법 시행규칙을 개정하여 고용조정이 불가피한 사업주 판단기준을 매출액으로 단순화하고, 매출액 비교 시점은 기준 달 직전 6개월로 정비하여 보다 명료하게 판단할 수 있도록 개선하였다.

다. 4차 산업혁명 대비 직업능력개발 인프라 혁신

2022년에 이어 2023년에도 신기술·신산업 분야 특화훈련을 확대해나가는 한편, 신기술 분야 훈련을 우대하는 등 다양한 직업훈련분야에서 신기술 훈련을 확산하기 위한 정책을 지속적으로 추진하였다.

청년 인력수요가 높은 신산업·신기술분야 학과 신설·개편 및 비학위과정인 하이테크 과정 인력양성을 지속 확대하였다(15개 학과 신설·개편).

민간의 경우, 직업훈련이 최신 산업트렌드를 반영할 수 있도록 국가기간·전략산업 직종 훈련에서 4차 산업혁명, 신기술 관련 훈련이 보다 많이 이루어질 수 있는 방향으로 개선하였다. 우선 직종 개편을 통해 신소재 개발 및 제조, 디스플레이 생산 및 품질 관리, 이차전지 생산 및 품질 관리 등 5개 직종을 신설하였고, 직업능력 개발훈련 심사평가 시 드론제어, 제품SW구축, 스마트팩토리 설계·운영, 친환경 건축시공, 녹색순환자원관리, 스마트물관리 등 저탄소 분야 13개 직종의 훈련과정에 대해 우대 혜택을 부여하였다.

또한, 컨소시엄 공동훈련센터의 효율화를 위해 2022년 제도개선을 실시하여 2023년부터 전략분야, 미래유망분야 훈련을 대중소상생형 공동훈련센터로 통합하였다.

아울러, 능력중심사회 구현을 위해 2022년에 전기자동차정비, 인공지능학습데이터구축, 수소공급 등 미래유망 직무를 포함하여 11개 NCS를 신규 개발하였고, 2023년에도 스마트건설설계, 클라우드보안관리·운영, 전기자동차검사 등 산업현장 수요를 반영하여 10개 NCS를 추가 개발(2023년 11월 고시 기준, 총 1,093개 NCS 개발 완료)하였으며, 직무능력의 체계적 관리를 위하여 「국민 평생 직업능력 개발법」에 직무능력은행제 구축 추진을 위한 운영 근거를 마련하였다.

라. 일·육아지원제도 개편

정부는 제4차 저출산·고령사회 기본계획(2021~2025)을 관계부처 합동으로 발표하고, '함께 일하고 함께 돌보는 사회'로의 이행을 위해 육아휴직 제도를 전면 개편하였다. 2022년 1월부터 4~12개월분까지의 육아휴직 급여 소득대체율을 기존 월 통상임금의 50%(상한 월 120만원)에서 80%로 상향(상한 월 150만원)하여 휴직에 따른 소득감소를 완화하고, 한부모 육아휴직 근로자의 4개월 이후 육아휴직급여는 통상임금의 80%(상한 150만원)로 인상하여 지원할 수 있도록 제도를 개선하였다. 또한, 2022년부터는 맞돌봄 문화 확산을 위해 생후 12개월 이내 자녀를 대상으로 부모가 동시에 또는 순차적으로 육아휴직을 사용하는 경우, 부모 각각의 첫 3개월간 육아휴직급여로 월 통상임금의 100%(상한 월 200~300만원)를 지급하는 '3+3 부모육아휴직제'를 시행하였으며, 2023년에는 기존 '3+3 부모육아휴직제'를 '6+6 부모육아휴직제'로 확대 개편하기 위해 예산당국과 협의하여 관련 예산을 편성하고, 관련 법령인 고용보험법 시행령 및 시행규칙 입법예고(2023.10.6.~2023.11.15.)를 거쳐 2023.12.26. 개정하였다. '6+6 부모육아휴직제'는 기존 '3+3 부모육아휴직제'의 대상 자녀 연령을 생후 12개월에서 18개월로, 적용 기간을 부모 각각 첫 3개월에서 첫 6개월로 확대하고, 해당 기간 육아휴직 급여 또한 통상임금의 100%(상한액 200~450만원)로 인상하는 특례제도이다(2024년 1월 시행). 또한, 육아기 근로시간 단축에 따른 업무를 분담한 근로자에게 금전적 지원을 한 사업주에게 장려금을 지급하는 내용의 육아기 단축업무 분담지원금 신설(2024년 하반기)을 위한 예산 확충 등 사업기반을 구축하였다.

마. 고령자 고용지원

2023년 고령자 계속고용장려금은 임금대장 등 신청서류를 줄이고 심사를 자동화하기 위해 지원 제외 대상 근로자 요건인 '최저임금 미만자'를 '월평균 보수총액이 110만원 미만인 자'로 대체하여 신청인과 심사자의 편의성을 개선하였고, 고령자 고용지원금은 월 소정근로시간 60시간 미만자를 지원 제외대상자 요건에서 삭제하였으며, 2023년 7월 1일부터 신청 분기 중 신규채용자를 지원 대상에서 제외하였다. 두 지원금 모두 중대산업재해 등으로 명단이 공표된 사업주를 지원 대상에서 제외하였다.

제3절 2023년도 고용보험 기금운용의 세부사업별 성과

1. 2023년 정책방향

2023년 고용보험 기금 정책방향은 고용보험사업의 시행을 통해 재직·실업자를 위한 직업능력개발 지원을 확대하고, 고용회복세를 고려해 고용안정을 지원하는 한편, 저출산·고령화에 대응하고, 재정건전성을 제고하는 것이다. 2023년 고용보험 기금운용의 주요 세부 정책방향은 다음과 같다.

첫째, 고용촉진·고용안정을 위한 직업능력개발 지원을 확대하였다. 현장의 훈련수요를 반영하고, 훈련품질 제고·실직자 훈련여건을 개선하는 한편, 신사업·신기술 대응, 생산성 향상 등 기업재직자 훈련을 지원하였다.

둘째, 산업전환(저탄소·디지털)에 대응하여 첨단산업 분야 중심으로 인재양성을 추진하였다. 미래 경제구조로의 전환기 직업안정성 향상과 선도인력 양성을 위한 직무전환·전직훈련에 중점을 두고 지원하며, 어려운 중소기업에 대해서는 맞춤형 훈련 및 교육·훈련 인프라를 지원하고 직무 재설계 등을 위한 컨설팅을 제공하였다.

셋째, 저출산·고령화에 대응하여 지원을 확대하였다. 육아기 근로시간 단축급여·육아휴직급여 등 일하는 부모에 대한 실질적 지원을 확대하고, 고령자 채용·고용연장에 따른 기업부담 완화를 위한 지원을 강화하였다.

넷째, 고용회복세를 고려해 고용안정을 지원하였다. 코로나19 일상회복을 고려하여 각종 고용장려금 규모를 코로나 이전 수준으로 단계적 정상화하고, 고용장려금 집행 과정의 디지털화·간소화 등 제도개선을 추진하였다. 또한 조기재취업수당 인상을 통해 실업자의 조속한 노동현장 복귀를 지원하였다.

다섯째, 기금 재정건전화를 지속 추진하였다. 코로나19 이후 일상회복을 고려하여 한시 사업은 종료하고, 재정지원사업은 사업성과를 고려하여 효율화하는 한편, 기금으로 수행하기에 우선순위가 낮은 사업은 일반회계 등 타 회계로 이관하였다.

2 세부 사업별 성과와 주요특징

가. 고용보험 적용·징수

고용보험 적용과 관련하여 2023년말 전체 적용사업장은 258만개소로 전년도 262만개소보다 1.4% 감소하였고, 피보험자는 1,520만명으로 전년도 1,490만명보다 2.0% 증가하였다. 이는 1인 이상으로 확대된 1998년 10월 1일 적용사업장수 40만개소보다 545.0% 증가, 피보험자 527만명보다 188.4% 증가한 것이다.

〈표 1-2-1〉 연도별 적용사업장 피보험자 현황

(단위: 천개소, 천명)

구 분	2014	2015	2016	2017	2018	2019	2020	2021	2022	2023
적용범위	1인 이상									
적용사업장	1,935	2,107	2,175	2,211	2,308	2,359	2,395	2,511	2,616	2,580
피보험자	11,931	12,363	12,655	12,959	13,432	13,864	14,111	14,550	14,899	15,200

※ 신규적용사업장 수: 96만개소(2012년) → 98만개소(2013년) → 103만개소(2014년) → 108만개소(2015년) → 114만개소(2016년) → 125만개소(2017년) → 134만개소(2018년) → 156만개소(2019년) → 182만개소(2020년) → 221만개소(2021년) → 188만개소(2022년) → 134만개소(2023년)
※ 피보험자는 가장 마지막 이력기준으로 추출한 순수피보험자(상용근로자·자영업자)임(예술인·노무제공자 미포함)

[그림 1-2-1] 연도별 적용사업장 피보험자 현황

(단위: 천개소, 천명)

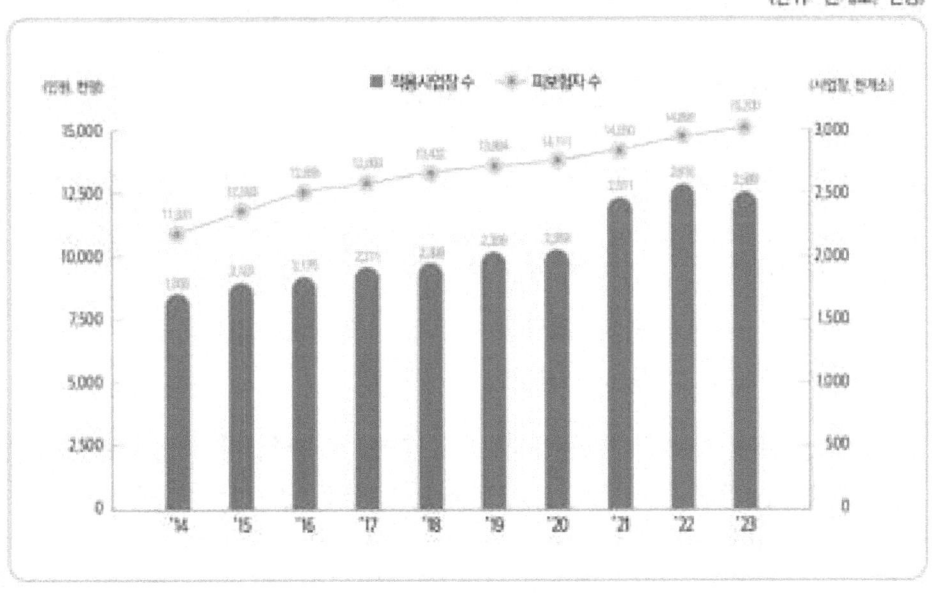

적절한 피보험자 관리는 고용보험 수급권 보장 및 실업급여 적정지급 등과 직결된 고용보험제도의 근간을 이루는 것으로써 내부적으로는 업무프로세스 개선을 통한 업무부담 경감, 외부적으로는 유관기관과의 협업 및 정보연계 등을 통해 피보험자 관리의 효율성을 제고하였다. 특히, 2021년 7월 「소득세법」 개정으로 매월 일용근로소득지급명세서를 제공받아 고용보험 가입이 누락된 일용근로자를 발굴하여 미가입된 건('22 198만 건, '23 124만건)에 대해 직권가입 처리하였다. 또한, 2021년 7월 일용근로자 및 인적용역 제공형 특수형태근로종사자의 간이지급명세서(사업소득) 제출주기 단축(분기·반기 → 월), 특수형태근로종사자 간이지급명세서(기타소득) 신설(월별제출, 2024년 1월 시행 예정), 상용근로자 근로소득지급명세서 제출주기 단축(반기 → 월, 2026년 1월 시행 예정) 등을 통해 소득파악체계를 구축하고 있으며, 기재부·국세청과 지속적인 협의를 통해 간이지급명세서(사업소득, 귀속월 추가) 및 일용근로소득지급명세서(최종 근무일 추가)를 개정(2023년 7월 시행)하여 소득정보의 정합성을 제고하였다. 이를 기반으로한 국세소득자료 연계·활용으로 2023년 근로자 등 고용보험 가입 누락자 59.2만명에 대해 가입 조치를 하는 등 고용보험의 실질적 사각지대를 해소하는 성과를 이루었다.

또한, 실업급여 부정수급 방지 효과성을 높이기 위해 유관기관과 정보연계를 통한 부정수급 자동경보시스템을 지속적으로 보강하고, 부정수급 유형을 분석하여 특별점검을 실시하며, 실업급여 부정수급 적발 시 제재 수위 및 징벌 강화 등을 통해 부정수급 적발률을 제고하기 위한 노력을 하고 있다.

특히, 2023년에는 부정수급에 대해 엄정한 조치를 하기 위해, 전국 48개 지방관서의 특별사법경찰관인 고용보험수사관이 위장 고용, 허위휴직 등 고용보험 부정수급 사례에 대한 기획조사를 실시하고, 특별점검을 확대(1회 → 2회), 부정수급 자동경보시스템을 운영하는 등 적극적으로 부정수급을 적발하였다. 그 결과, 고용보험 부정수급 적발 규모는 526억원으로 전년(467억원) 대비 59억원 증가하였다. 고용보험수사관은 적극적이고 체계적인 적발 활동을 통해 고용보험 부정수급이 근절될 수 있도록 최선을 다하고 있다.

보험료 징수와 관련해서 고용산재보험료 고액·상습체납자의 인적사항 공개기준을 현행 체납기간 2년 이상에서 1년 이상으로, 체납액 10억원 이상에서 5천만원 이상으로 개정하여 인적사항 공개기준을 강화하였고 무한책임사원 또는 과점주주 등에게 보험료 2차 납부 의무를 지도록 하였으며 보험료 납부의무자가 국가 등으로부터 계약의 대가를 지급받으려고 하는 경우 고용산재보험료 완납사실을 증명하도록 하여 체납보험료 징수 간접징수 효과를 제고할 수 있도록 관련 제도를 개선하였다.

2023년 고용보험료 수납률(조정수납률*)은 90.5%(96.3%*)로 전년 대비 0.7%p (조정수납률은 전년 대비 0.4%p) 상승하였다. 적용사업장 수와 피보험자 수가 증가하면서 보험료 수납액은 17조 8,345억원으로 전년 대비 13.3% 증가하였다.

〈표 1-2-2〉 수납 추이

(단위: %)

구 분	2014	2015	2016	2017	2018	2019	2020	2021	2022	2023
수납률 (조정수납률*)	88.4 (93.8)	88.4 (93.8)	88.6 (94.0)	88.8 (94.3)	88.9 (94.3)	88.3 (94.4)	89.4 (95.2)	89.4 (95.2)	89.8 (95.9)	90.5 (96.3)

* 조정수납률: 2011년 월별 부과고지제도 시행으로 보험료 납부방식이 연납(또는 분기납)에서 월납으로 변경되었고, 월 보험료 납부기한이 익월 10일까지로 변경되어, 12월분 보험료는 징수결정만 되고 수납이 되지 않는 점을 보완하기 위해 납기 미도래액을 징수결정액에서 제외하고 산정

〈표 1-2-3〉 보험료 수납액 추이

(단위: 억원)

구 분	2014	2015	2016	2017	2018	2019	2020	2021	2022	2023
수납액	8조397	8조6,005	9조717	9조5,297	10조2,084	11조1,135	12조9,497	13조5,769	15조7,368	17조8,345

* 보험료: 보험료, 연체금, 가산금을 포함한 금액임

나. 고용안정사업

고용유지지원금은 그간 코로나19 고용 위기에 따른 한시적 지원 특례를 종료하는 한편, 향후 대규모 고용 위기 시 대응체계 근거를 마련하고 국민편의 개선 및 지원 효과성 제고를 위한 제도개선을 지속적으로 추진하였으며, 고용보험법 시행령·시행규칙 개정 등을 통해 일부 개편안을 반영하였다.

출산육아기 고용안정장려금은 육아기 근로시간 단축에 따른 업무를 분담한 근로자에게 금전적 지원을 한 사업주에게 장려금을 지급하는 내용의 육아기 단축업무 분담 지원금 신설(2024년 하반기)을 위한 예산 확충 등 사업기반을 구축하였다

2023년부터 워라밸일자리 장려금은 정해진 출퇴근 시각에서 15분을 초과하여 기록이 있는 경우 연장근로로 간주하는 규정을 연장근로 월 10시간 초과 시 지급을 제한하는 방식으로 개선하여 제도를 합리화하였으며, 일·가정 양립 환경개선 지원은 근로자가 재택·원격근무 활용 시 기존 출퇴근 시간에서 15분 이상 편차가 있는 경우 활용일로 불인정하는 요건을 폐지하여 민원 발생 원인을 개선하였다.

2022년 고용촉진장려금 등 2개 고용장려금 디지털화에 이어 유급 고용유지 지원금에 대한 제2차 디지털화 사업 추진을 거친 후 2023년 11월에는 전체 장려금에 대한 디지털화를 확대 시행하였다.

- 고용장려금
  ① 중대 산업재해 등 명단공표 사업장 고용장려금 지원 제외 사업장으로 새로 규정
  ② 고용장려금 디지털화 2차 시범사업(유급 고용유지지원금, 2023년 9월)
- 고용안정장려금
  ① 워라밸일자리 장려금(연장근로 제한 요건 개선)
  ② 일·가정 양립 환경개선 지원(재택·원격근무 시 출퇴근 15분 편차가 있는 경우 불인정 요건 폐지)
  ③ 출산육아기 고용안정장려금(육아기 근로시간 단축 활성화를 위한 지원 신설)
- 고용유지지원금
  ① 3년 연속 같은 달 지원 제한에 대해 한시적으로 지원이 필요한 사업주에 대한 계속 지원방안 제공(지방관서장에 의한 지원 인정기준)
  ② 매출액 등 비교 시점 조정(직전연도 → 2019년도)
  ③ 고용보험법 시행령 및 같은 법 시행규칙 일부개정(2023년 12월)

다. 직업능력개발사업

2023년에는 제4차 산업혁명에 따른 미래 노동시장에 대비하는 직업능력 체제 구축을 위하여 국민의 자율적 직업훈련을 위한 제도를 강화하고, 평생에 걸친 직업능력개발을 지원하였으며, 청년·중장년·여성 등 취약계층 대상 공공훈련을 강화하였고, 기업 및 지역·산업 주도의 혁신적 직업훈련 확대를 위하여 직업능력 개발 제도 및 인프라를 확충하기 위한 정책을 추진하였다.

실업자와 재직자로 분리 운영되던 기존 내일배움카드를 통합·개편한 「국민내일 배움카드」를 2020년부터 도입·시행하여 2023년에는 110만명이 국민내일배움 카드를 발급받았으며, 107만명에게 훈련기회를 제공하였다.

아울러, 실력중심사회의 핵심 근간인 국가직무능력표준(NCS) 1,039개를 확정·고시하고(2021년 5월), 스마트공장시스템관리, 유전체정보분석 등 산업현장 수요를 반영하여 10개의 NCS 개발을 완료(2021년 12월) 하였으며, 산업계·교육계·관계부처 등의 의견을 수렴하여 114개 NCS에 대한 개선을 완료하였다(2021년 12월). 2022년에는 전기자동차정비, 인공지능학습데이터구축, 수소공급 등 미래 유망 직무를 포함하여 11개 NCS를 개발하였고, 2023년에는 스마트건설설계, 클라우드보안관리·운영, 전기자동차검사 등 산업현장 수요를 반영하여 10개 NCS를 개발하였다(2023년 11월 기준, 총 1,093개 NCS 개발 완료).

한편, 현장중심의 직업훈련인 일학습병행은 2013년 51개 기업 참여를 시작으로 2023년 12월 기준, 20,412개 기업이 선정되어 145,302명의 학습근로자를 채용하여 NCS 기반의 교육 훈련을 실시하였다. 특히, 학습근로자 채용 규모는 2015년 14,318명에 견주어 약 10배 이상 확대되는 성과를 거두었다.

라. 실업급여

2023년에 수급자에 대한 대면 상담 기회를 확대하여 수급자의 구직의욕·능력, 취업준비도 등을 충분히 파악하고, 이를 바탕으로 채용정보 제공·알선·직업훈련 연계 등 수급자가 원하는 취업지원 서비스를 제공하였다. 또한 수급자의 재취업 활동이 실질적인 구직까지 이어질 수 있도록 모니터링을 강화하는 등 적극적으로 노력을 기울였다. 2023년 실업급여는 1,768천명에게 11조 7,755억원을 지급하였으며, 실업급여 수급 중 재취업률은 수급자의 수급기간 중 적극적인 재취업 활동 노력과 함께 정부의 재취업 지원 노력에 힘입어 2016년 이후 7년 만에 30%대를 기록했다.

〈표 1-2-4〉 실업급여 수급 중 재취업률

(단위: %)

구 분	2014	2015	2016	2017	2018	2019	2020	2021	2022	2023
수급 중 재취업률	33.9	31.9	31.1	29.9	28.9	25.8	26.8	26.9	28.0	30.3

마. 일·육아지원제도

2023년에는 고용보험 피보험자인 근로자에 대하여 육아휴직 또는 육아기 근로시간 단축을 부여하거나, 출산전후휴가 및 육아기 근로시간 단축 등의 기간에 대체인력을 새로 채용한 사업주에게 출산육아기 고용안정 장려금(30,151개 사업장, 54,686명, 1,706억원)을 지원하였다.

〈표 1-2-5〉 육아휴직·육아기 근로시간 단축·대체인력 지원금 지급액

(단위: 억원)

구 분	2021	2022	2023
육아휴직 지원금	487	731	1,154
육아기 근로시간 단축 지원금	105	215	269
대체인력 지원금	580	549	284

또한, 출산한 여성근로자 및 특고 예술인 등 총 73,207명에게 출산전후 급여 3,263억원을 지급하였고, 126,008명에게 육아휴직급여 17,970억원을 지급하여 출산과 육아를 위한 휴가, 휴직기간 중 여성근로자의 고용안정과 생계지원을 도모하였다.

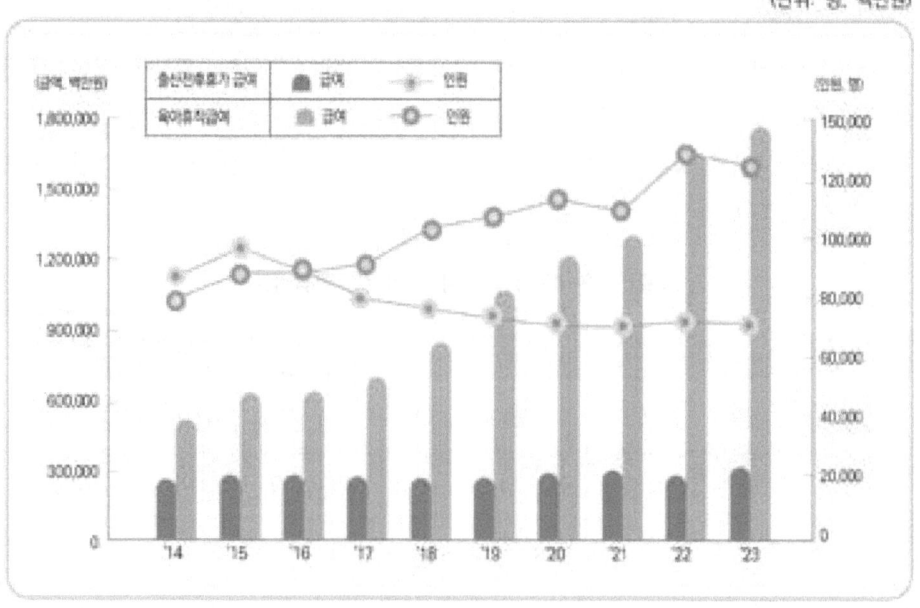

[그림 1-2-2] 연도별 육아휴직급여·출산전후휴가급여 지원실적

중소기업 밀집 지역 등에 공공직장어린이집(37개소) 설치·운영(근로복지공단 위탁)과 사업주에 대한 직장어린이집 설치·운영지원으로 근로자들의 육아부담을 완화하고 보육아동에 대한 양질의 보육서비스를 제공하였다.

직장어린이집을 설치하는 사업주에게 시설설치비 및 교재교구비를 무상지원(69개소, 122억원) 하였다. 이와 함께 직장어린이집을 운영 중인 사업주에게 보육교사 등 인건비(716개소, 768억원) 및 운영비(127개소, 38억원)를 지원하였다.

한편, 육아·가사부담 등의 사유로 비경제활동상태에 있는 경력단절여성의 취업을 촉진하기 위해 추진하는 "여성새로일하기센터"의 '집단상담프로그램 운영' 사업은 사업대상자가 고용보험 미가입자임을 고려하여 2023년부터 일반회계로 이관하여 지속 추진하고 있다.

바. 고령자 고용지원

2023년에 고령자 계속고용장려금은 전년도 7,994명(3,028개사, 226억원)보다 다소 줄어든 7,888명(2,649개사, 191억원)을 지원하였고, 고령자 고용지원금은 전년도 9,208개사(226억원) 대비 큰 폭으로 증가한 14,563개사(717억원)을 지원하였다.

2024년판
고용보험백서
The Employment
Insurance
White paper

제2편

고용보험제도의 개요

제1장 고용보험제도의 의의 및 기능

제2장 고용보험제도의 주요내용

제3장 적 용

제4장 보험료의 징수

제5장 피보험자

제6장 소규모사업 저임금 종사자 사회보험료 지원제도

제7장 고용보험전산시스템 운영

제1장 고용보험제도의 의의 및 기능

제1절 고용보험제도의 의의

고용보험이란 실직근로자에게 실업급여를 지급하는 전통적 의미의 실업보험 사업 외에 적극적인 취업 알선을 통한 재취업의 촉진과 근로자의 고용안정을 위한 고용안정사업, 근로자의 직업능력개발사업 등을 상호 연계하여 실시하는 사회보험 제도이다.

실업보험은 단순하게 실직자의 생계를 지원하는 사후적·소극적인 사회 보장제도에 그치지만, 고용보험은 실직자에 대한 생계지원은 물론 재취업을 촉진하고 더 나아가 실업의 예방 및 고용안정, 노동시장의 구조 개편, 직업능력 개발을 강화하기 위한 사전적·적극적 차원의 종합적인 노동시장 정책 수단이라고 할 수 있다.

[그림 2-1-1] 고용보험제도의 기본구조

```
            ┌─ 고용안정사업: 실업의 예방, 재취업촉진 및 노동시장 취약계층의 고용촉진
고용보험    ├─ 직업능력개발사업: 근로자의 생애 직업능력개발체제 지원
제   도     └─ 실업급여: 실직자의 생계지원 및 재취업촉진
```

현행 「고용보험법」은 고용보험의 시행을 통하여 실업의 예방, 고용의 촉진 및 근로자 등의 직업능력의 개발과 향상을 꾀하고, 국가의 직업지도와 직업소개 기능을 강화하며, 근로자 등이 실업한 경우에 생활에 필요한 급여를 실시하여 근로자 등의 생활안정과 구직 활동을 촉진함으로써 경제·사회 발전에 이바지하는 것을 목적으로 한다(「고용보험법」 제1조 목적).

제2절 고용보험제도의 유형 및 기능

1 유 형

가. 강제적 고용보험제도

강제적 고용보험제도는 사회보험방식에 의하여 일정 요건에 해당하는 사업장의 근로자에 대해 포괄적으로 적용하는 형태로서 한국, 미국, 영국, 일본, 독일 등의 국가에서 채택하고 있다.

강제적 고용보험제도는 실업이 산업사회에 있어서는 누구에게나 발생할 수 있는 사회적 위험이므로 노동력을 제공하고 그 대가인 임금 소득으로 생활을 영위하는 근로자와 그 가족을 실업의 위험으로부터 보호하기 위해서는 강제적으로 보험의 적용을 받도록 해야 한다는 인식에 바탕을 둔 것으로서 1911년 영국이 최초로 실시한 이래 점진적으로 확대되고 있는 고용보험방식이다.

강제적 고용보험제도는 일정 요건에 해당하는 근로자를 사회보험방식에 따라 의무적으로 고용보험 적용 대상으로 하기 때문에 근로자에 대한 보호에 더욱 충실할 수 있고, 취업 알선과 직업훈련의 실시 등 고용정책과 연계하여 운영함으로써 실업의 예방과 조기재취업을 촉진할 수 있는 장점이 있다. 그러나 근로자의 의사와 관계없이 강제적으로 고용보험에 가입하여야 하므로 근로자 개개인이 가입 여부를 선택할 수 없다는 단점이 있다.

나. 임의적 고용보험제도

임의적 고용보험제도는 노동조합에 의해 자발적으로 설립된 실업 기금이 정부로부터 인가를 받아 운영되는 형태로서 덴마크, 핀란드, 스웨덴 등의 국가에서 실시되고 있다.

고용보험제도는 원래 19세기 중반 유럽에서 노동조합이 조합원들의 상호 부조 정신을 바탕으로 조합원들로부터 갹출(醵出)하여 실업 기금을 적립하고 조합원이 실업할 경우 실업급여를 지급하는 임의적 제도(voluntary system)로 출발하였다.

임의적 고용보험제도는 이러한 관행이 현대국가에까지 이어진 것으로서 실업기금의 관리·운영은 노동조합이 담당하되 정부가 이를 정책적으로 뒷받침하여 노사가 함께 실업 기금을 적립하게 하고 정부도 일부 비용을 부담한다. 임의적 고용보험제도는 노동조합이 중심이 되어 운영되기 때문에, 조합원에 대해서는 노조 규약에 따라 가입이 강제되므로 강제적 고용보험제도와 동일한 효과가 있으나 비조합원에 대해서는 가입이 임의적인 것이 특징이다.

임의적 고용보험 제도하에서는 노동조합 조합원이 아닌 근로자의 경우, 고용보험의 가입 여부를 근로자 개개인이 선택할 수 있다는 점에서 근로자 개개인의 의사가 존중되는 장점이 있다. 그러나 자본주의 체제하에서 어느 정도의 실업은 불가피한 것이므로 근로자에 대한 충분한 보호가 어렵고, 체계적인 취업 알선과 직업훈련의 실시 등의 고용정책과도 연계가 쉽지 않다. 따라서, 임의적 고용보험 제도를 실시하던 국가들도 강제적 고용보험제도로 전환하는 추세를 보인다.

다. 실업부조제도

실업부조제도는 보험의 형태는 아니지만, 소득조사(income test)를 전제로 저소득 실업자에 대하여 전액 정부 부담으로 실업수당을 지급하는 형태로서 호주, 뉴질랜드 등의 국가에서 실시하고 있다.

강제적 고용보험제도와 임의적 고용보험제도는 모두 보험방식을 채택하여 주로 사용자와 피보험자의 비용부담으로 보험사업에 필요한 재원을 조성하여 적용대상도 소득수준과 관계가 없다. 그러나 실업부조제도는 보험방식이 아니기 때문에 노사의 보험료 갹출이 아닌 전액 정부 부담으로 필요 재원을 조성하고 소득조사를 실시하여 고용기록과 관계없이(independent of employment history) 일정 기준 이하의 저소득 실업자만을 대상으로 실업수당을 지급한다. 실업부조 제도에서는 실업부조 금액이 소득조사 결과 밝혀진 소득 및 재산의 정도에 의해 결정되며, 대부분 국가에서는 지급 기간에 제한이 없다는 점에서 고용보험제도에 의한 실업급여 요건을 충족하지 못하는 많은 실업자가 실업부조의 혜택을 받게 된다.

라. 기타 – 이원적 고용보험제도

이처럼 고용보험제도의 유형은 크게 강제적 고용보험제도, 임의적 고용보험제도 및 실업부조 등 세 가지로 분류할 수 있으나, 두 가지 이상의 형태를 병행하는 나라도 많이 있다.

예컨대 강제적 고용보험제도를 근간으로 하는 독일, 프랑스, 영국, 포르투갈 등은 강제적 고용보험제도를 채택하고 있으면서 실업급여 기간이 종료하였거나 급여요건을 충족시키지 못한 실업자에 대해서는 소득조사를 하여 저소득 실업자에 한해 재정 보조의 실업부조제도를 병행실시하고 있다. 그리고 스웨덴, 핀란드 등은 임의적 고용보험제도를 근간으로 하면서도 급여 기간이 종료되었거나, 급여요건에 미달한 실업자에 대해서는 소득조사를 하여 일정 기준 이하의 저소득 실업자로 판명되면 전액 정부가 부담하는 실업부조제도를 병행하여 실시하고 있다.

이러한 이원적 고용보험제도는 실업자에 대한 보호를 충실히 하기 위한 것이지만 실업부조제도가 노동시장에 미치는 부정적인 영향 때문에 사회보장제도의 개혁이 논의될 때 실업부조제도의 개선을 둘러싼 논쟁이 발생하는 경우도 있다.

우리나라는 2020년 「구직자 취업촉진 및 생활안정지원에 관한 법률」이 제정됨에 따라 2021년부터 고용보험의 혜택을 받을 수 없는 노동시장 신규 진입자 등을 위해 한국형 실업부조인 '국민취업지원제도'를 도입·시행하고 있다. 국민취업지원제도는 근로 능력과 구직의사가 있는 15~69세, 기준 중위소득 60%, 재산 4억원 이하(15~34세 청년은 기준 중위소득 120%, 재산 5억원 이하)의 저소득 구직자 등 취업취약계층에게 통합적인 취업지원서비스를 제공하고 생계를 지원(구직촉진수당 지급/Ⅰ유형)함으로써 안정적인 구직활동을 지원하는 제도이다. 또한, 기준 중위소득 등이 Ⅰ유형 참여요건에 해당하지 않더라도 맞춤형 취업지원서비스를 제공하는 Ⅱ유형에 참여할 수 있다. 다만, 국민취업지원제도는 단순한 소득지원이 아닌 취업취약계층의 취업을 지원하는 제도로서, 근거 법률인 「구직자취업촉진법」에 국가는 취업 및 생활안정을 위한 지원을, 구직자는 취업활동계획에 따른 구직활동을 성실히 이행할 상호 의무의 원칙을 명시하고 있다.

2 기능

가. 고용안정 및 경제적 효율성 제고

오늘날 고용보험은 단순히 피보험자의 실업 시 생계지원을 위한 실업급여의 지급뿐만 아니라 고용안정사업, 직업능력개발사업 등을 통하여 경기 변동 및 산업 구조조정 시 불가피한 고용조정을 예방할 수 있도록 지원하거나 실업자 고용 및 일자리 확대 등 고용기회를 확대하거나 고용 중인 근로자의 고용조건 및 환경을 개선하는 기업에 대해 지원을 하고 있다. 아울러 취업하고자 하는 구직자 및 피보험자인 근로자 등의 직업능력 개발·향상을 위한 다양한 노력을 기울이고 있다.

이를 통해 고용보험제도는 구직자와 피보험자의 직업능력 향상과 일자리를 지원하면서 기업과 피보험자 간 원활한 관계 개선 등 선순환을 통해 산업구조·인력구조의 고도화에 기여하며, 기업의 고용안정을 지원하여 기업의 경영합리화에 이바지할 수 있다.

나. 실직자의 생활안정과 재취업 촉진

고용보험은 실업급여 지급을 통해 실직기간에 생계를 유지하도록 하는 것과 더불어 적극적인 재취업 노력을 요구하여 구직활동을 촉진함으로써 경제·사회 발전에 이바지할 수 있다.

다. 직업훈련의 활성화와 경쟁력 강화

고용보험제도는 기업이 실시하는 교육훈련을 기업 스스로의 판단에 따라 자율적으로 실시하는 것을 원칙으로 하되 교육훈련을 실시하는 기업에 대해서 다양한 지원을 한다.

따라서, 고용보험제도는 민간 주도의 자율적인 직업능력개발사업의 교육훈련을 활성화하여 근로자의 노동생산성 향상과 고용안정은 물론 기업의 경쟁력 강화에 기여할 수 있다.

라. 직업안정기능의 활성화와 인력수급의 원활화

고용보험제도를 통해 실직자는 공공직업안정기관에 실업자 등록을 하여 실업급여를 받을 수 있다. 따라서 모든 실직자가 공공직업안정기관에 등록하게 되고, 구인자도 신속히 근로자를 채용하기 위해 공공직업안정기관에 구인 신청을 하게 되므로, 노동력의 이동 및 수급 상황을 신속·정확히 파악할 수 있게 된다.

이를 통해 구인·구직자에게 정확한 노동시장 정보를 제공하고 전문적인 구인·구직 상담을 할 수 있게 된다. 그리하여 구인·구직비용과 마찰적 실업을 최소화하고 인력의 적재적소 배치를 유도하며, 시장기능에 의한 인력수급 조절 기능을 강화하여 노동시장의 유연성 향상과 시장기능에 의한 인력수급을 원활하게 할 수 있다.

마. 경기조절 기능의 수행

경기불황기에 실업자가 증가하면 총 실업급여 지급액이 증가하여 유효수요 부족으로 인한 경기침체를 완화시켜 실업 발생을 줄여준다. 호황기에는 실업자에 대한 총 실업급여 지급액이 감소하여 보험기금 적립을 통해 유효수요를 감소시킴으로써 경기에 대한 자동안정장치의 기능을 수행한다.

그리고 고용유지지원금 등 고용안정사업은 고용사정이 악화되는 경기불황기에 기업의 경영부담 완화에 기여하여 실업률 증가를 억제하는 기능이 있다.

이에 따라 코로나19 확산에 따른 대규모 경제 및 고용위기 상황에 실업급여 및 고용유지지원금 등 다양한 사업에서 적극적으로 수행된바, 고용보험제도의 경기조절기능이 경제위기 극복에 중요한 역할을 담당하였음을 보여준다.

제2장 고용보험제도의 주요내용

제1절 고용보험사업의 내용

고용보험사업은 크게 고용안정·직업능력개발사업, 실업급여, 일·육아지원(모성보호) 등으로 구분된다.

첫째, 고용안정사업은 크게는 근로자의 고용창출, 고용안정, 고용유지를 목적으로 사업주를 지원하는 사업이다.

고용창출은 ①취업취약계층 실업자 고용, ②만 50세 이상 실업자를 신중년 적합직무에 고용, ③국내복귀기업 지정 후 5년 이내에 실업자 고용을 통해 근로자 수 증가, ④교대제 개편·근로시간 단축 등을 통해 실업자를 고용하여 근로자 수가 증가한 경우 사업주를 지원하는 사업이다.

고용안정은 ①유연근무제도(선택근무제·재택근무제·원격근무제) 도입, ②소정근로시간 단축, ③기간제·파견·사내하도급 근로자를 정규직으로 전환, ④출산전후 휴가, 유산·사산 휴가, 육아휴직, 육아기 근로시간 단축 등을 부여한 경우 사업주를 지원하는 사업이다.

고용유지는 일시적 경영난으로 고용조정이 불가피하게 된 사업주가 휴업·휴직 등 고용유지 조치를 하는 경우 인건비의 일부를 지원하는 사업이다.

둘째, 직업능력개발사업은 ①사업주가 소속 근로자를 대상으로 직업능력 개발 훈련을 실시할 경우 납부한 고용보험료의 일정 비율 범위 내에서 소요 비용을 환급하는 사업주훈련 지원, ②재직자·실업자가 자기 주도적으로 훈련에 참여할 경우 훈련비 등을 지원하는 개인 주도 훈련 지원 등 2가지 큰 틀로 구성되어 있다. 최근에는 국가직무능력표준(NCS)의 현장성을 강화하고 이에 기초하여 훈련·자격 등을 운영하고 있으며, 기업 현장과 학교 등을 오가며 훈련을 받는 일학습병행 등을 실시하고 있다. 이를 통해 직업훈련은 적극적 고용정책의 핵심 수단으로써 노동생산성을 향상시키고, 근로자의 임금수준 향상을 도모함은 물론 기업의 경쟁력을 강화하는 역할을 수행하고 있으며, 경력단절여성, 신중년 등 취업취약계층에 대한 맞춤형 훈련을 위하여 폴리텍 등 공공직업훈련 운영을 통한 노동시장 진입·전직을 적극적으로 지원하고 있다.

셋째, 실업급여는 구직급여와 취업촉진수당으로 구성되어 있으며 기본적으로 소정의 수급요건을 충족하는 실직자에게 일정 기간 구직급여를 지급하여 실직자의 생활안정은 물론 실직자의 조기재취업을 유도하기 위한 것이다. 우리나라의 실업급여는 전통적인 실직기간 동안의 기본급여뿐만 아니라 실직자의 직업훈련 수강을 용이하게 하기 위하여 직업훈련기간 동안 기본급여를 연장해 주는 등 직업훈련 수강을 유인하기 위한 인센티브 제도를 두고 있고 조기 재취업 시에는 조기재취업수당을 지급함으로써 실직자가 기본급여에 안주하여 재취업활동을 게을리하지 않도록 취업지원 제도로서의 기능도 수행하고 있다.

넷째, 일·육아지원사업은 여성근로자의 고용안정을 위하여 출산전후휴가 급여 및 육아휴직 급여 등을 지원함으로써 일·가정 양립 지원을 위한 사회적 책임을 뒷받침하고 있다. 출산전후휴가 급여 및 육아휴직 급여는 임신·출산으로 인한 여성근로자의 노동시장 이탈을 방지하고, 사업주의 여성고용 기피 요인 해소 및 육아휴직의 실질적 활용을 통한 일·가정 양립지원을 확대하기 위한 정책이다. 또한 육아휴직 급여 외에도 육아기 근로시간 단축 급여를 통해 아동을 위해 필요한 시간을 확보하면서도 고용을 유지해 나갈 수 있도록 하는 정책도 추진 중이다.

다섯째, 초고령화 사회로의 사회적 변화에 대응하여 고령자에 대한 다양한 지원금을 지원함으로써 고령자의 고용촉진 및 고용안정에 기여하고 있다. 고령자의 고용연장 및 기업의 임금부담을 완화하기 위하여 임금피크제 지원금을 2018년까지 시행하였다. 고령자고용연장지원금 중에 정년연장지원금, 정년퇴직자 재고용 지원금은 2016년까지 시행하였으며, 60세 이상 고령자 고용지원금은 2020년까지 시행하였다. 장년 노동자의 고용 안정과 고용촉진을 지원하는 차원에서 시행하였던 장년근로시간단축지원금은 유사·중복사업인 워라밸일자리장려금으로 통합되면서

2019년 12월 31일 종료하였다. 2020년에는 초고령화를 앞두고 정년 이후 고령자의 주된 일자리에서 고용안정을 위하여 정년이 있는 사업장에서 정년을 연장 또는 폐지하거나 정년퇴직자를 재고용하는 등의 계속고용제도를 도입하는 기업을 지원하는 고령자 계속고용장려금을 신설하였고, 2021년에는 지원요건 완화 등 제도개편을 통해 기업의 정년퇴직자 계속고용제도 도입을 유도하고 있다. 2022년에는 고령자 고용이 증가한 사업주를 지원하기 위해 고령자 고용지원금을 신설한 후 2023년에는 고령자 고용지원금의 장기근속 지원 취지에 맞춰 지원대상자 중 신규채용자를 제외하고 근속기간이 1년을 초과한 고령자만 지원하는 방식으로 요건을 변경하여 운영하고 있다.

제2절 적용범위

1 적용 사업장

고용보험은 원칙적으로 모든 사업 또는 사업장에 적용되지만, 산업별 특성 및 규모 등을 고려하여 대통령령으로 정하는 사업 또는 사업장에 대해서는 그 예외가 인정된다. 다만, 이러한 사업장도 근로자의 과반수의 동의를 얻으면 임의로 고용보험에 가입할 수 있다.

「고용보험법」 제정 당시에는 고용보험의 적용 범위를 실업급여와 고용안정사업·직업능력개발사업으로 이원화하여 실업급여는 상시근로자 30인 이상의 사업 또는 사업장에 적용되었고, 고용안정사업·직업능력개발사업은 상시근로자 70인 이상의 사업 또는 사업장에 적용되도록 하였다.

1998년 1월 1일부터 실업급여는 상시근로자 30인 이상에서 10인 이상으로, 고용안정·직업능력개발사업은 상시근로자 70인 이상에서 50인 이상 사업장으로 적용 확대되었으며, 같은 해 3월 1일부터 실업급여는 상시근로자 10인 이상에서 5인 이상 사업장으로 확대되었다.

그리고 같은 해 7월 1일부터 고용안정사업·직업능력개발사업은 상시근로자 50인 이상에서 5인 이상 사업장까지 확대되었고, 동년 10월 1일부터 1인 이상 전 사업장까지 확대되어 고용보험의 혜택을 받게 되었다.

또한, 2003년 1월 1일부터는 5인 미만 농·림·어업 및 수렵업 중 법인에 대하여 고용보험을 확대 적용하였고, 2004년 1월 1일부터는 총공사금액 3억 4천만원에서 전 규모의 건설공사로 확대(단, 개인이 시공하는 2천만원 미만 또는 연면적 330㎡ 이하는 적용 제외)되었다. 2006년 1월 1일부터는 근로자를 사용하지 아니하거나 5인 미만 근로자를 사용하는 자영업자에게도 소득 등을 고려하여 자신을 피보험자로 하여 고용안정·직업능력개발 사업에 있어서 이 법의 적용을 받을 수 있도록 하였으며 2008년 9월 18일부터는 건축 또는 대수선에 관한 적용 공사금액이 연면적 100㎡ 이하인 건축물의 건축 또는 연면적이 200㎡ 이하인 건축물의 대수선에 관한 공사(이전에는 연면적 330㎡ 이하인 건축물의 건축 또는 대수선에 관한 공사)로 확대 적용되었다.

2 적용제외 근로자

1995년 7월 1일 고용보험제도 도입 시 당연적용 사업장 규모가 30인 이상이었기 때문에 자영업자, 가족종사자를 제외하고 이들 사업장에 속한 임금근로자는 고용보험의 적용 대상이었다. 그러나 이들 중 고용 형태의 특성상 고용보험 적용이 어려운 60세 이후에 새로이 고용된 자, 시간제 근로자, 일용근로자, 1월간 소정근로시간이 60시간(1주간 소정근로시간 15시간) 미만인 자는 적용대상에서 제외하였다.

2004년 1월 1일부터는 일용근로자, 60세 이후에 새로이 고용되는 자(64세까지 적용)에 대하여도 고용보험 적용을 확대하였고, 시간제근로자의 적용범위도 대폭 확대하였으며, 2006년 1월 1일부터는 65세 이상인 사람도 고용안정·직업능력개발사업(실업급여 제외)을 적용받도록 하였다.

2013년 6월 4일부터는 65세 이상자의 노동시장 재진입이 증가하고 실업급여 지급을 통한 재취업 지원의 필요성도 증대됨에 따라 적용제외 대상을 기존 '65세 이상인 자'에서 '65세 이후에 새로이 고용되거나 자영업을 개시한 자'로 축소하여 고용보험 적용 대상을 확대하였다.

2019년 1월 15일부터는 65세 이전부터 계속 근무하던 중 사업주만 변경되는 경우에도 실업급여 혜택을 받을 수 있도록 65세 전부터 피보험 자격을 유지하던 사람이 65세 이후 계속하여 고용되면 고용보험을 적용받을 수 있게 개선하였다.

한편, 고용보험은 특정 직종에서 근로하는 「국가 및 지방공무원법」에 의한 공무원(별정직 및 임기제 공무원은 임의가입 가능), 「사립학교교직원 연금법」의 적용을 받는 자, 「별정우체국법」에 의한 별정우체국 직원은 고용보험의 적용 대상에서 제외하고 있다.

외국인의 경우에는 원칙적으로 고용보험을 적용하지 않고 국내 거주 자격(F-2) 및 영주의 자격(F-5, F-6(결혼이민))을 가진 경우에는 당연 적용 대상으로 하고, 기타 국내 취업활동이 가능한 체류자격을 가진 경우에는 가입을 희망하는 경우 가입할 수 있도록 임의 적용하였다.

2019년 1월 15일에는 「외국인근로자의 고용 등에 관한 법률」의 적용을 받는 외국인 근로자(「출입국관리법」에 따른 외국인 체류자격 중 D-7, F-5(영주)등)에게는 고용보험을 당연적용하도록 하고, 일부 체류자격에 대해서는 실업급여와 육아휴직급여는 신청이 있는 경우에만 적용할 수 있도록 「고용보험법」을 개정하여 2021년부터 순차적으로 적용하였다.

3 고용보험 임의가입 적용

고용보험은 사회안전망이 취약한 별정직·임기제 공무원, 1인 자영업자 또는 50인 미만의 근로자를 고용하고 있는 자영업자의 고용보험 임의가입을 허용하고 있다.

또한, 15세 미만 예술인·노무제공자의 경우 보험료 납부에도 불구하고 급여 수급 가능성이 낮은 점 등을 고려하여 고용보험에 임의가입 할 수 있도록 하였고, 외국인 예술인·노무제공자의 경우 「출입국관리법」상 체류자격의 활동 범위, 체류기간 등을 고려하여 외국인근로자 고용보험 적용기준을 준용하여 단기 취업이 가능한 체류자격(단기취업(C-4), 교수(E-1), 회화지도(E-2), 연구(E-3), 기술지도(E-4), 전문직업(E-5), 예술흥행(E-6), 특정활동(E-7), 계절취업(E-8), 선원취업(E-10))을 가진 사람과 재외동포는 고용보험에 임의가입 할 수 있도록 하고 있다.

4 예술인 고용보험

예술인 고용보험 적용을 위한 「고용보험법·보험료징수법」이 2020년 5월 국회를 통과하여 2020년 12월 10일 시행되었다. 이를 통해 문화예술 창작·실연·기술지원 등을 위해 「예술인 복지법」에 따른 문화예술용역 관련 계약을 체결하고, 자신이 직접 노무를 제공하는 예술인은 고용보험 적용을 받을 수 있게 되었다.

예술인 고용보험을 통해 예술인이 실직하면 이직일 전 24개월 중 9개월 이상 보험료를 납부하고 자발적 이직 등 수급자격 제한사유 없이 적극적인 재취업 노력을 하는 경우에는 120일~270일간 구직급여를 받을 수 있고, 임신한 예술인이 출산일 전 3개월 이상 보험료를 납부하고 출산일 전후로 노무를 제공하지 않을 경우 출산전후급여를 90일(다태아의 경우 120일)간 받을 수 있게 되었으며, 2022년 12월 11일부터는 출산전후급여의 지급 범위가 '고용보험 피보험자'에서 '고용보험 피보험자였던 사람'으로 확대되었다.

5 노무제공자 고용보험

2021년 7월 1일부터 12개 직종, 2022년 1월 1일부터 2개 직종, 2022년 7월 1일부터 5개 직종의 노무제공자에 단계적으로 고용보험 적용되었다.

노무제공자 고용보험을 통해 노무제공자들이 실직하더라도 이직일 전 24개월 중 12개월 이상 보험료를 납부하고, 자발적 이직 등 수급자격 제한사유 없이 적극적인 재취업 노력을 하면 120~270일간 구직급여를 받을 수 있게 되었다. 그리고 임신한 피보험자가 출산일 전 3개월 이상 보험료를 납부하고, 출산일 전후로 노무를 제공하지 않을 경우, 출산전후급여를 90일(다태아의 경우 120일)간 받을 수 있게 되었으며, 2022년 12월 11일부터는 출산전후급여의 지급 범위가 '고용보험 피보험자'에서 '고용보험 피보험자였던 사람'으로 확대되었다.

제3절 고용안정사업

제정 「고용보험법」의 고용안정사업은 실업의 예방을 위한 고용조정지원사업(휴업 수당지원금, 인력재배치지원금, 전직훈련지원금)과 고령자, 여성 등 유휴인력의 고용촉진을 위한 고용촉진지원사업(지역고용촉진지원금, 고령자 등 고용촉진장려금, 고용촉진시설장려금)으로 크게 구분하여 운영됐다.

그간 수차례 제도개선을 통해 일부 제도 내용이 변경되기도 하였으나, 2016년까지 고용안정사업의 경우도 고용조정지원사업과 고용촉진지원사업, 고용창출지원사업으로 구분할 수 있었다.

2017년부터는 근로자에게는 '양질의 일자리'를 제공하고, 사업주에게는 보다 쉽고 간편하게 장려금을 지원하며, 예산의 효과성을 제고하기 위해 고용안정사업을 유형별로 통합·단순하게 개편하였다.

2019년에는 각 고용장려금의 지원 수준 및 요건 등에 대한 현장의 의견을 반영하여 지원요건 개선 등을 통해 고용장려금 효과성 제고 대책을 계속 추진하였다. 고용장려금 공통으로 적용되는 지원 대상 자격요건을 최저임금액 110% 이상에서 최저임금액 이상 근로자로 적용 대상을 확대하였다.

2020년에는 코로나19로 인해 어려워진 노동시장 상황에 적극적이고 신속히 대응하기 위한 제도개선이 주를 이루었다.

고용촉진장려금의 특례 지원사업을 한시적으로 신설하였으며, 신중년적합직무는 돌봄서비스 관련 필수대면 직무 4종의 경우 사업주가 근로계약기간을 6개월 이상으로 정하는 경우에도 지원하는 등 코로나19로 어려워진 고용상황 개선에 대응하였다.

워라밸일자리 장려금(시간선택제 전환지원에서 사업명칭 변경, 지원 단축근무 시간대 주15~35시간으로 확대, 간접노무비 지원수준 인상), 일·가정 양립 환경개선 지원(근무혁신 인프라 지원유형 추가 및 지급기준 구체화), 출산육아기 고용안정 장려금(대체인력인건비 지원수준 인상, 장려금 지급주기 개선) 등도 신속한 제도개선을 통해 코로나19 감염병 예방 및 가족돌봄 등에 대응하였다.

고용유지지원금은 코로나19로 인한 고용위기 상황을 감안하여 '코로나19 확산으로 경영이 어려워진 사업주'를 고용유지지원 대상인 '고용조정이 불가피한 사업주'로 인정하였다. 임금 지급이 곤란한 사업에 소속된 근로자를 위해 기존 요건을 완화한 무급휴직 신속지원제도를 마련하고, 고용유지지원금 지원비율 상향, 10인 미만 사업장의 신청 간소화, 특별고용지원업종 및 일반업종 대상 지원기간을 2020년 내 최대 240일까지 연장하는 등의 조치를 통해 근로자 고용유지를 지원하였다.

또한, 고용유지지원금은 2020년 하반기 코로나19 재확산으로 인해 단계적 방역조치가 시행됨에 따라 집합제한·금지명령으로 부득이하게 휴업·휴직조치를 실시하게 된 집합제한·금지 업종에 대해 2020년 11월 24일부터 2021년 6월 30일까지 지원율을 상향 조정(우선지원대상기업 2/3 → 9/10, 대규모기업 1/2~2/3 → 2/3)하여 지원하였다. 아울러, 여행업 등 8개 업종에 대한 특별고용지원업종 지정기간을 2022년 3월까지 연장하였고, 2021년 4월 노선버스 등 6개 업종이 신규 지정되면서 확대된 특별고용지원업종에 대해서도 상향된 지원율로 지원하였다. 특별고용지원업종의 어려움이 장기화됨에 따라 유급 고용유지지원금의 지원 기간도 2021년 내 최대 300일까지 연장하였다.

또한, 고용창출장려금 중 신중년 적합직무는 그린·디지털 분야의 적합직무를 29개 추가 발굴하여 장려금 지원 대상을 확대하였다. 고용안정장려금은 코로나19 지속에 따라 사업장의 감염병 예방 및 근로자의 가족돌봄 등을 지원하기 위하여 워라밸일자리 장려금(지원요건 및 절차 완화, 지원인원 한도 적용 유예), 일·가정 양립 환경개선 지원(사업계획 수시 승인 및 절차 간소화), 출산육아기 고용안정 장려금(인센티브 확대 및 신설을 통해 지원수준 인상) 등도 신속한 제도개선을 통해 대응하였다.

2022년에는 코로나19 고용위기 상황에 대응하면서도 단계적 일상회복 전환 및 민간 주도 일자리 창출을 위하여 연령별 취업취약계층을 지원하고자 고령자 계속고용장려금 등 고용안정사업을 강화하였다.

고용유지지원금의 경우 코로나19 여파로 경영난이 장기화되면서 지원이 계속 필요하게 된 사업주에 대하여 연내 한시적으로 계속 지원이 가능할 수 있도록 하였다.

이와 더불어, 고령자 고용 활성화 대책의 일환으로 2022년부터 60세 이상 근로자 수가 증가한 중소기업에 추가채용 인건비의 일부를 지원하는 고령자고용지원금 제도를 신설함으로써 고령자의 고용기회를 촉진하였다.

한편, '고용노동부 고용장려금 운영에 관한 규정(고용노동부 훈령)'을 제정하여 고용장려금 총괄·조정 체계를 마련하였고, 고용장려금 지원대상 관련 요건 정리, 신청기간 신설 등 고용장려금 제도의 체계적·안정적 운영을 위해 제도를 정비하였으며, 고용촉진장려금·고령자계속고용장려금 사업에 대해 디지털화 시범사업을 추진하여 사업주의 제도 이용 편의성과 행정효율성을 제고하였다.

2023년에는 고용 및 경영상황이 개선되고 일상 회복이 진행되면서 그간 특례지원 등 고용안정사업에서 단계적 정상화 조치가 이루어졌다.

고용유지지원금은 2020년 이후 적용된 지원 특례를 종료하고 기존 지원기준에 따라 제도를 정상화시키는 한편, 그간의 경험 등을 고려해 제도개편을 추진하였다. 향후 대규모 고용위기 시 대응체계 근거를 마련하고 국민편의 개선 및 지원 효과성 제고를 위한 제도개선을 지속적으로 추진하였으며, 고용보험법 시행령·시행규칙 개정 등을 통해 개편안을 일부 반영하였다.

또한, 「산업안전보건법」 제10조에 따라 중대산업재해 발생 등으로 명단이 공표 중인 사업주에 대한 고용창출장려금 지원 제외 요건을 신설하여 산업재해에 대한 사업주의 경각심 고취 및 사회적인 책임소재를 강화하고자 하였다.

이와 별도로, 고용촉진장려금의 경우 신청 및 지급결정에 필요한 정보를 공공기관이 수집·관리하는 정보를 연계하여 처리하는 근거를 마련하고 그에 따라 사업주의 증빙서류 제출 의무를 폐지하여 별도 자료 없이 신속히 지원할 수 있는 근거를 마련하였다.

제4절 직업능력개발사업

고용보험의 도입으로 우리나라의 직업능력개발체제는 중대한 전환점을 맞게 되었다. 종래 직업훈련의무제하에서는 대기업에게 근로자에 대한 훈련의무를 부과하고 이를 달성치 못할 경우 분담금을 납부하도록 하였으나 고용보험의 도입으로 모든 기업과 근로자, 일부의 실업자 등에 대한 포괄적인 지원이 가능하게 된 것이다. 즉, 기업에 대해서는 자신의 실정에 맞는 직업능력개발훈련을 실시할 경우 이를 지원하고, 근로자 개인이 자기주도적인 능력개발에 참여하는 경우에도 지원하는 체제로 전환하였다.

1995년 고용보험이 도입될 당시 직업능력개발사업은 상시근로자 70인 이상 사업체에 대하여 적용하되 제조업·건설업 등 6개 산업의 1,000인 이상 사업체는 직업훈련기본법에 의한 훈련의무제를 병행하여 일시적으로 이원적인 운영체제가 유지됐으나,「근로자직업훈련촉진법」제정에 따라 1999년부터는「직업훈련기본법」에 의한 직업훈련의무제가 완전히 폐지되고 전 사업장이 직업능력개발 사업의 적용을 받게 되었다.

현행「고용보험법」체제하의 직업능력개발 사업은 크게 사업주에 대한 지원, 근로자 개인에 대한 지원, 일부 실업자에 대한 지원 및 직업능력개발 인프라의 확충 사업으로 구분할 수 있다.

사업주에 대한 지원은 고용보험에 가입한 사업주가 재직근로자 등을 대상으로 직업능력개발훈련을 실시할 경우 소요된 비용을 지원하는 제도이다. 사업주에 대한 지원에는 직업능력개발훈련지원금, 유급휴가훈련지원금 등의 전통적인 사업과 국가인적자원개발컨소시엄사업, 기업맞춤형현장훈련(S-OJT) 등의 특화사업이 있다.

국가인적자원개발컨소시엄 지원사업은 중소기업의 훈련시설·장비 부족 등으로 인한 훈련실시의 어려움을 해소하고자 2001년부터 시행되고 있고, 2022년에는 대중소, 지역 간 훈련격차 완화 및 산업전환에 따른 훈련수요 충족을 위해 공동훈련센터를 확충하였다. 또한 2023년에는 반도체·바이오 등 신산업 분야에 대한 직업훈련 제공을 위해 첨단산업 공동훈련센터가 신설되었다.

기업맞춤형현장훈련(S-OJT)은 훈련참여가 어려운 중소기업에 체계적인 훈련이 이루어지도록 2018년부터 시행되었고, 전문기관(한국산업인력공단, 중소기업훈련지원센터)을 활용하여 기업진단, 직무분석, 훈련모델 개발, 기업맞춤형 현장훈련 실시 등을 종합지원하였다. 고숙련·신기술 훈련은 중소기업에 신기술 고급훈련 과정을 제공하기 위해 2018년부터 시행되었는데, 2021년 추경을 통해 SW분야에서도 고숙련·신기술 훈련 혜택을 제공할 수 있도록 지원 분야를 확대하였고, 2022년에는 중소기업에 맞춤형 훈련지원을 위하여 한국산업인력공단 지부·지사에 능력개발전담주치의를 배치하는 능력개발전담주치의 제도를 시범 도입하였다. 2023년에는 기업맞춤형 현장훈련(S-OJT) 참여요건을 완화하는 규제완화를 통해 참여기업을 확산하였고, 일반직무훈련·신기술특화훈련을 지원하였다.

사업주를 매개로 하는 기존의 직업능력개발체제하에서 능력개발 기회의 빈곤을 겪고 있는 취약계층 근로자에 대한 직접적인 지원을 위해 고용보험에 근로자능력개발지원 및 대부 등 사업이 도입되었으며, 근로자가 직장을 옮기는 과정에서 필요한 능력을 습득하여 실업 기간을 최소화할 수 있도록 고용보험체제하에서 전직실업자의 재취업훈련을 지원하였다.

2008년부터는 실업자훈련에 있어 정부 규제중심 물량제 방식에서 수요자 중심의 자율적인 직업능력개발로 전환하기 위해 직업능력개발계좌제(내일배움카드제)를 도입하였다. 직업능력개발계좌제는 정부가 훈련생에게 일정한 금액을 지원하면 훈련생은 정부가 제공하는 상담과 훈련정보를 바탕으로 지원금액 내에서 훈련과정을 결정하고, 직업훈련을 받는 제도로 실업자훈련에 경쟁(훈련기관)과 선택(훈련생)이라는 시장원리를 도입한 제도이다.

직업능력개발계좌제는 2008년부터 2009년 3월까지 대구와 광주지역에서 시범사업 실시 후 2009년 3월부터는 시범지역을 전국적으로 확대하였고, 2010년에는 전직실업자훈련 예산의 70%를 투입하여 본 사업을 추진하였다. 2011년부터는 기존 물량제를 폐지하고 내일배움카드제를 전면 실시하였고, 2012년에는 훈련생이 산업수요에 맞는 훈련을 선택할 수 있도록 심사과정에서 훈련 과잉 직종에 대한 공급 규모를 조정하고, 자비부담액을 지속적으로 인상하는 등 산업계 인력수요와 훈련 공급 미스매치로 인한 훈련 편중 방지에 노력하였다. 또한, 실업자 스스로 적합한 훈련과정을 탐색하고 선택할 수 있도록 훈련기관 과정별 취업성과 등 다양한 훈련정보를 제공하고, 지역산업계의 수요를 고려하여 취업성과 중심의 훈련과정으로 개편하였으며, 국가직무능력표준 기반 훈련기준 적용으로 기업의 요구 수준에 부합하는 인력 양성·공급에 중점을 두었다.

개인의 직업능력개발훈련을 직접 지원하는 사업은 훈련대상에 따라, 실업자를 지원하는 계좌제와 중소기업 및 비정규직 근로자를 지원하는 근로자 내일배움카드제, 중소기업·비정규직근로자를 지원하는 단기직무능력향상지원사업(JUMP) 등으로 다양화하였다.

그러나 재직과 실업상태를 반복하는 실업자 및 비정규직 등 취약계층 근로자들에게 취업상태에 따라 직업능력개발훈련 지원제도를 달리하는 불편이 있어, 2011년 9월 15일 개인에 대한 직업능력개발지원 사업을 근로자직무능력향상 훈련과 취업 및 이·전직 지원을 위한 내일배움카드제 크게 두 가지로 통폐합하였다. 이에 따라 기존 근로자능력개발카드제, 중소기업·비정규직근로자 단기직무능력향상지원 사업(JUMP)은 폐지되었고 근로자수강 지원금은 근로자 직무능력향상지원사업으로 확대되었으며 내일배움카드제는 기존의 실업자에 이·전직을 희망하는 비정규직 근로자 등을 새로이 포함하여 확대되었다.

또한, 2014년 1월 '근로자능력개발카드제'와 '근로자직무능력향상지원금'을 통합하여 '근로자직업능력개발훈련'으로 제도를 통합하여 운영하였다.

2020년부터는 실업자, 재직자 등의 고용형태 구분없이 국민 대부분이 훈련을 받을 수 있는 '국민내일배움카드'를 도입하였다. 한편, 산업별 협·단체가 청년층 (채용예정자·재직자 등)을 주요 대상으로, 산업계에서 필요로 하는 훈련을 제공하여 양질의 일자리를 얻을 수 있도록 지원하고 산업현장의 인력 불일치를 해소하기 위하여 국가인적자원개발컨소시엄 사업의 일종으로 "산업계 주도 청년 맞춤형 훈련"을 도입하여 산업 분야별 9개 사업단을 선정하고 훈련을 실시하였다.

한편, 산업 내에서 인력의 수요는 있으나 구직자가 취업하기를 꺼려 만성적으로 인력이 부족한 직종이나 국가경쟁력의 기반이 되는 전략산업의 경우 정책적으로 인력을 양성하여 공급할 필요가 있다. 이러한 직종을 「국가기간·전략산업직종」으로 지정하여 고용보험 체제하에서 인력을 양성·공급하여 기업의 인력부족을 해소하기 위해 노력하고 있다. 2017년에는 4차 산업혁명 등 새로운 산업환경 변화로 새롭게 발생하는 신산업·신기술 분야의 고급인력 양성을 위한 직업훈련을 확대할 필요성이 대두됨에 따라 빅데이터·드론·IOT 등 신산업 직종 12개를 발굴하여 국가기간·전략산업 직종으로 선정하였다. 2021년에는 저탄소 분야에 관한 직업훈련의 확대 요구에 따라 기존 산업환경 직종을 기후변화대응관리, 녹색순환자원관리, 스마트물관리 등 5개 직종으로 세분화하여 추가하였다. 또한, 2023년에는 첨단 신기술 분야에 대한 인력의 양성을 지원하기 위하여 신소재 개발 및 제조, 디스플레이 생산 및 품질 관리, 이차전지 생산 및 품질 관리 등 5개 직종을 추가하였다.

나아가, 디지털·저탄소화 등 산업구조 변화, 코로나19 고용위기 등에 따라 어려움을 겪는 지역·산업의 재직자 및 실업자의 이·전직, 고용유지, 취업 등을 지원하기 위해 산업구조변화대응 등 특화훈련을 2022년 신설하였다. 특히, 산업구조변화 대응 등 특화훈련은 기존의 중앙 중심의 연 1회 정기심사체계에서 벗어나 지역이 중심이 되어 수시로 훈련과정을 심사함으로써 산업구조 변화에 대응할 수 있도록 하였고, NCS 편성기준 유연화 등 규제완화를 통해 현장수요를 적극 반영한 훈련과정이 공급될 수 있도록 하였다. 2023년에는 지역별 인적자원개발위원회 16개소, 산업별 인적자원개발위원회 2개소 등 총 18개 운영기관을 선정하여 1.8만명을 대상으로 훈련을 실시하였다.

산업계 중심의 현장 맞춤형 인력양성을 위해 다양한 직무능력에 대한 표준을 산업계가 합의해서 직접 만들고 국가가 인증하는 국가직무능력표준(NCS)의 경우, 2023년도까지 개발된 1,093개 NCS를 확정·고시(2023년 11월)하여 실력 중심 사회의 토대를 마련하였다. 특히 2023년에는 산업의 디지털 전환으로 늘어나는 인력수요를 반영하여 스마트건설설계, 클라우드보안관리·운영, 전기자동차검사 등 미래유망 직무를 포함하여 10개 NCS를 개발하였다.

또한, 산업현장의 직무와 학교 교육의 불일치로 청년실업이 발생하고, 기업의 막대한 재교육 비용 등의 문제 발생을 해결하고자 독일의 도제제도를 우리나라 실정에 맞게 도입한 일학습병행을 2013년 9월 시범 도입하여 기존 학교 중심의 직업교육훈련의 패러다임을 기업중심으로 전환하여 구직자와 기업이 모두 만족할 수 있는 직업훈련체계를 구축하였다. 이에 따라 일학습병행이 널리 확산되어 2023년 12월 기준, 20,412개 기업이 선정되어 145,302명의 학습근로자를 채용하여 NCS 기반의 교육 훈련을 실시하였다. 특히, 학습근로자 채용 규모는 2015년

14,318명에 견주어 약 10배 이상 확대되는 성과를 거두었다. 또한, 일학습병행 훈련을 통해 습득한 직무능력에 대해서는 국가직무능력 표준 기반으로 평가하여 일학습병행 자격을 부여(「산업현장 일학습병행 지원에 관한 법률」 2020년 8월 28일 시행)하고 2020년 8월에는 하위법령인 「산업현장 일학습병행지원에 관한 법률 시행령·시행규칙」을 제정·시행함으로써 스펙이 아닌 직무능력이 중시되는 실력중심사회 구현을 위해 노력하였다.

이 외에도 고용보험을 통해 한국산업인력공단, 한국폴리텍대학 및 한국기술교육대학교 등 공공훈련기관에 대한 지원을 통해 국가기술자격의 관리, HRD 전문가의 육성, 민간훈련기관에 대한 지원 및 능력이 중시되는 사회적 분위기의 조성 등의 기반구축에 관한 사업을 실시하고 있다.

제5절 실업급여

고용보험에 있어서 실업이란 근로의 의사와 능력이 있음에도 불구하고 취업하지 못한 상태에 있는 것을 말하는데, 이러한 실업상태에 있는 실직자들의 생활안정을 도모하고 구직활동을 촉진하기 위하여 실업급여를 지급한다. 실업급여의 종류에는 구직급여와 취업촉진수당이 있다. 구직급여는 소정의 수급요건을 충족하는 수급자격자의 생활안정을 도모하기 위해 지급되는 기본적 성격의 급여이다. 취업촉진수당은 다시 구직급여 수급 중 조기에 재취업한 경우 지급하는 조기재취업수당, 직업안정기관장이 지시한 훈련을 받는 경우 지급하는 직업능력개발수당, 광역지역에서 구직활동을 하는 경우 지급하는 광역구직 활동비, 재취업 또는 직업훈련을 받기 위해 주거를 이전하는 경우 지급하는 이주비로 구분된다.

실업급여를 지급받기 위한 요건으로서 제도 도입 당시에는 첫째, 이직일 이전 18개월간(기준기간) 12개월(피보험단위기간) 이상 적용사업의 피보험자로서 고용되어 임금을 목적으로 근로를 제공하였을 것, 둘째, 정당한 이유 없이 자발적으로 이직하거나 자신의 중대한 귀책사유에 의하여 해고된 것이 아닐 것, 셋째, 근로의 의사와 능력이 있음에도 불구하고 취업하지 못하고 있을 것, 넷째, 구직노력을 적극적으로 할 것의 네 가지 요건을 충족시켜야 하였고, 실업급여를 지급받을 수 있는 소정급여일수도 피보험기간 및 연령 등에 따라 30~210일간으로 하였으나, 실업급여의 수혜범위를 확대하기 위해 「고용보험법」을 개정하여 현재는 피보험단위기간을 180일로 하고 120~270일간으로 연장하였다. 또한 종래에는 이직일의 다음 날로부터 10개월이 경과하면 소정급여일수 여부와 관계없이 그 이후에는 실업급여가 지급되지 않았으나 현재는 이직일의 다음 날로부터 12개월이 경과하면 그 이후에는 실업급여가 지급되지 않도록 하였다. 한편 실업급여 수급자격을 인정받은 경우에는 그 이전 피보험단위기간이 소멸되었으나 2008년 12월 31일 「고용보험법」 개정을 통해 수급자격은 인정받았다 하더라도 구직급여를 지급받지 않은 경우에는 피보험단위기간이 소멸되지 않도록 하였다. 한편, 예술인과 노무제공자(특수형태근로종사자) 고용보험이 시행되면서 근로자와 달리 예술인은 이직일 이전 24개월간 9개월 이상, 노무제공자는 이직일 이전 24개월간 12개월 이상 적용 사업의 피보험자로서 노무를 제공하여야 실업급여를 지급받을 수 있다.

취업이 특히 곤란하고 생활이 어려운 수급자격자에게 60일을 한도로 구직급여를 연장하여 지급할 수 있게 하고, 수급자격자의 연령·경력 등을 고려할 때 재취업을 위한 직업능력개발훈련 등이 필요하여 직업안정기관의 장의 지시에 따라 직업훈련을 수강하는 경우에는 직업훈련기간(최대 2년) 동안 구직급여를 연장하여 지급되도록 하였으며, 사업 활성화 차원에서 직업훈련을 받는 경우 연장급여액을 당초 구직급여일액의 70%에서 100%로 상향 조정(2008년 3월)하였다. 2008년 하반기 이후 경제상황 악화 등에 따라 2009년 2월 5일 개별연장급여 지급기준을 완화(이직 전 평균임금: 5만원 → 5.8만원 이하, 부부합산 재산액: 6천만원 → 1억원 이하, 부부합산 재산세액 3만원 → 7만원 이하)하였고, 2010년 2월 8일 「고용보험법 시행령」 개정을 통해 직업소개 3회 요건 완화 및 부양가족 요건에 소득이 없는 배우자 및 학업 중인 사람을 추가하는 등 취약계층에 대한 생계보호를 위해 개별연장급여 지원대상을 확대하였다. 2019년 1월 1일에는 지급기준을 이직 전 평균임금 7.4만원 이하, 부부합산 재산액 1.4억원 이하, 부부합산 재산세액 16만원 이하로 완화하였다. 2023년 1월 1일에는 지급 기준 고시를 평균임금 8만원 이하, 부부합산 재산액 2억원 이하, 부부합산 재산세액 16만원 이하로 개정하였다.

1일분의 실업급여액(구직급여일액)은 이직 전 사업장에서 지급받던 평균임금(급여기초임금일액)의 60%로 하였다. 산정된 급여기초임금일액이 11만원을 초과하는 경우에는 11만원을 급여기초임금일액으로 하고 있다.

실업급여를 지급받기 위해서는 실업을 신고한 날부터 1주부터 4주의 범위에서 직업안정기관의 장이 지정한 날(실업인정일)에 출석하여 직전 실업인정일의 다음 날부터 그 실업인정일까지 각각의 날에 대하여 실업의 인정을 받아야 한다. 실업의 신고는 구직신청과 수급자격 인정신청을 말하는데, 그간 구직신청은 실업의 신고일에 구직표를 작성하여 제출하였으나 2011년 9월 15일 「고용보험법 시행령」을 개정하여 수급자가 직접 전산망을 통하여 신청하도록 하였고, 만일 정당한 이유 없이 직업안정기관의 직업 소개, 직업지도, 직업훈련지시를 거부하는 경우에는 실업급여 지급을 정지하도록 하였다.

실업급여 수급자격이 인정된 경우라도 수급자가 적극적인 구직노력을 결한 경우, 직업훈련을 거부한 경우 또는 허위나 기타 부정한 방법으로 수급을 하거나 하고자 한 경우에는 그 지급이 정지되도록 하였다.

2020년 2월부터는 코로나19 영향으로 실업급여 수급자가 급증하는 가운데 감염병 예방 등을 위해서 실업인정 기준 및 방식을 코로나 이전에 비해 한시적으로 완화하여 운영하였다.

한편, 사회적 거리두기가 완화됨에 따라 2022년 7월부터는 간소화된 실업인정을 정상화하고, 본연의 취업지원기능을 회복하기 위한 '구직급여 촉진을 위한 실업인정 및 재취업지원 강화방안'을 시행하여 재취업활동 인정 기준을 수급자별 특성에 맞게 차별화하였다.

조기재취업수당 제도는 수급자의 조속한 노동시장 복귀를 장려하는 제도이나 사업의 효율성 측면에서 제도개선 필요성이 제기되어 조기재취업 촉진과 장기근속 유도 등 사중손실을 줄이는 방향으로 개선하였다. 재취업 시점 기준 잔여일수 1/2 지급으로 단일화, 대기기간 및 잔여일수 1/2 미만 미지급, 12개월 이상 계속 고용되거나 12개월 이상 계속 스스로 영리를 목적으로 하는 사업을 영위한 경우에 지급하도록 2013년 12월 24일 「고용보험법 시행령」을 개정하였다.

제6절 일·육아지원제도

여성근로자가 임신·출산하는 경우라도 안정적으로 근무할 수 있는 고용기반을 조성하기 위해 2001년부터 출산전후휴가 급여제도를 도입하여 운영하고 있다. 고용보험에 180일 이상 가입한 피보험자가 「근로기준법」에 의한 출산전후휴가(유산·사산휴가 포함)를 부여받은 경우 우선지원 대상기업 소속 근로자는 90일분, 그 외의 기업 소속 근로자는 30일분의 출산전후휴가 급여(2023년 기준 상한액 210만원)를 지원하고 있다.

2021년 7월 1일부터는 기간제·파견 근로자가 출산전후휴가기간 중 계약만료된 경우 기업규모와 관계없이 남은 휴가기간에 대한 법정 출산전후휴가 급여 등의 지급을 보장받을 수 있도록 개선하였고, 2023년 7월 1일부터는 유산·사산휴가기간 중 계약만료된 경우도 지원대상에 포함하였다.

육아휴직은 만 8세 이하 또는 초등학교 2학년 이하의 자녀를 양육하기 위하여 사용할 수 있는 제도로, 2021년 11월 19일부터는 임신 중인 여성 근로자도 육아휴직을 사용할 수 있도록 개선하였다. 첫 3개월은 통상임금 80%(상한 150만원, 하한 70만원), 4개월 이후부터는 통상임금의 50%(상한 120만원, 하한 70만원)를 육아휴직 급여로 지급하였다가, 2022년 1월부터는 4개월 이후 급여를 통상임금의 80%(상한 150만원, 하한 70만원)로 인상하여 지원할 수 있도록 개선하였다. 급여의 25%는 동일 사업장 복귀 후 6개월 이상 계속 근무한 경우에 지원하는 사후지급금 제도를 두어 육아휴직 후 직장에 복귀할 수 있도록 지원하고 있다.

2020년 2월 28일 부부 동시 육아휴직을 허용하였고, 2020년 3월 31일부터 한부모 근로자 육아휴직 급여를 인상하였으며, 근로자의 비자발적인 사유로 복직 후 6개월 이전 퇴사한 경우에도 육아휴직 급여 사후지급금을 지급하도록 제도를 개선하였다.

또한, 2022년 1월부터는 생후 12개월 이내 자녀를 대상으로 부모가 동시에 또는 순차적으로 육아휴직을 사용하는 경우 부모 각각의 첫 3개월간 육아휴직 급여를 통상임금의 100%(상한 200~300만원)로 인상하는 '3+3 부모육아휴직제'를 시행하였고, 2024년 1월부터는 '3+3 부모육아휴직제'를 '6+6 부모육아휴직제'로 확대·개편하여 기존 '3+3 부모육아휴직제'의 대상 자녀 연령을 생후 12개월에서 18개월로, 적용기간을 부모 각각 첫 3개월에서 첫 6개월로 확대하고, 해당기간 육아휴직급여 또한 통상임금의 100%(상한액 200~450만원)로 인상할 예정이다.

한편, 육아기에 근로시간을 단축할 수 있도록 청구권을 부여하고 임금감소분의 일부를 보전함으로써 여성의 경력단절을 예방하고 있다. 육아기 근로시간 단축을 30일 이상 사용한 근로자에게 육아기 근로시간 단축 급여를 지급하며, 단축 개시일 기준 월 통상임금에 근로시간 단축비율을 반영하여 단축분에 대한 급여를 지급하고 있다. 주 최초 5시간 단축분에 대하여는 통상임금의 100%(월 통상임금 상한액 200만원), 나머지 단축분은 통상임금의 80%(월 통상임금 80%의 상한액 150만원)를 지급한다.

또한, 2019년 10월부터 배우자 출산휴가가 유급 10일(기존 유급 3일+무급 2일)로 확대되면서 배우자 출산휴가급여가 신설되어, 배우자 출산휴가를 사용한 우선지원대상기업 소속 근로자에게 최초 5일분(상한액 401,910원)의 급여를 지원하고 있다.

제7절 고령자 고용지원

우리나라 기업의 임금체계는 일반적으로 연공급이어서 구조조정의 필요성이 있을 때 조기퇴출 등 고용불안 요인으로 작용하여 2006년부터 임금피크제 지원금을 도입하였다. 이 제도는 고용을 보장하고 임금이 기준감액률 이상 삭감된 근로자에 대하여 피크임금의 소정 비율 금액과 당해 연도 임금과의 차액을 지원(연 1,080만원 한도로 임금과 지원금의 합이 연 7,250만원을 초과하지 않은 범위)함으로써 고령자의 고용연장 및 기업의 임금부담을 완화하기 위한 사업이다. 2015년 12월에는 60세 이상 정년 의무화(2016년 시행)에 대비하여, 임금피크제 지원금액 한도를 연 720~840만원에서 1,080만원으로 상향하는 등 임금피크제 지원을 확대하였다. 이후 임금피크제 지원금은 「고용보험법 시행령」에 따라 2018년 12월 31일에 종료되었다.

한편, 2016년에는 장년층이 주된 일자리에서 안정적으로 일하면서 단축된 시간을 활용, 퇴직 이후 인생이모작 준비를 지원하기 위해 기존의 근로시간 단축형 임금피크제 지원금제도를 장년근로시간 단축 지원금인 별도 사업으로 개편하였다. 기존에는 정년연장 또는 재고용 하면서 근로시간을 단축하고 사업주가 노동조합과의 협의를 통하여 신청하는 방식이었으나, 2016년 정년 60세가 의무화되면서 정년연장 또는 재고용과 연계 없이 근로시간을 단축하는 경우 지원하도록 개편하였다. 이후, 2019년 5월 7일 발표한 「재정지원 일자리사업 개선 및 효율화 방안」에 따라 워라밸일자리 장려금으로 통합되면서 동 지원금은 2019년 12월 31일에 종료되었다.

고령자고용연장지원금은 노동시장에서 취업이 특히 곤란한 장년의 고용안정과 고용촉진을 지원하는 제도로 정년연장지원금, 정년퇴직자 재고용지원금, 60세 이상 고령자 고용지원금이 있었다. 정년연장 지원금은 정년을 폐지하거나 60세 이상으로 1년 이상 연장한 사업장에서 18개월 이상을 계속 근무한 장년이 정년 폐지 또는 연장에 따라 계속 근무하는 경우에, 정년퇴직자 재고용지원금은 정년을 55세 이상으로 정한 사업장의 사업주에게 고용되어 18개월 이상을 계속 근무한 후 정년에 이른 자를 퇴직시키지 아니하거나 정년퇴직 후 3개월 이내에 재고용한 경우에 1인당 30만원씩 최대 2년을 지급하였으며, 이 두 제도는 현재 종료되었다. 60세 이상 고령자 고용지원금은 정년이 미설정된 사업장에서 60세 이상인 자를 업종별로 1~23%를 초과하여 고용하는 경우에 분기 1인당 18만원을 2017년 말까지 한시적으로 지원하려 하였으나, 2018년 최저임금 인상(16.4%)에 따라 경비·청소업 등 고령자 다수고용 사업장의 고령자 고용불안에 대한 우려가 있어 일몰기한을 2020년으로 연장하고 지원수준도 기존 18만원에서 2017년 24만원, 2019년 27만원, 2020년에는 30만원으로 단계별 증액하였다.

2020년에는 고령자의 주된 일자리에서 고용안정을 위하여 정년을 운영중인 중소·중견 기업이 계속고용제도(정년 연장·폐지, 정년퇴직자 재고용)를 도입하고 정년에 도달한 근로자를 1년 이상 계속고용하면 계속고용근로자 1인당 최대 2년간 720만원을 지원하는 고령자 계속고용장려금을 신설·시행하였다.

2021년도에는 더 많은 기업이 계속고용제도를 도입할 수 있도록 제도 접근성을 높이기 위해 고령자 계속고용장려금의 지원대상 기준을 노사합의로 정년퇴직자 재고용의 제외 기준을 제정한 경우와 계속고용제도 시행일로부터 5년 이내 정년 도달자 및 정년퇴직 이후 6개월 이내 재고용된 근로자로 확대하였다.

고령화 심화 및 생산연령인구 감소로 고령 인력 활용이 불가피한 상황에서 고령 인력이 주된 일자리에서 오래 일할 수 있는 여건 조성이 필요함에 따라 2020년 고령자 계속고용장려금을 신설·시행하였다.

고령자 계속고용장려금은 정년을 운영 중인 우선지원대상기업·중견 기업이 계속고용제도(정년 연장·폐지, 정년퇴직자 재고용)를 취업규칙, 단체협약 등에 도입하고 정년에 도달한 근로자를 계속고용하면 계속고용근로자 1인당 분기 90만원씩 최대 2년간 720만원을 지원하는 제도이다.

또한, 계속고용제도는 도입하지 않았지만 고령자 고용이 증가한 사업주를 지원하기 위해 2022년 고령자 고용지원금을 신설·시행하였다. 고령자 고용지원금은 근무기간이 1년 초과한 만 60세 이상 근로자가 증가한 우선지원대상기업·중견 기업에 증가 근로자 1명당 분기 30만원을 최대 2년간 240만원을 지원함으로써 고령자의 고용안정 및 신속한 재취업을 지원하는 제도이다.

2023년 고령자 계속고용장려금은 신청서류를 줄이고 심사를 자동화하기 위해 지원 제외 대상 근로자 요건인 '최저임금 미만자'를 '월평균 보수총액이 110만원 미만인 자'로 대체하는 등 제도를 개선하였고, 고령자 고용지원금은 장기 근속지원 취지에 맞춰 지원대상자 중 신규채용자를 제외하고 근속기간이 1년을 초과한 고령자만 지원하는 방식으로 요건을 변경하였다.

제3장 적용

제1절 적용범위

1 적용 사업

가. 당연적용

「고용보험법」은 근로자를 고용하는 모든 사업 또는 사업장에 대하여 적용하는 것을 원칙으로 하고 있는 바, 고용보험의 당연적용사업이란 사업이 개시되거나 사업이 적용요건을 충족하게 되었을 때에 사업주 또는 근로자의 의사와 관계없이 자동적으로 고용보험 관계가 성립되는 사업을 말한다.

다만, 사업의 규모 및 산업별 특성을 고려하여 사업장 및 피보험자관리가 매우 어렵다고 판단되는 다음의 일부 사업에 대하여는 적용을 제외하고 있다.

① 농업·임업 및 어업(한국표준산업분류표상의 대분류) 중 법인이 아닌 자가 상시 4명 이하의 근로자를 사용하는 사업

② 총공사금액(발주자가 재료를 제공하는 경우에는 그 재료의 시가환산액을 포함한다)이 일정금액 미만인 건설공사

- 1995년~1996년: 40억원
- 1997년: 44억원, 1998년 1~6월: 34억원
- 1998년 7월 1일: 3억4천만원
- 2004년 1월 1일: 2천만원

- 2005년 1월 1일: 건설업자가 아닌 자가 시공하는 총공사금액 2천만원 미만 건설공사 또는 건축물의 건축 또는 대수선 공사로서 고용노동부장관이 정하여 고시하는 규정에 의하여 산정되는 연면적 330㎡에 해당하는 총공사금액 이하인 공사를 제외한 모든 공사로 확대 적용

- 2006년 1월 1일: 고시로 규정된 건설업자가 아닌 자가 시공하는 다음의 어느 하나에 해당하는 공사를 시행령으로 상향규정

  1. 총 공사금액 2천만원 미만인 공사
  2. 연면적 330㎡이하인 건축 또는 대수선에 관한 공사

- 2009년 1월 1일

  1. 총 공사금액 2천만원 미만인 공사
  2. 연면적 100㎡이하인 건축 또는 연면적 200㎡이하인 대수선에 관한 공사

③ 가구 내 고용활동 및 달리 분류되지 아니한 자가소비 생산활동

〈표 2-3-1〉 당연 적용대상 사업장 규모 변화

보험 사업별	적용대상 사업장 규모						
	1995.7.1.~1996.12.31	1997.1.1.~1997.12.31	1998.1.1.~1998.2.28	1998.3.1.~1998.6.30	1998.7.1.~1998.9.30	1998.10.1.~2003.12.31	2004.1.1.~
실업급여	30인 이상	10인 이상		5인 이상		1인 이상	
고용안정·직업능력개발	70인 이상		50인 이상		5인 이상	1인 이상	
(건설업의 총공사금액)	(40억원)	(44억원)	(34억원)		(3억4천만원)		(2천만원)

※ 건설업은 3사업(실업급여, 고용안정·직업능력개발사업)의 적용기준임

나. 임의가입

임의가입사업이란 「고용보험법」 제8조 단서에 따른 사업의 사업주가 「고용보험 및 산업재해보상보험의 보험료징수 등에 관한 법률」 제5조제2항에 따라 자유의사로 고용보험에 가입하는 사업을 말한다.

이러한 사업의 사업주가 고용보험에 가입하고자 할 경우에는 근로자 과반수 이상의 동의를 얻은 사실을 증명하는 서류를 첨부하여야 한다.

2 적용 대상

가. 근로자의 개념

고용보험의 피보험자가 되는 '근로자'는 사업주(법인의 경우 법인, 개인사업의 경우 자연인인 대표자)의 지휘·감독하에서 상시 근로를 제공하고 그 대가로 임금형태의 금품을 지급받는 사람을 말한다.

법인의 대표이사를 제외한 임원(부사장, 이사, 감사, 무한책임사원 등)의 경우에는 사업주의 지휘·명령하에서 상시 근로를 제공하고 그 대가로 임금형태의 금품을 지급받는다면 고용보험의 피보험자가 될 수 있다. 그러나 그 명칭 여하를 불문하고 실제 소유자인 경우에는 「고용보험법」 상의 피보험자에 해당하지 않는다.

나. 고용보험 적용제외 근로자

1) 일반사업장에서의 적용제외 근로자

① 65세 이후에 고용(65세 전부터 피보험 자격을 유지하던 사람이 65세 이후에 계속하여 고용된 경우는 제외)되거나 자영업을 개시한 사람 다만, 고용안정·직업능력개발사업에 관하여는 그러하지 아니한다.

② 1개월간의 소정근로시간이 60시간 미만인 사람(1주간의 소정근로시간이 15시간 미만인 사람을 포함)는 고용보험 적용이 제외된다. 다만, 3개월 이상 계속하여 근로를 제공하는 사람 및 일용근로자는 적용된다.

2) 특정직종에 따른 적용제외 근로자

① 「국가 및 지방공무원법」에 의한 공무원
   다만, 별정직공무원, 임기제공무원은 임의가입 가능

② 「사립학교교직원연금법」의 적용을 받는 사람

③ 「별정우체국법」에 의한 별정우체국 직원

3) 외국인의 경우

외국인의 경우에는 원칙적으로 고용보험법을 적용하지 않으나, 2019년 1월 15일부터 「외국인근로자의 고용등에 관한 법률」의 적용을 받는 비전문취업(E-9), 방문취업(H-2)의 체류자격을 가진 외국인근로자의 경우 고안직능사업에 당연 적용하고, 그 외의 외국인 근로자의 경우에는 체류자격에 따라 법이 적용되도록 고용보험법이 개정되었다. 국내거주 자격(F-2) 및 영주의 자격(F-5), 결혼이민(F-6)의 체류자격을 가진 사람은 취업활동에 아무런 제한이 없으므로 당연 적용대상으로 하고, 주재(D-7), 기업투자(D-8) 및 무역경영(D-9)의 체류자격을 가진 사람은 그 외국인의 본국법이 자국의 고용보험제도를 우리나라 국민에게 적용하지 아니하는 경우에는 적용을 제외함으로써 상호주의가 적용되며, 기타 국내취업활동이 가능한 체류자격을 가진 외국인(C-4, E-1~E-7, E-10, F-4)의 경우에는 가입을 희망하는 경우에 고용보험을 적용한다. 「출입국 관리법」 상 일정한 체류자격이 없는 외국인의 경우에는 국내 고용이 금지되어 있으므로 이른바 불법체류 근로자는 당연히 고용보험의 적용 대상이 되지 않는다.

3 예술인

「예술인 복지법」 제2조제2호의2에 따른 예술 활동 증명 예술인 또는 「예술인 복지법」에 따라 예술 활동 증명을 할 수 있으나 예술 활동 증명을 받지 못하였거나, 증명의 유효기간이 지났으나 문화예술분야에서 창작, 실연, 기술지원 등의 활동을 하고 있거나 하려는 사람 중 「예술인 복지법」에 따른 문화예술용역 관련 계약을 하고 자신이 직접 노무를 제공하는 사람이 예술인 고용보험의 적용 대상이 된다.

단, 65세 이후에 문화예술용역 관련 계약을 체결한 경우, 15세 미만인 경우, 문화예술용역계약의 월 평균소득(예술인이 문화예술용역 관련 계약에서 지급받기로 한 금액을 계약기간으로 나누어 월 단위로 산정한 금액)이 50만원 미만인 경우에는 적용대상에서 제외된다. 다만 15세 미만인 경우 본인이 희망하면 고용보험에 가입할 수 있으며, 각 계약이 50만원 미만이라도 같은 계약기간 내에 그 합산 금액이 50만원 이상이 되어 예술인이 소득합산을 신청한다면 적용대상이 된다. 또한, 1개월 미만의 문화예술용역 관련 계약을 체결한 단기예술인의 경우에는 월 평균소득과 관계없이 문화예술용역 관련 계약건별로 모두 고용보험이 적용된다.

4 노무제공자

「고용보험법 시행령」에 따른 아래 19개 직종에 해당하며, 65세 이전에 월 80만원 이상의 노무제공계약을 체결하여 노무를 제공하는 사람이 고용보험의 적용 대상이 된다. 단, 1개월 미만의 노무제공계약을 체결하여 노무를 제공하는 단기노무제공자의 경우 소득과 관계없이 노무제공건별로 모두 적용된다.

- (2021.7.1.) ①보험설계사, ②학습지 방문강사, ③교육교구 방문강사, ④택배기사, ⑤대출모집인, ⑥신용카드 회원모집인, ⑦방문판매원, ⑧대여제품 방문점검원, ⑨가전제품 배송·설치기사, ⑩방과후학교강사(초·중등), ⑪건설기계조종사, ⑫화물차주(컨테이너, 시멘트, 철강재, 위험물질)
(2022.1.1.) ①퀵서비스기사, ②대리운전기사
(2022.7.1.) ①화물차주(택배 지·간선기사, 특정품목운송차주〈곡물가루·곡물·사료〉, 유통배송기사), ②정보통신(IT) 소프트웨어 기술자, ③관광통역안내사, ④어린이 통학버스기사, ⑤골프장캐디

〈표 2-3-2〉 고용보험의 적용 범위

적용일자	적용 사업	적용 근로자 등
1995. 7. 1.	· 실업급여: 30인 이상 · 고용안정·직능: 70인 이상 · 건설공사: 40억원 이상	· 적용대상 사업장 근로자 ※ 적용제외 근로자: · 60세 이후에 새로이 고용된 자 · 시간제 근로자 · 일용근로자(3개월 이내) · 계절적 또는 일시적 사업에 고용된 근로자 · 공무원, 사립학교 교직원 · 국가 또는 지방자치단체가 직접 행하는 사업에 종사하는 근로자 · 「선원법」에 의한 선원(단, 해운업 및 원양연승·트롤·선망·통발어업은 적용) · 외국인 근로자(단, F-2, F-5 적용)
1997. 1. 1.	· 건설공사: 44억원 이상	※ 적용제외: 65세 이상인 자
1998. 1. 1.	· 실업급여: 10인 이상 · 고용안정·직능: 50인 이상 · 건설공사: 34억원	
1998. 3. 1.	· 실업급여: 5인 이상	
1998. 7. 1.	· 고용안정·직능: 5인 이상 · 건설공사: 3억4천만원	※ 적용제외: 별정우체국 직원
1998.10. 1.	· 실업급여 및 고용안정·직능: 1인 이상 ※ 적용제외: · 농·림·어·수렵업 중 상시 5인 미만 · 가사서비스업	· 월 80시간(주당 18시간) 이상 근로자 ※ 적용제외: 일용근로자(1개월)
1999. 2.22.		· 「수산업법」 시행령에 의한 원양어업에 종사하는 모든 선원 · 「항만법」에 의한 예선업에 종사하는 선원 · 「해운법」에 의한 해운업 종사자
2000. 2. 9.		※ 적용제외: 국가 또는 지방자치 단체에서 직접 행하는 사업에 종사하는 근로자
2003. 1. 1.	· 법인인 4인 이하 농업·어업·임업 및 수렵업	
2004. 1. 1.	· 건설공사 2천만원 이상	· 일용근로자(65세 미만) · 월 60시간(주당 15시간) 이상 근로자 (생업목적 3개월 이상근로자 제외) · 연근해 어선원
2004. 8. 7.		· 외국인 근로자: E-9

적용일자	적용 사업	적용 근로자 등
2005. 1. 1.	· 면허업자 시공하는 2천만원 미만 공사	
2006. 1. 1.	· 영세자영업자 (5인 미만 사업주): 고용안정·직능 임의가입	· 65세 이상(고용안정·직능) · 외국인 근로자: E-9(임의)
2008. 3.21.		· 별정직·계약직 공무원(임의)
2011. 9.22.		· 「국민기초생활 보장법」에 따른 수급자 - 차상위계층: 고용안정 및 직업능력개발 사업, 실업급여 적용 - 조건부 수급자: 고용안정·직업능력개발 사업에 대해서만 적용(실업급여 제외)
2012. 1.22.	· 고용보험 실업급여 적용 - 1인 자영업자 또는 50인 미만 근로자를 사용하는 자영업자	
2013. 6. 4.		※ 적용제외: 65세 이후에 고용되거나 자영업을 개시한 자
2018. 7. 8.		· 소정근로시간이 주 15시간 미만인 사람을 포함하여 1개월간 60시간 미만인 단시간 근로자가 3개월 이상 계속 근로하는 경우
2019. 1.15.		※ 적용제외: 65세 이후 고용(65세 전부터 피보험자격을 유지하던 사람이 65세 이후 계속하여 고용된 경우는 제외한다)되거나 자영업을 개시한 자
2020.12.10.	· 예술인 고용보험 적용	※ 적용제외: 65세 이후에 문화예술용역 계약을 한 경우, 문화예술용역계약의 월 평균소득(사업소득 또는 기타소득)이 50만원 미만인 경우 등
2021. 7. 1.	· 노무제공자(특수형태근로종사자) 12개 직종 고용보험 적용	※ 적용제외: 65세 이후에 노무제공계약을 한 경우, 노무제공계약의 월보수액이 80만원 미만인 경우 등
2022. 1. 1.	· 노무제공자(플랫폼 종사자) 2개 직종 고용보험 적용	※ 적용제외: 65세 이후에 노무제공계약을 한 경우, 노무제공계약의 월보수액이 80만원 미만인 경우 등
2022. 7. 1.	· 노무제공자(특수형태근로종사자) 추가 적용 5개 직종 고용보험 적용	※ 적용제외: 65세 이후에 노무제공계약을 한 경우, 노무제공계약의 월보수액이 80만원 미만인 경우 등
2023. 7. 1		※ 적용제외: 15세 미만 예술인 및 노무제공자, 다만, 본인이 희망하는 경우 가입가능

제2절 고용보험 적용 현황

1. 적용변화 및 적용실적

1995년 7월 1일 고용보험 시행 당시 30인 이상 사업장, 1998년 1월 1일에는 10~29인 사업장, 3월 1일에는 5~9인 사업장, 10월 1일에는 1인 이상 사업장으로 적용 대상이 확대됨에 따라 고용보험 적용 사업장수와 피보험자수가 급격히 증가하였다.

1995년 7월 1일 최초 적용 사업장은 39천개소에서 2023년 2,580천개소로 66배 이상 증가하였고, 적용 근로자도 4,204천명에서 15,200천명으로 3.6배 이상 증가하였다.

〈표 2-3-3〉 연도별 적용 변화

(단위: 천개소, 천명)

구분	2014	2015	2016	2017	2018	2019	2020	2021	2022	2023
적용 범위	1인 이상 사업장									
적용 사업장	1,935	2,107	2,175	2,211	2,308	2,360	2,395	2,512	2,616	2,580
적용 근로자	11,931	12,363	12,655	12,959	13,432	13,864	14,111	14,550	14,899	15,200

※ 피보험자는 가장 마지막 이력기준으로 추출한 순수피보험자(상용근로자·자영업자)임(예술인·노무제공자 미포함)

2 적용사업장 및 피보험자 변화

고용보험 적용 사업장수는 1995년에는 38,953개소, 1998년에는 400,000개소, 2002년에는 825,531개소, 2012년에는 1,610,713개소, 2023년에는 2,579,905개소로 증가하였다.

상시 피보험자수는 1995년에는 4,204,258명, 1998년에는 5,267,658명, 2012년에는 11,152,354명, 2023년에는 15,199,534명이 되었다. 이를 사업 규모별로 정리하면 다음과 같다.

〈표 2-3-4〉 사업규모별 고용보험 적용 현황

(단위: 개소, 명)

구분		2014	2015	2016	2017	2018	2019	2020	2021	2022	2023
전체	사업장수	1,935,302	2,107,071	2,174,508	2,211,482	2,308,327	2,359,526	2,395,803	2,511,690	2,615,914	2,579,905
	피보험자수	11,930,602	12,363,063	12,655,202	12,958,825	13,432,497	13,864,138	14,111,690	14,550,033	14,898,502	15,199,534
30인 미만	사업장수	1,856,154	2,026,079	2,094,807	2,131,157	2,228,840	2,282,104	2,317,548	2,432,682	2,533,048	2,494,091
	피보험자수	5,034,043	5,206,002	5,480,747	5,642,169	5,912,372	6,125,616	6,231,784	6,487,651	6,594,362	6,589,280
30-99인	사업장수	59,319	61,111	59,906	60,366	59,841	58,241	58,811	59,375	62,259	65,176
	피보험자수	1,983,277	2,040,872	2,080,839	2,106,285	2,124,236	2,152,625	2,212,661	2,278,252	2,368,980	2,508,916
100-499인	사업장수	17,326	17,344	17,306	17,442	17,169	16,631	16,662	17,005	17,876	17,840
	피보험자수	2,120,170	2,173,574	2,197,496	2,261,584	2,317,168	2,314,300	2,315,995	2,363,085	2,436,578	2,481,750
500-999인	사업장수	1,593	1,563	1,569	1,570	1,532	1,599	1,580	1,562	1,635	1,688
	피보험자수	671,668	682,803	708,224	706,930	749,448	832,540	852,356	824,084	846,557	878,145
1,000인 이상	사업장수	910	974	920	947	945	951	1,002	1,006	1,096	1,110
	피보험자수	2,121,444	2,169,882	2,178,896	2,241,857	2,329,273	2,439,057	2,498,954	2,586,961	2,652,025	2,741,443

※ 피보험자는 가장 마지막 이력기준으로 추출한 순수피보험자(상용근로자·자영업자)임(예술인·노무제공자 미포함)

또한 지역별로 고용보험 적용현황을 살펴보면 사업장은 경기, 서울, 경남, 부산 순이고 피보험자는 서울, 경기, 경남, 부산 순으로 많았다. 2023년말 기준으로 경기지역 사업장수와 피보험자수는 각각 683,876개소, 3,576,429명(전체 26.5%, 23.5%)이고, 서울지역의 사업장수와 피보험자수는 각각 513,033개소, 4,634,520명(전체 19.9%, 30.4%)이다.

〈표 2-3-5〉 지역별 고용보험 적용 현황

(단위: 개소, 명)

구 분		2014	2015	2016	2017	2018	2019	2020	2021	2022	2023
전국	사업장수	1,935,302	2,107,071	2,174,508	2,211,482	2,308,327	2,359,526	2,395,603	2,511,690	2,615,914	2,579,905
	피보험자수	11,930,602	12,363,063	12,655,202	12,958,825	13,432,497	13,664,138	14,111,690	14,550,033	14,898,502	15,199,534
서울	사업장수	450,543	462,106	480,039	472,129	485,199	492,547	499,923	514,131	525,852	513,033
	피보험자수	3,929,426	4,028,833	4,083,750	4,173,526	4,284,459	4,368,870	4,368,842	4,474,950	4,584,818	4,634,526
부산	사업장수	116,480	125,338	131,685	129,729	135,435	138,235	141,422	146,590	151,721	153,521
	피보험자수	656,674	682,336	683,193	691,113	707,694	725,437	730,809	748,358	762,540	771,074
대구	사업장수	78,258	87,982	91,488	88,585	95,302	97,012	98,349	100,690	103,427	103,964
	피보험자수	405,019	424,745	435,527	445,197	457,874	470,268	474,866	487,494	495,625	505,260
인천	사업장수	92,707	101,215	105,769	106,044	111,410	111,897	119,798	125,775	129,289	125,643
	피보험자수	504,238	523,289	539,350	556,535	580,706	598,868	613,672	643,896	659,190	671,357
광주	사업장수	45,987	51,513	53,112	53,301	56,718	57,603	58,888	63,312	65,541	66,110
	피보험자수	239,905	250,768	260,366	267,891	280,718	290,557	302,541	309,402	314,021	314,621
대전	사업장수	48,200	54,814	53,479	53,232	57,554	59,380	62,835	69,167	67,703	67,824
	피보험자수	322,247	337,092	346,741	353,530	372,815	390,673	404,056	408,639	417,958	421,874
울산	사업장수	37,203	43,532	44,493	44,262	46,679	48,262	47,462	48,626	50,929	51,901
	피보험자수	317,469	322,975	312,489	299,384	302,879	312,756	317,796	319,180	322,291	328,848
세종	사업장수	7,656	9,905	9,775	10,808	12,019	11,870	12,290	16,750	15,304	15,690
	피보험자수	40,990	45,812	47,778	51,072	57,311	62,176	67,124	73,081	76,214	80,452
경기	사업장수	451,117	503,193	524,687	538,507	562,450	587,576	617,012	642,272	683,239	683,876
	피보험자수	2,536,847	2,639,435	2,765,235	2,871,503	3,012,336	3,134,245	3,231,130	3,380,853	3,472,837	3,576,429
강원	사업장수	62,699	66,270	69,070	74,512	75,065	82,223	81,853	81,765	93,775	83,964
	피보험자수	238,486	250,657	275,111	283,717	297,789	314,367	327,655	338,580	346,010	352,584
충북	사업장수	58,681	66,397	67,068	64,782	72,558	74,900	78,439	81,947	84,564	93,217
	피보험자수	315,893	329,152	338,427	352,411	368,773	386,497	397,356	415,315	426,672	440,923
충남	사업장수	82,478	92,361	92,510	98,256	101,222	103,029	98,720	112,804	118,549	114,615
	피보험자수	432,880	450,497	460,914	480,181	497,936	515,708	535,263	551,469	573,459	594,110
전북	사업장수	70,663	76,134	76,172	80,320	87,991	92,493	84,554	88,338	90,426	89,738
	피보험자수	305,207	323,071	330,326	336,891	351,816	368,160	379,297	387,199	392,945	401,646
전남	사업장수	73,345	76,800	80,327	89,708	90,684	93,118	85,807	94,831	97,655	94,839
	피보험자수	311,610	323,528	332,437	340,173	361,855	384,176	402,625	414,506	425,797	437,252
경북	사업장수	103,708	120,664	120,866	129,899	131,690	128,223	123,217	131,529	136,394	133,400
	피보험자수	543,362	564,802	573,086	588,303	601,693	618,597	628,514	646,754	661,716	674,411
경남	사업장수	129,884	138,739	140,061	141,553	147,459	145,470	147,595	153,759	159,234	158,002
	피보험자수	727,471	754,248	747,714	735,839	757,117	777,842	781,408	798,609	811,225	836,655
제주	사업장수	25,673	28,108	31,907	35,855	38,692	36,468	37,439	39,404	42,312	40,548
	피보험자수	102,879	111,823	122,758	131,559	138,726	144,941	148,763	151,748	154,964	157,518

※ 피보험자는 가장 마지막 이력기준으로 추출한 순수피보험자(상용근로자·자영업자)임(예술인·노무제공자 미포함)
※ 1) 1998년 6월 30일부터 울산은 경남으로부터 독립적으로 집계됨.
   2) 일용근로자 제외

산업별로는 2023년말 현재 도매 및 소매업이 520,281개소(20.2%)로 가장 많고 건설업 479,749개소(18.6%), 제조업 360,976개소(14.0%) 순으로 적용 사업장이 관리되고 있다.

〈표 2-3-6〉 연도별·산업별 적용사업장 현황

(단위: 개소)

연도 산업별	2014	2015	2016	2017	2018	2019	2020	2021	2022	2023
총 계	1,935,302	2,107,071	2,174,508	2,211,482	2,308,327	2,359,526	2,395,603	2,511,690	2,615,914	2,579,905
농업, 임업 및 어업	14,209	15,603	16,046	16,066	17,095	18,264	19,173	20,100	21,642	22,687
광업	1,066	1,052	1,051	994	1,011	1,008	1,023	1,005	987	963
제조업	296,065	312,540	324,786	322,531	335,277	341,182	349,135	353,302	360,609	360,976
전기, 가스 및 수도사업	1,089	1,244	1,346	1,376	1,606	1,934	2,184	2,408	2,578	2,728
하수폐기물처리원료재생 및 환경복원업	6,774	7,090	7,340	7,370	7,780	8,184	8,557	8,991	9,390	9,687
건설업	425,596	486,906	447,867	512,652	530,011	504,731	467,103	523,450	544,035	479,749
도매 및 소매업	386,088	414,822	445,879	432,401	456,647	472,536	489,913	502,718	518,325	520,281
운수업	40,726	43,892	46,694	45,948	48,671	50,865	53,789	55,694	58,038	58,706
숙박 및 음식점업	209,547	236,495	262,472	257,659	277,605	297,328	310,549	319,661	340,302	348,470
출판, 영상, 방송통신 및 정보서비스업	39,380	42,209	45,080	45,167	49,034	52,872	57,627	62,237	66,448	68,460
금융 및 보험업	10,889	11,188	11,634	11,566	12,219	12,654	13,047	13,565	13,945	13,987
부동산업 및 임대업	73,689	80,659	87,186	82,153	88,115	92,374	97,301	101,727	105,692	107,045
전문, 과학 및 기술서비스업	84,899	91,186	98,027	99,096	106,031	112,659	119,634	126,389	132,979	137,615
사업시설관리 및 사업지원서비스업	50,983	54,789	57,576	61,541	64,178	67,342	70,044	71,961	75,023	77,107
공공행정, 국방 및 사회보장 행정	18,513	18,863	19,892	20,046	5,887	6,003	6,108	6,180	6,282	6,331
교육서비스업	55,906	58,711	61,421	59,275	62,724	66,299	69,755	75,088	80,725	82,784
보건업 및 사회복지서비스업	136,723	140,082	142,983	144,012	145,671	148,875	150,860	152,544	157,773	159,772
예술, 스포츠 및 여가관련서비스업	21,413	23,870	26,775	26,528	29,097	31,826	33,701	36,967	40,162	40,549
협회 및 단체, 수리 및 기타 개인서비스업	61,708	65,783	69,782	65,020	69,580	72,498	75,984	77,977	80,845	81,866
가구내고용활동 및 달리 분류되지 않는 자가소비생산활동	13	11	11	19	25	27	23	19	20	24
국제 및 외국기관	56	56	60	62	63	65	92	106	113	117
분류불능	-	-	-	-	-	-	1	1	1	1

※ 2008년부터 표준산업분류 9차, 2017년 7월부터 10차 적용으로 시계열의 연속성이 보장되지 않음
※ 분류명: 9차 표준산업분류명

제4장 보험료의 징수

제1절 고용보험료 및 보험료율

1 보험료의 개념

보험료는 고용보험사업에 소요되는 비용에 충당하기 위하여 보험가입자인 사업주와 피보험자인 근로자로부터 징수하는 금액을 말하며, 고용안정·직업능력개발사업 보험료와 실업급여 보험료로 구분하여 산정한다.

2 보험료율 및 부담비율

가. 보험료율

고용보험의 보험료율은 보험수지의 추이와 경제상황 등을 고려하여 1,000분의 30 범위 내에서 고용안정·직업능력개발사업 및 실업급여의 보험료율을 구분 결정한다. 2022년 7월 1일을 기준으로 실업급여 보험료율은 1.6%에서 1.8%로 0.2%p 인상되었다.

나. 보험료 부담비율

고용안정·직업능력개발사업 보험료(사업규모별로 0.25%~0.85%)는 사업주가 전액을 부담하고, 실업급여 보험료(1.8%)는 노·사가 각각 보험료의 1/2씩 부담한다. 다만, 노동조합으로부터 급여의 명목으로 지급 받는 노조전임비 등 사업주로부터 보수를 지급 받지 않는 경우에는 근로자가 그 전액을 부담하게 된다.

〈표 2-4-1〉 보험사업별 보험료율 및 부담(영 제12조)

구 분		1998 이전		1999.1.1.이후		2003.1.1.이후		2006.1.1.이후		2011.4.1.이후		2013.7.1.이후		2019.10.1.이후		2022.7.1.이후	
		근로자	사업주	근로자	사업주	근로자	사업주	근로자	사업주	근로자	사업주	근로자	사업주	근로자	사업주	근로자	사업주
실업급여		0.3%	0.3%	0.5%	0.5%	0.45%	0.45%	0.45%	0.45%	0.55%	0.55%	0.65%	0.65%	0.8%	0.8%	0.9%	0.9%
고용안정사업			0.2%		0.3%		0.15%		능력개발사업과 합함								
능력개발사업	150인 미만		0.1%		0.1%		0.1%		0.25%		0.25%		0.25%		0.25%		0.25%
	150인(우선지원)		0.3%		0.3%		0.3%		0.45%		0.45%		0.45%		0.45%		0.45%
	150~1,000인 미만		0.5%		0.5%		0.5%		0.65%		0.65%		0.65%		0.65%		0.65%
	1,000인 이상 및 국가기관 등		0.5%		0.7%		0.7%		0.85%		0.85%		0.85%		0.85%		0.85%

예술인 및 노무제공자의 실업급여 보험료 또한 2022년 7월 1일부터 기존 1.4%에서 1.6%로 0.2%p 인상되었으며, 노사가 각각 보험료의 1/2씩을 부담한다.

3 보험료의 산정 등

가. 월별보험료 산정방법

사업주에게 부과하는 고용보험료(월별보험료)는 근로자 개인별 월평균보수(전년도 보수총액을 전년도 근무개월 수로 나눈 금액 또는 근로 개시일부터 1년간(1년 이내의 근로계약 기간을 정한 경우에는 그 기간) 지급하기로 정한 보수총액을 해당 근무개월수로 나눈 금액)에 보험사업별 보험료율을 각각 곱한 금액을 합산하여 산정한다.

> ➤ 고용안정·직업능력개발사업 월별보험료
>   = 근로자 개인별 월평균보수(전년도 보수총액을 전년도 근무개월 수로 나눈 금액 또는 근로 개시일부터 1년간(1년 이내의 근로계약 기간을 정한 경우에는 그 기간) 지급하기로 정한 보수총액을 해당 근무개월수로 나눈 금액) × 고용안정·직업능력 개발사업 보험료율
> ➤ 실업급여 월별보험료
>   = 근로자 개인별 월평균보수(전년도 보수총액을 전년도 근무개월 수로 나눈 금액 또는 근로 개시일부터 1년간(1년 이내의 근로계약 기간을 정한 경우에는 그 기간) 지급하기로 정한 보수총액을 해당 근무개월수로 나눈 금액) × 실업급여 보험료율

보험연도 중에 보험관계가 성립된 사업의 경우에는 보험관계 성립일부터 보험연도 말일까지 보험가입자인 근로자에게 지급하기로 정한 보수총액으로 산정하며, 보험연도 중에 보험관계가 소멸되는 사업의 경우에는 보험연도 초일부터 소멸일 전일까지 보험가입자인 근로자의 보수총액으로 산정한다.

적용제외 근로자 및 기준기간 연장사유에 해당하는 근로자는 보험료 산정에 포함되지 않는다.

나. 보험료의 납부의무자 및 원천공제

사업주는 보험가입자인 근로자의 부담분을 포함한 고용보험료 전액을 납부할 의무가 있으며, 노조전임자와 같이 사업주로부터 직접 보수를 지급받지 않는 근로자의 보험료에 대하여도 사업주가 이를 포함하여 납부하여야 한다.

보험가입자인 근로자는 실업급여 보험료의 근로자부담분(실업급여 보험료의 1/2)을 사업주에게 지급(사업주는 급여지급 시 보험가입자인 근로자의 실업급여 보험료 부담분을 원천공제할 수 있음)하여야 하며, 노조전임자와 같이 사업주로부터 보수를 지급받지 않는 근로자의 경우에는 해당 보험료 전액(월평균보수액×실업급여 보험료율)을 사업주에게 지급하여야 한다.

건설업 등 사업이 수차의 도급에 의하여 행하여지는 경우에는 원수급인이 고용보험 가입자인 사업주로서 보험료의 보고·납부 의무를 진다. 다만, 「보험료 징수법」 제9조제1항 단서에 따라 하수급인이 근로복지공단으로부터 사업주 인정 승인을 받은 경우에는 그 하도급공사에 한정하여 하수급인이 보험가입자인 사업주가 되어 해당 보험료를 납부한다.

다. 일괄적용 사업의 보험료

일괄적용 제도는 건설공사 등과 같이 하나의 사업주가 수 개의 동종사업을 행할 경우 보험관계 성립신고 및 보험료 보고·납부를 수차에 걸쳐 행하여야 하는 번거로움을 피하고 행정의 간소화를 기하기 위한 제도이다. 사업이 당연일괄 적용 요건에 해당되는 경우에는 주된 사업을 관할하는 근로복지공단지사장이 일괄 적용을 받는 사업을 하나의 적용사업으로 간주, 보험료 보고 등 모든 보험행정을 일괄적으로 관리한다. 다만, 당연일괄적용 요건을 전부 만족하지 않더라도 동일 사업주인 경우에는 임의신청에 의해 일괄적용이 가능하며, 마찬가지로 하나의 적용사업으로 간주하여 취급한다.

<표 2-4-2> 2023년 일괄적용 사업장

(단위: 개소)

구 분	계	당연일괄	임의일괄
사업장수	153,528	140,009	13,519

4 보수총액의 범위

고용보험료의 산정기초가 되는 '보수'란 「소득세법」에 따른 근로소득에서 비과세 근로소득을 공제한 총급여액의 개념과 동일하며, 근로소득금액의 개념과는 상이하고, 연말정산에 따른 근로소득세 원천징수 대상 근로소득과 동일하다.

「소득세법」에 따른 '근로소득'은 「근로기준법」에 의한 '임금'보다 광의의 개념으로 고용관계 기타 이와 유사한 계약에 의해 근로를 제공하고 지급받는 모든 경제적 가치들을 말한다.

<표 2-4-3> 보수총액의 적용 기준

일반적 기준	예외적 기준
○ 보험연도 중 당해사업에 종사하는 피보험자인 근로자의 보수총액 　- 「소득세법」에 따른 근로소득에서 비과세근로소득을 공제한 총급여액 　- 고용노동부장관이 정하여 고시하는 금품 ○ 피보험자인 예술인·노무제공자의 보수액 　- 「소득세법」에 따른 사업소득 및 기타소득에서 비과세소득 및 고용노동부장관이 정하여 고시하는 방법에 따라 산정한 경비를 제외한 금액	○ 총공사금액 × 노무비율 　- 건설공사 등 보수총액을 결정하기 곤란한 경우(법 제13조제6항)

※ 2011년 4대 사회보험 징수통합에 따라, 2011년부터 고용보험료를 타 사회보험과 마찬가지로 보수를 기준으로 산정

제2절 보험료의 납부 절차

1 보험료의 징수기관

가. 고용노동부

고용노동부 고용보험기획과는 고용보험료 징수계획의 수립, 징수제도의 개선, 징수와 채권관리, 고용보험료 징수에 관하여 근로복지공단 및 국민건강보험공단에 위탁한 사항에 대한 지도·감독, 기타 고용보험료 징수와 관련된 사항 등을 담당하고 있다.

보험료 징수의 집행은 고용보험제도 도입 당시에는 산재보험료의 징수체계와 유사하여 징수업무 중 보험료 보고서의 접수·수리 등의 일부 업무를 근로복지공단에서 담당하고, 나머지 업무는 지방고용노동관서 관리과에서 담당하였으나, 정부조직개편에 따라 1999년 10월 1일부터는 산재보험료 징수업무를 담당하고 있는 근로복지공단에서 고용보험 징수업무도 담당하게 되었다.

이후 2011년 1월 1일부터 4대 사회보험 징수업무가 국민건강보험공단으로 통합되어 국민건강보험공단은 건설업과 벌목업을 제외한 모든 업종의 보험료를 징수하고, 건설업과 벌목업을 포함한 모든 체납보험료 징수를 담당하고 있다.

나. 근로복지공단

「보험료징수법」 제4조에 따라 다음의 고용보험 적용·부과 업무는 근로복지공단에 위탁되어 있다.

① 월보험료 산정·부과(건설업 및 벌목업 이외 업종)

② 개산보험료(건설·벌목업)의 산정·부과·징수

③ 보험료 조사징수 및 정산 업무

④ 고용보험사무대행기관의 인가, 인가내용 변경신고·폐지신고의 수리, 고용보험 사무대행기관에 대한 사무처리

⑤ 「고용보험법」의 시행에 관하여 필요한 보고, 관계서류의 제출 또는 관계인의 출석 요구(위임된 사무처리를 위하여 필요한 경우에 한함)

⑥ 고용보험 업무관련 사무소의 출입, 관계인의 질문, 서류조사(위임된 사무처리를 위하여 필요한 경우에 한함)

다. 국민건강보험공단

「보험료징수법」제4조에 따라 다음의 업무를 국민건강보험공단이 위탁받아 수행하고 있다.

① 보험료 등(건설·벌목업 제외)의 고지 및 수납

② 보험료 등의 체납관리(건설·벌목업 포함)

2 개산 및 확정보험료의 납부(건설·벌목업)

가. 개산보험료

사업주는 보험연도마다 그해 1년간 사용할 모든 피보험자인 근로자에게 지급할 보수총액의 추정액에 보험사업별 보험료율을 각각 곱하여 산정한 금액을 매년 3월 31일까지 신고·납부하여야 한다. 다만, 건설공사 등 기간의 정함이 있는 사업으로서 70일 이내에 종료되는 사업에 있어서는 그 사업의 종료일의 전일까지 신고·납부하여야 한다.

보험연도 중에 보험관계가 성립된 경우에는 그 성립일을 그 보험연도의 초일로 보고 그해 보험연도 말까지 지급할 보수총액의 추정액에 보험사업별 보험료율을 각각 곱하여 산정한 금액을 성립일로부터 70일 이내에 신고·납부하여야 한다.

보수총액의 추정액이 전년도에 사용한 모든 피보험자인 근로자에게 지급한 보수총액의 70/100 이상 130/100 이하인 경우에는 전년도에 사용한 피보험자인 근로자에게 지급한 보수총액으로 개산보험료를 산정한다.

건설공사의 경우 보수총액의 추정이 곤란한 때에는 총공사금액에 「보험료징수법」 제13조제6항에 따라 고용노동부장관이 결정 고시한 노무비율을 곱하여 산출된 금액을 보수총액으로 하여 개산보험료를 산정한다.

사업주는 보험연도 중에 사업의 규모 축소 등으로 인하여 보수총액이 감소하여 실제의 개산보험료 총액이 이미 신고한 개산보험료 총액보다 100분의 30 이상으로 감소하게 된 경우에는 '개산보험료 감액조정신청서'를 관할 공단지사에 제출할 수 있다. 이 경우 관할 공단지사에서는 결과를 사업주에게 통지하여야 하며, 감액 결정한 후 반환금이 발생하면 조속한 시일 내에 이를 조치하게 된다.

나. 확정보험료

사업주는 매 보험연도 말일까지 보험사업별 피보험자인 근로자가 지급받은 보수총액(지급하기로 결정된 보수 포함)에 보험사업별 보험료율을 각각 곱하여 산정한 금액을 다음 보험연도 3월 31일까지 신고·납부하며, 보험연도 중에 보험관계가 소멸된 경우에는 그 소멸일 전일까지의 보험사업별 피보험자인 근로자가 지급받은 보수총액에 보험사업별 보험료율을 각각 곱하여 산정한 금액을 소멸한 날부터 30일 이내에 보고·납부하여야 한다.

확정보험료 산정의 기초가 되는 보수총액에는 그해 보험연도에 사용한 피보험자인 근로자가 지급받기로 결정한 모든 보수가 포함된다. 따라서 지급 결정된 보수에 대하여 자금 사정 등을 이유로 미지급한 금품도 포함된다.

확정보험료 보고서는 공단지사에 제출하고, 보험료는 국고대리점, 국고수납 대리점 또는 우체국에 자진납부 하여야 한다. 사업주가 확정보험료보다 개산 보험료를 부족하게 납부한 경우에는 그 부족액을 납부하고 초과 납부한 경우에는 초과금액을 반환받거나 충당 신청할 수 있다.

건설·벌목업을 제외한 업종의 경우, 2011년 1월 1일부터는 월별로 보험료를 고지·수납하며, 보험료 산정의 기초도 보수총액으로 변경됨에 따라 매년 3월 15일까지 전년도 전체 근로자에게 지급한 보수총액을 신고하여야 한다.

3 월별보험료의 납부(건설·벌목업 이외 사업)

2011년 4대 사회보험 징수통합에 따라 근로복지공단에서 월별보험료(사업주가 신고한 근로자 개인별 월평균보수에 보험료율을 곱한 금액을 합산한 금액)를 매월 산정·부과하고 국민건강보험공단에서 이를 고지·수납한다.

다만, 건설업·벌목업은 기존의 보험료 납부제도가 그대로 유지되며, 사업장의 보험료 체납 시 체납보험료 관리업무는 국민건강보험공단에서 수행한다.

〈표 2-4-4〉 사업종류별 보험료 납부 방식

사 업 종 류	보험료 납부
• 전 사업(건설·벌목업 제외) • 건설업 중 건설장비운영업 • 중소기업사업주·특수형태근로종사자 • 해외파견(건설업 외) • 고용보험 자영업자(2012.1.22. 이후 신규가입자)	부과 고지
• 건설업(건설본사 포함) • 임업 중 벌목업 • 해외파견사업(건설업) • 고용보험 자영업자(2012.1.21. 이전 기존가입자)	자진 신고

※ 건설현장 및 벌목업은 단기 공사로 중층적 하도급 구조 및 이동이 잦은 근로자의 업무특성상 고용상황 및 보수총액 등의 파악이 어려워 월별 부과고지제도 적용이 곤란, 건설업과 임업 중 벌목업에 대하여는 기존 자진신고·납부방식을 유지
※ 건설본사와 건설현장 간 근로자 이동이 빈번하며, 고용보험의 경우 본사 근로자가 현장에 파견되더라도 본사 근로자로 보험료를 납부하고 있으므로 건설 본사도 자진신고대상으로 적용
※ 해외파견사업 중 사업의 실태가 건설업 등의 사업에 해당하는 사업과 고용보험 자영업자의 경우(2012년 1월 21일 이전 기존가입자) 자진신고 대상으로 적용

[그림 2-4-1] 부과고지제도 업무처리 흐름도

보험관계성립신고
- 보험관계 성립신고: 성립일로부터 14일 이내

근로자 고용정보 신고 (월평균보수신고)
- 입사시: 근로자고용 신고 → 다음달 15일까지
- 퇴사시: 근로자고용종료 신고 → 다음달 15일까지
- 전근시: 근로자 전근 신고 → 전보일부터 14일 이내
- 휴직시: 근로자 휴직 등 신고 → 휴직일부터 14일 이내
- 변경시: 근로자 정보변경 신고 → 변경일부터 14일 이내
  ※ 월60시간 미만인 자 등 대통령령이 정하는 자는 신고 면제

월별보험료산정 부과·고지·납부
- 보험료 산정: 근로자 개인별 월평균보수액 × 보험료율
  ※ 월평균보수: 근로자 개인별 전년도 보수총액을 개인별 근무개월수로 나눈 금액 또는 근로 개시일로부터 1년간 1년 이내의 근로계약 기간을 정한 경우에는 그 기간 지급하기로 정한 보수총액을 해당 근무개월수로 나눈 금액
- 고 지: 납부기한 10일전(당해월 말일)까지 도착
- 납 부: 해당 월의 다음달 10일까지

월평균보수 변경
- 변경신고: 월평균보수 변동(인상·인하)된 경우
- 적용시점: 월평균보수 변동(인상·인하)을 신고한 다음달부터

보수총액 등 신고
- 전년도에 지급한 보수총액 신고 안내(근로복지공단): 2월
- 전년도 보수총액 신고(사업주): 3월 15일까지

연도중 폐업·도산
- 소멸신고: 소멸일로부터 14일 이내
- 근로자에 지급한 보수총액 신고: 소멸일로부터 14일 이내
- 보험료 정산(반환·추가징수)

월평균보수 산정
- 적용기간: 4월부터 다음연도 3월. 다만, 10월 이후에 새로이 고용된 근로자의 월 평균보수는 다음다음 연도 3월까지

보험료 정산
- 당해연도 보수총액으로 정산(반환·추가징수)
- 공단 직권 정산: 보수총액 미신고, 신고가 사실과 다른 경우
- 정산 차액은 정산을 실시한 달의 보험료에 합산 징수

4 기타 징수금의 납부

건설업·벌목업 등 보험료 자진신고 대상 사업장이 확정보험료를 법정 기한 내에 보고하지 아니하거나, 그 보고가 사실과 다른 때에는 징수해야 할 보험료의 100분의 10에 상당하는 금액이 가산금으로 부과된다. 다만, 가산금액이 3천원 미만이거나 확정보험료를 신고하지 않은 사유가 천재지변이나 그 밖에 고용노동부장관이 인정하는 부득이한 사유인 경우에는 그러하지 아니한다.

또한,「보험료징수법」제16조의7, 제17조 및 제19조에 따른 납부기한까지 보험료를 납부하지 아니한 때에는 체납된 보험료의 1,000분의 20에 해당하는 연체금을 징수하고, 납부 기한 도과 후 30일이 지난 날부터 매 1일이 지날 때마다 6,000분의 1에 해당하는 연체금을 1,000분의 50을 한도로 하여 추가로 징수한다.

5 보험료 징수현황

가. 연도별·사업별 징수현황

고용보험료 총 징수현황은 고용보험 가입자 증가, 실업급여 보험료율의 인상 등에 따라 〈표 2-4-5〉에서 보는 바와 같이 2023년에는 17,834,502백만원을 징수하여 전년대비 13.3%가 증가하였다.

〈표 2-4-5〉 연도별·사업별 징수현황

(단위: 백만원, %)

구분	2019		2020		2021		2022		2023	
	금액	증가율	금액	증가율	금액	증가율	금액	증가율	금액	증가율
계	11,113,489	8.9	12,943,787	16.4	13,576,910	4.8	15,736,756	15.9	17,834,502	13.3
실업급여	8,083,104	9.8	9,824,362	21.5	10,353,618	5.3	12,158,404	17.4	13,964,994	14.9
고용안정사업	3,030,385	6.4	3,119,425	2.9	3,223,292	3.3	3,578,352	11.0	3,869,508	8.1
직업능력개발사업										

※ 보험료는 연체금, 가산금을 포함한 금액임

나. 연도별·사업장 규모별 징수현황

2023년 사업장 규모별 고용보험료 징수액은 〈표 2-4-6〉에서 보는 바와 같이 대부분의 사업장 규모에서 증가하였다. 세부적으로 보면 30에서 100인 미만에서 16.5%로 가장 크게 증가하였고, 5인 미만 사업장 규모에서 13.7%, 100인 이상 500인 미만 규모에서 13.3% 순으로 증가하였다.

〈표 2-4-6〉 연도별·사업장 규모별 징수현황
(단위: 백만원, %)

구 분	2019 금액	비율	2020 금액	비율	2021 금액	비율	2022 금액	비율	2023 금액	비율
계	11,113,489	100.0	12,943,787	100.0	13,576,910	100.0	15,736,756	100.0	17,834,502	100.0
5인 미만	834,871	7.5	1,032,979	7.9	1,183,818	8.7	1,568,521	10.0	1,782,841	10.0
5인-10인 미만	693,989	6.3	832,530	6.4	879,330	6.5	977,957	6.2	1,072,981	6.0
10인-30인 미만	1,265,871	11.4	1,515,726	11.7	1,590,340	11.7	1,784,006	11.3	1,986,148	11.1
30인-100인 미만	1,310,704	11.8	1,569,798	12.1	1,626,114	12.0	1,840,456	11.7	2,143,475	12.0
100인-500인 미만	1,868,158	16.8	2,194,807	16.9	2,277,030	16.8	2,566,676	16.3	2,908,379	16.3
500인-1000인 미만	799,059	7.2	937,048	7.2	928,274	6.8	1,099,162	7.0	1,198,758	6.7
1,000인 이상	3,403,792	30.6	3,830,889	29.5	4,068,773	30.0	4,780,491	30.4	5,390,714	30.2
건설공사	937,045	8.4	1,030,010	7.9	1,023,231	7.5	1,119,487	7.1	1,351,206	7.6

※ 보험료는 연체금, 가산금을 포함한 금액임

다. 보험료 징수 및 미수납액 현황

2023년 고용보험료의 수납율은 90.5%, 미수납액은 1,809,452백만원이다. 고용보험 피보험자 수 증가 등의 영향으로 2023년 징수결정액과 수납액은 전년 대비 각각 12.5%, 13.3% 증가하였으며, 수납률은 90.5%로 전년 대비 0.7%p 증가하였다.

〈표 2-4-7〉 보험료 징수 및 미수납액 현황
(단위: 백만원, %)

구 분	징수결정액	수 납 액	불납결손액	미 수 납 액	수 납 율
2019	12,585,037	11,113,489	57,751	1,413,797	88.3(94.4*)
2020	14,481,170	12,949,787	59,530	1,477,853	89.4(95.2*)
2021	15,184,304	13,576,910	50,562	1,470,928	89.4(95.2*)
2022	17,529,309	15,736,756	79,419	1,713,134	89.8(95.9*)
2023	19,713,200	17,834,502	69,246	1,809,452	90.5(96.3*)

※ 조정수납률: 2011년 부과고지제도 시행으로 월보험료 납부기한이 다음 달 10일까지로 변경됨에 따라 매년 12월 징수결정액에 대한 수납이 대부분 다음연도에 이뤄지게 되는 점을 보완하기 위해 납기미도래액을 징수결정액에서 제외하고 산정

제3절 고용보험 보험사무대행기관

1 의의

고용보험 보험사무대행기관이란 행정력이 부족한 소규모 사업주의 보험사무 처리의 부담을 덜어주고, 고용보험 가입을 촉진하기 위하여 1995년 도입된 제도이다. 사업주 등을 구성원으로 하는 단체로서 특별법에 따라 설립된 단체 등이 근로복지공단으로부터 보험사무대행기관 인가를 받아 보험료 신고, 고용보험 피보험자격 취득신고 등 사업주가 행하여야 할 각종 보험사무를 2019년부터 사업장 규모와 관계없이 사업주로부터 위탁받아 대행한다. 이 중 30인 미만 사업주로부터 보험사무를 위탁받아 수행할 경우, 보험사무대행기관에 사업주를 대신하여 보험사무대행 지원금을 지급한다.

2 자격기준 및 신청절차

「보험료징수법」에 보험사무 대행기관의 자격기준이 규정되어 있으며, 구체적으로는 ① 사업주 등을 구성원으로 하는 단체로서 특별법에 의해 설립된 단체(대한상공회의소, 대한건설협회 등), ② 「민법」 제32조에 따라 고용노동부 장관의 허가를 받아 설립된 법인(한국경영자총협회 등), ③ 관계 법률에 따라 주무관청의 인·허가를 받거나 등록 등을 한 법인(노무·세무·회계법인, 법무사회, 대한주택관리사협회 등), ④ 공인노무사로서 2년 이상 직무를 행하고 있는 자, ⑤ 개인 세무사로서 2년 이상 직무를 행하고 있는 자 중 고용노동부장관이 정하는 교육을 이수한 자이다.

보험사무대행기관으로 인가를 받고자 하는 법인 또는 단체는 정관, 규약 등에 보험사무를 대행할 수 있도록 명시되어 있어야 하며, 인가를 희망하는 기관이 대행사무의 내용, 수탁대상지역 등의 사항 등을 기재한 인가신청서를 근로복지공단에 제출하여야 한다.

3 지원금 지급

고용보험 보험사무대행기관이 상시근로자 30명 미만 사업주의 보험사무를 대행하는 경우 업무에 따라 징수사무대행지원금, 피보험자관리등대행지원금, 적용촉진장려금을 지원한다.

징수사무대행지원금은 상시근로자수 30명 미만인 사업주로부터 보험사무를 위임받아 「보험료징수법 시행규칙」 제2조의2에 따른 고용·산재정보통신망(토탈서비스)을 이용하여 보험료 신고를 하고, 보험료 및 그 밖의 징수금(이하 '징수금'이라 함)을 위임사업주에게 100분의 80 이상 납부하도록 한 경우 지급한다(지급기준: 위임사업주 1명당 16,000원, 반기별 연 2회 지급).

피보험자관리등대행지원금은 상시근로자수가 30명 미만인 사업주로부터 보험사무를 위임받아 「고용보험법 시행규칙」 제7조에 따라 고용노동부장관이 설치·운영하는 정보통신망 또는 「보험료징수법 시행규칙」 제2조의2에 따른 고용·산재정보통신망을 활용하여 피보험자격취득 및 상실신고, 일용근로자의 근로내용확인신고, 근로자의 고용 및 고용관계종료신고, 특수형태근로종사자 노무제공신고, 특수형태근로종사자 명세변경신고(이하 '피보험자 신고 등'이라 함)를 한 경우 지급한다(지급기준: 위임 사업주 1명당 12,000원을 지급하며 6건 이상 신고 시 15,000원, 15건 초과 신고 시 18,000원 지급, 분기별 연 4회 지급).

또한, 보수총액신고대행지원금은 상시근로자수가 30명 미만인 사업주로부터 보험사무를 위임받아 「보험료징수법 시행규칙」 제2조의2에 따른 고용·산재정보통신망을 활용하여 위임사업주의 근로자에 대하여 「보험료징수법」 제16조의10 제1항에 따른 보수총액신고를 한 경우 위임사업주 1명당 18,000원(상시근로자수가 5명 이상인 경우 24,000원)을 연 1회 지급하되, 예술인에 대하여 신고한 경우에도 5,000원(단기예술인을 제외한 예술인이 10명 이상인 경우 10,000원)을 지급한다. 다만, 매월 실보수를 신고받는 노무제공자에 대해서는 지급하지 않는다.

적용촉진장려금은 상시근로자수가 30명 미만인 사업주로서 고용보험 및 산재보험의 보험관계 성립신고를 모두 하지 아니한 사업주로부터 보험사무를 위임받아 고용·산재정보통신망을 통하여 고용보험 및 산재보험의 보험관계 성립신고를 한 경우 지급한다(지급기준: 위임사업주 1인당 40,000원, 최초 성립시 1회 지급).

4 추진실적 및 평가

2023년 말 기준 보험사무대행기관 수 및 위탁사업장 수는 6,436개소와 894,358개소로 전년 대비 각각 9.6%, 1.4% 증가하였고, 보험사무대행지원금은 전년 대비 6.7% 증가한 14,006백만원을 지급하여, 행정력이 부족한 영세 소규모 사업장의 보험사무 처리 부담을 완화하는데 기여하였다.

〈표 2-4-8〉 고용보험 보험사무대행기관 현황(2023년)

○ 위탁현황

(단위: 개소, %)

구분	사무대행기관수	위탁 대상 사업장	위탁 사업장	위 탁 율
2021	5,450	2,511,690	827,098	32.9
2022	5,872	2,615,914	882,097	33.7
2023	6,436	2,579,905	894,358	34.7

○ 지원금 지급현황

(단위: 백만원)

구분	계	징수사무 대행지원금	피보험자관리 대행지원금	보수총액신고 대행지원금	일자리안정자금 대행지원금	적용촉진 장려금
2021	10,320	488	4,699	4,096	309	728
2022	13,125	1,021	6,894	4,163	260	787
2023	14,006	1,177	7,378	4,656	22	773

제5장 피보험자

제1절 피보험자의 의의

1. 피보험자와 보험가입자

피보험자란 「보험료징수법」에 따라 보험에 가입되거나 가입된 것으로 보는 근로자, 예술인 및 노무 제공자(이하 근로자 등)를 말한다. 다만 「고용보험법」 제10조에서 정한 사람은 피보험자가 될 수 없다.

보험가입자는 근로자 등을 고용하는 사업의 사업주와 근로자를 모두 포함하는 개념으로서(「보험료징수법」 제5조) 사업주만이 보험가입자가 되는 산재보험과 구별되고 보험의 가입은 당사자의 보험가입에 대한 의사표시가 아닌 사업의 개시 등 사실관계에 의해 이루어지는 것을 원칙으로 한다.

따라서 고용보험 적용사업의 사업주는 보험가입자가 되고, 근로자 등은 보험가입자가 되는 동시에 피보험자가 된다. 아울러 피보험자는 근로자 등이 고용보험의 적용사업에 고용된 때에 그 자격을 취득한 것으로 보는 것을 원칙으로 하고 「고용보험법」 상 그 효력이 발생하는 시기는 근로복지공단지사장이 확인한 때로 본다.

2 피보험자의 고용보험법상 의의

「고용보험법」상의 피보험자는 보험가입자로서의 의무, 즉 사업주에 고용되어 (또는 계약을 체결하여) 노무를 제공하고 그 대가로 받는 보수에 상응한 일정한 보험료를 납부해야 할 의무를 지고 보험사고가 발생한 경우 법령에서 정한 수급요건을 갖춘다면 「고용보험법」상의 제 급여를 받을 수 있는 권리를 가진다.

따라서 「보험료징수법」 제13조에서 사업주가 부담하는 보험료를 피보험자인 근로자의 보수총액에 일정 비율을 곱한 금액으로 정의하고 있다.

기존에는 실업급여 등의 적용 대상을 피보험자인 근로자로 한정하고 있었으나, 2020년 12월 10일부터 예술인 고용보험이 시행됨에 따라 근로자가 아니면서 「예술인 복지법」에 따른 예술인으로 문화예술용역 관련 계약을 체결하고 다른 사람을 사용하지 아니하고 자신이 직접 노무를 제공하는 사람에게도 실업급여 및 출산전후급여를 적용하고 있다.

또한 예술인에 이어 2021년 7월 특수형태근로종사자 12개 직종, 2022년 1월 플랫폼 종사자 2개 직종, 2022년 7월 특수형태근로종사자 추가 적용 5개 직종에 대해서도 노무제공자 고용보험이 시행됨에 따라 근로자가 아니면서 자신이 아닌 다른 사람의 사업을 위하여 자신이 직접 노무를 제공하고 해당 사업주 또는 노무수령자로부터 일정한 대가를 지급받기로 하는 계약을 체결한 사람도 실업급여 및 출산전후급여를 적용받게 되었다.

제2절 피보험자의 관리

1 피보험자 관리의 의의

가. 피보험자 관리의 구분

피보험자 관리는 고용보험에 가입한 근로자 등의 보험에 관한 제반사항을 체계적으로 관리하는 것을 말하며 광의의 피보험자 관리와 협의의 피보험자 관리로 크게 나눌 수 있다.

넓은 의미의 고용보험 피보험자 관리란 다음의 과정을 체계적으로 관리하는 것을 말한다.

① 고용보험에 가입한 피보험자에 대한 보험료 징수

② 고용보험에 가입한 피보험자의 자격의 취득, 상실 및 변동 등 피보험자격의 관리

③ 보험사고에 따른 피보험자에 대한 구직급여·취업촉진수당 등 각종 급여의 지급

좁은 의미로는 보험료 징수, 보험급여 지급 등에 대한 관리를 하나의 독립된 영역으로 분리하는 반면 고용보험에 가입된 피보험자의 피보험자격 취득·상실, 피보험자격 신고, 피보험자격 확인 등 피보험자격에 관한 관리를 피보험자 관리로 본다.

나. 피보험자 관리의 중요성

1) 실업급여의 적정한 지급을 위한 피보험자의 사전 관리

실업급여 지급의 목적은 실직자의 생활안정을 도모하고 구직활동을 촉진하여 조속한 재취업을 지원하는 것인바, 피보험자의 자격변동 상황에 관한 정확한 사전 관리는 적정한 실업급여 지급업무의 원활한 운영에 필수적이다.

2) 인력정책 수행의 기본자료 제공

피보험자 관리를 통해 전체 고용보험 가입 근로자의 데이터베이스(Data Base)를 구축함으로써, 입직·이직 및 전직 등 고용변동 상황과 직종별·산업별 인력흐름 등을 파악하여 종합적인 고용서비스 제공, 국가의 인력정책수립 및 기업의 인력관리에 활용할 수 있다.

따라서 고용보험 피보험자 자격관리는 단순히 실업급여의 지급을 위한 근로자 등의 관리뿐만 아니라 인력 재배치와 국가의 인력정책 수립에 중요한 역할을 한다.

2 피보험자 관리의 내용

가. 피보험자격의 취득·상실

고용보험의 피보험자는 민간보험과 달리 보험에 가입·탈퇴한다는 의사표시가 없더라도 고용보험 적용사업에 고용·이직하는 사실관계가 형성되면 피보험자격을 취득·상실하게 된다.

따라서 보험에 가입한 근로자가 피보험자격을 취득하는 시기는 고용보험이 적용되는 사업에 고용된 날을 원칙으로 본다. 다만 다음의 경우에는 입법상 필요에 의해 그 예외를 인정하여 그 해당되는 날에 각각 자격을 취득하는 것으로 본다.

① 고용보험의 임의가입 대상 사업이나 임의 일괄적용 사업의 근로자로서 해당 사업이 고용보험에 가입한 경우에는 그 보험관계가 성립한 날

② 고용보험 적용제외 근로자이었던 자가 그 대상자에서 제외된 날

③ 근로자가 보험관계가 성립되어 있는 둘 이상의 사업에 동시에 고용되어 있는 경우에도 고용보험 피보험자격의 이중취득은 제한되며, 월 평균보수가 많은 사업, 월 소정근로시간이 많은 사업, 근로자가 선택한 사업의 순서에 따라 한 사업의 근로자로서 피보험자격을 취득한다. 다만, 일용근로자와 일용근로자가 아닌 자로 고용되어 있는 경우에는 일용근로자가 아닌 자로 고용된 사업에서 우선적으로 피보험자격을 취득한다.

피보험자가 자격을 상실하는 시기는 고용보험 적용사업에서 이직한 날의 다음 날을 원칙으로 하되, 다음의 경우에는 입법상 필요에 의해 그 예외를 인정하여 그 해당되는 날에 각각 자격을 상실하는 것으로 본다.

① 고용보험 적용사업의 보험관계가 소멸된 날

② 사망한 날의 다음 날

③ 고용보험 적용대상 근로자였으나 적용제외자로 된 날

한편, 보험에 가입한 예술인의 경우에는 문화예술용역 관련 계약의 개시일을, 보험에 가입한 노무제공자의 경우에는 노무제공계약의 개시일에 피보험자격을 취득하는 것을 원칙으로 한다.

근로자의 경우 고용보험 피보험자격의 이중취득은 제한되고 있으나, 예술인·노무제공자 고용보험이 도입되면서 2개 이상의 고용형태(근로자 - 예술인, 근로자 - 노무제공자 등)나 2개 이상의 예술인·노무제공자 일자리에 종사하는 사람도 고용보험을 통해 보호하기 위해 이중취득을 허용하고 있다.

나. 피보험자격 신고

근로자를 고용하는 사업주(또는 예술인·노무제공자와 계약을 체결한 사업주)가 관할 근로복지공단지사에 피보험자 신고를 하고, 관할 근로복지공단지사는 신고사항의 사실 여부를 확인 후 고용보험 전산망을 통하여 피보험자를 관리한다.

이처럼 사업주의 피보험자 신고가 피보험자 관리의 첫 출발이며 사업주에게 피보험자 관련 신고를 하게 하는 이유는 피보험자의 상황에 대해 사업주가 정확하게 파악할 수 있고, 피보험자가 개별 신고를 할 경우 사회적 낭비가 우려되기 때문이다.

사업주는 그가 고용한(또는 문화예술용역계약이나 노무제공 계약을 체결한) 피보험자에 대한 다음 사항을 신고한다.

① 피보험자격의 취득신고

근로자를 채용하거나, 이미 채용한 근로자가 고용보험 적용제외 근로자였다가 적용대상 근로자로 되는 경우(예시: 월60시간 미만이었던 자가 근로계약의 변동으로 인하여 월60시간 이상 근무하게 되는 경우), 예술인·노무제공자와 문화예술용역관련계약·노무제공계약을 체결한 경우

② 피보험자격의 상실신고

근로자가 퇴직을 하거나, 적용제외 근로자로 되는 경우, 예술인·노무제공자와 계약을 해지하는 경우 등

③ 피보험자의 전근신고

동일한 사업주의 하나의 사업장에서 다른 사업장으로 근로자가 전근하는 경우

④ 피보험자 이름 등의 변경신고

피보험자의 이름이나 주민등록번호가 변경되는 경우나 「국민기초생활 보장법」 제8조제2항에 따른 생계급여 수급권자인 수급자에서 그 밖의 수급자로 변경되거나 그 밖의 수급자에서 수급권자인 수급자로 변경된 경우

피보험자신고는 신고서식을 작성하여 직접방문, 우편 및 팩스(FAX)로 제출할 수 있고, 잦은 신고로 인한 불편을 해소하기 위해 전산입력자료대체신고서에 전산입력 자료를 첨부하여 제출하는 것도 가능하며, 고용보험 EDI시스템(http://www.ei.go.kr)을 통하여 신고할 수 있다.

다. 피보험자격의 확인

피보험자격 확인은 피보험자의 청구가 있는 경우 또는 직업안정기관의 장의 직권에 의해 행한다. 또한 직업안정기관의 장은 피보험자격의 취득·상실에 관한 확인을 한 경우에 지체 없이 사업주 및 피보험자에게 그 확인 결과를 통지하여야 한다.

피보험자격 확인의 「고용보험법」상 의의는 피보험자 자격의 취득 및 상실의 법률상 효력을 발생하는 전제조건이지 그 기산시점을 의미하지는 않는다.

피보험자격 확인청구란 「고용보험법」 제17조에 따라 피보험자 또는 피보험자이었던 자가 직업안정기관의 장에게 피보험자격의 취득 또는 상실에 관해 확인해 줄 것을 청구하는 것을 말한다.

피보험자격 확인청구제도는 사업주의 신고의무 해태로 피보험자격 관리가 안 된 근로자가 피보험자격의 취득·상실에 대하여 주장할 수 있도록 하여, 사업주에 의한 피보험자격 관련 신고제도를 보완하고, 누락 피보험자의 권리를 보호하기 위한 것이다.

※ 사업주가 근로자·예술인·노무제공자의 피보험자격 확인청구를 이유로 해당 근로자·예술인·노무제공자에 대하여 해고 또는 기타 불이익한 처급을 한 경우 3년 이하의 징역 또는 3,000만원 이하의 벌금을 부과할 수 있다(「고용보험법」 제116조제2항).

라. 피보험자 업무처리 절차

고용보험 피보험자 관리는 사업주와 근로복지공단 쌍방에 의하여 이루어지는데 특히, 피보험자 변동 상황에 대한 사업주의 신고가 무엇보다 중요하다.

사업주는 근로자·예술인·노무제공자의 피보험자격 취득·상실이 있는 경우 그 사유가 발생한 날이 속하는 달의 다음 달 15일까지, 전근·변경이 있는 경우 사유 발생일로부터 14일 이내에 법령에서 정한 신고서에 의하여 관련 사항을 사업장 관할 근로복지공단 지사장에게 신고한다. 일용근로자를 고용한 사업주나 하수급인의 경우 해당하는 달에 고용한 일용근로자의 근로일수, 임금 등이 적힌 근로내용확인신고서를 그 사유가 발생한 날의 다음달 15일까지 제출한다. 단기예술인·단기 노무제공자와 계약을 체결한 사업주는 노무제공내용 확인신고서를 그 사유가 발생한 날이 속하는 달의 다음 달 15일까지 제출한다.

※ 근로자를 고용하는 등 신고사유가 발생하였음에도 상기의 신고기한 내에 신고하지 않거나 신고 하였더라도 그 내용이 사실과 다른 경우 해당 사업주에게는 최대 300만원 이하의 과태료가 부과된다(「고용보험법」 제118조제1항).

별정직·임기제 공무원 및 임의가입 대상 외국인의 경우 별도로 정해진 양식에 따라 가입을 신청하여야 하며, 신청일의 다음날에 피보험자격을 취득한 것으로 본다.

근로복지공단(지사)은 피보험자관리의 실무업무를 수행하며 사업주의 신고에 대한 확인·처리, 적용누락 근로자 확인·가입 및 이중취득자 확인·처리 등의 업무를 수행한다.

[그림 2-5-1] 피보험자관리 업무처리 흐름도

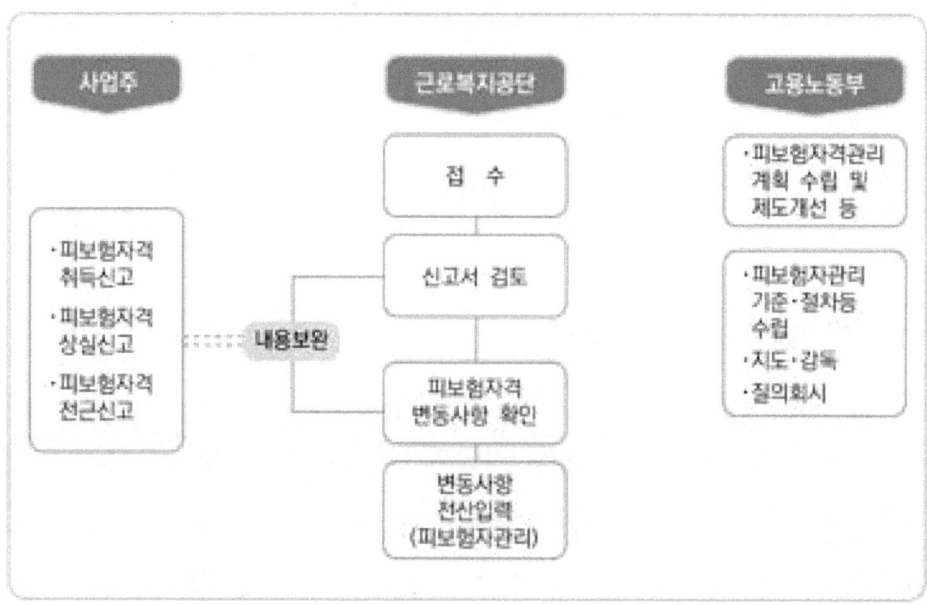

제3절 피보험자 현황

1 피보험자

2023년 말 고용보험 피보험자 수는 15,199,534명으로 2022년 말보다 301,032명(2.0%)이 증가하였다. 피보험자 수는 매년 지속해서 증가하고 있다.

〈표 2-5-1〉 고용보험 피보험자 변동 추이

(단위: 명, %)

구 분	2014	2015	2016	2017	2018	2019	2020	2021	2022	2023
연말기준	11,930,602	12,363,063	12,655,202	12,968,825	13,432,497	13,864,138	14,111,690	14,550,033	14,898,502	15,199,534
(전년대비증감률)	(3.1)	(3.6)	(2.4)	(2.4)	(3.7)	(3.2)	(1.8)	(3.1)	(2.4)	(2.0)
취 득	6,335,612	6,666,323	6,880,808	6,998,409	7,297,455	7,336,748	7,223,108	7,760,756	7,964,358	7,753,354
상 실	5,837,563	6,075,824	6,412,984	6,479,754	6,709,461	6,804,826	6,878,552	7,206,859	7,500,301	7,329,561

※ 피보험자의 경우 해당연도말 기준의 순수 피보험자로 가장 마지막 이력기준이며, 취득 및 상실은 해당연도의 월별 누계치임
※ 피보험자는 가장 마지막 이력기준으로 추출한 순수피보험자(상용근로자·자영업자)임(예술인·노무제공자 미포함)

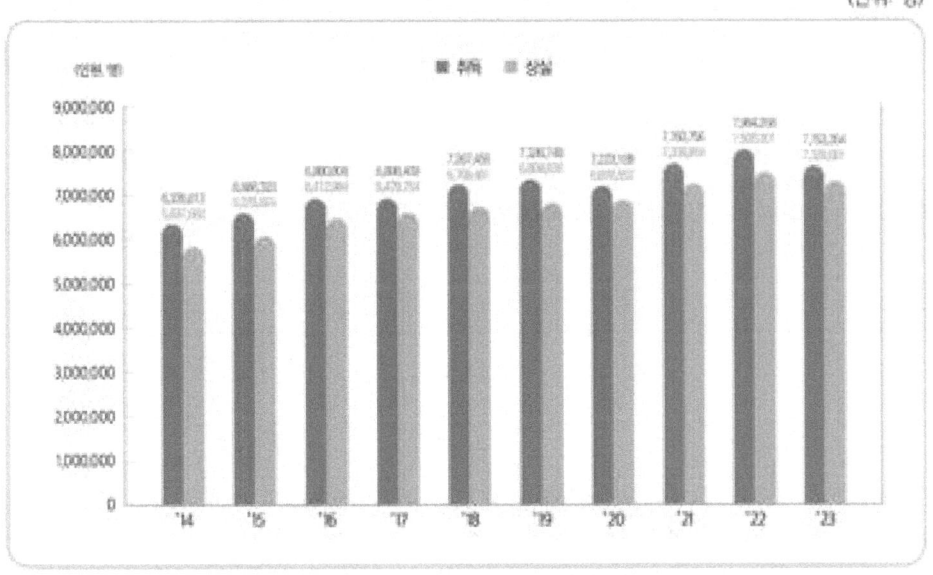

[그림 2-5-2] 고용보험 피보험자 변동 추이

(단위: 명)

2023년 피보험자의 인적 특성별 비중은 남성과 여성이 각각 55.8%, 44.2%로 전년과 동일하였다. 연령별로는 40대(23.6%), 30대(22.7%), 50대(22.2%) 순으로 비중이 높았다.

전년 대비 연령별 피보험자 수 증감률의 경우, 20세 미만은 5.3% 감소, 20대 1.6% 감소, 40대 0.3% 감소, 30대 2.1%, 50대는 3.6% 상승하였다. 60세 이상은 7.5% 상승하여 60세 이상의 증가율이 가장 높게 나타났고, 20세 미만의 증가율이 가장 낮게 나타났다.

<표 2-5-2> 성·연령별 피보험자 비중 추이

(단위: 명, %)

구분	2014	2015	2016	2017	2018	2019	2020	2021	2022	2023	전년대비 증감률
전체	100 (11,930,602)	100 (12,363,063)	100 (12,695,203)	100 (12,958,825)	100 (13,432,487)	100 (13,964,139)	100 (14,111,690)	100 (14,550,033)	100 (14,898,502)	100 (15,199,534)	2.0
남자	59.6	59.0	58.6	58.1	57.4	56.8	56.4	56.0	55.8	55.8	2.0
여자	40.4	41.0	41.4	41.9	42.6	43.2	43.6	44.0	44.2	44.2	2.1
20세 미만	0.9	0.9	0.9	0.8	0.7	0.7	0.5	0.5	0.5	0.5	-5.3
20대	17.6	17.4	17.3	17.1	17.1	16.9	16.7	16.5	16.0	15.4	-1.6
30대	29.0	28.0	27.1	26.2	25.5	24.6	23.7	23.1	22.7	22.7	2.1
40대	26.7	26.6	26.5	26.3	25.5	25.1	24.9	24.4	24.1	23.6	-0.3
50대	18.0	18.5	19.1	19.7	20.3	20.8	21.2	21.5	21.8	22.2	3.6
60세 이상	7.8	8.5	9.1	10.0	10.9	12.0	13.0	13.7	14.8	15.6	7.5

※ 피보험자는 가장 마지막 이력기준으로 추출한 순수피보험자(상용근로자·자영업자)임(예술인·노무제공자 미포함)
※ 증감률은 전년도 피보험자 수 대비 증감률이며, ( )는 전체 피보험자 수임
※ 2014년 분류불능 피보험자 70명(0.0%)이 포함되었음(차세대 시스템 도입시)

전체 피보험자에서 제조업 근로자가 차지하는 비중이 25.3%로 가장 높았으며, 이어서 보건업 및 사회복지업이 13.5%, 도소매업 10.9%, 사업시설관리 서비스업이 7.7%의 비중을 차지하였다.

〈표 2-5-3〉 산업별 피보험자 비중 추이

(단위: 명, %)

구 분	2014	2015	2016	2017	2018	2019	2020	2021	2022	2023
전 체	100 (11,980,602)	100 (12,363,063)	100 (12,655,302)	100 (12,968,825)	100 (13,432,497)	100 (13,864,138)	100 (14,111,690)	100 (14,550,033)	100 (14,898,502)	100 (14,898,502)
농림, 임업, 어업	0.3	0.3	0.3	0.3	0.3	0.3	0.3	0.3	0.3	0.4
광업	0.1	0.1	0.1	0.1	0.1	0.1	0.1	0.1	0.1	0.1
제조업	29.7	29.0	28.3	27.8	26.9	25.9	25.3	25.0	25.1	25.3
전기가스사업	0.6	0.6	0.6	0.6	0.6	0.6	0.6	0.6	0.5	0.5
수도하수폐기물처리	0.5	0.5	0.5	0.5	0.6	0.6	0.6	0.6	0.6	0.6
건설업	5.4	5.4	5.3	5.3	5.3	5.2	5.2	5.2	5.3	5.1
도소매업	11.0	11.3	11.5	11.5	11.6	11.6	11.5	11.4	11.2	10.9
운수 및 창고업	4.9	4.8	4.7	4.6	4.6	4.7	4.5	4.4	4.4	4.4
숙박음식점업	3.5	3.9	4.2	4.3	4.6	4.9	4.6	4.6	4.7	4.9
정보통신업	4.5	4.5	4.5	4.6	4.7	4.7	4.9	5.1	5.3	5.3
금융보험업	3.9	3.7	3.7	3.6	3.6	3.5	3.5	3.4	3.4	3.3
부동산업	2.6	2.7	2.7	2.6	2.6	2.5	2.5	2.6	2.5	2.4
전문과학기술서비스업	5.2	5.3	5.5	5.6	5.6	5.8	6.1	6.3	6.4	6.4
사업시설관리서비스업	8.7	8.7	8.7	8.9	8.5	8.2	8.0	7.6	7.7	7.7
공공행정국방	1.9	1.9	1.9	2.0	2.2	2.4	2.8	2.5	2.4	2.4
교육서비스업	3.2	3.2	3.1	3.1	3.3	3.4	3.6	3.7	3.7	3.6
보건업 사회복지	10.6	10.8	10.8	11.1	11.6	12.2	12.7	13.0	13.1	13.5
예술스포츠	0.9	0.9	1.0	1.0	1.1	1.1	1.0	1.1	1.1	1.1
협회단체수리	2.4	2.4	2.4	2.3	2.3	2.3	2.3	2.3	2.1	2.1
가구내고용활동	0.0	0.0	0.0	0.0	0.0	0.0	0.0	0.0	0.0	0.0
국제외국기관	0.1	0.1	0.1	0.1	0.1	0.1	0.1	0.1	0.1	0.1

※ 피보험자는 가장 마지막 이력기준으로 추출한 순수피보험자(상용근로자·자영업자)임(예술인·노무제공자 미포함)
※ ( )는 전체 피보험자 수임

사업장 규모별로는 30~99인 미만 사업장의 비중이 16.5%로 전년보다 0.6%p 증가하였다. 5인 미만 소규모 사업장의 피보험자 비중은 2008년부터 최근까지 15%~17%대 사이에서 등락을 보인다. 1,000인 이상 대규모의 비중 역시 뚜렷한 추세 없이 16%~18%대를 유지하는 것으로 나타났다.

전년 대비 피보험자 수 증감률의 경우 30~99인이 5.9%로 가장 높았고, 이어서 1,000인 이상 기업이 3.4%, 300~999인 미만이 3.7% 증가하였다.

〈표 2-5-4〉 규모별 피보험자 비중 추이

(단위: 명, %)

구 분	2014	2015	2016	2017	2018	2019	2020	2021	2022	2023	전년대비 증감률
전체	100 (11,930,602)	100 (12,363,063)	100 (12,655,202)	100 (12,958,829)	100 (13,432,497)	100 (13,864,138)	100 (14,111,690)	100 (14,550,033)	100 (14,898,503)	100 (15,199,534)	2.0
5인 미만	15.3	15.6	15.7	15.8	16.2	16.5	16.7	17.0	16.5	15.9	-2.0
5-9인	10.1	10.4	10.8	10.8	10.8	10.7	10.8	10.7	10.5	10.4	0.9
10-29인	16.8	16.8	16.9	17.0	17.0	16.9	16.9	17.0	17.2	17.1	1.2
30-99인	16.6	16.5	16.4	16.3	15.8	15.5	15.7	15.7	15.9	16.5	5.9
100-299인	13.3	13.3	13.0	13.0	12.8	12.2	12.0	11.9	12.0	11.9	1.2
300-999인	10.1	9.9	9.9	9.9	10.1	10.5	10.5	10.0	10.1	10.2	3.7
1,000인 이상	17.8	17.6	17.2	17.3	17.3	17.6	17.7	17.6	17.8	18.0	3.4

※ 피보험자는 가장 마지막 이력기준으로 추출한 순수피보험자(상용근로자·자영업자)임(예술인·노무제공자 미포함)
※ 증감률은 전년도 피보험자 수 대비 증감률이며, ( )는 전체 피보험자 수임

피보험자의 지역별 비중은 서울(30.5%), 경기(23.5%), 경남(5.5%), 부산(5.1%), 인천·경북(4.4%) 순으로 나타났으며, 전년 대비 비중 변화는 미미했다. 전년 대비 피보험자 수 증가율이 높은 지역은 세종(5.6%), 충남(3.6%), 충북(3.3%), 경남(3.1%) 순이다.

〈표 2-5-5〉 지역별 피보험자 비중 추이

(단위: 명, %)

구분	2014	2015	2016	2017	2018	2019	2020	2021	2022	2023	전년대비 증감률
전체	100 (11,930,602)	100 (12,363,063)	100 (12,655,202)	100 (12,958,829)	100 (13,432,487)	100 (13,864,139)	100 (14,111,690)	100 (14,550,033)	100 (14,898,502)	100 (15,199,534)	2.0
서울	32.9	32.6	32.3	32.2	31.9	31.5	31.0	30.9%	30.8	30.5	1.1
부산	5.5	5.5	5.4	5.3	5.3	5.2	5.2	5.1%	5.1	5.1	1.1
대구	3.4	3.4	3.4	3.4	3.4	3.4	3.4	3.4%	3.3	3.3	1.9
인천	4.2	4.2	4.3	4.3	4.3	4.3	4.3	4.4%	4.4	4.4	1.8
광주	2.0	2.0	2.0	2.1	2.1	2.1	2.1	2.1%	2.1	2.1	0.2
대전	2.7	2.7	2.7	2.7	2.8	2.8	2.9	2.8%	2.8	2.8	0.9
울산	2.7	2.6	2.5	2.3	2.3	2.3	2.3	2.2%	2.2	2.2	2.0
세종	0.3	0.4	0.4	0.4	0.4	0.4	0.5	0.5%	0.5	0.5	5.6
경기	21.3	21.4	21.9	22.2	22.4	22.6	22.9	23.2%	23.3	23.5	3.0
강원	2.0	2.0	2.2	2.2	2.2	2.3	2.3	2.3%	2.3	2.3	1.9
충북	2.6	2.7	2.7	2.7	2.7	2.8	2.9	2.9%	2.9	2.9	3.3
충남	3.6	3.6	3.6	3.7	3.7	3.7	3.8	3.8%	3.8	3.9	3.6
전북	2.6	2.6	2.6	2.6	2.6	2.7	2.7	2.7%	2.6	2.6	2.2
전남	2.6	2.6	2.6	2.6	2.7	2.8	2.9	2.8%	2.9	2.9	2.7
경북	4.6	4.6	4.5	4.5	4.5	4.5	4.5	4.4%	4.4	4.4	1.9
경남	6.1	6.1	5.9	5.7	5.6	5.6	5.5	5.5%	5.4	5.5	3.1
제주	0.9	0.9	1.0	1.0	1.0	1.0	1.1	1.0%	1.0	1.0	1.6

※ 피보험자는 가장 마지막 이력기준으로 추출한 순수피보험자(상용근로자·자영업자)임(예술인·노무제공자 미포함)
※ 증감률은 전년도 피보험자 수 대비 증감률이며, ( )는 전체 피보험자 수임

2023년 피보험자격 취득자 수는 7,753,354명으로 전년(7,964,358명) 대비 2.6% 감소하였다. 취득자의 성별 비중은 남성이 49.0%, 여성이 51.0%로 전년(남자 48.8%, 여자 51.2%)에 비해 남성이 0.2%p 상승하였다.

2023년에 연령별로는 20대 취득자 비중이 26.7%로 가장 높았으며, 그 다음으로 60대(19.2%), 30대(17.8%), 50대(17.1%)순으로 나타났다.

10년 전인 2013년과 비교해보면 40대 이하 연령층의 비율은 점차 하락하고 있고, 고령화 등에 따라 50대 및 60세 이상의 연령층 비율이 상승하는 추세이다.

〈표 2-5-6〉 성·연령별 취득자 비중 추이

(단위: 명, %)

구 분	2014	2015	2016	2017	2018	2019	2020	2021	2022	2023	전년대비 증감률
전체	100 (6,335,612)	100 (6,666,323)	100 (6,880,908)	100 (6,898,409)	100 (7,267,455)	100 (7,336,748)	100 (7,223,108)	100 (7,760,756)	100 (7,964,358)	100 (7,753,354)	-2.6
남자	53.2	52.9	52.6	52.0	51.0	50.1	49.7	49.6	48.8	49.0	-1.1
여자	46.8	47.1	47.4	48.0	49.0	49.9	50.3	50.4	51.2	51.0	-1.5
20세 미만	3.6	3.7	3.8	3.6	3.0	3.1	2.6	2.4	2.6	2.5	-0.1
20대	28.2	28.2	28.7	28.9	29.1	28.7	28.3	28.9	28.0	26.7	-2.0
30대	22.7	21.6	20.9	20.3	19.6	18.7	17.6	17.7	17.6	17.8	-0.2
40대	20.3	20.3	20.0	19.6	19.1	18.4	18.0	17.4	17.1	16.6	-0.9
50대	15.2	15.6	16.0	16.1	16.5	17.1	17.5	17.1	17.1	17.1	-0.4
60세 이상	10.0	10.6	10.6	11.5	12.7	14.0	16.1	16.5	17.7	19.2	1.0

※ 피보험자는 가장 마지막 이력기준으로 추출한 순수피보험자(상용근로자·자영업자)임(예술인·노무제공자 미포함)
※ 증감률은 전년도 취득자 수 대비 증감률이며, ( )는 전체 피보험자격 취득자 수임

취득자의 산업별 비중은 보건업 및 사회복지서비스업이 16.9%로 가장 높으며, 이어서 제조업(16.7%), 도매 및 소매업(10.9%), 사업시설관리 서비스업(10.3%) 순으로 나타났다.

〈표 2-5-7〉 산업별 취득자 비중 추이

(단위: 명, %)

구 분	2014	2015	2016	2017	2018	2019	2020	2021	2022	2023
전체	100 (6,335,612)	100 (6,666,323)	100 (6,880,808)	100 (6,898,409)	100 (7,267,455)	100 (7,336,748)	100 (7,223,108)	100 (7,760,756)	100 (7,964,358)	100 (7,753,354)
농림, 임업, 어업	0.6	0.6	0.5	0.4	0.4	0.4	0.4	0.4	0.4	0.6
광업	0.1	0.1	0.1	0.1	0.1	0.1	0.1	0.0	0.0	0.1
제조업	21.4	20.5	19.8	19.2	17.6	15.9	15.4	16.5	16.4	16.7
전기가스수도사업	0.2	0.2	0.1	0.1	0.1	0.1	0.1	0.1	0.1	0.1
하수폐기물처리	0.4	0.4	0.4	0.4	0.5	0.5	0.5	0.5	0.5	0.5
건설업	5.0	5.1	5.2	5.4	5.1	5.3	5.3	5.5	5.5	5.1
도소매업	11.5	11.9	12.2	12.2	12.2	12.1	11.4	11.6	11.1	10.9
운수업	3.6	3.5	3.5	3.4	3.5	3.6	3.3	3.1	3.2	3.5
숙박음식점업	6.3	7.7	8.4	8.6	9.2	10.1	8.8	8.2	9.0	10.0
정보통신업	3.6	3.7	3.6	3.7	3.9	3.7	3.9	4.4	4.6	4.0
금융보험업	1.3	1.2	1.2	1.1	1.2	1.2	1.0	1.1	1.1	1.1
부동산 및 임대업	2.8	2.8	2.9	2.8	2.8	2.6	2.5	2.7	2.5	2.4
전문과학기술서비스업	4.3	4.4	4.5	4.7	4.6	4.9	5.4	5.3	5.3	5.1
사업시설관리 서비스업	13.1	12.8	12.8	12.8	12.0	11.0	10.4	10.1	10.4	10.3
공공행정국방	4.8	4.5	4.3	4.6	4.9	5.2	8.8	6.4	5.1	4.8
교육서비스업	4.9	4.7	4.5	4.4	4.7	4.8	4.4	5.0	5.2	4.8
보건업사회복지	12.4	12.3	12.2	12.6	13.3	14.7	14.7	15.2	16.1	16.9
예술스포츠	1.1	1.1	1.2	1.2	1.4	1.5	1.2	1.2	1.4	1.3
협회단체수리	2.7	2.6	2.5	2.5	2.5	2.5	2.3	2.3	2.1	2.0
가구내고용활동	0.0	0.0	0.0	0.0	0.0	0.0	0.0	0.0	0.0	0.0
국제외국기관	0.0	0.0	0.0	0.0	0.0	0.0	0.0	0.0	0.0	0.0

※ 피보험자는 가장 마지막 이력기준으로 추출한 순수피보험자(상용근로자·자영업자)임(예술인·노무제공자 미포함)
※ ( )는 당해연도 취득된 피보험자 수임

취득자의 규모별 비중은 5인 미만이 22.3%로 가장 높았으며, 300~999인 사업장이 8.6%로 가장 낮았다. 5~9인 및 30~99인 사업장만 취득자가 전년 대비 각 0.7%, 2.9%로 증가하였고 그 외 사업장은 감소하여 전체적으로 취득자가 감소하는 추세를 보였다.

〈표 2-5-8〉 규모별 취득자 비중 추이

(단위: 명, %)

구 분	2014	2015	2016	2017	2018	2019	2020	2021	2022	2023	전년대비 증감률
전 체	100 (6,335,612)	100 (6,666,323)	100 (6,880,808)	100 (6,898,409)	100 (7,267,455)	100 (7,336,748)	100 (7,223,108)	100 (7,760,756)	100 (7,964,358)	100 (7,753,354)	-2.6
5인 미만	22.2	22.7	22.8	22.8	23.5	24.2	24.4	24.2	23.0	22.3	-5.7
5-9인	11.9	12.2	12.6	12.7	12.8	12.8	12.4	12.7	12.2	12.6	0.7
10-29인	17.9	17.8	17.9	17.8	17.7	17.9	17.3	18.0	18.8	18.9	-2.0
30-99인	16.3	16.2	15.9	15.5	14.7	14.5	14.3	15.0	11.4	16.3	2.9
100-299인	12.0	12.0	11.6	11.5	11.3	10.3	9.2	9.6	13.9	9.7	-4.7
300-999인	9.0	8.4	8.5	8.8	9.0	9.5	11.3	9.1	8.6	8.6	-3.1
1,000인 이상	10.7	10.7	10.8	11.0	11.0	10.9	11.1	11.6	12.2	11.7	-6.4

※ 피보험자는 가장 마지막 이력기준으로 추출한 순수피보험자(상용근로자·자영업자)임(예술인·노무제공자 미포함)
※ 증감률은 전년도 취득자 수 대비 증감률이며, ( )는 당해연도 취득자 수임

2 피보험자격 상실자

2023년 한 해 동안 고용보험 피보험자격을 상실한 자는 7,329,561명으로 전년 대비 2.3% 감소하였다. 상실자 중 남성 비중은 49.0% 여성은 51.0%로 나타났다. 연령별로는 20대가 24.1%로 가장 높으며, 다음으로 60대 이상(21.0%), 30대(18.1%) 등의 순으로 나타났다.

〈표 2-5-9〉 성·연령별 상실자 비중 추이

(단위: 명, %)

구 분	2014	2015	2016	2017	2018	2019	2020	2021	2022	2023	전년대비 증감률
전 체	100 (5,837,583)	100 (6,075,824)	100 (6,412,984)	100 (6,479,754)	100 (6,709,461)	100 (6,804,826)	100 (6,878,552)	100 (7,206,859)	100 (7,500,301)	100 (7,329,561)	-2.3
남자	54.0	53.6	53.2	52.7	51.9	51.0	50.3	50.0	49.1	49.0	-2.4
여자	46.0	46.4	46.8	47.3	48.1	49.0	49.7	50.0	50.9	51.0	-2.1
20세 미만	2.9	3.0	3.0	3.0	2.5	2.4	2.0	1.7	2.0	2.0	-3.0
20대	25.2	25.2	25.5	26.0	26.2	26.4	25.4	25.8	25.5	24.1	-7.7
30대	24.3	23.2	22.5	21.5	20.6	19.6	18.4	18.3	18.2	18.1	-2.7
40대	20.8	20.7	20.5	20.2	19.7	19.0	18.5	17.9	17.5	17.2	-4.4
50대	15.9	16.1	16.4	16.5	17.0	17.4	17.8	17.4	17.4	17.6	-1.0
60세 이상	11.0	11.8	12.0	12.7	14.0	15.3	17.9	18.8	19.4	21.0	5.0

※ 피보험자는 가장 마지막 이력기준으로 추출한 순수피보험자(상용근로자·자영업자)임(예술인·노무제공자 미포함)
※ 증감률은 전년도 상실자 수 대비 증감률이며, ( )는 당해연도 상실자 수임

규모별 상실자 비중은 5인 미만이 19.8%로 가장 높고, 300~999인이 8.8%로 가장 낮게 나타났다. 전년 대비 상실자 증가율은 30~99인이 2.9%로 가장 높았고, 다른 규모의 사업장은 모두 상실자가 감소 추세로 나타났다.

〈표 2-5-10〉 규모별 상실자 비중 추이

(단위: 명, %)

구 분	2014	2015	2016	2017	2018	2019	2020	2021	2022	2023	전년대비 증감률
전 체	100 (5,837,583)	100 (6,075,824)	100 (6,412,984)	100 (6,479,754)	100 (6,709,461)	100 (6,804,826)	100 (6,878,552)	100 (7,206,859)	100 (7,500,301)	100 (7,329,561)	-2.3
5인 미만	18.3	18.2	18.9	19.2	19.5	20.4	20.6	20.3	20.2	19.8	-4.1
5-9인	11.8	12.0	12.5	12.7	12.8	13.0	12.7	12.8	12.6	12.8	-0.6
10-29인	19.0	18.9	18.8	18.8	18.6	18.9	18.3	18.8	19.3	19.6	-0.3
30-99인	17.4	17.6	17.0	16.7	16.1	15.6	15.4	15.7	16.3	17.1	2.9
100-299인	12.9	12.9	12.4	12.2	12.0	10.8	10.1	10.2	10.3	10.0	-4.8
300-999인	9.5	9.0	9.0	9.1	9.6	10.1	11.4	9.6	8.9	8.8	-3.6
1000인 이상	11.1	11.4	11.5	11.4	11.4	11.2	11.6	12.6	12.5	11.8	-7.7

※ 피보험자는 가장 마지막 이력기준으로 추출한 순수피보험자(상용근로자·자영업자)임(예술인·노무제공자 미포함)
※ 증감률은 전년도 상실자 수 대비 증감률이며, ( )는 전체 피보험자격 상실자 수임

상실자의 산업별 비중은 제조업이 16.3%로 가장 높으며, 다음으로 보건업 및 사회복지업(15.7%), 도소매업(11.5%), 사업시설관리 서비스업(10.7%) 등의 순이었다.

〈표 2-5-11〉 산업별 상실자 비중 추이

(단위: 명, %)

구 분	2014	2015	2016	2017	2018	2019	2020	2021	2022	2023
전 체	100 (5,837,583)	100 (6,075,824)	100 (6,412,984)	100 (6,479,754)	100 (6,709,461)	100 (6,804,825)	100 (6,878,552)	100 (7,206,859)	100 (7,500,301)	100 (7,329,561)
농림, 임업, 어업	0.7	0.6	0.6	0.4	0.4	0.4	0.4	0.4	0.4	0.5
광업	0.1	0.1	0.1	0.1	0.1	0.1	0.1	0.1	0.1	0.1
제조업	21.8	21.4	20.9	20.1	19.1	17.3	16.4	16.4	16.3	16.3
전기가스수도사업	0.2	0.1	0.1	0.1	0.1	0.2	0.1	0.2	0.1	0.1
하수폐기물처리	0.4	0.5	0.4	0.4	0.5	0.4	0.5	0.5	0.5	0.5
건설업	5.2	5.1	5.1	5.3	5.1	5.4	5.2	5.4	5.4	5.4
도소매업	10.9	11.2	11.5	11.9	11.9	12.2	11.6	11.6	11.5	11.4
운수업	3.8	3.6	3.6	3.5	3.5	3.6	3.6	3.3	3.4	3.4
숙박음식점업	5.9	7.0	8.0	8.6	8.9	9.8	9.6	8.5	8.9	9.9
정보통신업	3.9	3.7	3.5	3.6	3.7	3.6	3.5	3.9	4.2	4.1
금융보험업	1.4	1.3	1.2	1.2	1.1	1.1	1.1	1.1	1.2	1.1
부동산및임대업	2.7	2.7	2.8	2.7	2.8	2.6	2.5	2.8	2.5	2.5
전문과학기술서비스업	4.1	4.2	4.3	4.3	4.4	4.5	4.7	5.0	4.9	4.9
사업시설관리서비스업	13.4	13.3	13.0	13.0	13.1	11.8	11.1	10.8	10.7	10.5
공공행정국방	5.1	4.8	4.4	4.6	4.7	5.2	8.4	7.3	5.5	4.7
교육서비스업	5.1	4.8	4.5	4.5	4.4	4.5	4.0	4.6	5.2	5.0
보건업 사회복지	11.7	12.0	12.4	12.0	12.5	13.5	13.7	14.6	15.7	16.2
예술스포츠	1.1	1.1	1.2	1.2	1.3	1.4	1.3	1.2	1.4	1.4
협회단체수리	2.5	2.6	2.5	2.4	2.4	2.4	2.3	2.4	2.2	2.1
가구내고용활동	0.0	0.0	0.0	0.0	0.0	0.0	0.0	0.0	0.0	0.0
국제외국기관	0.0	0.0	0.0	0.0	0.0	0.0	0.0	0.0	0.0	0.0

※ 피보험자는 가장 마지막 이력기준으로 추출한 순수피보험자(상용근로자·자영업자)임(예술인·노무제공자 미포함)
※ ( )는 당해연도 상실된 피보험자 수임

제6장 소규모사업 저임금 종사자 사회보험료 지원제도

제1절 개요

그간 우리나라는 1963년 산재보험, 1977년 건강보험, 1988년 국민연금, 1995년 고용보험을 차례로 도입하고 가입범위를 단계적으로 확대하는 등 선진국 수준의 4대 보험 체계를 갖추었다. 그러나 실제 현장에서는 고용보험이나 국민연금 등에 가입하지 않는 사각지대가 크다는 문제가 꾸준히 제기되어 왔다.

특히, 사업장의 규모가 작고 근로자의 임금이 낮을수록 사각지대가 큰 것으로 나타나, 실제 보호가 필요한 계층이 보호받지 못하는 역설적인 상황이 나타났다. 통계청에서 발표한 경제활동인구조사 부가조사 결과(2012년 8월)에 따르면, 사회보험 중 고용보험의 가입률은 5인 미만 사업장 임금근로자의 경우 28.9%, 5~9인 사업장 임금근로자의 경우 56.2%로 낮았으며, 국민연금의 경우도 미가입자가 많았는데 임금근로자 중 직장가입자의 보험 가입률은 5인 미만 사업장은 27.7%, 5~9인 사업장은 53.9%에 불과한 것으로 나타났다.

이에 정부는 취약계층의 사회보험 사각지대를 그대로 방치할 경우 실직 시 소득상실, 고용서비스 접근 제한, 노후소득 불안정 등 위험에 그대로 노출되어 빈곤층으로 전락하는 사례가 빈번하게 발생하고 특히 이러한 문제가 사회통합의 장애가 되고 있다고 판단하고 적극적인 사각지대 해소 대책을 모색하게 되었다.

사회보험 사각지대 해소를 위한 구체적인 정부 대안이 제시된 것은 2011년 8월 국무총리 주재 제2차 서민대책 점검회의에서였다.

이 회의에서 사회보험 사각지대 현황을 짚어보고 그 대책으로 소규모사업장 저임금근로자에 대해 사회보험료를 지원하는 방안을 검토하기로 하고 총리실 사회통합정책실장을 단장으로 기획재정부·고용노동부·보건복지부 공동으로

'사회보험 가입확대 추진기획단'을 구성·운영하여 사회보험료 지원 세부계획과 가입확대 방안을 논의하였다.

한편, 당정협의를 거쳐 비정규직 종합대책의 일환으로 취약계층에 대한 사회보험료를 지원하기로 발표하였으며, 우리부에서는 고용정책실장 주재 사회보험 가입확대 추진회의와 전담 TF를 구성(2011년 10월)하여 실무안이 차질 없이 마련될 수 있도록 뒷받침하였다.

이와 같은 논의과정을 거쳐 다음은 실무안을 토대로「보험료징수법」개정법률안과「국민연금법」개정법률안(이주영의원 대표발의)을 마련하여 2012년 12월 29일 국회 의결을 거쳐 보험료 지원의 법적 근거를 마련하였다.

2021년부터는 새롭게 고용보험이 적용된 예술인·노무제공자(특수형태근로종사자)로 고용보험료 지원대상을 확대하였고, 2023년부터는 고용안정·노무관리 측면의 특수성이 있는 예술인·노무제공자에 대한 지원 강화를 위해 사업 규모와 상관없이 종사자의 경우 소득 기준만으로 보험료를 지원할 수 있도록 제도를 개선하였다.

그 결과, 2023년 한 해 소규모 사업의 저소득 근로자·예술인·노무제공자 약 97만명의 보험료를 지원하였다.

제2절 사업 내용

'소규모 사업 저임금 종사자 사회보험료 지원제도'는 4대 사회보험 중 상대적으로 가입률이 낮고 사각지대가 큰 고용보험과 국민연금의 보험료 80%를 국가가 지원하는 사업(단, 예술인·노무제공자자는 고용보험료만 지원)이다.

지원대상은 근로자 10인 미만의 소규모 사업에 종사하는 월평균보수가 260만원 미만인 저소득 근로자·예술인·노무제공자와 해당 사업주 또는, 근로자 10인 이상 사업에 종사하는 월평균보수가 260만원 미만인 저소득 예술인·노무제공자이다.

제3절 주요 제도개선 내용

2013년부터 지원대상자의 임금수준 하한선을 폐지하고 상한선은 월평균보수 130만원 미만으로 상향 조정하였으며, 임금수준에 따른 차등 없이 월평균보수 130만원 미만에 해당하는 경우 보험료의 50%를 지원하도록 제도를 개선하였다. 이후 임금수준 상한선을 지속적으로 완화하여 2021년은 월평균보수 220만원, 2022년은 월평균보수 230만원, 2023년은 260만원 미만으로 상향 조정되었다.

또한, 사회보험 사각지대 해소라는 사업취지를 고려하여 2016년부터 신규가입자(60%)와 기존가입자(40%)를 구분하여 지원율에 차이를 두기 시작하면서, 이후 신규가입자 지원율은 확대(60%→80%)하고, 기존 가입자 지원율은 축소(40%→30%) 및 지원중단(2021년)하여 신규가입자 중심으로 제도를 개편하였다.

한편, 저임금근로자 보호의 제도 취지에 부합하도록 2016년부터 고액의 재산 또는 소득이 있는 고액 자산가의 경우 보험료 지원을 받지 못하도록 제도를 개선하였으며, 2023년부터는 고용안정·노무관리 측면의 특수성이 있는 예술인·노무제공자에 대한 지원 강화를 위해 사업 규모와 상관없이 종사자의 경우 소득기준만으로 보험료를 지원할 수 있도록 제도를 개선하였다.

〈표 2-6-1〉 근로자 10인 미만, 월 보수 250만원 보험료 지원금(예시)

(단위: 원)

구 분	월간			연간 지원액 (b*12월)	월간			연간 지원액 (b*12월)
	보험료 (a)	지원액 (b)	납부액 (c=a-b)		보험료 (a)	지원액 (b)	납부액 (c=a-b)	
	근로자				사업주			
고용보험	22,500	18,000	4,500	216,000	28,750	23,000	5,750	276,000
국민연금	112,500	90,000	22,500	1,080,000	112,500	90,000	22,500	1,080,000
합계	135,000	108,000	27,000	1,296,000	141,250	113,000	28,250	1,356,000
	예술인·노무제공자				사업주			
고용보험	20,000	16,000	4,000	192,000	20,000	16,000	4,000	192,000

* 보험료율: ①근로자: 고용보험(근로자 0.9%, 사업주 1.15%), 국민연금(근로자 4.5%, 사업주 4.5%)
②예술인·노무제공자: 고용보험 0.8%, 사업주 0.8%(10인 이상 사업의 경우 종사자분 지원)

※ 보험료율: 고용보험(근로자 0.9%, 사업주 1.15%), 국민연금(근로자 4.5%, 사업주 4.5%)

제4절 추진 실적 및 평가

2012년 사업시행 이후 사업 추진 현황의 주기적 점검, 사회보험 미가입자 발굴을 위한 유관기관(국세청, 전국 지방자치단체 등)과의 정보 연계, 온라인 미가입신고센터 설치 등 다각적인 가입 촉진 노력을 하고 있다. 또한 소규모 사업장의 열악한 행정력을 감안하여 가입서비스 요원을 채용·배치하여 지원 신청을 안내하는 등 '찾아가는 가입서비스'를 제공하고 있으며, 중앙 및 지역단위로 방송·언론, 홈페이지, SNS, G-버스, 지하철, 지역신문, 지역케이블방송, 가두캠페인 등 다양한 홍보수단을 활용하여 사회보험에 대한 근로자 및 사업주의 인식개선을 위해 노력하였다.

한편, 지원대상 임금수준을 지속적으로 완화((2019) 210만원 → (2020) 215만원 → (2021) 220만원 → (2022) 230만원 → (2023) 260만원)하였으며, 2023년부터는 예술인·노무제공자의 경우 10인 이상 사업장 종사자의 고용보험료 부담분을 지원하도록 제도를 개선하였다.

이러한 결과, 2023년 한해 월평균 61만개 소규모 사업의 저임금 종사자 약 97만명이 사회보험료를 지원받아 취약계층의 사회보험 사각지대 해소에 기여하였다.

〈표 2-6-2〉 연도별 신규가입 근로자 및 예술인·특수형태근로종사자 지원현황(월평균)

(단위: 명)

구 분		2018	2019	2020	2021	2022	2023
지원자 수	계	242,937	578,980	764,304	804,655	779,205	974,961
	고용	112,781	279,558	359,270	377,861	381,329	557,315
	연금	130,156	299,422	405,034	426,794	397,876	437,646

※ 신규가입: 6개월 이내 사회보험 가입이력이 없는 자(2023년 기준)

제7장 고용보험전산시스템 운영

제1절 개요

고용보험시스템은 고용보험 관련 행정업무(실업급여, 모성보호, 고용안정 및 직업능력개발사업 등)를 신속·정확하게 처리할 수 있는 전산시스템으로서, 체계적인 정보의 생산 및 제공으로 효과적인 고용정책 수립을 지원하고 있으며 사용자의 업무 효용성 향상에 기여하고 있다.

고용보험시스템은 1995년 7월에 서비스를 개시한 후 고용노동부(중앙 고용정보관리소)에서 직접 운영·관리하였다. 2001년 1월에는 한국산업인력공단(중앙고용정보원)으로 이관되어 운영 관리하던 중 2006년 3월 중앙고용정보원이 한국고용정보원으로 변경되었다.

고용보험시스템은 내부시스템(인트라넷: www1.ei.go.kr)과 외부시스템(www.ei.go.kr, 고용보험.kr)으로 구성된다.

내부시스템은 고용보험 업무를 처리하는 지방노동관서 및 고용센터, 근로복지공단 등의 정보망을 연결하여 신속·정확한 고용보험업무 처리에 이용하고 있다.

외부시스템(홈페이지)은 기업에게 사업장 지원금·고용창출 참여 신청 등의 서비스를 제공하고, 개인에게는 육아휴직급여·실업인정 온라인 신청 등의 서비스를 제공하고 있다.

또한 고용보험 모바일 앱을 통하여 실업인정 신청, 모성보호 지원금 신청 등의 서비스를 제공하고 있다.

제2절 고용보험전산시스템 운영현황

고용보험시스템은 2023년 말 현재 성립사업장 2,579,905개소, 피보험취득자 15,199,534명(일용직 제외), 실업급여처리 7,953,272건의 자료를 구축·처리·운영하고 있다.

〈표 2-7-1〉 고용보험시스템 프로그램 및 자료현황

(2023년 말 현재 / 단위: 개소, 명, 건)

구 분	구 축 자 료 량
사업장시스템	성립사업장: 2,579,905개소
피보험자시스템	상용직 취득: 15,199,534명 근로내역확인신고: 36,840,744건
실업급여시스템	지급건수: 8,138,292건
모성보호급여시스템	지급건수: 1,662,003건
지원금시스템	고용안정 지급건수: 380,011건, 직업능력 지급건수: 1,438,261건
기금/펌뱅킹시스템	지급결의: 11,714,609건, 지급액: 15,993,129백만원
전자통지시스템	193,543건

2023년 말 기준 고용보험시스템 사용기관은 322개이며, 사용자는 8,558명이다.

〈표 2-7-2〉 고용보험전산시스템 내부 사용자 현황

(2023년 말 현재 / 단위: 개소, 건)

구 분	기관수	사용자수	활 용 업 무
고용부 본부	1	130	기금, 통계업무
지방고용청·지청	49	2,494	징수, 지원금, 통계업무
고용센터	139	4,334	실업급여, 지원금, 통계업무
제주자치도	2	99	피보험자, 실업급여, 지원금, 통계업무
근로복지공단	69	899	피보험자, 적용·징수, 통계업무
한국산업인력공단	33	510	지원금, 통계, 기금업무
한국장애인공단	28	2	사업장·징수·피보험자 조회업무
한국고용정보원 (콜센터 포함)	1	90	고용보험시스템 운영 및 상담 업무
계	322	8,558	

제3절 주요 전산시스템 개편 내용

고용보험시스템은 1995년 7월 고용보험제도 시행과 함께 구축되었으며, 구축 초기에는 고용보험 관련 업무 종사자들이 행정업무를 신속·정확하게 처리할 수 있도록 지원하는 시스템으로 출발하였다.

이후 2004년 1월 외부망 서비스를 개시하여 국민들이 직접 민원을 신청하고 처리 결과를 확인할 수 있는 개방형 시스템으로 발전하였다. 고용보험 사업의 다양화와 사용자 개선 요청, 전산 장비 노후화에 따라 2013년 6월부터 16개월간의 차세대 고용보험시스템 사업을 통해 2014년 7월 모바일 서비스를 도입하는 등 새로운 시스템으로 거듭났다.

2018년 장애인 등 정보 소외 계층이 차별 없이 이용할 수 있도록 시스템을 개선하여 웹 접근성 품질인증을 취득하였으며, 2019년에는 정부혁신 과제로 플러그인 우선 제거 웹사이트로 선정되어 고용보험 홈페이지를 플러그인 없이도 사용할 수 있도록 개선함으로써 사용 편의성을 더욱 향상시켰다.

2021년에는 고용보험 홈페이지 및 모바일 서비스를 전면 개편하여 사용자 친화적 UI/UX를 적용하여 비대면 온라인 서비스 활성화에 기여하였으며, 2022년에는 사용자 웹로그과 온라인 설문을 통해 사용자의 온라인 이용 패턴을 분석하여 온라인 민원 신청 서비스를 개선하였다.

특히, 2022년 2월부터 2023년 11월까지 고용보험, 구인·구직 알선, 직업훈련 등 우리부에서 제공하는 온라인 민원서비스를 통합하여 온라인 고용서비스를 한 곳에서 신청·신고·조회할 수 있도록 하는 고용24구축사업을 통해 민원인의 접근성과 사용 편의성 향상을 도모하고 있다.

제4절 추진실적 및 평가

1. 법·제도 개선 내용의 신속한 반영으로 업무 효율성 향상

고용보험시스템은 고용보험 관련 업무 종사자 및 개인·기업이 고용보험 업무를 신속·정확하게 처리할 수 있도록 각종 민원 신청과 업무에 필요한 정보를 조회할 수 있도록 구축되어 있으며, 각종 신규 지원금 등 법·제도 개선이 있는 경우 제도 도입 초기부터 제도 안내 및 업무처리가 될 수 있도록 시스템을 개선하고 있다.

특히, 2020년에는 코로나19로 경제적 어려움을 겪고 있는 고용보험 사각지대 직종(특수형태근로자, 프리랜서) 근로자에 대하여 긴급고용안정지원금이 적시에 지급될 수 있도록 고용보험시스템에 신속 반영하는 등 정부정책의 원활한 집행에 기여했다.

2. 고용보험 개인정보보호체계 구축

고용보험시스템은 개인정보 보호에 대한 중요성과 인식이 높아짐에 따라, 보유하고 있는 개인정보를 보호하기 위해 지속적으로 노력하고 있다.

2007년 개인정보 조회 로그시스템을 구축하여 고용보험시스템을 통해 조회되는 개인정보 사용에 대한 모니터링이 가능하도록 서비스를 구축하였으며, 2009년 3월에는 개인정보유출방지 기술(DRM)을 적용하여 화면 복사, 출력 등으로 인한 개인정보 유출을 차단할 수 있는 장치를 마련하였다.

2014년에는 고용보험시스템 모든 화면에 대하여 DRM을 확대·적용하여 시스템을 통해 다운로드 되는 모든 자료에 대하여 암호화하여 외부 유출이 될 수 없도록 적용하였다.

2014년에는 차세대 고용보험시스템 구축사업을 통해 데이터베이스(DB)화 되어 있는 고유식별(주민등록번호 등) 정보를 암호화하였으며, 각종 서식의 첨부파일 암호화, 개발단계 보안강화를 위한 시큐어코딩 솔루션 적용, 고용보험 홈페이지 암호화 통신 적용 등을 통해 개인정보 보호에 만전을 기하였다.

2015년에는 한국인터넷진흥원이 주관하는 ISMS(Information Security Management System) 인증을 획득하였다. ISMS 인증은 조직이 각종 위협으로부터 주요 정보자산을 보호하기 위해 수립·관리·운영하는 종합적인 정보보호 관리체계를 얼마나 잘 갖춰 운영하는지를 평가하는 제도로, 고용보험시스템은 '정보보안에 대한 지속적인 관심과 투자', '정보보안 관련 법의 철저한 준수', '시스템 및 서비스 운영 보안' 등 정보보호와 관련된 총 104개 항목에 대한 심사를 통과해 인증을 취득하였다.

2017년 주요정보통신기반시설 취약점 점검에 따른 취약점 제거 및 보안 조치를 실시하였으며, 내부 전산망 전송구간에 암호화통신(SSL)적용과 위변조 솔루션을 적용하여 피보험자격내역서 등 출력물 보안을 강화하였다.

아울러, 2017년에는 한국인터넷진흥원이 주관하는 PIMS(Personal Information Management System) 인증을 획득하였다. PIMS인증은 조직이 수립하여 운영하고 있는 개인정보보호 관리체계가 인증기준에 적합한지 여부를 평가하는 인증제도로, '관리과정', '생명주기 및 권리보장', '개인정보보호대책' 3가지 주요항목, 86개 세부항목에 대한 심사를 통과해 인증을 취득하였다.

또한,「개인정보보호법」개정 등 대외 환경변화에 따라 지속적으로 관련 법 및 지침 등을 개정하였고, 2015년부터 현재까지 매년 '개인정보보호 컨설팅'을 통해 개인정보보호 관리체계 강화 및 개인정보의 안전성 확보조치 활동을 수행하고 있다.

3. 최신의 정보기술 적용을 위한 기반 마련

고용보험시스템에 대한 온라인 비대면서비스 확대 및 첨부서류 간소화, 고용안정지원금 자동 심사 등을 추진하기 위해 고용24 구축을 위한 정보화전략계획을 수립하였으며 주요 내용은 다음과 같다.

워크넷, 고용보험, 직업훈련 등 고용과 관련된 민원 업무를 위한 서비스를 통합하여 국민이 여러 사이트를 접속하지 않고 한 번의 접속으로 모든 고용민원 서비스를 받을 수 있도록 고용민원 서비스 채널 일원화를 위해 고용24 대민포털을 구축하여 2023년 11월부터 시범운영 중이다.

개인의 생애주기에 따른 고용서비스 제공 이력 및 추천 서비스를 개발하여 구직자에게는 실업급여 및 국민취업지원제도, 구인, 훈련 정보를 제공하고, 재직자에게는 자기개발을 위해 필요한 훈련을, 기업에는 고용창출 및 고용유지를 위한 각종 지원금 제도에 대하여 통합된 정보를 제공한다.

고용보험 제도 및 서비스 이용 시 발생하는 각종 문의에 대한 요구사항을 빠르게 해결할 수 있도록 챗봇 서비스를 구축하여 실업급여 지급 가능 여부, 모성보호 육아휴직급여 안내 등 민원인에게 필요한 안내도 24시간 제공할 계획이다.

코로나19로 인한 고용 위기 상황에서 근로자의 고용을 유지하기 위해 노력하는 기업을 위해 기업에서 제공하는 정보를 기준으로 기업 고용환경에 따른 지원제도를 추천하는 서비스를 구축·제공하며, 고용안정지원금에 대한 가판정 기능을 구축하여 기업이 지원금 신청자격 및 지급요건만 입력하면 지원금 수급 가능 여부를 바로 확인할 수 있다.

또한, 각종 첨부 및 증빙서류를 간소화할 수 있도록 시스템을 개선한다. 마이데이터 활용 및 타 공공기관의 데이터를 연계 받아 온라인으로 첨부서류를 제출할 수 있는 기능을 제공하고, 민간 ERP 업체와 연계하여 지원금 신청 시 출퇴근 정보, 급여정보 등의 증빙서류를 온라인으로 제출할 수 있는 기능을 제공할 계획이다.

아울러, 업무처리 효율성을 높이기 위해 다음과 같은 기능을 구축한다.

민원 처리 시간 단축을 위하여 우리부에서 사용하는 행정시스템을 통합하여 업무 담당자들이 각종 신청서를 신속하고 정확하게 처리할 수 있도록 종합적인

정보를 한 화면에 제공할 수 있도록 하며, 전산시스템에 모듈화 개념(MSA: Micro Service Architecture)을 적용하고, 지원금 신청에 대한 자동심사 기능을 구축하여 업무 담당자가 민원처리를 위해 정보를 확인하는 시간을 단축시키며, 제도 신설 시 보다 빠른 전산시스템 개발이 가능하도록 기반을 마련하였다.

전자팩스 및 OCR, RPA 등을 적용하여 팩스로 전송된 신청내역을 자동으로 접수·인식할 수 있는 기능을 구축하고 RPA를 적용하여 효율적인 업무처리를 지원할 수 있는 기능을 단계적으로 제공할 계획이다.

또한, 정보자원 활용성 강화를 위하여 클라우드 기반의 인프라 구축을 완성하여 정보시스템 정보자원을 유연하게 사용하는 기반을 마련하였다.

2024년판
고용보험백서
The Employment
insurance
White paper

제3편

고용보험사업 주요 현황

제1장 고용안정사업
제2장 직업능력개발사업
제3장 실업급여
제4장 모성보호제도 및 일·가정 양립지원
제5장 자영업자 고용보험(실업급여)
제6장 예술인·노무제공자 고용보험
제7장 고용보험사업 평가
제8장 고용보험심사제도

제1장 고용안정사업

제1절 개요

1. 고용안정사업의 의의

고용안정사업은 실업급여의 소극적·사후적 구제수단을 보완하는 적극적 노동시장 정책의 핵심 수단으로 1995년 7월 1일부터 시행하였다.

고용안정사업은 기업의 고용조정 과정에서의 충격을 완화하고 근로자의 고용안정을 도모하기 위한 고용조정 지원과 고령자·여성 등 노동시장 잠재인력 및 취약계층의 취업촉진을 위한 고용촉진 지원, 근로시간 등 직무체계와 고용환경 개선 등을 통해 일자리 확대를 위한 고용창출 지원, 그 밖에 여성근로자, 건설근로자의 고용여건개선 등을 위한 지원 등이 있다.

고용안정사업은 취업취약계층의 고용촉진 기반을 제공하고, 중소기업의 인력난 해소 및 고용창출에 기여하여, 2008년 하반기부터 2009년 글로벌 경제위기, 코로나19 경제위기 시에 위기극복과 근로자의 실업예방에 큰 역할을 하였다.

2. 고용안정사업의 기본체계

고용안정지원사업은 크게 3개 영역으로 구분할 수 있다. 첫째, 산업구조의 변화와 기술진보과정에서 발생하는 고용조정의 위험으로부터 근로자 실업을 예방하고 고용을 유지하기 위한 '고용조정 지원(고용유지지원금)'. 둘째, 재직 근로자가 안정적으로 오래 일할 수 있도록 기존 근로자의 고용안정을 지원하는 '고용안정

지원(고용안정장려금)', 셋째, 교대제와 장시간근로의 직무체계를 개선하여 일자리를 늘리고, 취업 취약계층 고용 등 신규 일자리 창출을 위한 '고용창출지원(고용창출장려금)'이 있다. 그 외 기타 고용장려금으로 청년채용특별장려금, 청년내일채움공제, 고용장려금융자, 장년고용안정지원, 세대간 상생고용지원, 직장어린이집 지원, 지역고용촉진지원금 등이 있다.

3 고용안정사업의 종류

[그림 3-1-1] 2023년 고용안정 지원제도 체계도

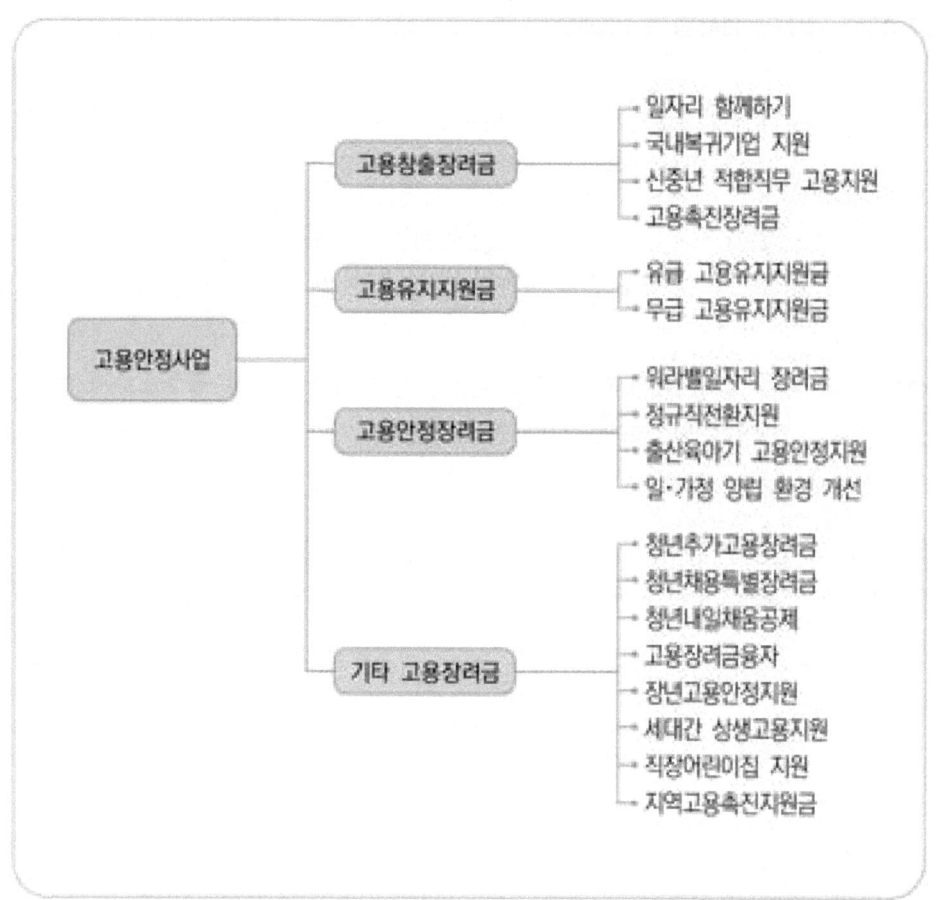

4. 주요 제도개선 내용

그간 고용안정사업은 현장의 다양한 수요가 반영되어 지원금의 종류가 너무 많고 복잡하며, 부정수급, 사중손실 등의 문제가 제기되어 왔다. 이에 고용안정사업 개편 작업을 추진하여 복잡하고 다양한 사업을 통·폐합하고 부정수급과 사중손실을 차단하여 실효성 있는 사업이 이루어질 수 있도록 제도를 개선하여 2011년 1월 1일부터 시행하였다.

2011년 제도개편에 따라, 사중손실 및 부정수급, 효과성 논란을 상당한 부분 해소하였으나, 지원요건 강화 등으로 인해 사업주가 제도 이용에 어려움을 겪는 등 제도 보완이 요구되어, 2012년도에는 고용안정사업의 본래 목적이 달성될 수 있도록 근로자 및 사업주의 제도 접근성을 제고하는 방향으로 제도 활성화 방안을 모색하였다.

2012년 1월 22일부터 자영업자에 대한 고용보험 임의가입이 시행됨에 따라 고용보험 가입 후 폐업 등으로 인해 실직한 자영업자에 대해 취업 및 재창업에 필요한 지원서비스를 통하여 빠른 재취업을 지원할 수 있도록 '자영업자 전직지원 서비스'를 시행하였으나, 사업 시행 초기 지원대상자가 많지 않고 인식 부족 등으로 지원실적이 저조함에 따라 2013년부터는 운영기관을 노사발전재단으로 일원화 하고, 지원대상자를 '폐업자'뿐만 아니라 '전직을 희망하는 자'까지 확대하였다. 이후 유사 사업인 자영업자 직업능력개발 사업과의 통합을 통해 사업의 효율화를 도모하기 위하여 이 사업은 2014년 말까지만 운영하였으며, 2015년부터는 '자영업자 고용안정·직업능력개발지원' 사업으로 통합하였다.

2013년에는 고용안정사업의 본래 목적이 달성될 수 있도록 근로자 및 사업주의 제도 접근성을 제고하는 방향으로 제도개선을 시행하였고, 장시간근로개선을 통한 일자리창출 확대를 위해 지원을 다각화할 수 있는 방안을 모색하였다. 특히, 경영사정이 어려워진 사업주가 근로자를 해고하는 대신 무급휴업·휴직을 실시하는 경우 근로자의 생활안정을 지원하는 '무급휴업·휴직근로자 지원제도' 시행으로 근로자의 생계안정과 노동시장의 유연안정성이 동시에 제고될 수 있는 기반을 마련하였다(2013년 4월 24일 시행).

2014년에는 기존 고용안정사업 집행 시 발생한 문제점을 보완하여 고용 조정지원 상한액을 상향 조정하는 등 개선안을 마련하고, 고용촉진 지원금의 지급 단계를 세분화하는 한편, '일자리 함께하기' 사업의 임금보전지원 및 설비투자 지원제도를 신설하였다.

2015년에는 고용창출 확대를 위해 추가로 제도를 개선하여, 고용창출지원 심사위원회 개최 주기 매월로 확대, 일자리 함께하기 기존근로자 임금보전지원 현실화(월 10만원 → 월 30만원), 고용환경개선융자 사업방식 이차보전으로 변경, 지역특화산업 신설, 국내복귀기업 지원대상 요건 완화(국내복귀기업 선정 후 6개월 이내 → 2년 이내), 전문인력채용지원 전문인력 지원범위 추가(정보보호 전문가, 외국어 통역사, 공인회계사 등)하는 등 개편방안을 시행하였으며, 상시·지속적 업무에 정규직을 사용하는 사회적 분위기 조성 필요에 따라 정규직 전환 지원 사업을 신설하였고, 하반기에는 사업 활성화를 위해 지원수준 상향 등 제도를 개편하였다. 또한 임금피크제 도입, 임금체계 개편 등 세대간 상생고용노력과 더불어 청년 정규직을 신규채용한 기업을 지원하는 세대간 상생고용 지원제도를 신설하였다.

2016년에는 고용안정사업 통합안을 마련하기 위해 기존 제도 모니터링을 강화하였고, 2017년부터는 근로자에게는 '양질의 일자리'를 제공하고, 사업주에게는 보다 쉽고 간편하게 장려금을 지원하며, 예산의 효과성을 제고하기 위해 고용안정 사업을 유형별로 통합·단순하게 개편하였다.

이에 따라 신규 일자리 창출을 지원하는 사업은 '고용창출장려금'으로, 기존 근로자의 고용안정을 지원하는 사업은 '고용안정장려금'으로 통합하여 최대한 통일적이고 단순한 형태로 사업 설계하였고, 인건비·임금증감액 보전·간접 노무비 등 지원수준도 일원화하였다. 다만, 구조조정 대비라는 상징성이 있고 지원대상 및 요건이 상이한 '고용유지지원금'과 일부 한시 사업 등은 기존과 같이 유지하였다.

신규 일자리 창출을 지원하는 사업인 고용촉진지원금, 일자리함께하기 지원, 시간선택제 신규고용 지원, 지역성장산업고용 지원, 전문인력채용 지원은 '고용 창출장려금'으로 통합하여 최대한 통일적이고 단순한 형태로 사업 설계하였고, 인건비·임금증감액 보전·간접노무비 등 지원수준도 일원화하였다.

기존 근로자의 고용안정을 지원하는 사업인 출산육아기 고용안정지원, 일·가정 양립 기반 구축, 시간선택제 전환지원, 정규직 전환지원은 '고용안정장려금'으로 통합하였다. 사업별로 각각 달랐던 지원의 내용도 인건비·임금증감액 보전·간접노무비 등으로 통일하여 일원화하였다.

2018년에는 실효성이 낮은 사업을 종료하고, 현장의 제도개선 건의 사항을 적기에 반영하여 사업의 성과를 제고하였다. 또한, 현장의 신규 지원수요도 발굴하여 정책으로 적극 반영하였다.

우선, 고용안정장려금의 출산육아기 비정규직 재고용장려금은 정규직 전환지원과 유사·중복되어, 일·가정양립환경개선인프라 융자지원은 지원의 실효성이 낮아 종료하였다.

그리고 사업별로 현장의 요구를 반영하고 성과를 제고하기 위해 다양한 개선방안을 마련하였고, 7월부터 시행되는 주 52시간제 「근로기준법」 개정법률에 따라 근로시간 단축을 위한 신규채용 지원과 연장근로가 감소하는 재직자에 대한 임금보전 지원 수요가 급증하였다. 이에 따라 근로시간 단축이 현장에 조기에 정착할 수 있도록 법정근로시간 단축기업과 조기단축기업을 지원할 수 있도록 '주 근로시간단축제'를 일자리 함께하기 사업의 지원유형으로 신설하였다.

2019년에는 각 고용장려금의 지원수준 및 요건 등에 대한 현장의 의견을 반영하여 지원요건 개선 등을 통해 고용장려금 효과성 제고 대책을 계속 추진하였다. 고용장려금 공통으로 적용되는 지원대상 자격요건을 최저임금액 110% 이상에서 최저임금액 이상 근로자로 적용대상을 확대 적용하였다. 일자리 함께하기(주 52시간제 지원 확대, 융자사업 규정 정비), 출산육아기고용안정 장려금(육아기 근로시간 단축 지원기간 확대), 일·가정 양립 환경개선 지원(인프라구축 지원금 반환규정 정비) 등 각 고용장려금 사업도 성과제고 방안을 마련·시행하였다.

2020년에는 고용촉진장려금의 특례지원 사업을 한시적으로 신설하였으며, 신중년적합직무는 돌봄서비스 관련 필수대면직무 4종의 경우 사업주가 근로계약기간을 6개월 이상으로 정하는 경우에도 지원하는 등 코로나19로 어려워진 고용상황 개선에 대응하였다.

코로나19 감염증 확산에 따른 사업장의 감염병 예방 및 가족돌봄 등을 지원하기 위하여 고용안정장려금의 요건을 완화하고 지원수준을 인상하였다. 워라밸일자리장려금(시간선택제 전환지원에서 사업명칭 변경, 지원 단축근무 시간대 주15~35시간으로 확대, 간접노무비 지원수준 인상), 일·가정 양립 환경개선 지원(근무혁신 인프라 지원유형 추가 및 지급기준 구체화), 출산육아기 고용안정장려금(대체인력인건비 지원수준 인상, 장려금 지급주기 개선) 등 신속한 제도개선을 통해 대응하였다.

또한, 고용유지지원금은 코로나19로 인한 고용위기 상황에서 '코로나19 확산으로 경영이 어려워진 사업주'를 고용유지지원 대상인 '고용조정이 불가피한 사업주'로 인정하고, 임금 지급이 곤란한 사업에 소속된 근로자를 위해 기존 무급휴직 고용유지지원금 제도의 요건을 완화한 무급휴직 신속지원제도를 마련하고, 고용유지지원금 지원 비율 상향, 10인 미만 사업장 신청 간소화, 특별고용지원업종 및 일반업종 대상 지원기간을 2020년 내 최대 240일까지 연장하는 등 조치를 통해 근로자의 고용유지를 지원하였다.

2021년에는 코로나19로 인한 노동시장 상황의 어려움이 장기화됨에 따라 2020년에 이어 특례지원 적용을 지속하는 한편, 노동시장에 신속 대응하기 위한 제도개선을 추진하였다.

고용유지지원금은 2020년 하반기 코로나19 재확산으로 인해 단계적 방역조치가 시행됨에 따라 집합제한·금지명령으로 부득이하게 휴업·휴직조치를 실시하게 된 해당 업종에 대해 2020년 11월 24일부터 2021년 6월 30일까지 지원율을 상향 조정(우선지원대상기업 2/3 → 9/10, 대규모기업 1/2~2/3 → 2/3)하여 지원하였다. 이와 별도로 2020년도에는 여행업 등 8개 업종에 대해 특별고용지원업종으로 지정하였으며, 2021년도에 항공기부품 제조업 등 6개 업종, 2022년에는 택시운송업 1개 업종을 특별고용지원업종으로 추가 지정하였다. 코로나19 확산에 따라 여전히 고용위기 상황임을 고려하여 지속적으로 지원하기 위해 특별고용지원업종 각각의 지정기간을 2022년 12월까지 연장하였다. 이에 따라 고용유지 노력을 한 사업주와 근로자에 대한 지원을 강화하기 위해 각 특별고용지원업종 지정기간 중 고용유지지원금 지원율을 상향 지원하였으며, 특별고용지원업종의 경영난

장기화에 대응하여 부득이 유급 고용유지지원금의 지원 기간을 2020년도에는 일반업종과 같이 240일, 2021년에는 특별고용지원업종에 한정하여 연내 최대 300일까지 연장하였으며, 2022년에는 점차 경기 및 고용상황이 호전되고 있음에도 여전히 국내외 각국의 출입국 관련 방역규제를 고려하여 항공여객운수업 등 7개 업종에 대해 연내 270일까지 지원기간을 연장하였다.

2020년에 이어 고용촉진장려금의 특례 지원사업인 특별고용촉진장려금 지원제도를 계속 추진하여 취업이 어려운 실업자의 취업촉진과 신규 고용지원을 강화하였고, 해외로 진출하였다가 국내로 복귀하는 기업에 대한 조기정착과 고용활성화를 지원하기 위해 국내복귀기업에 대한 지원방식을 변경(공모제 → 요건심사제)하고 지원대상기간도 확대(3년 → 5년)하였다.

또한, 신중년 적합직무는 기타 직무로 선정된 직무를 심사하여 3개 직무를 정식 적합 직무로 편입, 총 245개 직무를 운영하여 장려금 지원 대상을 확대하였다.

2022년에는 '고용노동부 고용장려금 운영에 관한 규정(고용노동부 훈령)'을 제정하여 고용장려금 총괄·조정 체계를 마련하였고, 고용장려금 지원대상 관련 요건 정리, 신청기간 신설 등 고용장려금 제도의 체계적·안정적 운영을 위해 제도를 정비하였으며, 고용촉진장려금·고령자계속고용장려금 사업에 대해 디지털화 시범사업을 추진하여 사업주의 제도 이용 편의성과 행정효율성을 제고하였다.

고용유지지원금의 경우 코로나19 여파로 경영난이 장기화되면서 지원이 계속 필요하게 된 사업주에 대하여 연내 한시적으로 계속 지원이 가능할 수 있도록 하였다.

2023년에는 고용 및 경영상황이 개선되고 일상 회복이 진행되면서 그간 특례 지원 등 고용안정사업에서 단계적 정상화 조치가 이루어졌다.

고용유지지원금은 2020년 이후 적용된 지원 특례를 종료하고 기존 지원기준에 따라 제도를 정상화하는 한편, 그간의 경험 등을 고려해 제도개편을 추진하였다. 그간 코로나19 고용위기에 따른 한시적 지원 특례를 종료하는 한편, 향후 대규모 고용 위기 시 대응체계 근거를 마련하고 국민편의 개선 및 지원 효과성 제고를 위한 제도개선을 지속적으로 추진하였으며, 고용보험법 시행령·시행규칙 개정 등을 통해 개편안을 일부 반영하였다.

신중년 적합직무는 한국고용직업분류의 소분류에 따른 직무 중 50세 이상 비중이 높아 취업이 용이한 직무, 전문성·경험·노하우를 요구하지 않는 저숙련 직무, 학위·면허·전문자격 등 취득으로 취업이 가능하여 정부지원 필요성이 낮은 직무, 국가·지자체·공공기관의 직무 등 42개 직무를 제외한 모든 직무를 허용하는 네거티브 방식으로 적합직무 대상을 변경하여 장려금 지원대상을 확대하였다.

제2절 고용창출장려금

1 개요

2004년 2월에 고용 없는 성장이 사회적 문제로 대두되면서 노사정위원회에서는 노사정 합의로 '일자리 만들기 사회협약'을 체결하였다. 이에 따라 고용안정사업에서도 일자리 창출 지원 기능 강화를 위한 여러 제도를 도입·시행하고 있다.

그간 중소기업 근로시간단축지원금, 교대제 전환지원금, 중소기업 고용환경개선지원금, 중소기업 신규업종진출지원금, 중소기업 전문인력채용장려금제도가 시행되었다. 이 지원금들은 법정 요건을 충족할 경우 의무적으로 지출하는 제도로 사중손실이 높고 경제 상황에 맞는 유연한 제도 운영에 어려움이 있었다.

2011년에 의무지출제도를 폐지하고 사업계획서를 사전에 심사·승인한 후 이행 결과를 확인하여 재량적으로 지원하는 고용창출 지원사업으로 변경하였다. 고용창출 지원제도는 ① 일자리 함께 하기 지원, ② 시간선택제 일자리 창출지원, ③ 고용 환경개선 지원, ④ 지역·성장산업 고용지원, ⑤ 전문인력 채용지원으로 이루어져 있었다.

2017년에는 고용장려금 통합 개편에 따라 신규 일자리 창출을 지원하는 사업은 '고용창출장려금'으로 통합하였다. 이에 따라 2018년부터 고용창출장려금은 ① 일자리 함께하기 지원, ② 시간선택제 신규고용 지원, ③ 국내복귀기업 고용지원, ④ 고용촉진장려금, ⑤ 신중년적합직무 고용지원, ⑥ 청년 추가고용 장려금으로 시행하고 있다. 이 중 청년추가고용장려금은 2018년부터 2021년까지 한시사업으로 계획되어 2021년 5월 신규 지원신청을 종료하였고, 2021년 6월부터 청년채용특별장려금을 신설하여 2023년까지 제도 운영 후 종료되었다.

2 사업 내용

〈표 3-1-1〉 고용창출 지원의 사업내용

구분	지원요건	지원수준 및 지원기간
일자리 함께하기 지원	교대제 개편, 근로시간 단축 등을 도입하여 기존 근로자의 근로시간을 줄임으로써 고용기회를 확대한 사업주 * 제도 도입·시행 후 3개월 월평균 근로자 수가 직전 3개월의 월평균 근로자 수보다 증가하여야 함	<table><tr><th colspan="2" rowspan="2">구분</th><th colspan="2">증가근로자 인건비</th><th colspan="2">임금보전</th></tr><tr><th>지원기간</th><th>지급액(3개월)</th><th>지원기간</th><th>지급액(3개월)</th></tr><tr><td rowspan="3">비제조업</td><td>우선지원</td><td>1년</td><td>240만원</td><td>1년</td><td>120만원</td></tr><tr><td>중견기업</td><td>1년</td><td>120만원</td><td>1년</td><td>120만원</td></tr><tr><td>대규모</td><td>1년</td><td>120만원</td><td>-</td><td>-</td></tr><tr><td rowspan="3">제조업</td><td>우선지원</td><td>2년</td><td>240만원</td><td>2년</td><td>120만원</td></tr><tr><td>중견기업</td><td>2년</td><td>120만원</td><td>1년</td><td>120만원</td></tr><tr><td>대규모</td><td>1년</td><td>120만원</td><td>-</td><td>-</td></tr></table> ※ 지원한도 • (증가근로자 인건비) 한도 없음 • (임금보전) 증가 근로자 1명당 임금이 감소한 기존 근로자 10명까지
국내복귀기업 지원	산업부장관이 지정한 국내복귀 기업으로 지정일 후 5년 이내인 우선지원대상 기업과 중견기업에서 신규로 근로자를 채용하여 근로자수가 증가	• [인건비] 증가근로자수 1명당 분기 단위 지원 (최대 2년) <table><tr><th>구분</th><th>월 기준</th><th>3개월</th><th>1년</th></tr><tr><td>우선지원</td><td>60만원</td><td>180만원</td><td>720만원</td></tr><tr><td>중견</td><td>30만원</td><td>90만원</td><td>360만원</td></tr></table>
고용촉진장려금	고용노동부장관이 지정하는 취업 지원 프로그램(국민취업지원제도 등)을 이수하고 직업안정기관 등에 구직 등록한 실업자를 근로계약 기간의 정함이 없는 근로자로 고용하여 6개월 이상 고용유지	• [인건비] 신규고용 1명당 반기 단위 지원 (최대 2년) <table><tr><th>구분</th><th>월 기준</th><th>6개월</th><th>1년</th></tr><tr><td>우선지원</td><td>60만원</td><td>360만원</td><td>720만원</td></tr><tr><td>대규모</td><td>30만원</td><td>180만원</td><td>360만원</td></tr></table>
청년채용특별 장려금	중소·중견기업(5인 이상)이 청년을 정규직으로 추가채용하고 6개월 이상 고용유지한 사업주 * 2021년 한시사업	• [인건비] 신규고용 청년 1인당 1년간 최대 900만원 지원(기업당 3명 한도)
신중년적합 직무 고용지원	만 50세 이상 실업자를 신중년 적합직무에 신규 고용하여 6개월 이상 고용 유지하고, 신중년 고용이 증가한 사업주	• [인건비] 신규고용 1명당 6개월 단위 지원 (최대 1년) <table><tr><th>구분</th><th>월 기준</th><th>6개월</th><th>1년</th></tr><tr><td>우선지원</td><td>80만원</td><td>480만원</td><td>960만원</td></tr><tr><td>중견</td><td>40만원</td><td>240만원</td><td>480만원</td></tr></table>
청년 추가고용 장려금	5인이상 중소·중견기업(성장유망 업종, 벤처기업 등은 5인 미만도 가능)이 청년 정규직 추가 채용, 기업 전체근로자수 증가한 사업주 * 2017~2021년 한시사업	• [인건비] 청년 정규직 추가 채용시 증가 1명당 연 900만원 한도로 3년간 지원

[그림 3-1-2] 고용창출 지원사업 추진체계도

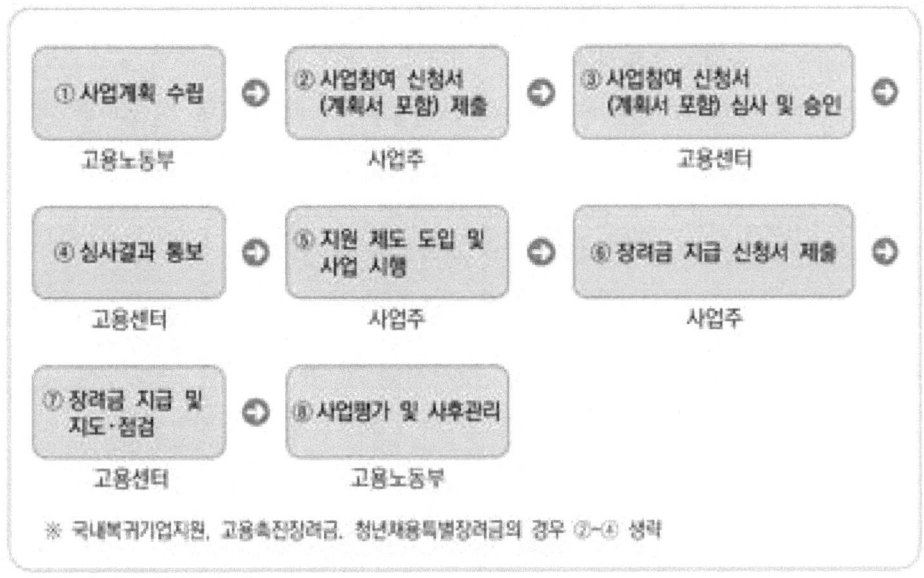

3 주요 제도개선 내용

2011년부터 공모제 방식으로 지원금이 지급됨에 따라, 2012년에는 총 6회 공모하여 '일자리 함께하기 지원'은 2,479명, '시간선택제 일자리창출지원'은 4,184명을 승인하였고, '고용환경개선지원' 777개소, '유망창업기업의 고용지원' 533명, '전문인력채용 지원' 1,555명을 승인하고, '일자리 함께하기 지원' 및 '시간선택제 일자리창출지원'과 관련하여 185개소(일자리 함께하기 81개소, 시간선택제 일자리 104개사)에 대한 컨설팅을 승인하여 사업장의 근무 체계 개편을 지원하는 등 일자리창출의 효율성을 높였다.

2012년에는 장시간근로개선을 통한 일자리창출 활성화를 위해 일자리 함께하기의 교대제지원수준을 기업규모 및 중점지원 대상 여부에 따라 우대지원할 수 있도록 개편하였고, 일·가정 양립형 시간제 근로확산을 지원하기 위하여 근무체계를 개편하거나 새로운 시간제 직무를 개발하여 기간의 정함이 없는 상용직 시간제 근로자를 신규 고용하는 사업주에게 임금의 50%(월40만원 한도)를 지원하였다.

2013년에는 2011년부터 개편된 제도의 운영과정에서 나타난 제도활용도 미흡 등 문제점을 보완하기 위해, ▲유망창업기업 고용지원 대상 업종을 기존 2개 업종에서 17개 업종으로 확대하고 국내복귀(U턴) 제조업을 지원대상으로 추가 ▲전문인력 채용 지원에 있어 지적재산권 분야 경쟁력 강화 및 FTA 효율 극대화를 위해 지적재산권 전문가, 관세사, 원산지관리사 등을 지원대상으로 추가 ▲대기업의 고용창출 활성화를 위해 대기업 교대제 지원금을 연 720만원에서 연 900만원으로 인상하는 등 제도 개선안을 마련하여 시행하였다.

아울러 2013년 하반기부터 장시간근로개선을 통한 일자리창출 확대를 위해 기존 신규채용인건비 지원 외에 설비투자지원 및 융자, 기존 근로자에 대한 임금보전비용 지원 등 지원을 다각화할 수 있는 방안을 모색하였다.

2014년에는 장시간근로개선을 통한 고용창출 확대를 유도하기 위해 일자리 함께하기 사업 지원을 기존의 채용근로자 인건비 지원 이외에 설비 투자비 지원(직접지원 및 융자지원)과 기존 근로자의 감소 임금 지원을 추가하였다. 특히, 일자리 함께하기 지원사업의 경우 2014년에 휴일근로시간을 연장근로시간에 포함하는 「근로기준법」이 개정되면 일자리 함께하기 사업이 활성화될 것으로 예상하여 고용창출지원금 예산을 113,203백만원(관리예산 포함)으로 대폭 증액하였으나, 「근로기준법」 개정이 지연되면서 기업의 법 개정 추이를 관망하는 분위기 속에 일자리 함께하기 사업이 활성화되지 못하면서 예산 집행률이 30.7%(113,203백만원 대비 34,723백만원)로 저조하게 되었다. 또한 '고용환경개선지원'은 2013년까지 무상지원만을 실시하였으나, 2014년부터 융자지원제도를 추가로 신설하여 지원하게 되었다.

2015년에는 고용창출 확대를 위해 추가로 제도를 개선하였으며, 상시·지속적 업무에 정규직을 사용하는 사회적 분위기 조성 필요에 따라 정규직전환지원 사업을 신설하였고, 하반기에는 사업 활성화를 위해 지원수준을 상향조정하는 등 제도를 개편하였다.

2016년에는 지역 특성에 맞는 일자리 창출을 지원하기 위하여 기존 '고용창출지원사업' 중 '고용환경개선지원', '지역성장산업고용지원', '전문인력채용지원' 사업은 지방자치단체 주도의 '지역·산업맞춤형일자리창출지원사업'으로 이관하여 지방자치단체(광역)주도로 사업을 추진하는 내용으로 제도를 개편하였다.

2017년에는 ① 일자리 함께하기 지원, ② 시간선택제 신규고용 지원, ③ 지역·성장산업 고용지원, ④ 전문인력 채용지원, ⑤ 고용촉진장려금, ⑥ 장년고용지원금, ⑦ 중소기업 청년 추가고용 장려금으로 개편하였다.

2018년에는 실효성이 낮은 ① 지역·성장산업고용지원(성장유망업종, 지역특화산업), ② 전문인력 채용지원 사업을 종료하고, 현장의 신규 지원수요를 반영하여 ① 신중년적합직무고용지원, ② 주 근로시간단축 일자리 함께하기 사업을 지원유형으로 신설하였고, ③ 청년추가고용장려금은 명칭을 변경하였다.

특히, 청년추가고용장려금은 청년고용위기 해소를 위해 2018년부터 본격 시행되면서 ① 지원규모(292명 → 12.8만명), ② 최대지원인원(기업당 3명 → 90명), ③ 지원대상(중소기업 → 중소·중견기업)을 크게 확대하였다.

2019년에는 공통으로 적용되는 지원대상 자격요건을 최저임금액 110% 이상에서 최저임금액 이상 근로자로 적용대상을 확대하였다. 또한, 일자리 함께하기 사업은 주 52시간제 지원을 일부 확대하고, 융자사업 규정을 대폭 정비하였다. 청년추가고용장려금은 ① 기업당 최대 지원한도 인원 축소(90명 → 30명), ② 최소 고용유지기간 설정(6개월), ③ 기업규모별 지원인원 산정 방식 변경(30인 미만은 1번째, 30~99인은 2번째, 100인 이상은 3번째 채용자부터 지원) 등 재정 효율화 방안을 시행하였다.

2020년에는 '가족돌봄 등 근로시간 단축제도' 시행에 따라 '시간선택제 신규고용 지원' 사업을 종료하고 고용안정장려금의 '워라밸일자리 장려금' 중심으로 전일제에서 시간제로의 전환지원을 강화하였다.

또한, 고용촉진장려금의 특례지원 사업을 한시 신설하였으며, 신중년적합직무는 돌봄서비스 관련 필수대면직무 4종의 경우 사업주가 근로계약 기간을 6개월 이상으로 정하는 경우에도 지원하는 등 코로나19로 어려워진 고용상황 개선에 대응하였다.

2021년에는 1·2차 추경 사업으로 특별고용촉진장려금 한시 지원을 통해 코로나19로 어려워진 고용상황 개선을 위해 고용 여력이 있는 기업의 신규 채용을 유도하였다.

2021년에는 한시사업(2018~2021)으로 설계된 청년추가고용장려금의 신규 지원신청이 종료됨에 따라 코로나19 등으로 어려운 청년고용상황을 타개하기 위해 2021년 6월부터 청년채용특별장려금을 신설하였다. 청년채용특별장려금은 ① 청년(15~34세)을 정규직으로 추가 채용하고, ② 6개월 이상(최소고용유지기간) 고용을 유지한 ③ 5인 이상 중소·중견기업(성장유망업종 등은 1인 이상도 가능)에 기업당 최대 3명을 한도로 장려금을 지급하여 기업의 청년 신규 채용을 지원하였다.

2022년에는 '고용노동부 고용장려금 운영에 관한 규정(고용노동부 훈령)'을 제정하여 고용장려금 총괄·조정 체계를 마련하였고, 고용장려금 신청기간을 사유 발생일로부터 12개월 이내로 정하였으며, 지원대상 사업주 및 근로자 요건을 정리하는 등 고용장려금 제도의 체계적·안정적 운영을 위해 제도를 정비하였다.

또한, 고용촉진장려금, 고령자계속고용장려금 사업에 대해 디지털화 시범사업을 추진하여 공공정보 연계를 통해 사업주의 제도 이용 편의성과 행정효율성을 제고하였다.

2023년에는 신규고용과 연계된 지원요건의 복잡함 등을 이유로 사업실적이 저조한 일자리 함께하기 제도를 종료(2024)하고, 워라밸을 우선하는 고용환경을 반영하고 신규고용과 연계된 복잡한 지원요건을 개편하여 고용안정장려금 내 워라밸일자리장려금(실 근로시간 단축 유형)을 신설하였다.

한편, 한시사업(2021)으로 설계된 청년채용특별장려금은 계속지원분 지원 종료로 사업을 폐지하였다.

4 추진실적 및 평가

2023년에는 코로나19 종료에 따른 일상 회복으로 인해 한시적으로 운영하였던 사업이 종료되었고, 내역사업의 정상화를 위해 노력하였다.

취업 취약계층 고용, 청년·장년 고용, 일자리 함께하기 제도 도입, 국내 복귀 등 구직자의 고용기회를 확대한 사업주를 지원하는 고용창출장려금의 경우 2023년에 23,184명에 대해 1,036억원을 지원하여 취약계층의 고용창출과 기업의 인력수급에 기여하였다. 다만, 청년채용특별장려금 등 잔여사업비 집행 등으로 전체적인 집행액은 2022년 4,703억원 대비 78.0%가 감소되었다.

또한, 청년추가고용장려금(2018~2021, 한시사업)은 계속지원분만 지원하여 집행액은 2022년 3,756억원에서 2023년 704억원으로 대폭 감소되었으나, 2023년 한해 동안 6,859개 기업에 청년 17,264명의 계속 고용을 지원하였다.

청년채용특별장려금(2021, 한시사업)은 2023년 계속지원분 233억원을 집행하여 4,317개 기업에 청년 5,556명의 고용유지에 기여하였고, 계속지원분 지원 종료로 사업을 폐지하였다.

〈표 3-1-2〉 고용창출 지원 현황

(단위: 백만원)

구 분	2022 예산현액	2022 집행액	2023 예산현액	2023 집행액
고용창출 지원사업 총액	1,682,098	845,885	368,765	173,951
고용창출장려금	686,888	470,280	139,407	103,562
일자리 함께하기 지원	38,140	14,649	10,021	4,215
시간선택제 신규고용 지원	210	92	-	-
국내복귀기업 지원	1,400	1,353	3,664	3,441
고용촉진장려금	125,954	125,669	64,771	43,448
신중년적합직무 고용지원	24,280	23,974	31,001	28,250
청년채용특별장려금	495,900	303,663	28,953	23,280
운영비	1004	880	997	928
청년 추가고용 장려금	996,210	375,605	229,358	70,389

제3절 고용유지지원금

1 개요

기업은 급변하는 노동환경에 대응하기 위해 자동화 등 경영합리화 조치나 불경기에 의한 매출 감소 등으로 고용인력을 조정하기 위해 제반 조치를 취하게 된다. 이러한 고용조정이 있을 경우 기업의 부담을 줄이고 고용조정 과정에서 발생할 수 있는 실업을 예방하며, 실직근로자에게 신속한 재취업 기회를 제공하기 위해 고용유지지원금을 시행하였다.

고용유지지원금은 고용보험법령을 통해 사업주가 고용조정 방지를 위하여 고용유지조치를 한 경우, 사업주가 지급한 금품 중 일부를 지원하는 제도이다.

나아가, 근로자의 생계안정과 노동시장의 유연한 안정성을 함께 도모할 수 있는 '무급휴업·휴직 고용유지지원금'을 2013년도에 시행함으로써 현재의 고용유지지원금 체제를 마련하였다.

2 사업 내용

고용유지지원금은 사업주가 피보험자인 근로자를 대상으로 실시하는 고용유지조치(휴업, 휴직)에 대해 지원한다.

지원유형은 휴업·휴직수당 지급 여부와 관련하여 구분되는데, 휴업·휴직수당을 지급하는 경우 지원하는 유급 고용유지지원금과 휴업·휴직수당을 지급하지 않는 경우 지원하는 무급휴업·휴직고용유지지원금으로 나눈다.

무급휴업·휴직근로자지원금은 고용유지지원제도의 보완적 제도로서 사업주가 근로자에 대하여 무급휴업 또는 무급휴직을 실시하는 경우 근로자에게 지원하는 제도로서 두 사업의 주요내용은 아래 표와 같다.

〈표 3-1-3〉 2023년 고용유지지원제도 주요내용

구 분		유급 고용유지지원	무급 고용유지지원
지원수준		2/3 또는 1/2	평균임금 50% 이내
지원대상 사업주		법령 요건에 적합한 경우 모두 지원	법령 요건에 적합한 경우 위원회가 심사하여 결정
지원금상한액		1일 66,000원	1일 66,000원
지원기간		매년 180일	최대 180일
고용조정 불가피한 사유 (요건)	기준시점	고용유지조치 시행 직전월	고용유지조치 신고일 직전월
	재고량	50%이상 증가	50%이상 증가
	생산량	15%이상 감소	30%이상 감소
	매출액	15%이상 감소	30%이상 감소
	재고량· 매출액추이	재고량(매출액) 계속 증가(감소) 추세	재고량(매출액) 계속 20% 이상 증가(감소) 추세
	업종·지역경제 여건	직업안정기관장이 인정	직업안정기관장이 인정
사전절차요건		없 음	(휴업) 노동위원회 승인 (휴직) 무급휴직 전 1년 이내에 3개월 이상 휴업 또는 피보험자의 20% 이상 휴직 실시
휴업·휴직 실시요건		(휴업) 1개월 단위 전체 피보험자 총 근로시간의 100분의 20 초과	* 30일 이상 실시 * 피보험자의 - 50% 이상(19명 이하) - 10명 이상(20명~99명) - 10% 이상(100명~999명) - 100명 이상(1,000명 이상)
		(휴직) 1개월 이상 실시	* 30일 이상 실시 * 피보험자의 - 10명 이상(99명 이하) - 10% 이상(100명~999명) - 100명 이상(1,000명 이상)

3 주요 제도개선 내용

다년 간의 제도 개선을 거쳐 현행 고용유지지원금 체계를 구축하였으며, 2020년 코로나19 확산으로 인한 전 세계적 팬데믹 상황에서 급격하게 고용위기 상황이 도래함에 따라 경영이 어려워진 사업주를 고용유지지원 대상인 '고용조정이 불가피한 사업주'로 인정하는 등 코로나19 위기 극복에 크게 기여하였다.

2020년 코로나19 확산으로 인한 전 세계적 팬데믹으로 급격히 고용위기 상황이 도래함에 따라 경영이 어려워진 사업주를 고용유지지원 대상인 '고용조정이 불가피한 사업주'로 인정하고, 이후 임금 지급이 곤란한 사업에 소속된 근로자를 위해 기존 무급휴직 고용유지지원금 제도의 요건을 완화한 무급휴직 신속지원제도를 마련하였으며, 고용유지지원금 지원비율 상향, 10인 미만 사업장 신청 간소화 등 각종 제도를 개편하고, 특별고용지원업종 및 일반업종 대상 지원 기간을 2020년 내 최대 240일까지 연장하는 등 조치를 통해 근로자의 고용유지를 지원하였다.

2021년에는 노동시장 상황의 어려움이 장기화됨에 따라 2020년에 이어 특례지원의 적용 지속 및 신속 대응을 위한 제도개선을 실시하였다. 2020년 하반기 코로나19 재확산으로 인한 집합제한·금지명령으로 부득이하게 휴업·휴직조치를 실시하게 된 해당 업종에 대해 2020년 11월 24일부터 2021년 6월 30일까지 지원율을 상향 조정(우선지원대상기업 2/3 → 9/10, 대규모기업 1/2~2/3 → 2/3)하여 지원하였다. 아울러, 여행업 등 8개 업종에 대한 특별고용지원 업종 지정기간이 2021년 3월까지에서 2022년 3월까지로 연장되고, 노선버스 등 6개 업종이 2022년 4월 신규 지정됨에 따라 확대된 특별고용지원업종에 대해 지원율을 상향하였으며, 특별고용지원업종의 어려움이 장기화됨에 따라 부득이 유급 고용유지지원금의 지원기간을 2021년 내 최대 300일까지 연장하였다.

2022년에는 2021년 말 신종바이러스 재확산 등에 대한 우려는 있었으나 2021년 하반기 이후부터 경기회복 및 노동시장 상황이 개선되고, 2022년 4월에는 사회적 거리두기 해제 등 일상 회복 전환이 가시화됨에 따라 2020년부터 추진해온 다양한 지원 특례에 대해 2022년 말까지 단계적 정상화 방안이 추진되었다. 또한, 제도상 3년 이상 연속 같은 달 지원 제한 기준을 완화하여 2020년 이후 계속 지원받았으나 2022년에도 여전히 계속 지원이 필요한 경우에 지원이 가능할 수 있도록 하는 방안도 마련하였다.

한편, 택시운송업이 특별고용지원업종으로 2022년 4월 신규 지정되고, 조선업 등 총 15개의 기존 특별고용지원업종 지정기간이 2022년 말까지 연장됨에 따라 지원율을 상향하여 지원하였으며, 이중 코로나로 인한 항공 방역 조치에 따라 경영난이 지속되는 항공운송업 등 7개 업종에 대해서는 부득이 지원기간을 2022년 내 최대 270일까지 연장하였다.

2023년에는 2020년부터 한시 적용해 온 다양한 지원 특례를 종료하고 당초 기준에 따른 지원제도로 정상화시키면서 향후 대규모 고용위기 시 대응체계 근거를 마련하고 지원제도에 참여하려는 국민의 편의 개선 및 지원효과성 제고를 위한 방안 마련을 위해 제도개선을 지속적으로 추진하였다. 이를 위해 고용보험법 일부 개정안을 발의[1]하고, 기타 동법 시행령·시행규칙 개정이 가능한 사항은 법령 개정을 통해 해당 내용을 반영하였다.

2023년 12월 고용보험법 시행령 및 시행규칙 개정에 따라 2024년부터는 사업주의 배우자 및 직계존비속인 근로자는 지원대상 근로자에서 제외하고, 2년이내 지원받은 이후 6개월간 고용조정 이력이 많은 사업주에 대해서는 신규 지원을 제한하는 등 지원 효과 제고 방안도 마련하였으며, 지원대상 사업주 판단기준을 '매출액'으로 간소화하고, 무급휴업·휴직 계획에 대한 심사절차 간소화 및 무급 고용유지지원금 산출방식을 개선하여 경영상 위기 사업주에 대한 신속 지원과 생계곤란을 겪는 근로자에 대한 지원도 강화하였다.

---

[1] 「고용보험법」 일부 개정안 발의(8.21., 환노위 계류)
 - 대규모 위기시 유연한 대응체계 마련 근거 신설, 고용유지조치(휴업, 휴직) 간소화 및 산출방식 개선

4 추진실적 및 평가

고용유지지원금은 2020~2022년에 비해 지원수요는 다소 감소하였으나, 코로나19로 고용위기 여파가 장기화됨에 따라 2023년 한해 6,204개 사업장, 61,176명에 대해 지원하는 등 근로자와 기업의 고용유지를 위해 큰 역할을 하였다.

〈표 3-1-4〉 고용유지지원금 연도별 추진실적

(단위: 개소, 명, 백만원)

구 분	고용유지지원금 전체				
	2019년	2020년	2021년	2022년	2023년
사업장수	1,514	72,350	40,950	14,268	6,204
인 원	31,064	773,086	338,921	137,114	61,176
금 액	66,905	2,277,893	1,281,774	463,802	126,802

※ 고용유지지원금 지원인원수는 순인원 기준

[그림 3-1-3] 고용유지지원금 연도별 추진실적

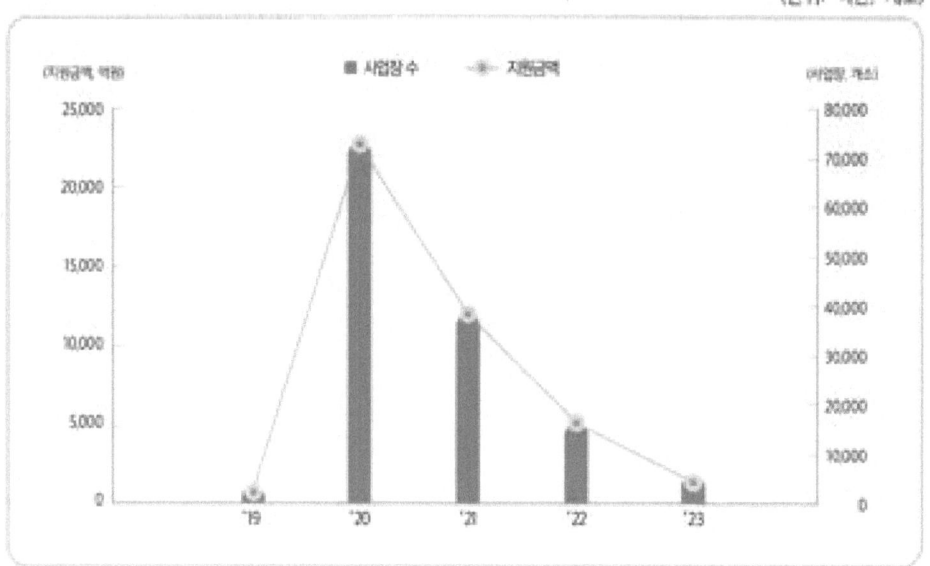

〈표 3-1-5〉 고용유지지원금 종류별 지원실적

(단위: 백만원)

구분	2014	2015	2016	2017	2018	2019	2020	2021	2022	2023
계	39,795	32,998	33,870	51,849	69,189	66,905	2,277,893	1,281,774	463,802	126,802
휴업	27,712	19,725	20,774	23,041	30,583	31,930	844,438	356,157	113,127	63,283
훈련	4,710	899	2,525	2,978	681	-	-	-	-	-
휴직	6,982	12,374	10,571	25,794	29,427	26,971	1,380,483	849,847	307,833	62,560
인력재배치	391	-	-	-	-	-	-	-	-	-
무급휴업·휴직	-	-	-	37	8,499	8,004	52,972	75,770	42,842	959

※ 2016년부터 무급휴업·휴직근로자지원금이 고용유지지원금의 내역사업으로 통합
※ 2018부터 훈련 폐지

〈표 3-1-6〉 2023년 고용유지지원금 예산 집행 현황

(단위: 백만원)

구분	예산액	이·전용 등	예비비	예산현액	집행액	불용액
합계	197,220	-	-	197,220	126,802	70,418
휴업·휴직	190,850	-	-	190,850	125,843	65,007
무급휴업·휴직	6,370	-	-	6,370	959	5,411

제4절 고용안정장려금

1 개요

고용안정장려금은 근로시간 단축·유연근무·육아지원제도를 도입·활용하거나, 고용이 불안정한 기간제 근로자 등을 정규직으로 전환하는 사업주 지원을 통해 근로자의 고용안정 및 일·생활 균형을 도모하는 사업이다. 2017년 고용장려금 통합 개편에 따라 기존 근로자의 고용안정을 지원하는 사업이 '고용안정장려금'으로 통합되어 운영되고 있다.

2 사업 내용

〈표 3-1-7〉 고용안정장려금 사업내용

구분	내용
워라밸 일자리 장려금	**(장려금 및 임금감소 보전금)** 근로자의 근로시간 단축을 허용한 경우 장려금 및 사업주가 시간비례 임금보다 더 지급한 임금의 일부를 우선지원대상기업·중견기업 사업주 지원 * (장려금) 월 최대 30만원, 1년 지원 * (임금증가 보전금) 사업주 보전액이 20만원 이상인 경우 월 최대 20만원, 1년 지원
정규직 전환 지원	**(장려금 및 임금증가 보전금)** 6개월 이상 2년 이하 고용(사용)한 기간제·파견·사내하도급 근로자 또는 6개월 이상 상시적으로 노무를 제공한 특수형태업무종사자를 정규직으로 전환하거나 직접 고용하는 우선지원대상기업·중견기업 사업주 지원 * (장려금) 월 30만원(정액), 1년 지원 * (임금증가 보전금) 임금증가액이 20만원 이상인 경우 월 20만원(정액), 1년 지원
일·가정 양립 환경개선 지원	**(유연근무 장려금)** 소속 근로자의 필요에 따라 유연근무를 활용하게 하는 우선지원 대상기업·중견기업 사업주 지원 * 유연근무 활용 횟수에 따라 월 최대 30만원, 1년 지원 **(일·생활 균형 인프라구축비)** 유연근무를 활용하거나 근무혁신 우수기업으로 선정된 우선지원대상기업·중견기업에 일·생활 균형 인프라 설치비용 지원 * 정보·보안시스템 등 시스템 구축 비용의 50~80%(최대 2천만원)

구 분	내 용
출산 육아기 고용안정 장려금	**(장려금)** 육아휴직 또는 육아기 근로시간 단축을 허용한 우선지원대상기업 사업주 지원 　* 육아휴직 지원금: 월 30만원(만 12개월 이내 자녀 대상 첫 3개월 월 200만원) 　* 육아기 근로시간 단축 지원금: 월 30만원(인센티브 적용 시 월 10만원 추가 지급) **(대체인력 인건비)** 출산전후휴가, 유산·사산 휴가 또는 육아기 근로시간 단축을 부여하거나 허용하고 대체인력을 고용한 우선지원대상기업 사업주에게 대체인력 인건비 지원 　* 대체인력 지원금: 월 80만원(업무 인수인계기간 월 120만원) **(육아기 단축업무 분담자원금)** 육아기 근로시간 단축에 따른 업무분담 근로자에게 금전적 지원을 한 사업주에 대한 장려금 지원(2024.下 예정)

[그림 3-1-4] 고용안정장려금 추진체계도

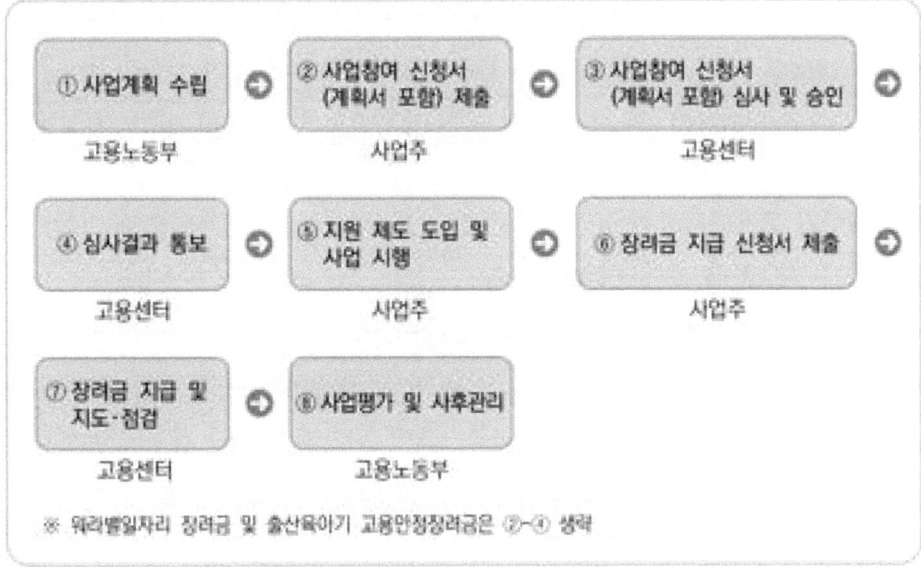

3 주요 제도개선 내용

2017년 고용장려금 통합 개편에 따라 기존 근로자의 고용안정을 지원하는 사업은 '고용안정장려금'으로 통합되었다. 내역사업으로는 ① 워라밸일자리 장려금, ② 출산육아기 고용안정장려금, ③ 일·가정 양립 환경개선 지원, ④ 정규직 전환지원이 있다.

2018년에는 출산육아기 고용안정 지원 중 대체인력지원금 지원요건을 완화하여 육아휴직 등을 사용한 근로자가 자기 사정으로 인해 사업주가 계속 고용하지 못한 경우에는 지원금을 지원하도록 개선하였다. 정규직 전환지원수준도 인상하여 전환된 근로자 1인당 간접노무비 지원 수준을 월 20만원에서 30만원으로 인상하였다.

2021년에는 코로나19 지속에 따라 사업장의 감염병 예방 및 근로자의 가족돌봄 등을 지원하기 위하여 워라밸일자리 장려금(지원요건 및 절차 완화, 지원인원 한도 적용 유예), 일·가정 양립 환경개선 지원(사업계획 수시 승인 및 절차 간소화), 출산육아기 고용안정장려금(인센티브 확대 및 신설을 통해 지원수준 인상) 등 신속한 제도개선을 통해 대응하였다.

2022년에는 워라밸일자리 장려금(대규모 기업 지원 종료, 지원한도 설정), 일·가정 양립 환경개선 지원(인프라 심사 방식 개선을 통한 공정성 및 전문성 강화), 정규직 전환 지원(전환 후 임금증가액이 20만원 이상인 경우 임금보전금 20만원 지급), 출산육아기 고용안정장려금(육아휴직 대체인력 지원금과 육아휴직 지원금을 통합하여 만 12개월 이내 자녀를 대상으로 연속하여 3개월 이상의 육아휴직을 허용한 우선지원대상기업 사업주에게는 첫 3개월 동안 월 200만원의 육아휴직 지원금을 지급하고, 상대적으로 모성보호제도 사용 여건이 낮은 우선지원 대상기업에 지원을 집중하기 위해 대규모 기업에 대한 지원을 종료)은 중소기업 지원을 강화를 위해 제도를 개선하였다.

2023년에는 워라밸일자리 장려금 지급 요건 중 정해진 출퇴근 시각에서 15분을 초과한 기록이 있는 경우 연장근로로 간주하던 방식을 월 연장근로 10시간 초과 시에 지급을 제한하는 방식으로 개선하였고, 일·가정 양립 환경개선 지원은 근로자가 재택·원격근무 활용 시 기존 출퇴근 시간에서 15분 이상 편차가 있는 경우 활용일로 인정하지 않는 요건을 삭제하는 등 지급 요건을 합리화하였다. 출산육아기 고용안정장려금은 육아기 근로시간 단축 제도에 대한 실질적 사용여건을 조성하기 위하여 육아기 근로시간 단축에 따른 업무를 분담한 동료 근로자에게 금전적 지원을 한 사업주를 지원하는 내용의 육아기 단축업무 분담 지원금 제도 신설(2024년 하반기)을 위한 예산 확충 등 사업기반을 구축하였다.

한편, 2022년에는 육아휴직 대체인력 지원금과 육아휴직 지원금을 통합하여 만 12개월 이내 자녀를 대상으로 연속하여 3개월 이상의 육아휴직을 허용한 우선지원대상기업 사업주에게는 첫 3개월 동안 월 200만원의 육아휴직 지원금을 지급함으로써 우선지원대상기업의 육아휴직 사용 여건 개선에 주력하였고, 상대적으로 모성보호제도 사용 여건이 낮은 우선지원대상기업에 지원을 집중하기 위해 대규모 기업에 대한 지원을 종료하였다.

2023년에는 육아기 근로시간 단축 제도에 대한 실질적 사용여건을 조성하기 위하여 육아기 근로시간 단축에 따른 업무를 분담한 동료 근로자에게 금전적 지원을 한 사업주를 지원하는 내용의 육아기 단축업무 분담 지원금 제도 신설을 추진하고, 2024년 하반기부터 시행하기로 하였다.

4 추진실적 및 평가

2021년에 워라밸일자리 장려금 및 일·가정양립 환경개선 지원은 코로나19 대응 특례지침을 한시적으로 적용하여 근로자의 고용안정에 기여하였으며, 일·가정양립 환경개선 지원사업으로 재택근무 종합컨설팅 사업을 신설하여 400개소 사업장을 지원하였고, 주 52시간제도를 도입하는 300인 미만 중소기업에 대하여 노동시간 단축 정착을 지원하였다.

출산육아기 고용안정 지원은 육아휴직 지원금 특례를 신설(만 12개월 이내 자녀 대상 3개월 이상 연속하여 육아휴직을 허용한 경우 첫 3개월간 매월 200만원을 지원)하였고, 육아기 근로시간 단축에 따른 인센티브 지원을 지속하였다.

2023년에 고용안정장려금은 36,966개사, 69,480명(209,488백만원)을 지원하였으며, 내역사업별로는 워라밸일자리 장려금은 4,314개사, 7,206명(16,920백만원), 출산육아기 고용안정 지원은 30,151개소, 54,686명(172,075백만원), 일·가정양립 환경개선 지원은 997개소, 3,544명(11,179백만원), 정규직 전환 지원은 599개소, 4,044명(9,314백만원)을 지원하였다.

<표 3-1-8> 고용안정장려금 지원 현황

(단위: 백만원)

구 분	2022		2023	
	예산현액	집행액	예산현액	집행액
고용안정장려금	218,680	214,495	211,632	209,488
시간선택제 전환 지원(~19년) → 워라밸일자리 장려금(20년)	24,079	22,850	17,142	16,920
출산육아기 고용안정 지원*	151,590	150,961	172,567	172,075
일·가정 양립 환경개선 지원	31,680	30,175	11,616	11,179
정규직 전환 지원	11,331	10,509	10,307	9,314

* 대체인력 채용지원사업(대체인력뱅크 운영)포함

제5절 고령자 고용안정지원금

1 고령자 계속고용장려금

가. 개요

2020년 1월부터 60세 이상 고령자의 주된 일자리에서 고용안정을 위해 정년을 운영 중인 중소·중견 기업이 계속고용제도(정년 연장·폐지 또는 재고용)를 도입·시행하고 이후 종전의 정년에 도달한 근로자를 1년 이상 계속고용하면 계속고용 1인당 분기 90만원을 최대 2년간 지원하는 사업을 도입하였다.

나. 사업 내용

〈표 3-1-9〉 고령자 계속고용장려금의 사업내용

지원요건	지원수준
• 정년 제도를 운영중인 중소·중견기업 • 취업규칙·단체협약 등에 계속고용제도(정년 연장 또는 폐지, 정년퇴직자 재고용) 도입·시행 • 60세 이상인 피보험자수가 전체 피보험자수의 30% 이하 • 2019년 1월 1일 이후에 계속고용제도 도입·시행	• 계속고용한 근로자 1인당 최대2년간 720만원 지원(월30만원)

다. 주요 제도개선 내용

2021년에는 더 많은 고령자가 현재 일자리에서 계속 고용될 수 있도록 지원하기 위해 노사합의로 정년퇴직자 재고용의 제외 기준을 제정한 경우에도 고령자 계속고용장려금의 지원대상에 포함되도록 지원대상을 확대하였다. 또한, 지원 기간 기준일 2년 이내 정년도달자와 정년퇴직 이후 3개월 이내 재고용된 근로자만 지원대상으로 인정하였던 것을 계속고용제도 시행일로부터 5년 이내 정년도달자와 정년퇴직 이후 6개월 이내 재고용된 근로자로 확대하였다. 지급기간도 최초 정년도달자의 재고용일로부터 2년 이내 정년도달자였던 것을 지원대상 근로자별 계속고용일 각각 2년 지급으로 확대하였다.

2022년에는 한정된 예산 범위 내에서 더 많은 기업이 지원받을 수 있도록 ① 지원인원(30명) 제한, ② 100인 이상 기업의 지원요건 완화(고령자수가 피보험자수의 20% 초과 시 지원 제외 → 30% 초과), ③ 지원제외 근로자(월임금 686만원 초과자, 4촌이내 혈족 및 인척) 규정을 삭제하여 지원대상을 확대하고 취업규칙 신고 의무가 없는 10인 미만 기업의 계속고용제도 시행일의 객관적 기준을 마련하는 등 제도를 개선하였다.

2023년에는 지원 제외대상 근로자 요건인 '최저임금 미만자'를 '월 평균 보수총액이 110만원 미만인 자'로 대체하였고, 중대산업재해 등으로 명단이 공표된 사업주를 지원대상에서 제외하였다.

라. 추진실적 및 평가

기업이 취업규칙 등에 정년 연장·폐지, 재고용 등 계속고용제도를 도입하여 60세 이상 고령자가 정년 이후에도 주된 일자리에서 일할 수 있도록 2020년에 장려금 제도를 도입 시행하였다. 그러나 코로나19로 인한 기업의 고령자 고용여건 악화는 정년에 도달한 근로자의 계속고용 유인에 한계로 작용하여 2020년에 총 367개사가 690명(10억원)을 고용연장하는데 그쳤으나, 2021년에는 지원 요건을 완화함에 따라 지원이 크게 증가하여 1,942개사가 4,341명(104억원), 2022년에는 3,028개사가 7,994명(226억원)을 고용연장하는데 도움을 주었다. 2023년에는 7,888명(2,649개사, 191억원)을 지원하였다.

[그림 3-1-5] 고령자 계속고용장려금 연도별 지원실적

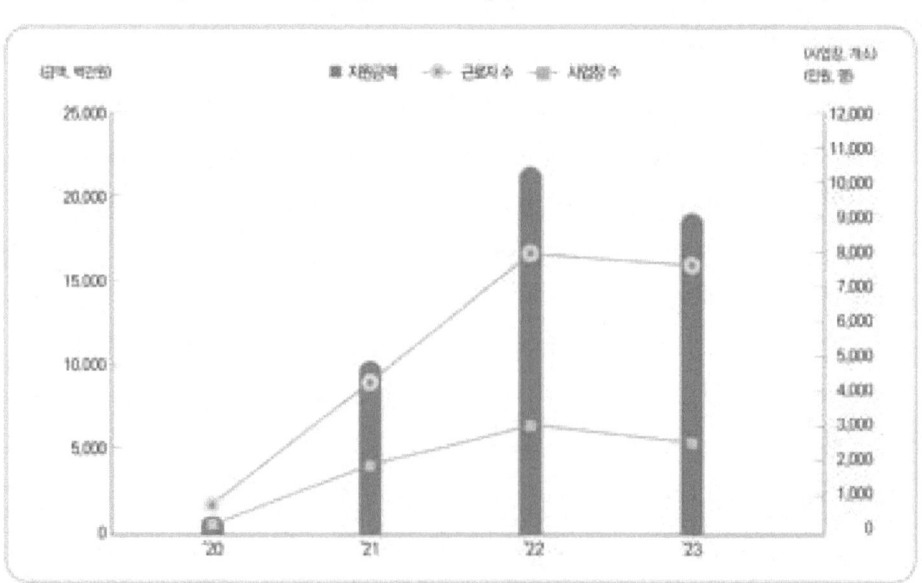

2 고령자 고용지원금

가. 개요

2022년 1월부터 60세 이상 고령자가 증가한 우선지원대상·중견 기업에게 증가 고령자 1인당 분기 30만원을 최대 2년간 지원하는 사업을 시행하였다.

나. 사업 내용

〈표 3-1-10〉 고령자 고용지원금의 사업내용

지원요건	지원수준
• 사업적용기간 1년 이상 • 분기별 월평균 고령자수가 직전 3년 평균보다 증가	• 증가 근로자 1인당 최대 2년간 240만원 지원(분기30만원)

다. 주요 제도개선 내용

2023년도에는 월 소정근로시간 60시간 미만자를 지원 제외대상자 요건에서 삭제하였고, 2023년 7월 1일부터 신청 분기 중 신규채용자를 지원대상에서 제외하였으며 중대산업재해 등으로 명단이 공표된 사업주를 지원대상에서 제외하였다.

라. 추진실적 및 평가

60세 이상 고령자의 고용을 촉진하기 위해 2022년에 장려금 제도를 도입 시행한 결과, 2022년 9,208개 기업에 226억원을 지원하여 고령자 고용 증가에 도움을 주었고, 2023년에는 14,563개사(717억원)로 지원을 확대하였다.

제6절 지역별·산업별 맞춤형 고용정책 추진

1 고용위기지역 및 특별고용지원 업종 개요

국내외 경제사정의 변화 등으로 고용사정이 급격히 악화된 지역의 경우 파편화된 지원으로는 효과적으로 위기를 극복하기 어렵다. 특히, 특정 산업의 의존도가 높은 지역은 특정 산업의 위기·불황이 지역 전체의 위기·불황으로 연결되는 경우가 많아 지역·산업에 특화된 지원이 필요하게 되었다.

이러한 이유로 2009년부터 고용조정 지원 등이 필요한 업종 또는 지역을 지정하여 고용유지, 신규 고용 창출, 근로자 생활안정 등을 위한 일자리사업을 지원해오고 있다.

2 주요 제도개선 내용

기존 고용개발촉진지역 제도가 고용위기를 사전에 감지하고 대응하는 기능이 미흡하여 사후 대응에 그치고 있다는 지적을 반영, 고용위기 정도에 따라 3단계(관리·위기·재난)로 지원을 차등화하도록 개선하였고, '고용개발촉진지역'을 '고용촉진특별구역'(2014년 1월)으로, 다시 '고용위기지역'(2014년 8월)으로 개정하였다. 이후 지정단계를 간소화·효율화하여 2단계(위기·재난)로 조정하였다(2017년 8월). 또한, 지정여부 판단을 위한 정량지표(고용보험 피보험자 수, 구직급여 신규 신청자 수)가 위기를 선제적으로 파악하기 어려운 점을 고려하여 지역의 공장 폐쇄 발표 등 주력 산업의 위기 발생으로 대규모 고용조정이 명확히 예상되는 경우, 예외적으로 고용위기지역으로 신청할 수 있도록 지정기준을 추가하였다(2018년 3월).

한편, 고용위기가 특정 기업·지역에 국한되지 않고 산업전반에 나타나는 점을 감안하여, 구조조정 등으로 고용상황이 악화되거나 악화될 우려가 있는 업종에 대한 종합적 지원 필요성이 대두되고 있다. 이에 고용노동부는 특별고용지원업종 제도를 도입하여 시행 중이다(2015년 12월 15일 특별고용지원 업종 지정기준 등에 관한 고시 제정).

이후 고용상황 등의 다변화로 고용위기지역 및 특별고용지원 업종의 합리적 지정·연장기준 마련 필요성이 제기되어 그간의 운영 경험 및 전문가 연구용역을 바탕으로 「고용위기 지역의 지정 기준 등에 관한 고시」와 「특별고용지원 업종 지정 기준 등에 관한 고시」를 개정·시행하였고(2020년 1월 20일 고시 개정), 이후 지정기간 연장에 관한 내용을 추가하였다(2021년 10월 29일 고시 개정).

3 추진실적 및 평가

가. 고용위기지역 추진실적 및 평가

평택시에 소재한 쌍용자동차 구조조정 등으로 인한 대량 해고 등 지역고용상황 악화가 예상됨에 따라 2009년 8월 평택을 1년간 '고용개발촉진지역'으로 지정하였고, 1년 동안 총 112억원을 고용유지, 직업능력개발 지원, 고용촉진 및 고용서비스 지원에 지원하였다. 이후 통영시 내 중소조선업체의 불황으로 지역 고용상황이 급격히 악화되자, 2013년 1월 통영시를 1년간 고용개발촉진지역으로 지정하였으며, 추후 통영시 요청으로 지정기간을 1년 연장하였다. 2년간 총 171억원을 8,429명의 고용유지, 고용촉진, 고용서비스 지원 등을 위해 지원하였다. 평택, 통영의 지원을 통해 지역의 피보험자 수 증가세 전환, 비자발적 이직자수 감소, 신규 일자리 창출확대 등의 성과를 달성하였다.

2018년 4~5월에는 조선업 밀집지역의 경기 침체 지속과 군산GM공장 폐쇄 발표(2018년 2월)에 따른 지역고용상황 악화를 극복하기 위해 군산, 울산 동구, 경남 거제시, 통영시, 고성군, 창원시 진해구(2018년 4월), 목포시·영암군(2018년 5월) 총 7개 지역을 고용위기지역으로 지정하였다. 지정 이후 관계부처 합동으로 고용유지, 실직·퇴직자의 생계유지 및 재취업 지원, 직업능력 개발, 지역 소상공인 지원, 지역 산업육성 등을 지원하고 있으며, 조선업 업황이 지속적으로 악화됨에 따라 7개 지역 모두 2022년 12월 31일까지 추가 연장 후 지정이 종료되었다. 고용위기지역 7개 지역에서 3년 8개월 동안 686,447명의 근로자에게 고용유지, 직업능력개발, 생활안정 등을 위하여 7,469억원을 지원하였다. 다만, 거제는 대우조선 하청 노사분규 및 러시아·우크라이나 전쟁 장기화에 따른 수주 취소 등 예상치 못한 사유로 경영상황 악화 등 피해를 고려해 2023년 1월부터 2023년

12월까지 고용위기지역으로 신규 지정하여 25,761명의 근로자에게 223억원을 지원하였으며, 2024년 6월까지 1차례 지정기간을 연장하였다.

나. 특별고용지원 업종 추진실적 및 평가

우리 조선산업은 1970년대 이후 성장을 거듭하였고, 2000년대 이후에는 조선강국으로 자리매김하며 주력 산업으로서의 위상을 강화해 왔으나, 2008년 금융위기 이후 세계 조선산업의 글로벌 경제부진 및 과잉 공급, 2014년 이후 저유가로 인한 해양플랜트 발주급감 등으로 침체기에 접어들면서 우리나라 조선업은 주요 경쟁국인 중국, 일본과 경쟁 과열로 어려움에 직면하게 되었다.

조선업 불황은 철강·조선기자재 등 연관 산업과 지역경제의 연쇄적인 어려움으로 이어졌고, 대량고용조정 등 노동시장 불안으로 이어졌다. 이에 대응하기 위해 대규모 위기가 발생한 조선업을 2016년 7월 특별고용지원업종으로 지정, 이후 조선업황 회복을 위한 고용지원대책을 수립·지원하여 2022년 12월까지 지정기간 연장 후 종료하였다. 6년 6개월의 기간 동안 403,674명의 근로자에게 고용유지, 직업능력개발, 생활안정 등을 위하여 8,701억원을 지원하였다.

2020년에는 코로나19로 피해가 심각한 8개 업종을 특별고용지원업종으로 지정하였다. 2020년 3월 여행업, 관광숙박업, 관광운송업, 공연업 등 코로나19에 따른 피해가 집중된 업종을 특별고용지원업종으로 지정하였다. 4월에는 이들 업종과 밀접히 연관된 업종인 항공기취급업, 면세점, 전시·국제회의업, 공항버스 4개 업종을 특별고용지원업종으로 추가 지정하였다.

2021년 4월에는 위 8개 업종에 추가로 6개 업종을 특별고용지원업종으로 지정하였다. 코로나19 장기화로 인한 고용위기는 다른 업종으로도 확산되었고, 집중적 피해를 입은 영화업, 수련시설, 유원시설, 외국인전용 카지노, 항공기부품 제조업, 노선버스 6개 업종을 특별고용지원업종으로 지정하였다.

2022년 4월에는 영업시간 제한 등으로 인해 22시 이후 심야 영업 비율이 높은 택시 업계의 운행 수익성이 악화되어 고용 사정이 어렵고 추후 고용회복까지 상당 기간이 소요될 것으로 예측됨에 따라 택시운송업을 특별고용지원업종으로 지정하였다.

여행업 등 15개 업종에 대하여 고용유지, 직업능력개발, 근로자 생활안정 등을 위하여 2022년까지 280,793명의 근로자에게 1조 5,719억원을 지원하였고, 지정기간 연장된 외국인전용카지노, 시외버스, 택시운송업에 대해 2023년에 27,178명의 근로자에게 600억원을 추가로 지원하였으며, 택시운송업은 코로나19로 인한 피해 등 고용·산업상황이 완전히 회복되지 않은 상황을 이유로 2024년 6월까지 지정기간을 연장하였다.

제7절 건설근로자 고용복지 개선

1 건설일용근로자 기능향상지원

가. 개 요

「건설일용근로자 기능향상지원사업」은 기존 건설 직종 훈련시스템의 훈련기준 및 훈련방식 등이 정형화되어 있고 상용직 위주로 훈련 일정이 구성되어 있어 건설일용근로자가 훈련에 참여하는 데 한계가 있다는 점을 고려하여 건설일용근로자들이 일과 훈련을 병행하면서 기능을 향상시킬 수 있도록 2013년부터 시행하였다.

나. 사업 내용

건설일용근로자가 주로 종사하는 직종으로 숙련인력 공급이 부족한 직종과 실업자훈련 등에서 공급이 부족한 15개[2] 직종에 대해 훈련을 실시하였다. 사업 기간은 2023년 1월부터 12월까지이며, 훈련은 1일 완성형 모듈 과정으로 구성하여 주간과정 20일(1일 6시간)을 원칙으로 편성하되, 훈련의 실효성과 현장에서 근로중인 건설일용근로자를 위해 야간과정(40일, 1일 3시간)도 개설하여 탄력 있게 운영하였다.

또한, 현장수요에 따라 다기능공 양성을 위해 기본과정을 단일과 혼합 직종으로 구분 운영하였으며, 별도의 심화과정을 운영하여 훈련생의 기능 수준별 맞춤 훈련을 실시하였다.

---

[2] 조적, 미장, 타일, 방수, 배관, 도장, 건축목공, 형틀목공, 문화재시공, 철근, 일반용접, 플랜트 용접, 비계, 콘크리트, 석공

다. 추진 성과 및 평가

2023년에는 건설일용근로자 6,518명을 모집하여 훈련을 실시하였다. 20대 이하 880명(13.6%), 30대 734명(11.4%), 40대 1,093명(16.7%), 50대 1,574명(24.3%), 60대 이상 2,237명(34.0%)이었으며, 수료율[3]은 95.7%(5,818명)로 전년도(90.6%, 5,986명) 보다 5.1%p 높았다. 또한, 취업률[4]은 58.5%(3,660명)로 전년도 46.1%(2,833명)에 비해 12.4%p 상승하였다.

〈표 3-1-11〉 건설일용근로자 기능향상지원사업 연도별 실적

(단위: 명, %)

구 분	참여목표인원	참여		수료		취업	
		참여인원	모집률	수료인원	수료율	취업인원	취업률
2023	7,150	6,518	91.2	5,818	95.7	3,660	58.5
2022	8,320	6,763	81.3	5,986	90.6	2,833	46.1
2021	8,320	7,914	95.1	7,130	93.3	4,146	56.0

이와 같이 2020년~2022년 3년간 취업인원과 취업률이 하락추세에 있었으나, 2023년에는 훈련생 고용보험 취득정보 연계, 훈련기관 취업률 평가 점수 상향 등과 같이 훈련생의 취업지원 기능을 적극적으로 강화한 결과, 취업인원 및 취업률이 크게 상승하는 성과를 달성하였다.

「건설일용근로자 기능향상지원사업」 참여 훈련생은 건설경기 상황, 코로나19 등의 대외 환경으로 감소세에 있지만, 훈련 내실화를 위해 노력하여 고객만족도 점수가 전년 대비 0.3점 상승하여(87.3 → 87.6점) 역대 가장 높은 점수를 획득하였다. 또한 자격증 취득 지원을 통하여 건설근로자들의 숙련기술을 제고하는 데에도 기여하였다.

---

3) 수료율(%) = [(수료자 수)/(참여자 수 - 조기취업자 수)] × 100
4) 취업률 산정을 위한 취업자 수에는 조기취업자 수(436명)가 포함됨

2. 건설근로자 무료취업지원

가. 개 요

「건설근로자 무료취업지원사업」은 건설현장의 공공 취업지원서비스 확대를 통해 직업소개 수수료 부담을 경감하고 취약계층인 건설근로자의 취업촉진을 도모하기 위해 2015년부터 시행하였다.

나. 사업 내용

많은 비숙련 건설근로자가 취업을 위해 유료 직업소개소를 통해 취업하고 있으나 소개료 부담을 느끼는 것이 현실적인 구조였다. 이에 정부는 소개료 부담 절감 및 취업알선이라는 공공취업지원서비스 확대를 위해 새벽인력시장 인근 건설현장이 밀집된 지역 등에 무료취업지원센터 17개소[5]를 운영하여 취업지원 서비스를 제공하였다.

다. 주요 제도개선 내용

2015년 최초 시행된 동 사업은 사업초기 취업지원센터 전담인력의 업무 노하우 습득, 건설현장 구인처 발굴 애로 등의 이유로 조기 정착되는 데 다소 시간이 소요되었다. 이에 사업의 시행 주체인 정부와 건설근로자공제회는 운영과정에서의 전담인력 직무향상 교육 실시, 한국토지주택공사(LH) 등 유관기관 협력강화 등을 추진하여 동 사업의 활성화를 위해 지속적으로 노력한 결과, 2023년에는 일용근로일수 기준 연간 목표일 수(620,100일) 대비 14% 초과달성(706,659일)하였다.

2016년에는 건설근로자의 특성을 반영한 취업지원시스템을 구축·운영하여 취업지원 센터 간 구인·구직자를 공유함으로써 구인자가 원하는 구직자, 구직자가 원하는 일자리에 대한 맞춤형 알선을 실시하였다. 또한, 2017년에는 취업지원 홈페이지와 연계한 모바일 앱을 구축·운영하여 이용자의 위치를 기반으로 한

---

[5] 2016년부터 사업을 개시한 2015년 보다 1개소를 추가하여 전국적으로 17개소를 운영 중

지역별, 개인별 일자리 정보를 실시간으로 제공함으로써 언제 어디서나 구인·구직 신청이 가능한 고객 맞춤형 알선을 실시하는 기반을 마련하였다.

2018년에는 취업지원 전산망(홈페이지, 모바일App) 기능고도화 작업을 통해 이용자 경력관리 기능 추가, 디자인 개편 및 전산처리 속도 향상 등 구인·구직자에게 보다 편리하고 효과적으로 취업지원서비스 제공이 가능하도록 개선하였다.

이와 함께, 한국토지주택공사, 한국산업안전보건공단, 한국공인노무사회 등의 유관기관과 협업을 통해 구인·구직개척 활동을 내실화하였고, 2019~2021년에는 한국도로공사 '도공JOB마켓', 조달청 '건설 일자리 지킴이' 등 다른 공공기관 사업과 정보연계를 지속적으로 추진하여 건설일자리 공공플랫폼 기반을 구축·운영하였다.

또한, 2017년 9개소에서 제공하던 무료 노무상담 서비스를 전체 취업지원센터(17개소)에서 제공하도록 확대 운영하였고, 2021년에는 취업지원 전산망에 노무상담 게시판을 신설하여 비대면 노무상담 서비스를 상시 제공하는 등 공공 취업지원 기능을 강화하였다.

2022년에는 홈페이지 및 모바일 앱의 기존 구직신청 절차를 대폭 간소화하여 로그인 없이도 구직신청이 가능하게 기능을 개선하였으며, 사용자 중심의 모바일 앱 화면 재구성 및 개인별 출근 현황조회 기능을 개발하여 건설근로자들이 더욱 편리하게 이용할 수 있도록 지속적으로 조치하였다.

2023년에는 취업실적의 고용보험·퇴직공제 내역 검증을 통해 성과의 공공성을 확보하는 기반을 마련하였다. 또한 고객만족도 설문 관리를 실시, 취업지원 서비스를 이용하는 고객들이 편하게 이용할 수 있도록 노력하여 사업개시 이후 고객만족도에서 가장 높은 점수(85.8점)를 획득하였다.

라. 추진실적 및 평가

〈표 3-1-12〉 건설근로자 무료취업 지원사업 연도별 실적

(단위: 개, 일)

구 분	2021년		2022년		2023년	
	운영개소	일용근로일수	운영개소	일용근로일수	운영개소	일용근로일수
운영현황	17	715,827	17	747,443	17	706,659
전년대비 증감	-	+19%	-	+4%	-	-2%

2023년 건설근로자 무료취업 지원사업에 따른 건설근로자의 일용근로일수는 전년 대비 2% 감소한 706,659일이다. 건설근로자 무료취업 지원사업은 건설업에 특화된 공공 취업지원서비스 제공을 통해 구직자에게 양질의 취업정보를 지속적으로 제공하여 사업 만족도를 제고하였고, 건설근로자의 취업과정에서 소요되는 직업소개수수료 부담 절감에도 기여하였다.

제2장 직업능력개발사업

제1절 개요

1. 직업능력개발사업의 의의

세계화, 지식기반 경제에서는 지식과 정보의 창출·공유·활용능력이 국가와 기업의 경쟁력의 근원으로 인식되고 있으며, 지식기반 경제사회로의 이행은 노동력 수급구조와 고용관행 등 노동시장의 구조적인 변화를 야기하고 있다.

'평생직장'이 '평생직업' 개념으로 변화하였고, 기업내부 구성원에 대한 장기 고용 관행은 노동시장의 유연화에 기반한 고용가능성(employability)으로 대체되기에 이르렀다. 또한 기업 내부에서도 기존의 관료적·분업적 생산조직체계가 수평적·종합적 조직체제로 변화되면서 현장 조직구성원의 지적 능력의 제고를 요구하고 있다.

이와 같은 경제체제 및 노동시장 구조의 변화에 근로자는 물론 기업이 능동적으로 대처하기 위해서는 기업 또는 근로자 스스로 직업능력을 개발할 수 있도록 지원이 필요한데 이를 반영한 제도가 바로 직업능력개발사업이라 할 수 있다. 또한 급격한 구조조정에 따라 생겨나는 전직자·실직자의 재취업을 촉진하고 노동이동을 원활하게 할 수 있도록 지원하는 것도 직업능력개발사업에 포함되어 있다.

우리나라의 직업훈련제도는 1967년 「직업훈련법」 제정으로 정식 도입되었으며, 1976년에 사업주에 대한 직업훈련의무제를 근간으로 하는 「직업훈련기본법」이 제정·시행됨으로써 직업훈련제도의 틀이 확립되었다.

「직업훈련기본법」은 산업사회에 필요한 기능인력을 양성하는 데 목적이 있었다. 법 시행 후 20여 년 동안 상급학교에 진학하지 못한 청소년을 양질의 기능인력으로 양성하여 국가기간산업분야에 공급함으로써 경제발전에 크게 기여하였으며, 노동시장에서 불리한 위치에 있는 장애인, 주부, 고령자, 실업자 등에 대하여 직업훈련의 기회를 확대하였다.

한편 세계화·정보화시대를 맞이하여 세계 각국의 기업들은 기술혁신과 '노동력의 질' 향상에 관심을 두고 있으며 '노동력의 질' 향상은 기업의 경쟁력뿐만이 아니라 근로자의 삶의 질도 향상시킬 수 있다는 점에서 국가발전의 핵심과제로 부각되었다.

우리나라는 과거 '노동력의 질' 보다는 '노동력의 양'과 저임금에 기초한 경제성장 전략을 펼쳐왔으나, '기술혁신우위'의 시대를 맞아 이를 주도해 나갈 기술인력의 양성·개발·관리가 핵심과제로 등장하게 되었으며, 특히, 한 차원 높은 경제발전을 위해서는 과학기술자가 주도하는 '고급기술혁신'을 동시에 추구해 나가야 할 필요성이 있었다.

이러한 국내외 직업훈련 여건에 적극적으로 대처하고자 1995년 7월 「고용보험법」에 직업능력개발사업이 도입되었으며 직업훈련의 중점도 기능인력양성에서 근로자의 평생직업능력개발로 확대 발전되었다.

또한, 1995년 이후 이원화로 운영 중이던 직업능력개발사업과 직업훈련 의무제를 일원화할 필요성이 있었고, 직업능력의 개발·향상에 관한 새로운 직업훈련제도의 틀이 필요하게 됨에 따라 근로자의 평생직업능력개발을 지원하는 새로운 직업능력개발체제를 구축하고자 종전의 「직업훈련기본법」을 폐지하고 1997년 12월 24일 「근로자직업훈련촉진법」을 제정하여 1999년 1월부터 시행하고 있다. 「근로자직업훈련촉진법」은 2004년 12월 31일 법 명칭을 「근로자직업능력 개발법」으로 변경하였다.

이후 급속하게 4차 산업혁명이 진행됨에 따라 국민의 평생 고용가능성을 높이고 신기술에 대한 적응과 미래 핵심역량 함양 등을 지원하기 위해 '노동시장 변화에 대응한 직업능력개발 혁신방안(2019년 4월)', '한국판 뉴딜(2020년 7월)', '민관 협력 기반의 SW인재양성 대책(2021년 6월)' 발표 등을 통해 4차 산업혁명, 신기술·신산업 등 변화의 흐름에 대응하고 있다.

2021년, 고령화 등 인구구조의 변화와 급속한 디지털·탈탄소화에 대응하기 위해 국민의 평생에 걸친 직업능력개발체계를 구축할 필요성이 대두되어 2021년 8월 17일 법 명칭을 「국민 평생 직업능력 개발법」으로 개정하여 2022년 2월 18일부터 시행되었다. 개정 주요내용은 실업자·재직자에서 일하고자 하는 모든 국민으로 대상을 확대하고, 지원범위도 직무와 직접 관련된 훈련에서 지능정보화 등 포괄적 직무능력 향상 훈련 및 경력 재설계 지원으로 확대하였다. 아울러 '국민 평생 직업능력개발 지원방안'(2021년 9월)을 마련하여 모든 국민이 변화의 흐름에서 소외되지 않도록 생애에 걸친 직업능력개발을 폭넓게 지원하기 위한 법적·제도적 기반을 마련하였다.

2023년에는 직업능력개발을 통한 노동생산성 향상 및 국가경쟁력 제고를 위하여 공공·민간 우수훈련기관 주도 신기술 분야 고급인력 양성을 강화하였으며, 재직 근로자의 창의력·문제해결 능력을 제고하는 훈련시스템 지원을 통해 미래인재 육성과 노동시장 이중구조 개선에 기여하였다. 또한 기존의 획일적이고 일방적인 암기·주입식에서 자기주도적이고 문제해결 능력을 갖추면서 주변과 협업할 수 있는 창의적 인재양성 중심 교육으로 패러다임이 변화함에 따라 쌍방향성, 소통, 협업이 가능한 새로운 직업훈련 플랫폼을 구축하여 가치 네트워크를 창출할 수 있도록 지원하였고 직업훈련의 규제를 제거하고 직업훈련 활성화를 위해 제도를 개선하였다.

2 직업능력개발사업 관련 법령

직업능력개발사업 관련 법령은 크게 「국민 평생 직업능력 개발법」, 「고용보험법」, 「국가기술자격법」, 「숙련기술장려법」, 「한국산업인력공단법」, 「산업현장 일학습병행 지원에 관한 법률」, 「자격기본법」(교육부 공동입법), 「직업교육훈련 촉진법」(교육부 공동입법) 등이다. 각 법령별 주요내용을 살펴보면 다음과 같다.

〈표 3-2-1〉 직업능력개발사업 관련 법령

구 분	주 요 내 용
국민 평생 직업능력 개발법 (1997.12.24. 제정, 2023.1.3. 개정)	○ 직업능력개발훈련 전반에 관한 사항을 규정 - 훈련시설, 훈련과정 인정, 훈련과정 평가 등
고용보험법 (1993.12.27. 제정, 2022.12.31. 개정)	○ 고용보험기금에 의한 직업능력개발사업의 지원 관련 사항을 규정 - 사업주훈련, 재직자훈련, 실업자훈련 등 각종 지원 사업
국가기술자격법 (1973.12.31. 제정, 2022.6.10. 개정)	○ 국가기술자격제도의 관리와 운영에 관해 규정 - 국가기술자격취득자 교육훈련제도 도입, 검정시설 지원 근거 마련, 수탁기관 위탁취소 절차 등 정비, 자격증 대여 알선자에 대한 처벌근거 마련 등
숙련기술장려법 (1989.4.1. 제정, 2023.7.18. 개정)	○ 숙련기술장려와 숙련기술인의 경제적·사회적 지위향상 - 대한민국명장의 선정, 기능경기대회, 기능올림픽 대회, 계속종사 장려금 지원 등
한국산업인력공단법 (1981.12.31. 제정, 2021.1.5. 개정)	○ 한국산업인력공단의 설립근거법 - 주요기능: 훈련지원, 자격검정, 기능장려 등 - 기타 임원, 이사회, 업무지도·감독 등 규정
산업현장 일학습병행 지원에 관한 법률 (2019.8.27. 제정)	○ 일학습병행 지원 및 운영근거 마련 - 일학습병행 운영 및 지원에 관한 사항 - 외부평가 합격시 계속고용, 차별적 처우 금지 등 학습근로자 보호 - 내부·외부평가, 일학습병행 자격 부여 등
자격기본법 (1997.3.27. 제정, 2022.12.27. 개정)	○ 자격제도의 관리와 운영에 관해 규정 - 국가 및 민간자격의 관리·운영 체계 정립 - 국가직무능력표준(NCS) 개발 및 활용 근거 마련 - 국가역량체계(NQF) 구축 근거 마련 등
직업교육훈련 촉진법 (1997.3.27. 제정, 2023.4.18. 개정)	○ 직업교육 및 직업훈련 연계 근거법 - 주요기능: 현장실습 운영 등

3 직업능력개발사업 현황

가. 재직자 직업능력개발

재직자 직업능력개발 훈련은 사업주가 소속 근로자를 대상으로 실시하는 사업주 훈련과 근로자가 자기 주도적으로 훈련에 참여할 수 있는 근로자 개인 주도 훈련으로 구분할 수 있으며, 광의의 사업주 훈련에는 일반 사업주 직업훈련과 국가인적자원개발컨소시엄 훈련, 일학습병행 등이 포함되고, 근로자 개인 주도 훈련은 국민내일배움카드(재직자)가 있다.

[그림 3-2-1] 사업주 직업능력개발훈련 지원절차

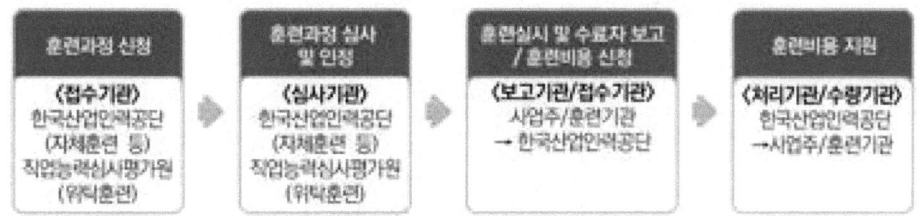

[그림 3-2-2] 국민내일배움카드(재직자) 지원절차

2023년 말 기준 재직자를 위한 훈련지원 사업장 수는 전체 고용보험 가입사업장 2,579,905개소의 5.2%인 134,328개소이며, 재직자 수혜 인원은 전체 피보험자 15,199,534명의 19.3%인 2,932,765명인 것으로 나타났다.

〈표 3-2-2〉 2023년 재직자 직업능력개발사업 추진실적

(단위: 개소, 명, 건)

구 분	고용보험 가입 사업장	피보험자 수	지원사업장	수혜인원(건수)
지원실적	2,579,905	15,199,534	134,328	2,932,765

※ 재직자훈련 실적 = 사업주직업훈련지원, 국가인적자원개발컨소시엄훈련(대중소공동훈련, 지역·산업맞춤형, 산업계주도 청년맞춤형, K-디지털 플랫폼, 산업전환공동훈련 포함), 일학습병행, 국민내일배움카드(재직자) 합계
※ 지원사업장은 규모세분류에 따른 비중복사업장수임
※ 수혜인원은 기금결재일자 지급연인원수 기준임

사회보험료 납입금액 대비 훈련지원금을 의미하는 훈련비지원율을 살펴보면 300인 이상 사업체는 4.0%인 반면, 300인 미만 사업체는 28.5%로 높은 지원율을 보였다.

〈표 3-2-3〉 기업 규모별 재직자 훈련비 지원실적

(2023년 말 기준, 단위: 억원)

구 분	계	300인 미만	300인 이상	기타
납부보험료(A)	38,695	14,534	24,161	-
지원금(B)	6,326	4,138	977	1,211
훈련비지원율(B/A)	16.3	28.5	4.0	-

※ 재직자훈련 실적 = 사업주직업훈련지원, 국가인적자원개발컨소시엄훈련(대중소공동훈련, 지역·산업맞춤형, 산업계주도 청년맞춤형, K-디지털 플랫폼, 산업전환공동훈련 포함), 일학습병행, 국민내일배움카드(재직자) 합계
※ 기타는 국민내일배움카드(재직자)로 사업장 규모가 구분되지 않음
※ 지원금은 기금결제일자 총지급금액 기준임

나. 국민내일배움카드

생애에 걸친 직무수행능력 습득·향상을 위해 국민 스스로 직업능력개발 훈련을 할 수 있도록 국민내일배움카드를 통해 훈련비 등을 지원하고 있다.

[그림 3-2-3] 국민내일배움카드(실업자) 지원절차

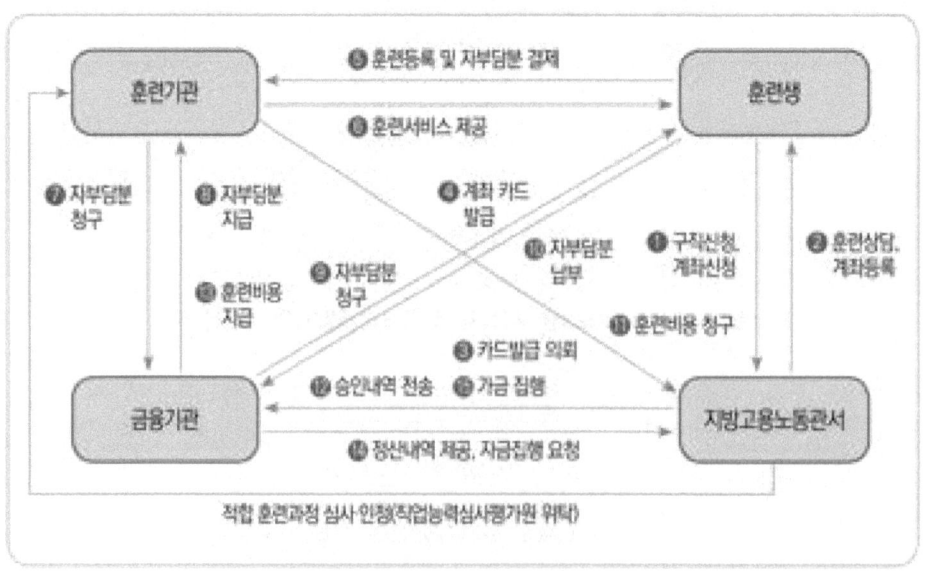

[그림 3-2-4] 국가기간·전략산업직종훈련 지원절차

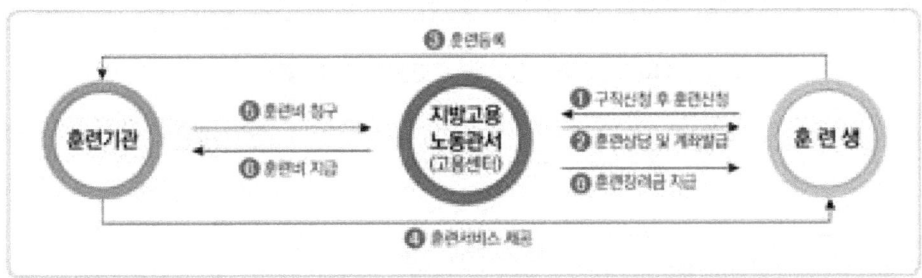

2023년 실업자 직업능력개발은 656천명에 대하여 훈련을 실시하였다.

〈표 3-2-4〉 연도별 실업자 직업능력개발 실시 인원

(단위: 천명)

구 분	2017	2018	2019	2020	2021	2022	2023
훈련인원	251	239	227	427	669	580	656

※ 일반회계·고보기금 지원 합산 인원

사업별 실시현황을 살펴보면 일반직종 훈련 591,645명, 국가기간·전략산업 직종훈련 64,175명이 훈련을 실시하였다.

〈표 3-2-5〉 실업자 직업능력개발 사업별 실시현황

(단위: 명)

구 분		2017	2018	2019	2020	2021	2022	2023
국민내일배움카드 (실업자)	전직 실업자 훈련	147,885	142,350	125,434	355,513	588,466	513,459	591,645
	신규 실업자 훈련	31,019	30,939	26,528				
지역실업자훈련		372	283	258	-	-	-	-
국가기간·전략 산업직종훈련		71,450	65,663	60,262	71,593	80,997	66,304	64,175

※ 지역실업자훈련은 2014년까지 자치단체직업능력개발지원, 농어민지역실업자직업훈련 포함. 2015년부터 자치단체직업능력개발지원을 의미, 지역실업자훈련은 2019년 사업폐지
※ 2017년 2월 EIS 통계 모델 및 데이터가 정비됨에 따라 기존 데이터 변동 있음
※ 자료산출기준: 전직실업자훈련, 신규실업자훈련은 훈련을 실시한 순수 실시훈련생수(순인원), 지역실업자훈련, 국가기간·전략산업직종훈련은 훈련과정에 참여한 중복 실시훈련생수(연인원), 2020년부터 국민내일배움카드(실업자), 국가기간·전략산업직종훈련은 훈련과정에 참여한 중복 실시훈련생수(연인원)

2023년도 훈련실시인원은 655,820명이며, 연도별 훈련실시자의 취업률은 최근 5년간 50%대 수준을 유지하고 있다.

〈표 3-2-6〉 연도별 훈련실시자 취업률

(단위: %)

구 분	2016	2017	2018	2019	2020	2021	2022	2023
취업률	55.0	54.3	56.0	55.5	54.2	54.1	51.6	49.2

※ 내일배움카드(신규+전직), 국가기간·전략산업직종 총괄
※ 해당연도 종료과정의 취업률은 익년 7월말 기준으로 실적 산출
※ 취업률 산식: 수료 후 취업인원/수료인원(고용보험미가입자 포함)
※ 자료산출기준: 훈련종료일자 순인원 기준

2023년도 훈련생 구성비는 남성이 30.4%, 여성이 69.6%를 차지하였고, 연령별로는 40세 이상이 50.7%로 가장 높았으며, 29세 이하가 32.4%, 30세~39세가 16.9%를 차지하였다.

〈표 3-2-7〉 훈련생 구성현황

(단위: 명, %)

구 분	성 별			연령별			
	소계	남성	여성	29세 이하	30-39	40-49	50세 이상
2017	250,726	95,327	155,399	125,137	46,347	37,848	42,054
	100.0	38.0	62.0	49.8	18.4	15.1	16.7
2018	239,235	91,947	147,288	123,043	39,628	33,351	43,792
	100.0	38.4	61.6	51.3	16.5	13.9	18.3
2019	212,160	80,874	131,286	103,055	34,750	30,777	44,069
	100.0	38.1	61.9	48.5	16.3	14.5	20.7
2020	427,106	150,196	276,910	178,666	73,431	70,117	104,892
	100.0	35.2	64.8	41.8	17.2	16.4	24.6
2021	669,463	214,945	454,518	250,371	117,055	116,718	185,319
	100.0	32.1	67.9	37.4	17.5	17.4	27.7
2022	579,763	183,980	395,783	214,986	96,956	98,818	169,003
	100.0	31.7	68.3	37.1	16.7	17.0	29.2
2023	655,820	199,455	456,365	212,309	111,030	120,261	212,220
	100.0	30.4	69.6	32.4	16.9	18.3	32.4

※ 내일배움카드(신규+전직), 국가기간·전략산업직종훈련, 지역실업자 총괄
※ 2017년 2월 EIS 통계 모델 및 데이터가 정비됨에 따라 기존 데이터 변동 있음
※ 익년 1월 마감통계기준, 연령별은 훈련시작일자기준 만 연령으로 구간변동이 있을 경우 성별 합계와 불일치할 수 있음

제2절 사업주의 직업능력개발사업 지원

가. 개 요

○ 사업주가 납부한 고용보험료를 재원으로 사업주가 소속 근로자, 채용예정자, 구직자의 직무능력향상을 위해 직업훈련을 실시하는 경우 훈련실시에 따른 비용 일부를 지원함으로써 직업능력개발훈련 실시를 촉진하고 있다.

나. 사업 내용

○ 지원대상: 직업능력개발 훈련과정으로 인정을 받은 과정에 소속 근로자, 채용예정자 등을 직접 또는 외부 훈련기관에 위탁하여 훈련을 실시하는 사업주

○ 훈련실시기관: 사업주가 설치한 시설(기업연수원 등), 위탁훈련기관(공공직업훈련시설, 지정직업훈련시설, 평생직업교육학원, 학교, 평생교육시설) 등

〈집체훈련에 대한 지원내용〉

○ 훈련비

 - (자체훈련 및 위탁훈련) 훈련직종별 기준단가 × 훈련시간 × 훈련수료인원 × 60%(우선지원대상기업은 100%(위탁훈련 90%), 1,000인 이상 기업은 40%)

○ 훈련수당

 - 사업주가 채용예정자 등을 대상으로 월 평균 120시간 이상의 훈련과정을 1월 이상 실시하고 훈련생에게 훈련수당을 지급하는 경우 월 20만원을 한도로 사업주가 지급한 훈련수당 전액을 지급

○ 숙식비

 - 사업주가 재직근로자, 채용예정자, 구직자를 대상으로 훈련시간이 1일 평균 5시간 이상인 훈련(위탁훈련을 포함한다)을 실시하고 훈련생에게 숙식을 제공하거나 숙식비를 지급한 경우 훈련비와 별도로 식비는 1일 3,300원, 숙식비는 1일 14,000원(1월 330,000원 한도)까지 지원

⟨현장훈련에 대한 지원내용⟩

○ 사업주가 집체훈련과정 또는 원격훈련과정을 수료한 훈련생(재직근로자, 채용예정자, 구직자 등)을 대상으로 현장훈련을 실시(산업체 생산시설 또는 근무장소에서 실시)한 경우 훈련비용을 지원

- 훈련비, 훈련수당, 숙식비: 집체훈련(자체훈련)과 동일하게 지원

⟨원격훈련에 대한 지원내용⟩

○ 먼 곳에 있는 사람에게 정보통신매체 등을 이용하여 실시하는 직업능력개발훈련

- 해당 훈련 과정을 수료한 훈련생에게 소요된 훈련비용의 100분의 80(우선지원대상기업은 100분의 100⟨위탁훈련 90%⟩, 1,000인 이상은 40%)을 지원

⟨유급휴가훈련에 대한 지원내용⟩

○ 대상훈련

- 총 유급휴가기간이 60일 이상이고, 총 훈련 시간이 180시간 이상인 과정(상시근로자 수가 150인 미만인 사업 또는 우선지원대상기업의 경우는 5일, 20시간 이상인 과정)

  • 다만, 사업주가 기능·기술 장려를 위하여 생산직 및 그 관련직에 종사하는 근로자로서 고용노동부장관이 고시한 자를 대상으로 유급휴가를 주어 총 20시간 이상 실시하는 훈련 과정도 포함한다.

  • 우선지원 대상기업 또는 상시근로자 수 150인 미만인 기업이 소속 근로자에게 계속하여 30일 이상의 유급휴가를 주어 휴가 기간 중 120시간 이상의 훈련을 실시하면서 대체인력을 고용하는 경우 대체인력에 대한 임금을 지원받을 수 있다.

○ 비용 지원 수준
- 임금: 소정훈련시간에 「최저임금법」 제10조제1항에 따라 고용노동부장관이 고시하는 시간급 최저임금액(우선지원대상기업은 100분의 150)을 곱한 금액을 지원. 다만, 사업주가 해당 근로자에게 지급한 임금 중 해당 훈련에 참여하는 시간에 해당하는 금액을 초과할 수 없다.
    * 단, 대체인력은 훈련시간에 「최저임금법」에 의한 시간급 최저임금을 곱한 금액 지원
- 훈련비용: 재직근로자를 대상으로 위탁훈련을 실시한 경우에 지원하는 금액과 동일하다.

〈표 3-2-8〉 사업주에 대한 직업능력개발훈련 지원수준(2023년)

지원내용	지원대상	지원수준	근거규정
훈련비	사업주	우선지원 대상기업 100%〈위탁훈련 90%〉, 1,000인 미만 60%(원격 80%), 1,000인 이상 40%	고용보험법 제27조 및 시행령 제41조
유급휴가 훈련 인건비	사업주(소속 근로자 대상으로 유급휴가를 부여하여 훈련 실시)	소정훈련시간×시간급 최저임금액 (우선지원대상기업 100분의 150)	
훈련수당	사업주(채용예정자 등을 대상으로 1개월 120시간 이상 양성훈련을 실시하면서 훈련생에게 훈련수당을 지급)	1월 20만원 한도 내에서 사업주가 훈련생에게 지급한 금액	
숙식비	사업주(훈련시간이 1일 5시간 이상인 훈련과정 중 훈련생에게 숙식을 제공)	식비 1일 3,300원 숙식비 1일 14,000원 (월330,000원) 한도	

〈직업능력개발훈련 등의 비용지원 한도〉

○ 사업주가 받을 수 있는 직업능력개발훈련비용의 총액은 사업주가 해당 연도에 납부하여야 할 고용안정·직업능력개발사업의 개산보험료의 100%(우선지원대상기업의 경우에는 240%)이다.

- 다만, 그 사업 외의 다른 사업에 고용된 근로자를 대상으로 훈련을 실시하는 경우 80%까지 추가로 지급할 수 있으며

- 지원금액이 기업의 규모·업종 등을 고려하여 고용노동부장관이 정하는 비용지원한도 최소금액(500만원)에 미달하는 경우 비용지원 한도 최소금액을 지원금액으로 하고 있다.

다. 주요 제도개선 내용

중소기업 전담 직업훈련지원센터를 운영해 훈련참여를 지원하였고, 체계적 현장 훈련을 신설해 업무 등으로 외부 훈련기관 이용이 어려운 중소기업에 맞춤형 훈련프로그램을 지원하였다.

2012년부터는 한국산업인력공단 지역본부·지사에서 사업주 능력개발지원금 업무를 수행하며 이를 통해 그간 국가인적자원개발컨소시엄, 중소기업 학습조직화 지원사업 등 다양한 중소기업 특화훈련 지원제도를 운영해 온 한국산업인력공단에서 기업 및 산업계 HRD지원사업을 종합적으로 수행하고 있다.

2017년에는 자체훈련과 위탁훈련의 지원단가를 통일하고 부정수급 방지를 위해 원격(위탁)훈련비 신청 및 지급대상을 기존 사업주에서 훈련기관으로 변경하였다.

2018년에는 고숙련·신기술 훈련 확대를 위해 고숙련·신기술 훈련에 대한 훈련비를 우대(NCS단가의 최대 300%)하여 지원하였다. 또한, 상시 심사과정(자체훈련, 기업맞춤형훈련 등) 전자 출결 관리 시스템도 도입하였으며, 부정수급 방지를 강화하기 위해 근로자 직무와 훈련과정 간 관련성 확인서를 징구하고 반복수강 지원을 제한하는 한편, 원격훈련 지원율도 조정하였다.

2019년에는 사업주 직업능력개발훈련 지원사업의 효과성을 제고하기 위해 공통법정훈련 지원을 제외하고, 직무법정훈련에 대한 지원율을 인하하였다. 또한, NCS 훈련비 지원단가 개편에 따라 사업주 직업능력개발훈련 지원금의 직종별 훈련비용 기준단가를 인상하였다.

2020년에는 코로나19로 인하여 기업의 집체직업훈련 실시 어려움으로 인한 기업의 경쟁력 하락을 방지하기 위하여 훈련의 목적·내용 등 훈련과정의 동일성이 유지되고 훈련 품질을 담보할 수 있는 경우 집체훈련의 원격대체를 허용하였고, 코로나19의 장기화에 따라 고용위기가 가시화되는 지역을 중심으로 중앙정부와 지방자치단체가 협업하여 직업훈련을 통한 고용유지를 지원하기 위해 '지역특화형 긴급 직업훈련' 시범사업을 실시(2020년 10월)하였으며, 유급휴가훈련 요건을 한시적으로 완화(우선지원기업 5일, 20시간 → 3일, 18시간)하였다.

2021년에는 4차 산업혁명과 코로나19 위기에 따른 디지털전환의 전면화 및 제2벤처붐 등으로 IT 기업뿐만 아니라 일반기업에서도 SW 개발자 인력수요가 급증함에 따라 '민·관 협력 기반의 소프트웨어 인재양성 대책(2021년 6월)'을 마련하였다. 이에 추경을 통해 사업주직업능력개발훈련에서는 기업맞춤형 현장훈련(S-OJT)과 고숙련·신기술훈련을 확대·개편하여 기업 주도형 SW인재 양성을 추진하게 되었으며, 직업훈련에 참여하는 재직근로자를 대상으로 AI·SW 등 디지털 융합 초·중급 훈련을 원격훈련으로 제공하는 재직자디지털융합훈련을 시행하였다.

2022년에는 보다 많은 중소기업이 필요한 훈련을 더욱 자유롭게 실시할 수 있도록 혁신방안을 마련하고, 기업직업훈련 혁신 3대 시범사업(기업직업훈련카드, 패키지구독형 원격훈련, 자체훈련 탄력운영제)을 시행하였다. 또한 한국산업인력공단 15개 지부·지사에 능력개발전담주치의를 배치하여 훈련이 필요하나 훈련정보 등이 부족한 중소기업에 맞춤형 서비스를 제공하였다.

2023년에는 장기유급휴가 지원대상을 확대(지역·업종제한 폐지, 모든 우선지원대상기업)하였고, 비전문외국인력(E-9) 특화훈련 시범사업을 시행하였다. 또한 중소기업 전담 직업훈련지원센터(9개소) 외 전국에 분포한 한국산업인력공단 소속기관(32개소)에서 체계적 현장훈련(S-OJT)을 수행하였으며, 참여요건을 완화하는 규제완화를 통해 참여기업을 확산하였고, 일반훈련·신기술특화훈련을 지원하였다.

라. 추진실적 및 평가

2023년 사업주의 직업능력개발훈련 지원실적은 근로자 2,764천명, 지원금 374,530백만원을 지원해 인적자원개발 및 기업 생산성 향상에 기여하였다.

〈표 3-2-9〉 최근 3년간 사업주 직업능력개발훈련 실적

(단위: 천명, 백만원)

구 분		2021년				2022년				2023년			
		총계	300인 미만	300인 이상	해당 없음	총계	300인 미만	300인 이상	해당 없음	총계	300인 미만	300인 이상	해당 없음
사업주 직업능력 개발훈련	훈련 인원	2,158	1,563	595	-	2,890	2,021	869	-	2,764	1,863	901	-
	지원 금액	268,379	200,215	68,161	3	286,957	223,442	63,508	7	374,530	289,600	84,617	313

* 사업주 직업능력개발훈련에 사업주일반훈련, 대중소상생형(컨소형제외), 자격·산업맞춤형, 미래유망분야, 산업계주도 청년맞춤형, K-디지털 플랫폼, 산업전환특화 포함.
* 훈련인원은 2019년까지 기금결재일 지급연인원이었으나 2020년부터 훈련시작일 연인원으로 추출기준 변경
* 지원금액은 기금결재일 총지급금액 기준으로 추출

제3절 중소기업 근로자 직업능력개발 지원

글로벌 시대의 도래와 기술의 급격한 발전에 따라 국가와 기업은 점점 무한 경쟁의 체제에 돌입하고 있으며, 국가와 기업의 가치와 부를 창출하는 핵심 요소는 자본·토지·기업규모 등의 외형적인 요소에서 지식과 정보로 빠르게 전환되고 있다. 이에 따라 오늘날 경제성장의 주요 요인으로 인적자원개발이 매우 중요시되고 있으나, 아직 중소기업의 직업능력개발 투자는 대기업에 비해 저조한 수준이다.

중소기업의 직업능력개발에 대한 참여 또한 매우 저조한데, 이유로는 조업 차질 우려, 인식 부족, 투자 여력 부족 등이 꼽힌다.

〈표 3-2-10〉 기업 규모별 직업능력개발사업 추진실적

구 분	근로자 직업능력개발 참여율(%)			보험료 수혜율(%)		
	2021	2022	2023	2021	2022	2023
전 체	15.3	19.8	18.6	8.3	8.0	9.7
300인 미만 기업	15.3	19.2	17.5	16.0	16.5	19.9
300인 이상 기업	15.1	21.3	21.4	3.5	2.9	3.5

※ 사업주훈련=사업주일반훈련, 대중소상생형, 지역·산업맞춤형, 전략형, 미래유망분야, 산업계주도 청년맞춤형 포함
※ 참여율은 2019년까지 기금결재일 기준이었으나 2020년부터 훈련시작일 연인원으로 추출기준 변경, 수혜율은 기금결재일 총지급금액 기준으로 추출
※ 근로자 직업능력개발 참여율(훈련참여자/피보험자 × 100), 보험료 수혜율(훈련지원비/납부보험료 × 100)

중소기업은 HRD에 대한 투자 여력이 부족하여 일반적인 사업주 직업능력개발 지원제도만으로는 중소기업 근로자의 직업능력개발 활성화에 한계가 있어 중소기업 근로자들의 직업능력개발 참여 촉진 및 중소기업의 경쟁력 제고를 위해 중소기업 특별지원제도로 국가인적자원개발컨소시엄지원, 중소기업 학습조직화지원 사업을 운영하였다.

1 국가인적자원개발 컨소시엄 사업

가. 개 요

국가인적자원개발 컨소시엄 사업6)은 훈련시설·장비 부족 등으로 직업능력개발 훈련 실시에 어려움을 겪고 있는 중소기업의 문제점을 해결하기 위하여 실시하고 있다.

중소기업의 상시적 인력 부족 해소를 위한 체계적인 인력육성책이 요구되어 '지식기반경제 발전전략'(재정경제부·노동부 등, 2000년 4월), '직업능력개발 3개년 계획'(2000년 12월) 등에 따라 '훈련컨소시엄'을 선정하여 2001년 6월 시범 실시한 이후 지속적으로 확대하고 있다. 중소기업훈련 컨소시엄 사업은 대기업, 사업주 단체 및 대학 등 우수한 직업능력개발훈련 실시 인프라(시설·장비, 프로그램 등)를 갖추고 있는 기관들이 중소기업과 컨소시엄을 구성하여 중소기업 근로자들을 대상으로 훈련을 실시할 경우 시설·장비비 등 인프라 구축비용과 훈련비 등을 지원함으로써 대기업에 비하여 상대적으로 직업능력개발 실시 여건이 부족한 중소기업을 지원하는 사업이다.

2011년에는 각 부처의 전문인력 양성사업(6개 부처 11개 사업)을 컨소시엄 사업으로 통합하여 전문분야의 인력양성을 지원함에 따라 '중소기업훈련 컨소시엄'에서 '국가인적자원개발 컨소시엄'으로 확대 개편하였다.

2013년부터는 지역단위에서 산업계 주도로 관련기관이 협력하여 지역 인적자원개발위원회를 구성하여 지역의 인력·훈련수요조사를 실시하고, 수요조사를 토대로 훈련을 실시하며, 지역의 고용센터 등과 연계하여 채용을 지원하는 지역·산업 맞춤형 인력양성체제를 새로이 구축하였다.

이후, 2021년부터 디지털 전환에 대응하기 위해 중소기업 재직자와 지역 내 다양한 수요자에게 디지털 융합훈련 및 시설, 장비 공유·개방 서비스를 제공하는 K-디지털 플랫폼을 신설하였다. 2022년에는 미래차 등 저탄소 전환에 따라 체계적인 기업진단을 바탕으로 직무전환 훈련을 실시, 경력 재설계를 위한 컨설팅,

---

6) 우수훈련시설 및 장비를 가진 기업, 사업주단체, 대학이 중소기업과 훈련컨소시엄을 구성, 중소기업 근로자의 직무능력향상훈련을 실시하는 경우 시설·장비비 및 운영비 등을 지원

심리상담 등 종합지원서비스를 제공하는 산업전환 공동훈련센터를 추진하였다. 2023년에는 반도체 및 바이오 등 신산업 분야 첨단인력 양성을 위한 첨단산업 공동훈련센터를 구축하였다.

나. 사업 내용

중소기업과 훈련컨소시엄을 구성하여 훈련을 실시하는 공동훈련센터에 시설·장비비, 인건비 및 운영비와 훈련프로그램개발비 등을 지원하고 있다.

○ 운영기관 지원내용
  - 시설·장비: 연간 15억원 한도
  - 직업훈련전담자 인건비 및 운영비: 연간 4억원 한도
  - 훈련프로그램 개발비: 연간 1억원 한도

〈표 3-2-11〉 국가인적자원개발 컨소시엄 유형별 운영기관 현황

(단위: 개소)

대중소상생	전략분야 인력양성	지역형	산업계 주도형
[기업 44개소] 파리크라상, 케이티디에스, 한국지엠, KG모빌리티, LG전자, 동원산업, 로얄엔진파니, 노루페인트, LX하우시스, 한국호텔관광교육재단, 우아한형제들, KT, 우진플라임, 네파스, 조광페인트, HD현대건설기계, 메이치엠엠오션서비스, 르노코리아자동차, 단해지솔루션코리아, 한국산금, 지라인서비스, 보쉬렉스로스코리아, HD현대중공업, 삼성SDI, 현대모비스, HD현대로보틱스, 삼보모터스, 한화오션, 삼성중공업, 현대로템, 두산에너빌리티, K조선, 건화, SK오션플랜트, 한국항공우주산업, 대동, 포스코, 아단산업, 코오롱인더스트리, 효성기공, 현대삼호중공업, 대한조선주식회사, LS엠트론, 경신	[공공·비영리기관 32개소] 한국보건복지인재원, 한국승강기안전공단, 한국생산기술연구원, 한국기상산업기술원, 한국국토정보공사, 한국상하수도협회, 한국사회복지협의회, 한국발명진흥회, 한국농수산식품유통공사, 한국인터넷진흥원, 한국디자인진흥원, 한국마사회, 한국교통안전공단, 한국도로공사, 한국청소년활동진흥원, 한국해양수산연수원, 한국세라믹기술원, 한국탄소산업진흥원, 한국정보기술연구원, 국가임상시험지원재단, 한국산업기술보호협회, 한국전자기술연구원, 한국정보통신기술협회, 인천테크노파크, 부산테크노파크, 울산테크노파크, DYETEC연구원, 경남테크노파크, 경북IT융합산업기술원, 경북창조경제혁신센터, 한국광기술원, 전북바이오융합산업진흥원	[공공·비영리기관 6개소] 서울시 동부기술교육원, 서울시 북부기술교육원, 서울시 중부기술교육원, 부산디자인진흥원, 경기도경제과학진흥원, 충남테크노파크	

대중소상생	전략분야 인력양성	지역형	산업계 주도형
[일반대학 6개소] 광운대학교, 청강문화산업대학교, 홍익대학교 세종캠퍼스, 중앙대학교, 경남대학교, 순천대학교	[일반대학 4개소] 서울과학기술대학교, 한국공학대학교, 한국공학대학교 미래인재개발센터, 부산대학교	[일반대학 24개소] 경북대, 부경대, 한국해양대, 인하대, 인천대, 대전대, 한밭대, 아주대, 고려대 세종캠퍼스, 충북대, 한국교통대, 대덕대, 한국기술교육대, 건양대, 목포대, 전남대 여수캠퍼스, 경남대, 인제대, 대진보건대, 울산과학대, 오산대, 가톨릭상지대, 제주한라대, 제주관광대	[일반대학 3개소] 한국기술교육대학교, 아주대학교, 홍익대세종캠퍼스
		[폴리택 25개소] 성수, 부산, 동부산, 대구, 인천, 남인천, 광주, 대전, 울산, 성남, 반도체융합, 화성, 강릉, 원주, 춘천, 청주, 충주, 전북, 전남, 순천, 구미, 포항, 창원, 진주, 제주 캠퍼스	[폴리택 1개소] 청수폴리택
[사업주단체 등 18개소] 한국물관인회의, 한국항공우주산업진흥협회, 한국섬유산업연합회, 한국전자정보통신산업진흥회, 한국의료기기협동조합, 한국잡지협회, 한국전력진흥회, 한국산업기술협회, 한국소프트웨어기술진흥협회, 한국신재생에너지협회, 전문건설공제조합, 한국전기공사협회, (지원유책) 개성공업지구지원재단	[사업주단체 등 31개소] 한국지능형사물인터넷협회, 한국통합물류협회, 한국환경기술인협회, 한국석유품질관리원, 한국환경건설협회, 대한건축사협회, 한국플랜트산업협회, 한국엔지니어링협회, 해외건설협회, 대전상공회의소, 한국방위산업진흥회, 해외자원개발협회, 금융보안원, 한국건설생활환경시험연구원, 한국스마트그리드협회, 한국프랜차이즈산업협회, 한국컨신산업진흥회, 한국소프트웨어산업협회, 차세대융합콘텐츠산업협회, 전국고용서비스협회, 한국방사선진흥협회, 한국직업상담협회, 한국정보보호산업협회, 한국바이오협회, 카멜연구원, 한국지능형교통체계협회, 한국식품산업협회, 한국전기기술인협회, 한국화학융합시험연구원, 항공우주산학융합원, 산림조합중앙회, 지방자치교육원	[사업주단체 등 11개소] (상의)부산, 인천, 광주, 경기, 충남, 전북인적개발원, 대구경북디자인센터, 호남직업건문학교, 충남산학융합원, 경북종합기술원, 충북아이오산학융합원	[사업주단체 등 4개소] (사)한국산업기술협회, 한국소프트웨(K)기술훈련원, 한국호텔관광교육재단, 한국IT교육재단

※ (자율): 자율공동훈련센터, ㉗: 중소기업 공동훈련센터, (폴): 폴리택, (상의): 대한상공회의소

다. 주요 제도개선 내용

2020년에는 협약기업의 직무분석을 통해 훈련과정을 설계·운영하여 훈련 전 과정에 수요자인 기업의 참여를 확대하는 방식으로 사업을 개편, 기업이 주도하여 훈련을 실시함으로써 실제 현장에서 필요로 하는 인력양성 및 기술역량 제고를 유도하기 위한 '기업수요 맞춤형훈련' 모델을 도입하였다.

2020년부터 산업별 협·단체가 청년층을 주요 대상으로 '산업계 주도 청년 맞춤형 훈련'을 도입하여 훈련을 실시하였으나, 공동훈련센터 유형 통합, 청년 대상 유사사업 난립 등에 따라 효율적 훈련사업 운영을 위해 2023년 12월 말 종료하였다.

2021년에는 공동훈련센터의 효율화를 위해 미래유망분야 맞춤형 훈련을 개편하여 별도의 공동훈련센터 지정과정 없이 모든 공동훈련센터에서 기업맞춤형 훈련과정 개발·운영에 활용하도록 개선하였다.

또한, 디지털·신기술 분야 인력수요가 급증함에 따라 디지털·저탄소 전환 등 산업구조 변화에 적극적으로 대응하기 위해 'K-디지털 플랫폼' 사업을 신규 추진하였다. K-디지털 플랫폼은 중소기업 재직자·구직 청년 등 지역사회 내 다양한 수요자가 디지털 분야 훈련 인프라를 자유롭게 활용할 수 있도록 개방하고, 디지털·신기술 분야 훈련이 이루어지는 공간으로, 2021년 공모를 통해 권역별로 5개(한국기술교육대학교, 한국산업기술대학교, 광주과학기술원, 부산대학교, 대구디지털산업진흥원)의 K-디지털 플랫폼을 선정하였다.

2022년에는 'K-디지털 플랫폼'에 이어 저탄소·디지털 전환 등 산업구조 전환에 따른 선제적 대응의 일환으로 '산업전환 공동훈련센터' 사업을 신규 추진하였다. 산업전환 공동훈련센터는 중소기업의 산업전환 진행단계 진단 및 직무분석 등을 통해 훈련로드맵을 수립하고, 중소기업 재직자, 채용예정자 등에 맞춤형 직무전환 훈련을 제공한다. 2022년 공모를 통해 자동차, 에너지, 조선, 화학 분야별로 공동훈련센터 15개소를 선정하였다.

2023년에는 바이오·반도체 등 신산업 분야의 첨단인력 양성을 위해 체계적인 직무훈련을 제공하는 '첨단산업 공동훈련센터' 사업을 신규 추진하였고 공모를 통해 5개소를 선정하였다. 컨소시엄 사업 내에서 훈련수요 발굴·훈련과정 개발 방식을 기준으로 8개 유형을 운영하였으나, 사업의 효율적 운영을 위해 지원기준·운영방식의 유사성을 고려하여 2개 유형으로 통합·간소화하였다.

또한, 산업현장 인력난 해소를 위해 도입 규모가 확대된 비전문 외국인력의 장기근속 지원을 위해 직무훈련, 언어·문화 등 종합교육을 제공하는 비전문 외국인력 특화훈련 공동훈련센터를 구축하여 2023년에 조선업 6개 사 대상 시범운영을 실시하였다.

라. 추진실적 및 평가

〈표 3-2-12〉 국가인적자원개발 컨소시엄 훈련 실적

(단위: 개소, 천명)

구 분	2013	2014	2015	2016	2017	2018	2019	2020	2021	2022	2023
운영기관 (개소)	168	180	212	213	214	215	207	251	221	212	270
훈련인원 (천명)	223	209	210	251	262	252	198	183	196	227	239
참여중소기업 (천개소, 중복산정)	99	105	109	126	127	124	111	84	98	76	94
지원금액 (억원)	1,462	1,656	2,111	2,520	2,693	2,365	1,555	1,124	990	1,318	1,445

코로나19 확산에 따른 집체훈련 중단 권고, 기업의 신규 채용 감소, 직업훈련 취소 등 전반적인 직업훈련에 대한 투자가 위축된 상황에서 채용예정자 훈련 지원, 인정 요건완화, 장기유급휴가훈련 제도 개선 등을 통해 직업훈련을 적극 지원하였다.

2022년에는 컨소시엄운영규정상 6년간 의무이행기간을 삭제함에 따라 내용 연수에 따른 잔존가액을 반납토록 명료화하여 보조금 반환금액을 확보하는 반면, 자율공동훈련센터의 활성화를 위해 수시훈련과정 심사 면제, 훈련분야(경영·회계·사무) 확대 등을 실시하였다.

2023년에는 컨소시엄 사업 내에서 훈련수요 발굴·훈련과정 개발 방식을 기준으로 8개 유형을 운영하였으나, 사업의 효율적 운영을 위해 지원기준·운영 방식의 유사성을 고려하여 2개 유형으로 통합·간소화하였다.

2 중소기업 학습조직화 지원

가. 개 요

중소기업은 훈련실시 인프라 부족, 업무공백으로 인한 생산차질 발생 등으로 정형화(formal)된 직업능력개발훈련 실시에 많은 어려움이 있다. 또한 중소기업의 경우 숙련기술이 외부로 빠져나가는 것을 꺼려하고 있어 다른 기업에서 활용하기 어려운 숙련기술(firm specific skills)에 관심이 높고 중소기업의 숙련형성 대부분이 사업장 내에서 이루어지고 있다.

이 사업은 정형화된 훈련실시에 어려움이 있는 중소기업이 사업장 내에서 '일과 학습'을 연계하여 업무관련 지식, 경험, 노하우를 체계적으로 축적·확산토록 학습활동 및 인프라를 지원하기 위해 2006년부터 2023년까지 실시하였다.

나. 사업 내용

○ 지원대상

- 근로자 대표와 협의를 거쳐 학습조직화 실시 계획을 수립한 우선지원대상 기업 또는 사업주 단체로서 일학습병행, 사업주 훈련 등 직업훈련사업 또는 일터 혁신 컨설팅 사업에 참여이력이 있고, 상시근로자 수가 20인 이상(신기술분야 기업은 상시근로자수 10인 이상)으로 최소 2개조(조당 5~10인) 이상 운영이 가능한 사업장

○ 지원내용

- 학습조직화제도 도입 및 학습활동을 위한 비용지원

- 학습조직 구축 및 사업수행 역량 강화를 위한 학습조 활동, 우수사례확산 지원, 외부전문가, 학습인프라구축 지원

○ 지원기간: 1년을 원칙으로 성과평가 결과에 따라 최대 3년까지 가능

다. 주요 제도개선내용

성과평가를 통하여 선정된 우수 학습조직화 종료기업에 학습인프라 구축을 지원함으로써 학습조직화 대표기업으로 자율적 학습조 활동의 지속성을 확보하였다.

2018년에는 월 단위의 상시모집을 통해 신규 기업의 다양성을 확보하고, 우수사례 확산지원, 네트워크 활동 지원대상을 종료기업으로 확대하는 등 참여기업 활성화를 위한 제도개선을 하였다.

2019년에는 작지만 역량 있는 중소기업 성장을 지원하기 위해 신규기업 요건 완화(직업훈련 사업 6개월 이상 → 참여이력 여부)하였다.

2020년에는 사업기간(6개월 → 8개월)과 외부전문가 유형 대상을 확대(신규기업 → 신규, 계속기업)하여 학습활동 효과성을 증대하였다.

2021년에는 기업별 최소 운영 학습조 요건을 완화(4 → 2개조)하였고, 신규기업 선정 시 4차 산업혁명 대비 신기술 20대 분야 관련 학습주제를 선정하여 활동하는 기업을 우대하고자 신기술분야 기업 참여요건을 상시근로자수 10인이상, 2개 학습조 운영으로 완화하였다.

2022년에는 참여기업을 확대하기 위해, 전체기업 대상 상시근로자 수 10인 이상, 1개 학습조 운영으로 참여기준을 완화하였다. 또한, 기업이 9개월 이내(최소 6개월 이상)에서 자율적으로 학습기간을 운영할 수 있도록 변경하였다.

2023년에는 기업의 지속적인 학습활동에 대한 동기부여를 위해 졸업 예정(3년차) 기업 중 성과평가 결과 우수기업을 장학기업으로 선정하였다.

라. 추진실적 및 평가

2023년에는 81개 중소기업의 학습조직(317개) 활동을 지원하여 중소기업 학습체제 구축을 도와 인프라 구축 지원대상을 확대하여 중소기업의 학습기반을 활성화하였다. 학습조직화 지원사업 성과평가에 의하면 학습조직화 지원 사업이 중소기업의 직업능력개발 참여율 증대에 기여하고, 특허 출원, 생산성 향상 등 기업 내 지식의 증가 및 활용성을 높이고, 경영성과 제고에 긍정적 영향을 미치는 것으로 나타났다.

3. 일학습병행

가. 개요

우리나라는 높은 사교육 부담과 세계 최고의 대학 진학률로 유명하다. 가정에서는 사교육비로 18조원(2013년, 통계청)을 넘게 지출하는 등 가계경제의 교육비 부담도 높은 편이다. 힘든 입시 과정을 거쳐 대학에 입학해도 각종 공모전, 어학연수 등 스펙 쌓기에 열중해야 하고, 대학을 졸업해도 취업 문턱을 넘기 위해 다시 고군분투해야 하는 것이 현실이다.

청년들의 늦은 사회진출로 인한 사회적 비용도 높다. 기업의 입장에서는 교육에 이렇게 많은 비용을 쓰고 있음에도 불구하고, 정작 기업이 쓸만한 인재는 부족하다고 토로하며 신입직원 재교육에 많은 비용을 투자하는 등 비효율이 발생하고 있다. 삼성경제연구원(2012년)에 따르면 과잉 학력으로 노동시장 진출이 늦어져 발생하는 대학등록금, 임금 등의 기회비용이 국가 전체적으로 매년 19조원이나 발생하고, 이런 비용들이 GDP 성장률을 1% 이상 잠식하고 있다고 한다.

고용노동부는 직무와 관련 없는 학벌이나 스펙에 의존해 왔던 관행에서 실력이 존중받는 사회를 조성하기 위한 변화를 추진하였다. 실력 중심 사회 구현은 청년층이 불필요한 휴학이나 사교육에 투자하는 비용을 줄여주고 결국 노동시장의 진입을 앞당겨 올 수 있다. 이런 실력 중심 사회 구현을 위한 핵심적인 제도로서 2013년 9월부터 일학습병행이 도입되었다.

일학습병행은 기업현장에서 인력양성이 이루어지는 한국형 도제훈련이다. 일학습병행은 기업이 청년 등을 선채용 후 국가직무능력표준(NCS) 기반 현장 훈련을 실시하고, 학교·공동훈련센터의 보완적 이론교육을 통해 숙련형성 및 자격으로 연계하는 현장중심의 교육훈련제도이다.

나. 사업 내용

일학습병행은 사전 준비 단계와 훈련실시, 학습근로자 성과평가 등의 순서로 이루어진다. 특히, 장기간·체계적인 교육훈련이 이루어지다 보니 기업은 훈련실시 전에 기업현장교사 역량 강화, 훈련과정 개발 등 많은 준비과정이 필요하다. 이에 정부는 산업계 전문가, 교육·훈련 전문가 등으로 구성된 전문가를 활용하여 기업 내 훈련인프라 구축에 많은 지원을 하고 있다.

[그림 3-2-5] 일학습병행 프로세스

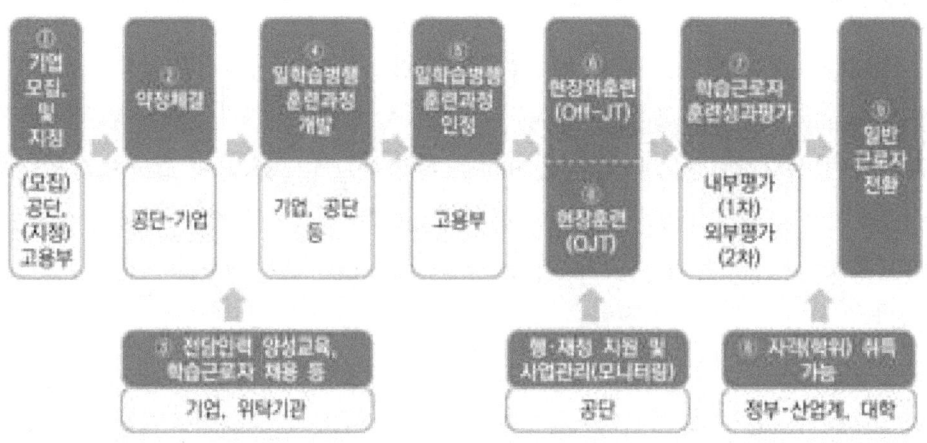

일학습병행이 그간의 직업교육훈련과 다른 주요 특징은 첫째, 기업 중심의 체계적인 현장훈련(OJT)에 있다. 그간 직업교육이 학교의 이론 위주의 교육으로 인해 산업계 수요와 괴리된 이른바 공급자 위주라는 비판을 받아 왔다. 이를 해결하기 위해 일학습병행은 기업이 교육훈련내용 및 방법을 직접 결정하여 현장에서 즉시 활용 가능한 인력을 길러내는 데 중점을 두었다.

둘째는 사전에 교육훈련과목, 시간, 현장교사, 평가 등 교육훈련과정을 마련한 상태에서 훈련을 실시하여 체계적인 현장훈련이 이루어질 수 있도록 지원하였다.

셋째, 각 산업계 대표(ISC 등)들이 설계한 국가직무능력표준(NCS)기반으로 교육 훈련과정을 설계하고, 기업현장에서 실제 사용되는 시설·장비를 활용하는 등 훈련의 현장성을 제고하였다.

넷째는 일학습병행 훈련을 통해 습득한 직무능력에 대해서는 국가직무능력 표준 기반으로 평가하여 일학습병행 자격을 부여(「산업현장 일학습병행 지원에 관한 법률」 2020년 8월 28일 시행)하고, 2020년 8월에는 하위법령인 「산업현장 일학습병행지원에 관한 법률 시행령·시행규칙」을 제정·시행함으로써 스펙이 아닌 직무능력이 중시되는 실력 중심 사회 구현을 위해 노력하였다.

다섯째, 기존 재직자 훈련이 단기 교육 위주였다면 일학습병행은 최소 1년에서 최대 4년까지 도제식으로 훈련을 받을 수 있는 장기 훈련과정이다.

다. 주요 제도개선 내용

2021년 3월에는 여러 유형의 일학습병행을 운영하는 공동훈련센터를 통합하거나 사업유형을 추가로 승인하는 등 23개 통합 공동훈련센터를 지정함으로써 유형별로 각각 지원하던 기관 운영 및 사업 예산을 통합지원하여 예산집행의 자율성 및 운영의 효율성을 제고하였다.

또한, 2021년 4월에는 고교단계 일학습병행(도제학교)을 대상으로 학생과 기업이 상호 충분한 탐색 후 채용과 훈련이 가능하도록 多대多 면접(최소 3배수 이상), 현장직무체험 등을 제공하는 도제준비과정(Job Market)을 전면 도입하여 근로자가 기업 내 핵심 인재로 장기간 근속할 수 있도록 지원하고 있다.

2022년 4월에는 일학습병행 참여 학습근로자의 역량개발을 도와 기업의 핵심 인재로 성장할 수 있도록 경력개발 경로를 구축한 '경력개발 고도화 시범운영 계획(안)'을 마련하여 2022년 9월 대림대학교 등 7개 기관이 선정되었다. 2023년에는 지역 학습근로자의 학습기회 부여 및 접근성 향상을 위하여 충청·경상·전라권 소재 기관을 추가하였다.

'경력개발 고도화'는 기존 도제(1~2년, 고졸) 과정에서 P-TECH(2년, 전문학사)까지 운영하던 일학습병행 훈련 연계 과정을 경력개발고도화 과정(2년, 학사)으로 확대하여 경력개발 경로를 구축한 훈련모델로써 2023년 기준으로 전국에서 10개 대학에서 운영 중이다.

2023년 3월부터 첨단산업 분야 인력수요 증가에 따라 관련 학과 대학생을 전문인력으로 양성할 수 있도록 첨단산업 분야에 특화된 일학습병행 훈련을 12개 대학에서 시작하였고, 2024년부터는 총 19개 대학에서 첨단산업 특화 일학습병행을 통해 미래인재양성을 추진할 예정이다.

라. 추진실적 및 평가

일학습병행은 2013년 9월 '한국형 듀얼시스템 도입방안'이 경제관계장관회의에서 확정된 후, 범정부 차원의 지원방안이 마련(2013년 12월)되었다. 2013년 10월 51개 시범기업을 시작으로 2023년 말까지 누적으로 20,412개 기업, 145,302명의 학습근로자가 일학습병행 훈련에 참여하였다.

〈표 3-2-13〉 일학습병행 참여 현황(누계)

(단위: 개소, 명)

연 도	선정 기업	훈련 기업	학습근로자
2014	1,897	752	3,154
2015	5,212	2,816	14,318
2016	8,492	6,207	34,378
2017	11,688	9,228	57,423
2018	14,110	11,217	76,076
2019	15,369	12,652	91,195
2020	16,603	13,733	104,967
2021	17,936	14,775	118,155
2022	19,165	15,786	131,737
2023	20,412	16,762	145,302

일학습병행은 재직자 위주의 사업 운영에서 고교·대학 재학생 단계까지 확장해 나가고 있다.

먼저, 산학일체형 도제학교는 고교 재학생부터 기업에 채용되어 주기적으로 학교와 기업을 번갈아가며 이론(Off-JT)과 실무(OJT)교육을 병행하는 직업교육 제도이다. 2014년 선정된 9개교를 시작으로 2023년에는 139개 특성화고, 29,103명의 학생이 도제훈련을 실시하였다. 도제학교 운영 결과 학생은 학교와 기업을 오가며 현장맞춤형 교육을 받으며 취업을 보장받고, 기업은 재교육 비용 절감과 함께 우수한 기술 인력을 일찍 확보하여 경쟁력을 높일 수 있다는 점에서 현장의 만족도가 높다.

전문대 재학 단계 일학습병행은 직업교육 중심으로 운영되고, 조기 취업이 가능한 전문대학 재학생을 대상으로 하는 일학습병행으로 잔여 학기가 2개 학기 남은 전문대 2학년 1학기 재학생(군필)을 대상으로 1년 산업형 과정으로 운영된다. 2017년 12월 인천재능대 등 3개교를 선정하여 시범사업 실시한 후 2023년 17개교로 확대 운영하고 있다.

4년제 대학 재학생 일학습병행은 4년제 대학교 3~4학년 학생들이 교과과정 일부를 산업체 현장에서 장기간에 걸쳐 실무경험을 습득하고 체계적인 현장훈련을 받을 수 있도록 지원하는 제도이다. 현장실습을 통한 IPP형 일학습병행으로 제도를 시작하여 2023년부터 4년제 대학 재학생 중심으로 운영대학을 2023년 기준 35개교를 지정하여 운영하였다. 기존의 단기·탐방형 현장실습이 아닌 장기적이고 체계적인 현장훈련과 교과 학습의 연계를 통해 대학생들의 현장 업무 이해도를 높이고 실제 참여기업들의 만족도 또한 높은 편이다.

P-TECH(Pathways in Technical Education, oriented Convergent High-Technology)은 산학일체형 도제학교 졸업생이 고교단계에서 습득한 기술 수준을 향상시킬 수 있도록 2017년 처음 도입하여 2023년에는 59개 대학이 참여하였다. 한국폴리텍대학, 전문대 등과 연계하여 융합형·최신 기술 위주로 훈련과정을 편성하여 미래 산업 수요 변화에 대응한 직무능력을 심화시킬 수 있도록 지원하였다.

4 대한민국산업현장교수 지원사업

가. 개 요

우리나라 기업의 대부분을 차지하는 중소기업에서는 기술개발 애로 등으로 생산성 향상을 이루지 못하는 경우가 많았다. 대한민국 산업현장교수 지원제도는 전문기술을 보유한 우수숙련기술인을 중소기업 등에 지원하여 중소기업의 인적자원개발에 대한 교육훈련 체계 수립, 숙련기술 전수 등을 통해 중소기업의 생산성을 높이고 기술경쟁력 강화에 기여하였다.

나. 사업 내용

숙련기술을 보유한 전문가를 통해 여건이 열악한 중소기업 등에 숙련기술 전수 및 컨설팅 등을 실시하여 기업의 경쟁력을 높이는 사업이다.

다. 추진실적 및 평가

해당 분야 경력 15년 이상인 자로서 HRD 전문가, 대한민국명장, 우수숙련기술인, 기능경기대회 입상자, 기술사 등 오랜 경험과 숙련기술을 보유한 숙련기술인을 산업현장교수로 선정하여 중소기업 대상 기업맞춤형 기술전수 및 기업의 경영개선, 교육역량체계 수립 등 종합 HRD 지원서비스를 제공함으로써 산업현장의 기술력 단절을 방지하고 기업의 경쟁력을 강화하였다.

〈표 3-2-14〉 중소기업 등 지원실적

(단위: 개소)

지원기관	2018	2019	2020	2021	2022	2023
중소기업	1,425	1,363	1,179	1,648	1,602	1,713
특성화고 등	455	436	335	443	414	348

제4절 개인에 대한 직업능력개발 지원

1 국민내일배움카드제

가. 개 요

2008년 '수요자 중심 직업능력개발체제 구축'을 위해 계좌제 방식인 '직업능력개발계좌제'를 도입하여 실업자 카드와 재직자 카드로 분리운영하여 왔다.

지난 10년간 HRD-Net과 고용센터를 통해 내일배움카드를 신용·체크카드 형태로 발급하여 다양한 훈련 기회를 제공하여 실업자·재직자를 위한 개인 주도형 훈련으로 자리 잡았고 관련 예산도 2019년 약 9천억원으로 증가하였다.

그러나 실업자·재직자로 이원화된 내일배움카드는 훈련의 사각지대가 많고 고용형태 다양화 등 노동시장의 변화에 대응하기 곤란하며, 경제활동 상태에 따라 카드를 바꾸어야 하고 유효기간이 짧아 생애에 걸친 평생교육훈련 설계에 어려움이 있었다.

이에 따라 2020년 평생교육훈련 시대에 맞게 국민들에게 사각지대 없이 카드를 발급하여 개인 주도 훈련기회를 확대하고 역량 강화를 지원할 수 있도록 '국민내일배움카드제'를 도입·시행하였다. 이에 따라 훈련생이 보다 장기적인 안목을 가지고 훈련 투자·설계가 가능하도록 카드 유효기간 및 지원금액을 상향조정하고 경제활동 상태가 변경되더라도 계속 사용할 수 있는 한 장의 카드를 발급하였다. 또한 실업자·재직자 간 동일한 자부담을 적용하여 형평성을 제고하였다.

또한, 보다 양질의 훈련과정을 제공하고 기업수요에 맞는 훈련설계를 위해 역량 부족 기관의 진입을 차단하고, 저성과·부정 훈련기관 퇴출, 훈련과정 심사·선정단계에서 기업·산업계 등 실제 인력의 수요자가 참여하도록 기업맞춤형 훈련을 확대하였다.

나. 사업내용

지원제외 대상만 아니면 국민 누구나 신청할 수 있다. 지원제외 대상은 현직 공무원, 사립학교 교직원, 졸업까지 남은 수업연한이 2년을 초과하는 대학 재학생, 사업기간 1년 이상이면서 연매출 1억5천만원 이상인 사업자, 월임금 300만원 이상인 대규모기업종사자(45세 미만)·특수형태근로종사자 등이다.

1인당 5년간 300~500만원까지 지원하며 훈련비의 45~85%까지 지원한다. 지난 3년간 직종 평균 취업률에 따라 훈련과정의 훈련비 지원율이 달라진다. 국민취업지원제도 I유형 및 II유형 중 저소득층(특정계층 포함)은 훈련비의 100% 또는 80%, 국민취업지원제도 II유형 중 청년·중장년층은 50~85%, 근로장려금 (EITC)수급자는 72.5~92.5%를 지원한다. 140시간 이상 과정 수강 시 실업자 등에게 월 최대 11.6만원 훈련장려금을 지급하여 성실한 훈련 수강을 지원한다.

다. 주요 제도개선 내용

모든 국민에게 직업훈련의 기회를 제공하기 위해 국민내일배움카드 대상을 계속해서 확대하고 있으며, 특히 취업 취약계층인 자영업자 및 특수형태근로 종사자들에 대한 국민내일배움카드 발급기준을 완화하였다. 기존에는 연매출 1.5억원 미만 자영업자와 월소득 300만원 미만 특수형태근로종사자에게만 국민 내일배움카드를 발급하였으나, 2023년 운영규정을 개정하여 연매출 4억원 미만 자영업자와 월소득 500만원 미만 특수형태근로종사자에 대한 발급요건을 완화 하였다. 이를 통해 저소득 자영업자 및 특수형태근로자들도 2024년 1월 1일부터 국민내일배움카드를 통해 훈련을 받을 수 있게 되었다.

라. 추진실적 및 평가

2020년 905,327명, 2021년 1,096,907명, 2022년 1,117,851명으로 증가 추세를 보이다가 2023년 1,098,234명으로 감소하였다.

〈표 3-2-15〉 계좌발급 현황

(단위: 명)

구 분	2020	2021	2022	2023
발급인원	905,327	1,096,907	1,117,851	1,098,234

훈련실시 연인원은 2021년 1,054,414명, 2022년 940,067명으로 감소 추세를 보이다가 2023년 1,074,941명으로 증가하였다.

<표 3-2-16> 세부사업별 훈련실시 현황

(단위: 명)

구 분		2020	2021	2022	2023
계	연인원	718,113	1,054,414	940,067	1,074,941
	순인원	556,984	801,961	739,097	818,452
실업자 일반직종	연인원	350,803	583,925	473,347	466,805
	순인원	281,141	442,772	370,525	365,615
재직자 일반직종	연인원	286,660	377,856	319,171	281,836
	순인원	193,972	266,769	241,317	215,558
국가훈련	연인원	72,195	75,453	48,781	38,184
	순인원	71,966	75,247	48,670	38,146
일반고 특화	연인원	7,110	6,917	6,815	5,544
	순인원	7,098	6,914	6,814	5,543
4차선도	연인원	1,345	-	-	-
	순인원	1,345	-	-	-
K-Digital Training	연인원	1,464	10,263	22,394	31,922
	순인원	1,462	10,259	22,388	31,768
평생 크레딧	K-디지털 기초역량 연인원	-	-	56,512	86,071
	K-디지털 기초역량 순인원	-	-	36,485	52,317
	중장년 새출발 카운슬링 연인원	-	-	612	3,937
	중장년 새출발 카운슬링 순인원	-	-	612	3,935
산업구조 변화대응등 특화훈련	연인원	-	-	12,435	18,111
	순인원	-	-	12,286	17,925
플랫폼 종사자 특화훈련	연인원	-	-	-	142,531
	순인원	-	-	-	87,645

예산집행을 살펴보면 2020년 802,118백만원, 2021년 1,123,762백만원으로 증가 추세를 보이다가 2022년 1,062,528백만원, 2023년 1,021,830백만원으로 점차 감소하였다.

2020년에는 코로나19 확산으로 인해 예산 집행률이 저조하였으며, 훈련 실시인원도 전년 대비 감소하였다. 하지만 2021년에 훈련 참여 시 자기부담금 경감 및 훈련장려금 한시 인상 등의 우대조치 등을 통해 코로나19 이전 훈련 규모를 1년 만에 회복하였다. 2022년에는 산업구조변화대응 등 특화훈련을 신설하는 등 다양한 맞춤형 프로그램 구성하여 훈련과정을 공급함으로써 총 94만명에게 훈련 기회를 제공하였다.

2023년에는 코로나19로 인한 집체훈련의 비대면 방식대체 허용을 일부 예외적인 경우로 한정하여 집체훈련과정의 운영을 정상화하였으며 생계급여 조건 부과 유예자도 국민내일배움카드 발급받을 수 있도록 지원대상을 확대하고 훈련비 지원율 특례대상에 차상위계층을 추가하는 등 취약계층에 대한 지원을 강화하였다.

〈표 3-2-17〉 국민내일배움카드 주요사업 예산집행 현황

(단위: 백만원, %)

사업명 (회계구분)		구 분	2020	2021	2022	2023
계		예산현액	1,065,371	1,292,855	1,245,525	1,402,478
		집행액	802,118	1,123,762	1,062,528	1,021,830
		(집행률)	(75.3)	(86.9)	(85.3)	(72.9)
일반 회계	K-Digital Training (舊 4차선도)	예산현액	29,370	221,832	305,562	414,260
		집행액	28,260	81,205	232,967	369,114
		(집행률)	(96.2)	(36.6)	(76.2)	(89.1)
	일반고 특화	예산현액	60,584	54,867	69,567	54,067
		집행액	54,765	54,373	60,900	47,202
		(집행률)	(90.4)	(99.1)	(87.5)	(87.3)
	일반직종	예산현액	2,772	2,947	5,197	-
		집행액	2,305	2,899	4,247	-
		(집행률)	(83.2)	(98.4)	(81.7)	(-)
	평생 크레딧	예산현액	-	-	32,500	32,000
		집행액	-	-	13,036	30,215
		(집행률)	(-)	(-)	(40.1)	(94.4)

사업명 (회계구분)		구 분	2020	2021	2022	2023
일반회계	플랫폼 종사자 특화훈련	예산현액	-	-	-	16,000
		집행액	-	-	-	11,430
		(집행률)	(-)	(-)	(-)	(71.4)
고보기금	일반직종	예산현액	371,543	483,911	590,929	384,708
		집행액	356,066	352,890	578,190	360,353
		(집행률)	(95.8)	(72.9)	(97.8)	(93.7)
	국기훈련	예산현액	428,058	488,734	422,280	424,833
		집행액	391,581	363,898	407,095	218,138
		(집행률)	(91.5)	(74.5)	(96.4)	(51.3)
	산업구조변화 대응등 특화훈련	예산현액	-	-	-	76,610
		집행액	-	-	-	75,872
		(집행률)	(-)	(-)	(-)	(99.0)

2 국가기간·전략산업직종훈련

가. 개 요

국가기간·전략산업 중 인력이 부족한 직종과 산업현장의 인력수요 증대에 따라 인력을 양성할 필요성이 있는 직종의 기능인력을 양성·공급하여 산업현장의 인력난을 해소하고 비진학 청소년·실직자 등 미취업자에게 직업능력개발훈련 기회를 부여하기 위해 1997년부터 도입하였으며, 2010년 9월 1일부터 국가기간·전략산업직종훈련으로 명칭을 변경하였다.

나. 사업 내용

국가기간·전략산업직종으로 지정되어 있는 직종은 86개이며, 지원대상은 실업자, 비진학예정 고교 3학년 재학생, 졸업까지 남은 수업연한이 2년 미만인 대학 재학생, 사업기간 1년 이상이면서 연매출 1억5천만원 미만인 사업자, 특수형태근로종사자, 중소기업 노동자, 기간제, 단시간 노동자 등이다. 훈련비는 전액 지원하며 월 최대 20만원의 훈련장려금을 지원한다.

⟨표 3-2-18⟩ 직종개편에 따른 직종 현황

		기간산업직종	전략산업직종	서비스산업직종	합계
변경전		69개	40개	0개	109개
변경후	2014	53개	19개	37개	109개
	2015-2016	54개	20개	40개	114개
	2017	47개	25개	40개	112개
	2018-2021	46개	26개	50개	122개
	2022	46개	26개	51개	123개
	2023-	28개	24개	34개	86개

다. 주요 제도개선 내용

2021년 직종 개편을 통하여 저탄소·그린 분야 직종을 5개 직종으로 세분화하고, 공공디자인 직종을 신설하였다. 아울러, 저성과 직종, 산업계 수요가 없는 직종, 일반계좌제훈련과 차별성이 낮은 직종 등 24개 직종은 폐지하고, 중복성이 있는 34개 직종은 12개 직종으로 통합하였다. 또한, 2023년 첨단 신기술 분야에 대한 인력의 양성을 지원하기 위하여 신소재 개발 및 제조, 디스플레이 생산 및 품질 관리, 이차전지 생산 및 품질관리 등 5개 직종을 추가하였다. 이러한 직종 개편을 통하여 급변하는 산업계 수요를 반영하는 직업훈련이 되도록 노력하고 있다.

라. 추진실적 및 평가

국가기간·전략산업직종훈련은 2023년에 38,184명에 대해 훈련을 실시하고 2,181억원을 지원하였다. 전년 대비 훈련인원 및 지원금이 감소하였으나, 인력부족 업종 등 산업계 수요에 맞는 기능인력 양성에 기여하였다.

⟨표 3-2-19⟩ 국가기간전략직종훈련 지원

(단위: 명, 백만원)

구 분	2014	2015	2016	2017	2018	2019	2020	2021	2022	2023
인 원	41,142	74,207	58,947	71,450	65,632	60,254	71,243	75,453	48,781	38,184
지원금	188,322	333,651	377,604	410,030	465,616	428,857	363,898	407,095	288,540	218,138

* 훈련인원: 2019년까지 고용보험기금으로 지원된 K-Digital Training, 4차선도, 일반고특화(국가) 포함
* 지원금: 훈련비, 훈련장려금 모두 포함

3 직업훈련 생계비 대부

가. 개 요

직업훈련 생계비 대부제도는 실업자, 비정규직 근로자 등 취약계층이 생계에 대한 걱정 없이 체계적인 훈련을 받고 더 나은 일자리로 이동할 수 있도록 지원하기 위해 2009년 처음 도입하였다.

나. 사업 내용

- 지원대상: 고용부에서 지원하는 140시간 이상의 직업훈련에 참여하고 있는 비정규직 근로자 및 실업자(고용보험 가입이력이 있어야 함), 무급휴직자, 자영업자인 피보험자 중 가구의 연간 소득금액이 가구별 기준중위소득의 80%이하인 자(실업급여 수급중인 자는 제외)
    * KDT, 국가기간·전략산업직종훈련 참여자는 기준 중위소득 100% 이하
    * 특별고용지원업종, 고용위기지역 및 특별재난지역은 소득수준과 상관없이 지원

- 지원내용: 월 최대 200만원 한도(1인당 1,000만원 한도)
    * 특별고용지원업종, 고용위기지역 및 특별재난지역은 월 최대 200만원
      (1인당 2,000만원 한도)

다. 주요 제도개선 내용

2013년에는 대부대상을 채용예정자와 구직자도 포함하고 4주 미만 훈련 연속 수강 시 전후 과정 총기간이 4주 이상인 경우도 인정하는 등 지원 조건을 완화하였다. 2014년에는 대부대상 훈련을 확대하여 실업자 훈련의 경우 인터넷 훈련과정을 포함하였고, 국가 및 지방자치단체가 지원하는 모든 훈련을 대부대상으로 하였다. 또한, 1인당 대부한도액을 비정규직 근로자 및 전직실업자 구분없이 연간 최대 1,000만원(월 100만원)까지 상향하였다.

2015년에는 대부대상 훈련을 확대하여 건설근로자공제회에서 건설일용 근로자의 기능향상을 위하여 실시하는 훈련을 포함하였고, 비정규직 근로자의 연간 소득요건을 2,400만원 이하에서 3,000만원 이하로 완화하였다.

2017년에는 지원가능 훈련과정 요건을 4주에서 3주로 완화하였고, 소득요건을 전직실업자, 비정규직 근로자 동일하게 부부합산 8,000만원 이하로 완화하고 월 대부한도액을 100만원에서 200만원으로 상향하였다. 2018년의 경우 고용위기 지역에 대한 대부한도를 1인당 2,000만원으로 확대하였다.

2019년에는 '부부합산'이 아닌 '가구원합산' 소득을 기준으로 가구별 기준 중위소득의 80% 이하로 완화하였다.

2020년에는 코로나19로 인한 실업자 증가 등에 대응하기 위해 2020년 7월부터 12월까지 한시적으로 소득요건을 기준중위소득 150%이하로 완화하고 지원내용도 월 최대 300만원(1인당 최대 2,000만원)까지 상향하였다.

2021년에는 코로나로 인해 한시적으로 확대하였던 소득기준을 기준중위소득 100%이하로 복원하고 지원한도도 월 최대 200만원으로 복원하였다.

2022년부터는 소득요건을 기준중위소득 80%이하로 강화하였으나, 민생안정 대책에 따라 2022년 8월부터 12월까지 소득 기준을 한시적으로 기준중위 소득 100%이하로 완화하였다.

2023년은 대부대상자의 소득요건을 기존과 같이 가구원수에 따른 기준 중위소득 80%를 유지하였으나, 장기훈련과정 참여자의 생활안정을 통해 취업역량을 높일 수 있도록 지원하여 더 좋은 일자리로 나아갈 수 있도록 국가기간·전략산업직종 훈련과 첨단산업 디지털핵심인재 양성훈련에 대하여는 기준 중위소득의 100% 이하인 자로 지원대상을 확대하였다. 또한 사업의 효과성 제고를 위하여 대부대상 훈련과정 중 140시간 미만 원격훈련 과정에 대한 훈련시간 합산을 제외하여 집합훈련과 동일하게 140시간이상 훈련과정에 대하여만 대부받을 수 있도록 개선하였다. 대부한도는 당초와 동일하게 월 최대 200만원, 총 1,000만원이나, 3월부터 6월까지는 물가 및 민생경제 상황에 따른 물가안정 대책에 따라 한시적으로 월 최대 300만원, 총 1,500만원으로 상향하여 운영하였다.

라. 추진실적 및 평가

2023년에는 당초의 추진실적 등을 고려하여 1만명 지원을 목표로 예산을 편성하였으나 2023년 3월부터 6월까지는 한시적으로 물가 민생경제 상황에 따른 민생안정방안으로 지원수준을 50% 상향하여 운영하였다. 이에 따라 기존 목표인원 1만명보다 4천 6백명 이상을 추가 지원하는 등 훈련기간 동안 훈련생의 생계안정에 기여하였다.

〈표 3-2-20〉 직업훈련 생계비대부 추진실적

(단위: 명, 백만원)

연 도	2018	2019	2020	2021	2022	2023
인 원	7,309	7,092	17,120	29,901	10,840	14,611
예 산	41,133	37,956	101,808	173,005	53,848	78,953

※ 대부조건: 금리 1%, 1년 거치 3년 분할 상환, 2년 거치 4년 분할 상환, 3년 거치 5년 분할 상환 중 선택

제5절 공공훈련기관에 대한 지원

1 한국산업인력공단 직업능력개발사업 지원

가. 개 요

기업에는 숙련된 노동력의 확보와 유지로 기업의 생산성 향상을, 근로자에게는 지속적인 자기개발을 통한 경쟁력 강화를 지원하여 삶의 질 향상을 도모함으로써 실업의 축소·예방과 국가경쟁력을 제고하고자 1982년부터 정부출연기관인 한국산업인력공단에서 일학습병행 운영·지원, 중견·중소기업 현장훈련지원, 직업능력개발 인프라 구축, 숙련기술장려사업, 외국인력고용 지원 등을 수행하고 있다.

나. 사업 내용

〈표 3-2-21〉 한국산업인력공단 능력개발사업 지원의 사업 내용

세부사업명	사 업 내 용
일학습병행 운영·지원	산업현장의 실무형 인재양성을 위하여 기업이 취업을 원하는 청년 등을 학습근로자로 채용하여 맞춤형 현장훈련을 제공하고, 훈련 종료 후 학습근로자의 역량을 자격으로 인정하여 노동시장 통용성 확보
중견·중소기업 현장 훈련지원	기업이 인적자원개발에 대한 자생력을 확보할 수 있도록 모범적인 기준을 제시하여 우수기업을 인증하고, 여건이 열악한 중소기업에 우수사례와 정보를 교류함으로써 관련 투자 촉진 및 기업 경쟁력 강화
직업능력개발 인프라 구축	시장수요에 적합한 국가 HRD 인프라의 효율적 구축을 통해 수요자 중심의 효율적이고 체계적인 직업능력개발 서비스 지원 - 직업방송 송출, 시장수요에 적합한 국가직무능력표준(NCS) 개발·개선, HRD 콘텐츠 서비스 및 기업학습네트워크 운영 등 직업능력개발 인프라 구축
숙련기술 장려사업	대한민국명장·우수숙련기술자 선정, 이달의 기능한국인 발굴 등을 통하여 숙련기술인이 존중받는 능력중심의 사회 풍토를 조성하고 국내(제)기능경기대회 개최(참가)를 통해 우수숙련기술인을 발굴·육성
외국인력 고용지원	언어 및 문화적 장벽에 놓인 외국인근로자의 취업생활 조기적응, 사업장 내에서 발생하는 애로·갈등 해소, 외국인근로자의 직업능력개발 등을 지원하여 외국인근로자의 고용안정과 중소기업 생산성 제고

다. 주요 제도개선 내용

첫째, 산업현장일학습병행지원: 일학습병행은 기업이 청년 등을 先채용 後 체계적 현장훈련(OJT)을 실시하고, 학교에서 이론교육(OFF-JT) 후 일학습병행 자격취득까지 연계하는 현장 중심의 교육훈련제도이다. 2013년 9월 관계부처 합동 '일·학습 듀얼시스템 도입계획' 발표 이후 2023년 12월 기준 20,412개 기업과 145,302명의 학습근로자가 참여하고 있으며, 동 사업을 통하여 일-훈련-고용을 연계하여 고용률을 제고하고 기업의 인력 및 숙련 미스매치 문제 완화에 기여하고 있다. 2020년에는 제1차 일학습병행 추진계획(2021~2023년)을 11월에 수립하여 새로운 환경변화에 대응하기 위해 첨단자동차, 빅데이터 분석 등 디지털 신기술 분야 훈련직종을 신규 개발하였으며, 2022년 4월 경력개발 고도화 시범운영 계획을 마련하여 직업계고 → 전문대(P-TECH, 전문학사)까지 운영하던 연계모델을 → 경력개발고도화 과정(4년제 대학교, 학사)으로 확장하여 경력개발 경로를 구축하였다.

또한, 2023년부터 산업현장의 기술 변화에 따른 인력수요 증가에 대응하고 기업과 학교를 연계하는 현장 중심의 일학습병행을 첨단산업 분야로 확대하기 위해 「첨단산업 아카데미」 운영을 추진하여 기존 제조업 등 전통적인 산업분야에 집중되어 있던 일학습병행 훈련 분야를 첨단산업 및 신기술 분야로 확대하고 첨단분야 훈련을 지속 확장해 나가고 있다

둘째, 중견·중소기업 현장훈련지원: 기업이 인적자원개발에 대한 자생력을 확보할 수 있도록 모범적인 기준을 제시하여 우수기업을 인증하고, 여건이 열악한 중소기업에 우수사례와 정보를 교류함으로써 직업능력개발의 촉진을 통해 기업 경쟁력을 강화하는 사업으로 기존 대기업, 중소기업 분야 외에 2020년에 선취업-후학습 우수기업 분야를 신설하여 양질의 고졸 일자리 확대와 고졸 근로자 역량 개발 문화 확산에 기여하고 있다. 오랜 경험과 고숙련 기술을 보유한 숙련기술인을 산업현장 교수로 선정하여 중소기업 및 특성화고 등에 숙련 기술을 전수하고 있다.

2023년부터는 마이스터넷에 대한민국 산업현장교수 지원사업 참여 희망 수요 조사 기능을 구축하여 지원 수요를 상시 조사함으로써 수요자 맞춤형 숙련 기술 전수에 노력하였다.

셋째, 직업능력개발 인프라구축: 고용부 및 교육부 등 정부부처의 의견 수렴 과정을 거쳐 2023년까지 총 1,093개의 NCS를 개발 완료하였다. NCS기반 과정평가형자격, 일학습자격 등을 도입하는 신자격 평가 체계를 구축 활용하고 있다. 훈련모니터링의 기능 강화를 위하여 원격훈련 실시 인원 급증 및 부정훈련의 조직화·지능화 양상에 대응하기 위하여 모니터링 자료 S/W를 고도화하고 부정감시 캡차(CAPTCHA)를 운영하였다. 2019년부터는 부정 감시 기능 훈련생인증시스템(OTP) 및 단말정보수집시스템(FDS)을 개발하여 시범운영 하였으며, 한국고용정보원에서 관리하는 HRD-Net시스템과 한국산업인력 공단에서 운영하는 모니터링 시스템에서 각각 관리하던 훈련기관 훈련정보를 일원화하여 훈련비용 지급업무의 효율성과 투명성을 제고하였다.

또한, 직업 및 고용정보, 청소년직업진로지도, 능력개발에 관한 다양한 정보를 제공하여, 2011년도 및 2013~2024년 사회복지분야 공익채널 선정된 한국직업방송을 2002년부터 운영해 오고 있으며, 국내·외 인적자원개발 우수사례 및 최신기법을 HRD컨퍼런스와 포럼을 통해 공유함으로써 HRD 담당자 등의 역량 강화를 도모하고, 직업능력개발 경진대회를 개최하여 직업능력개발을 촉진하고 있다.

직업능력개발인프라구축 사업은 2021년부터 고용보험기금에서 일반회계로 이관하여 수행 중이다.

넷째, 숙련기술장려사업: 21세기 기능장려사업 선진화를 위하여 2010년 「기능장려법」을 「숙련기술장려법」으로 전면 개정하고, '기능인'을 '숙련기술인'으로, '명장'을 '대한민국 명장'으로 변경하였으며, 대한민국 명장 선정 직종을 통폐합·신설하여 38개 분야 92개 직종으로 개편하는 등 숙련 기술인의 경제·사회적 지위향상 및 양성·지원을 위해 사업을 추진하고 있다. 예비 숙련기술인 육성 및 숙련기술 우대 풍토 조성을 위해 1966년 서울대회를 시작으로 매년 기능경기대회를 개최하고 있으며, 격년에 한 번씩 국제기능올림픽대회에도 참가하고 있다.

2023년에는 숙련기술인에 대한 국민의 인식을 제고하고 숙련기술인의 사회적·경제적 지위 향상을 위해 숙련기술인의 날(매년 9월 9일) 제정·시행(2023년 7월 18일)하였다. 숙련기술장려사업은 당초 고용보험기금에서 지원하였으나, 2021년에 일반회계로 이관되었다.

다섯째, 외국인력고용지원: 2004년 고용허가제를 통해 입국한 외국인 근로자의 취업생활 조기적응을 지원하고, 외국인고용 사업장 내에서 발생하는 각종 애로·갈등의 문제점을 해소하여 외국인근로자의 심리적 안정과 기업의 생산성 향상을 위해 2010년부터 기금으로 출연되어 외국인근로자 직업능력훈련 사업장 변경자 교육 등 고용체류지원 사업을 확대 시행해 왔다. 사업장 내 애로해소 사업은 2020년부터 고용보험기금에서 일반회계로 이관하여 수행 중이다.

라. 추진실적 및 평가

첫째, 일학습병행 운영·지원: 2013년 시범사업 당시 51개 참여기업으로 출발한 일학습병행은 2023년 12월 기준 20,412개 기업이 참여하여 매년 성과지표를 초과 달성하고 있으며, 일학습병행 참여 학습근로자 역시 2014년 3,154명에서 2023년 145,302명으로 46배 이상 증가하였다. 또한, 일-훈련-고용을 연계하여 고용률을 제고하고 인력 및 숙련 미스매치 문제 해결 및 NCS 기반 자격의 산업계 통용성 확보를 위한 사회적 여건 조성에 역량을 집중하고 있다.

둘째, 중견·중소기업 현장훈련지원: 오랜 경험과 기술·기능을 보유한 우수 숙련기술인을 산업현장교수로 선정하여 2023년도에 중소기업 1,713개소 및 특성화고 등 348개소에 숙련기술 전수를 실시하였다. 인적자원개발 및 관리체계가 우수한 기업에 대한 인증 심사는 2006년 이후 2,103개 기업의 신청을 받아 1,021개 기업을 인증하는 등 인증을 통하여 인적자원개발 관련 투자를 촉진함으로써 기업의 경쟁력 강화에 기여하였다.

셋째, 직업능력개발 인프라구축: 고용부 및 교육부 등 정부부처의 의견 수렴 과정을 거쳐 2023년에는 스마트건설설계, 클라우드보안관리·운영, 전기자동차검사 등 미래유망 직무를 포함하여 10개 NCS를 개발하였다(총 1,093개 NCS 개발 완료). 훈련교재 보급관련 HRDBook 및 멀티미디어 콘텐츠 개발보급 사업은 공단 설립(1982년) 이후 2015년까지 수행하여 왔으나, 직업능력개발 학습체계가 온라인 위주로 개편됨에 따라 서책형 훈련교재 편찬사업을 폐지하고 산업현장 직무 및 수요를 반영한 HRD콘텐츠를 직업능력개발 통합 플랫폼 HRD4U(www.hrd4u.or.kr)을 통해 파일 형태로 전 국민에게 무상으로 보급하고 있다.

또한, 2014년 원격훈련 부정감시 시스템(CAPTCHA: Completely Automated Public Turing test to tell Computers and Humans Apart)의 도입으로 원격훈련 모니터링 방식이 변경되면서 2021년 1,395만건의 OTP 인증시스템 전면적용에 따라 민간 훈련기관의 LMS 점검·지원, 부정 훈련비 환수 등에 기여하여 고객편의 향상 및 국가재정누수 예방을 도모하였다. 이와 더불어 6개 집체훈련 및 원격훈련에 대한 모니터링(34건), 통계·실태·만족도조사를 통해 제도·업무 개선(111건) 및 훈련환경(521기관) 개선을 유도하는 한편 모니터링 결과와 훈련시장 동향 등을 종합 분석해 훈련 유관기관에 공유(18회, 훈련신호등) 함으로써 훈련 품질 제고에 노력하였다. 또한, 한국직업방송은 전 국민 대상 직업·일·고용·능력개발의 지원 등을 위하여 취업정보 제공, 직업능력개발 강좌, 직업진로지도 등에 관한 프로그램을 제작·송출하는 '일자리 창출 지원 중심 채널'로 2023년 2,205편의 프로그램을 제작·송출하였으며, 2011년, 2013~2022년에 이어 2023~2024년도에도 사회복지분야 공익채널로 선정되었다(12년 연속 공익채널 선정).

넷째, 숙련기술장려사업: 숙련기술 향상 촉진 및 숙련기술인에 대한 사회적 인식을 높여 숙련기술인의 사회적·경제적 지위 향상을 도모하기 위해 매년 우수숙련기술인을 선정하고 있다. 2023년에는 대한민국명장 16명, 우수숙련기술자 77명, 숙련기술전수자 5명, 기능한국인 12명을 선정하였다. 숙련기술인들의 축제인 기능경기대회는 2023년 4월 17개 시도에서 지방기능경기대회(4,729명 참가), 2023년 10월 충청남도에서 전국기능경기대회(1,691명)가 각각 개최되었다.

격년에 한 번씩 개최하는 국제기능올림픽대회는 2024년도에 프랑스 리옹에서 개최될 예정이다. 우리나라는 동 대회에 참가할 국가대표선수를 선발하고 대회에서 우수한 성과를 낼 수 있도록 직종별 강화훈련을 지원하였다.

〈표 3-2-22〉 최근 국제기능올림픽 참가직종 및 성적

년도	개최국	참가국	직종수	순위	메달수
2011	영국(런던)	50개국	46직종	1위	금(13), 은(5), 동(7)
2013	독일(라이프치히)	53개국	46직종	1위	금(12), 은(5), 동(6)
2015	브라질(상파울로)	59개국	50직종	1위	금(13), 은(7), 동(5)
2017	UAE(아부다비)	59개국	51직종	2위	금(8), 은(8), 동(8)
2019	러시아(카잔)	68개국	56직종	3위	금(7), 은(6), 동(2)
2022	한국(고양)등 15개국	54개국	61직종	2위	금(11), 은(8), 동(9)

다섯째, 외국인력고용지원: 코로나19 팬데믹 이후 외국인근로자 도입인원의 지속적인 증가(2022년 88,012명 → 2023년 100,148명)로 외국인 고용 사업장도 전년 대비 4,558개소(8.9%) 증가하는 등 외국인고용이 활성화 됨에 따라 외국인 고용사업주와 외국인근로자에 대한 지원 필요성이 증가하였다.

2023년 외국인근로자 체류인원 증가에 맞춰 입국초기 모니터링(27,816명)을 통하여 외국인근로자의 안정적인 체류환경 조성을 지원하였고, 산업현장에서 근로하는 외국인근로자의 직무능력 향상을 위한 재직 외국인근로자 직업능력개발훈련(1,514명)을 통하여 외국인근로자의 직무능력과 사업장 적응력을 제고하였다. 더불어 사용자를 대상으로 사업장 변경제도 변경사항, 외국인근로자 고용 가능 업종 및 코로나로 인한 한시조치 원상복원 등 제도변경사항을 집체교육(2,275명) 및 E-러닝(7,658명)을 통하여 교육하여 사용자와 외국인 근로자의 원활한 고용관계를 유도하였다.

〈표 3-2-23〉 2023년 한국산업인력공단 능력개발사업 지원 실적(12월 기준)

구 분	계획(A)	실적(B)	달성률(B/A)	비 고
일학습병행 운영·지원(누적)	15,000기업	17,934기업	119.6%	
중소기업 학습조직화 지원	80기업	84기업	105.0%	
산업현장교수지원	1,575기업	1,713기업	108.8%	중소기업
	165기관	348기관	210.9%	특성화고 등
기업인적자원개발 인증	115기업	172기업	149.6%	심사 기준
직업방송 송출운영	2,000편	2,206편	110.3%	제작편수

구 분	계 획 (A)	실 적 (B)	달성률 (B/A)	비 고
훈련기준 개발				
- 훈련기준 개발	1,093직종	1,093직종	100.0%	
직무능력표준개발·활용				
- 훈련기준정비	105직종	110직종	104.8%	
- NCS개발(신규)	10직무	10직무	100.0%	
- NCS개선	105직무	110직무	104.8%	
- 활용지원 기업(건)	700건	740건	105.7%	
능력중심 채용모델 개발 및 보급	210기업	222기업	105.7%	
국제직업능력측정프로젝트 참여	1회	1회	100.0%	
직업능력개발 조사·분석				
- 국내외 HRD 동향연구	4건	4건	100.0%	
- 집체훈련모니터링	6개사업	6개사업	100.0%	
- 원격훈련모니터링	800만건	1,395만건	174.4%	OTP인증
HRD 기업 전문가 포럼	3회	3회	100.0%	
HRD 컨퍼런스 개최	1회	1회	100.0%	
직업능력개발경진대회	1회	1회	100.0%	
대한민국명장 등 선정·포상				
- 대한민국명장	1회	1회	100.0%	일시장려금 2,000만원 국외산업시찰
- 숙련기술전수자	1회	1회	100.0%	전수자: 월80만원, 전수대상자: 월20만원
- 우수숙련기술자	1회	1회	100.0%	일시장려금 200만원
- 숙련기술장려모범사업체	1회	1회	100.0%	3년간 정기근로감독면제 (중소기업에 한함)
숙련기술인 우대풍토 조성				
- 스타기술인 선정	1회	1회	100%	
- 이달의 기능한국인 발굴 홍보	12명	12명	100%	사회적으로 성공한 우수 기능인
- 우수숙련기술인 국민스타화	1회	1회	100.0%	종합 홍보 진행
기능경기대회				
- 국내기능경기대회	2회	2회	100%	전국대회 및 지방대회 각 1회
- 민간기능경기대회 개최 지원	55개대회	60개대회	109.1%	
- 국제기능올림픽대회 참가	-	종합 2위	-	2022년 기준
외국인력고용지원				
- 입국초기 취업적응 지원	52,250명	27,816명	53.2%	입국인원 100,148명
- 사업장 변경 외국인근로자 교육	1,900명	2,026명	106.6%	
- 재직근로자 직업능력개발 훈련	1,425명	1,514명	105.9%	
- 사업주 외국인고용관리교육	10,000명	9,933명	99.3%	

2 한국폴리텍대학 능력개발사업 지원

가. 개 요

민간부문에서 담당하기 어려운 국가기간·전략산업 및 신성장동력 산업분야의 중간기술인력을 양성하고, 「국민 평생 직업능력 개발법」에 근거하여 취업을 원하는 미진학청소년·미취업청년·취업취약계층 등을 대상으로 기능인력을 양성하며, 교육훈련의 내실화와 질적 향상을 도모하고자 교직원 능력개발, 교육훈련 현장 수요를 반영한 교과개발, e-Learning 교육훈련 기반 구축 등을 실시하고, 재직 근로자 직무능력향상훈련 수요증가 및 산업사회 기술변화에 대처하기 위한 신기술 장비 보강으로 산업현장의 기술수준에 부합하는 교육훈련을 실시하여 국가인적 자원 개발에 이바지하는 사업이다.

나. 사업 내용

사 업 명	사 업 규 모
기술·기능인력 양성	• 2년제 학위과정(다기능기술자): 한국폴리텍Ⅰ대학 등 8개 대학 13,500명 • 학위전공심화과정: 한국폴리텍Ⅰ대학 등 3개 대학 450명 • 비학위 직업훈련과정: 한국폴리텍Ⅰ대학 등 8개 대학 9,535명 (전문기술, 하이테크, 경단여성, 일반고위탁, 신중년특화과정 포함) • 기능장과정: 한국폴리텍Ⅰ대학 등 3개 대학 275명 • 향상훈련: 46,900명(소규모사업장훈련 4,200명 포함)
능력개발훈련지원	• 교육훈련과정운영, 교직원능력개발, 대학평가 및 발전연구, 교과개발 및 교재 발간, 홍보, e-캠퍼스 운영
신기술시설·장비확충	• 신기술장비 확충: 한국폴리텍Ⅰ대학 등 8개 대학 노후장비 및 신기술장비 확충 • 학과신설: 20개과(반도체분야 10개과, AI+x분야 5개과, 저탄소분야 5개과) • 학과개편: 17개과(미래혁신성장동력분야 15개과, DX-Academy 2개과)

다. 주요 제도개선 내용

한국폴리텍대학은 공공직업교육훈련 분야의 효율성 강화, 훈련품질 제고, 재직자 향상훈련 강화 등을 통해 현장실무 중심의 기술인력을 배출함으로써 국가인적자원 개발에 이바지하고자 최선의 노력을 경주하였다.

4차 산업혁명의 본격화와 디지털 전환에 대비한 신산업분야 선도인력 양성을 위해 신산업분야 학과와 고수준의 직업훈련과정인 하이테크 과정을 크게 확대하였다. 또한 생애단계별 맞춤형 직업능력개발을 위해 신중년특화과정과 경력단절 여성 직업훈련을 확대하여 공공기관으로서 사회안전망 역할을 강화하였다.

신기술시설·장비확충사업을 통해 산업사회의 기술변화에 대응할 수 있는 신기술 장비 확충과 노후장비 보강으로 교육훈련 인프라를 실질적으로 개선하였고, 특히, 산업성장 전망에 따라 인력수요가 증가하고 있는 반도체, AI, 저탄소분야 학과를 신설(2023년 20개 학과)하고, 기존 학과를 미래혁신성장동력분야 또는 디지털 전환 교육 학과로 개편(2023년 17개 학과)하였다.

지역·산업 수요 정합성 강화를 위해 폴리텍과 지역, 산업체가 함께 교육훈련을 설계하는 지역별·산업별 종합교육협의체를 새롭게 출범하였으며, 특히 반도체·바이오분야에 대해서는 주요 기업과 고용노동부, 폴리텍이 함께 기업 맞춤형 인력양성과 취업 연계를 위한 협력체계를 구축하였다.

전국 폴리텍이 보유한 러닝팩토리와 공유스튜디오, 학과 등 시설·장비를 '꿈드림 공작소'로 민간부문에 개방하여 국민 누구나 질 높은 직업체험과 기술교육을 경험할 수 있도록 하였다.

라. 추진실적 및 평가

기술·기능인력양성사업의 경우 2년제 학위과정은 2023년 계획인원 13,500명 대비 10,856명을 양성하여 80.4%(2022년 86.1%)의 달성률을 보였고, 학위전공 심화과정은 2023년 계획인원 450명 대비 213명을 양성하여 47.3%(2022년 46.8%)를 달성하였다.

하이테크과정은 2023년 계획인원 1,530명 대비 1,256명을 양성하여 83.6% (2022년 84.2%)를 달성하였으며, 전문기술과정은 2023년 계획인원 3,805명 대비 2,747명을 양성하여 72.2%(2022년 67.4%)를 달성하였다. 여성재취업과정 (경력단절여성)은 2022년 계획인원 1,700명 대비 1,545명을 양성하여 90.9% (2020년 99.6%)를, 신중년특화과정은 2023년 계획인원 2,500명 대비 2,306명을 양성하여 92.2%(2022년 85.8%)를 달성하였다. 기능장과정은 2023년 계획인원 275명 대비 216명을 양성하여 78.5%(2022년 88.4%)를 달성하였다.

능력개발훈련지원사업의 경우 기업전담제 관리의 내실화를 위하여 교원 개인별 전담기업 관리에서 학과별 관리로 관리체계를 전환하였으며, 우량기업에 대한 지속적인 관리활동을 통하여 취업 및 향상훈련 연계를 강화해 나갈 예정이다.

교직원과 조직역량 강화를 위한 계층별 역량진단 및 필요역량 수요조사를 통해 맞춤형 교육연수를 운영하였다. 특히, 교원연수의 경우 전공별 역량진단 및 연수니즈 파악을 통한 맞춤형 연수프로그램을 운영하여 교원 역량 강화를 통한 직업교육훈련의 내실화를 도모하였고, 국가직무능력표준(NCS) 기반 교육연수과정 개발 및 교과편성 연수를 개설·운영하여 국가직무능력표준 확산과 활용도 제고에 기여하였다.

대학평가 및 발전연구 사업은 조직의 성과관리 문화 정착을 통한 대내외 경쟁력 향상을 추구하였고, 이는 내부구성원 성과창출의 동기부여 기제로 작용하였다.

교과개발 및 교재발간 사업을 통해 2년제 학위과정 및 전문기술과정의 NCS 기반 표준교과과정과 시설·장비기준을 편성하여 동일계열·학과에 적용, 지역 간 교육편차를 줄이고 균형적 교육운영에 기여하였으며, 산업현장 변화를 반영한 신기술 산업분야 교재를 보급하였다.

홍보사업은 언론홍보에 기반을 둔 홍보체계를 구축하여 대국민 인지도 상승 및 브랜드 가치 제고에 기여하였다. 특히, 정부 정책과 산업동향에 발맞춰 뿌리·기간 산업부터 신산업·신기술분야를 아우르는 인재양성 기관으로 이미지를 강화했다. 또한, 청년, 여성, 중장년을 아우르는 생애주기별 맞춤형 직업교육에 대한 우수사례 홍보 및 스토리텔링식 홍보를 추진해 대국민 직업교육 접근성을 높였다.

e-Learning 운영 사업은 다양한 학과의 특성에 맞는 콘텐츠 개발 및 구매, 학습관리시스템(LMS)을 통해 모바일 환경에 대응한 스마트러닝 시스템을 제공하여 수요자 중심의 One-Stop 교육정보 서비스를 운영하고 있다.

2023년 정부 정책 및 전략산업과 연계한 신산업·신기술 분야 학과 개편은 산업구조 변화의 대응력이 되었으며, 융합형 인재를 양성하는 기틀이 되었다.

폴리텍 대학은 2023년 학위과정 정보공시 취업률 80.6%(2022년 78.1%), 취업의 질을 평가하는 유지취업률은 92.7%(2022년 90.4%)를 기록하여 공공 직업능력개발 선도기관으로 위상을 공고히 하고, 직업능력개발에 대한 국민적 관심 상승을 견인하였다.

〈표 3-2-24〉 2023년 한국폴리텍대학 직업능력개발사업지원
- 기술·기능인력양성 사업성과 및 실적

(단위: 명, %)

구 분	계 획	실 적	달성률(%)	비 고
소 계	23,760	19,205	80.8	
일반 양성 훈련	23,485	18,989	80.9	
- 2년제 학위과정	13,500	10,856	80.4	2년 과정
- 학위전공심화	450	213	47.3	2년 과정
- 전문기술과정	3,805	2,747	72.2	
- 하이테크과정	1,530	1,256	82.1	
- 신중년특화과정	2,500	2,306	92.2	
- 여성재취업과정	1,700	1,611	94.8	
능력개발훈련	275	216	78.5	
- 기능장	275	216	78.5	

〈표 3-2-25〉 2023년 한국폴리텍대학 직업능력개발사업지원
- 능력개발훈련지원 사업성과 및 실적

(단위: %)

구 분	계 획	실 적	달성률(%)	비 고
기업전담업체 수	8,940개	8,681개	97.1	
교직원능력개발				
- 교원전공역량강화	1,230명	1,172명	95.3	
- 리더십 및 직무역량강화	10,024명	13,237명	132.1	
대학(교직원)평가				
- 대학(교직원) 평가	연 1회	연 1회	100.0	
NCS기반 교과과정 개발	450개	461개	102.4	
교재개발 및 보급				
- 교재개발	14종	14종	100.0	
- 학습모듈 및 시중교재 보급	60,000권	74,132권	123.6	
대학홍보				
- 언론홍보 및 정책홍보	50건	75건	150.0	
- SNS 소통 콘텐츠 제작·전파	80건	147건	183.7	
- 대국민 행사	2회	4회	200.0	
e-Learning 유지보수·운영				
- e-Learning 수강과정 수	60개	44개	73.3	

3 한국기술교육대학교 직업능력개발사업 지원

가. 개 요

국가산업발전에 필요한 고급 기술·기능인력의 직업능력개발을 담당할 전문 이론과 현장실기 및 학습조직화 능력을 겸비한 '직업능력개발훈련교사, 인력개발 담당자 및 고도 지식산업이 요구하는 실천공학 기술자(기업현장교사)' 양성, 직업 훈련교원 재·향상 연수, 평생능력개발 온라인 훈련사업으로, 2018년까지 고용 보험기금에서 지원, 2019~2022년까지 일반회계에서 지원, 2023년부터는 고등· 평생교육지원특별회계로 사업예산을 이관하여 운영하고 있다.

나. 사업 내용

세부사업명	사 업 내 용
직업훈련교원 및 HRD 담당자양성	우수한 직업능력개발담당자(직업능력개발훈련교사, 인력개발담당자, 산업 현장에서 교육을 담당할 실천공학기술자) 양성을 위한 학부 및 대학원 과정 운영 - 직업능력개발담당자 양성(학부과정) 4,111명(계획 3,344명) - 직업능력개발전문가 양성(대학원과정) 570명(계획 486명)
직업훈련교원 재·향상 연수	직업능력개발훈련교사 단기양성 및 승급, 훈련 교·강사의 지속적인 역량강화를 위한 보수교육 과정 운영(계획 62,721명) - 직업훈련교원 교직향상교육: 60,656명(계획 46,900명) - 직업훈련교원 전공향상교육: 22,231명(계획 15,771명) - K-DT 강사 아카데미: 123명(계획 50명)
평생능력개발 온라인 훈련사업	4차 산업혁명 직업훈련 생태계 조성과 직업능력개발훈련 활용 촉진을 위하여, 디지털 기반 직업훈련 플랫폼(STEP, 스마트 직업훈련 플랫폼) 운영 및 온라인 직업훈련 콘텐츠 신규 개발·보급(계획 온라인훈련 225,000명, 콘텐츠 개발 421과정) - 온라인훈련 콘텐츠 개발: 431개(이러닝 410개, 가상훈련 15개, 메타버스 6개) - 온라인훈련 운영: 238,561명(이러닝 207,140명, 가상훈련 31,421명) - STEP 마켓 콘텐츠 탑재(누적): 3,792개(공공 2,583개, 민간 1,209개) - STEP 온라인강의실 분양: 653개소(훈련 수혜 인원 258,569명)

다. 주요 제도개선 내용

1992년 이론과 실기를 겸비한 우수 직업능력개발훈련교사 양성을 목적으로 한국기술교육대학교를 설립하였으며, 사회적 변화와 요구에 부응하기 위한 직업능력개발 훈련담당자(집체훈련교사 및 현장훈련교사) 양성을 목적으로 확대운영하고 있다. 직업훈련교원 재·향상연수사업은 직업훈련교사 자격의 단기취득 및 승급과정 운영, 훈련 교·강사의 교직 및 전공분야 역량강화를 위한 보수교육을 실시하고 있으며, 교육생의 교육편의 증진을 위한 이러닝, 블랜디드(이러닝+집체) 확대 및 모바일 기기를 통한 학습을 지원하고 있다. 또한 훈련 교·강사 보수교육 이수 이력 정보를 직업훈련포털(HRD-Net)과 연동하여 직업능력개발훈련 심사평가에 반영하고 있다. 2019년부터는 스마트 직업훈련 플랫폼(STEP) 구축을 통해 매년 개발되는 이러닝 콘텐츠와 첨단 ICT 기술을 접목한 가상훈련(VT: Virtual Training) 콘텐츠를 탑재, 개방하고 있으며, 민간 훈련기관을 대상으로 LMS(온라인강의실)를 제공하는 등 온라인 훈련 인프라 지원사업을 수행하고 있다. 특히, 2023년에는 STEP을 활용한 원격·혼합훈련 방식의 효과성 제고를 위해 개인 맞춤 훈련과정 추천, 다양한 교수·학습방법 구현 등을 위한 STEP 2차 고도화 사업을 완료하였다. 2020년부터는 「국민 평생 직업능력 개발법」 개정(2020년 3월)을 통해 직업훈련교·강사의 보수교육 의무화 근거를 마련하고, 2021년부터 본격적으로 훈련기관의 전체 직업훈련교·강사에게 보수교육 훈련과정을 제공함으로써 평생직업능력개발훈련 품질향상에 기여하고 있다.

라. 추진실적 및 평가

한국기술교육대학교 직업능력개발사업 중 '직업훈련교원 및 HRD담당자 양성' 사업은 2023년에 4,681명의 직업훈련교원을 양성하여 당초 양성 계획(3,830명)을 초과하여(목표 대비 122.2%) 현장훈련 활성화를 견인하였다. 특히, 현장실무 중심의 교육과정 운영을 통해 졸업생 전국 4년제 대학 취업률 2위(80.3%, 2024년 1월 대학알리미 공시, 졸업생 500명 이상 대학)를 달성하였으며, 중앙일보 대학평가 학생교육 우수대학 평가 1위, 2024학년도 신입생 충원율 100% 달성 및 우수 입학자원을 확보하였다. 2023학년도 신입생 충원율 100% 달성(6년 연속) 및 우수 입학자원을 확보하였다.

'직업훈련교원 재·향상연수' 사업으로 직업훈련교사 양성(자격취득 및 승급) 과정과 보수교육 과정을 운영하여 총 83,010명(계획인원 대비 132.3%)을 교육하였다. 특히 법정 보수교육에 대한 지속적인 안내 및 홍보를 통해 보수교육 의무이수 대상자 중 질병 등 특별한 사유를 제외한 전체 훈련 교·강사가 보수교육을 이수하는 등 제도의 안정적인 정착에 기여하였다.

4차 산업혁명 직업훈련 생태계 조성과 직업능력개발훈련 활용 촉진을 위한 '평생능력개발온라인훈련사업'은 전 국민의 평생직업능력개발 지원을 위해 기술·공학 분야 중심의 온라인훈련 콘텐츠 431개(이러닝 410개, 3D 실감형 실험·실습 콘텐츠 21개)를 개발하였으며 온라인 기반 직업훈련 프로그램을 통해 238,561명을 운영하여 계획인원(225,000명) 대비 106% 실적을 달성하였다. 또한, 디지털 전환에 대응하여 직업훈련기관이 대면 중심 훈련방식에서 온라인 기반의 원격·혼합훈련 등 새로운 훈련방식으로 전환할 수 있도록 STEP에 양질의 온라인 직업훈련 콘텐츠 3,792개(공공 2,583개, 민간 1,209개)를 탑재·개방하였으며 온라인 직업훈련 인프라(온라인강의실, 콘텐츠, 서버 등)를 653개 직업훈련기관 등에 무상으로 보급·지원 하여 총 258,569명에게 훈련 기회를 제공하는 등 보다 많은 국민이 STEP 인프라를 활용하여 원격 기반 훈련에 참여하는 데 기여하였다.

〈표 3-2-26〉 직업훈련교원 양성실적

(단위: 명, %)

구 분	2020		2021		2022		2023	
	목표	실적	목표	실적	목표	실적	목표	실적
양성인원	3,830	4,810	3,830	4,609	3,830	4,698	3,830	4,681
취 업 률	81.8	84.7	81.8	75.9	81.8	77.3	81.8	80.3

〈표 3-2-27〉 직업훈련교원 모집실적(2023년)

(단위: 명)

입학정원	지원자수	경쟁률	모집인원	수능평균성적
836	6,684	7.46	896	상위 21.1%

〈표 3-2-28〉 직업훈련교원기술개발 연수실적

(단위: 명)

구 분	2020	2021	2022	2023	연수대상
합 계	44,423	90,380	91,883	83,010	
직업훈련교원 교직향상교육	36,597	72,643	72,755	60,656	• 직업훈련교사 자격 취득 및 승급 희망자 • 민간·공공 직업훈련기관 재직 훈련교·강사, 능력개발담당자, 직업훈련기관 기관장 등
직업훈련교원 전공향상교육	7,826	17,737	19,128	22,231	• 민간·공공 직업훈련기관 재직 훈련교·강사 등
K-DT 강사 아카데미	-	-	-	123	• 디지털신기술 분야 훈련교·강사

제3장 실업급여

제1절 개 요

1 실업급여의 의의

실업급여는 단순히 실직자가 실직 기간에 생계를 유지하도록 하는 것에 그치는 것이 아니라 적극적인 재취업 노력을 요구하여 구직활동을 촉진하는 기능을 갖는다. 현행 「고용보험법」은 고용보험의 시행을 통하여 실업의 예방, 고용의 촉진 및 근로자 등의 직업능력의 개발과 향상을 꾀하고, 국가의 직업지도와 직업소개 기능을 강화하며, 근로자 등이 실업한 경우에 생활에 필요한 급여를 실시하여 근로자 등의 생활안정과 구직 활동을 촉진함으로써 경제·사회 발전에 이바지하는 것을 목적으로 한다(「고용보험법」 제1조 목적).

실업급여의 지급은 자신의 능력과 적성에 맞는 새로운 직장을 찾는데 필요한 시간적 여유를 제공한다. 필요한 경우에는 실업급여를 수급하면서 직업능력 개발 훈련을 받도록 하여 기능·기술수준을 향상시킴으로써 사회적으로 노동력의 질을 제고시킨다.

그리고 실직자는 실업급여를 수급하기 위해 정기적으로 고용노동관서에 출석 하여야 하므로 이들에게 구인·구직에 관한 정보를 체계적으로 제공하여 재취업을 보다 쉽게 한다. 국가적으로도 노동력의 이동 및 인력수급 상황이 신속히 파악되어 적기에 실효성이 있는 고용정책의 수립이 가능하다.

2 실업급여의 기본체계

실업급여는 일반적으로 구직급여와 취업촉진수당의 두 가지로 구분할 수 있다.

구직급여는 실직자의 생활안정을 위하여 지급하는 급여로서 실업급여의 가장 핵심을 이루는 급여이다. 그리고 실직자에 대한 보호를 강화하기 위해 실업의 신고 이후 부상·질병 등으로 취업이 불가능한 수급자격자에 대해 구직급여에 갈음하여 지급하는 상병 급여제도와 구직급여를 연장하여 지급하는 연장급여제도를 마련하여 시행하고 있다.

취업촉진수당은 구직급여를 받고 있는 실직자가 빠른 시일 내에 새로운 직장을 구하도록 장려·지원하기 위하여 지급하는 수당으로서 조기재취업수당, 직업능력 개발수당, 광역구직활동비, 이주비로 세분할 수 있다.

3 실업급여의 종류

가. 구직급여 및 상병급여

구직급여는 실업급여 중 가장 기본적이고 중요한 급여로서 피보험자가 실업 시 재취업활동기간 중 생활안정을 도모하기 위하여 지급되는 급여이다.

구직급여는 고용보험 적용사업장에서 근무하는 피보험자가 경영상 해고, 계약기간 만료 등의 사유로 이직한 경우로서 이직일 이전 18개월간(소정근로일이 2일 이하이고, 소정근로시간은 15시간 미만인 경우에는 24개월) 180일 이상의 피보험단위기간을 충족하는 경우에 이직 전 평균임금의 60%(1일 상한액 6.6만원)를 이직 당시 피보험기간 및 연령에 따라 120~270일까지 차등 지급하며, 구직급여를 받기 위해서는 1~4주에 1회씩 직업안정기관에 출석하여 실업의 인정을 받아야 하고, 구직급여는 실업의 인정을 받은 일수분에 대해 지급한다.

한편, 예술인은 이직일 이전 24개월간 9개월 이상의 피보험단위기간을 충족해야 하고 노무제공자는 이직일 이전 24개월간 12개월 이상의 피보험단위기간을 충족해야 한다. 또한 예술인과 노무제공자의 구직급여일액은 이직 전 평균보수의 60%(1일 상한액 6.6만원)이다.

수급자격자가 수급기간 중 질병·부상 또는 출산으로 7일 이상 취업이 불가능한 경우에는 구직급여에 갈음하여 '상병급여'를 받을 수 있다.

상병급여는 '실업의 신고를 한 이후'에 질병·부상 또는 출산으로 취업이 불가능하여 '실업의 인정을 받지 못한 날'에 대하여 수급자격자의 청구(청구기간: 상병이 치유된 후 14일 이내. 다만 상병기간이 수급기간을 도과할 경우에는 수급기간 종료 후 30일 이내)에 의해 지급한다.

나. 연장급여

연장급여는 훈련연장급여, 개별연장급여 및 특별연장급여가 있다.

훈련연장급여는 직업안정기관의 장이 직업능력개발훈련을 받으면 재취업이 용이하다고 판단되는 수급자격자에게 훈련지시를 한 경우 훈련을 받는 기간(최대 2년)동안 구직급여일액의 100%를 연장하여 지급하는 제도이다.

개별연장급여는 구직급여 소정급여일수가 종료될 때까지 취업하지 못하고, 부양가족이 있는 등 생활이 어려운 수급자격자에게 구직급여일액의 70%를 60일간 연장하여 지급하는 제도이다.

특별연장급여는 실업의 급증 등으로 재취업이 특히 어렵다고 인정하는 경우 고용노동부장관이 발동하는 기간에 구직급여일액의 70%를 연장하여 지급하는 제도로서, 외환위기 당시 1998년 7월부터 1999년 12월까지 3차례 발동되어 지급된 이후 현재까지 발동된 사례는 없다. 다만, 2009년에 글로벌 금융위기에 따라 실업급여 수급신청자가 급증하면서 대량 실업을 우려하여 특별연장급여 예산(6,606억원)을 마련하였으나 예상보다 실업률이 높지 않아 집행을 유보한 바 있다.

다. 취업촉진수당

취업촉진수당에는 조기재취업수당, 직업능력개발수당, 광역구직활동비, 이주비 등이 있는데, 이 중에서 가장 큰 비중을 차지하는 조기재취업수당은 수급자격자가 구직급여 소정급여일수를 남기고 안정된 직업에 조기 재취업한 경우에 일정액을 인센티브로 지급하는 것으로 적극적인 구직활동을 통한 조기 재취업을 촉진하기 위한 제도로 설계되었다.

조기재취업수당은 수급자격자가 i) 실업의 신고일로부터 14일이 지난 후 재취업한 날의 전날을 기준으로 소정급여일수를 2분의 1 이상 남기고 재취업하고, ii) 12개월 이상 계속 고용되거나 12개월 이상 계속하여 사업을 영위한 경우(이직일 당시 65세 이상 수급자는 6개월 이상 고용될 것으로 또는 사업을 영위할 것으로 직업안정기관의 장이 인정하는 경우)에 남은 미지급일수의 2분의 1을 곱한 금액을 지급한다.

[그림 3-3-1] 실업급여 제도의 기본구조

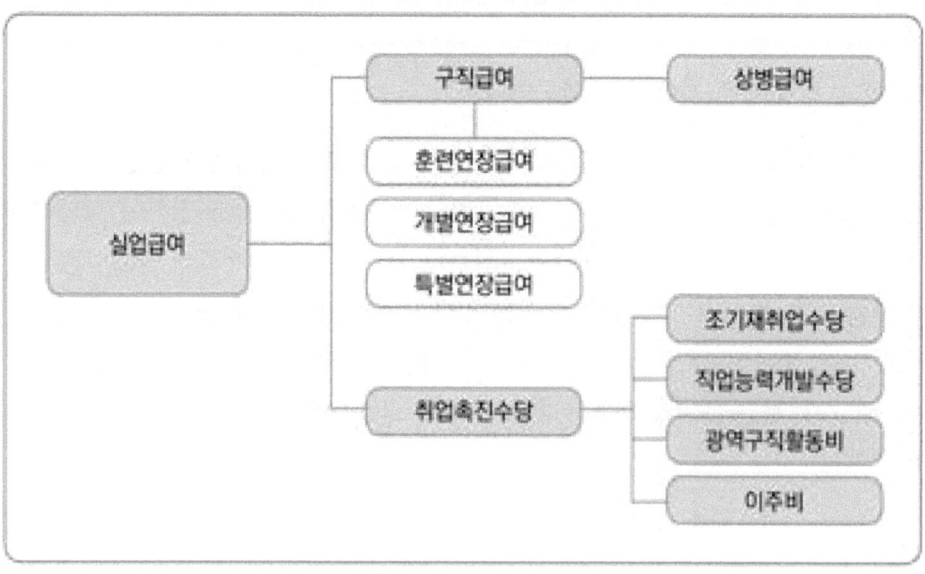

제2절 구직급여 및 상병급여

1 개요

구직급여는 실업급여 중 가장 기본적인 급여이며, 고용보험 적용사업장에서 근무하다가 실직 후 재취업활동을 수행하는 실직자의 생활안정을 도모하기 위해 지급되는 것이다. 일반적으로 실업급여라 함은 대부분 구직급여를 말한다.

구직급여는 보험료 기여요건의 충족 여부, 이직사유의 정당성 및 실직 이후 적극적으로 재취업활동을 하였는지 여부에 따라 120일에서 270일까지 실업인정이라는 절차를 거쳐 지급하며, 이직일의 다음 날부터 12개월 이내에 수급받을 수 있도록 하여 실업 이후에 노동력 공급을 축소하는 도덕적 해이를 방지하도록 설계되어 있다. 수급자격자가 질병·부상 또는 출산으로 취업이 불가능한 경우에는 구직급여에 갈음하여 상병급여를 지급한다.

2 사업 내용

구분	지급 요건	지급 수준

구직급여	○ 고용보험 적용사업장에서 이직일 이전 18개월간 피보험단위기간이 통산하여 180일 이상
	  * 초단시간근로자는 24개월간 180일 이상, 예술인은 24개월간 9개월 이상, 노무제공자는 24개월간 12개월 이상
	○ 근로(노무제공)의 의사와 능력이 있음에도 불구하고 취업하지 못한 상태
	  ※ 자발적 이직, 중대한 귀책사유로 해고된 경우는 제외
	○ 적극적으로 재취업활동을 할 것
		○ (근로자)
		이직 전 평균임금의 60%
		- 1일 상한액: 66,000원
		- 1일 하한액: 이직 전 1일 소정근로시간에 따라 30,060원~60,120원 지급
		○ (예술인·노무제공자)
		이직 전 평균보수의 60%

상병급여	○ 수급자격자가 질병·부상·출산으로 실업의 인정을 받지 못한 날 - 출산의 경우는 출산일로부터 45일간 지급	○ 구직급여일액과 동일 - 7일 이상 상병

3 주요 제도개선 내용

가. 기준기간 및 피보험단위기간

1995년 제도 도입 당시 기준은 이직일 이전 18개월(기준기간)간 피보험단위기간(피보험기간 중 '임금' 지급의 기초가 된 날에서 2011년부터 '보수' 지급의 기초가 된 날로 변경)은 12개월이었다. 1997년 말 이후 외환위기로 실업자가 급증하면서 1998년 3월 1일부터 2000년 3월 31일까지 한시적으로 기준기간과 피보험단위기간을 각각 12개월과 6개월로 완화하여 적용하다가 2000년 4월 1일부터는 현재와 같이 이직일 이전 18개월 동안 피보험단위기간 180일로 설정·운영하고 있다. 또한 2008년 12월 31일 「고용보험법」을 개정하여 수급자격을 인정받은 경우라 하더라도 구직급여를 지급받지 않으면 이후 수급자격 인정신청 시 피보험단위기간에 합산(개정 전에는 수급자격을 인정받으면 소멸)하도록 하였다.

나. 이직사유의 정당성

전직·자영업 등을 위해 직장을 스스로 그만두었거나 자신의 중대한 귀책사유로 해고된 경우에는 보험사고를 스스로 유발한 것이므로 구직급여를 받을 수 없다.

그러나 직장을 스스로 그만둔 경우에도 장기간 계속된 임금체불·휴업 등과 같은 정당한 사유가 있는 때에는 구직급여를 받을 수 있다. 정당한 사유가 있는 자기사정에 의한 이직의 판단기준은 고용노동부 고시를 통해 운영하여 오다가 「고용보험법 시행규칙」을 개정하여 2008년 2월 21일부터 시행하고 있다.

다. 소정급여일수 및 피보험기간

소정급여일수란 하나의 수급자격에 대하여 구직급여를 지급받을 수 있는 일수로 수급자격자의 피보험기간과 이직 당시 연령에 따라 최소 120일에서 최대 270일이다. 제도 도입 당시에는 30일~210일이었다가 1998년 3월 1일부터 60일~210일, 2000년 1월 1일부터 90일~240일, 2019년 10월 1일부터 현재와 같이 운영하고 있다. 피보험기간은 그 사업에 고용되기 전에 다른 적용사업에서 이직한 사실이 있고 그 이직일로부터 3년(2000년 3월 31일 이전 이직자는 1년)

이내에 피보험자격을 재취득한 경우에는 그 이직 전의 적용사업에서의 고용기간을 산입하여 계산한다.

다만, 이직 당시 적용사업에서 피보험자격을 재취득하기 전에 구직급여를 지급받은 사실이 있는 경우에는 그 구직급여와 관련된 이직일 이전의 고용기간은 피보험기간에 산입하지 않는다. 해외근로기간, 군복무기간, 휴직·휴업기간, 쟁의행위기간, 노조전임자로 근무한 기간 등은 계속근로연수로 인정되므로 피보험기간에 포함된다.

〈표 3-3-1〉 구직급여의 소정급여일수

연령 \ 피보험기간	1년 미만	1년 이상 3년 미만	3년 이상 5년 미만	5년 이상 10년 미만	10년 이상
50세 미만	120일	150일	180일	210일	240일
50세 이상 및 장애인	120일	180일	210일	240일	270일

※ 장애인은 「장애인고용촉진 및 직업재활법」 제2조제1호에 의한 장애인

라. 구직급여일액 및 급여기초임금일액

1) 구직급여일액

구직급여일액은 원칙적으로 급여기초임금일액에 100분의 60을 곱한 금액으로 하되, 상한액과 하한액이 설정되어 있다. 즉, 산정된 구직급여일액이 6.6만원을 초과하는 경우는 상한액 6.6만원까지 지급하고, 산정된 구직급여일액이 이직 당시 1일 소정근로시간에 시간급 최저임금의 80%를 곱한 금액(최저구직급여일액)보다 낮은 경우는 최저구직급여일액을 그 하한액으로 지급한다. 한편, 구직급여일액 상한액은 2015년에 40,000원에서 43,000원으로 인상되었으며, 2016년에는 43,416원, 2017년에는 50,000원, 2018년 60,000원, 2019년도에는 66,000원으로 인상되었다.

2) 급여기초임금일액

급여기초임금일액은 구직급여의 산정기초가 되는 임금일액을 말하며, 「고용보험법」에 따라 평균임금, 통상임금 또는 기준보수에 의해 산정된다. 평균임금은

「근로기준법」 제2조에 의하여 산정하며, 당초에는 평균임금의 산정기간이 2개월 미만인 경우에는 그 사업에 고용되기 직전의 다른 적용사업에서 산정한 평균임금을 계산하여 양 사업장에서의 평균임금을 합산한 금액을 평균하여 계산 하였으나, 2004년 1월 1일부터는 최종이직일 이전 3개월 이내에 피보험자격을 취득한 사실이 2회 이상인 경우에는 최종 이직일 이전 3개월간에 그 근로자에게 지급된 임금 총액을 당해 산정의 기준이 되는 3개월의 총 일수로 나눈 금액으로 산정한다.

$$기초일액 = \frac{이직일\ 이전\ 3개월간(일용은\ 4개월-최종1개월)\ 임금\ 총액}{이직일\ 이전\ 3개월간(일용은\ 4개월-최종1개월)\ 총\ 일수}$$

한편, 예술인과 노무제공자의 기초일액은 수급자격 인정과 관련된 마지막 이직일 전 1년간의 「보험료징수법」 제16조의10에 따라 신고된 보수총액을 그 산정의 기준이 되는 기간의 총 일수로 나눈 금액으로 하고, 그 금액이 이직 당시의 「보험료징수법」 제3조에 따른 기준보수의 일액 중 가장 적은 금액 미만인 경우에는 가장 적은 기준보수의 일액을 기초일액으로 한다.

마. 지급절차(실업인정)

수급자격자가 구직급여를 지급받기 위해서는 1~4주(2005년까지는 2주)에 1회씩 직업안정기관에 출석하여 실업의 인정을 받아야 하고 구직급여는 실업의 인정을 받은 일수분에 대해 지급한다. 다만, 직업안정기관의 지시 등으로 직업능력 개발훈련 등을 수강하고 있는 경우에는 1개월에 1회 실업인정을 받도록 하고, 부득이한 사유로 실업인정일을 변경한 경우나 증명서에 의한 실업인정 등의 경우에는 그에 상응하는 실업인정 절차를 밟도록 하고 있다. 한편 구직급여 수급자의 특성별 재취업지원 서비스 활성화를 위해 2010년 8월부터 18개 고용센터에서 출석형 이외에 인터넷 실업인정과 2차, 3차 실업인정 시에 별도의 재취업활동 없이 집체 형식의 교육으로 실업인정을 하는 등 새로운 실업인정 방식을 시범 운영하였고, 시범센터 운영 결과를 토대로 2011년 3월부터는 출석형 이외 인터넷 실업인정을 바탕으로 수급자수를 감안한 구조화된 집체교육을 도입하되, 4차 실업인정일에는 센터방문 예약제를 통해 심층상담 등 집중지원을 받도록 하는 새로운 실업인정 제도를 전국 고용센터로 확대 시행하였다. 그럼에도 불구하고, 특정 시간에 수급자가 집중되는 등 실질적인 재취업지원이 어려워 2011년 11월부터는 근무시간에 수급자를 균분하는 취업상담 예약제를 실시하면서 간편 실업인정 대상과 취업상담 대상을 선별하여 급여지급 위주에서 취업상담 중심으로 전환하였다. 특히 2012년 부터는 예약상담제 실시와 함께 인력 재배치 등으로 실업인정 건수를 창구 담당자 1인당 1일 40건 이하가 되도록 하고, 스스로 구직활동이 가능한 자는 인터넷 실업인정 등 최대한 간편하게 구직급여를 지급하고, 취업 취약계층에게는 취업 상담을 통한 취업알선 등 재취업지원 서비스를 제공하였다. 또한, 2013년 6월부터는 수급자의 재취업 활동에 대한 내실을 기함은 물론 재취업 활성화를 위한 허위·형식적 구직활동 확인을 강화하였다.

2014년 3월부터는 실업인정 시스템을 개선하여 4차 실업인정일을 기준으로 1단계와 2단계로 나누어 실업인정 및 재취업지원 방식을 달리 적용하였다. 1단계 (실업신고일~3차 실업인정일)는 인터넷 실업인정을 원칙으로 하여 수급자의 자기주도적 재취업활동을 최대한 보장하고, 2단계(4차 실업인정일~수급종료일)는 출석 실업인정을 원칙으로 하여 수급자에 대한 심층상담을 통한 적극적인 재취업 지원 서비스를 강화함으로써 실업인정의 실효성을 제고하였다.

2016년 7월부터는 실업인정 및 재취업지원 업무를 기능적으로 분리하여 전담 인력을 배치함으로써 업무를 취업상담 중심으로 개편하였다. 즉, 취업상담 전담자를 지정하여 적극적 취업알선을 중점 실시하고, 취업의지가 낮거나 취업지원 서비스가 필요한 수급자를 대상으로 재취업촉진위원회 운영을 통하여 취업의지를 제고하고 직업소개·훈련 등의 재취업 서비스를 제공하는 한편, 인터넷 실업인정 신청을 확대하여 종전 2차와 3차 실업인정일에만 가능하였던 것을 5차 실업인정일부터도 인터넷 실업인정 신청이 가능하도록 개선하였다.

2017년 1월부터는 인터넷뿐만 아니라 스마트폰 등 모바일을 통해서도 실업인정 신청을 할 수 있도록 개선하였다. 또한, 취업을 목적으로 해외에서 재취업활동을 하고자 하는 수급자가 미리 해외 재취업활동계획을 수립하고 신고할 경우 해외에서 인터넷 실업인정 신청이 가능하도록 허용함으로써 해외취업 수급자의 재취업활동 편의성을 제고하였다.

2018년 5월부터는 재취업활동 의무 횟수를 종전 1~4차 실업인정일에는 4주 2회, 5차 실업인정일부터는 4주 4회였던 것을 모든 회차 동일하게 4주 2회로 완화하였다. 또한 재취업활동 인정 프로그램 범위를 확대하여 민간의 각종 취업 프로그램 참여도 재취업활동으로 인정하고, 실업급여 반복수급자와 장기수급자에 대한 취업알선을 강화하는 한편, 형식적 구직활동자에 대해서는 인터넷 실업인정을 금지하는 등 허위·형식적 구직활동에 대한 관리를 강화하였다.

2019년 2월부터는 의무적 재취업활동 횟수를 모든 회차 동일하게 4주 2회였던 것을 1차~4차 실업인정일까지는 4주 1회로 완화하였다. 또한 재취업활동계획서(IAP)와 유형분류를 '수급자 재취업지원 설문지'로 일원화하였다. 동시에 형식적 입사지원을 방지하기 위해 워크넷 이메일 입사지원 횟수를 소정급여일수 120일 이하 수급자는 총 3회로, 150일 이상 수급자는 총 5회로 제한하고, 출석형 수급자는 집체교육이나 취업특강으로 재취업활동을 인정함으로써 실업인정 방식의 효율화를 기하였다. 또한 재취업활동 인정 프로그램 범위를 확대하여 어학 관련 학원수강이나 시험응시, 고용센터 입주기관 등 유관기관의 취업상담 등도 재취업활동으로 인정하였다. 한편, 취업지원서비스를 원하는 수급자와 장기수급자에 대해서는 재취업지원을 강화하였고 장기수급자는 수급기간 만료 직전 실업인정일에 출석하도록 하여 취업알선 등 서비스 지원을 강화하였다.

2020년 2월부터는 코로나19 영향으로 실업급여 수급자가 급증하는 가운데 감염병 예방 등을 위해서 실업인정 방식을 코로나 이전에 비해 크게 완화하여 운영하였다. 실업인정 기준을 한시적으로 완화하여 모든 실업인정 회차에 대해 비대면 온라인 실업인정 신청이 가능하도록 하고 모든 수급자는 전체 수급기간에 재취업활동을 4주에 1회, 그 활동내용은 자유롭게 선택할 수 있도록 하였다.

2022년 7월부터는 사회적 거리두기 해제 및 일상회복 등에 따라 감염병 예방 중심의 간소화된 실업인정을 정상화하는 「실업인정 강화방안」을 마련하였고, 이를 2023년 5월부터 모든 수급자에 대해 전면 적용하였다. 대면 실업인정을 확대하고 실업인정 차수별 재취업활동 횟수와 범위를 달리하는 등 수급자별 특성에 맞게 실업인정 기준을 차별하여 적용하고 있다. 또한 수급자 선별관리를 통해 집중 취업알선 등 맞춤별 재취업지원 및 수급자의 허위·형식적 구직활동에 대한 모니터링도 강화하고 있다.

4 추진실적 및 평가

2008년 하반기 이후 글로벌 금융위기로 경기침체가 지속되면서 2009년에는 구직급여 지급자수와 지급액이 제도 시행 이후 최고치에 달하였으며, 경기회복과 함께 2010년부터 감소 추세로 돌아섰다가 2013년부터 다시 증가하였다. 2020년에는 코로나19로 인한 경제상황의 어려움이 크게 작용하여 1,703천명에게 11조 8,556억원을 지급하여 지급자수는 전년대비 17.9% 증가하고, 지급액은 전년대비 46.5% 증가하였다.

한편, 2023년에는 구직급여 지급자 수가 2022년에 비해 2.5% 증가했고, 지급액도 3.6% 증가한 것으로 나타났다.

〈표 3-3-2〉 구직급여 지급실적

(단위: 명, 백만원)

구 분	2019		2020		2021		2022		2023	
	지급자	지급액	지급자	지급액	지급자	지급액	지급자	지급액	지급자	지급액
구직급여	1,443,605	8,091,734	1,702,725	11,855,625	1,774,614	12,062,473	1,631,270	10,910,504	1,671,623	11,307,120

* 구직급여 지급자, 지급액에 연장급여 포함

[그림 3-3-2] 연도별 구직급여 지급실적

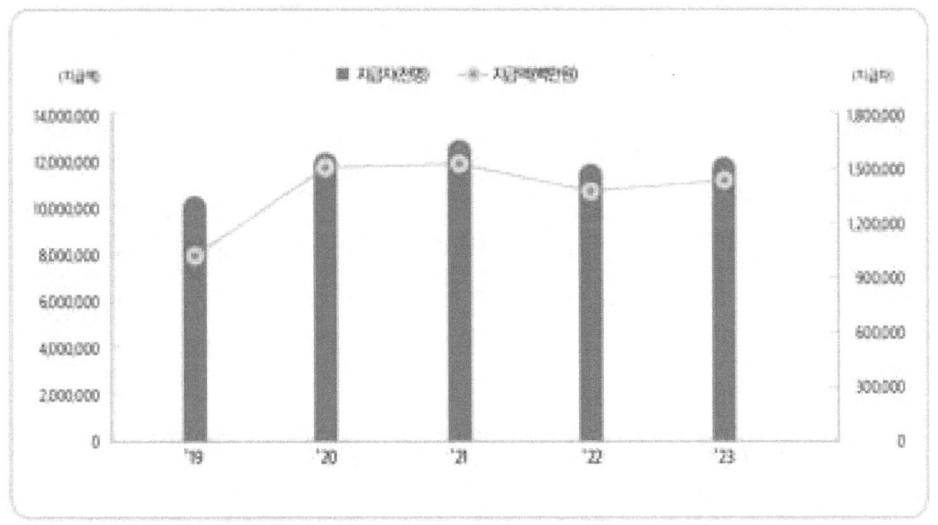

구직급여 중 상병급여는 2023년에 5,460명에게 208억원을 지급하였다.

〈표 3-3-3〉 구직급여 중 상병급여 지급실적

(단위: 명, 백만원)

구분	2019		2020		2021		2022		2023	
	지급자	지급액	지급자	지급액	지급자	지급액	지급자	지급액	지급자	지급액
상병급여	5,999	18,990	4,754	16,904	3,891	14,058	3,523	12,459	5,460	20,811

경제위기 시 실업급여 제도가 사회안전망으로서 역할을 강화하여야 한다는 전제하에 2009년 5월 3일 노·사·정 각 2명, 전문가 4명을 위원(위원장: 고용서비스정책관)으로 하는 '실업급여 제도개선 TF'를 구성하여 2009년 5월 21일부터 11월 17일까지 6차례 회의를 통해 실업급여제도 개편방안을 활발하게 논의하였다.

논의 결과 실업급여제도 개편을 위해서는 재원 및 서비스 인력을 확충해야 한다는 점에 공감했을 뿐, 자발적 이직자 실업급여 지급, 피보험단위기간 단축, 소정급여 일수 및 지급수준 등에 대해서는 노사 및 전문가 간에도 입장차가 커 장기 검토과제로 남겼다.

한편, 실업급여 제도가 사회안전망으로서의 역할을 수행해 온 반면에 글로벌 금융위기를 겪으면서 현행 실업급여 제도의 핵심적 요소(지급수준, 지급기간)에 대해 문제를 제기하면서 여·야 의원이 「고용보험법」 개정안을 다수 발의하였다.

그리고 2019년 8월 27일 「고용보험법」 개정안이 국회를 통과함으로써 2019년 10월 1일 이후 이직자부터 구직급여의 지급수준은 이직일 전 평균임금의 50%에서 60%로 상향되고, 연령과 고용보험가입기간에 따라 지급하는 소정급여 일수가 90~240일에서 120~270일로 확대되었다.

또한, 2020년 12월 10일 예술인 고용보험, 2021년 7월 1일 노무제공자 고용보험이 시행됨에 따라 이직일 이전 24개월간 9개월 이상 근무한 예술인, 이직일 이전 24개월간 12개월 이상 근무한 노무제공자도 비자발적 사유로 이직하였을 경우 수급자격을 인정받을 수 있게 되었다.

한편 구직급여 산정 시 근로시간이 4시간 미만인 경우도 실제 근로시간을 반영하도록 고용보험법 시행규칙·관련 예규를 개정(2023년 12월)하여 국민 눈높이에 맞지 않는 불합리한 문제를 개선하였다.

제3절 연장급여

1 개요

연장급여는 개인별 또는 환경적 여건상 재취업이 특히 어려운 수급자격자에게 구직급여를 연장하여 지급하는 제도로, 사유 및 요건에 따라 훈련연장급여, 개별연장급여, 특별연장급여로 구분된다.

2 사업 내용

구분	요건	수급액
훈련연장급여	○ 실업급여 수급자로서 직업안정기관장의 직업능력개발훈련 지시에 따라 훈련을 수강하는 자	○ 구직급여일액의 100% (최대 2년)
개별연장급여	○ 직업안정기관장의 직업소개 등에 3회 이상 응하였으나 취업되지 못하는 등 취업이 특히 곤란하고 생활이 어려운 수급자격자	○ 구직급여일액의 70% - 60일 범위 내
특별연장급여	○ 실업 급증 등으로 재취업이 특히 어렵다고 인정되는 경우 고용노동부장관이 고시한 기간 동안 실업급여의 수급이 종료된 자	○ 구직급여일액의 70% - 60일 범위 내

3 주요 제도개선 내용

가. 훈련연장급여

훈련연장급여 지급요건은 ① 직업능력개발훈련을 받으면 재취업이 용이하다고 인정될 것 ②「국가기술자격법」에 의한 기술자격증이 없거나 그 기술에 대한 수요가 없을 것 ③ 최근 1년간 직업능력개발훈련을 받지 아니하였을 것 ④ 실업의 신고일로부터 직업안정기관의 장의 직업소개에 3회 이상 응하였으나 취업되지 아니하였을 것 등이며, 사업활성화 차원에서 2008년 3월 21일「고용보험법」을 개정하여 지급 수준을 당초 구직급여 일액의 70%에서 100%로 상향 조정하였다.

나. 개별연장급여

2009년 개별연장급여 수혜범위 확대를 위해 추경을 통하여 130억원의 예산을 확보(당초 9억원 포함)하였고, 2009년 2월 5일 고시 개정을 통해 지급기준을 완화(이직 전 평균임금: 5만원 → 5.8만원 이하인 자, 재산이 없는 경우 부부합산 재산액 6천만원 → 1억원 이하인 자, 재산이 있는 경우: 부부합산 재산세액 3만원 → 7만원 이하인 자)하였고, 2010년 2월 8일 「고용보험법 시행령」 개정을 통해 지급요건을 추가 완화(직업소개 3회 → 직업소개 요건에 심층상담이나 집단 상담에 참여한 경우를 포함하여 3회, 부양가족 요건에 소득이 없는 배우자 및 학업 중인 사람을 추가, 직업능력개발훈련을 받은 경우 요건 삭제)하였다. 2019년 1월 1일에는 지급기준을 이직 전 평균임금 7.4만원 이하, 부부합산 재산액 1.4억원 이하, 부부합산 재산세액 16만원 이하로 완화하였다. 2023년 1월 1일에는 지급기준 고시를 평균임금 8만원 이하, 부부합산 재산액 2억원 이하, 부부합산 재산세액 16만원 이하로 개정하였다.

다. 특별연장급여

특별연장급여는 1998년 7월 15일부터 1999년 12월 31일까지 3차례에 걸쳐 시행되었으며, 1차(1998년 7월 15일~1999년 1월 14일) 지급기간에 135천명에게 92백만원, 2차(1999년 1월 15일~1999년 6월 30일) 지급기간에 130천명에게 118백만원, 3차(1999년 7월 1일~1999년 12월 31일) 지급기간에 102천명에게 88백만원을 지급하였다.

4 추진실적 및 평가

2023년 훈련연장급여는 75백만원(12명)을 지급하여 2022년 대비 23백만원(7명) 감소하였고, 개별연장급여는 1,175백만원(410명)을 지급하여 2022년 대비 846백만원(309명) 감소하였다.

〈표 3-3-4〉 연장급여 지급실적

(단위: 명, 백만원)

구 분	2019		2020		2021		2022		2023	
	지급자	지급액	지급자	지급액	지급자	지급액	지급자	지급액	지급자	지급액
훈련연장급여	43	302	38	275	36	248	19	98	12	75
개별연장급여	1,526	4,337	1,642	4,859	1,499	4,342	719	2,021	410	1,175

제4절 취업촉진수당

1 개 요

취업촉진수당은 구직급여 수급자의 적극적인 구직활동을 통한 조기 재취업을 장려하기 위한 인센티브로 도입된 제도로서 조기재취업수당, 직업능력개발수당, 광역구직활동비 및 이주비 등으로 구분된다. 이 중 조기재취업수당이 가장 큰 비중을 차지하는데, 조기재취업수당은 구직급여 소정급여일수를 남기고 안정된 직장에 재취직하거나 스스로 영리를 목적으로 사업을 영위하는 경우에 남은 소정급여일수의 일정액을 지급함으로써 조기 재취업을 촉진하고자 도입하였다.

2 사업 내용

구 분	요 건	수 급 액
조기재취업수당	◦ 실업의 신고일부터 14일이 지난 후 구직급여 소정급여 일수를 1/2 이상 남기고 재취업한 경우로서, 12개월 이상 계속하여 고용된(사업을 영위한) 경우이거나 이직일 당시 65세 이상 수급자가 6개월 이상 고용될(사업을 영위할) 것으로 직업안정기관의 장이 인정하는 경우	◦ 구직급여 미지급일수의 1/2 지급
직업능력개발수당	◦ 수급자격자가 직업안정기관의 장의 지시에 의한 직업능력개발훈련 등을 받는 경우	◦ 훈련기간 중의 교통비, 식대 등 - 7,530원/1일
광역구직활동비	◦ 직업안정기관의 소개에 의해 구직활동을 거주지에서 멀리 떨어진 지역(25km 이상)에서 할 경우	◦ 숙박료: 실비 ◦ 운임: 실비(교통수단별 중등급) ※ 공무원여비규정 준용
이주비	◦ 취업하거나 직업안정기관의 장이 지시한 직업능력개발훈련 등을 받기 위해 주거를 이전할 필요가 있는 경우	◦ 실비5톤 초과 시 5톤까지 실비 + 7.5톤까지 실비 50%) 지급

3 주요 제도개선 내용

조기재취업수당은 1995년 7월 1일 「고용보험법」 제정과 함께 도입된 제도로서 당시에는 구직급여 미지급일수의 1/2 이상 남기고 1년 이상 안정된 직업에 재취업한 경우에 남은 소정급여일수의 1/3을 지급하였다.

이후 조기에 재취업을 촉진하는 방향으로 지급금액 상향(남은 소정급여일수의 1/3 지급 → 1/2, 1997년 12월 31일), 계속 고용요건 완화(1년 이상 → 6개월 이상, 2000년 2월 9일), 중소기업에 해당하는 제조업, 건설업 또는 어업 등 고용노동부장관이 고시하는 업종에 취업할 경우 남은 소정급여일수의 100% 지급(2001년 7월 7일) 등의 제도개선이 있었다.

2002년 12월 30일 자영업자에게도 조기재취업수당을 지급하는 제도가 도입되었고, 2005년 12월 30일 남은 소정급여일수의 1/2 지급에서 재취업 시점에 따라 조기 취업할수록 많이 지급하는 차등 제도가 도입되면서 지급규모가 매년 급증하였다. 이에 지급규모의 증가 등으로 동 제도가 구직급여 수급자의 조속한 노동시장 복귀를 유인하는 제도로서 효과는 있을 수 있으나 사중손실 축소 등 사업의 효율성 측면에서 제도개선이 필요하다는 의견이 제기되었다.

이에 따라 2009년 5월 한국개발연구원 심층평가 결과를 토대로 2010년 2월 8일 「고용보험법 시행령」을 개정하여 ⅰ) 재취업 시점에 따른 차등 지급에서 1/2 지급으로 일원화(단, 장애인 및 재취직 당시 55세 이상은 2/3) ⅱ) 대기기간 및 잔여일수 30일 미만 미지급 ⅲ) 6개월 이상 계속 고용되거나 스스로 영리를 목적으로 하는 사업을 영위한 경우에 지급하는 등의 제도개선으로 수급자의 장기근속 유도 등의 긍정적 효과가 있었다.

그러나 구직급여와 중복 등 제도 효율성이 낮다는 비판과 제도개선이 필요하다는 의견이 제기되어, 2013년 12월 24일 「고용보험법 시행령」을 개정하여 ⅰ) 고용유지 기간을 12개월로 요건 확대 ⅱ) 재취업 전날 기준 잔여 소정급여일수 2분의 1 이상으로 강화 ⅲ) 지급수준은 잔여 소정급여일수의 2분의 1로 단일화 하는 등의 제도를 개선하여 수급자의 조기재취업촉진과 장기근속 유도 등 사중손실을 줄이는 방향으로 지급기준을 개편하였다.

한편, 2004년부터 일용근로자도 실업급여를 지급받아 왔으나 일용근로자는 법상 '1개월 미만 고용되는 자'로서, 6개월 이상 계속 고용된 경우에 지급하는 제도취지 등을 감안하여 2011년 1월부터 고용이 불안정한 일용근로자에 대한 조기재취업수당 지급을 제한하였으나, 2014년 5월부터는 건설일용근로자도 12개월 이상 계속 근로한 경우(1개월에 10일 이상 근로 시 계속 근로로 인정)에는 조기재취업수당을 지급하도록 하였다.

4 추진실적 및 평가

조기재취업수당 제도는 구직급여 수급자가 조기에 재취업하는 경우, 그로 인해 받지 못하는 구직급여액의 일정액을 지급하는 급여로 수급자의 조기재취업 촉진을 위한 핵심적인 역할을 하고 있다. 그러나 이 제도의 활성화를 위해 여러 차례에 걸쳐 제도가 변경되면서 제도 전반의 효과성 및 효율성이 떨어진다는 비판이 있었으며, 국회에서도 조기재취업수당 자체가 조기 재취업 가능성이 높은 수급자에게 지급되어 사중손실 가능성이 크다는 지적이 있었다.

2008년 기획재정부에서 실시한 KDI 심층평가 결과, 제도의 적절성은 있으나 비용편익 분석 결과가 1 이하로서 효율성이 낮고 제도설계상 대기기간 중 재취업 시에도 지급하는 문제, 수당을 받은 후 6개월 이내 퇴사자가 많은 문제, 우선선정 직종에 대한 수당 우대의 불합리성 등의 문제가 지적됨에 따라 2010년 2월 8일 지급수준 인하 및 6개월 고용 이후 지급 등으로 제도가 개선되면서 조기재취업수당의 경우 2010년에 1,987억원이 지급되어 2009년 대비 61.6%가 감소하였다가 이후 증가 추세로 2013년에는 259,631백만원이 지급되어 2012년 대비 10.8% 증가하였다. 그러나 2014년부터 지급요건이 소정급여일수 2분의 1 이상을 남기고 재취업한 경우로서 12개월 이상 계속하여 고용된(사업을 영위한) 경우로 강화되면서 2014년에는 175,432백만원이 지급되었다. 2019년에는 290,033백만원, 2020년에는 321,014백만원, 2021년에는 442,580백만원이 지급되었으며, 2022년에는 467,850백만원이 지급되어 2021년 대비 5.7% 증가하였다. 2023년은 전년 대비 지급자수 및 지급액이 유사한 수준을 유지하였다.

이주비는 2012년에 지급한도를 확대(이사화물 5톤 → 7.5톤)함에 따라 그간 감소 추세에서 2012년부터 증가하였다가 2014년부터 다시 감소하여 2015년에는 전년대비 2.2% 감소한 266백만원이 지급되었다. 2019년 230백만원, 2020년 278백만원, 2021년 229백만원, 2022년 160백만원, 2023년에는 140백만원이 지급되었다.

〈표 3-3-5〉 취업촉진수당 지급실적

(단위: 명, 백만원)

구 분	2019		2020		2021		2022		2023	
	지급자	지급액	지급자	지급액	지급자	지급액	지급자	지급액	지급자	지급액
조기재취업수당	83,216	290,033	81,292	321,014	92,317	442,580	97,461	467,850	97,302	468,206
직업능력개발수당	44	29	37	23	36	22	19	8	11	7
광역구직활동비	3	0.1	4	0.3	6	0.3	2	0.07	1	0.47
이주비	167	230	196	278	167	229	118	160	96	140

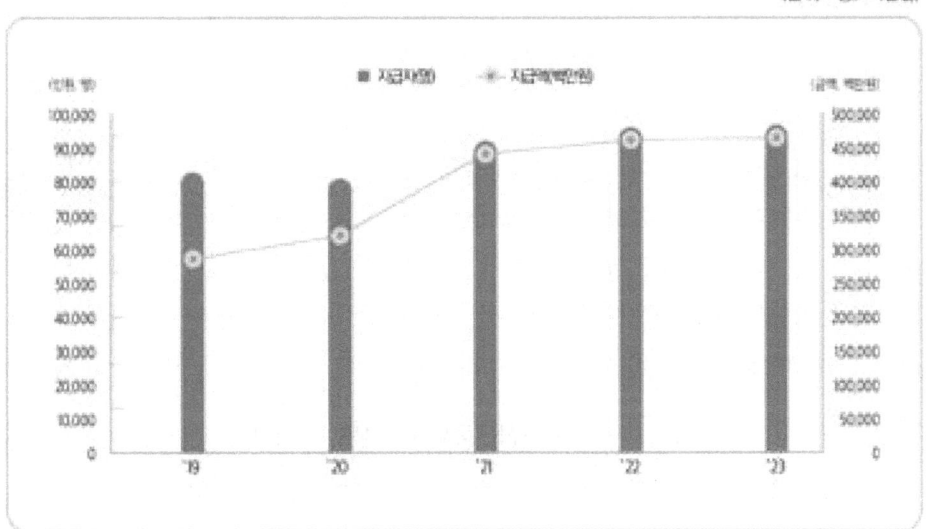

[그림 3-3-3] 조기재취업수당 지급실적

제4장 모성보호제도 및 일·가정 양립지원

제1절 개요

1. 모성보호 및 일·가정 양립지원 의의

여성은 임신과 출산을 통하여 다음 세대의 노동력을 재생산하고 있으며, 특히 생산노동과 임신·출산 등 노동력 재생산을 동시에 수행하고 있는 취업여성에 대하여는 이에 상응하는 적절한 사회적 조치가 필요하며, 이러한 정책적 배려를 포괄적으로 담은 것이 모성보호정책으로 출산전후휴가, 임산부의 시간외근로 금지 및 야간이나 휴일근로 제한, 보건상 유해·위험한 사업 사용금지, 생리휴가, 육아시간(수유시간) 등이 해당한다.

한편, '일 중심'에서 '가정생활과의 균형'을 중시하는 근로자들의 의식변화와 일·가정 양립지원을 통한 기업의 경쟁력 강화를 도모하고 국가에서는 이를 제도적으로 뒷받침하기 위하여 각종 제도를 도입·시행하고 있다. 영유아의 양육을 위한 육아휴직, 근로자의 취업지원을 위한 수유·탁아 등 육아에 필요한 직장보육시설 설치 등이 이에 해당한다.

〈표 3-4-1〉 여성근로자의 모성보호 범위

구 분	정 책 내 용
모성보호	유해·위험사업장 사용금지, 근로시간제한, 야간·휴일근로 제한
	출산전후휴가(유산·사산휴가 포함), 임신기 근로시간단축, 임신근로자 출·퇴근시간 변경, 태아검진시간 허용, 난임치료휴가
일·가정양립지원	육아시간(수유시간), 직장보육시설에 대한 지원
	육아휴직, 육아기 근로시간 단축, 가족돌봄휴가·휴직

2 모성보호의 사회 분담화 배경

저출산, 고령화시대를 맞아 노동시장에서 여성의 경제활동 참가 확대는 국가와 여성 그리고 기업에게 불가피한 추세로 대부분의 선진국은 이미 여성인력활용을 중요한 고용정책과제로 삼고 있으며 기업들도 인력활용의 다양성 제고 및 기업 경쟁력 강화 차원에서 여성고용에 대한 관심을 늘려가고 있다.

우리나라의 경우 코로나19에 따른 충격은 있으나 2023년 여성 경제활동참가율은 55.6%로 1997년(49.8%) 이후 증가 추세에 있다. 2023년 여성 고용률(15세~64세) 또한 출산·육아에 대한 사회보험이 시작된 2000년(50.1%)부터 꾸준히 증가하여 2023년(61.4%)까지 상승하였으나, OECD 국가(2022년 평균 66.5%)에 비해 여전히 미흡하고, 2023년 남성 고용률인 76.9%보다 15.5%p 낮은 상황이다. 입직 초기에는 여성 고용률이 남성 고용률보다 높으나 30대 초반에 남성 고용률보다 낮아지고, 출산·육아기를 거치는 30대 후반·40대 초반 64.7%를 저점으로 남성과 격차(30대 후반 기준 약 7.3%p)가 발생한다. 여성 고용률 최저점은 30대 초반(2004년 48.9%)에서 30대 후반·40대 초반(2023년 64.7%)으로 이동하는 등 경력단절 현상(M-커브)은 다소 완화되고 있다.

여성근로자의 출산전후휴가는 「근로기준법」상 2001년 이전까지는 60일로 유지되고 있었으며, 휴가기간 동안 임금은 전적으로 사업주가 부담하고 있었다. 그러다가 모성보호 수준을 국제기준[7]에 부합하도록 강화해야 한다는 노동계, 여성계 등의 주장이 끊임없이 제기됨에 따라 2001년에는 「근로기준법」, 「남녀고용평등법」, 「고용보험법」 등 모성보호 3법을 개정(2001년 8월 14일 공포, 11월 1일 시행)하여 출산전후휴가기간을 60일에서 90일로 확대하고, 늘어난 30일분에 대하여는 여성 고용에 따른 사업주의 부담을 줄이고 모성보호의 사회 분담화를 위해 일반재정 및 사회보험(고용보험)에서 부담하도록 하였고, 2005년 12월 31일 모성보호 3법을 개정하여 우선지원대상기업에 대해 출산전후휴가급여 90일 지급(대규모기업은 현행 유지)과 유산·사산휴가급여를 지원토록 하여 2006년 1월 1일부터 시행하고 있다.

---

7) ILO 모성보호에 관한 협약(2000년): 여성은 14주의 출산휴가를 받을 수 있어야 하며, 휴가 기간 중 임금은 2/3보다 적지 않아야 하고, 휴가에 관련된 급여는 사회보험 또는 공공기금을 통하여 제공되어야 한다(금전적 비용의 직접비용을 개인적으로 책임지지 말아야 한다).

제2절 출산전후휴가 급여[8]

1 개요

1953년 「근로기준법」 제정 시 60일의 출산전후휴가제도를 도입하고, 2001년 11월부터는 30일을 연장하여 총 90일(출산 후 45일)의 출산전후휴가를 보장하고 있다. 종전에는 여성근로자의 출산전후휴가기간 동안 임금을 전액 사업주가 부담하였으나 2001년 8월 근로여성 모성보호 관련 3법(「근로기준법」, 「남녀고용평등법」, 「고용보험법」) 개정 시 출산전후휴가를 60일에서 90일로 연장하되 연장된 30일분의 급여는 모성보호비용을 사회분담화 한다는 방침에서 고용보험에서 이를 부담하고 있다.

출산전후휴가 급여 및 유산·사산휴가 급여는 소정의 수급요건을 갖춘 피보험자에게 지급하는 것으로서 재직자 급부의 부가급여적인 성격을 지닌 급여이다.

2 사업 내용

출산전후휴가 급여는 ① 피보험자가 「근로기준법」 제74조의 규정에 의한 출산전후휴가를 부여받았을 것, ② 출산전후휴가 종료일 이전에 피보험단위기간이 통산하여 180일 이상일 것, ③ 출산전후휴가 종료일로부터 12개월 이내에 출산전후휴가 급여를 신청할 것 등 3가지 요건을 모두 충족한 경우에 지급된다.

출산전후휴가 급여액은 출산전후휴가 개시일 현재의 「근로기준법」 상 통상임금액에 상당하는 금액을 지급하되, 피보험자의 산정된 통상임금에 상당하는 금액이 월 210만원을 초과하는 경우에는 210만원을 출산전후휴가 급여로 지급한다(2023년 기준).

※ 대규모기업: 90일 중 최종 30일분에 대하여 통상임금 지원(210만원 한도)
※ 우선지원대상기업: 90일에 대하여 통상임금 지원(630만원 한도)

---

[8] 2012년 8월 2일부터 '출산전후휴가 급여'로 명칭 변경됨

3. 주요 제도개선 내용

2005년 5월 모성보호 관련 3법(「근로기준법」, 「남녀고용평등법」, 「고용보험법」)을 개정하여 2006년 1월 1일부터 우선지원 대상기업에 대하여 90일(대규모기업은 종전대로 30일)의 휴가기간 동안 출산전후휴가 급여를 지급하는 것으로 사회분담을 확대하였다. 또한 종전에 행정해석으로 인정하던 유산·사산휴가를 법제화하여 2006년부터 임신 16주 이후 또는 사산한 여성근로자에게 임신기간에 따라 30일에서 90일간의 유산·사산휴가를 부여하고 이 기간 동안 출산전후휴가 급여와 동일한 수준으로 유산·사산휴가 급여를 지급하고 있다.

2012년 8월 2일부터는 임신한 근로자가 유산·사산의 위험이 있는 경우에 출산 전 어느 때라도 출산전후휴가를 나누어 사용할 수 있도록 하였고, 16주 전에 유산 또는 사산한 경우에도 유산·사산휴가를 사용할 수 있도록 유산·사산 휴가 제도를 확대하였다.

2014년 7월 1일부터는 근로자가 다태아를 출산하였을 경우 출산전후휴가를 120일로 확대하였다. 2017년 1월 1일부터는 출산전후휴가 급여 상한을 월 150만원으로, 2018년에는 월 160만원, 2019년에는 월 180만원, 2020년에는 월 200만원, 2023년에는 월 210만원으로 지속적으로 상향하였다.

2021년 7월 1일부터는 기간제·파견 근로자가 출산전후휴가기간 중 계약만료된 경우 기업규모와 관계없이 남은 휴가기간에 대한 법정 출산전후휴가급여 등의 지급을 보장받을 수 있도록 개선하였고, 2023년 7월 1일부터는 유산·사산휴가기간 중 계약만료된 경우도 지원대상에 포함하였다.

4 추진실적 및 평가

출산전후휴가 급여 제도도입 초기인 2001~2002년까지는 사업주 및 근로자의 인식부족과 홍보 부족으로 인하여 지원실적이 부진하였다.

그러나 제도에 대한 지속적인 홍보 및 사업장 지도 감독과 제도개선을 한 결과, 2011년 9만명을 돌파하였고, 2015년 94,590명으로 정점을 찍었으나, 이후 저출산 기조로 지원 인원이 감소 추세이며, 다만 2022년은 2021년 대비 수급자수와 지원금액 모두 증가하였고 2023년에는 수급자수는 감소하였으나 지원금액이 증가하였는데, 이는 여성고용율 증가 및 2023년 상한액 인상과도 어느 정도 관련성이 있는 것으로 보인다.

2023년에는 출산전후휴가급여로 근로자 71,716명에게 319,747백만원을 지급하여 2022년 대비 수급자 수는 0.7% 감소하였으나, 지급액은 6.1% 증가하였다.

〈표 3-4-2〉 연도별 출산전후휴가 급여 지원실적

(단위: 명, 백만원)

구 분	인 원	지급액
2009	70,356	178,067
2010	75,515	192,087
2011	90,073	232,461
2012	93,109	241,368
2013	90,159	234,641
2014	88,259	236,321
2015	94,579	258,122
2016	89,822	247,319
2017	81,083	242,577
2018	76,394	248,402
2019	73,279	268,479
2020	70,933	285,736
2021	70,222	289,141
2022	72,187	301,334
2023	71,716	319,747

※ 실집행액 기준

[그림 3-4-1] 연도별 출산전후휴가 급여 지원실적

(단위: 명, 백만원)

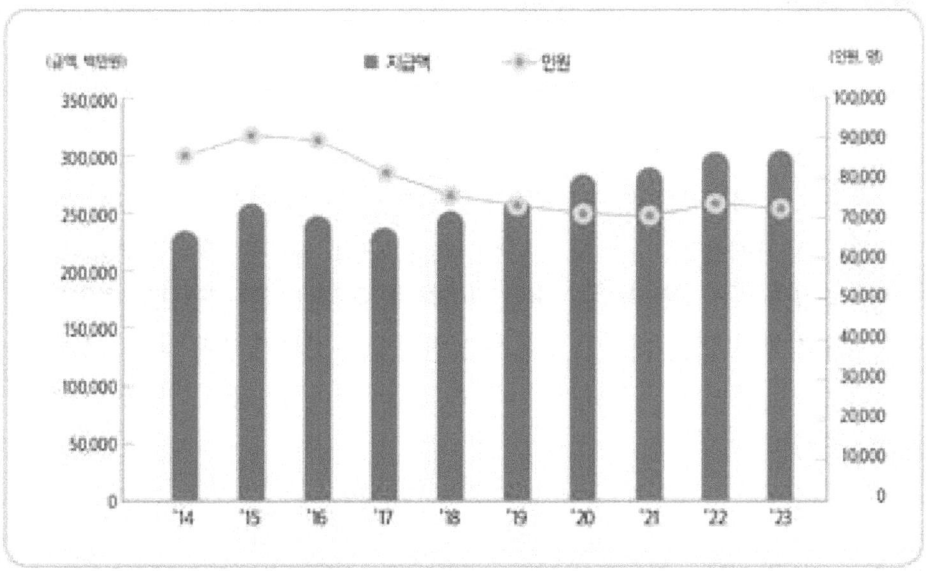

제3절 육아휴직 급여

1 개요

육아휴직제도는 근로자가 피고용자의 신분을 유지하면서, 일정기간 자녀의 양육을 위해 휴직을 할 수 있도록 하는 제도로 근로자의 직장생활과 가정생활을 양립할 수 있게 하기 위한 사회적 지원제도이다. 육아휴직기간은 무급으로 사업주에게 급여지급 의무가 없기 때문에 생계가 불안정한 근로자의 경우 이를 활용하기 쉽지 않으므로 2001년 「고용보험법」을 개정하여 육아휴직급여 제도를 마련하여 시행하고 있다.

2 사업 내용

육아휴직 급여는 근로자(피보험자)가 ① 「남녀고용평등과 일·가정 양립 지원에 관한 법률」에 따른 육아휴직을 30일 이상 부여 받고 ② 육아휴직 개시일 이전 피보험단위기간이 통산하여 180일 이상이어야 하며 ③ 육아휴직 개시일 이후 1개월부터 종료일 이후 12개월 이내에 육아휴직 급여를 신청하여야 한다. 육아휴직급여를 받을 수 있는 기간은 최대 1년이며 육아휴직을 실시하는 근로자에 대해서는 육아휴직 기간 월 통상임금의 80%(상한액 150만원, 하한액 70만원)를 육아휴직 급여로 지급하고 있다.

3 주요 제도개선 내용

육아휴직제도는 임신 중인 여성 근로자나 만 8세 이하 또는 초등학교 2학년 이하의 자녀를 가진 근로자가 그 자녀를 양육하기 위하여 1년간 사용할 수 있다. 2010년 2월 4일부터 육아휴직 자녀 대상 연령이 생후 3년 미만에서 만 6세 이하의 초등학교 취학 전 자녀로 확대되었고(2008년 1월 1일 이후 출생자에 한정함), 2011년부터는 육아휴직 급여 지급 방식을 월 50만원씩 지급하는 정액제에서 통상임금의 40%(상한액 100만원/하한액 50만원)를 지급하는 정률제로 변경하였고, 2017년 9월 1일부터는 육아휴직 첫 3개월간의 육아휴직 급여를 통상임금의 80%(상한액 150만원/하한액 70만원)로 인상하였으며, 2019년 1월 1일부터는 첫 3개월 이후 육아휴직급여를 통상임금의 50%(상한액 120만원/하한액 70만원)로 인상하였다. 2021년 11월 19일부터는 임신 중인 여성 근로자에 대해서도 육아휴직을 허용하였고, 2022년 1월 1일부터는 육아휴직 4개월 이후 급여를 통상임금의 80%(상한액 150만원/하한액 70만원)로 인상하였다. 한편, 2011년부터 육아휴직 급여의 15%는 육아휴직 종료 후 6개월 후에 지급하였는데, 2015년 7월 1일부터는 육아휴직 급여의 25%를 육아휴직 종료 후 6개월 후에 지급하는 것으로 제도를 변경하였다.

※ 육아휴직급여: 2003년 1인당 월 30만원 ⇒ 2004년 2월 25일 이후 월 40만원 ⇒ 2007년 4월 27일 이후 월 50만원 ⇒ 2011년 1월 1일 통상임금의 40% ⇒ 2017년 9월 1일 육아휴직 첫 3개월은 통상임금의 80%, 나머지 기간 통상임금의 40% ⇒ 2019년 1월 1일 육아휴직 첫 3개월은 통상임금의 80%, 나머지 기간 통상임금의 50% ⇒ 2022년 1월 1일 육아휴직 4개월 이후 급여는 통상임금의 80%

2008년 6월 22일부터는 육아휴직 대신 근로시간을 15~30시간으로 단축하는 육아기 근로시간 단축 제도가 도입되었고, 2011년 9월 21일부터는 육아기 근로시간 단축에 대해서도 육아휴직 급여액에 단축 비율을 곱한 금액을 육아기 근로시간 단축 급여로 지급하게 되었다. 2012년 8월부터는 육아기 근로시간 단축 청구권이 도입되어 육아휴직을 신청할 수 있는 근로자가 육아휴직 대신 근로시간의 단축을 신청하는 경우 특별한 사유가 없는 한 이를 허용하여야 한다. 2019년 10월 1일부터는 육아기 근로시간 단축 사용기간은 1년 이내로 하되, 육아휴직 미사용 기간을 합산하여 최대 2년 사용이 가능하며, 1일 1시간(단축 후 근로시간 15~35시간 이내) 단축이 허용되었고, 최초 5시간 단축분에 대하여는 통상임금 100%(상한액 200만원), 나머지 근로시간 단축분은 통상임금 80%(상한액 150만원)를 반영한 급여가 지급되었다.

한부모 근로자의 육아휴직에 대해서는 2020년 3월 31일부터 첫 3개월간의 육아휴직 급여를 통상임금의 100%(상한액 250만원), 4개월부터 6개월까지 통상임금의 80%(상한액 150만원), 7개월 이후 통상임금의 50%(상한액 120만원)으로 급여를 인상하였다. 그리고 2022년 1월 1일부터는 7개월 이후 급여를 통상임금의 80%(상한액 150만원)로 인상하였다.

또한, 2022년 1월부터는 생후 12개월 이내 자녀를 대상으로 부모가 동시에 또는 순차적으로 육아휴직을 사용하는 경우 부모 각각의 첫 3개월간 육아휴직 급여를 통상임금의 100%(상한 200~300만원)로 인상하는 '3+3 부모육아휴직제'를 시행하였으며, 2024년 1월부터는 '3+3 부모육아휴직제'를 '6+6 부모육아휴직제'를 확대개편하여 기존 '3+3 부모육아휴직제'의 대상 자녀 연령을 생후 12개월에서 18개월로, 적용기간을 부모 각각 첫 3개월에서 첫 6개월로 확대하고, 해당기간 육아휴직 급여 또한 통상임금의 100%(상한액 200~450만원)으로 인상할 예정이다.

2008년 6월 22일부터 근로자가 배우자의 출산을 이유로 휴가를 청구하는 경우 휴가를 부여하는 배우자 출산휴가 제도가 도입되었으며, 2012년 8월 2일 배우자 출산휴가를 5일의 범위에서 3일 이상 부여하고, 최초 3일은 유급으로 개정되었다가 2019년 10월 1일부터 유급 10일로 확대되었다. 이와 더불어 배우자 출산휴가급여 제도가 신설되어 2019년 10월 1일부터 우선지원대상기업 소속 근로자에게는 최초 5일분 급여(상한 382,770원)를 지원하였고, 2023년에는 급여 상한액을 401,910원으로 상향하여 지원하고 있다.

4 추진실적 및 평가

육아휴직 급여제도 도입 초기인 2001~2002년까지는 사업주 및 근로자의 인식부족과 홍보 부족으로 인하여 지원실적이 부진하였다.

그러나 동 제도에 대한 지속적인 홍보, 사업장 지도 감독과 제도개선을 실시한 결과, 육아휴직 급여는 2001년 11월 1일 제도 도입 이래 처음으로 2005년도에 10,000명을 넘어섰으며, 2023년에는 131,084명에게 1,796,995백만원을 지급하였다. 2023년 평균 육아휴직 기간은 8.9개월이며, 여성 9.5개월, 남성 7.5개월로 여성이 남성보다 육아휴직을 약 2개월 더 사용한 것으로 나타났다.

한편, 2023년 남성 육아휴직자는 35,336명으로, 전체 육아휴직 급여 수급자 대비 남성 육아휴직 급여 수급자 비율은 28.0%를 차지하였다.

<표 3-4-3> 연도별 육아휴직 급여 지원실적

(단위: 명, 백만원)

구분	인원			지급액	월급여액
	전체	여성	남성		
2009	35,400	34,898	502	139,724	50만원
2010	41,732	40,913	819	178,121	50만원
2011	58,134	56,732	1,402	276,261	월 통상임금의 40%
2012	64,069	62,279	1,790	357,798	월 통상임금의 40%
2013	69,616	67,323	2,293	420,248	월 통상임금의 40%
2014	76,833	73,412	3,421	500,663	월 통상임금의 40%
2015	87,339	82,467	4,872	619,663	월 통상임금의 40%
2016	89,795	82,179	7,616	625,243	월 통상임금의 40%
2017	90,123	78,080	12,043	680,430	육아휴직 첫 3월 통상임금 80%, 나머지 기간 통상임금 40%
2018	99,198	81,533	17,665	839,148	육아휴직 첫 3월 통상임금 80%, 나머지 기간 통상임금 40%
2019	105,165	82,868	22,297	1,067,303	육아휴직 첫 3월 통상임금 80%, 나머지 기간 통상임금 50%
2020	112,040	84,617	27,423	1,212,143	육아휴직 첫 3월 통상임금 80%, 나머지 기간 통상임금 50%
2021	110,555	81,514	29,041	1,297,525	육아휴직 첫 3월 통상임금 80%, 나머지 기간 통상임금 50%
2022	131,084	93,199	37,885	1,657,231	월 통상임금의 80%
2023	126,008	90,672	35,336	1,796,995	

[그림 3-4-2] 연도별 육아휴직 급여 지원실적

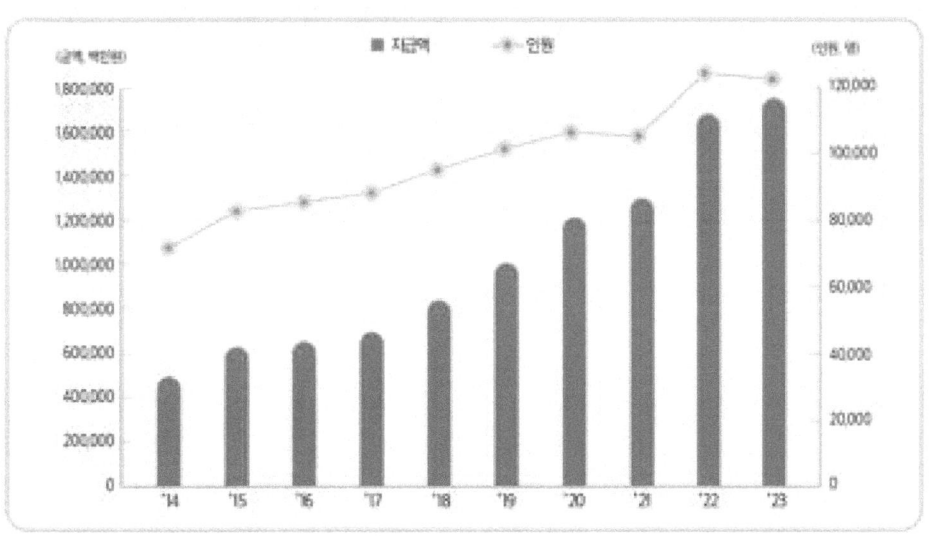

육아기 근로시간 단축 급여는 2011년 9월 22일 제도가 도입되어 2011년 39명에게 18백만원, 2012년에는 437명에게 733백만원, 2017년에는 2,821명에게 11,785백만원, 2019년에는 5,660명에게 21,095백만원을 지급하였다. 2019년 10월 「남녀고용평등법」 개정으로 육아기 근로시간 단축이 확대(육아휴직 미사용 기간 포함 최대 2년)됨에 따라 육아기 근로시간 단축 급여의 지급도 큰 폭으로 증가하게 되었는데, 2021년에는 16,689명에게 89,669백만원을 지급하여 2020년 지급액 대비 63%, 2022년에는 19,466명에게 107,330백만원을 지급하여 2021년 지급액 대비 20%, 2023년에는 23,188명에게 130,324백만원을 지급하여 2022년 지급액 대비 21.4%가 증가하였다.

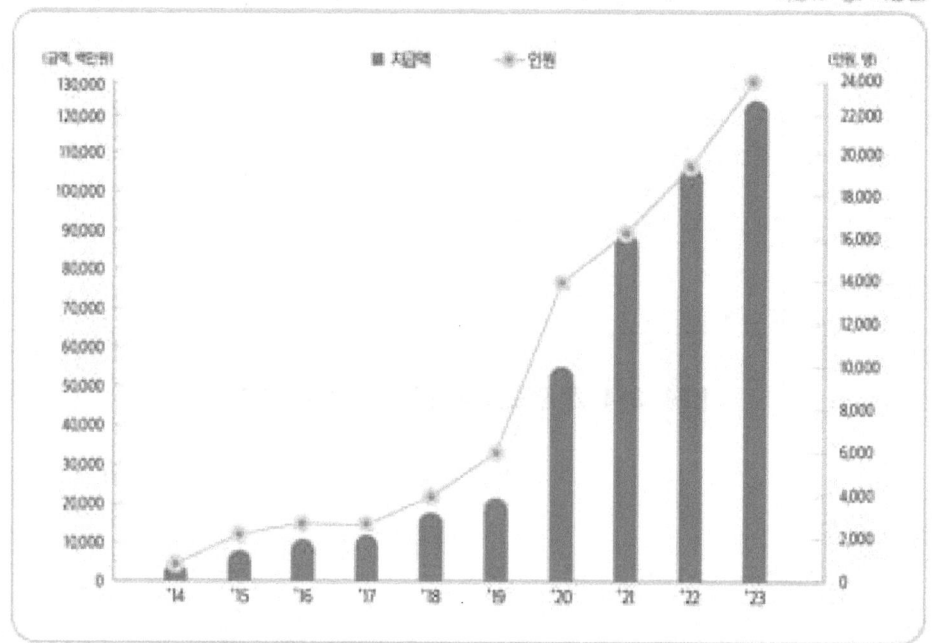

[그림 3-4-3] 육아기 근로시간 단축 급여 지원실적
(단위: 명, 백만원)

제4절 직장어린이집 설치에 대한 지원

1 개요

그동안 보육문제는 전통적으로 가족의 자녀양육기능에 맡겨져 왔으나 산업화에 따른 급격한 핵가족화와 여성의 경제활동 참여 증가로 더 이상 한 개인 또는 가족의 문제로 간주하기 어렵게 되었다. 특히 최근에는 저출산과 고령화 경향에 따라 여성인력의 활용이 국가경쟁력의 확보에 중요한 요인으로 자리매김하고 있어 보육에 대한 사회 공동책임 의식이 커지고 있다.

직장어린이집 설치 지원제도는 여성의 취업 및 고용안정에 큰 제약요인으로 작용하고 있는 육아부담 경감을 위한 지원제도의 하나로 직장에 보육시설을 설치·운영하는 사업주의 비용부담을 경감하여 직장보육시설 설치·운영을 활성화함으로써 여성 근로자들이 손쉽게 보육서비스에 접근할 수 있도록 지원하는 제도이다.

2 사업 내용

가. 직장어린이집 보육교사 등 인건비지원

직장어린이집을 설치·운영하는 사업주 또는 사업주단체로서 전체 보육아동 중 그 사업장 소속 피보험자의 자녀수가 전체 보육아동 수의 3분의 1 이상이거나 4분의 1 이상이면서 피보험자(다른 사업장 소속 피보험자 포함)의 자녀의 수가 2분의 1 이상인 경우에 보육교사 및 보육시설의 장, 조리원 1인당 월 60만원(우선지원 대상기업은 1인당 월 138만원)을 한도로 피보험자 자녀 비율만큼 매월 지원하고 있다.

나. 중소기업 직장어린이집 운영비 지원

직장어린이집을 운영하는 중소기업 사업주 또는 사업주 단체에게 보육시설 아동 수에 따라 월 200~520만원씩 피보험자 자녀 비율만큼 매월 지원하고 있다.

다. 직장어린이집 설치비 지원

사업주의 직장어린이집 설치부담을 줄이기 위하여 건립, 매입, 임차 및 기존시설의 개·보수, 교재교구비 구입비를 지원하고 있다.

2012년부터는 산업단지 내 중소기업 근로자 자녀를 위하여 어린이집 부족현상 해소 및 설치비 지원 확대로 실질적인 일·가정양립을 지원하고자 산업단지형 공동직장어린이집 건립(증축·개축 등) 및 설치에 드는 비용에 대하여 20억원 한도 무상으로 지원하고 있다.

아울러 시설전환비 및 교재교구비 등 소요비용에 대하여는 4억원 한도(공동의 경우 8억원 한도) 및 7천만원 한도 무상지원도 하고 있으며, 기 설치 운영 중인 직장보육시설에 대해서는 그 설치·지원을 받은 날부터 3년을 경과할 때마다 3천만원의 교재교구비를 무상지원하고 있다.

2019년 1월부터는 직장어린이집 설치·운영 사업주단체에 참여하는 기업 규모 및 기업의 수에 따라 공동형, 컨소시엄형, 산단형 등 다양한 형태로 중소기업을 지원하던 것을 '공동형'으로 통합하면서 사업주단체 내 우선지원대상기업의 비율을 60% 이상인 경우로 완화하고, 사업주단체에 참여하는 우선지원대상기업의 수에 따라 지원 한도에 차등을 두었다.

<표 3-4-4> 직장어린이집 설치 및 운영비 지원 범위

구분	지원 종류	내역			지원한도	지원기준 등
설치비	무상지원 (2000)	대규모 기업	단독	시설전환비	3억원	- 소요금액의 60% 지원 (영아·장애아 전담시설: 80% 지원)
			공동		6억원	
		우선지원 대상기업	단독	시설전환비 시설건립비 (시설매입비)	4억원	- 소요금액의 90% 지원 (시설매입비: 소요금액의 40% 지원)
			공동	우선지원 대상기업 2~4개소인 사업주 단체	10억원	
				우선지원 대상기업 5개소 이상인 사업주 단체	20억원	
		(공통)		시설개보수비	1억원	
		교재 교구비	대규모 기업	교재교구비	5천만원	- 대규모기업: 소요금액의 60% 지원 (영아·장애아 전담 시설: 80%) - 우선지원대상기업: 소요금액의 90%지원 - 교체비: 3년마다 3천만원 한도
			우선지원 대상기업		7천만원	
	융자 (2000)	시설건립, 매입, 임차, 시설개보수, 시설전환비			7억원 (공동 9억원)	• 상환: 3년거치 5년 균등분할 상환 • 이율: 대기업 2%, 우선지원기업 1% • 토지매입비는 융자대상에서 제외 • 2020년부터 제도 폐지로 신규 융자지원 중단
운영비	인건비 지원 (1995)	원장, 보육교사, 조리원			월60만원 (중소기업 월136만원)	〈최대 지원금액〉 • 기준: 월평균근무시간 - 원장은 매월 말일 기준 보육 아동 수가 20인 이상인 경우 지원 • 2011.8.1. 부터 시간제보육교사인건비 지원
	중소기업 운영비 지원 (2011)	중소기업 직장어린이집 운영비			규모별 월 200~520만원	〈최대 지원금액〉 • 기준: 매월 말일 보육 아동 현원 - 39명 이하: 월 200만원 - 40명~59명 이하: 월 280만원 - 60명~79명 이하: 월 360만원 - 80명~99명 이하: 월 440만원 - 100명 이상: 월 520만원

3 주요 제도개선 내용

가. 직장어린이집 보육교사 등 인건비지원 확대

직장어린이집 보육교사 등 인건비 지원은 1995년 「고용보험법 시행령」 제정 시 마련한 제도로써, 지원금 수준은 1995년 도입 당시 1인당 월 40만원에서 2003년 1인당 월 65만원, 2004년 1인당 월 70만원, 2005년 1인당 월 80만원, 2006년 취사부도 인건비 지원, 2013년은 1인당 월 80만원(우선지원대상기업 1인당 월 100만원), 2016년부터 1인당 월 60만원(우선지원대상기업은 2014년 1인당 월 120만원, 2022년부터 1인당 월 138만원)을 한도로 피보험자 자녀 비율만큼 매월 지원하고 있다. 2023년부터 상생형 직장어린이집에서 중소기업 근로자 영유아 비율 50% 유지 의무 미준수 시에도 인건비를 차등 지원하고 있다.

나. 중소기업 직장어린이집 운영비 지원 상향

중소기업 직장어린이집 운영비 지원은 2011년 「고용보험법 시행령」 개정 시 신설된 제도로써, 지원금 수준은 2011년 도입 당시 보육아동 규모별로 월 120만원~480만원에서 2012년부터는 직장어린이집을 운영하는 중소기업 사업주 또는 사업주 단체에게 보육시설 아동 수에 따라 월 120~520만원을, 2016년부터는 월 200~520만원으로 상향하여 피보험자 자녀 비율만큼 매월 지원하고 있다. 2023년부터 상생형 직장어린이집에서 중소기업 근로자 영유아 비율 50% 유지 의무 미준수 시에도 운영비를 차등지원하고 있다.

다. 직장어린이집 설치비용 융자 폐지 및 무상지원 확대

직장어린이집 설치비용 융자는 1997년부터 직장어린이집 설치사업주에 설치비용을 융자(연 3%)하여 2000년 연 3.5%로 3억원까지, 2003년 연 1~2%로 7억원까지 융자(1년거치 4년 균등분할 상환) 지원하고 있으며, 2014년부터는 직접지원 방식에서 이차보전방식으로 변경하였고, 2019년부터는 지원 수요가 저조함에 따라 사업을 폐지하였다.

직장어린이집 설치 무상지원은 2000년 「고용보험법 시행령」 개정 시 신설된 제도로써, 2000년 도입 당시 95백만원(시설전환비 90백만원, 유구비품비 5백만원)을 지원, 2003년 135백만원(시설전환비 1억원, 유구비품비 35백만원), 2006년 공동으로 설치 시 2억원 및 유구비품비 50만원(5년마다 1회 지원), 2010년 250백만원(시설 전환비 2억원〈공동설치 시 5억원〉, 유구비품비 50백만원〈3년마다 1회 지원, 교체비용 30백만원〉), 2015년, 2016년은 350백만원(시설전환비 3억원〈공동설치 시 6억원〉, 교재교구비* 50백만원〈3년마다 1회 지원, 교체비용 30백만원〉), 2017년부터는 470백만원(시설전환비 4억원〈공동설치 시 8억원〉, 교재교구비* 70백만원 한도〈3년마다 1회 지원, 교체비용 30백만원〉)을 직장어린이집을 설치하고자 하는 사업주 또는 사업주 단체에게 설치비용 등을 융자 또는 무상지원해 주고 있다.

* '유구비품' 용어를 쉬운 용어인 '교재교구'로 순화(2013년 7월 16일 예규개정)

또한, 2012년부터는 산업단지 내 중소기업 근로자 자녀를 위하여 어린이집 부족현상 해소 및 설치비 지원 확대로 실질적인 일·가정양립을 지원하고자 산업단지형 공동직장어린이집 건립비(증축·개축 등) 및 설치에 드는 비용에 대하여 20억원 한도를 무상으로 지원하였고, 2019년부터는 컨소시엄 및 산업단지형 공동직장어린이집의 구분 없이 전체 우선지원 대상기업을 대상으로 건립비 및 매입비 지원을 무상으로 지원하고 있으며, 2022년부터는 중소기업 공동직장어린이집에 대한 설치지원금 반환기준을 정비하였다.

4 추진실적 및 평가

2023년 기준 직장어린이집 설치의무 대상 사업장(상시 여성근로자 300인 이상 또는 상시근로자 500인 이상 사업장)은 1,639개소로 이 중 직장어린이집 설치 사업장 1,120개소(68.3%), 위탁보육 사업장 406개소(24.8%)로 의무이행 사업장은 모두 1,526개소(93.1%)이고, 미이행 사업장은 113개소(6.9%)이다. 설치의무 사업장의 미이행률은 감소하는 추세를 보이고 있다.

* 직장어린이집 설치의무이행률(%) :
  (2019) 90.2. → (2020) 90.9. → (2021) 90.9. → (2022) 91.5. → (2023) 93.1.

<표 3-4-5> 연도별 직장어린이집 설치 현황

(단위: 개소, %)

| 연도 | 계 | 설치의무사업장 | | | | | 미이행사업장 | |
| | | 이행사업장 | | | | | | |
		소계	이행률	직장어린이집 설치	보육수당 지급	보육시설 위탁		미이행률
2014	1,204	903	75.0	635	175	93	301	25.0
2015	1,143	605	52.9	578	-	27	538	47.1
2016	1,153	940	81.5	729	-	211	213	18.5
2017	1,253	1,086	86.7	839	-	247	167	13.3
2018	1,389	1,252	90.1	957	-	295	137	9.9
2019	1,445	1,303	90.2	987	-	316	142	9.8
2020	1,432	1,301	90.9	980	-	321	131	9.1
2021	1,486	1,351	90.9	1,016	-	335	135	9.1
2021	1,486	1,351	90.9	1,016	-	335	135	9.1
2022	1,602	1,466	91.5	1,088	-	378	136	8.5
2023	1,639	1,526	93.1	1,120	-	406	113	6.9

※ 2007년 12월말부터는 순수 민간사업장을 기준으로 조사
※ 2012년 7월 1일부터 직장어린이집 설치 의무 미이행 사업장 명단 공표 시행 관련 실태조사 실시
※ 2015년부터 보육수당 지급은 의무이행 기준에서 제외

2023년 보육교사 등 인건비 지원은 716개 어린이집(8,741건), 112,001명에게 76,807백만원을 지원하였다.

<표 3-4-6> 연도별 직장어린이집 보육교사 등 인건비 지원실적

(단위: 명, 백만원)

구 분	2014	2015	2016	2017	2018	2019	2020	2021	2022	2023
건	4,476	4,925	6,508	7,393	7,739	7,719	7,982	8,564	8,639	8,741
연 인 원	53,570	62,109	80,508	91,974	98,818	101,389	104,222	110,987	110,375	112,001
금 액	45,769	52,376	55,435	60,623	65,517	67,770	70,004	74,334	77,303	76,807

[그림 3-4-4] 연도별 직장어린이집 보육교사 등 임금 지원실적

(단위: 지원건수, 백만원)

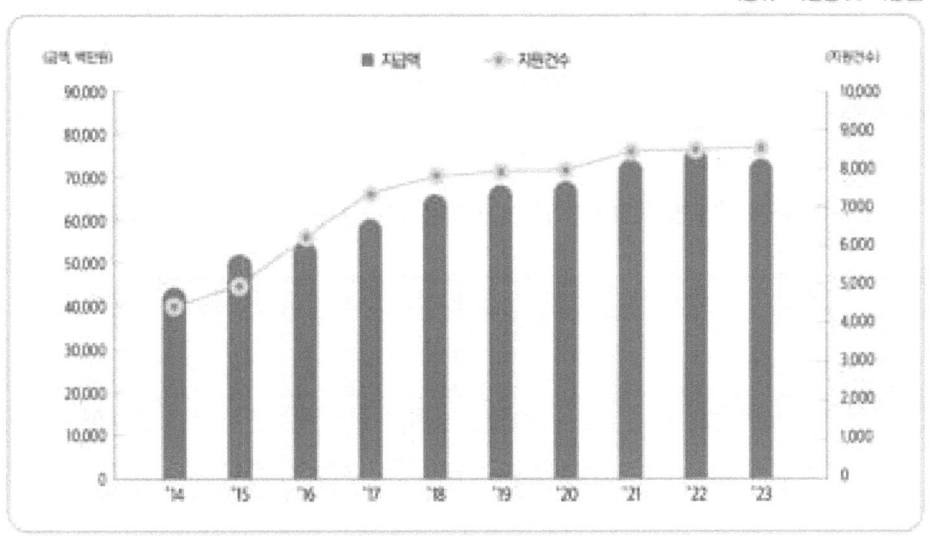

2023년 중소기업 직장보육시설 운영비 지원은 127개 사업장(529건), 3,795백만원을 지원하였다.

<표 3-4-7> 연도별 중소기업 직장어린이집 운영비 지원실적

(단위: 백만원)

구 분	2014	2015	2016	2017	2018	2019	2020	2021	2022	2023
사업장 수	90	97	113	105	117	115	125	136	133	127
금 액	1,745	2,316	2,188	2,628	2,987	3,415	3,774	3,976	3,973	3,795

그리고 산업단지형 공동 직장어린이집은 2012년에 2개소를 선정하여 31억원, 2013년 10개소(37억원), 2014년 20개소(36억원), 2015년 12개소(66억원), 2016년 12개소(132억원), 2017년 14개소(172억원), 2018년 15개소(185억원) 지원하여 산업단지 내 중소기업 근로자의 일·가정 양립에 기여하였다. 2019년부터는 종전의 '공동/컨소시엄/산업단지형' 구분지원을 폐지하였다.

2023년에는 설치비를 무상으로 지원하는 시설설치비와 교재교구비로 69개 사업장에 12,165백만원을 지원하였다.

〈표 3-4-8〉 연도별 직장어린이집 설치비 무상 지원실적

(단위: 개소, 백만원)

구 분		2014	2015	2016	2017	2018	2019	2020	2021	2022	2023
지원	사업장 수	93	114	144	153	122	134	120	60	110	69
	금 액	23,676	28,709	36,904	40,539	36,125	48,974	28,211	14,711	19,711	12,165

〈표 3-4-9〉 연도별 직장어린이집 설치비용 융자 지원실적(2019년 사업폐지)

(단위: 개소, 백만원)

구 분		2008	2009	2010	2011	2012	2013	2014	2015	2016	2017	2018	2019	2020
융자	사업장 수	2	6	12	8	4	11	4	5	5	0	2	2	1
	금 액	300	1,777	3,225	1,326	1,512	3,253	1,308	1,096	1,681	-	350	258	60

제5절 출산육아기 고용안정장려금

1 개요

출산전후휴가, 육아휴직, 육아기 근로시간 단축 등을 부여하거나 허용한 사업주의 간접노무비, 대체인력 인건비 등을 지원하여 사업주의 부담을 완화함으로써 출산육아기 근로자의 고용안정을 도모하기 위해 출산육아기 고용안정장려금[9]을 운영하고 있다.

출산육아기 고용안정장려금(육아휴직 지원금, 육아기 근로시간 단축 지원금)은 근로자에게 육아휴직 또는 육아기 근로시간 단축을 부여한 사업주의 간접노무비용을 지원하여 사업주의 부담을 완화함으로써 출산육아기 근로자의 고용안정을 도모하기 위해 마련되었고, 출산육아기 고용안정장려금(대체인력 지원금)은 근로자의 출산전후휴가, 유산·사산휴가, 육아기 근로시간 단축 기간 중 대체인력을 활용하는 사업주의 노무비용 부담을 완화하여 대체인력 활용 촉진을 통한 모성보호제도 활용률 제고와 근로자의 고용안정을 도모하기 위해 마련된 제도이다.

2 사업 내용

출산육아기 고용안정장려금(육아휴직 지원금, 육아기 근로시간 단축 지원금)은 고용보험 피보험자인 근로자에게 육아휴직 또는 육아기 근로시간 단축을 30일 이상 허용한 사업주에게 근로자 1인당 월 30만원을 지급한다. 한편, 고용보험 피보험자인 근로자의 출산전후휴가, 유산·사산휴가 또는 육아기 근로시간 단축의 시작일 전 2개월이 되는 날 이후 새로 대체인력을 30일 이상 고용한 경우에는 출산육아기 고용안정장려금(대체인력 지원금)으로 월 80만원(최대 2개월의 업무 인수인계기간은 월 120만원)을 지급한다.

---

[9] 지원금 명칭 변경 연혁:
 (2008년 4월) 육아휴직 장려금 → 육아휴직등 장려금.
 (2011년 1월) 임신·출산후 계속고용 지원금 → 임신·출산여성 고용안정 지원금.
 (2013년 1월) 임신·출산여성 고용안정 지원금 → 출산육아기 고용안정 지원금.
 (2017년 1월) 출산육아기 고용안정 지원금 → 출산육아기 고용안정장려금

〈표 3-4-10〉 출산육아기 고용안정장려금의 지원 내용

구 분	요 건	지 원 금 액
출산육아기 고용안정장려금 (육아휴직 지원금, 육아기 근로시간 단축 지원금)	○ 근로자에게 육아휴직 또는 육아기 근로시간 단축을 30일 이상 허용한 사업주 ※ 지원금의 50%는 해당 근로자를 복직 후 6개월 이상 계속 고용한 것이 확인된 후 일괄 지급	○ 육아휴직 기간 동안 육아휴직자 1인당 우선지원대상기업 월 30만원 지원 - 만 12개월 이내 자녀 대상 연속하여 3개월 이상 육아휴직을 허용한 경우 첫 3개월간 매월 200만원을 지원 ○ 육아기 근로시간 단축 기간 동안 육아기 근로시간 단축자 1인당 우선지원대상기업 월 30만원 지원 - 사업장의 최초 육아기 근로시간 단축 허용 첫 번째사례 부터 세 번째 허용 사례까지 월 10만원 추가 지원
출산육아기 고용안정장려금 (대체인력 지원금)	○ 출산전후휴가, 유산·사산휴가 또는 육아휴직 등의 시작일 전 2개월이 되는 날 이후 새로 대체인력을 채용하여 30일 이상 고용한 사업주 ※ 지원금의 50%는 해당 근로자를 복직 후 1개월 이상 계속 고용한 것이 확인된 후 일괄 지급 ※ 새로 대체인력을 고용하기 전 3개월부터 고용 후 1년까지 고용조정으로 다른 근로자(새로 고용한 대체인력보다 나중에 고용된 근로자는 제외한다)를 이직시키지 아니할 것	○ 대체인력 1인당 월 80만원 - 인수인계기간(최대 2개월): 월 120만원

3 주요 제도개선 내용

출산육아기 고용안정지원금(육아휴직 등 부여)은 1995년 「고용보험법 시행령」 제정 시 신설된 제도로써, 지원금 수준은 1995년 도입당시 월 8~12만원에서 1997년 9만~13.5만원, 1998년 11~14만원, 1999년 12~15만원을 지원하였으며, 2001년부터 2013년말까지 월 20만원을 지원하였다. 2014년부터는 육아휴직 등에 이미 안착화되어 있는 대규모기업에 대한 지원을 축소(월 10만원)하였고, 2015년 7월 1일부터는 1,000인 이상 대규모기업은 월 5만원, 1,000인 미만 대규모기업은 월 10만원으로 다시 조정하였으며, 국가, 지방자치 단체, 공공기관의

육아휴직 지원금은 폐지하였고, 2017년부터 육아휴직 부여 장려금은 우선지원 대상기업은 월 30만원(최초 육아휴직의 경우 1호 인센티브로 10만원 추가지원), 대규모기업은 지원을 폐지하였고, 육아기 근로시간 단축 장려금은 우선지원대상 기업은 월 20만원, 대규모기업은 월 10만원을 지원하는 것으로 조정하였다.

또한, 2004년 2월 25일부터 육아휴직기간 중 신규로 대체인력을 채용할 경우 신규대체인력 1인당 월 10~15만원의 대체인력채용 장려금을 지원하였다. 2006년 1월 1일 「고용보험법 시행령」을 개정하여 육아휴직기간에 신규대체인력을 30일 이상 채용하고 육아휴직자 복귀 후 30일 이상 고용할 경우 1인당 월 20~30만원을 지급하는 등 지원조건을 완화하고 지원금액을 인상하였다. 2008년 6월에는 육아기 근로시간 단축을 허용한 사업주에게도 장려금(육아기 근로시간 단축 장려금)을 지원하기 시작하였다. 2013년부터 지원금액을 1인당 월 20~40만원으로 인상하였고, 2014년부터는 지원금액을 1인당 월 30~60만원으로 상향하였으며, 2015년 7월 1일부터는 대체인력의 채용기간을 휴가·휴직 전 30일 이후에서 60일 이후로 조건을 완화하였으며, 국가 또는 지방자치단체가 해당 대체인력에 대해 지급하는 지원금 또는 장려금이 있는 경우 그 금액을 빼고 지원하도록 제도를 변경하였다. 2017년부터는 대체인력지원금 지원 시 출산전후휴가, 육아휴직 등을 사용한 기간에 휴가 및 휴직 시작 전 2주의 업무 인수인계기간을 포함하여 지원하도록 지원 대상기간을 확대하였다.

출산육아기 고용안정지원금(기간제·파견근로자 재고용)은 2006년 7월 최초 시행되었다. 출산전후휴가 중이거나 임신 34주 이상인 기간제(파견)근로자가 계약이 종료된 경우, 종료 즉시 재고용한 경우에 6개월간 지원하는 제도였다. 그러나 제도의 실효성 확보를 위해 임신 중인 근로자로 요건을 완화하고, 기간의 정함이 없는 근로자로 재고용한 경우에는 1년간 지원하며, 계약 종료 시뿐만 아니라 출산 후 1년 이내에 재계약 하는 경우에도 지원이 가능하도록 요건을 점차 완화하였다. 2013년 1월부터는 계약체결 시기를 출산 후 15개월 이내로 추가 완화하였으며, 2014년 10월부터는 육아휴직 중인 근로자도 추가하여 대상자를 확대하였다. 2015년부터는 무기계약으로 재고용 시 처음 6개월간은 월 40만원, 이후 6개월간은 월 80만원으로 지원금을 증액하였다. 2017년부터는 지원요건을 무기계약으로 재고용했을 때만 지원하고, 우선지원대상기업은 월 60만원, 대규모기업은 월 30만원을 최대 1년간 지원하도록 제도를 개선하였다.

2018년 기간제, 파견근로자 재고용은 정규직전환지원사업과 중복사업으로 사업 효율성을 위해 폐지되었으며, 2018년 7월에는 육아휴직 등을 사용한 근로자가 자기 사정으로 인하여 사업주가 30일 이상 계속 고용하지 못한 경우에는 고용보험 전산망 등을 통한 자진퇴사 여부 확인 후 지원금을 지급하도록 제도를 개선하였다.

2019년에는 육아기 근로시간 단축을 부여한 우선지원대상기업에 대한 지원금을 월 30만원으로 확대(대규모기업 월 10만원)하여 근로시간 단축 활용도를 높이고자 하였으며, 대체인력지원금의 경우 인수인계기간을 2주에서 2개월로 확대하는 한편 인수인계기간 중 우선지원대상기업의 지원금을 인상(월 60만원 → 월 120만원)하였다.

2020년에는 지원금의 50%는 육아휴직 등 사용기간에 먼저 지급하고 나머지 50%는 계속 고용요건이 충족되는 경우 지급하도록 지급방식을 개선하였다. 대체인력 지원금의 경우 우선지원대상기업의 지원금을 월 60만원에서 월 80만원으로 인상하고 임신 근로자의 근로시간 단축 기간 동안 채용한 대체인력을 같은 근로자의 연이은 출산전후휴가 등의 기간에 계속 고용하여도 지원하도록 지원요건을 완화하였다.

2021년에는 우선지원대상기업에서 육아휴직 및 육아기 근로시간 단축 부여 시 각 첫 번째부터 세 번째까지는 인센티브로 각각 월 10만원을 추가 지급하도록 제도를 개선하였다.

2022년에는 대규모 기업에 대한 지원을 종료하고, 육아휴직 지원금의 특례를 신설하여 만 12개월 이내 자녀를 대상으로 3개월 이상 연속하여 육아휴직을 한 우선지원대상기업 사업주에게 첫 3개월 동안 매월 200만원을 지원함으로써 우선지원대상기업에 대한 지원을 강화하였다.

2023년에는 신설된 육아휴직지원금(특례)을 적극 홍보하여 제도 활용률 제고에 노력하는 한편, 육아기 근로시간 단축의 실질적 사용여건 조성을 위해 육아기 근로시간 단축에 따른 업무를 분담한 근로자에게 금전적 지원을 한 우선지원대상 기업 사업주에게 장려금을 지급하는 내용의 육아기 단축업무 분담지원금 신설(2024년 하반기)을 위한 예산 확충 등 사업기반을 구축하였다.

4 추진실적 및 평가

2022년 육아휴직 지원금은 육아휴직 허용 근로자 1인당 월 30만원을 지원하며, 만 12개월 이내 자녀에 대한 육아휴직을 3개월 이상 연속하여 허용한 경우(특례규정)에는 첫 3개월 동안 매월 200만원을 지급하였다.

육아기 근로시간 단축 지원금은 육아기 근로시간 단축 허용 근로자 1인당 월 30만원을 지원하며, 사업장에서 최초 육아기 근로시간 단축을 허용한 첫 번째부터 세 번째 사례까지 인센티브로 월 10만원을 추가 지원하였다.

대체인력 지원금은 출산전후휴가(유산·사산휴가) 또는 육아기 근로시간 단축 허용 근로자 1인당 월 80만원을 지원하며, 최대 2개월의 업무 인수인계기간은 월 120만원을 지원하였다.

2022년부터 대규모 기업에 대한 지원을 종료하고, 육아휴직 지원금의 특례를 신설하는 등 제도를 개편함에 따라 출산육아기 고용안정장려금은 2023년 총 30,151개 사업장 54,686명에 대하여 170,635백만원을 지급하였고, 전년(48,895명, 149,521백만원) 대비 집행인원은 11.8%, 집행액은 14.2% 각 증가하였다.

육아휴직, 육아기 근로시간 단축 지원금의 지원실적은 매년 지속적으로 증가하고 있으며, 향후 적극적인 홍보를 통하여 제도의 활성화를 기할 계획이다.

〈표 3-4-11〉 출산육아기 고용안정장려금(육아휴직, 육아기 근로시간 단축 지원금) 지원실적

(단위: 명, 백만원)

구 분	2013	2014	2015	2016	2017	2018	2019	2020	2021	2022	2023
순인원	23,495	22,577	31,977	34,536	37,499	26,066	20,194	19,862	27,081	38,809	50,739
연인원	24,212	23,479	33,726	36,846	40,308	28,278	22,544	28,562	47,700	70,543	85,493
지원액	42,118	39,168	51,445	43,759	41,243	33,014	35,785	43,271	59,201	94,660	142,256

〈표 3-4-12〉 출산육아기 고용안정장려금(대체인력 지원금) 지원실적

(단위: 명, 백만원)

구 분	2013	2014	2015	2016	2017	2018	2019	2020	2021	2022	2023
순인원	3,722	5,039	6,602	7,133	7,774	6,344	6,290	8,920	10,823	10,086	6,643
연인원	3,798	5,209	6,893	7,566	8,303	7,975	9,105	15,289	20,107	17,581	9,092
지원액	9,225	13,627	25,360	31,529	36,155	31,857	32,130	44,705	57,968	54,861	28,379

제6절 일·생활균형 고용문화 확산 지원

1 개요

정부는 기업의 일·생활균형 고용문화 확산을 지원하기 위해 워라밸일자리 장려금 제도, 일·가정양립 환경개선 지원제도를 운영하고 있다.

워라밸일자리 장려금은 가족돌봄, 본인건강, 학업, 은퇴준비 등 근로자의 필요에 따라 소정근로시간을 단축하여 일하도록 허용한 사업주를 지원하여 재직근로자의 고용안정 및 일·생활 균형을 도모하기 위한 제도이다.

일·가정양립 환경개선 지원제도는 일하는 시간과 장소가 유연한 근무제를 도입·운영하는 사업주에게 장려금 및 인프라 구축비를 지원하여 장시간 근로 관행을 개선하고 일·가정양립이 가능한 일터 문화를 조성하기 위해 마련된 제도이다.

2 사업 내용

워라밸일자리 장려금은 전일제 근로자가 자녀돌봄, 본인건강, 학업, 은퇴준비 등 필요에 따라 일정기간 동안 근로시간을 줄여 시간제로 일하고, 사유가 해소되면 전일제로 복귀하는 제도를 말한다. 지원요건은 근로시간 단축제도를 도입하고 근로자 신청에 따라 주 15~30시간으로 단축근로를 실시하고 전자·기계적 방법에 의한 근태관리를 실시해야 지원이 가능한 제도이다. 지원내용은 근로자 임금감소액 보전금, 장려금(간접노무비)을 지급하며 근로시간 단축개시일로부터 최대 1년간 지원한다.

일·가정양립 환경개선 지원제도는 우선지원 대상기업과 중견기업의 사업주가 선택근무제, 재택근무제, 원격근무제 등 유연근무제를 활용하는 경우, 유연근무 활용근로자 1인당 연 최대 360만원(1년간)의 장려금을 지원한다.

또한, 재택·원격근무 활용 또는 근무혁신 이행을 위해 정보·보안시스템 등 인프라를 구축하는 경우, 시스템 구축에 소요된 비용을 사업주가 투자한 시스템 구축비의 1/2 이내의 범위에서 최대 2천만원까지 직접 지원한다.

〈표 3-4-13〉 시간선택제 및 일·가정양립 환경개선 지원내용

구 분	요 건	지 원 금 액
워라밸일자리 장려금	❶ 근로시간 단축제도 도입 ❷ 근로자 신청에 따라 주 15시간 이상 30시간 이하로 단축 근로 ❸ 전환기간 최소 1개월 이상 ❹ 전자·기계적 방법에 의한 근태관리	• [임금감소 보전금] | 구 분	1개월 단위	비고
우선지원 대상기업 중견기업	20만원	| • [장려금] | 구 분	1개월 단위	비고
우선지원 대상기업 중견기업	30만원	| ※ 장려금 지원인원 한도: 피보험자수의 30% 　(최대 30명)
일·가정 양립 환경개선 지원	우선지원대상기업·중견기업의 사업주가 ❶ (장려금) 선택근무제, 재택 근무제, 원격 근무제를 도입하여 소속 근로자가 활용 ❷ (인프라) 재택·원격근무 활용 또는 근무혁신 이행을 위해 정보시스템·보안 시스템 등 인프라 시설을 설치	• [장려금] 유연근무 활용 횟수에 따라 월 최대 30만원을 1년간 지원 • [인프라 구축비] 투자금액 대비 지원금 비율 한도 내에서 최대 2,000만원 한도 | 지원금 구분		사업주 투자금액 대비 지원금 비율
재택·원격근무 인프라		5/10
근무혁신 인프라	근무혁신 우수기업 SS등급	8/10
	근무혁신 우수기업 S등급	6/10
	근무혁신 우수기업 A등급 (재택근무)	5/10	

3. 주요 제도개선 내용

워라밸일자리 장려금은 2020년 '시간선택제 전환지원'에서 사업명칭을 '워라밸일자리 장려금'으로 변경하였으며, 근로자 본인의 필요에 따라 일정기간 동안 전일제에서 시간제로 전환하여 근무할 수 있도록 하여 일·생활 균형을 도모하고자 2015년에 신설되었다.

2020년 「남녀고용평등과 일·가정 양립 지원에 관한 법률」 개정으로 '가족돌봄 등 근로시간 단축제도'가 기업 규모별로 2022년까지 단계적으로 시행됨에 따라 '시간선택제 신규고용 지원'을 종료하고, 재직근로자의 소정근로시간 단축을 통한 전일제에서 시간제로의 전환을 중점적으로 지원하게 되었다. 2021년에는 초과근로에 대한 근태관리 요건, 2회 위반 시 지급제외 규정 등을 삭제하여 지급요건을 완화하였고, 특정사업장에 지원이 편중되지 않도록 간접노무비 지원인원 한도를 신설하여 사업의 형평성과 효율성을 제고하였다. 2022년에는 대규모 기업지원 종료, 장려금(간접노무비) 인상(20만원 → 30만원) 등을 통해 중소기업 지원을 강화하였다. 2023년에는 워라밸일자리 장려금 지급요건 중 정해진 출퇴근 시각에서 15분을 초과한 기록이 있는 경우 연장근로로 간주하던 방식을 월 연장근로 10시간 초과 시에 지급을 제한하는 방식으로 개선하였다.

일·가정 양립 환경개선 지원제도는 제3차 저출산 고령사회 기본계획, 제3차 건강가정 기본계획에 의거 2016년 신설된 제도로서 신설 당시 지원대상은 우선지원 대상기업이고, 간접노무비 지원수준은 1주당 3일 이상 활용한 경우 5~7만원, 1~2일 활용한 경우 2.5~3.5만원을 지원하였다. 2017년 유연근무 활성화를 위해 지원대상을 중견기업까지 확대하였고, 간접노무비 지원수준도 1주당 3일 이상 활용한 경우 10만원, 1~2일 활용한 경우 5만원으로 상향하였으며, 재택·원격근무 인프라 설치 지원을 추가 신설하였다. 2018년에는 주 최대 52시간 근로제 시행을 계기로 유연근무제 활성화를 위해 인식개선 캠페인, 사업주 단체와 연계한 홍보 등을 강화하였다. 또한 사업주의 재택·원격근무 인프라 구축비 부담 완화를 위해 시스템 구축비 지원을 기존 '총투자금액의 25%'에서 '시스템 구축비의 50%'로 확대하여, 보안시스템, 인사노무관리 시스템 등 구축비의 50%까지 최대 2천만원 한도로 지원하였다. 2019년에는 기존 재택·원격근무 인프라에 근무혁신 인프라 지원유형을 신설하면서 사업명을 '일·생활 균형 인프라 구축비 지원'으로 변경하였고,

인프라 지원대상시설의 사용 의무기간을 4년에서 3년으로 단축하여 사업주의 부담을 완화하였다. 2021년에는 코로나19 지속에 따라 사업장의 감염병 예방 및 근로자의 가족돌봄 등을 지원하기 위하여 사업계획서 수시 승인, 지원 근로자 확대, 재택근무 근태관리 요건 완화 등 코로나19 대응 특례지침을 마련하여 코로나19 재확산 상황에 대응하였다. 2022년에는 일·생활균형 인프라 지원 심사 방식을 개선하여 심사의 공정성과 전문성을 강화하였다. 2023년에는 근로자가 재택·원격근무 활용 시 기존 출퇴근 시간에서 15분이상 편차가 있는 경우 활용일로 불인정하는 요건을 폐지하여 지급요건을 개선하였다.

4 추진실적 및 평가

워라밸일자리 장려금은 2020년에 20,837명에 대하여 44,021백만원을 지원하였는데 이는 전년도 지원실적(10,950백만원)에 비해 4배 이상 증가한 것으로, 근로시간 단축청구권 제도 시행 및 워라밸 문화 확산 등에 따라 수요가 크게 늘었기 때문이다. 이러한 증가 추이는 2021년에도 이어져, 2021년에는 30,706명에 대하여 76,669백만원을 지원하여 전년도 지원실적(44,021백만원)에 비해 1.74배 증가하였다. 2022년에는 12,581명에 대하여 22,303백만원을 지원하여 전년도 지원실적(76,669백만원)에 비해 감소하였으나, 2019년 지원실적(9,192백만원)에 비해 2.4배 이상 증가한 수치다. 2023년에는 7,206명에 대해 16,332백원만을 지원하였다.

일·가정양립 환경개선 지원제도는 2020년 5,110개 사업장에 44,924백만원을 지원하였다. 이는 전년도 지원실적(19,712백만원)에 비해 2배 이상 증가한 수치로, 코로나19 확산에 따른 재택근무 등 유연근무 지원수요가 크게 늘었기 때문으로 보인다. 특히, 2020년에는 코로나19 감염 예방을 위해 유연근무제가 적극 활용될 수 있도록 '코로나19 예방 관련 유연근무제 간접노무비 지원 특례지침'을 마련하여 시행하였다. 2021년에는 8,364개 사업장에 86,870백만원을, 2022년에는 코로나19 방역 완화 조치의 영향으로 전년대비 감소한 4,226개 사업장에 30,175백만원을 지원하였으며, 2023년에는 997개 사업장에 11,979백만원을 지원하는 등 유연근무 활용을 통한 일·생활 균형 문화 확산에 기여하고 있다.

〈표 3-4-14〉 워라밸일자리 장려금 지원실적

(단위: 개, 명, 백만원)

구 분	2018	2019	2020	2021	2022	2023
지원 사업장	1,731	1,828	4,205	6,057	4,805	4,314
지원 인원	5,730	5,993	20,837	30,706	12,581	7,206
지원 금액	8,978	9,192	42,021	76,669	22,303	16,332

〈표 3-4-15〉 일·가정 양립 환경개선 지원제도 지원실적

(단위: 개, 명, 백만원)

구 분	2018	2019	2020	2021	2022	2023
지원 사업장	976	1,160	5,110	8,364	4,226	997
지원 인원	6,571	6,824	31,757	42,513	16,333	3,544
지원 금액	16,555	19,712	44,924	86,870	30,175	11,179

제5장 자영업자 고용보험(실업급여)

제1절 자영업자 고용보험 의의

우리나라는 자영업자 비중이 다른 나라에 비해 높지만, 경쟁력이 취약한 자영업자가 상당한 실정이다. 그러나 과거 고용보험 제도는 근로자 중심으로 설계되어 있어, 자영업자에게는 적용되지 않았다.

이에 2006년부터 고용안정·직업능력개발 사업에 대해서는 자영업자도 임의가입할 수 있도록 하였으나, 실업급여는 적용되지 않아 일반근로자와 유사한 형태의 사회안전망의 필요성이 꾸준히 제기되었다.

이에 따라 생계형 자영업자가 많고, 특히 창업자의 절반 이상이 3년 이내에 폐업하고 있는 점 등의 우리나라 현 상황을 감안하여 자영업자가 불가피하게 사업을 그만두는 경우에도 생계를 유지하고 안정적으로 재취업 또는 재창업을 준비할 수 있도록 2012년 1월 22일부터 자영업자도 실업급여에 임의가입할 수 있도록 하는 자영업자 고용보험 제도를 시행하였다.

제2절 사업 내용

자영업자 고용보험은 근로자를 고용하지 않거나 50인 미만의 근로자를 고용하는 자영업자이면서 사업자등록증을 보유한 사업주를 대상으로 한다. 아울러 고유번호증을 보유한 민간 또는 가정어린이집, 장기요양기관도 가입할 수 있다.

기준보수액은 7종을 고시하며, 이 중 가입자가 본인에게 적용할 기준보수를 선택하여 가입할 수 있다. 기준보수는 가입기간 중 연 1회까지 변경할 수 있다. 보험료율은 기준보수의 2.25%(실업급여 2%, 고용안정·직능사업 0.25%)이다.

자영업자 고용보험의 혜택은 크게 두 가지이다. 가장 대표적인 것으로 실업급여 혜택을 들 수 있다. 1년 이상 자영업자 고용보험에 가입하고, 비자발적으로 폐업하는 경우 소정급여일수 기간 동안 기준보수의 60%를 실업급여로 지급한다. 비자발적으로 폐업하는 경우란 6개월 이상 적자가 지속되거나 매출액이 전년에 비해 20% 이상 감소하는 등 경영이 악화되어 더 이상 사업을 영위할 수 없는 경우, 건강이 악화되어 폐업하는 경우 등을 말한다.

〈표 3-5-1〉 자영업자 고용보험 기준보수, 보험료

구 분	기준보수	월 보험료
1등급	1,820,000원	40,950원
2등급	2,080,000원	46,800원
3등급	2,340,000원	52,650원
4등급	2,600,000원	58,500원
5등급	2,860,000원	64,350원
6등급	3,120,000원	70,200원
7등급	3,380,000원	76,050원

〈표 3-5-2〉 가입기간에 따른 자영업자 실업급여 수급기간

가입기간 (피보험기간)	1년 이상~ 3년 미만	3년 이상~ 5년 미만	5년 이상~ 10년 미만	10년 이상
소정급여일수	120일	150일	180일	210일

두 번째로 직업능력개발을 지원한다. 자영업자 고용보험 가입자가 사업 운영 중에 경쟁력 강화를 위해 교육 또는 훈련을 받는 경우 내일배움카드제를 통해 훈련비 및 훈련장려금을 지원받을 수 있다.

한편, 중소벤처기업부는 자영업자 고용보험에 가입한 소상공인의 고용보험료 납부 부담을 완화하기 위해 보험료의 일부(20~50%)를 최대 5년간 지원하고 있으며, 일부 지방자치단체는 예산규모 및 사업내용에 따라 보험료 일부(30~60%)를 추가적으로 지원하고 있다.

우리나라의 전체 취업자 중 자영업 종사자 비율을 고려할 때, 자영업자 고용보험 제도는 그간 고용보험의 사각지대에 있었던 영세 자영업자에 대한 사회안전망을 강화했다는 점에서 그 의미가 크다고 평가된다.

[그림 3-5-1] 자영업자 고용보험 업무처리 절차

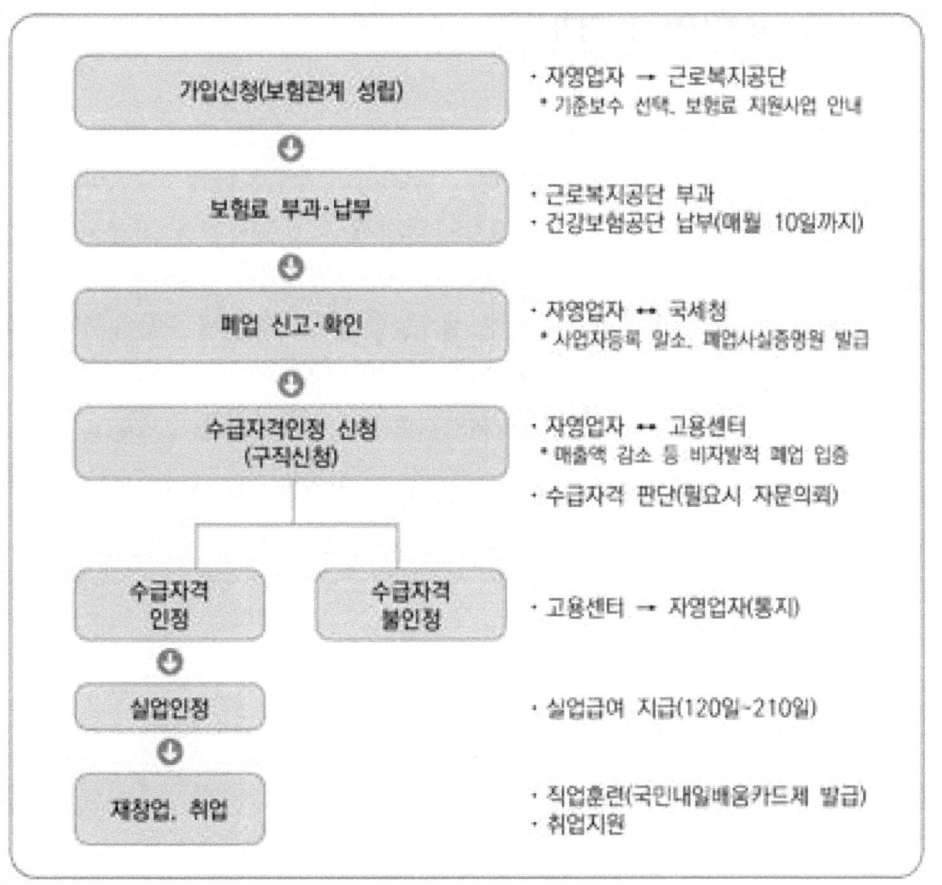

제3절 주요 제도개선 내용

자영업자의 고용보험 가입제한 기간을 개업일로부터 6개월 이내에서 1년 이내(2016년), 5년 이내(2018년)로 점차 확대한 후, 2019년 7월 1일부터는 가입제한 기간을 폐지하였으며, 2019년 10월 1일부터 실업급여 보장성 강화를 위해 지급수준은 10%p 인상(기초일액의 50% → 60%)하고, 수급기간은 30일 확대(90~180일 → 120~210일)하였다. 2022년에는 사업자등록증을 보유한 자영업자 외에도, 고유번호증을 보유한 민간 또는 가정어린이집, 장기요양기관에 대하여 가입을 확대하였다.

제4절 추진실적 및 평가

자영업자 고용보험이 도입된 지 1년 1개월 만인 2013년 2월 21일 첫 자영업자 실업급여 수급자가 발생하여 2020년은 1,495명의 수급자에게 7,212백만원, 2021년은 2,056명의 수급자에게 9,931백만원의 실업급여가 지급되었다. 2022년은 2,575명의 수급자에게 12,383백만원의 실업급여가 지급되어 코로나19 상황 속에서 비자발적인 폐업으로 인한 생계불안을 해소하는데 도움을 주었다. 2023년은 3,248명의 수급자에게 16,768백만원의 실업급여가 지급되어 꾸준히 증가하는 추세를 보이며, 자영업자 사회안전망으로서의 역할을 수행하고 있다.

2023년 말 가입 유지자는 47,604명으로 매년 지속적으로 증가하고 있으며, 향후 더욱 많은 자영업자가 가입할 수 있도록 홍보 노력을 계속할 예정이다.

제6장 예술인·노무제공자 고용보험

제1절 예술인·노무제공자 고용보험 연혁

고용보험은 1995년 제도 도입 이후 1998년 1인 이상 전 사업장, 2004년 일용근로자, 2012년 자영업자 실업급여(임의가입)까지 그 적용 범위를 지속적으로 확대해왔다.

예술인 고용보험이 2020년 12월 10일부터 시행되었고, 노무제공자 고용보험은 2021년 7월 1일부터 12개 직종, 2022년 1월 1일부터 2개 직종, 2022년 7월 1일부터 5개 직종에 단계적으로 시행되었다. 예술인·노무제공자 고용보험 시행으로 예술인·특수형태근로종사자·플랫폼종사자·프리랜서 등 취약계층에 대한 고용안전망이 확충되었다.

제2절 사업 내용

예술인 고용보험의 경우, 문화예술 창작·실연·기술지원 등을 위해 「예술인복지법」에 따른 문화예술용역 관련 계약을 체결하고, 자신이 직접 노무를 제공하는 예술인이 고용보험 적용대상이다. 단, 65세 이후에 문화예술용역 관련 계약을 체결한 경우나 문화예술용역계약의 월 평균소득이 50만원 미만인 경우에는 적용대상에서 제외된다. 다만, 각 계약이 50만원 미만이더라도 같은 계약기간 내에 그 합산 금액이 50만원 이상이 되어 예술인이 소득합산을 신청한다면 적용대상이 된다. 한편, 1개월 미만의 문화예술용역 관련 계약을 체결한 단기예술인의 경우에는 월 평균소득과 관계없이 문화예술용역 관련 계약 건별로 모두 고용보험이 적용된다.

예술인의 특성을 반영하여 실업급여의 수급요건은 근로자와 차등을 두어 운영하고 있다. 예술인이 실직한 경우 이직일 전 24개월 중 9개월 이상 보험료를 납부하고, 자발적 이직 등 수급자격 제한사유 없이 적극적인 재취업 노력을 한다면 120일~270일간 구직급여를 받을 수 있다. 임신한 예술인이 출산일 전 3개월 이상 보험료를 납부하고, 출산일 전후로 노무를 제공하지 않으면 출산전후급여를 90일(다태아의 경우 120일)간 받을 수 있다.

한편, 노무제공자 고용보험의 경우에는 보험설계사, 학습지 방문강사, 교육교구 방문강사, 택배기사, 대출모집인, 신용카드회원모집인, 방문판매원, 대여제품 방문점검원, 가전제품배송설치기사, 방과후학교 강사, 건설기계조종사, 컨테이너·시멘트·철강재·위험물질 운송차주, 퀵서비스·대리운전기사, 택배 지·간선기사, 특정품목운송차주(곡물가루·곡물·사료), 유통배송기사, 정보통신(IT) 소프트웨어 기술자, 관광통역안내사, 어린이통학버스기사, 골프장 캐디 직종에 해당하며, 65세 이전에 월 80만원 이상의 노무제공계약을 체결하여 노무를 제공하는 사람이 고용보험의 적용대상이 된다. 다만 소득 확정이 어려운 직종인 건설기계조종사, 컨테이너·시멘트·철강재·위험물질 운송차주, 택배 지·간선기사, 특정품목운송차주(곡물가루·곡물·사료), 골프장 캐디의 경우 실제 월보수액과 상관없이 고용보험료 산정의 기초가 되는 보수액을 고시를 통해 따로 정하고 있다.

또한, 노무제공자의 경우에도 예술인과 마찬가지로 각 계약에 따른 월보수액이 80만원 미만이더라도 같은 계약기간 내 합산 금액이 80만원 이상이 되어 노무제공자가 소득합산을 신청한다면 고용보험 적용대상이 된다. 다만 1개월 미만의 노무제공계약을 체결한 단기 노무제공자의 경우에는 월 보수액과 관계없이 노무제공계약 건별로 모두 고용보험이 적용된다.

노무제공자가 실직한 경우 이직일 전 24개월 중 12개월 이상 보험료를 납부하고, 자발적 이직 등 수급자격 제한사유 없이 적극적인 재취업 노력을 한다면 120~270일간 구직급여를 받을 수 있다. 임신한 노무제공자는 예술인과 동일하게 출산전후급여를 받을 수 있다.

제3절 주요 제도개선 내용

예술인·노무제공자 고용보험 제도운영 과정에서 개선이 필요한 사항에 대하여 「고용보험법」 개정안을 마련하여 국회에 제출(2021년 11월 3일)하였다. 현재 예술인·노무제공자 고용보험은 적용대상의 연령 하한이 없으나, 일정 연령 미만인 사람은 보험료 납부에도 불구하고 급여 수급 가능성이 적은 점 등을 고려하여 개정안에서는 15세를 예술인 및 노무제공자 고용보험 적용 최저연령으로 하되 15세 미만인 예술인 및 노무제공자가 원하는 경우에는 임의가입을 할 수 있도록 규정하였다. 또한 외국인 예술인·노무제공자의 경우에도 체류자격에 따라 보험료 납부만 하고 급여를 받지 못하는 경우 등이 발생할 수 있어 예술인 고용보험 적용을 받는 외국인의 범위를 한정하였다. 국회 제출된 법령은 2022년 12월 28일 국회를 통과하여 2023년 단계적으로 시행되었다. 이를 통해 15세 미만 예술인·노무제공자 고용보험 가입선택권이 확보되었고, 외국인 예술인·노무제공자 또한 또한 체류자격에 따라 고용보험 가입기준이 명확화되었다.

또한, 코로나19와 같은 장기간의 사회·경제적 위기 발생 시 예술인·노무제공자의 소득감소 비교 시점을 탄력적으로 운영할 수 있도록 개선하였고, 예술인·노무제공자의 출산전후급여 지급 범위를 '고용보험 피보험자'에서 '고용보험 피보험자였던 사람'으로 확대하였다.

한편, 노무제공자 고용보험 적용의 관건인 소득파악체계 개선을 위하여 담당부처인 기획재정부, 국세청과 연계·협업체계를 구축(2020년 7월~)하였다. 고용노동부는 다양한 취업자 유형에 대한 피보험자격·보험료 기여 등 보험제도 적용방안을 마련하고, 기획재정부는 국세청과 함께 노무제공자 직종의 소득파악을 위한 「소득세법」 개정 및 조세-보험 간 연계방안을 마련하였다.

이와 더불어 노무제공자 고용보험 시행을 위한 인프라도 확충하였다. 실제 고용보험 적용·징수 실무를 담당하는 근로복지공단 본부에 특수형태근로종사자 고용보험 전담부서를 설치하고, 권역별 특수형태근로종사자센터를 서울, 부산, 경인, 대전에 설치(2021년 9월)하여 담당 인력 총 244명을 증원하였으며, 노무제공자 고용보험 적용 및 실업급여 지급과 관련한 전산시스템도 개편하였다.

제4절 추진실적 및 평가

2023년 말 기준 예술인 고용보험 가입자 수는 21만(누계 기준)을 넘었으며, 구직급여 수급 예술인은 5,060명, 출산전후휴가급여 수급 예술인은 115명이다.

〈표 3-6-1〉 예술인 고용보험 가입자수 및 지원현황(2023년 말 기준)

구 분		2021	2022	2023
가입자수(누계, 명)		106,652	168,723	211,615
구직급여 수급자	인원(명)	211	2,275	5,060
	지급액(백만원)	334	8,929	21,965
출산전후 급여 수급자	인원(명)	27	68	121
	지급액(백만원)	121	300	614

노무제공자 고용보험 제도도 155만명(누계 기준)을 넘어 구직급여 수급 노무제공자는 5,394명, 출산전후휴가급여 수급 노무제공자는 946명이다.

〈표 3-6-2〉 노무제공자 고용보험 가입자수 및 지원현황(2023년 말 기준)

구 분		2021	2022	2023
가입자수[1] (누계, 명, 잠정)		543,637	1,221,354	1,554,026
구직급여 수급자	인원(명)	2	817	5,394
	지급액(백만원)	2.3	2,405	26,629
출산전후급여 수급자	인원(명)	19	423	946
	지급액(백만원)	52	1868	4519

1) 합계는 이중취득을 제거한 수치로 직종간 단순합 보다 적음

제7장 고용보험사업 평가

제1절 개요 및 추진경과

고용보험사업의 중복 방지 및 효과성 제고 등을 위한 평가 필요성이 제기됨에 따라 2007년부터 고용보험사업 평가를 실시하였다.

고용보험사업은 근로자의 고용안정 및 재취업을 촉진하기 위한 적극적 노동시장 정책의 핵심 수단으로 그 역할을 확대하면서 재정규모도 계속 증가하였다.

반면 양적 규모에 비해 고용보험사업에 대한 전반적인 평가체계는 미흡하다는 의견이 있어, 전문적인 평가기관에서 상시적이고 지속적인 성과평가를 할 수 있도록 2011년부터 '고용보험 평가센터'를 지정하여 평가를 수행하고 있다.

'고용보험 평가센터'에서는 고용보험사업 효율성 제고를 위해 사업 목적, 집행 및 성과 등을 체계적으로 평가하며, 평가 결과는 고용보험 사업의 구조조정이나 제도개선, 연도별 고용보험 기금운용계획 수립 등에 활용 중이다.

제2절 고용보험사업 평가

가. 종합평가

참여자 정보를 바탕으로 성과분석, 현장 모니터링 등을 실시한 결과, 디지털·신기술 분야 훈련 및 맞춤형 고용서비스를 확대하고 코로나19로 규모가 급격히 증가한 고용장려금을 축소하는 등 민간일자리로의 이동을 지원하는데 고용보험 사업이 기여한 것으로 나타났다.

다만, 경기둔화, 인구구조 변화 등 노동시장 환경변화에 유연하게 대응하고, 신산업분야 인재양성 및 창업지원 확대 등 지속 가능한 일자리 창출 여건을 조성하고 특성별 취업 지원 강화 등 선택과 집중을 통해 취약계층을 보호해야 한다는 점이 향후 나아가야 할 방향으로 제시되었다.

나. 유형별 사업평가 결과 및 개선방안

1) 직업훈련

직업훈련 사업은 실업자의 취업 가능성을 높이는 동시에 근로자의 실업 가능성을 줄이기 위해 직업능력개발훈련을 제공하는 것을 의미한다. 직업훈련사업은 구직자 훈련, 재직자훈련, 일학습병행 등 3가지 유형으로 분류된다.

2023년은 260만명이 참여하였으며 직업훈련 사업의 취업률 평균은 60.6%이다.

직업훈련은 주로 구직자를 위한 사업이 많으며, 특히 수요 대비 공급이 부족한 소프트웨어 등 디지털·신기술 인력을 효율적으로 공급하기 위해 수준별 인력양성 방안도 마련하였다.

2) 고용서비스

고용서비스 사업은 일자리를 구하는 사람과 일할 사람을 찾는 사람에게 효과적인 서비스를 제공해 서로가 원하는 바를 얻거나, 서로를 연결해 주기 위한 일련의 서비스를 의미한다. 고용부의 고용서비스 사업은 고용센터, 수행기관 및 민간위탁 운영 기관 등을 통해 운영되고 있다.

2023년 119만명에 대해 고용서비스를 제공하였으며, 고용서비스 참여자의 6개월 내 취업률은 35%, 6개월 이상 고용유지율은 55.7%이다.

고용·복지연계 등 취약계층 밀착지원, 업종·지역별 집중지원 등 기업 맞춤형 서비스 강화방안도 마련하였다.

3) 고용장려금

고용장려금 사업은 취업취약계층의 채용촉진, 실직 위험에 처한 재직자의 계속 고용지원, 근로자의 고용안정과 일자리 질 향상 등을 지원하는 사업을 의미한다. 세부 유형에 따라 고용유지, 고용안정, 고용창출, 모성보호로 구분되어 있다.

2023년 45만명을 지원하였으며 6개월 이상 고용유지율은 전년대비 2.1%p 증가한 78.1%이다.

저탄소·디지털화 등 코로나19 이후 산업구조 변화에 대응해 고용장려금 사업 성과를 높이기 위한 방안도 마련하였다.

4) 실업소득 유지 및 지원

실업소득 유지 및 지원 사업은 구직급여 등을 지원하여 구직자의 생활안정 도모 및 조속한 노동시장 복귀를 지원하는 사업을 의미한다.

2023년 356만명을 지원하였으며, 경기위축 등으로 고용이 둔화되고 있는 상황에서 실업소득 유지 및 지원은 노동시장의 사회안전망으로 적절히 기능하였다.

구직활동 의무횟수 증가, 허위·형식적 구직활동 제재 등 실업급여 수급자의 재취업 지원 강화 방안 등을 마련하였다.

제8장 고용보험심사제도

제1절 개요

1 의의

고용보험심사제도는 직업안정기관의 장 또는 근로복지공단이 행한 피보험자격의 취득·상실에 대한 확인, 실업급여, 육아휴직 급여, 출산전후휴가 급여 등에 관한 처분, 국민취업지원제도에 관한 처분과 관련하여 권리와 이익의 침해를 당한 민원인을 보호하기 위한 제도적 장치로서「고용보험법」에서 규정하고 있는 특별행정심판제도이다.

고용보험심사제도는 고용보험심사관에 의한 1심 및 고용보험심사위원회에 의한 2심 체계로 운영되며,「고용보험법」에 규정하지 아니한 사항에 관하여는 행정심판법의 규정에 따른다(「고용보험법」제104조제2항).

2 고용보험심사관 및 고용보험심사위원회

가. 설치목적 및 근거

1) 설치목적

고용보험 피보험자격의 취득·상실에 대한 확인 또는 실업급여, 육아휴직급여, 출산전후휴가 급여, 국민취업지원제도 등에 관한 처분에 있어서 직업안정기관의 장 또는 근로복지공단의 위법·부당한 행정처분으로 피보험자의 권리와 이익을 침해당한 경우 권리구제를 청구할 수 있게 고용보험심사관과 고용보험심사위원회를 설치·운영하고 있다.

일반적으로 행정청의 위법·부당한 처분에 대한 권리구제 신청은 「행정심판법」에 의해 가능하다. 그러나 고용보험의 경우 그 업무가 대단히 복잡하고 특수하여 전문적인 지식과 기술이 필요하고 실업급여에 대한 이의신청 건수가 많을 것으로 예상되어 이를 신속·공정하게 처리하기 위하여 고용보험 업무를 직접 관장하고 있는 고용노동부에 독립된 성격을 가진 심사기관을 둔 것이다.

2) 설치근거

고용보험심사관과 고용보험심사위원회의 설치에 관하여는 「고용보험법」 제89조 및 제99조, 같은 법 시행령 제121조와 제122조 및 제130조에 각각 설치근거가 마련되어 있다.

나. 연 혁

고용보험심사 및 재심사 청구에 관하여는 「고용보험법」 제정(1995년 7월 1일) 당시부터 규정이 마련되어 있었으나, 고용보험심사관과 고용보험심사위원회가 처음 설치된 것은 실업급여 제도가 시행된 1996년 7월 이후였다.

① 1996년 7월 30일 6개 지방고용노동청에 고용보험심사관 각 1인(총 6인) 배치함

② 1996년 8월 29일 고용보험 재심사 업무를 담당하기 위해서 근로자대표·사용자대표를 포함한 4인의 심사위원을 위촉하고, 상임위원(위원장) 및 당연직위원 각 1인을 포함하여 최초로 고용보험심사위원회를 구성함

③ 1998년 2월 20일 재심사청구에 대한 공정성 및 적실성 강화를 위해 고용보험법을 개정하여 심사위원회 위원수를 7인 이내에서 15인 이내로 증원하였고, 1998년 7월 21일 노·사 등 각계 대표위원 7인을 추가로 위촉함

④ 2000년 2월 25일 근로자 대표위원(민주노총) 1인을 추가로 위촉함

⑤ 2009년 5월 12일 공익위원 1인을 추가로 위촉함

다. 구 성

1) 고용보험심사관

고용보험심사관은 다음의 요건 중 어느 하나에 해당하는 사람 중에서 임명한다.

① 고용노동부에서 일반직 5급 이상 공무원이나 고위공무원단에 속하는 일반직 공무원으로서 보험에 관한 심사 또는 재심사의 청구에 관련된 업무에 1년 이상 종사한 사람

② 고용노동부에서 일반직 5급 이상 공무원이나 고위공무원단에 속하는 일반직 공무원으로서 보험업무에 2년 이상 종사한 사람

③ 그 밖에 제1호나 제2호의 자에 해당하는 자격이 있다고 고용노동부장관이 인정하는 사람

6개 지방고용노동청에 고용보험심사관이 각 1명씩 배치되었다가 2006년 10월 23일부로 고용노동부 본부에 고용보험심사관실이 생기면서 3명의 심사관이 배치되었고, 고용보험 심사청구 건수가 증가함에 따라 증원되어 2023년 말 현재 5명의 심사관이 심사업무와 심사청구에 대한 사례연구를 담당하고 있다.

심사관실에는 심사청구 사건에 대한 사실조사 및 증거조사 등 심사관을 지원하기 위하여 보조직원을 배치토록 하고 있으며, 보조직원은 6급 이하 공무원으로서 고용보험업무에 6개월 이상 근무한 사람으로 한다.

2) 고용보험심사위원회

고용보험심사위원회는 근로자를 대표하는 사람과 사용자를 대표하는 사람 각 1인 이상을 포함한 15인 이내의 위원으로 구성하는바, 다음의 요건을 충족하는 사람 중에서 고용노동부장관의 제청에 의하여 대통령이 위촉·임명하는 사람과 보험업무를 담당하는 고용노동부의 3급 공무원이나 고위공무원단에 속하는 일반직공무원 1인(당연직위원)으로 구성한다.

① 총연합단체인 노동조합에서 근로자대표로 추천한 사람

② 전국적 규모의 사용자단체에서 사용자대표로 추천한 사람

③ 판사·검사 또는 변호사의 자격이 있는 사람

④ 「고등교육법」에 따른 대학에서 부교수 이상으로 재직하고 있거나 재직하였던 사람

⑤ 3급 이상의 공무원이나 고위공무원단에 속하는 일반직공무원으로 재직하고 있거나 재직하였던 사람

⑥ 노동관계 업무에 15년 이상 종사한 자로서 고용노동부장관이 자격이 있다고 인정하는 사람

⑦ 사회보험 또는 고용문제에 관한 학식과 경험이 있는 자 중에서 고용노동부장관이 자격이 있다고 인정하는 사람

고용보험심사위원회의 위원장은 상임위원(위 ⑤ 또는 ⑥ 해당자) 중에서 고용노동부장관의 제청에 의하여 대통령이 임명하고, 부위원장은 위원 중에서 호선한다.

다음의 1에 해당하는 사람은 위원에 임명될 수 없으며, 상임위원은 정당에 가입하거나 정치에 관여하여서는 아니 된다.

① 피성년후견인·피한정후견인 또는 파산의 선고를 받고 복권되지 아니한 사람

② 금고 이상의 실형을 선고받고 그 형의 집행이 종료되거나(집행이 종료된 것으로 보는 경우를 포함한다) 집행이 면제된 날부터 3년이 지나지 아니한 사람

③ 금고 이상의 형의 집행유예를 선고받고 그 유예기간 중에 있는 사람

심사위원의 임기는 3년으로 하되 연임할 수 있고, 위원이 궐위된 경우 보궐위원의 임기는 전임자 임기의 남은 기간으로 한다. 다만, 상임위원(위원장을 포함한다)이 궐위된 경우 보궐위원의 임기는 새로이 시작한다.

라. 고용보험심사위원회의 운영

심사위원회 회의는 위원장 또는 부위원장, 당연직위원과 위원장이 회의할 때마다 지정하는 노·사 대표 각 1명의 위원을 포함하여 9명 이내로 구성·운영한다.

또한 회의시마다 노·사 대표 위원 외에 법률전문가, 학계·노동문제전문가 등 각계 대표위원 1명을 지정하여 심리를 함으로써 재심사의 전문성·공정성을 확보하도록 한다. 2023년에는 총 23회 심리 회의를 개최하여 222건의 재심사청구 사건을 처리하였다.

제2절 고용보험심사청구 처리절차

1 심사청구 및 결정

가. 심사청구서의 제출 및 접수

1) 심사청구서의 제출

심사청구는 문서로 하여야 한다(「고용보험법」 제91조). 청구인이 심사청구서를 제출함으로써 심사 절차가 개시되는데 심사청구에 대한 심리는 서면심리 방식으로 행하여지므로 심사청구서의 내용이 부실하거나 부정확한 경우에는 청구인이 불이익을 받는다. 따라서 심사청구서를 정확하고 간명하게 작성해야 한다.

2) 경유 절차

청구인이 원처분을 행한 직업안정기관 또는 근로복지공단에 심사청구서를 제출하면 피청구인인 원처분청은 심사청구서를 받은 날부터 5일 이내에 의견서를 첨부하여 이를 심사관에게 보내야 한다(「고용보험법」 제90조).

3) 심사청구서의 접수

청구인이 심사청구서를 제출하면 행정청은 이를 접수하여야 하며, 당해 행정청이 피청구인 적격이 없는 경우에도 이를 이유로 심사청구서 접수를 거부하거나 접수된 심사청구서를 반려하여서는 아니 된다. 심사청구가 부적법하다고 인정되는 경우에도 역시 이를 이유로 심사청구서의 접수를 거부하거나 접수한 심사청구서를 반려할 수 없다.

심사관은 심사청구서를 송부받으면 심사청구서 접수 및 처리 대장에 기재하고 별도로 관리하여야 한다.

나. 청구서의 이송

1) 심사청구서가 다른 행정기관에 제출된 경우

민원인에게 경유 절차를 알리지 아니하였거나 잘못 알려서 청구인이 심사청구서를 다른 행정기관에 제출한 때에는 그 행정기관은 지체 없이 정당한 권한 있는 행정청에 송부하고 이 사실을 청구인에게 통지하여야 한다.

2) 심사청구서 송부

원처분을 행한 직업안정기관의 장 또는 근로복지공단은 청구인이 심사청구를 취하한 경우를 제외하고는 심사청구서를 받은 날로부터 5일 이내에 의견서를 첨부하여 이를 심사관에게 송부하여야 한다.

다. 심사청구의 제기요건

심사청구는 청구인이 될 수 있는 자격 있는 자가 심사청구대상인 실업급여 등에 관한 처분 등에 대하여 심사청구 기간 내에 소정의 방식에 의하여 원처분청에 제기하여야 한다. 심사청구 제기요건을 하나의 표로 나타내면 아래와 같다.

〈표 3-8-1〉 심사청구 제기요건

구 분	제 기 요 건
당 사 자	실업급여 지급 등에 대한 직업안정기관의 장 또는 근로복지공단의 처분에 이의 있는 자가 원처분청을 피청구인으로 하여 심사관에게 심사청구 제기
심사청구의 대상	「고용보험법」에 따른 피보험자격의 취득·상실에 대한 확인, 실업급여, 육아휴직급여, 출산전후휴가급여, 국민취업지원제도 등에 관한 처분
청 구 방 식	「고용보험법」에 의한 소정방식
청 구 기 간	확인 또는 처분이 있음을 안 날로부터 90일 이내

1) 심사청구의 당사자

청구인과 피청구인을 심사청구의 당사자라 한다.

청구인은 지방고용노동관서의 장 또는 근로복지공단이 행한 처분으로 권리 또는 이익을 직접 침해당한 자가 되고, 피청구인은 처분을 한 직업안정기관의 장 또는 근로복지공단이 된다.

청구인이 될 수 있는 자는 「민법」 및 기타 법률에 따라 권리능력을 가지는 자연인과 법인이다. 다만 자연인 중 미성년자, 피성년후견인, 피한정후견인은 행위능력이 인정되지 아니하므로 그 법정대리인이 제기하여야 한다.

2) 심사청구대상

직업안정기관의 장 또는 근로복지공단의 처분 중 「고용보험법」 제87조 및 「구직자 취업촉진 및 생활안정지원에 관한 법률」 제30조에 의하여 심사 및 재심사 청구를 할 수 있는 경우는 다음과 같다.

① 피보험자격의 취득·상실에 대한 확인

② 실업급여에 관한 처분

③ 육아휴직 급여, 출산전후휴가 급여 등에 관한 처분

④ 국민취업지원제도에 관한 처분

3) 심사청구기간

심사청구는 청구인이 확인 또는 처분이 있음을 안 날로부터 90일 이내에 제기하여야 한다.

기간이 지나면 당해 심사청구는 적법하지 않은 것으로 각하되게 된다. '처분이 있음을 안 날'이란 통지·공고 기타의 방법에 의하여 당해 처분이 있는 것을 현실적으로 안 날을 말하며, '처분이 있은 날'이란 처분이 처분으로서 효력을 발생한 날을 가리킨다.

행정청의 고지와 관련해서, 심사청구 기간을 착오로 소정의 기간보다 장기로 잘못 고지한 때에는 그 잘못 고지된 기간 내에, 심사청구 기간을 고지하지 아니한 때에는 처분이 있은 날부터 180일 이내에 심사청구를 할 수 있다(「행정심판법」 제27조제5항·제6항). 이 경우 청구인이 사실상 소정의 적법한 심사청구 기간을 알았는지는 가리지 않는다.

라. 심 리

1) 심사청구의 적법성과 청구의 당부

심사청구에 대한 심리의 대상이 되는 것은 2가지로 첫째, 심사청구가 적법한지이다. 심사청구 자체가 적법하지 않은 경우에는 청구의 당부에 관한 판단을 할 필요 없이 각하하는 결정을 하게 된다. 이를 요건심리라 한다.

둘째, 청구인이 권리보호를 구하고 있는 청구의 당부이다. 이를 본안심리라고 하는데 청구가 정당하다고 인정될 때는 취소하는 결정을 하고, 청구가 정당하지 아니하다고 인정될 때는 기각하는 결정을 하여야 한다.

2) 심리의 범위

심리 범위에 관해서는 불고불리의 원칙과 불이익변경금지의 원칙이 적용되고 있다. 심사관은 심사청구의 대상이 되는 처분 이외의 사항에 대하여는 심리할 수 없으며(불고불리의 원칙), 심사청구의 대상이 되는 처분보다 불이익하게 심리·결정하여서는 아니 된다(불이익변경의 금지원칙).

3) 집행정지

심사청구는 원처분 등의 집행을 정지시키지 아니한다(집행부정지의 원칙). 다만, 심사관은 원처분 등의 집행에 의하여 발생하는 중대한 위해를 피하기 위하여 긴급한 필요가 있다고 인정할 때는 직권으로 그 집행을 정지시킬 수 있다(「고용보험법」 제93조).

마. 심사결정

1) 심사결정의 의의

결정이란 심사청구에 대하여 심사관이 심리를 종결한 결과 최종 판단인 의사 표시로 각하·기각·취소를 정하는 것을 말한다. 결정은 준사법적행위로서의 성질을 가지며 법률관계의 존부 또는 정부에 따라 행하는 기속행위로서의 성질도 가진다.

2) 결정의 범위

심사청구에 대한 결정 범위는 심사청구의 대상이 되는 처분사항 이외의 사항에 관하여는 결정하지 못한다. 그리고 심사청구의 대상이 되는 처분보다 청구인에게 더 불이익한 내용으로 결정하지 못한다.

3) 결정기간

심사 결정은 원처분청(피청구인)이 심사청구서를 받은 날로부터 30일 이내에 하여야 하나 부득이한 사정이 있는 때에는 1차에 한하여 10일을 넘지 아니하는 범위 내에서 그 기간을 연장할 수 있다.

4) 결정에 대한 불복

심사관 결정에 대하여 불복이 있는 자는 결정이 있음을 안 날부터 90일 이내에 재심사청구를 제기할 수 있다. 그러나 피청구인인 원처분청은 재심사청구를 제기할 수 없다.

2 재심사청구 및 재결

가. 재심사청구서의 제출 및 접수

1) 재심사청구서의 제출

재심사청구는 심사청구결과 심사관의 결정에 이의가 있는 경우 하여야 하며, 재심사청구서는 원처분을 행한 직업안정기관 또는 근로복지공단에 제출하여야 한다.

2) 경유절차

피청구인인 원처분청은 재심사청구서를 받은 날로부터 5일 이내에 이를 고용보험심사위원회에 보내야 한다.

또한 원처분청은 심사관에게 재심사청구서 사본을 첨부하여 재심사청구사실을 통보하여야 한다.

3) 재심사청구서 송부 및 심사 결정 자료 사본제출

원처분청은 재심사청구서를 심사위원회에 송부할 때는 의견서에 처분의 근거와 이유, 심사 결정 내용, 재심사 청구의 취지 및 이유에 대응하는 원처분청의 의견을 기재하고 증거 자료 등을 첨부하여야 한다.

재심사 청구 사실을 통보받은 심사관은 심사결정서 사본과 심사자료 사본 일체를 심사위원회에 제출하여야 한다.

나. 재심사청구의 제기요건

1) 당사자

청구인은 원처분청인 직업안정기관의 장 또는 근로복지공단이 행한 처분에 따라 직접 권리 또는 이익을 침해당한 자로 심사관 결정에 불복한 자가 되고, 피청구인은 원처분을 행한 직업안정기관의 장 또는 근로복지공단이 된다.

2) 재심사청구대상

피보험자격의 취득·상실에 대한 확인, 실업급여, 육아휴직 급여 및 출산전후휴가 급여 등에 관한 처분, 국민취업지원제도에 관한 처분에 이의가 있는 자가 「고용보험법」 제89조에 따른 고용보험심사관에게 심사를 청구하여 기각 또는 각하결정을 받은 사건에 한한다.

3) 재심사청구기간

재심사청구는 심사관의 결정이 있음을 안 날로부터 90일 이내에 제기하여야 한다.

다. 심 리

심사위원회는 재심사의 청구를 수리한 때에는 그 청구에 대한 심리기일 및 장소를 정하여 심리기일 3일 전까지 당사자와 그 사건을 심사한 심사관에게 알려야 한다.

통지는 문서로 하되, 직접 전달하거나 등기우편으로 보내야 한다. 당사자는 심사위원회에 문서 또는 구두로 의견을 진술할 수 있다.

라. 재 결

심사위원회는 재심사의 청구를 받은 때에는 50일 이내에 재결(국민취업지원제도는 30일)하여야 하고, 재결서를 작성하여야 한다.

심사위원회에서 재결을 한 때에는 재심사청구인, 원처분을 행한 직업안정기관의 장 또는 근로복지공단에게 재결서의 정본을 보내야 한다.

재결의 종류로는 심사 결정의 종류와 같이 각하, 기각, 취소의 결정을 하여야 한다.

마. 재결에 대한 불복

심사위원회의 재결에 대하여 불복이 있는 자는 「행정소송법」 제20조에 따라 재결서의 정본을 송달받은 날로부터 90일 이내에 행정소송을 제기하여야 한다.

행정소송은 원처분청의 소재지를 관할하는 행정법원(행정법원이 설치되지 않은 지역은 지방법원)에 제기하여야 한다.

행정소송에 있어서 제1심은 행정법원, 제2심은 고등법원, 제3심은 대법원이 관할한다.

[그림 3-8-1] 이의신청 처리 흐름도

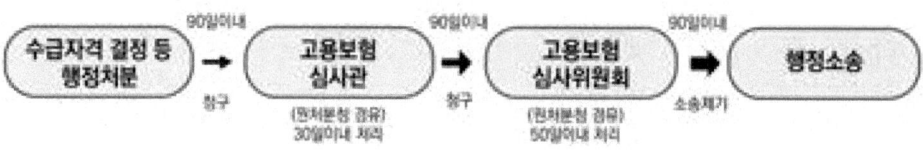

제3절 주요 제도개선 내용

1 고용보험 제도개선 요청

심리 회의 시 제기된 고용보험제도의 문제점을 본부 정책부서에 통보하여 검토를 요청함으로써 제도의 발전을 도모하고 적극적으로 근로자의 권리 보호를 위해 노력하였다. 특히 법령이나 지침과 다른 취지의 법원 판례에 대한 분석을 통하여 추후 고용법령 제도개선에 참고하도록 하는 한편, 규제개혁 실천방안의 하나로 국민의 관점에서 개선이 필요한 사항에 대해서 제도개선과제를 적극 발굴하였다.

2 당사자의 진술기회 보장

심리 회의 전 당사자에게 심리 회의 진술 기회를 적극 안내하여 심리 회의 시 사건 당사자 및 이해관계인의 참여를 통해 당사자가 충분하게 주장을 할 수 있도록 진술 기회를 적극 보장함으로써 절차상의 공정성 및 근로자의 권익 보호를 도모하였다. 2019년 총 84명(1회 심리회의 당 평균 3.5명), 2020년 총 91명(1회 심리회의 당 평균 3.6명), 2021년 총 124명(1회 심리회의 당 평균 5.2명), 2022년 총 65명(1회 심리회의 당 평균 2.9명), 2023년 총 64명(1회 심리회의 당 평균 2.6명)이 참석하였다. 특히, 당사자 간 주장이 첨예한 사건의 경우 이해관계인(사업주 등)을 심리 회의에 참여하도록 하여 공정하게 사건을 심리하기 위해 노력하였다.

3 공정하고 신속한 권리 구제 도모

심리의 객관적이고 공정, 타당한 결정을 기하기 위하여 직권주의 요소를 강화하였다. 사건 조사과정에서 적극적인 현장 조사를 함으로써 사건에 대한 정확한 사실관계 파악을 위한 객관적 증거 자료를 확보하여 심리 결정의 공정성 및 정확성을 도모하였다.

또한, 사건 처리기한을 철저히 준수하여 신속하게 처리함으로써 청구인의 권리보호 및 구제를 도모하였으며, 재결서 작성 시 난해한 표현을 지양하고 한자어 대신 일상용어로 자연스러운 표현을 사용하여 국민들이 쉽게 이해할 수 있도록 하였다.

4 고용보험재심사 전문성 제고

최근 제기된 소송 및 대법원 확정판결 소송 결과를 유형별로 분석하고 법리를 검토하여 재결에 반영하였고 필요시 제도를 개선하고 지침에 반영토록 건의함으로써 정책 피드백 역할을 하였다. 더불어 고용보험 심사·재심사업무 담당자의 업무능력 및 전문성 제고를 통한 피보험자의 권리를 보장하기 위하여 해당 정책부서 담당자 등과 함께 정기적인 회의를 개최하였다.

5 기 타

전년도에 재결된 심사 및 재심사 결정 사례 중 참고할 만한 사례를 선별·정리 수록한 '고용보험 심사·재심사결정 사례집'을 발간하여 국민과 담당자에게 재결에 대한 정보를 제공하고 고용보험제도 홍보에 기여하였다. 아울러 고용센터 실무 담당자들을 대상으로 (재)심사 업무처리 요령 및 재결사례 소개 등에 대한 출강 교육을 통해 업무능력 향상을 도모하였고, 업무처리 과정에서 국민들에게 피해가 발생하지 않도록 하였다. 또한 홈페이지에 사건처리 계획을 게시하여 상시 안내하고, 재결서 송달 전 심리 회의 당일 결과를 문자로 서비스 하는 등 민원서비스 품질 제고에도 노력하였다.

제4절 심사·재심사청구 현황

1 심사청구 현황

가. 심사청구 및 결정현황

1996년 7월 1일부터 2023년 12월 31일까지 총 23,536건이 청구되어 23,357건이 결정되었다.

2023년의 경우 총 1,178건이 청구되어 1,278건(전년도 이월사건 포함)이 결정되었고, 이 중 196건(15.3%)이 취소 결정되었다.

<표 3-8-2> 연도별 심사청구 및 결정현황

(단위: 건)

구분	청구	처리						이월
		계	취소	%	기각	각하	취하	
2010	1,170	962	178	18.5	756	19	9	291
2011	1,486	1,293	229	17.7	1,024	28	12	484
2012	1,022	1,301	216	16.6	1,052	27	6	205
2013	1,332	1,282	132	10.3	1,116	26	8	255
2014	1,128	1,267	221	17.4	978	57	11	116
2015	906	931	140	15.0	766	22	3	78
2016	1,143	1,070	172	16.1	866	29	3	151
2017	1,027	1,091	212	19.4	837	34	8	87
2018	1,189	1,030	189	18.3	807	21	13	246
2019	1,109	1,237	179	14.5	1,007	23	28	118
2020	1,243	1,204	103	8.6	1,055	29	17	157
2021	1,329	1,353	176	13.0	1,119	41	17	133
2022	1,080	947	140	14.8	778	11	18	266
2023	1,178	1,278	196	15.3	1,016	39	27	166

나. 내용별 심사청구 현황

2023년의 경우 수급자격 관련 사건(334건, 28.4%), 피보험자격(291건, 24.7%), 취업촉진수당(240건, 20.4%), 부정수급(152건, 12.9%), 실업인정(88건, 7.5%), 국민취업지원제도(50건, 4.2%), 육아휴직 급여(17건, 1.4%), 출산전후휴가 급여(3건, 0.3%)순으로 심사 청구되었고 기타 3건을 포함하여 총 1,178건이 청구되었다.

〈표 3-8-3〉 내용별 심사청구 현황

(단위: 건)

구 분	계	수급자격	구직급여(실업인정)	취업촉진수당	부정수급	피보험자격	육아휴직	출산전후휴가	국민취업	기타
2010	1,170	346	101	136	333	151	9	24		70
2011	1,486	225	174	224	650	89	15	21		88
2012	1,022	172	137	225	243	150	15	14		66
2013	1,332	163	404	193	289	153	54	21		55
2014	1,128	213	223	181	244	86	113	11		57
2015	906	165	139	117	276	111	44	7		47
2016	1,143	167	134	113	504	127	30	8		60
2017	1,027	147	115	128	304	243	33	14		43
2018	1,189	233	143	123	181	431	56	14		8
2019	1,109	208	86	102	173	477	39	17		7
2020	1,243	251	102	114	182	524	52	10		8
2021	1,329	305	170	158	177	425	40	9	33	12
2022	1,080	342	89	154	126	309	11	3	45	1
2023	1,178	334	88	240	152	291	17	3	50	3

다. 평 가

전체 청구 건수를 보면, 2023년의 경우 총 1,178건이 심사 청구되어 전년 1,080건 대비 9.1%(98건) 증가하였으며, 이 중 취소율은 15.3%로 전년 14.8%에 대비 0.5%p 증가한 것으로 나타나고 있다. 내용별 청구 건수를 보면, 피보험자격이 309건에서 291건으로 가장 많이 감소하였고, 부정수급 관련 심사청구가 126건에서 152건으로 가장 많이 증가하였다.

2 재심사청구 현황

가. 재심사청구 및 재결현황

1996년 7월 1일부터 2023년 12월 31일까지 총 4,115건이 청구되어 4,076건이 재결되었다. 2023년의 경우에는 총 225건이 청구되었으며 222건(전년도 이월사건 포함)이 재결되었고, 이 중 61건(27.5%)이 취소재결되었다.

〈표 3-8-4〉 연도별 재심사청구 및 재결현황

(단위: 건)

구분	청구	처리						이월
		계	취소	%	기각	각하	취하	
2010	136	142	20	14.1	112	7	3	9
2011	277	265	41	15.5	220	2	2	21
2012	174	187	23	12.3	155	7	2	8
2013	193	182	16	8.8	157	7	2	19
2014	180	182	17	9.3	156	2	7	17
2015	152	151	24	15.8	123	3	1	18
2016	148	147	30	20.4	111	5	2	19
2017	203	202	38	18.8	151	11	2	20
2018	168	168	60	35.7	104	3	1	20
2019	184	177	72	40.6	94	3	8	27
2020	241	222	71	32.0	135	6	10	46
2021	288	299	73	24.4	206	2	18	35
2022	169	168	46	27.4	107	7	8	36
2023	225	222	61	27.5	147	6	8	39

나. 재심사청구 내용별 현황

2023년에는 취업촉진 수당에 관한 청구 61건(27.1%), 피보험자격에 관한 청구 57건(25.3%), 수급 자격에 관한 청구 38건(16.9%), 부정수급에 관한 청구 32건(14.2%), 구직급여(실업인정)에 관한 청구 10건(4.5%), 국민취업지원제도에 관한 청구 9건(4.0%), 육아휴직 급여에 관한 청구 4건(1.8%), 출산전후휴가 급여에 관한 청구 1건(0.1%), 기타 13건(5.8%)으로 총 225건이 청구되었다.

〈표 3-8-5〉 내용별 재심사청구 현황

(단위: 건)

구분	계	수급자격	구직급여(실업인정)	취업촉진수당	부정수급	피보험자격	육아휴직	출산전후휴가	국민취업	기타
2010	136	41	10	13	48	11	2	3	-	8
2011	277	46	38	25	133	17	1	4	-	13
2012	174	20	8	30	89	14	-	1	-	12
2013	193	16	22	38	65	25	8	4	-	15
2014	180	30	24	25	61	17	17	3	-	3
2015	152	32	14	12	65	16	9	1	-	3
2016	148	21	6	14	72	22	5	0	-	8
2017	203	28	3	19	101	42	6	1	-	3
2018	168	35	4	14	52	53	6	0	-	4
2019	184	38	5	16	33	81	6	1	-	4
2020	241	48	10	25	29	114	11	0	-	4
2021	288	43	55	17	37	116	8	1	5	6
2022	169	40	12	19	28	57	1	0	3	9
2023	225	38	10	61	32	57	4	1	9	13

다. 평 가

청구건수를 보면, 2023년에는 225건이 청구되어 전년 169건 대비 33.1%(56건) 증가하였으며, 취소율은 27.5%로 전년(27.4%) 대비 0.1%p 증가한 것으로 나타났다. 내용별 청구건수를 보면 피보험자격에 관한 재심사 청구가 57건(25.3%)으로 가장 많았다.

**2024년판
고용보험백서**

The Employment
insurance
White paper

제4편

고용보험재정

제1장 고용보험기금 운용

제2장 기금운용현황(최근 5년간)

제1장 고용보험기금 운용

제1절 고용보험기금 개요

1 설치근거 및 목적

고용보험기금의 설치근거에 관해서는 「고용보험법」(이하 '법'이라 한다) 제78조~제86조에서 규정하고 있다.

고용안정·직업능력개발사업, 실업급여 등 고용보험사업에 필요한 재원을 충당하기 위하여 1995년 7월 1일부터 고용보험기금을 설치·운영하고 있다.

고용보험기금은 다음 용도에 따라 사용하여야 한다(법 제80조).

① 고용안정·직업능력개발 사업에 필요한 경비

② 실업급여의 지급

③ 육아휴직 급여 및 출산전후휴가 급여 등의 지급

④ 보험료의 반환

⑤ 일시 차입금의 상환금과 이자

⑥ 이 법과 보험료징수법에 따른 업무를 대행하거나 위탁받은 자에 대한 출연금

⑦ 그 밖에 이 법의 시행을 위하여 필요한 경비로서 대통령령으로 정하는 경비와 제1호 및 제2호에 따른 사업의 수행에 딸린 경비

2 재원의 조성

고용노동부장관은 보험사업에 필요한 재원을 충당하기 위하여 고용보험기금을 설치하고(법 제78조제1항), 고용보험기금은 보험료와 이 법에 의한 징수금·적립금·기금운용수익금과 그 밖의 수입으로 조성한다(법 제78조제2항).

가. 보험료

보험료에 관해서는 제2편 제4장에서 설명한 바와 같다. 보험료를 징수하거나 반환받을 권리는 3년간 행사하지 않으면 시효로 인하여 소멸한다(법 제107조, 「보험료징수법」 제41조).

나. 그 밖의 징수금

보험료 외에 보험료를 법정 기한 내에 납부하지 않거나 허위 신고 시 가산금, 연체금, 과태료를 징수한다. 이러한 보험료 이외의 징수금을 징수하는 권리는 3년간 행사하지 않으면 시효로 인하여 소멸한다(법 제107조, 「보험료징수법」 제41조).

다. 적립금

고용노동부장관은 대량실업의 발생이나 그 밖의 고용상태 불안에 대비한 준비금으로 여유자금을 적립하여야 하며(법 제84조제1항), 여유자금의 적정규모는 다음과 같다(법 제84조제2항).

① 고용안정·직업능력개발 사업 계정의 연말 적립금: 해당 연도 지출액의 1배 이상 1.5배 미만
② 실업급여 계정의 연말 적립금: 해당 연도 지출액의 1.5배 이상 2배 미만

라. 기금운용수익금

기금은 금융기관 등에 예탁하는 방법으로 관리·운용하며(법 제79조제3항), 기금운용수익금은 이러한 방법에 따라 생긴 수익금을 말한다.

3 기금의 운용

고용보험기금은 고용노동부장관이 다음 방법에 의해서 관리·운용한다(법 제79조).

① 금융기관에의 예탁

② 재정자금에의 예탁

③ 국가·지방자치단체 또는 금융기관에서 직접 발행하거나 채무이행을 보증하는 유가증권의 매입

④ 보험사업의 수행 또는 기금증식을 위한 부동산의 취득 및 처분

⑤ 그 밖에 대통령령으로 정하는 기금증식방법

여기서 '대통령령으로 정하는 기금 증식방법'이란 「자본시장과 금융투자업에 관한 법률」 제4조에 따른 증권의 매입을 말한다(법 시행령 제105조제1항).

고용보험기금을 관리·운용할 때에는 그 수익이 금융기관의 1년 만기 정기예금 이자율이나 예상물가상승률 등을 고려하여 고용노동부장관이 정하는 수익률 이상이 되도록 하여야 한다(법 제79조제4항, 법 시행령 제105조제2항).

그 밖에 기금의 관리·운용에 관한 세부사항은 「국가재정법」의 규정에 따른다(법 제79조제2항).

제2절 기금운용계획 수립 및 기금운용 평가

1 기금운용계획 수립

고용노동부장관은 매년 기금운용계획을 세워 고용보험위원회 심의를 거친 후 5월31일까지 기금운용계획안을 기획재정부장관에게 제출하여야 한다.

기획재정부장관은 제출된 기금운용계획안에 대하여 고용노동부장관과 협의·조정하여 기금운용계획안을 마련한 후 국무회의의 심의를 거쳐 대통령의 승인을 얻어 정부안을 확정하고, 회계연도 개시 120일 전까지 국회에 제출하여야 한다(법 제81조제1항, 「국가재정법」 제66조 및 제68조).

제출된 기금운용계획안은 국회의 심의·의결을 거쳐 확정된다(「국회법」 제84조의2).

기금운용계획에는 ① 기금의 수입 및 지출에 관한 사항, ② 당해 연도의 사업계획·지출원인행위계획 및 자금계획에 관한 사항, ③ 전년도 이월자금의 처리에 관한 사항, ④ 적립금에 관한 사항, ⑤ 그 밖에 기금운용에 필요한 사항이 포함되어야 하며(법 시행령 제109조), 기금조성계획, 추정재정상태표 및 추정재정운영표, 수입지출계획의 총계표·순계표 및 주요항목별 내역서, 성과계획서, 성인지 기금운용계획서 등을 첨부하여야 한다(「국가재정법」 제71조).

[그림 4-1-1] 기금운용계획 수립절차

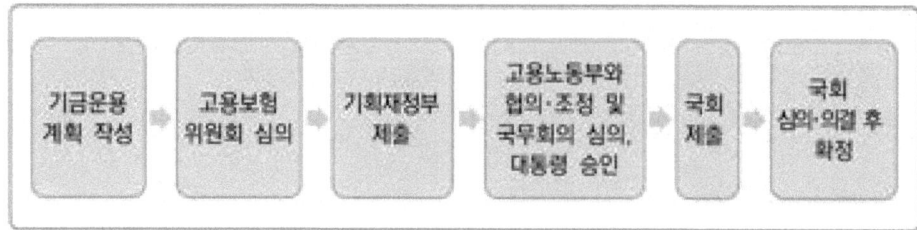

1) 기금운용계획안 제출

기금관리주체는 기금운용계획을 수립하여 매년 5월 31일까지 기획재정부장관에게 제출하여야 한다(「국가재정법」 제66조제5항).

2) 정부안 확정

기획재정부장관은 기금운용계획안에 대하여 기금관리주체와 협의·조정한 후, 국무회의의 심의를 거쳐 대통령의 승인을 얻어야 한다(「국가재정법」 제66조제6항).

3) 국회제출, 심의·확정

정부는 기금운용계획안을 회계연도 개시 120일 전까지 국회에 제출하여야 하며(「국가재정법」 제68조제1항), 국회는 제출된 기금운용계획안을 회계연도 개시 30일 전까지 심의·확정한다(「국회법」 제84조의2).

4) 기금의 월별수입 및 지출계획서 제출

기금관리주체는 기금운용계획이 확정된 때에는 기금의 월별 수입 및 지출계획서를 작성하여 회계연도 개시 전까지 기획재정부장관에게 제출하여야 한다(「국가재정법」 제68조제2항).

5) 기금의 결산

각 중앙관서의 장은 「국가회계법」에서 정하는 바에 따라 회계연도마다 작성한 결산보고서를 다음 연도 2월 말일까지 기획재정부장관에게 제출하여야 한다(「국가재정법」 제58조제1항).

기획재정부장관은 「국가회계법」에서 정하는 바에 따라 회계연도마다 작성하여 대통령의 승인을 받은 국가결산보고서를 다음 연도 4월 10일까지 감사원에 제출하여야 한다(「국가재정법」 제59조).

감사원은 제출된 국가결산보고서를 검사하고 그 보고서를 다음 연도 5월 20일까지 기획재정부장관에게 송부하여야 하고, 정부는 감사원의 검사를 거친 국가결산보고서를 다음 연도 5월 31일까지 국회에 제출하여야 한다(「국가재정법」 제60조 및 제61조).

2 기금운용 평가

> 기금운용평가는 기금운용의 효율성과 투명성을 제고하고 제도개선에 활용하기 위하여 사업운영부문과 자산운용부문으로 구분하여 실시한다.

가. 평가의 개요

정부는 기금운용의 실태를 평가하고 그 결과를 국회와 국민에게 공개하여 기금운용의 투명성과 효율성을 제고하고, 기금운용에 대한 전문적이고 기술적인 분석을 통해 기금제도 개선 및 정책 수립에 기여하기 위하여 2000년부터 매년 기금운용실태를 평가하고 있다.

나. 평가의 근거

1999년 12월 18일 개정된 (구)「기금관리기본법」에 의하여 기획예산처장관 소속하에 기금정책심의회와 기금운용평가단을 설치(구 법 제11조의2 및 제12조)하였다.

현재는 「국가재정법」 제82조에 근거하여 기금운용평가를 실시하고 있다.

다. 기금운용평가 주체·절차

1) 사업운영평가는 재정사업 자율평가와 일원화하여 부처에서 자율평가 후 기획재정부가 이를 확인·점검하는 방식으로 평가

2) 자산운용평가는 기금운용평가단에서 평가

3) 기획재정부는 사업운영부문과 자산운용부문 평가결과를 종합하여 국무회의에 보고하고 국회에 제출

라. 2023회계연도 기금운용평가 계획

1) 사업운영부문

   ○ 평가지침 통보(기획재정부 → 각 부처, 2023년 1월)

   ○ 자체평가 실시 및 평가결과 제출(각 부처, 2024년 1월~3월)

2) 자산운용부문

   ○ 평가지침 통보(기획재정부 → 각 부처, 2023년 1월)

   ○ 기금운용평가단 구성(2024년 2월 중)

   ○ 기금관리주체의 조사·평가 자료 제출(2024년 2월 29일까지)

   ○ 제출 자료 검토 및 보완(2024년 3월 초순~3월 중순)

   ○ 대면심사(2024년 3월 29일)

   ○ 최종보고서(안) 작성(2024년 4월 말까지)

   ○ 국무회의 보고 및 국회 제출(2024년 5월 말까지)

마. 기금운용평가 결과

1999년 기금평가가 시작된 이후 고용보험기금은 우수한 기금으로 지속 평가되었다.

1999년에는 계량평가는 없었으나, 적용·징수업무를 근로복지공단에 위탁하여 업무의 생산성을 높인 우수한 기금으로 평가되었으며, 2000년에는 채용 장려금 제도 폐지, 도서거주자·장애인 등에 대한 실업인정 특례 등의 제도개선 결과를 높이 평가받아 복지노동 분야 8개 기금 중 개선실적이 양호한 기금으로 선정되었으며, 2001년에는 경영개선, 사업운영, 자산운용 3개 부문으로 평가받았으며, 고용보험기금은 복지노동 분야 7개 기금 중 사업운영부문 1위, 자산운용부문 4위, 경영개선 5위로 선정되었다.

2002년도 기금평가는 경영개선·사업운영, 자산운용 2개 부문으로 평가받았으며, 고용보험기금은 경영개선 및 사업운영 부문에서 복지노동 11개 기금 중 4위로 선정되었고, 자산운용부문에서 대규모 사업성 기금 13개 기금 중 1위로 선정되었다.

2002년도 기금평가 시 우수기금으로 선정된 것에 대한 인센티브(전년도 우수기금으로 평가받은 기금은 당해 연도 기금평가 대상에서 제외)로 2003년도 기금평가는 평가대상 기금에서 제외되었다.

2004년도 기금평가는 경영개선·사업운영, 자산운용 2개 부문으로 평가받았으며 고용보험기금은 경영개선 및 사업운영부문에서 복지노동 14개 기금 중 2위로 선정되었고 자산운용부문에서 대규모 사업성 기금 9개 기금 중 1위로 선정되었다.

2005년도 기금평가는 경영개선·사업운영, 자산운용 2개 부문으로 평가받았으며 고용보험기금은 경영개선 및 사업운영부문에서는 근로자학자금 및 훈련비 대부사업 등이 사업계획이 우수한 사업으로 선정되는 등으로 인해 복지노동 5개 기금 중 1위로 선정되었으나, 자산운용부문에서는 1조원 초과 대규모 금융 및 사업성 기금 6개 기금 중 5위에 그쳤다. 이에 따라 사업운영부분은 2006년도 기금평가 시 제외되었다.

2006년도 기금평가는 자산운용부분에 대해서만 실시되었으며, 그 결과 장기자금 1조원 이상 사업성기금 6개 중 4위를 차지하였다.

2007년도 기금평가는 사업운영부문에 대해서만 실시되었고, 복지노동 12개 기금 중 6위로 선정되었다.

2008년도 기금평가는 자산운용, 사업운영 2개 부문으로 평가받았으며, 자산운용 부문에서는 사업성 기금 24개 기금 중 9위로 선정되었으나, 사업운용 부문에서는 사회부문 19개 기금 중 18위에 그쳤다.

2009년도 기금평가는 사업운영부문만 실시되었으며, 전년도와 비교하여 성과지표와 성과목표치의 적정성에 대한 평가하락 등으로 사회분야 20개 기금 중 13위로 선정되었다.

2010년도 기금평가는 경영개선·사업운영, 자산운용 2개 부문으로 평가받았으며, 사업운영 부문은 사회부문 17개 기금 중 14위에 머물렀고 자산운용 부문은 대형부문 12개 기금 중 9위에 선정되었다.

2011년도 기금평가는 경영개선·사업운영, 자산운용 2개 부문으로 평가받았으며, 사업운영 부문은 사회부문 21개 기금 중 9위로 선정되었다. 또한 자산운용 부문 종합평가는 평균점수 및 표준편차를 활용한 상대평가가 실시되었으며 고용보험기금은 5등급인 미흡등급을 받았다.

2012년도 기금평가는 사업운영, 자산운용 2개 부문으로 평가받았다. 사업운영 부문은 사업 모니터링 및 사업관리시스템 점검에 대한 배점을 강화하였으며, 16개 평가 대상사업 중 2개 사업이 우수등급, 11개 사업은 보통 등급, 3개 사업에 대하여 미흡 이하 등급을 받았다. 자산운용 부문 평가는 자산운용 계획과 집행 부문은 비계량 평가로, 성과부문은 계량평가로 실시되어 그 결과가 합산 되었으며, 고용보험기금의 경우 적정유동성 추정 시 정확도를 제고하고 자산운용위원회 운영의 실효성 강화 권고와 함께 미흡등급을 받았다.

2013년도 기금평가는 사업운영, 자산운용 2개 부문으로 평가받았다. 사업운영 부문은 발굴출처별로 해결실적을 구분·평가하고 분기별 집행계획 준수에 대한 평가기준 명시 등을 하였으며, 12개 평가 대상사업 중 1개 사업이 우수등급, 6개 사업이 보통, 5개 사업이 미흡 이하 등급을 받았다. 자산운용 부문 평가는 자산운용 계획과 집행 부문은 비계량 평가로, 성과부문은 계량평가로 실시되고 그 결과가 합산 되었으며, 고용보험기금의 경우 기금규모에 부합한 기금운용조직의 정립과 운용체계수립을 위한 내부 운용조직과 인력의 대폭적인 보강 권고와 함께 보통등급을 받았다.

2014년도 기금평가는 사업운영, 자산운용 2개 부문으로 평가받았다. 사업운영 부문은 발굴 출처별로 해결실적을 구분·평가하고 분기별 집행계획 준수에 대한 평가기준 명시 등을 하였으며, 9개 평가 대상사업 중 2개 사업이 우수등급, 4개 사업이 보통, 3개 사업이 미흡 이하 등급을 받았다. 자산운용 부문 평가는 자산운용체계 및 정책, 위험 및 성과관리 부문은 비계량 평가로, 자산운용실적부문은 계량평가로 실시되어 그 결과가 합산 되었으며, 고용보험기금의 경우 기금 내부 조직의 보강 및 의사결정체계와 조직체계의 정비, 효율적인 유동성 관리 권고와 함께 미흡등급을 받았다.

2015년도 기금평가는 사업운영, 자산운용 2개 부문으로 평가받았다. 사업운영 부문은 사업관리 및 성과의 우수성을 평가기준에 따라 우리부에서 자체 평가한 결과를 바탕으로, 평가과정·결과·지출 구조조정의 적정성을 기획재정부에서 평가한 결과, 17개 평가 대상사업 중 3개 사업이 우수등급, 9개 사업이 보통, 5개 사업이 미흡등급을 받았다. 자산운용 부문 평가는 자산운용 체계 및 정책, 위험 및 성과관리 부문은 비계량 평가로, 자산운용실적부문은 계량평가로 실시되어 그 결과가 합산 되었으며, 고용보험기금의 경우 기금 내부조직의 보강 및 주간운용사에 대한 통제, 모니터링의 강화 필요 등의 권고와 함께 보통등급을 받았다.

2016년도 기금평가는 사업운영, 자산운용 2개 부문으로 평가받았다. 사업운용 부문은 사업관리 및 성과의 우수성을 평가기준에 따라 우리부에서 자체평가한 결과에 대하여 평가기관인 기획재정부에서 평가과정의 충실도, 지출 구조조정의 적정성 등을 평가한 결과, 23개 평가 대상사업 중 4개 사업이 우수, 12개 사업이 보통, 7개 사업이 미흡등급을 받았다. 자산운용 부문 평가는 자산운용 체계 및 정책, 위험 및 성과관리 부문은 비계량 평가로, 자산운용실적부문은 계량평가로 실시되어 그 결과가 합산 되었으며, 고용보험기금의 경우 전문 인력보강 필요, 내부 조직의 독립성 확보, 주간운용사 평가결과 반영체계 강화 필요 등의 권고와 함께 보통등급을 받았다.

2017년도 기금평가는 사업운영, 자산운용 2개 부문으로 평가받았다. 사업운용 부문은 사업관리 및 성과의 우수성을 평가기준에 따라 우리부에서 자체평가한 결과에 대하여 평가기관인 기획재정부에서 평가과정의 충실도, 지출 구조조정의 적정성 등을 평가한 결과, 28개 평가 대상사업 중 2개 사업이 우수, 20개 사업이 보통, 6개 사업이 미흡등급을 받았다.

자산운용 부문은 자산운용 체계·정책·위험·성과관리는 비계량으로, 자산운용 실적은 계량으로 평가되어 그 결과가 합산되었으며, 고용보험 기금의 경우 전문 인력보강, 내부 조직의 독립성 확보 등의 권고를 받았으나, 성과평가 위원회 신설, ALM도입, 해외·대체투자 등의 투자 다각화 노력에 대한 긍정평가를 받아 양호등급을 받았다.

2018년도 기금평가는 사업운영, 자산운용 2개 부문으로 평가받았다. 사업운용 부문은 평가지표를 사업부처에서 자율적으로 수립, 자체평가 위원회를 구성하여 자체평가를 실시하였으며, 사업 수 기준에 따라 상대평가를 실시한 결과, 27개 평가 대상사업 중 4개 사업이 우수, 18개 사업이 보통, 5개 사업이 미흡등급을 받았다.

자산운용 부문은 자산운용 체계·정책·위험·성과관리는 비계량으로, 자산운용 성과는 계량으로 평가되어 그 결과가 합산되었으며, 고용보험기금의 경우 계량평가 중 단기 및 중장기 자산의 운용수익률 부분에서 월등한 점수를 받아 2017년도 양호 등급에서 한 단계 상승한 우수등급을 받았다.

2019년도 기금평가는 사업운영, 자산운용 2개 부문으로 평가받았다. 사업운용 부문은 평가지표를 사업부처에서 자율적으로 수립, 자체평가 위원회를 구성하여 자체평가를 실시하였으며, 사업 수 기준에 따라 상대평가를 실시한 결과, 24개 평가 대상사업 중 2개 사업이 우수, 19개 사업이 보통, 3개 사업이 미흡등급을 받았다.

자산운용 부문은 자산운용 체계·정책·집행은 비계량으로, 자산운용 성과는 계량으로 평가되어 그 결과가 합산되었으며, 고용보험기금의 경우 계량평가 중 단기, 중장기 자산 운용수익률 및 운용상품집중도 부분에서 최고등급인 탁월 점수를 받아 2018년도에 이어 우수등급을 받았다.

2020년도 기금평가는 사업운영, 자산운용 2개 부문으로 평가받았다. 사업운영 부문의 평가지표는 계획·관리·결과·환류 단계별 지표 및 가·감점 지표를 활용하고, 자체평가위원회를 구성하여 자체평가를 실시하였으며, 사업 수 기준에 따라 상대평가를 실시한 결과, 24개 평가대상 사업 중 3개 사업이 우수, 14개 사업이 보통, 7개 사업이 미흡등급을 받았다.

자산운용 부문 중 자산운용 체계·정책·집행은 비계량으로, 자산운용 성과는 계량으로 평가되어 그 결과가 합산되었으며, 비계량 지표에서는 작년 보통 등급에서 한단계 상승한 양호 등급을 받았으나, 계량지표에서는 단기자산의 수익률 측면에서 보통 등급을 받고 위험대비 성과 측면에서 미흡등급을 받아 전체 평가는 2019년도 보다 한 단계 하락한 양호등급을 받았다.

2021년도 기금평가는 사업운영, 자산운용 2개 부문으로 평가받았다. 사업운영 부문의 평가지표는 계획·관리·결과·환류 단계별 지표 및 가·감점 지표를 활용하고, 자체평가위원회를 구성하여 자체평가를 실시하였으며, 사업 수 기준에 따라 상대평가를 실시한 결과, 20개 평가대상 사업 중 '실업자 및 근로자 능력개발지원사업', '일·가정양립지원사업', '고령자고용촉진사업' 등 5개 사업이 우수, '능력개발융자

지원사업', '고용전산망관리(정보화)사업' 등 11개 사업이 보통, '자영업자 실업급여', '세대간상생고용지원사업' 등 4개 사업이 미흡등급을 받았다.

자산운용 부문의 평가는 자산운용 체계·정책·집행은 비계량으로, 자산운용 성과는 계량으로 평가되어 그 결과가 합산되었다. 비계량평가에서는 코로나19 등 재난상황 발생시 체계적 대응을 위한 업무연속성계획(BCP)을 신설한 것이 타기금에 모범사례라는 평가를 받았으며, 계량평가에서는 단기자산 수익률, 중장기 자산 수익률, 운용상품 집중도 지표 등에서 우수등급을 받아 전체 자산운용 평가는 2020년도 보다 한 단계 상승한 우수등급을 받았다.

2022년도 기금평가는 사업운영, 자산운용 2개 부문으로 평가받았다. 사업운영 부문의 평가지표는 계획·관리·결과·환류 단계별 지표 및 가·감점 지표를 활용하고, 자체평가위원회를 구성하여 자체평가를 실시하였으며, 사업 수 기준에 따라 상대평가를 실시한 결과, 4개 평가대상 사업 중 '기능인력양성 및 장비확충(폴리텍)' 사업이 우수, '외국인노동자지원센터지원' 사업이 보통, '청년추가고용장려금' 등 2개 사업이 미흡등급을 받았다.

자산운용 부문은 자산운용 체계·정책·집행은 비계량으로, 자산운용 성과는 계량으로 평가되어 그 결과가 합산되었으며, 단기 및 중장기자산 운용수익률, 위험대비 성과에서 최고등급인 탁월 등급을 받아 2021년도에 이어 종합 평가결과 우수등급을 받았다.

2023년도 기금평가는 사업운영, 자산운용 2개 부문으로 평가받았다. 사업운영 부문의 평가지표는 계획·관리·결과·환류 단계별 지표 및 가·감점 지표를 활용하고, 자체평가위원회를 구성하여 자체평가를 실시하였으며, 사업 수 기준에 따라 상대평가를 실시한 결과, 3개 평가대상 사업 중 '기능인력양성 및 장비확충(폴리텍)' 사업이 우수, '청년추가고용장려금' 등 2개 사업이 미흡등급을 받았다.

자산운용 부문 중 자산운용 체계·정책·집행은 비계량으로, 자산운용 성과는 계량으로 평가되어 그 결과가 합산되었으며, 비계량지표에서 작년 양호 등급보다 한 단계 하락한 보통 등급을 받았고, 계량지표에서 작년 탁월 등급보다 두 단계 하락한 양호 등급을 받아 종합 평가결과는 2022년도보다 한 단계 하락한 양호 등급을 받았다.

제2장 기금운용현황(최근 5년간)

2023년 고용보험기금 운용규모는 전년대비 771억원 증가한 20조 9,133억원으로 나타났다. 수입은 순수입 18조 5,409억원(고용보험료 17조 8,157억원, 이자수입 등 7,252억원), 여유자금 회수 2조 3,724억원이고, 지출은 사업비 17조 591억원, 여유자금 운용 3조 8,542억원이다.

〈표 4-2-1〉 연도별 고용보험기금 수입·지출 현황(2019~2023년)

(단위: 백만원)

구 분		2019	2020	2021	2022	2023
수입	계	15,635,777	24,496,563	24,807,332	20,836,178	20,913,318
	고용보험료	11,089,448	12,919,952	13,556,485	15,718,893	17,815,726
	기타경상이전수입	188,453	186,692	203,347	90,666	134,336
	가산금	3,586	3,364	3,362	3,385	3,557
	이자수입	364,814	509,138	389,448	248,501	188,373
	기타수입	250	278,194	78	69	29
	융자금회수	77,051	88,538	130,895	100,600	98,927
	여유자금회수	3,679,822	4,556,789	4,677,697	1,917,810	2,265,986
	전년도이월금	92,153	103,982	122,216	156,254	106,382
	일반회계전입금	140,200	1,150,200	1,065,387	1,300,000	300,000
	공자기금 예수금	-	4,699,715	4,658,417	1,300,000	-
지출	계	15,635,777	24,496,563	24,807,332	20,836,178	20,913,318
	고용안정·직업능력 개발사업	4,062,525	6,545,573	6,604,767	3,889,787	2,683,601
	실업급여	9,790,538	13,819,725	14,340,305	14,056,103	14,261,254
	운영경비	98,460	100,000	112,651	118,787	114,230
	여유자금운용	1,580,272	3,909,049	3,593,354	2,665,119	3,776,650
	차기이월	103,982	122,216	156,254	106,382	77,583

〈표 4-2-2〉 연도별 결산 현황(2019~2023년)

(단위: 억원)

구 분		2019결산	2020결산	2021결산	2022결산	2023결산
총계	수입(a)	118,638	198,358	200,074	187,621	185,409
	사업비(b)	139,515	204,653	210,577	180,647	170,591
	차액(a-b)	△20,877	△6,295	△10,503	6,974	14,819
	연말적립금(c)	73,532	66,996	56,487	63,379	78,196
고안·직능	수입(a)	33,768	61,884	51,719	51,724	41,271
	사업비(b)	40,914	65,706	66,335	39,193	27,111
	차액(a-b)	△7,146	△3,822	△14,616	12,531	14,160
	연말적립금(c)	31,795	27,800	13,262	25,775	39,934
	적립금배율(c/b)	0.8	0.4	0.2	0.7	1.5
실업급여	수입(a)	84,870	136,287	148,356	135,897	144,138
	사업비(b)	98,601	138,680	144,241	141,454	143,480
	차액(a-b)	△13,731	△2,573	4,113	△5,557	659
	연말적립금(c)	41,737	38,666	43,224	37,604	38,262
	적립금배율(c/b)	0.4	0.3	0.3	0.3	0.3

※ 각 계정별 수입·지출 현황에는 자영업자계정이 포함됨(2012년부터)

[그림 4-2-1] 고용안정·직업능력개발 및 실업급여 수입·사업비 현황(2019~2023년)

(단위: 억원)

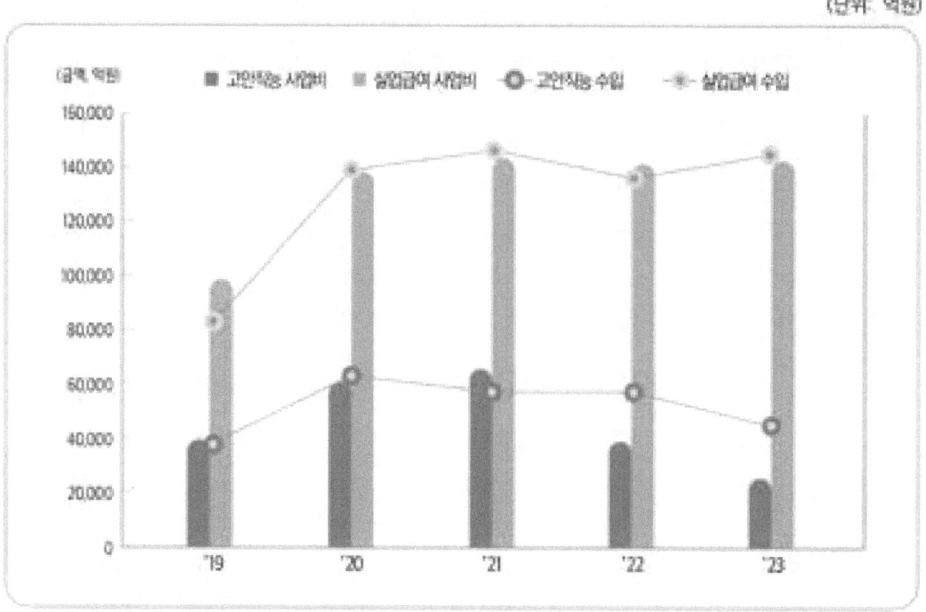

제1절 2023년 기금운용계획 변경

2023년에는 고용시장 안정 및 실업자 지원 등을 위해 기금운용계획을 4차례 변경하였다. 세부 항목별로 살펴보면, 지출 변경은 고용시장 안정화 및 실업자 지원 등을 위한 고용창출 155억원, 직업능력개발 1,804억원, 고용안전망 확충 2,540억원, 고용평등증진 2,140억원 등 총 지출 변경액은 6,640억원이다.

2023년 기금운용계획 변경 현황은 다음과 같다.

〈표 4-2-3〉 2023년 고용보험기금 기금운용계획 변경 내역

(단위: 백만원)

구 분		당초	변경	증감액	사 유
1차	지역고용촉진지원금	4,641	20,127	15,486	- 고용위기지역 지정연장 등으로 인한 지역고용촉진지원금, 일반훈련 집행 증가로 인한 사업주직업훈련지원금, 생계비 대부한도 한시 확대로 인한 직업훈련생계비대부 등으로 예산 증액
	사업주직업훈련지원금	303,030	401,405	98,375	
	직업훈련생계비대부(융자)	53,520	95,559	42,039	
	자영업자 실업급여	11,222	18,757	7,535	
	비통화금융기관예치	4,489,110	4,325,675	△163,435	
2차	조기재취업수당	386,659	470,260	83,601	- 조기재취업수당 집행 증가, 출산육아기고용안정지원금 지원인원 증가로 인하여 예산 증액
	고용안정장려금	199,518	211,632	12,114 (±25,000)	
	비통화금융기관예치	4,325,675	4,229,960	△95,715	
3차	모성보호육아지원	2,100,641	2,268,682	168,041	- 육아휴직급여 및 육아기근로시간 단축급여 집행 증가로 인하여 모성보호 예산 증액 - 고령자고용지원금 지원 사업장 수 및 집행액 증가로 인한 예산 증액
	고령자고용안정지원금	86,942	95,762	8,820	
	내일배움카드(고보)	887,312	887,312	- (±40,000)	
	비통화금융기관예치	4,229,960	4,053,099	△176,861	
4차	구직급여	11,183,948	11,346,824	162,876	- 의무지출사업인 구직급여 연말 안정적 지출을 위하여 일부 증액
	세대간상생고용지원	381	478	97	
	고용창출장려금	139,504	139,407	△97	
	비통화금융기관예치	4,053,099	3,890,223	△162,876	

제2절 기금의 사업별 집행실적

고용보험사업 2023년 집행액은 전년 대비 5.6% 감소한 17,059,085백만원이며, 사업별로는 실업급여 14,261,254백만원(구직급여 11,307,122백만원, 출산전후휴가·육아휴직급여등 모성보호 2,261,495백만원 등), 고용안정·직업능력개발사업 2,683,601백만원을 집행하였고, 사업운영비는 114,230백만원을 집행하였다.

최근 3년간 고용보험사업과 관련된 구체적 집행실적 내역은 다음과 같다.

〈표 4-2-4〉 연도별 기금의 사업별 집행실적

(단위: 개소, 명, 백만원)

구 분		2021			2022			2023		
		사업장	연인원	금액	사업장	연인원	금액	사업장	연인원	금액
총 계		385,218	9,781,063	21,057,723	344,167	7,253,162	18,064,677	237,577	6,188,586	17,059,085
고용안정·능력개발 계		385,218	7,733,035	6,604,767	344,167	5,321,001	3,899,787	237,577	4,221,829	2,683,601
고용안정·직업능력개발사업	고용유지지원금	41,338	1,275,165	1,302,740	14,317	408,389	464,375	6,204	154,759	126,956
	고용창출장려금	72,795	247,485	655,376	56,596	139,745	470,280	15,553	32,945	103,562
	청년추가고용장려금	50,684	2,202,642	1,514,546	22,519	541,533	375,605	6,859	105,240	70,389
	고용안정장려금	38,518	509,435	300,946	34,593	213,398	214,495	36,996	154,328	209,488
	직장어린이집지원	769	110,987	107,049	817	110,735	118,830	912	112,001	111,195
	청년내일채용공제	51,152	119,763	497,657	35,538	69,489	388,682	2,946	4,055	172,761
	사업주직업훈련지원금	124,314	2,220,941	284,803	167,191	2,953,700	303,279	150,807	2,830,579	398,366
	내일배움카드(고보)		1,030,039	987,042		847,474	755,679		804,936	655,434
	장년고용안정지원금	5,638	16,558	45,323	12,596	36,538	50,178	17,330	22,976	91,372
	기타			908,785			748,384			744,058
실업급여 계			2,048,028	14,340,305		1,932,161	14,056,103		1,966,757	14,261,254
실업급여	구직급여		1,774,614	12,062,474		1,631,270	10,910,504		1,671,623	11,307,122
	조기재취업수당		92,526	442,882		97,600	468,018		97,410	468,354
	출산전후휴가급여		70,333	289,498		72,204	301,341		71,716	326,290
	육아휴직급여등		110,555	1,297,525		131,087	1,657,231		126,008	1,796,995
	기 타			247,976			719,008			362,493
사업운영비				112,651			118,787			114,230

* 구직급여(연장급여 포함)

제3절 여유자산 운용 현황

가. 개 요

고용보험기금은 대량실업의 발생, 기타 고용상태의 불안에 대비하여 준비금으로 당해 연도의 지출 소요를 초과하는 여유자금을 적립하고 있으며(법 제84조), 여유자금은 금융기관 및 재정자금에의 예탁, 유가증권 매입 등을 통해 관리·운용되고 있다(법 제79조). 그 운용 수익에 있어서는 1년 만기 정기예금 이자율이나 예상 물가 상승률 이상을 목표로 하고 있으며, 내·외부 자산운용 전문가로 구성된 자산운용 위원회, 리스크관리위원회 및 성과평가위원회를 두고 자산운용과 리스크관리·성과평가에 관한 주요사항을 심의하여 자산운용의 전문성을 강화하고 체계화하고 있다. 또한, 자산운용의 전문성·안정성·효율성을 제고하기 위해 2015년 7월부터 전담 자산운용체계를 도입하여 주간운용사 내 설치된 기금전담 조직이 운용전략 자문, 펀드설정 및 모니터링, 위험관리·성과평가 기능을 구분 수행하게 하는 등 기존 위탁운용사별 자산운용에 따른 내부인력 부족 문제를 보완하고 기금의 목적사업 및 특수성을 운용체계에 반영할 수 있게 자산운용 체계를 개편하였다.

주식·채권 등 국내전통 자산 위주 투자에서 해외주식·채권 등 해외자산 및 국내외 부동산·항공기·기업투자 등 다양한 대체자산으로 투자 확대 및 다각화를 통해 수익성과 안정성을 추구하고 있다.

나. 추진 실적 및 평가

2023년 기금의 여유자산 운용 규모는 8조 2,034억원으로 각국 중앙은행의 금리정책에 따라 큰 폭의 변동성을 나타내었으나, 국내·외 주식시장의 성과견인으로 5.99%의 운용수익률을 기록하였다.

〈표 4-2-5〉 여유자산 운용 현황

(단위: 억원, %)

구 분	2018	2019	2020	2021	2022	2023
적 립 금	97,097	78,301	70,277	58,188	64,130	82,034
당기수익률	△2.22	7.06	5.72	4.35	△0.89	5.99

2024년판
고용보험백서

The Employment
Insurance
White paper

제5편

부 록

제1장 관리운영주체

제2장 고용보험법령의 발전과정(최근 5년간)

제3장 고용보험 및 산업재해보상보험의 보험료징수 등에 관한 법률의 발전과정(최근 5년간)

제4장 연도별 고용보험 주요 통계 현황(최근 5년간)

제5장 고용보험 연구사업 및 홍보사업(최근 5년간)

제6장 주요 고용보험일지(최근 5년간)

제1장 관리운영주체

제1절 개요

고용보험제도 및 운영에 관한 주요사항의 결정이나 기획에 관한 업무는 고용노동부 본부에 의해 이루어지고 있으며, 집행업무는 지방고용노동관서에 의해 이루어진다.

고용보험에 관한 주요정책의 결정은 고용보험위원회 심의를 거쳐 고용노동부 장관에 의해 이루어지게 된다. 이를 위해서, 고용보험위원회 안에 고용보험에 관한 전문적 심의를 위해 고용보험운영전문위원회 및 고용보험평가전문위원회를 두었으며, 고용노동부 본부조직으로는 고용정책실 내에 노동시장정책관, 고용서비스정책관, 고용지원정책관이 있고, 통합고용정책국 내에 청년고용정책관을 두고 있으며, 직업능력정책국이 있다. 과별 주요 사업 수행 내용으로는 고용보험기획과(고용보험 및 보험료징수 법령, 기금 등), 코로나19대응고용회복지원반(고용안정사업 등), 인적자원개발과(직업능력개발훈련 사업 등), 여성고용정책과(육아휴직급여 등), 고용지원실업급여과(실업급여, 피보험 자격 관리 등) 등에서 고용보험 사업을 수행하고 있다.

고용보험의 구체적 집행업무는 고용노동부 소속의 48개 지방고용노동관서에서 수행하고 있으며, 근로복지공단과 한국산업인력공단에서도 업무 일부를 위탁받아 수행하고 있다.

고용보험 피보험자의 권리구제를 위하여 고용보험심사관과 고용보험심사위원회(고용노동부 본부)를 두고 이의신청에 대한 권리구제제도를 운영하고 있다.

고용보험의 사업주체와 기관별 업무내용은 이하의 업무처리 흐름도와 같다.

[그림 5-1-1] 고용보험 운영기관 업무처리 흐름도

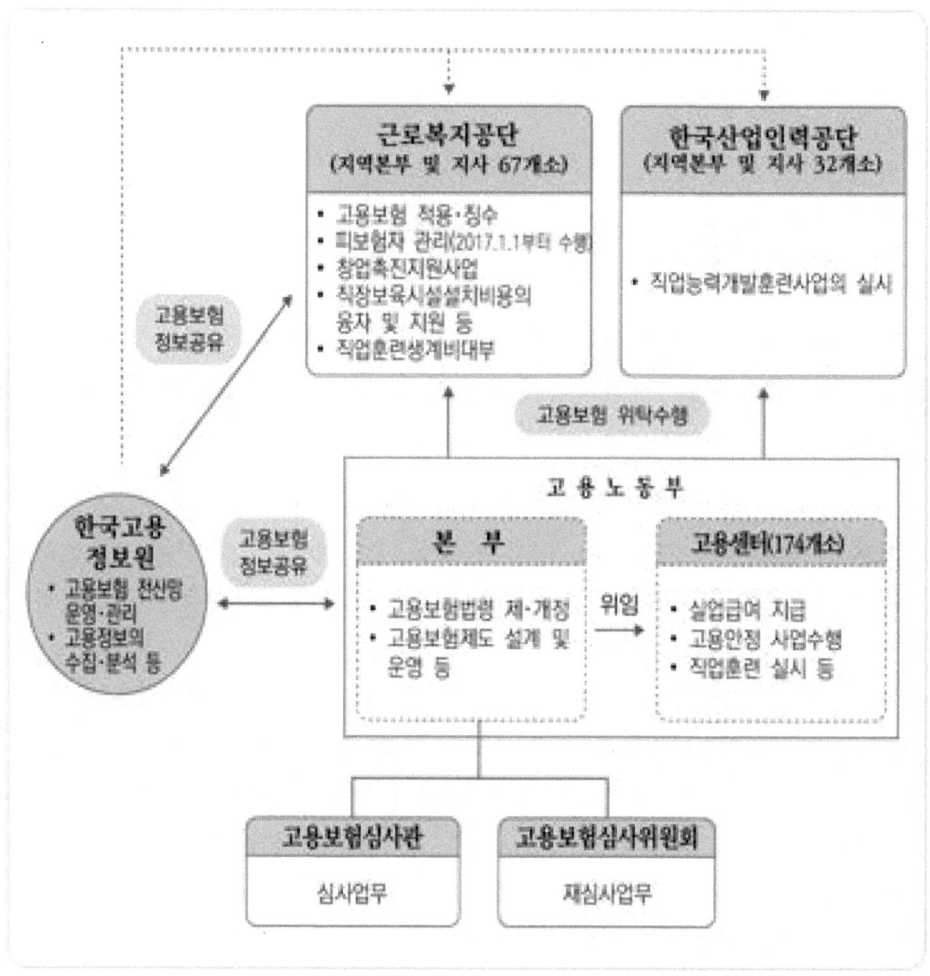

제2절 관리운영 주체의 역할 및 변화과정

1. 고용노동부 본부

가. 조직 및 인원

고용노동부 본부에서 고용보험 관련 정책과 기획업무는 고용정책실에서 이루어지고 있다. 그동안 고용보험 관련 고용노동부 본부조직의 변화는 다음과 같다.

제도 도입 당시인 1995년 7월에는 고용정책실장 아래 고용정책심의관, 고용보험심의관, 능력개발심의관을 두어 고용안정(고용정책과, 고용관리과, 장애인고용과), 실업급여(고용보험기획과, 고용보험운영과, 실업급여과), 직업훈련(훈련정책과, 능력개발과, 훈련지도과, 자격진흥과) 업무를 각각 관장토록 하였다.

1999년 10월에는 고용정책실장 아래 심의관을 고용총괄심의관과 능력개발심의관으로 축소하고 고용총괄심의관이 고용정책과, 고용관리과, 장애인고용과 업무와 함께 고용보험정책과(종전 고용보험기획과), 고용보험관리과(종전 고용보험운영과), 실업급여과를 관장토록 하였으며 직업능력개발사업의 업무는 종전과 같이 능력개발심의관과 인적자원개발과(종전 능력개발과)에서 처리토록 하였다.

2000년 4월 17일에는 고용총괄심의관 아래 고용보험정책과를 보험제도과로 명칭을 변경하고 보험관리과를 폐지하였다. 보험관리과를 폐지함에 따라 보험관리과에서 수행하던 고용보험 적용·징수업무와 고용보험 전산업무는 보험제도과로 이관하여 수행토록 하였다(실제 업무이관은 2001년 1월 1일부터 시행).

2002년 5월 27일 직제 개정 시에는 고용총괄심의관을 고용정책심의관으로 바꾸고 노동보험심의관을 신설하여 능력개발심의관과 함께 3명의 심의관을 두었다. 고용 정책심의관 밑에는 고용지원과를 신설하여 종전 보험제도과에서 담당하던 업무 중 고용안정사업을 분리하여 수행토록 하였다. 신설된 노동보험 심의관 아래에는 종전 보험제도과를 보험정책과로 변경하여 고용보험기금 업무와 근로기준국 산재 보험과에서 담당하던 산업재해보상보험의 기금업무를 추가하여 수행토록 하였고 종전의 실업급여과는 고용보험과로 명칭을 변경하여 실업급여 업무와 함께 보험제도과에서 담당하던 「고용보험법」과 홍보업무를 수행토록 하였다. 또한 근로기준국 산재보험과를 이관 받아 종전 보험제도과에서 수행하던 고용보험 적용·징수업무를 병행하여 담당토록 하였다.

2004년 2월 26일 직제 개정 시에는 고용정책심의관 소속의 고용지원과에서 수행하던 고용안정사업을 고용정책과에서 수행토록 하였고, 청년고령자고용과를 신설하여 청년 및 고령자에 대한 취업대책을 총괄하도록 하였다.

2005년 9월 9일 직제 개정 시 고용정책실을 고용정책본부로 개편되고, 본부의 과가 팀으로 개편되고 팀 신설에 따른 기존부서 기능이 조정되었다. 고용보험법령 업무는 고용보험과에서 고용보험정책팀으로, 고용·산재보험료 징수업무는 산재보험과에서 보험운영지원팀으로, 산재보험기금 및 근로복지공단 지도·감독업무는 보험정책과에서 보험운영지원팀으로, 고령자·자활업무는 청년고령자고용과에서 고령자고용팀으로 각각 기능이 조정되었다.

2007년 8월 16일 직제 개정 시에는 고용정책본부 내 보좌기관 명칭을 실제 기능에 맞게 변경하여 고용정책심의관을 고용정책관, 노동보험심의관을 노동보험정책관, 직업능력개발심의관을 직업능력정책관, 고용평등심의관을 고용평등정책관으로 하였고 직업능력정책관 소관 팀을 증설하여 능력개발지원팀을 재직자능력개발팀, 구직자능력개발팀으로 사무분장이 조정되었다.

2008년 2월 29일 유연하고 창의적으로 일하는 정부를 구축하기 위하여 정부기능을 효율적으로 재배치하는 내용으로 「정부조직법」이 개정(법률 제8852호, 2008년 2월 29일 공포·시행)됨에 따라 관련 규정을 정비하고, 정부의 최대 과제 중의 하나인 고용문제를 해결하기 위하여 고용노동부의 고용전략기획기능과 수요자 중심의 고용지원 서비스를 강화하기 위하여 고용정책본부장 밑에 있는 고용정책관, 노동보험정책관, 직업능력정책관, 고용평등정책관 중 노동보험정책관을 폐지하고, 수요자 관점에서 품질 높은 고용지원서비스를 원스톱으로 제공할 수 있도록 고용서비스기획관을 신설하였다.

2009년 5월 1일 경기부진으로 인해 노동시장이 악화되는 상황을 타개하기 위하여 고용정책실 내의 일부조직을 이동·개편하였으며 고용정책실 소관의 산업재해보상 보험업무를 근로기준국으로 이관하여 정책의 효과를 높일 수 있도록 하였다.

2010년 7월 5일, '부' 승격 이후 29년 만에 '고용노동부'로 개편하여 경제·사회·복지·교육 분야의 정부정책을 고용친화적(Employment-Friendly)으로 추진할 수 있도록 주도적인 방향을 제시하는 고용정책을 총괄하는 주무부처로 자리매김하는 역사적인 한 해였다.

이와 같은 고용노동부의 출범은 단순히 부처의 이름을 바꾸는 것이 아니라 고용의 중요성에 대한 국가적인 인식을 나타냄과 동시에 고용노동부의 역할과 사명을 변화시키는 것이었다. 이에 고용노동부는 더 이상 노사갈등을 조정하는 역할에 머물지 않고, 고용정책 총괄 및 일자리 창출의 주무부처가 되기 위하여 조직역량과 정책의 중심을 노사문제에서 고용문제로 바꾸었다. 이러한 패러다임의 변화로 고용노동부는 고용정책 총괄부처로서의 법적 위상을 확실히 할 수 있었고, 국가 고용정책에 대하여 주도적인 역할을 부여받게 되었다.

2011년 3월 2일 취업취약계층 특성에 맞춰 고용촉진·안정 기능을 보강하고 저출산·고령화 사회에 대비한 인력정책기능을 강화하고 2011년 1월 1일부터 4대 사회보험 업무처리의 효율성 제고를 위해 고용·산재보험의 보험료 징수업무를 국민건강보험공단에 위탁·수행토록 통합되면서 고용서비스정책관이 노사정책실(산재보험과) 소관의 '고용·산재보험 적용·징수'와 노동시장정책관 소관 '고용보험법, 기금관리' 등 기능을 이관 받아 기존 '피보험자 관리업무'와 연계성을 높이고, 통일적으로 관리할 수 있도록 고용보험기획과(구 고용보험정책과)를 고용서비스 정책관실로 이관하는 등의 일부 조직개편을 하였다.

2011년 10월부터는 영세사업장 저임금 근로자의 사회보험 사각지대 해소(2011년 9월 9일 비정규직 종합대책)를 위해 2012년부터 고용보험·국민연금 보험료 지원 준비사업과 본 사업을 차질없이 추진하고 보험료 지원과 연계하여 다각적인 사회보험 사각지대 해소 대책을 시행하기 위하여 '사회보험 가입확대 T/F'를 구성·운영하였다.

2013년 3월에는 새 정부의 출범에 맞춰 고용정책실 소속의 인력수급정책관을 인력수급정책국으로 분리·신설하였으며, 인력수급정책국장의 통솔범위를 고려하여 저출산·고령화 및 취약계층 관련은 '고령사회인력심의관'이 수행하도록 하였다. 또한 고령사회인력정책팀은 정책기능의 중요성 등을 고려하여 '과'로 전환하였으며, 2013년 9월에는 시간제일자리창출지원팀을 신설하였다.

2014년 3월에는 청년고용정책을 효과적으로 수행하기 위하여 청년고용기획과를 청년고용기획과 및 청년취업지원과로 분리하였다.

2015년 1월에는 인력수급정책국을 폐지하고 청년여성고용정책관을 신설하여 대상별 고용정책을 강화하고, 고용문화개선 및 시간선택제 등 일·가정 양립형 근로형태 개발·확산을 총괄하는 고용문화개선정책과를 신설하였으며, 8월에는 '先취업 - 後학습'의 직업훈련 체계 정착 추진을 위해 1월 별도 국으로 분리된 직업능력정책국에 '일학습병행정책과'를 신설하였다.

2016년 3월에는 노동시장분석과를 노동시장분석과와 노동시장조사과로 이원화하여 노동시장에 대한 조사기능을 강화하고 이를 통해 고용보험 제도 운영을 위한 통계기반을 구축하였다.

2019년 4월에는 범정부 차원의 일자리 정책을 지원하기 위하여 고용지원정책관을 신설하고, 고령사회인력정책관을 통합고용정책국으로 확대개편하여 여성·장애인·고령자 등 일자리 취약계층을 체계적으로 지원하며, 청년여성고용정책관을 청년 일자리를 전담하는 청년고용정책관으로 개편하고 청년층의 구직활동 지원과 채용관행 개선을 위해 공정채용기반과를 신설하였다.

2021년 1월에는 고용보험 사각지대에 있는 취업 취약계층에게 취업지원서비스, 구직촉진수당을 제공하기 위해 고용정책실에 국민취업지원기획팀을 신설하였다.

2022년 1월에는 직업능력정책국 내 사업주 기반 훈련사업이 일학습병행정책과로 이관되어 소관 업무가 확대됨에 따라 일학습병행정책과를 기업훈련지원과로 명칭을 변경하고, 12월에는 자체 조직진단 결과를 반영하여 산업·일자리 전환 지원기능을 강화하기 위해 고용정책실 내 일자리정책평가과를 폐지하고, 기업일자리지원과를 신설하였다(시행일은 2023년 1월 1일).

2023년 2월에는 효율적인 업무추진을 위해 고용서비스 제공 인력 역량 강화 교육훈련 사업을 고용서비스기반과에서 고용서비스정책과로 이관, 청년취업지원과 소관 사무에서 중소기업 청년인턴제 사업종료에 따른 사무를 삭제하고 중소기업 청년 직무체험 프로그램이 2023년 청년일경험지원사업으로 확대 개편됨에 따른 내용을 반영하고, 12월에는 국내·외 취업지원 인프라를 청년고용기획과에서 통합관리 하는 등의 통합고용정책국 청년고용정책관 하부조직 간 기능조정을 하였다.

이러한 개편 등으로 2023년 현재 고용정책실은 3관 10과 2팀, 통합고용 정책국은 4과, 청년고용정책관은 3과, 직업능력정책국은 4과로 편제, 고용보험 관련 업무를 처리하는 본부조직은 21개과, 2개팀에 정원 261명이 배정되어 있다.

그 동안의 고용노동부 본부의 고용보험 관련 조직변화를 그림으로 정리하면 다음과 같다.

[그림 5-1-2] 고용보험 관련 본부조직 변화

▶ 1995년 7월 ~ 1998년 2월

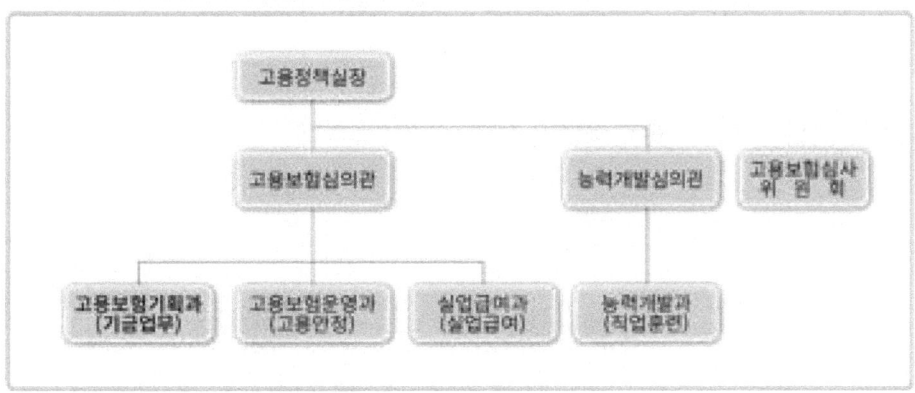

▶ 1998년 2월 ~ 2000년 12월

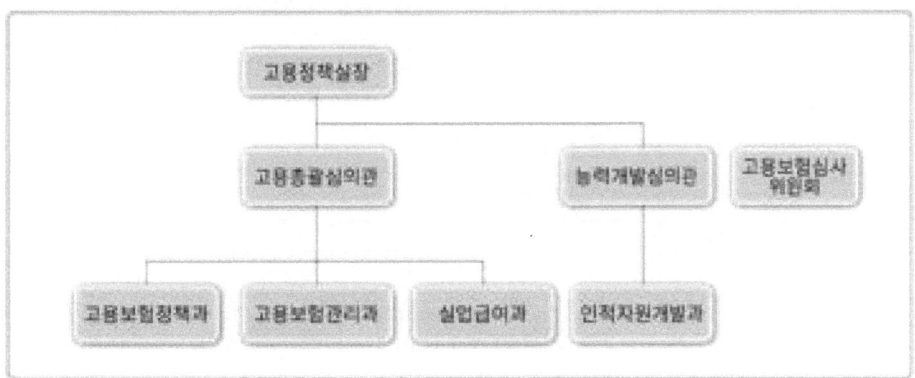

▸ 2001년 1월 ~ 2002년 4월

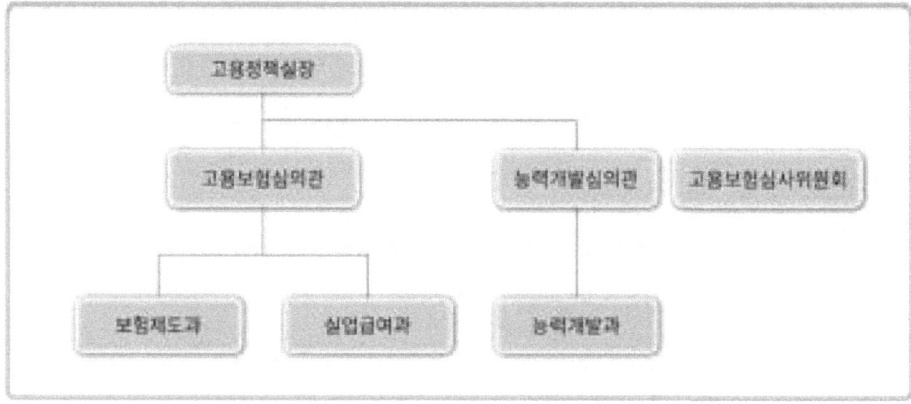

▸ 2002년 5월 ~ 2004년 2월

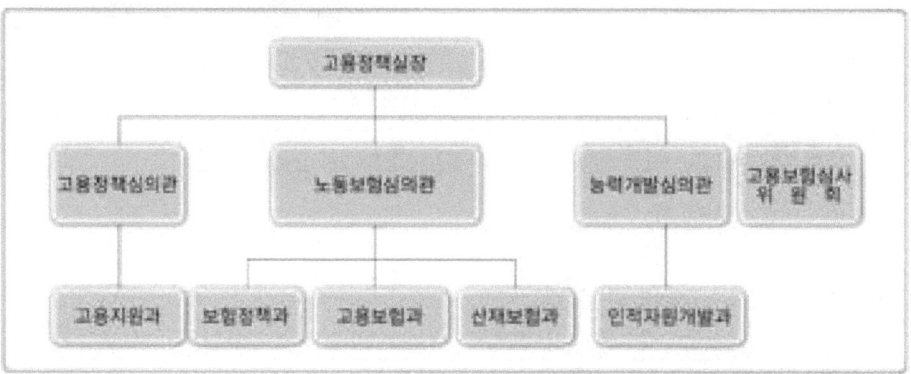

▸ 2004년 2월 ~ 2005년 9월

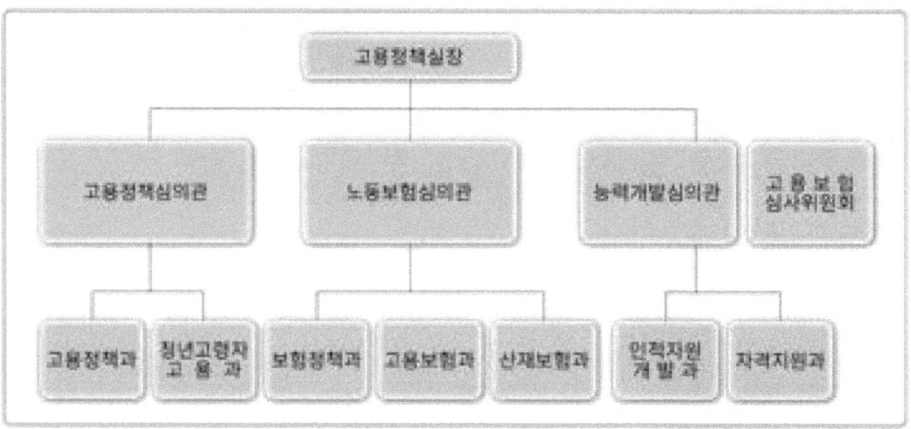

▶ 2005년 9월 9일 ~ 2007년 8월 15일

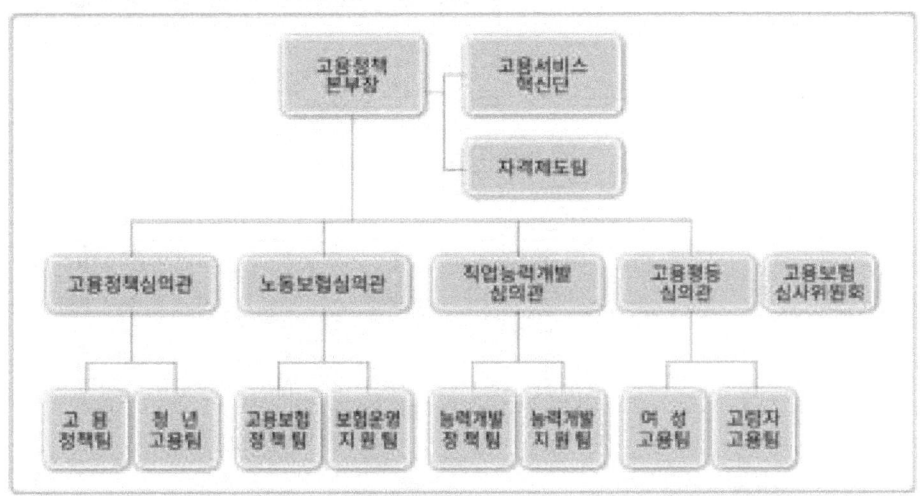

▶ 2007년 8월 16일 ~ 2008년 3월 2일

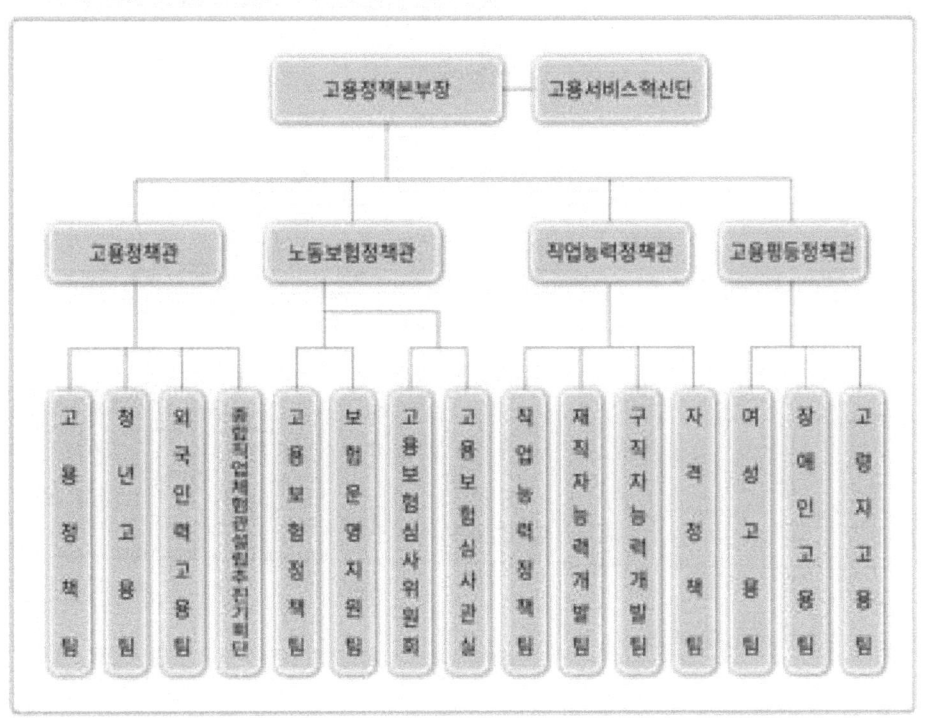

▶ 2008년 3월 3일 ~ 2009년 4월 30일

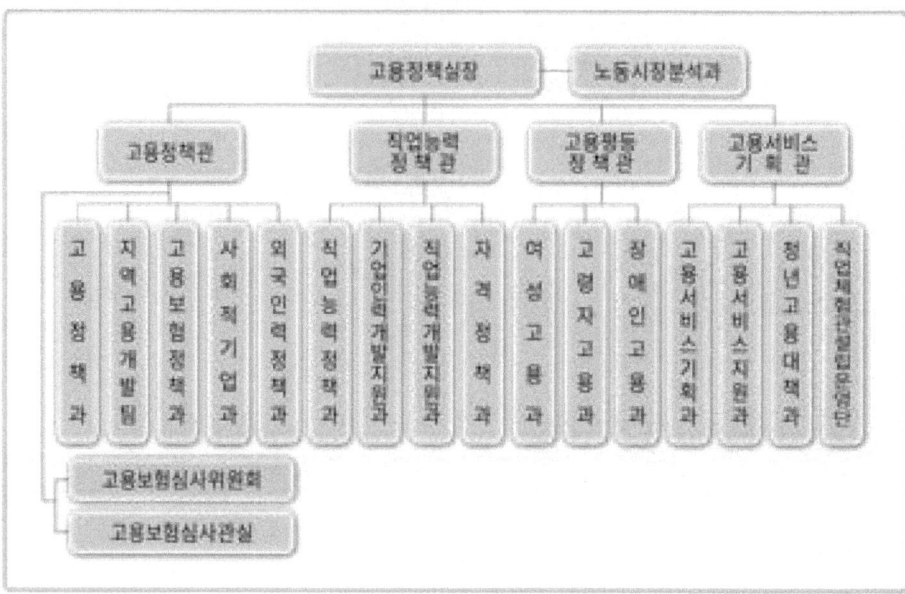

▶ 2009년 5월 1일 ~ 2010년 2월 23일

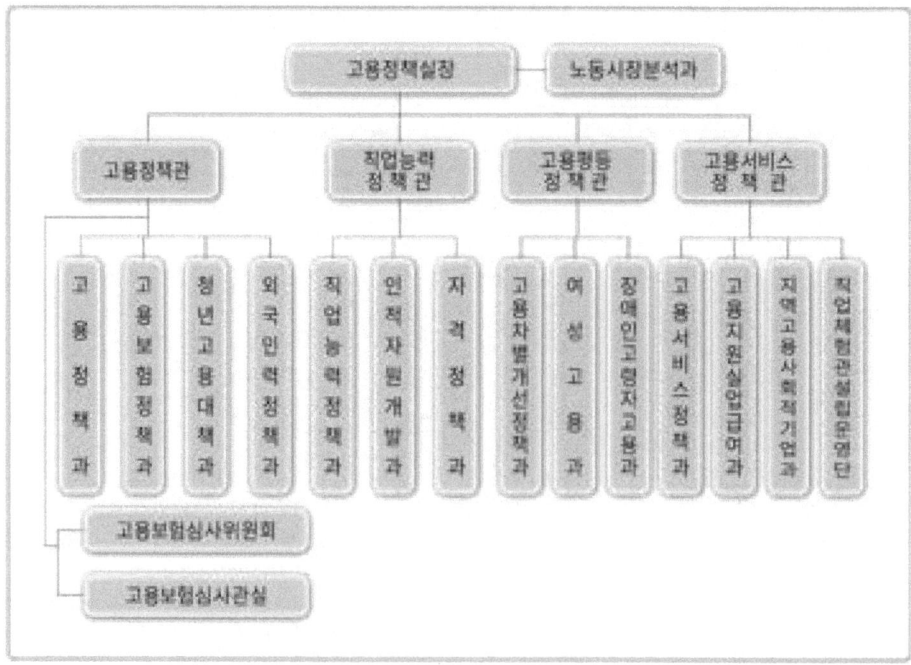

▶ 2010년 2월 24일 ~ 2011년 3월 1일

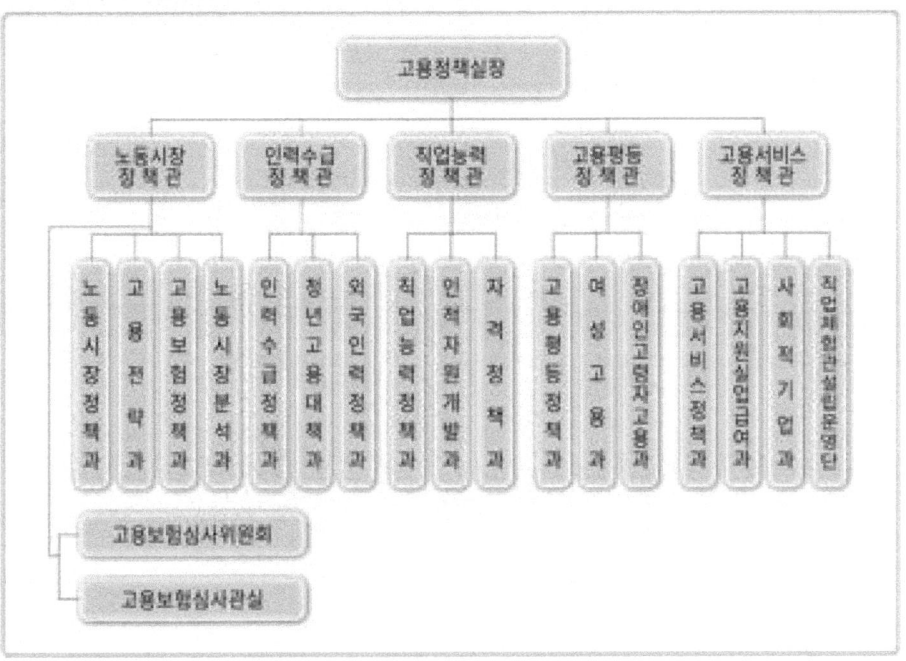

▶ 2011년 3월 2일 ~ 2013년 3월

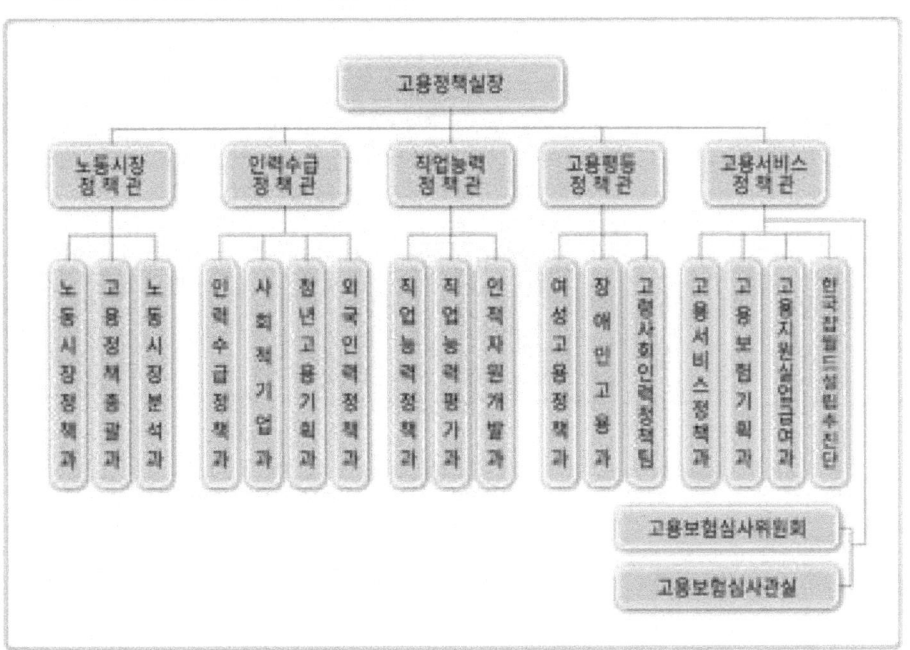

▸ 2013년 3월 ~ 2014년 2월

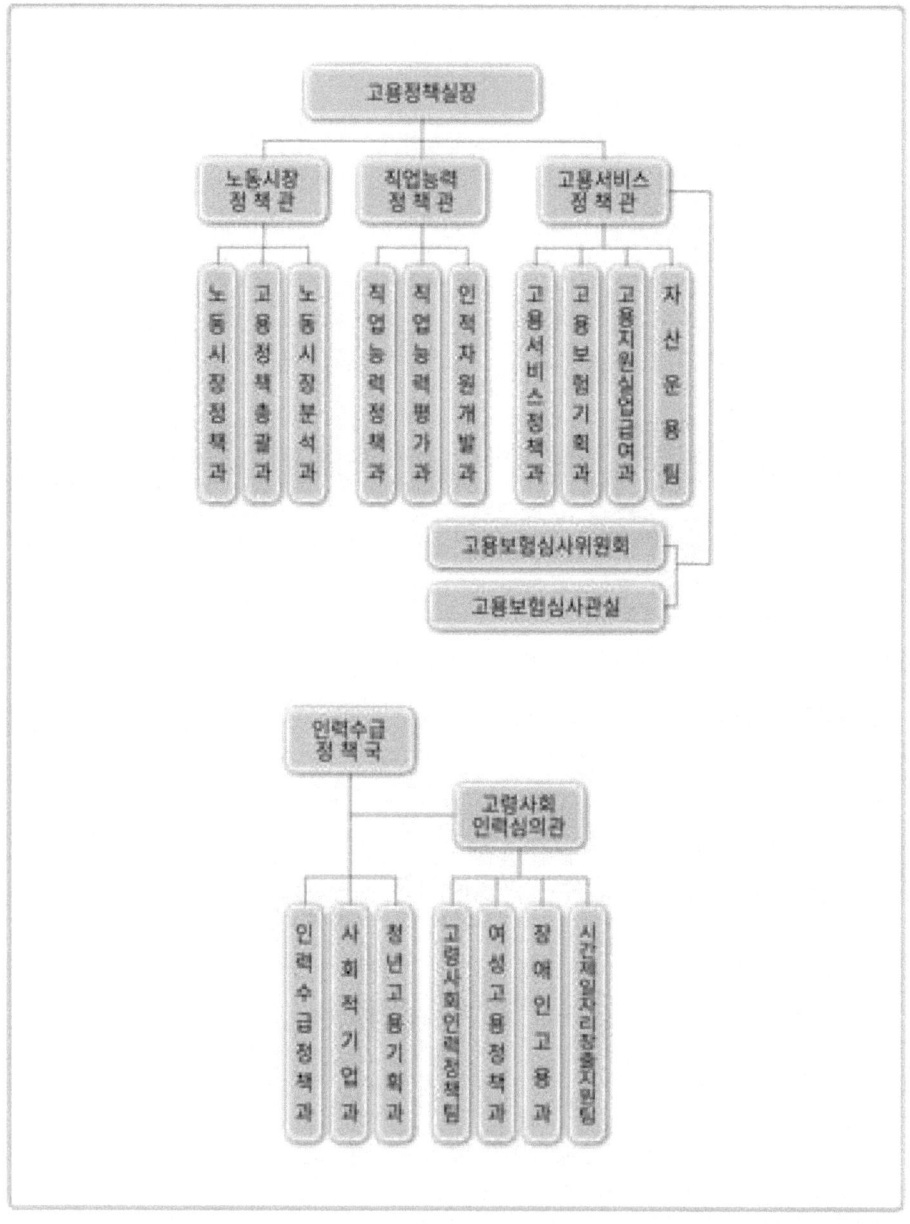

▶ 2014년 3월 ~ 2014년 12월

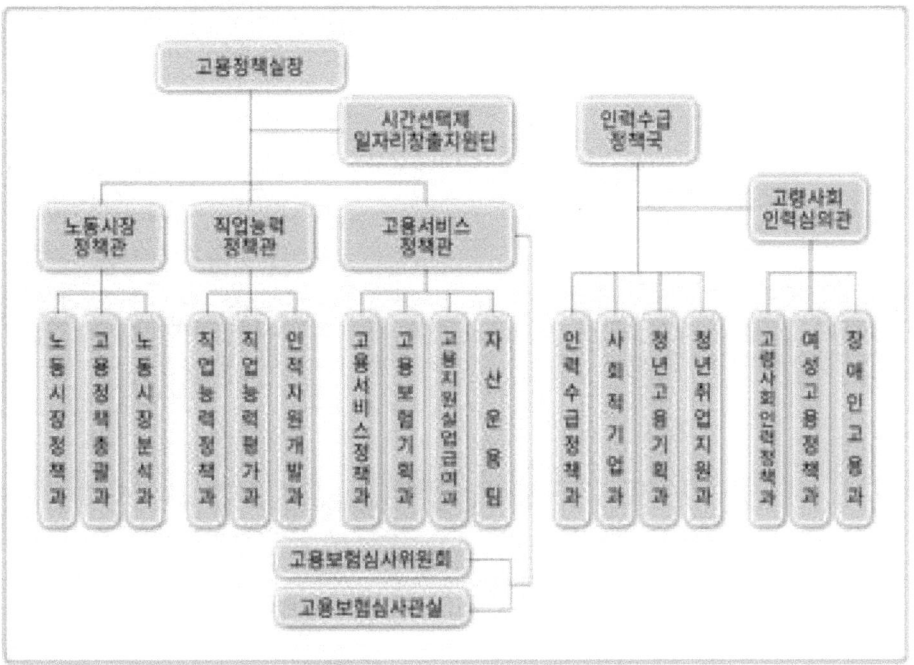

▶ 2015년 1월 ~ 2016년 2월

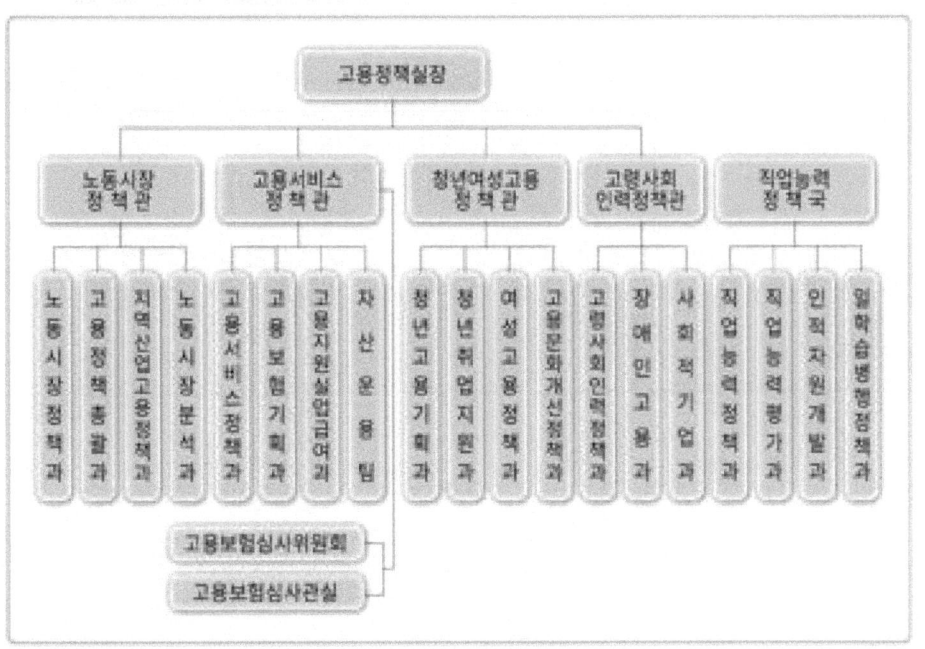

▶ 2016년 3월 ~ 2017년 1월

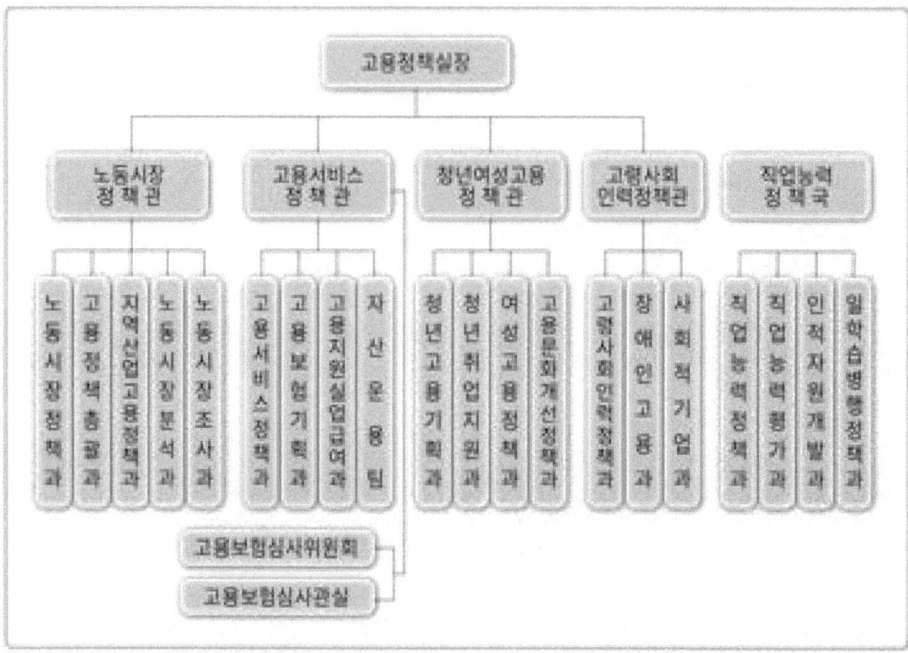

▶ 2017년 2월 ~ 2019년 3월

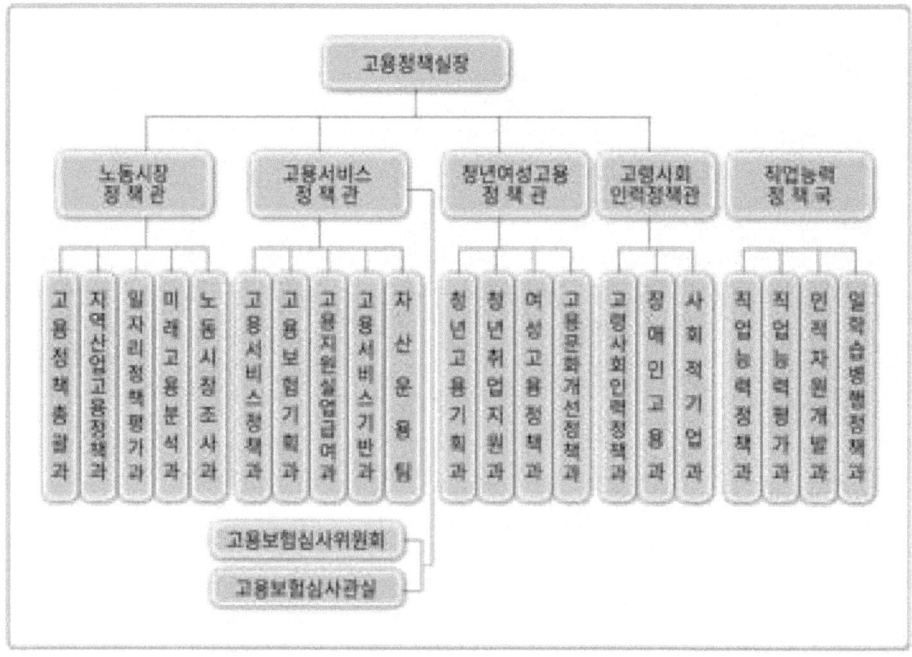

▶ 2019년 4월 ~ 2020년 12월

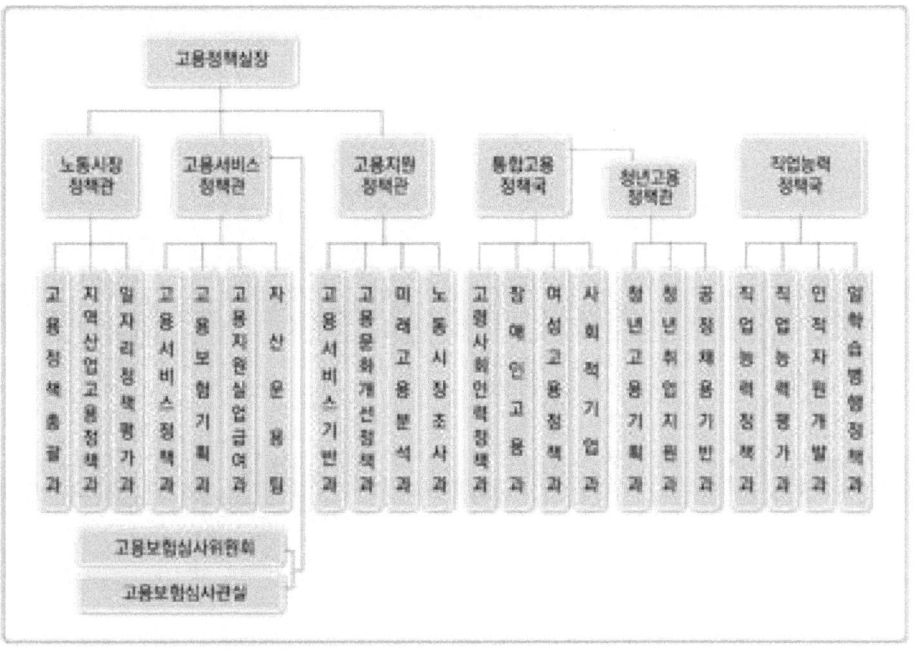

▶ 2021년 1월 ~ 12월

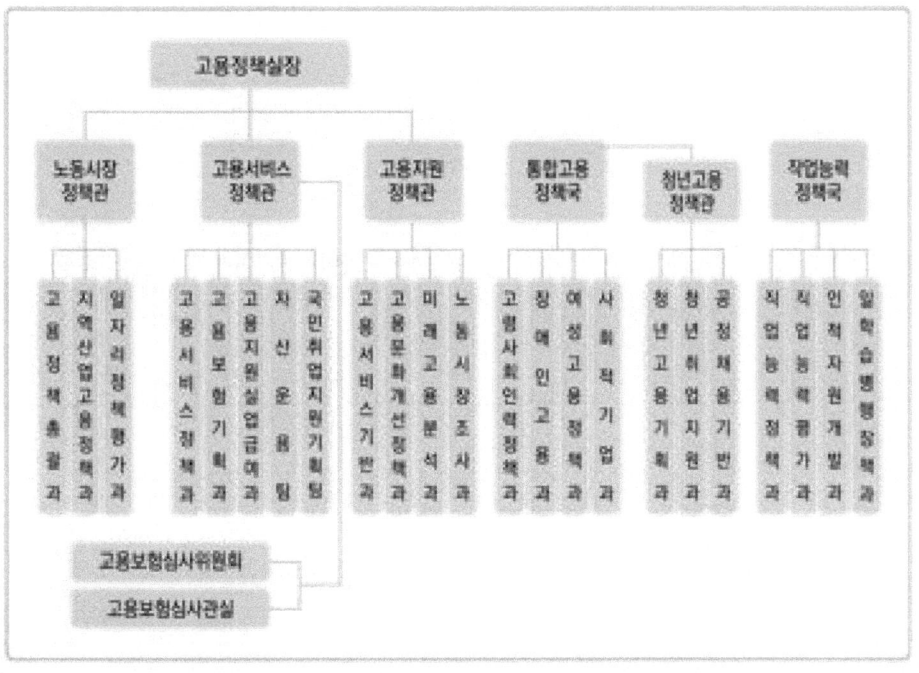

▶ 2022년 1월 ~ 2023년 12월

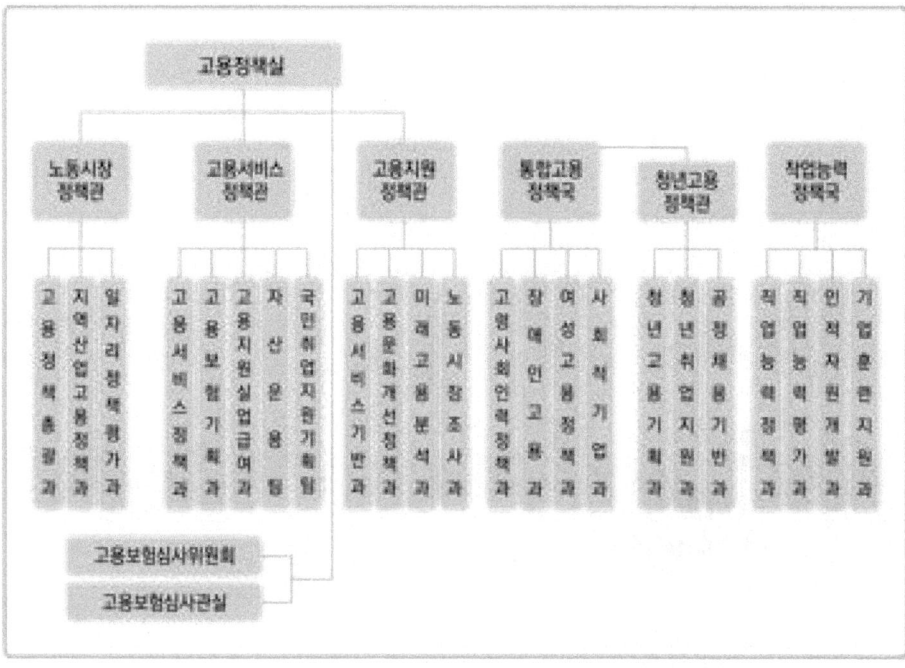

나. 각 과의 고용보험관련 분장사무(2023년 기준)

1) 고용정책총괄과 분장사무

가. 고용정책과 관련된 법령의 제정·개정

나. 고용·직업능력개발 등 관련 정책의 총괄·조정

다. 국가고용전략 및 고용정책기본계획 등 일자리정책 관련 종합계획의 수립·조정

라. 영세자영업자 등 취약계층의 고용개선 정책의 수립·총괄

마. 자유무역협정 체결에 따른 고용대책의 수립·총괄

바. 고용과 관련된 정책연구·홍보 및 국제협력 총괄·조정

사. 국내외 노동시장과 관련 정책동향의 분석 및 대응

아. 국가인력(외국인력을 포함한다) 수급정책의 수립·운영

자. 기초생활수급자 및 근로빈곤층에 대한 고용개선 대책

차. 제4차 산업혁명, 남북통일 등 미래 노동시장 변화 대비 인력정책 추진

카. 노동시장의 유연성·안정성 강화 및 양극화 완화 대책

타. 원도급·하도급 및 세대 간 일자리 상생협력 확산

파. 고용친화적 경제·산업 정책 개편 지원

하. 고용과 관련된 노사협력사업 지원 정책 등

2) 지역산업고용정책과 분장사무

가. 지역별·산업별·업종별 인력수급 대책 지원

나. 건설근로자의 고용개선 등과 관련된 법령의 제정·개정

다. 건설근로자의 고용개선 및 복지증진을 위한 기본계획과 정책의 수립·시행

라. 건설근로자 퇴직공제제도의 관리·운영

마. 건설근로자공제회 지도·감독

바. 지역고용 통계인프라의 구축·관리

사. 중앙행정기관과 지방자치단체 일자리사업의 연계 및 협력

아. 지역별·산업별·업종별 고용 및 인력개발 관련 계획의 수립 지원·총괄

자. 지역중심의 고용정책혁신에 관한 사항

차. 지역 일자리 공시제의 운영

카. 지역별·산업별·업종별 고용지표의 개발·측정 및 관리

타. 지역고용정책의 조정 및 평가에 관한 사항

파. 지역고용정보망의 구축·운영

하. 지역고용심의회 등 지역고용 관련 위원회의 운영·지원 등

3) 기업일자리지원과 분장사무

가. 기업일자리 지원 정책의 총괄

나. 고용보험사업 중 고용안정제도의 통합 및 총괄·운영

다. 고용창출 및 고용조정의 지원을 위한 장려금 및 지원금 사업의 운영

라. 중소기업 인력난 해소를 위한 고용지원제도의 운영

마. 고용장려금 운영 전반에 대한 조정

바. 정부 재정지원 일자리사업에 대한 총괄·조정 및 평가

사. 고용과 관련된 정책·사업의 성과관리 총괄

아. 고용보험사업의 효과성 평가

자. 일자리창출 유공 포상, 대한민국 일자리 으뜸기업의 선정 및 운영

4) 고용서비스정책과 분장사무

가. 고용서비스정책의 총괄·조정

나. 직업안정 관련 법령의 제·개정

다. 고용서비스 선진화계획의 수립·추진

라. 직업안정기관의 설치 및 운영 지원

마. 공공·민간 고용서비스의 연계 및 운영·모니터링

바. 민간 고용서비스산업(근로자파견사업을 포함한다)의 육성·발전에 관한 사항

사. 민간 직업상담 전문인력의 양성 지원

아. 고용서비스 제공 인력의 역량 강화를 위한 교육훈련

자. 민간 고용서비스 기관의 지도·감독

차. 민간 직업상담원제도의 운영 및 관리

카. 근로자공급사업제도의 운영 및 개선

타. 구인·구직 및 취업지원서비스의 운영

파. 취업지원·직업능력개발 및 실업급여의 연계 시행

하. 구직자(여성·고령자·청년·장애인은 제외한다)의 직업지도·취업지원 프로그램 개발 및 유관기관 보급 등

5) 고용보험기획과 분장사무

가. 고용보험 관련 법령의 제·개정

나. 고용보험과 관련된 정책의 수립·조정

다. 고용보험 및 산업재해보상보험의 보험료 징수 등에 관한 법령의 제·개정

라. 고용보험의 재정 관리 및 보험료율 결정 등에 관한 사항

마. 고용보험 보험료의 부과·징수에 관한 사항

바. 고용보험 사무대행기관의 관리

사. 근로복지공단의 고용보험 보험료 징수 업무 등에 대한 지도·감독

아. 고용보험기금의 운용·관리

자. 고용보험기금 재산 등의 관리

차. 고용보험과 관련된 통계 분석

카. 고용보험 심사제도의 운영·지원

타. 고용보험과 관련된 위원회의 운영·지원

파. 고용보험과 관련된 외국제도의 분석 및 국제협력에 관한 사항

6) 고용지원실업급여과 분장사무

가. 실업급여 지원제도의 운영·관리

나. 고용보험 부정수급 방지 종합대책 수립 및 시행

다. 고용보험 피보험자격의 관리

라. 「고용보험법」 제2조제6호에 따른 일용근로자 중 건설업에 종사하는 근로자의 피보험자격 관리

7) 자산운용팀 분장사무

가. 고용보험기금, 산업재해보상보험및예방기금, 장애인 고용촉진 및 직업재활 기금, 임금채권보장기금의 여유자금 운용

나. 고용보험기금, 산업재해보상보험및예방기금, 장애인 고용촉진 및 직업재활 기금, 임금채권보장기금의 여유자금에 대한 자산운용계획 등 자산운용 전략 수립

다. 고용보험기금, 산업재해보상보험및예방기금, 장애인 고용촉진 및 직업재활 기금, 임금채권보장기금의 여유자금에 대한 자산운용위원회 등의 구성·운영

라. 고용보험기금, 산업재해보상보험및예방기금, 장애인 고용촉진 및 직업재활 기금, 임금채권보장기금의 여유자금에 대한 위탁운용 대상기관의 선정·관리

마. 고용보험기금, 산업재해보상보험및예방기금, 장애인 고용촉진 및 직업재활 기금, 임금채권보장기금의 여유자금에 대한 수입·지출 계획의 수립

바. 고용보험기금, 산업재해보상보험및예방기금, 장애인 고용촉진 및 직업재활 기금, 임금채권보장기금의 여유자금에 대한 자산운용 성과평가 및 위험관리

사. 고용보험기금, 산업재해보상보험및예방기금, 장애인 고용촉진 및 직업재활 기금, 임금채권보장기금의 여유자금에 대한 대체투자 상품 관리에 관한 사항

8) 국민취업지원기획팀 분장사무

가. 취업취약계층에 대한 취업지원 및 생계안정지원 총괄

나. 「구직자취업촉진 및 생활안정지원에 관한 법률」 및 관련 법령 등의 제·개정

다. 국민취업지원제도의 운영·관리

라. 국민취업지원제도 전산망의 운영·관리

마. 국민취업지원제도 일경험 프로그램의 운영·관리

바. 국민취업지원제도 관련 유관기관과의 협력체계 구축

9) 고용서비스기반과 분장사무

가. 고용정보시스템 관련 업무의 총괄·조정

나. 고용안정정보망의 구축·운영

다. 재정지원 일자리사업 통합전산망의 구축·운영

라. 고용보험 전산망의 구축·운영

마. 직업능력개발종합정보망(HRD-Net)의 구축·운영

바. 외국인근로자 고용관리 전산시스템(EPS) 및 구직자명부 전송시스템(SPAS)의 구축·운영

사. 고용 관련 행정자료의 관리·분석 및 활용 지원

아. 한국고용정보원에 대한 지도·감독

자. 고용 관련 민간위탁 기관의 고용서비스 품질개선에 관한 사항

차. 수요자 중심의 고용서비스 절차·환경 개선에 관한 사항

카. 그 밖에 고용 등과 관련한 정보시스템의 구축·운영

10) 고용문화개선정책과 분장사무

가. 고용문화 개선 관련 정책의 총괄·조정

나. 일·가정 양립형 근로형태의 개발 및 확산 총괄

다. 가족돌봄 등을 위한 근로시간 단축제도 활성화 정책의 총괄·조정과 관련 사업의 운영·관리

라. 일·가정 양립을 위한 근로환경 개선 지원사업의 운영 및 총괄

마. 일·생활 균형 문화의 확산을 위한 교육·홍보에 관한 사항

바. 고용문화 개선을 위한 조사·연구 및 분석에 관한 사항

사. 가사근로자 고용개선 정책의 총괄·조정과 관련 법령의 제·개정에 관한 사항

아. 가사서비스 제공기관 인증제도의 총괄·운영

자. 가사서비스 활성화를 위한 지원사업의 개발·운영

차. 가사서비스 관련 전산시스템의 구축·운영 및 실태조사

카. 가사근로자 고용개선 위원회의 운영·지원

타. 가사서비스 제공기관에 대한 지도·점검의 총괄·운영

11) 미래고용분석과 분장사무

　가. 고용노동시장동향의 분석·평가 등 고용노동시장 통계에 관한 사항

　나. 중장기 인력수급 전망의 분석·관리에 관한 사항

　다. 고용노동패널조사의 총괄·관리

　라. 국제기구 및 주요국 고용노동시장 통계의 수집·분석

　마. 그 밖에 고용노동정책 관련 분석

12) 노동시장조사과 분장사무

　가. 고용 관련 통계조사 계획 수립 및 조사·집계

　나. 임금·근로시간 등 근로실태 관련 통계조사 계획 수립 및 조사·집계

　다. 고용노동통계조사 계획의 수립 및 시행의 총괄·조정

　라. 자체통계품질진단 실시 및 통계기반정책관리제도의 운영·총괄

　마. 고용노동통계의 작성·보급 및 이용의 총괄 관리

　바. 고용노동통계협력체계의 구축·운영

　사. 고용노동통계 모집단 구축

　아. 고용노동통계 정보화 및 전산운영

　자. 그 밖에 고용노동정책 관련 조사의 실시 및 집계

13) 고령사회인력정책과 분장사무

　가. 고령자 고용촉진기본계획의 수립·총괄

　나. 고용상 연령차별금지 및 고령자 고용촉진 관련 법령의 제·개정 및 정책의 수립·조정

　다. 저출산·고령사회 기본계획 중 고용노동 관련 사항 총괄

　라. 고령화에 대응한 고용대책의 수립

마. 고령자 정년연장, 직무 재설계 등 계속고용 지원 정책의 수립

바. 임금피크제 확산 지원에 관한 사항

사. 고령자 전직·취업 지원 및 직업능력개발 등에 관한 사항

아. 고령자인재은행 및 중견전문인력 고용지원센터의 지정·운영

자. 고령자에게 적합한 사회적 일자리 창출 및 관련 정보망 구축

차. 고용상 연령차별 관행 해소에 관한 사항

카. 고령자 친화적 고용환경의 조성·지원

타. 고령자 고용 우수기업의 선정·지원

파. 고령자 고용을 촉진하기 위한 세제 등의 지원 정책에 관한 사항

하. 고령자 고용과 관련된 조사, 연구 및 분석에 관한 사항

14) 장애인고용과 분장사무

가. 장애인의 고용촉진 및 고용상 차별금지와 관련된 법령의 제·개정 및 정책의 수립·조정

나. 장애인 고용촉진과 관련된 위원회의 운영·지원

다. 장애인 고용의무제도의 운영 및 시행 지원

라. 장애인 취업 및 직업능력개발 지원

마. 장애인 고용환경개선 지원

바. 장애인고용촉진 및 직업재활기금의 운용·관리(여유자금 운용은 제외한다)

사. 장애인 고용장려금 제도의 운영 및 장애인 고용부담금의 징수

아. 장애인고용 촉진을 위한 사회적 인식 개선에 관한 사항

자. 한국장애인고용공단에 대한 지도·감독

15) 여성고용정책과 분장사무

가. 고용평등촉진 정책의 총괄·조정

나. 여성(결혼이민자를 포함한다)의 고용촉진, 직업능력개발 및 일·가정 양립 지원 정책의 총괄·조정

다. 남녀고용평등 및 일·가정 양립 지원과 관련된 제도개선과 법령의 제·개정 및 기본계획 등 수립·조정

라. 여성의 경제활동참가율 제고 및 고용촉진을 위한 정책의 수립

마. 저출산에 대응한 고용대책의 수립

바. 여성의 경제활동 촉진과 경력단절 예방 관련 법령의 제·개정 및 기본계획 등 수립·추진

사. 여성경제활동지원센터 지정·운영 및 평가

아. 사업장의 일·가정 양립과 고용평등 실태 파악 및 개선

자. 근로자의 모성보호 및 육아지원 정책 수립 및 제도 개선

차. 직장보육시설 등 기업의 여성친화적 고용환경개선 지원에 관한 사항

카. 「근로기준법」 제5장에 따른 여성근로자 근로조건 개선 및 이행지도에 관한 사항

타. 적극적 고용개선조치제도의 개선·운영

파. 직장 내 성희롱 예방 및 남녀고용평등 확산을 위한 정책 개발

하. 간접차별 및 동일가치 노동에 대한 동일임금 지급에 관한 기준 개발 및 민간 대체인력뱅크의 운영에 관한 사항

16) 사회적기업과 분장사무

가. 사회적기업 육성·지원에 관한 기본계획의 수립

나. 사회적기업 육성·지원 관련 법령의 제정·개정

다. 사회적기업 인증제도의 운영

라. 사회적기업에 대한 재정지원 사업 총괄

마. 사회적기업 육성 정책의 개발 및 지원체계의 구축·운영

바. 사회적기업의 국제협력·교류 지원

사. 사회적기업의 창업 지원에 관한 사항

아. 사회적기업 경영 지원 등에 관한 사항

자. 사회적기업 간 업종별·지역별 네트워크 구축 지원

차. 사회적기업에 필요한 전문인력 육성 및 고용지원

카. 사회적기업이 제출한 사업실적 등에 대한 관리

타. 지방자치단체의 사회적기업 지원시책 수립·시행 지원

파. 사회적기업의 일자리창출사업 지원

하. 한국사회적기업진흥원에 대한 지도·감독

17) 청년고용기획과 분장사무

가. 청년고용과 관련된 제도의 운영 및 법령의 제·개정

나. 고용노동부 소관 청년정책 시행계획의 총괄·조정 및 추진실적 점검

다. 고용노동부 소관 청년정책 과제발굴·관리, 교육 및 소통

라. 고용노동부 소관 정책·계획 등과 청년정책의 연계 및 협력

마. 고용노동부 소관 청년정책 관련 현안 관리 및 대응

바. 청년고용지원과 관련된 사업의 성과관리 총괄

사. 청년 대상 고용정책의 온라인·오프라인 전달체계 기획·운영

아. 청년 고용동향의 조사 및 분석

자. 공공기관 청년고용의무제 관리·총괄

차. 청년고용지원 정책에 관한 홍보의 기획·총괄

카. 한국잡월드 등 직업체험센터의 지도·감독

타. 청년 관련 비영리법인의 허가 및 지도·감독

파. 대학의 취업·직업진로지도 활성화 사업의 지원

하. 「청년기본법 시행령」 제21조의2제1항제4호에 따른 청년 관련 정책자문기구의 운영 지원 등

18) 청년취업지원과 분장사무

가. 청년취업지원을 위한 사업계획 수립 및 운영

나. 취약청년의 구직의욕 고취 및 노동시장 진입 촉진에 대한 정책 수립·운영

다. 취약청년 발굴 및 구직단념 예방을 위한 지방자치단체와의 연계·협력에 관한 사항

라. 청년내일채움공제제도 등 중소·중견기업 취업 청년을 위한 정책 수립 및 운영에 관한 사항

마. 성과보상기금 운용 등 청년의 자산형성 지원 정책과 관련한 관계기관 간 협의와 지방자치단체 관련 사업과의 연계에 관한 사항

바. 청년친화 강소기업 발굴 및 홍보 등에 관한 사항

사. 청년 일경험 활성화를 위한 정책의 수립·운영

아. 청년의 직무탐색, 직무역량 강화 지원을 위한 일경험 프로그램의 운영

자. 기업 청년 일경험 프로그램 통합 전산망의 구축·운영

차. 청년 일경험 관련 유관기관과의 협력체계 구축·운영

카. 기업 주도 청년고용지원 프로그램 확산에 관한 사항

19) 공정채용기반과 분장사무

　가. 공정채용질서 확립 업무 총괄

　나. 공정채용 문화 확산을 위한 컨설팅 및 인프라 구축에 관한 사항

　다. 능력과 실력이 우선하는 채용시스템의 정착 및 관계 중앙행정기관 간 협의·조정에 관한 사항

　라. 채용절차와 관련된 법령의 제·개정

　마. 직무수행역량 중심의 인력채용을 위한 평가모델의 개발 및 보급·확산

　바. 청년 고용 기업 지원을 위한 사업 계획의 수립·운영

20) 직업능력정책과 분장사무

　가. 직업능력개발훈련 관련 법령의 제정·개정 및 운영

　나. 직업능력개발정책 및 제도의 수립·시행

　다. 국민의 평생 직업능력개발 촉진에 관한 기본계획의 수립과 관련 정책의 총괄

　라. 공공직업능력개발사업계획의 수립·조정 및 관리

　마. 직업능력개발사업에 관한 조사·연구 및 관련 통계기반의 구축·운영

　바. 인력수급전망을 반영한 성장동력분야 등에 대한 산업인력 양성대책의 수립·시행

　사. 한국산업인력공단·기능대학·한국기술교육대학교의 지도·감독

　아. 직업능력개발에 관한 국제협력 및 남북교류협력 지원

　자. 직업능력개발훈련의 국제화 촉진

　차. 직업능력의 달 운영 지원

　카. 직업능력개발사업의 홍보 및 인식개선

타. 중앙행정기관 소관 직업훈련사업에 대한 재정지원의 타당성·중복성 검토 등에 관한 사항

파. 한국직업능력연구원 등 관련 연구기관과의 협력체계 구축 및 연구지원

하. 직업능력개발사업의 성과 분석 및 평가 등

21) 직업능력평가과 분장사무

가. 국가기술자격정책의 수립 및 총괄

나. 국가기술자격과 관련된 법령의 제정·개정

다. 국가기술자격발전기본계획의 수립 및 총괄

라. 국가기술자격제도의 개선·운영 및 국제협력에 관한 사항

마. 국가직무능력표준의 개발 및 활용 총괄

바. 국가기술자격정책과 관련된 위원회의 운영·지원

사. 국가기술자격검정 수탁기관의 지도·감독

아. 국가기술자격검정의 세부운영에 관한 사항

자. 국가자격검정의 통합관리

차. 자격취득자의 활용 및 지원에 관한 사항

카. 일-교육훈련-자격의 연계에 관한 사항

타. 사업 내 자격 및 고용노동부 소관 민간자격 활성화 대책의 수립·추진

파. 자격종합정보망(Q-Net)의 관리·운영

하. 숙련기술장려정책의 수립 및 시행 등

22) 인적자원개발과 분장사무

가. 국민의 자기주도 직업훈련을 지원하기 위한 정책 및 제도의 수립·시행

나. 전직·신규 실업자 등 구직자 직업능력개발지원정책의 수립·운영

다. 자활 대상자, 영세자영업자, 북한이탈주민 등 취약계층 직업훈련정책의 수립·운영

라. 국가 기간·전략직종 훈련정책의 수립·운영

마. 국민의 경력진단·설계 지원을 위한 정책 및 제도의 수립·시행

바. 직업능력개발훈련의 품질관리를 위한 정책 및 제도의 수립·시행

사. 중소기업과 비정규직 근로자의 직업능력개발훈련 참여촉진 및 지원

아. 직업능력개발 훈련과정의 심사·인정에 관한 사항

자. 직업훈련 비용지원체계의 운영·개선

차. 직업능력개발 시설·장비 지원제도의 운영

카. 직업훈련 생계비 지원제도의 운영

타. 직업능력개발훈련기관의 평가 및 지원 등에 관한 사항

파. 직업능력개발훈련 시설 및 법인의 관리·감독

하. 직업능력개발훈련의 지도·점검(사업주 및 사업주단체등의 직업능력개발사업에 관한 사항은 제외한다) 등

23) 기업훈련지원과 분장사무

가. 기업 주도 직업능력개발에 관한 정책의 수립

나. 중소기업의 훈련 참여 활성화 지원에 관한 사항

다. 기업의 현장훈련 체계 구축 지원

라. 고숙련·신기술 분야 훈련제도의 운영

마. 산업구조 변화 대응을 위한 이직·전직 훈련 및 장기유급휴가훈련의 운영

바. 재직자 대상 비대면훈련의 활성화를 위한 제도의 운영 및 개선

사. 사업주 및 사업주단체 등의 직업능력개발사업의 지도·점검

아. 대·중소기업 상생을 위한 직무훈련 컨소시엄의 운영·지원

자. 중앙부처 인력양성 수요를 반영한 전략산업 훈련 컨소시엄의 운영·지원

차. 구직자·재직자 등에 대한 기술 분야 훈련 인프라의 구축·개방 지원

카. 일학습병행 관련 정책 및 계획의 수립과 운영의 지원

타. 일학습병행 관련 법령의 제·개정에 관한 사항

파. 일학습병행 참여기업의 발굴 및 지원

하. 공동훈련센터의 지정 및 지정취소 등에 관한 사항 등

2 지방고용노동관서

가. 조직 및 인원

1995년 7월부터 고용보험제도가 시행되었으며, 제도 시행 당시에는 지방고용노동관서 직업안정과에서 고용안정(기업지원) 및 직업훈련 업무를, 고용보험과에서 실업급여 업무를 수행하였다. 이후 1997년 외환위기 극복과정에서 고용보험 적용범위 확대(1995년 7월: 30인 이상 사업장 → 1998년 10월: 1인 이상 사업장) 등 증가하는 고용보험 관련 행정수요에 적극적으로 대처하기 위하여 1998년 직업안정과와 고용보험과를 통합하여 전국에 99개 고용센터를 설치하였다.

고용센터는 국가고용정책의 핵심 전달체계로서 취업상담·알선, 실업급여, 직업지도, 직업능력개발, 기업지원 등 종합적인 고용서비스를 수행하며 2000년 '기초생활보장제도' 시행에 따른 자활정책 수요에 대비하여 2001년 168개소까지 증가하였으나, 규모의 경제를 통한 업무효율성 제고를 위하여 2005년 고용센터의 통합·대형화를 추진하여 2008년에는 82개소로 조정되었다.

이후 고용과 복지서비스의 연계를 통한 수요자 중심 서비스 제공, 국민의 편의와 정부의 효율성 제고 등을 위해 고용센터에서 더 나아가 다양한 고용·복지 서비스기관이 한 장소에서 함께 서비스를 제공하는 '고용복지플러스센터'를 추진하고, 2014년 남양주고용복지플러스센터를 시작으로 2023년까지 총 102개소의 고용복지플러스센터를 설치하였다.

2020년은 한국형 실업부조인 '국민취업지원제도' 시행 기반을 마련하고, 이후 예술인을 시작으로 노무제공자 19개 직종 종사자에게 단계적으로 고용보험을 적용하여 2차 고용안전망을 마련하였다.

예술인(2020년 12월 10일)·노무제공자(2021년 7월 1일) 및 국민취업지원제도 시행(2021년 1일 1일) 등에 따라 공공 고용서비스 수요는 늘어나고 있으나 고용복지플러스센터 수는 유사 사회서비스 전달 기관과 비교할 때 상대적으로 적어 도움이 필요한 주민들이 충분한 서비스를 제때 받지 못하는 상황이 우려되었다.

이에 저소득층, 청년, 여성 등 취업취약계층이 집에서 '1시간 이내'에 있는 고용복지플러스센터를 방문하여 심층상담과 취업연계 서비스를 받을 수 있도록 고용-복지 서비스 접점의 확대를 추진하여 전국 70개 시군에 작은 규모의 고용복지센터(중형고용센터)와 출장센터를 설치하였다. 이로써 2022년말 기준 174개의 고용센터가 설치되었다.

한편, 새로운 고용안전망인 국민취업지원제도 시행 및 전국민 고용보험의 단계적 확대에 맞춰 국민들에게 질 높은 고용서비스를 제공할 수 있는 고용센터의 인프라 및 인력확충의 필요성이 제기되었다.

국민취업지원제도의 대상자인 취업취약계층은 취업에 이르는 길에 복합적인 어려움에 놓인 경우가 대부분이다. 이들 개개인에 대한 심층상담, 밀착 사례관리를 통한 취업촉진 프로그램의 적극적인 연계를 위해서는 역량을 갖춘 적정규모의 상담인력 확보가 필수적이다. 이에 행정안전부 등 관계부처를 상대로 고용센터 상담 인력 확충의 필요성을 적극적으로 설명·설득하는 한편, 효율적인 조직 운영방안에 대하여서도 합리적인 대안을 모색해 나갔다. 총 30여 회에 이르는 부처 간 협의, 면담, 현장점검 등을 거쳐 국민취업지원제도 현장 상담인력 736명과 제도설계·유지를 위한 본부인력 등 총 740명을 증원함으로써 내실있는 밀착상담을 수행할 수 있는 발판을 마련하였다.

또한 이처럼 증원된 인력들이 고용센터에 추가 배치될 경우 적정 통솔·관리 범위를 초과하는 등 대민 서비스의 질이 저하되고 비효율적으로 운영될 우려가 높은 지역을 중심으로 고용센터 추가 증설을 추진하였다. 관계 부처와의 긴밀한 소통과 협의 속에 국민취업지원제도 담당인력 증원에 따른 고용센터 추가 설치가 불가피함을 상호인지하고 고용서비스 수요가 가장 많은 서울 동북권에 고용센터를 증설하는데 관계부처가 합의하였다. 이로써 2021년 6월, 기존 서울동부·서울북부 고용센터를 각각 분할하여 성동광진·강북성북 고용센터 2개소를 추가 설치하였다.

또한, 2021년에는 지역 내 서비스 수요, 정책 대상의 규모 등을 고려해 지역 내 협의와 정부 내·외부의 지속적인 설득을 통해 2020년 말 기준으로 아직 고용복지플러스센터로 전환되지 못한 서울북부고용센터와 서초고용센터를 고용복지플러스센터로 전환하면서 중형·출장센터를 제외한 전 센터의 고용복지플러스센터 전환을 마무리하게 되었다. 이로써 2022년부터는 전국 102개의 고용복지플러스센터에서 원스톱 서비스 제공 및 고용-복지-금융에 이르는 다양한 프로그램 연계를 통한 수요자 맞춤형 취업지원 서비스를 제공할 수 있게 되었다.

〈연도별 고용센터 설치 현황〉
1998년 99개소 → 1999년 122개소 → 2000년 126개소 → 2001년 168개소 → 2002년 156개소 → 2003년 155개소 → 2004년 118개소 → 2005년 112개소 → 2006년 85개소 → 2007년 84개소 → 2008년 82개소 → 2009년 81개소 → 2010년 80개소 → 2011년 81개소 → 2012년 82개소 → 2013년 83개소 → 2014년 86개소 → 2015~2016년 94개소 → 2017년 98개소 → 2018~2019년 101개소 → 2020년 171개소 → 2021~2023년 174개소

[그림 5-1-3] 지방고용노동관서의 조직

(2023년 12월 31일 기준)

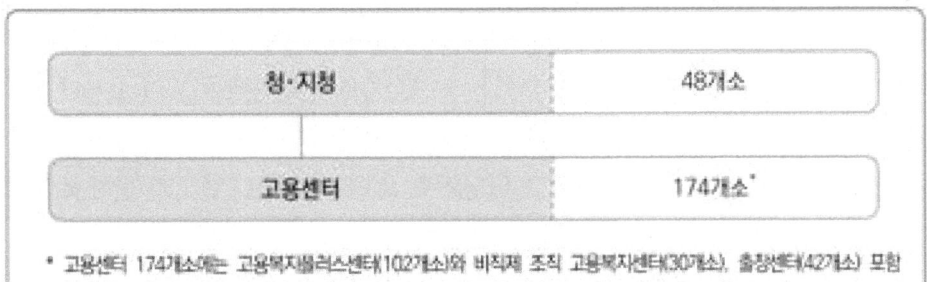

* 고용센터 174개소에는 고용복지플러스센터(102개소)와 비직제 조직 고용복지센터(30개소), 출장센터(42개소) 포함

지방고용노동관서의 고용분야[10] 업무담당 인원은 2023년 말 기준으로 모두 5,929명이며, 공무원 4,001명, 공무직 직업상담원 1,928명으로 구성되어 있다.

---

10) 고용분야는 고용센터와 지역협력과, 고용관리과, 부정수급조사과를 포함

〈표 5-1-1〉 지방고용노동관서 고용분야 인원현황

(2023년 12월 31일, 정원 기준)

합 계	공무원	공무직
5,929	4,001	1,928

나. 고용센터의 역할 및 기능

첫째, 수요자에게 품질 높은 고용서비스를 제공하기 위하여 서비스 인력 확충 및 교육훈련 혁신, 고용센터 자체청사 확보 및 통합·대형화, 고용정보 시스템 구축 등 인적·물적·정보 인프라를 확충하는 노력을 하였다.

우선, 고용서비스의 인적 인프라 확충을 위해 고용센터에서 실무를 담당할 신규 공무원을 2006년과 2007년에 걸쳐 620명 증원하였고, 2007년, 2008년에는 민간직업상담원 1,446명을 공무원으로 전환하여 안정된 신분에서 보다 나은 서비스를 제공할 수 있는 기반을 마련하였다. 2008년 하반기 부터 시작된 글로벌 금융위기에 따른 고용상황이 악화하면서 고용센터 업무가 급증함에 따라 2009년에는 고용서비스 인턴 1,200명을 투입하여 적극 대응 하였다. 2010년과 2011년에는 단시간근로 직업상담원 297명을 채용하였고, 효과적인 고용서비스 제공과 일자리 중개기능 활성화를 위해 2010년부터 기간제 구인상담원 등을 채용하여 구인·구직 DB 품질관리 등 고용서비스를 강화하였으며, 2012년에는 관계부처 합동으로 마련한 '공공부문 비정규직 고용개선 대책'(2011년 11월 28일)에 따라 심사를 거쳐 기간제근로자를 무기계약 근로자로 전환하여 이들의 고용안정과 근로조건 개선을 도모하였다. 2012년에는 실업급여 미수령 청·장년에게까지 취업성공패키지 사업을 확대하였고 담당인력 800명을 2013년까지 단계적으로 채용하였다.

2015년에는 고용사업의 확대로 사업별로 채용된 구인·훈련·취업성공패키지 상담원 등 다양한 직종의 무기계약직 상담원의 처우를 개선하고 인력운영의 효율성을 높이기 위해 직업상담원 일반직급을 신설하여 통합하였다.

2019년에는 직업상담원의 직급 간 격차를 해소하고, 늘어나는 고용서비스 수요에 탄력적으로 대응하기 위해 일반직급 직업상담원과 자립자원상담사를 전임직급 직업상담원으로 통합하였다.

2021년에는 저소득 구직자 등 취업취약계층의 구직활동과 생활안정 지원을 위해 새로 시행한 국민취업지원제도 현장 담당인력 736명을 증원하였다.

2022년에는 고용센터에서 직업상담, 취업알선 등 다양한 고용서비스를 제공하는 전문 상담인력인 직업상담원의 인적 인프라를 확충하였다. 그간 기간제와 일부 무기계약직으로 운영하던 취업지원관 100명을 직업상담원으로 전환하여 인력 운영의 효율성을 높였다.

또한 2023년에는 성과기반의 승진제도 운영을 위한 예산을 확보하고 직업상담원 운영규정(훈령)을 개정하여 성과·능력 중심 평가와 특별승진제도를 도입·시행함으로써 직업상담원의 직무몰입도와 전문성을 높이고 새 정부 국정과제(52. 고용서비스 고도화) 추진동력을 확보하여 성과를 뒷받침할 수 있는 기반을 마련하였다.

아울러, 고용센터 6급소장에 대해 내부직위 공모제를 처음 도입하였다. 2022년 말에 고용노동부 직제시행규칙을 개정하여 고용센터 6급소장 보임 직렬에 직업상담직렬을 추가하고, 현장 경험이 풍부하고 전문성과 리더십을 갖춘 내부전문가 3명을 선발하여 2023년 2월부터 3개 고용센터(속초, 김천, 서산)에 배치함으로써 고용서비스 고도화를 현장에서 주도적으로 실천하며 국민들이 체감할 수 있는 질 좋은 고용서비스를 제공할 수 있는 기반을 마련하였다.

한편, 고용센터 직원들의 전문성 향상을 위해 단계별(기본-전문-심화) 학습 체계를 구축하고 실습 위주로 교육과정을 운영하는 집합교육뿐 아니라 실시간 온라인 화상교육, 사이버교육 등 다양한 방식으로 고용센터 모든 직원이 교육과정에 참여할 수 있는 기회를 제공하고 있다. 특히, 2023년에는 국정과제 수행을 위한 신규사업 담당자의 전문성을 높이기 위해 도약보장 패키지 전담인력 육성과정 등 수요에 기반한 교육훈련을 강화하였다.

둘째, 고용센터의 취업 기능 강화를 적극 추진하였다.

취약계층을 대상으로 '문제 진단·직업탐색 및 경로설정 → 취업의욕 및 능력 증진 → 집중 취업알선'에 이르는 통합적 고용서비스 제공을 위해 2008년부터 '심층 상담 전담제'의 시범 실시를 거쳐 2009년부터 본격 실시하였다. 또한, 2009년에는 취약 청년과 저소득층을 대상으로 통합적 고용서비스를 제공하는

'청년 뉴스타트 프로젝트' 및 '취업성공패키지' 사업을 도입하여, 2011년에는 이를 통합·확대 운영하였다.

특히, 저소득층을 대상으로 하는 '취업성공패키지'의 경우에 2011년에는 48개 자치단체에 48명의 자립지원직업상담사를 배치하였고, 2012년에는 93개 자치단체에 100명의 자립지원직업상담사를 배치해 자활대상자 판정의 객관성을 제고하고 자치단체와 유기적 협조관계를 구축하여 기초생활수급자의 취업성공패키지 참여가 크게 증가하여 2012년 통합적 서비스 종료 이후에 참여자의 69.6%가 취업에 성공하는 성과를 거두었고, 저소득층(자녀)에게 개인별 맞춤형 취업지원서비스 제공 등을 통해 취약 계층의 일을 통한 자립에 기여하였다. 또한, 2012년부터 청년 미취업자와 최저 생계비 250% 이하 중장년층 실업자에게도 서비스를 제공해 지원 규모가 대폭 증가하였다.

고용센터의 직접적인 구인·구직 연결기능 활성화를 위해 고용센터에서 구인·구직 만남의 날, 채용대행서비스 등의 다양한 채용행사를 개최하여 고용센터를 사실상의 '상설 채용관'으로 인식하게 하는 계기를 마련하였다. 2019년에는 총 31,015회의 채용행사를 개최하였으며, 39,359개 업체가 참여하였고 48,536명이 취업하였다. 2021년에는 코로나19로 인해 총 30,167회의 채용행사를 개최하였으며, 32,552개 업체가 참여하였고 30,229명이 취업하였다. 2022년에는 총 52,130회의 채용행사를 개최하여 58,103개 업체가 참여하여 43,690명이 취업하였고, 2023년에는 67,482회 채용행사를 개최하여 75,891개 업체가 참여하여 50,940명이 취업하였다.

2017년에는 '소셜로그인' 서비스 지원으로 기존에는 워크넷 회원가입 이후 이용 가능했던 직업심리검사, 직업상담 등 취업 관련 서비스들을 별도의 가입 절차 없이 네이버, 카카오 등 본인이 사용하고 있는 소셜 네트워크 서비스 계정으로 이용할 수 있게 하여 구직자들이 편리하게 취업 콘텐츠를 이용할 수 있도록 온라인 취업지원서비스를 대폭 강화하였다. 또한, 센터 담당자는 인트라넷서비스를 활용하여 스스로 구인·구직이 어려운 취약계층의 취업지원에 주력하는 등 취업알선 내실화를 추진하여 고용센터 취업지원 효과성을 제고하였다.

한편, 코로나 19로 악화된 고용서비스의 취업촉진 기능 강화를 위해, 고용서비스고도화(국정과제 52) 일환으로 2022년 8월부터 구직자 및 구인 기업의 근본적인 애로요인을 해소하기 위한 '진단-심층경력설계-맞춤형 고용서비스'를 패키지로 제공하는 구직자·기업 도약보장 패키지 사업을 시범 도입하였다(구직자: 6개, 기업: 9개 고용복지플러스센터).

구직자 도약보장패키지를 통해 진로 고민 청년, 경력보유여성, 전직희망 중장년 등 구직자의 경력단계별 맞춤형 취업지원서비스를 제공하였다. 잡케어(jobcare) 등 역량진단 시스템을 활용해 구직자의 직무역량이나 직업심리를 진단하고, 희망 업종 및 시장에 대한 분석정보를 제공함으로써 구직자의 직무역량 등에 적합한 직업을 찾을 수 있도록 도움을 주었다. 또한 장기적인 관점에서의 경력개발계획을 설계하고 그에 맞춰 구직기술, 취업에 필요한 직무역량 등을 향상시킬 수 있도록 이력서·면접 컨설팅, 집단상담 프로그램, 직업훈련 등을 제공·연계하였다. 이에 그간 평균 10~15분에 불과했던 구직상담시간을 평균 50분 이상으로 끌어올려 선진국(평균40~60분) 수준의 심층상담 서비스를 제공하였다.

기업 도약보장 패키지를 통해 근로여건 개선이 필요한 기업, 인지도가 낮아 채용에 어려움을 겪는 신생기업, 집중적인 인재 매칭이 필요한 기업 등에게 구인 애로 요인별 맞춤형 채용지원을 하였다. 기업 도약보장 패키지는 정부의 다양한 채용지원 수단을 통합하여 지원함으로써 기업의 구인애로요인를 근본적으로 개선하고자 한다는 점에서 더욱 강화된, 적극적 기업 대상 서비스라고 할 수 있다. 특히 찾아가는 현장 및 디지털 기업지도 등을 활용한 구인 애로 기업 발굴과 구인 애로 유형에 대한 진단, 인사노무와 산업안전 컨설팅을 통한 근로 여건 개선 지원과 기업 홍보 지원 등 인지도 제고를 통한 인재 채용 지원, 구인 기업에 대한 정부·지자체의 지원 사업 연계 등의 서비스를 제공하였다.

구직자·기업 도약보장 패키지 사업 추진은 그간 코로나19 대응에 따라 급여 중심으로 운영되었던 고용정책의 패러다임을 고용서비스 중심으로 전환시키는 데 중요한 역할을 하였다. 2023년 3월부터는 구직자·기업 도약보장패키지 운영 관서를 각 24개소, 35개소로 확대하였고, 같은 해 8월부터 전국 48개 운영관서로 확대하여 더 많은 구직자·기업을 대상으로 서비스를 제공하였다.

특히, 코로나19 이후 심화된 구인난에 적극적으로 대응하기 위한 구인기업·산업에 대한 지원도 강화하였다. 먼저, 2022년 8월부터 고용복지플러스센터 내 '신속취업지원TF'를 설치하여 구조적·일시적 인력난을 겪고 있는 조선업, 뿌리산업,

서비스업을 대상으로 채용대행, 채용행사 등 적극적인 구직자 매칭에 나섰다. 그 결과 2023년 12월까지 신속취업지원TF를 통해 총 60,398명의 구직자가 채용되는 등 채용수요를 신속히 뒷받침하였다.

또한, 2023년부터는 입지, 경제여건 등에 따라 관할 구역을 넘어서 산업권역으로 성장하고 있는 국가 중요산업 분야의 인력난 해소를 효과적으로 지원하기 위해 산업 특화 취업·채용지원서비스를 제공하는 업종별 취업지원허브 설치를 추진하고 있다.

2023년 4월에는 부산청에 「조선업 취업지원허브」를 설치하였으며, 11월에는 반도체기업이 밀집되어 있는 수원·용인·부천·성남·이천·평택·천안고용센터가 함께 참여하는 「반도체 취업지원허브 네트워크」를 구성하여 기업과 구직자의 시각에서 인력 문제 해결에 필요한 취업·채용지원서비스를 맞춤 제공하고 있다. 그리고, 해당 산업분야와 관련있는 자치체, 협회 등 유관기관과 대표기업이 함께 참여하는 취업지원체계를 구축하여 인력난 해소를 위한 공동과제를 적극 발굴·추진해 나갈 계획이다.

아울러, 실업급여 수급자의 재취업촉진을 위한 '실업급여 수급자 재취업촉진 종합 대책'을 수립·시행하였다. 인력·시설 등 한정된 수급자 재취업지원여건을 감안, 선택과 집중을 통한 '실업급여 수급자 특성별 맞춤형 취업지원 서비스 실현'을 목표로 취업상담방식 개선, 취약수급자 중심의 서비스제공, 업무연계 강화로 재취업 지원 서비스의 활성화, 고용센터의 수급자 재취업지원 인프라확충을 추진하였다. 이를 통해 실업급여 수급자의 재취업 지원이 대폭 강화되었다. 또한 한국고용정보원과 합동으로 고용센터에 대한 실행상황을 모니터링하였다.

한편, 2010년에 실업인정 방식을 수급자의 재취업을 지원하는 방향으로 개편하기 위하여 18개 고용센터에서 시범운영(2010년 8월 ~ 2011년 2월)하던 온라인 중심형, 실업인정 강화형 등 4개 실업인정방식을 2011년 3월부터 모든 고용센터에 확대·시행하고, 2011년 11월부터 시작한 취업상담예약제를 2012년 본격적으로 실시하여 상담 시간을 충분히 확보함으로써 취업지원이 필요한 수급자를 집중 지원하였다.

2014년 3월부터는 실업인정 및 재취업지원 방식을 실업기간에 따라 달리 적용하여 제한된 인력하에서 장기 수급자 등 취업취약 계층에 대한 적극적 재취업

지원 서비스를 강화하였다. 1단계(실업신고일~3차 실업인정일)는 인터넷 실업인정을 원칙으로 하여 수급자의 자기주도적 재취업 활동을 최대한 보장하고, 2단계(4차 실업인정일~수급종료일)는 출석 실업인정을 원칙으로 하여 수급자에 대한 심층 상담을 함으로써 실업인정의 실효성을 제고하였다.

2016년 7월부터는 실업인정 및 재취업지원 업무를 기능적으로 분리하여 전담인력을 배치함으로써 업무를 취업상담 중심으로 개편하였다. 즉, 취업상담 전담자를 지정하여 적극적 취업알선을 중점 실시하고, 취업의지가 낮거나 취업지원 서비스가 필요한 수급자를 대상으로 재취업촉진위원회 운영을 통하여 취업의지를 제고하고 직업소개·훈련 등의 재취업 서비스를 제공하는 한편, 인터넷 실업인정 신청을 확대하여 종전 2차와 3차 실업인정일에만 가능하였던 것을 5차 실업인정일부터도 인터넷 실업인정 신청이 가능하도록 개선하였다.

2017년 1월부터 취업을 목적으로 해외에서 재취업활동을 하고자 하는 경우 출국 전에 미리 해외 재취업활동계획을 수립하고 그에 따른 재취업활동을 하면 해외 인터넷 실업인정 신청이 가능하게 함으로써 해외취업 수급자의 재취업활동 편의성을 제고하였다. 또한, 인터넷뿐만 아니라 스마트폰 등 모바일을 통해서도 실업인정 신청을 할 수 있도록 개선하였다.

2018년 5월부터 재취업활동 의무 횟수를 종전 1~4차 실업인정일에는 4주 2회, 5차 실업인정일부터는 4주 4회였던 것을 모든 회차 동일하게 4주 2회로 완화하였다. 또한 재취업활동 인정 프로그램 범위를 확대하여 민간의 각종 취업 프로그램 참여도 재취업활동으로 인정하고, 실업급여 반복수급자와 장기수급자에 대한 취업알선을 강화하는 한편, 형식적 구직활동자에 대해서는 인터넷 실업인정을 금지하는 등 허위·형식적 구직활동에 대한 관리를 강화하였다.

2019년 2월부터는 의무적 재취업활동 횟수를 모든 회차 동일하게 4주 2회였던 것을 1차~4차 실업인정일까지는 4주 1회로 완화하였다. 또한 재취업활동계획서(IAP)와 유형분류를 '수급자 재취업지원 설문지'로 일원화하였다. 동시에 형식적 입사지원을 방지하기 위해 워크넷 이메일 입사지원 횟수를 소정급여일수 120일 이하 수급자는 총 3회로, 150일 이상 수급자는 총 5회로 제한하고, 출석형 수급자는 집체교육이나 취업특강으로 재취업활동을 인정함으로써 실업인정 방식의 효율화를 기하였다. 또한 재취업활동 인정 프로그램 범위를 확대하여 어학 관련 학원수강이나 시험응시, 고용센터 입주기관 등 유관기관의 취업상담 등도 재취업활동으로 인정하였다. 한편, 취업지원서비스를 원하는 수급자와 장기수급자에 대해서는 재취업지원을 강화하였고, 장기수급자의 경우 수급기간 만료 직전 실업인정일에 출석하도록 하여 취업알선 등 서비스 지원을 강화하였다.

2020년 2월부터는 코로나19 영향으로 2019년 2월 실업인정 지침을 한시적으로 완화하여 모든 실업인정 회차에 대해 온라인 실업인정을 허용하고, 온라인 취업특강을 추가 개설하여 확대 운영하고 재취업활동 의무 횟수도 실업인정 전체 회차에 대해 4주 1회로 줄여서 운영하였다.

2022년 7월부터는 사회적 거리두기 해제 및 일상회복 등에 따라 감염병 예방 중심의 간소화된 실업인정을 정상화하고, 본연의 취업지원기능을 회복하기 위한 '구직급여 촉진을 위한 실업인정 및 재취업지원 강화방안'을 시행하였다. 이에 재취업활동 인정 기준을 수급자별 특성에 맞게 차별화하여 반복·장기 수급자에 대해서는 강화된 기준을, 만 60세 이상 장애인 수급자에 대해서는 완화된 기준을 적용하였다. 또한 수급자 선별관리를 통해 집중 취업알선 등 맞춤별 재취업지원 서비스를 제공하고, 허위·형식적 구직활동에 대한 모니터링도 강화하였다.

2023년부터는 그간 코로나19 등으로 간소화된 실업인정 방식을 정상화하는 「실업인정 강화방안(2022년 7월~)」을 전면 적용(2023년 5월~)하였다. 대면 실업인정 확대, 구직활동 필수 지정 등을 통해 수급자의 Activation을 강화하였으며, 수급자의 구직의욕·능력에 따라 적합한 취업지원 서비스로 연계하는 등 맞춤형 취업지원을 강화하였다. 또한 허위·형식적 구직활동 모니터링을 통해 정당한 사유 없이 면접 불참·취업 거부 시 엄중 경고, 부지급 조치를 적극 실시하였다.

셋째, 구직자의 자신감 회복과 구직기술 향상을 위해 다양한 '구직자 취업역량 강화 프로그램'을 운영하고 있다.

1999년 성취프로그램이라는 집단상담프로그램이 개발·운영되면서, 고용센터를 통해 직업탐색에서 이력서·면접 컨설팅 등을 실습형으로 제공하는 직업지도 서비스가 본격적으로 시작되었다.

2010년에는 '단기 집단상담프로그램' 12개 과정을 개설하고, 단기 취업특강도 5개 과정을 전면 개편하고, 2개 과정을 새롭게 도입하였다.

2011년에는 직업 진로지도 프로그램을 확대·운영(2010년 대비 56% 증가)하여 취업 취약계층에 대한 취업의욕 및 능력, 구직기술 제고를 지원하였다.

특히, 2021년부터는 코로나19로 인하여 대면 방식의 프로그램 운영이 제한되고, 디지털 문화 확산과 참여자의 편의성에 대한 수요가 증가함에 따라 비대면 집단상담 프로그램, 온라인 전용프로그램 등이 신규로 개발·운영되고 있다.

2022년에는 개인별 맞춤형 고용서비스 확대와 산업별 구인 수요 등을 반영하여 직종(IT, 경영사무 등)별 소규모 취업컨설팅 프로그램을 시범 운영 중이다.

아울러 2023년에는 성장프로그램, 행복내일프로그램, 청년니트 진로역량강화 프로그램 등 활용도가 낮거나 노동시장의 변화 등으로 대체가 필요한 프로그램 6종을 폐지하였으며, 산업 수요 및 구직자 니즈를 반영하여 성취프로그램과 행복오름 프로그램 개정을 추진하였고, 청년층 취업역량강화 프로그램(모듈형), 조선업·반도체 취업컨설팅 프로그램을 신규 개발하는 등 효과성 있는 역량강화 프로그램 제공을 위해 지속적으로 노력을 기울이고 있다.

넷째, 자치단체·학교·민간고용서비스기관의 역량강화를 지원하고, 이를 바탕으로 취약계층의 취업지원을 강화하는 고용서비스를 확대해나가고 있다.

자치단체·학교·민간고용서비스 기관의 취업지원 역량강화를 지원하기 위하여 고용센터를 통해 '대학 취업지원기능 확충사업', '전문계고 취업지원기능 확충사업', '취업지원 민간위탁사업' 등을 매년 확대해나가고 있다.

특히, 취업지원 민간위탁사업을 통해 노숙인·건설인력 등 공공고용서비스 전달체계에 의해서는 현실적으로 고용서비스를 제공받기 어려운 대상에 대해서는 민간 부문을 적극 활용하여 특성에 맞는 고용서비스를 제공하도록 하였다.

2010년에는 고용서비스 수요 증대에 효과적으로 대응하기 위해 성과와 연계한 민간위탁기관 운영, 다년간 위탁방안 마련 등을 통해 고용서비스 민간위탁 효율화 방안을 마련하였다.

2011년에는 이러한 민간위탁 효율화 방안을 바탕으로 취약계층 취업지원사업 민간위탁 규모를 확대하고, 사업실적 모니터링 및 평가 강화를 통한 민간위탁사업의 내실화를 추진하여 취약계층·청년 등에 대한 취업지원사업 실적을 크게 향상시켰다.

2012년에는 사업내실화를 위해 그 동안 확대되어왔던 취업지원사업들을 정비하여 유사사업을 통·폐합하였다. 전직지원 관련 사업을 정비하여 중장년층 전직지원 사업으로 통합하였다.

특히, 취약계층취업촉진 위탁사업으로 운영하고 있는 심리안정지원프로그램과 구직자 취업역량강화프로그램은 2020년 이후 코로나19 위기 상황에서 대면 프로그램 운영이 다소 축소되었으나, 프로그램 운영 방식을 대면뿐만 아니라 비대면(온라인)으로 병행 운영하여 취업 취약계층에게 맞춤형 취업지원서비스가 지속적으로 제공될 수 있도록 하였다. 코로나19 위기 이후에는 대면프로그램 방식의 취업지원 서비스를 강화하고 있으며, 대상자별 필요에 따라 온·오프라인 방식을 활용하여 효과적인 취업지원 서비스가 제공될 수 있도록 추진하고 있다.

다섯째, 고용센터와 유관기관 간 연계 강화도 추진하였다.

2009년 4월과 10월에 신용회복위원회 및 보건복지부 정신보건센터와 각각 업무 협약을 체결하여 고용센터를 방문하는 구직자에게 다양한 서비스를 제공할 수 있도록 했다. 2010년에는 경기도, 서울시, 금융위원회, 전국은행협회 등 다양한 유관기관과 업무 협약을 체결하였다. 또한, 지역에서는 고용센터와 유관기관 간 협력이 제도화될 수 있도록 지역별 고용지원협의회를 구성·운영하고 있다. 이외에도 지방자치단체와 유관기관도 국가가 운영하는 취업포털인 워크넷(www.work.go.kr)을 사용할 수 있도록 권한 부여 및 구인정보를 공유하고 정부부처·자치단체·공공기관·민간취업포털 등 일자리연계 대상기관과 협업하여 양질의 일자리를 제공하기 위하여 노력하고 있다.

특히, 2017년에는 사회보장정보원, 마사회 등 2개의 공공기관과 IT에 특화된 일자리를 제공하고 있는 'ITnJOB', 채용대행서비스를 하고 있는 '마이다스아이티' 등 2개의 민간기관의 일자리정보망을 더해서 총 35개 기관과 정보 연계를 실시하여 워크넷 한 곳에서 민간·공공분야 일자리 정보를 한 번에 검색이 가능하도록 일자리정보 통합서비스를 제공하고 있다.

또한, 학생들의 조기 진로탐색 지원을 위해 대학 맞춤형 취업지원시스템과 연계 가능한 '데이터허브 시스템'을 구축하였다. 대학에서 운영하고 있는 경력개발 시스템에 학생들의 직업심리검사와 일자리 정보, 능력개발정보 등 진로탐색 및 취업 준비에 필요한 정보를 제공하여 학생과 교수, 상담자 모두가 편리하게 이용할 수 있도록 2016년 말 상명대학교를 시작으로 시범 서비스하였다.

2020년에는 민간·공공기관의 일자리정보망과 워크넷간 정보의 공유·연계를 강화하여 양질의 일자리 정보를 제공할 수 있도록 일자리허브(2020년 1월), 팜리크루트(2020년 3월)와의 연계를 추진하였고, 2021년에는 IBK기업은행의 중소기업 전문 취업포털인 아이원잡(i-ONE JOB)과 일자리정보를 상호 연계하면서 중소기업과 구직자 간 일자리 미스매치를 완화하기 위하여 아이원잡이 매칭서비스를 고도화할 수 있도록 고용정보원의 직무온톨로지와 표준직무기술서 작성도구 API를 지원하였다.

여섯째, 청년부터 중장년에 이르는 다양한 구직자 계층이 취업에 필요한 정보를 한 곳에서 모아볼 수 있는 '모두의취업' 서비스를 개시하였다. '모두의취업' 서비스는 취업트렌드, 이력서·자기소개서·면접가이드, 취업지원프로그램 등 다양한 취업정보를 제공하고, 취준생이 보다 쉽게 취업정보에 접근하도록 웹툰, 카드형 취업 Tip 등을 시각적 콘텐츠 중심으로 제공하고 있다.

청년 구직자에게 차별화된 맞춤정보제공 하고자 '청년친화 강소기업 정보'를 기존 개조식의 딱딱한 문체가 아닌 스토리텔링 형식으로 구성하였다. 기업 정보를 현직자들과의 인터뷰, 인사담당자와의 문답방식으로 소개하여 구직자가 친근하게 느낄 수 있도록 한 것이다.

마지막으로, 고용복지플러스센터 장점을 극대화하면서 참여기관 간 협업 및 서비스 통합·연계를 통해 대국민 편의성을 제고하고 맞춤형 융합서비스를 강화하기 위한 "고용서비스 통합네트워크" 구축을 추진하고 있다. 2023년에는 서울북부·시흥·평택·진주 등 4개 지역에 통합네트워크를 설치하여 진입상담 기능 강화 및 지역 특성을 반영한 통합 서비스 확대를 적극적으로 추진중이며, 2024년에 2개 지역을 추가 선정할 예정이다.

〈표 5-1-2〉 고용센터 주요 업무성과

구 분		2019	2020	2021	2022	2023
고용센터 이용자	구인인원(천명)	1,352	1,302	1,969	2,407	2,081
	구직자 수(천명)	2,787	3,297	3,913	3,576	3,610
구직등록자 중 취업현황	취업건 수(천건)	699	720	973	877	870
	취업률(%)	25.1	21.8	24.9	24.5	24.1
실업급여 수급자 재취업실적	재취업자(천명)	286	325	359	339	374
	재취업률(%)	25.8	26.8	26.9	28.0	30.3
워크넷 일평균 방문자 및 회원 수	일평균방문자(천명)	767	820	913	970	1,052
	회원 수(천명)	9,409	12,075	12,948	9,662	9,027
고용보험 가입 사업장 및 피보험자	가입사업장 수(천개소)	2,359	2,396	2,512	2,616	2,580
	피보험자 수(천명)	13,864	14,112	14,550	14,899	15,200
고용안정지원금지급	지원인원(명, 순인원)	580,687	1,176,165	881,265	412,280	315,185
	지원금(백만원)	1,788,126	4,231,248	3,901,178	1,692,009	1,406,155

다. 고용센터(고용센터) 분장사무

구 분		주요 내용
고용센터	취업지원총괄과	- 자체 고용대책 수립·시행 - 구인발굴 등 일자리 개척에 관한 사항 - 구인·구직 상담, 취업알선 등 취업지원 - 청년, 고령자, 여성 등 취약계층 취업지원 사업 (국민취업지원제도 참여자 제외) - 채용대행 서비스 및 구인·구직 만남의 날 시행, 상설 채용관 운영 - 직업진로지도 및 집단상담, 청년 일경험 프로그램 등 - 대학·전문계고 취업지원 확충 사업, 민간위탁 등 공모사업 수행 - 그 밖에 고용센터 내 다른 과에 속하지 않는 업무
	실업급여과	- 구직급여 수급자격 인정에 관한 사항 - 실업인정 및 실업급여 지급에 관한 사항 - 실업급여 수급자 재취업지원 프로그램 제공 및 취업알선
	국민취업지원과	- 국민취업지원제도 수급자격 조사 및 결정 - 국민취업지원제도 지원 대상자별 취업활동계획 수립 등 취업지원서비스 관련 업무 - 국민취업지원제도 참여자 사후관리 및 부정수급 의심자 모니터링 - 국민취업지원제도 연계·협업기관 관리 및 평가
	기업지원과	- 고용촉진 및 안정에 관한 사업 집행 및 관리 - 시간선택제 창출, 전환, 개선 등에 관한 사항 - 모성 보호 사업 집행 - 고용안정·촉진을 위한 경제단체와의 협력에 관한 사항

구 분		주요 내용
고용센터	직업능력개발과	- 직업훈련 과정 및 시설 인정·지정, 관리감독 - 지역고용심의회 및 실무위원회의 운영지원 - 사회적기업 및 지역맞춤형 일자리 창출 사업 시행 - 지역·산업 주도 인력 양성 지원 - 고령자 고용·정년제도 운영 현황 조사 및 중견전문인력 고용센터 관리 - 장애인 의무고용제 실시 지도 - 일자리창출 유공 포상 및 일자리 으뜸기업 선정
지역협력과	지역협력팀	- 지자체, 산하단체 및 유관기관 협력사업 총괄 - 지방고용심의회 및 지역고용지원 협의회 운영 - 사회적기업 및 지역맞춤형 일자리 창출 사업 시행 - 지역·산업 주도 인력 양성 지원 - 고령자 고용현황 및 정년제도 운영 및 고령자 인재은행 - 장애인 의무고용제 실시 지도
	노동시장분석팀	- 관할 권역의 고용동향분석 및 노동시장 조사·분석, 통계
	외국인력팀	- 고용허가제 운영
고용관리과	운영지원팀	- 인사·예산·평가·교육·홍보·보안·시설관리·업무개선 등 - 「직업안정법」, 「채용절차 공정화에 관한 법률」 운영 - 고용보험 피보험자격 확인청구·심사청구, 과태료부과 등
	부정수급조사과	- 부정수급에 관한 예방·점검계획의 수립 및 실시(소속지청 및 출장소 포함) - 실업급여·고용안정사업·모성보호사업·직업능력개발사업 관련 부정수급 조사 및 처리 - 둘 이상의 지청 및 출장소에 걸치는 부정수급에 관한 조사 - 지방고용노동청장이 사회적 파급효과 등을 감안하여 부정수급에 관하여 지시한 사항의 처리(소속지청 및 출장소 포함)

라. 고용복지플러스센터

지속적으로 증가하는 대국민 고용서비스 수요에 맞춰 여성새로일하기센터(여성가족부), 제대군인지원센터(국가보훈처), 지자체 일자리센터(직영 또는 위탁) 등 대상별 특화된 고용서비스기관이 확충되었으며, 생계급여 등 복지관련 서비스는 자치단체가 중심이 되어 제공되어 왔다.

그러나 서비스별·대상별로 각각 존재하는 고용·복지서비스 전달체계로 인해 서비스 이용자가 필요충분한 서비스를 받고자 할 경우 여러 기관을 방문해야 하는 어려움이 있었고, 서비스를 제공하는 기관 간의 칸막이 현상이 나타나는 등 문제점이 발생하였다.

이에, 국민경제자문회의(2013년 11월 28일), 사회보장위원회(2013년 12일 24일)에서 다양한 고용·복지 서비스기관이 한 장소에서 함께 서비스를 제공하는 '고용복지플러스센터' 추진을 보고·의결하고, 2014년 기초 자치단체 수요조사 및 현장실사 등을 거쳐 10곳을 추진하기로 결정한 이후 2017년 말까지 단계적으로 총 98개소의 고용복지플러스센터를 설치하였다.

한편, 2020년은 한국형 실업부조인 '국민취업지원제도'의 시행 기반을 마련하고 '전국민 고용보험 로드맵'을 발표하는 등 고용보험에 이은 2차 고용안전망의 기틀을 세운 한 해였다.

국민취업지원제도 등 취약계층 고용안전망 강화 정책에 맞춰 증가하는 공공 고용서비스 수요에 효과적으로 대응하고자 범부처 합동 '공공 고용서비스 발전방안'(2019년 6월 4일, 일자리위원회), '제1차 고용서비스 전문위원회'(2020년 6월 25일) 등을 통해 전국 70개 시군에 고용-복지 서비스 접점을 추가 설치하기로 하고 행정수요와 지역규모에 따라 고용복지센터와 출장센터로 구분하였다.

고용복지센터는 고용센터까지 이동시간(대중교통)이 1시간을 넘으면서 인구수가 5만명 이상인 30개 시군에 설치하였으며 고용센터·지자체·새일센터 직원(5명 내외)이 상근하면서 국민취업지원제도, 구인·구직 지원 업무를 수행하도록 하였다. 그리고, 2022년부터는 방문민원이 많은 실업급여 업무를 확대 시행하였다. 한편, 행정수요가 상대적으로 적은(인구수가 5만명 미만) 42개 시군에는 고용센터 직원이 관할 지자체 등에서 제공하는 청사 내 공간에서 주 1~2회 출장 근무하면서 국민취업지원제도·실업급여 신청요건 등을 상담하고 취업알선 서비스를 제공하도록 하였다.

고용복지플러스센터의 지속적 확산을 통해 일자리 정보 공유, 참여기관 간 프로그램 상호 개방, 서비스 연계를 통한 취업 장애요인 해소 등 수요자 맞춤형 취업지원 서비스 제공이 쉬워졌으며, 참여기관 간 서비스 연계도 활성화되었다.

그간 고용복지플러스센터당 월평균 서비스 연계 건수는 2016년 207건, 2017년 278건, 2018년 295건, 2019년 400건 등으로 그 수치는 꾸준히 증가하였으나, 2020~2022년에는 전례 없는 코로나19 팬데믹 사태로 직접 피해를 본 실업자, 영세자영업자, 특수형태근로자, 프리랜서 등 경제적 위기에 직면한 취약계층을 보호할 필요성이 절실해 짐에 따라, 긴급 사무조정을 통해 고용센터 인력을 실업급여, 고용유지지원금, 긴급고용안정지원금 지급 등에 배치함에 따라 월평균 서비스연계 건수는 각각 274건, 153건, 102건으로 감소하였으나 2023년에는 115건으로 회복 추세를 보이고 있다.

아울러, 전국 70개 시군에 고용복지센터·출장센터 등을 추가 신설하여 지리적 요인으로 고용센터 접근이 쉽지 않았던 구인·구직자 및 경제적 취약계층들이 고용서비스를 편리하게 받을 수 있는 기반이 조성되었으며 일부 지자체(7개소)에서는 유휴공간을 자발적으로 무상 제공하여, 연 평균 7~8억원의 운영경비를 절감할 수 있게 되었다.

2021년은 국민취업지원제도 시행 원년으로 취업취약계층에게 내실있는 밀착 상담 및 취업지원서비스 수행을 위하여 현장 상담인력 총 736명을 증원, 고용센터에 추가 배치하였으며, 이에 따라 규모가 지나치게 커진 고용센터 2개소를 분할·추가 설치하여 대국민 고용서비스 질 제고 및 고용서비스 접점을 확대하였고, 기존 고용복지플러스센터로 전환되지 못한 서울북부고용센터·서초고용센터 2개소를 고용복지플러스센터로 전환하면서 2021년 말까지 총 102개소의 고용복지플러스센터를 설치하였다.

향후에도 취약계층 고용안전망 강화 정책을 뒷받침하기 위해 도시 지역의 과밀한 고용복지플러스센터는 관할구역을 분할, 추가 설치하는 등 대국민 고용서비스 접점을 지속 확대하는 한편, 고용복지플러스센터 참여기관 간 연계·협업 내실화를 통해 지역단위에서 고용센터, 일자리센터, 새일센터가 유기적으로 협력하여 양질의 일자리를 발굴·공유하는 등 지역의 일자리 문제해결에 주도적 역할을 수행해 나갈 계획이다.

마. 유관기관의 조직 및 인원

고용보험 적용·징수업무는 1995년도 제도 도입 당시에는 지방노동관서(관리과)에서 담당하였으나 적용·징수체계가 산재보험과 유사하여 행정효율화 차원에서 1999년 10월 근로복지공단으로 이관하여 2023년말 기준 2,105명의 공단직원이 산재보험의 적용·징수업무와 고용보험 적용·징수업무를 동시에 처리하고 있다.

또한, 한국고용정보원에서는 행정업무를 신속·정확하게 전산처리하여 체계적인 정보생산·제공으로 효과적인 고용정책 수립을 지원하는데 목적이 있는 고용보험 전산시스템을 1995년 7월에 서비스를 개시하여 2023년말 20명의 한국고용정보원 직원이 고용보험전산지원 업무를 수행하고 있다.

[그림 5-1-4] 유관기관의 조직 및 인원현황

(2023. 12. 31. 기준)

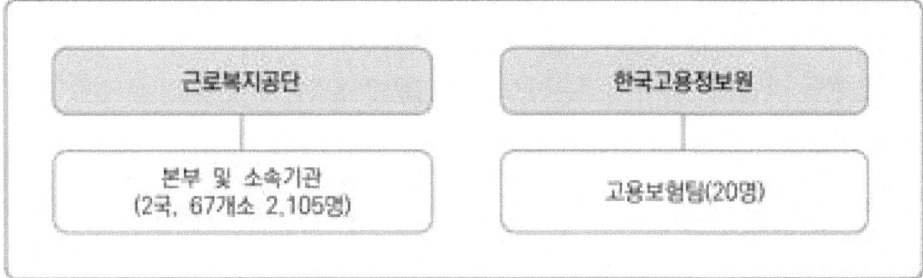

3 고용보험위원회

가. 설치배경

1995년부터 시행된 고용보험제도는 외환위기에 따른 실업대란을 극복하는 데 크게 이바지하는 등 그간 노동시장의 구조변화에 대응하여 고용보험의 역할을 충실히 수행하였다. 고용보험제도가 한 단계 더 발전하기 위해서는 직접적인 이해당사자인 노·사의 참여를 한층 더 강화하고, 고용보험 재정의 장기적인 안정성과 효율성을 유지해 나갈 수 있는 체계 구축 및 중소기업과 취약계층에 대한 효과적인 지원체계 마련 등이 필요하다는데 노·사·정이 인식을 같이하게 되었다. 이에 따라 경제사회발전노사정위원회의 고용보험제도발전위원회에서 2008년 5월 고용보험 제도발전을 위한 합의문에 따라 그간 고용정책심의 위원회에서 고용보험 제도에 관한 주요 사항을 심의하던 방식에서 노·사·정·공익 동수가 참여하는 위원회에서 심의하고 상시적이고 지속적인 논의를 할 수 있도록 고용보험위원회(2009년 7월) 및 전문위원회(2009년 9월)를 새로이 설치·운영하게 되었다.

나. 고용보험위원회 구성 및 임기

고용보험위원회는 위원장 1인을 포함한 20인 이내의 위원으로 구성한다. 위원장은 고용노동부차관이 되며, 노·사 대표(전국을 대표하는 노사단체의 추천), 공익대표, 정부위원을 각각 같은 수로 고용노동부장관이 위촉(임명)하며 위원의 임기는 2년으로 한다. 다만, 보궐위원의 임기는 전임자의 잔여임기로 한다.

고용보험위원회의 실무위원회인 전문위원회는 운영전문위원회와 평가전문위원회가 있으며 위원회의 특성에 맞게 위원장 1인을 포함하여 15인 이내의 노·사·정·공익위원으로 구성하였으며 전문가의 참여를 한층 강화하였다.

다. 고용보험위원회 운영 등

2009년부터 새로이 설치된 고용보험위원회는 2023년까지 본위원회 총 115회를 개최하여 고용보험제도 주요 사항에 대하여 심의하고 있다. 2023년에는 본위원회 총 8회(대면회의 4회/서면회의 4회), 전문위원회 총 9회(대면회의 6회/서면회의 3회)를 개최하였으며 기금운용에 관한사항, 고용보험법령개정에 관한사항, 농어업 분야 고용보험 제도개선 방안 등 고용보험 관련 주요사항에 대하여 심의하여 노·사·정·공익의 의견을 수렴하는 과정을 거쳤다.

사업 신설뿐만 아니라 기존 사업의 제도개선을 주요 내용으로 하는 고용보험법령 개정(안) 논의 시에는 노·사·정·공익이 현 노동시장의 문제점을 해결하고 사회적 안정을 도모하는 방향으로 함께 방안을 모색하고 합리적인 결론을 도출하고자 하였다. 2022년 고용보험기금 결산(안), 2023년 고용보험기금 운용계획 변경(안), 2024년 고용보험기금 운용계획(안) 등 고용보험기금 운영에 관한 사항 심의 시에는 고용보험기금의 안정적인 재정 관리를 위한 논의도 진행하였다.

아울러 노사와 전문가가 참여하는 '고용보험 제도개선 TF'를 별도로 운영하며 고용보험 사회안전망 강화를 위한 노·사·정·공익이 참여하는 지속적인 담론의 장을 제공하고, 제도개선에 대한 사회적 공감대를 확산시켰다. 2017년에는 실업급여 지급수준 인상 및 기간 연장 등을 포함하는 내용의 「고용보험법」 개정안을 마련하여 고용보험위원회 심의(2017년 12월 19일)를 거쳐 국회에 제출한 의미 있는 성과를 이루어 내기도 하였다. 2018년 7월 그동안 고용보험 적용제외 대상이었던 특수형태 근로종사자와 예술인에 대한 고용보험 적용방안을 마련하였으며, 「고용보험법」 및 「보험료징수법」을 개정(2020년 6월 9일)을 통해 예술인 고용보험이 2020년 12월 10일부터 적용되었다. 2020년 12월에는 일하는 모든 취업자를 고용보험으로 보호하기 위한 '전국민 고용보험 로드맵'을 심의하여 발표하였다.

2021년에는 고용보험제도개선TF 논의를 토대로 특수형태근로종사자 고용보험 적용에 대한 세부시행방안을 논의하여 특수형태근로종사자 12개 직종(2021년 7월 시행) 및 플랫폼종사자 2개 직종(2022년 1월 시행)에 대한 고용보험 적용방안을 심의하였으며, 코로나19로 인해 재정상황이 악화된 고용보험기금의 재정건전성을 회복을 위한 고용보험기금 재정건전화 방안도 심의(2021년 9월)하였다. 한편, 2022년에는 특수형태근로종사자 5개 직종(2022년 7월 시행)에 대한 고용보험 적용방안을 심의하였다.

* (2021년 7월 적용: 특수형태근로종사자 12개) 보험설계사, 학습지 방문강사, 교육교구 방문강사, 택배기사, 대출모집인, 신용카드회원 모집인, 방문판매원, 대여제품 방문점검원, 가전제품배송설치기사, 방과후학교 강사(초·중등학교), 건설기계종사자, 화물차주
  (2022년 1월 적용: 플랫폼종사자 2개) 퀵서비스기사(배달기사 포함), 대리운전기사
  (2022년 7월 적용: 특수형태근로종사자 5개) 화물차주, 정보통신 소프트웨어 기술자, 관광통역안내사, 어린이 통학버스기사, 골프장 캐디

〈표 5-1-3〉 고용보험위원회 운영현황

구 분		안 건
2014년	제1차 (서면)	1. 2013년도 회계연도 고용보험기금 결산(안) 2. 고용보험법 시행령·시행규칙 개정(안) 3. '특수형태업무종사자 고용보험 적용 노사정TF' 운영 경과보고 4. 고용보험기금 자산의 '13년 운용성과
	제2차	1. '실업급여 제도개선 노사정 TF' 운영 결과보고 2. 고용보험 제도개선 방안(안) 3. 2013년 고용보험사업 평가 결과 및 2014년 고용보험평가센터 운영 계획(안) 4. 고용보험기금 자산운용지침 개정(안) 5. 2014년 고용보험 기금운용계획
	제3차	1. 2015년도 고용보험 기금운용계획(안) 2. 고용보험 제도개선 방안 3. 2014년도 고용보험 기금운용계획 변경(안)
	제4차	1. 고용보험 제도개선 방안 2. '고용보험 제도발전 포럼' 운영 현황
	제5차 (서면)	1. 2014년도 고용보험 기금운용계획 변경(안) 2. 고용보험 제도개선 방안 3. 2014년도 고용보험 평가센터 추진 현황
	제6차	1. 고용보험 제도개선 방안(안) 2. 2015년도 고용·산재보험 기준보수 고시(안) 3. 고용창출지원사업 지역특화산업 시범지원 대상 선정(안) 4. 실업크레딧 추진 경과 및 향후 계획 5. 전담자산운용기관 선정·운영 계획(안)

구 분		안 건
2015년	제1차	1. 2014년도 고용보험기금 결산(안) 2. 2014년도 고용보험기금 여유자산 운용성과
	제2차	1. 고용보험 제도개선 방안(안) 2. 2014년 고용보험사업 평가 결과 및 '15년 고용보험 계획(안) 3. 고용보험 거버넌스 구성 및 역할 4. 주간운용사 성과평가 기준수립 계획(안)
	제3차	1. 2016년도 고용보험 기금운용계획(안) 2. 육아휴직 활성화를 위한 인센티브 개선방안 3. 2015년 연간 자산운용계획 및 주간운용사 선정 결과
	제4차	1. 2015년도 고용보험기금 운용계획변경(안)
	제5차 (서면)	1. 고용보험 제도개선 방안(안)
	제6차 (서면)	1. 2015년도 고용보험기금 운용계획 변경(안)
	제7차	1. 고용보험 제도개선방안(안) 2. 실업급여 개편 논의 경과 및 향후계획
	제8차	1. 실업급여 개편방안(안)
	제9차 (서면)	1. 2015년도 고용보험기금 운용계획 변경(안)
	제10차 (서면)	1. 2016년도 적용 고용·산재보험 기준보수 고시(안) 2. 2015년도 고용보험기금 운용계획 변경(안)
2016년	제1차	1. 2015년도 고용보험기금 결산(안) 2. 2015년도 고용보험기금 여유자산 운용성과
	제2차 (서면)	1. 개성공단 입주기업 고용보험료 경감방안
	제3차	1. 고용보험제도 개선 방안(안) 2. 2015년 고용보험사업 평가 결과 3. 2016년 고용보험사업 평가 계획
	제4차	1. 2017년 고용보험기금 운용계획(안) 2. 2016년 고용보험기금 운용계획 변경(안) 3. 고용보험제도 개선 방안 4. 2016년 고용보험기금 연간 자산운용 계획
	제5차	1. 고용보험제도 개선 방안(안) 2. 실업급여 부정행위 제재기준 합리(안)
	제6차	1. 2016년 고용보험기금 운용계획 변경(안)
	제7차	1. 고용보험제도 개선 방안(안) 2. 외국인근로자 고용보험 가입 방안(안) 3. 고용보험사업 평가 추진상황 및 향후계획

구 분		안 건
2016년	제8차	1. 고용보험제도 개선 방안(안) 2. 고용장려금제도 개편 방안(안) 3. 2016년 고용보험기금 운용계획 변경(안)
	제9차 (서면)	1. 2016년 고용보험기금 운용계획 변경(안)
	제10차 (서면)	1. 2017년도 기준보수 고시(안)
2017년	제1차	1. 2016 회계년도 고용보험기금 결산(안) 2. 고용보험제도 개선 방안(안) 3. 고용보험기금 자산운용지침 개정(안) 4. 2017 고용보험기금 운용계획
	제2차 (서면)	1. 2017년 고용보험기금 운용계획 변경(안)
	제3차	1. 2017년 고용보험기금 자산운용 현황 및 계획
	제4차	1. 2018 고용보험기금 운용 계획(안) 2. 고용보험제도 개선 방안(안) 3. 2016년도 고용보험사업 평가 결과 및 '17년도 평가 계획
	제5차	1. 2017 고용보험기금 운용 계획 변경(안) 2. 고용보험제도 개선 방안(안)
	제6차	1. 중소기업 청년 추가고용 장려금 시행을 위한 성장유망업종 지정 2. 고용보험제도 개선 방안(안)
	제7차 (서면)	1. 2017년 고용보험기금 운용계획 변경(안)
	제8차	1. 2017년 고용보험 기금운용계획 변경(안) 2. 고용보험제도 개선 방안(안)
	제9차 (서면)	1. 2018년도 기준보수 고시(안)
	제10차	1. 2017년 고용보험 제도개선 TF 논의 결과 2. 고용보험제도 개선 방안(안)
	제11차 (서면)	1. 중소기업 청년 추가고용 장려금 지원대상(성장유망업종) 추가 지정(안)
2018년	제1차	1. 2017회계연도 고용보험기금 결산(안) 2. 고용보험제도 개선 방안(안) 3. 2018 고용보험기금 운용계획 4. 2017 고용보험기금 여유자산 운용성과
	제2차	1. 2018년 고용보험기금 운용계획 변경(안) 2. 고용보험제도 개선 방안(안)
	제3차	1. 2019 고용보험기금 운용 계획(안) 2. 고용보험제도 개선 방안(안) 3. 여유자금 운용 현황 및 연간 자산배분 계획

구 분		안 건
2018년	제4차 (서면)	1. 2019년 고용보험기금 운용계획(안)
	제5차 (서면)	1. 2018년 고용보험 기금운용계획변경(안)
	제6차	1. 2018년 고용보험 제도개선 TF 논의 결과 2. 고용보험제도 개선방안(안) 3. 2018년 고용보험기금 운용계획 변경(안)
	제7차	1. 고용보험제도 개선 방안(안) 2. 2018년 고용보험기금 운용계획 변경(안)
	제8차 (서면)	1. 출산전후(유산·사산)휴가급여 상한액 인상 2. 2018년 고용보험기금 운용계획변경
	제9차	1. 고용산재보험료징수법 2019년도 기준보수 고시(안) 2. 2019년도 자영업자 고용보험 기준보수 고시(안) 3. 시간선택제 신규고용 지원 지원금 인상 및 요건 완화 4. 2018년 고용보험 기금운용계획변경 5. 고용보험기금 차기 주간운용사 선정 추진 현황
	제10차 (서면)	1. 2018년 고용보험 기금운용계획변경
2019년	제1차	1. 2018회계연도 고용보험기금 결산(안) 2. 고용보험제도 개선 방안(안) 3. 2019년 고용보험기금 운용계획 4. 2018 고용보험기금 여유자산 운용성과
	제2차	1. 2019년 고용보험기금 운용계획변경(안) 2. 강원도 동해안 특별재난지역에 대한 고용보험료 경감(안) 3. 여유자금 운용 현황 및 연간 자산배분 계획
	제3차	1. 2020년 고용보험기금 운용계획(안)
	제4차	1. 2019년 고용보험기금 운용계획변경(안) 2. 고용보험제도 개선 방안(안) 3. 여유자금 운용현황 및 하반기 운용계획
	제5차 (서면)	1. 고용보험제도 개선 방안(안)
	제6차	1. 2019년 고용보험기금 운용계획변경(안) 2. 고용보험제도 개선 방안(안)
2020년	제1차	1. 2019 회계연도 고용보험기금 결산(안) 2. 고용보험제도 개선방안(안) 3. 2020 고용보험기금 운용계획 4. 2019 고용보험기금 여유자산 운용성과
	제2차 (서면)	1. 2020년 고용보험기금운용계획 변경(안)
	제3차 (서면)	1. 2020년 고용보험기금운용계획 변경(안)

구 분		안 건
2020년	제4차 (서면)	1. 2020년 고용보험기금운용계획 변경(안) 2. 고용보험제도 개선방안(안)
	제5차 (서면)	1. 2020년 고용보험기금운용계획 변경(안) 2. 고용보험제도 개선방안(안)
	제6차	1. 2020년 추경 고용보험기금운용계획 변경(안) 2. 2021년 고용보험기금운용계획(안) 3. 부정수급 방지 관련 추진 현황 4. 여유자금 운용 현황 및 연간 자산배분 계획
	제7차	1. 예술인 고용보험 세부 적용방안 2. 예술인 고용보험 추가 논의사항 3. 무급휴직 고용유지지원금 요건 합리화 4. 유급휴가훈련 지원요건 완화 5. 예술인 고용보험 관련 고용보험 제도개선 TF 논의결과
	제8차 (서면)	1. 2020년 고용보험기금 운용계획 변경(안) 2. 고용보험제도 개선(안)
	제9차 (서면)	1. 고용보험제도 개선(안)
	제10차	1. 2020 고용보험기금 운용계획 변경(안) 2. 고용보험제도 개선방안(안)
	제11차	1. 전국민 고용보험 로드맵(안)
2021년	제1차 (서면)	1. 2021년 고용보험기금운용계획 변경(안)
	제2차	1. 고용보험제도 개선방안(안) 2. 2020회계연도 고용보험기금 결산(안) 3. 2021년 고용보험기금 운용계획 변경(안) 4. 특수형태근로종사자 고용보험 적용 관련 고용보험 제도개선 TF 논의 결과 5. 2021년 고용보험기금 운용계획 6. 2020년 고용보험기금 여유자산 운용성과
	제3차 (서면)	1. 2021년 고용보험기금 운용계획 변경(안) 2. 고용보험제도개선(안)
	제4차	1. 특수형태근로종사자 고용보험 세부적용방안(고시 규정사항) 2. 2022년 고용보험기금운용계획(안) 3. 2021년 고용보험기금운용계획 변경(안) 4. 2021년 여유자금 운용 현황 및 연간 자산배분 계획
	제5차 (서면)	1. 2021년 고용보험기금 운용계획 변경(안)
	제6차	1. 고용보험 제도개선(안)
	제7차 (서면)	1. 2021년 고용보험기금운용계획 변경(안)
	제8차	1. 고용보험기금 재정건전화 방안
	제9차 (서면)	1. 2021년 고용보험기금운용계획 변경(안) 2. 고용보험 제도개선(안)
	제10차 (서면)	1. 2021년 고용보험기금운용계획 변경(안)

구 분		안 건
2021년	제11차	1. 2022년 근로자 기준보수 고시(안) 2. 예술인 기준보수 및 경비율 고시(안) 3. 실업급여 부정수급 업무 개편 방안 4. 실업인정 개편 방안
2022년	제1차 (서면)	1. 2021년 회계연도 고용보험기금 결산(안) 2. 2021년 고용보험기금 여유자산 운용성과 3. 2022년 고용보험기금 운용계획
	제2차	1. 특수형태근로종사자 고용보험 추가 적용방안
	제3차 (서면)	1. 2022년 고용보험기금운용계획 변경(안) 2. 공공자금관리기금 예수이자상환 감액
	제4차	1. 2023년 고용보험기금운용계획(안) 2. 2022년 여유자산 운용 현황 및 연간 자산배분계획
	제5차 (서면)	1. 2022년 고용보험기금운용계획 변경(안)
	제6차	1. 고용보험 제도개선(안) 2. 2022년 고용보험기금운용계획 변경(안) 3. 2023년 고용보험기금 운용계획(정부안)
	제7차 (서면)	1. 2022년 고용보험기금운용계획 변경(안)
	제8차 (서면)	1. 고용보험 제도개선(안) 2. 2022년 고용보험기금운용계획 변경(안)
2023년	제1차	1. 고용보험법 등 하위법령 개정(안) 2. 2022회계연도 고용보험기금 결산(안) 3. 고용보험위원회 운영세칙 개정(안) 4. 농·어업분야 고용보험 제도개선 방안 5. 2022년 고용보험기금 여유자산 운용성과 6. 2023년 고용보험기금 운용계획
	제2차	1. 2024년 고용보험기금운용계획(안) 2. 2023년 고용보험사업 평가결과 3. 2023년 여유자금 운용 현황 및 연간 자산배분 계획
	제3차 (서면)	1. 2023년 고용보험기금운용계획 변경(안)
	제4차	1. 고용보험법 및 하위법령 등 개정(안)
	제5차	1. 고용보험법 및 보험료징수법 하위법령 개정(안)
	제6차 (서면)	1. 2023년 고용보험기금운용계획 변경(안)
	제7차 (서면)	1. 2023년 고용보험기금운용계획 변경(안) 2. 고용산재보험료징수법 관련 고시 개정(안) 3. 농어업분야 제도개선 관련 고용보험법 등 하위법령 개정(안)
	제8차 (서면)	1. 2023년 고용보험기금운용계획 변경(안)

제2장 고용보험법령의 발전과정(최근 5년간)

제1절 고용보험법 제23차 개정(2019.1.15. 법률 제16269호)

1 개정이유

실업급여의 보장성을 강화하기 위하여 65세 전부터 피보험자격을 유지하던 사람이 65세 이후에 계속하여 고용된 경우는 실업급여를 적용하고, 외국인근로자 직업능력개발을 위하여 「외국인근로자의 고용 등에 관한 법률」의 적용을 받는 외국인근로자에게는 고용안정직업능력개발 사업을 적용하며, 건설일용근로자 보다 신속하게 구직급여를 받을 수 있도록 구직급여 수급 요건을 완화하고, 육아휴직 기간 중에 취업한 경우에는 취업한 이후의 모든 기간에 대하여 육아휴직 급여를 지급하지 않던 것을 취업한 기간에 대해서만 육아휴직 급여를 지급하지 않도록 개선하였다.

또한 사회보험통합징수의 형평성을 제고하기 위하여 고용보험기금에서 국민건강 보험공단에 출연하는 금액은 징수업무가 차지하는 비율 등을 기준으로 산정하도록 하고, 국민 불편을 해소하기 위하여 피보험자격의 취득·상실 확인에 관한 심사의 청구의 경유기관을 직업안정기관에서 근로복지공단으로 변경하는 등 그 밖에 현행 제도의 운영상 나타난 일부 미비점을 개선·보완하였다.

2 주요개정내용

첫째, 65세 전부터 피보험자격을 유지하던 사람이 65세 이후에 계속하여 고용된 경우는 실업급여를 적용하였다.

둘째, 「외국인근로자의 고용 등에 관한 법률」의 적용을 받는 외국인근로자에게는 고용안정·직업능력개발 사업을 적용하였다.

셋째, 건설일용근로자의 경우에는 수급자격 인정신청일 이전 14일간 연속하여 근로내역이 없는 경우에도 구직급여를 받을 수 있도록 하고, 7일간의 대기기간 없이 구직급여가 지급될 수 있도록 하였다.

넷째, 구직급여 수급자격자가 실업의 인정을 받으려는 기간 중에 근로를 제공한 모든 경우에 대하여 그 사실을 신고하도록 하였으나, 고용노동부령으로 정하는 기준에 해당하는 취업을 한 경우에만 신고하도록 하였다.

다섯째, 육아휴직을 부여받은 피보험자가 육아휴직 기간 중에 취업한 경우에는 취업한 이후의 모든 기간에 대하여 육아휴직 급여를 지급하지 아니하도록 하였으나, 취업한 기간에 대해서만 육아휴직 급여를 지급하지 아니하도록 하였다.

여섯째, 보험료 징수를 위해 고용보험기금에서 국민건강보험공단에 출연하는 금액은 징수업무가 차지하는 비율 등을 기준으로 산정하도록 하였다.

일곱째, 피보험자격의 취득·상실 확인에 관한 심사 청구의 경유기관을 직업안정기관에서 근로복지공단으로 변경하였다.

제2절 고용보험법 제24차 개정(2019.8.27. 법률 제16557호)

1 개정이유

외환위기 이후 고용보험의 적용 범위, 지원수준 등이 지속적으로 확대됐으나 아직도 고용보험 제도의 사각지대는 광범위하게 존재하고 있고, 까다로운 수급 조건, 낮은 소득대체율 등으로 인해 실업이라는 사회적 위험에 제대로 대처하지 못하고 있는 실정으로 이에 일정한 요건을 갖춘 단시간근로자에 대한 구직급여 수급 기준기간을 완화하고, 구직급여일액을 상향하며, 구직급여 소정급여일수를 연장하는 등 고용보험 제도를 개선하고자 하였다.

한편, 구직급여를 반복적으로 또는 사업주와 공모하여 부정수급하는 행위를 예방할 필요가 있는바, 10년 동안 3회 이상 구직급여를 부정수급한 경우 3년의 범위에서 구직급여를 지급하지 않도록 하고, 사업주와 공모하여 부정수급을 한 경우에 대한 벌칙을 신설하는 한편, 모성보호 및 남성의 육아 참여를 증진하기 위하여 육아휴직 급여 및 육아기 근로시간 단축 급여 지급 요건을 조정하는 등 현행 제도의 운영상 나타난 일부 미비점을 개선·보완하도록 하였다.

2 주요개정내용

첫째, 사업주가 피보험자격의 상실을 신고할 때 이직확인서를 고용노동부장관에게 제출하게 하는 제도를 폐지하고, 직업안정기관의 장이 신청인에 대한 수급자격의 인정 여부를 결정하는 데 필요하여 요청한 경우에만 이직확인서를 제출하도록 하였다.

둘째, 고용노동부장관은 고용안정·직업능력개발 사업의 지원을 받은 자에게 잘못 지급된 지원금이 있으면 그 지급금의 반환을 명할 수 있도록 하였다.

셋째, 이직 당시 1주 소정근로시간이 15시간 미만인 근로자가 일정한 요건에 모두 해당하는 경우의 구직급여 수급 기준기간을 종전의 18개월에서 24개월로 연장하였다.

넷째, 구직급여일액은 수급자격자의 기초일액에 100분의 50을 곱한 금액에서 100분의 60을 곱한 금액으로 인상하고, 최저구직급여일액은 수급자격자의 기초일액에 100분의 90을 곱한 금액에서 100분의 80을 곱한 금액으로 조정하였다.

다섯째, 거짓이나 그 밖의 부정한 방법으로 구직급여를 받은 사람이 구직급여를 받은 날 또는 실업인정의 신고를 한 날부터 소급하여 10년간 3회 이상 부정행위로 구직급여를 받지 못한 경우에는 3년의 범위에서 새로운 수급자격에 따른 구직급여를 지급하지 않도록 하였다.

여섯째, 같은 자녀에 대하여 배우자가 30일 이상의 육아휴직 또는 육아기 근로시간 단축을 실시하지 아니하고 있을 것을 육아휴직 급여 및 육아기 근로시간 단축 급여 지급 요건으로 정하고 있던 현행 규정을 삭제하였다.

일곱째, 「남녀고용평등과 일·가정 양립 지원에 관한 법률」에 따른 배우자 출산 휴가를 받은 경우에 출산전후휴가 급여 등을 지급할 수 있는 근거를 마련하였다.

여덟째, 사업주와 공모하여 부정한 방법으로 고용안정·직업능력개발사업 지원금 등의 급여를 받은 자와 공모한 사업주는 각각 5년 이하의 징역 또는 5천만원 이하의 벌금에 처하도록 하였다.

제3절 고용보험법 제25차 개정(2020.6.9. 법률 제17429호)

1. 개정이유

현재 예술인은 수입이 불규칙하고 소득이 있는 기간 이외에 사실상 실업상태인 예술 활동 준비기간이 많아 실업상태에 있는 기간 동안 생활안정을 기할 필요가 있으나 「고용보험법」이 적용되지 않아 이 기간 동안 구직급여를 받을 수 있는 근거가 없으므로 예술인이 실업 상태에 있는 경우 생활 안정을 기할 수 있도록 특례를 신설하고, 예술인의 출산에 따른 경제적 부담을 덜어주기 위하여 예술인이 출산 또는 유산·사산을 이유로 노무를 제공할 수 없는 경우에 출산전후급여 등을 지급하도록 하려는 것이다.

2. 주요개정내용

첫째, 근로자가 아니면서 「예술인 복지법」에 따른 예술인 등 대통령령으로 정하는 사람 중 문화예술용역 관련 계약을 체결하고 다른 사람을 사용하지 아니하고 자신이 직접 노무를 제공하는 사람을 예술인으로 규정하였다.

둘째, 예술인이 이직일 이전 24개월 동안의 피보험단위기간이 통산하여 9개월 이상일 것, 근로 또는 노무제공의 의사와 능력이 있음에도 불구하고 취업하지 못한 상태에 있을 것 등의 요건을 모두 갖춘 경우에 구직급여를 지급하도록 하였다.

셋째, 고용노동부장관은 예술인인 피보험자가 출산 또는 유산·사산을 이유로 노무를 제공할 수 없는 경우에는 출산전후급여 등을 지급하도록 하였다.

제4절 고용보험법 제26차 개정(2021.1.5. 법률 제17859호)

1. 개정이유

코로나19의 확산으로 사회적 취약계층에 대한 보호의 필요성이 커지고 있는 상황에서 실업의 위험에 노출되어 있는 특수형태근로종사자 등 노무제공자의 생활 안정과 조기 재취업 기회를 확대하기 위하여 고용보험의 피보험자격 및 구직급여 등에 관한 규정을 일정한 직종의 노무제공자에게도 적용하고, 노무제공자가 출산 또는 유산·사산으로 노무를 제공할 수 없는 경우에는 출산전후휴가 급여 등을 지급하도록 함으로써 고용보험의 사각지대를 해소하기 위함이다.

2. 주요개정내용

첫째, 기간제근로자 또는 파견근로자가 출산전후휴가기간 중 근로계약기간이 끝나는 경우 근로계약 종료일부터 해당 출산전후휴가 종료일까지의 기간에 대한 출산전후휴가 급여 등에 상당하는 금액 전부를 기간제근로자 또는 파견근로자에게 지급하도록 하였다.

둘째, 근로자가 아니면서 자신이 아닌 다른 사람의 사업을 위하여 자신이 직접 노무를 제공하고 해당 사업주 또는 노무수령자로부터 일정한 대가를 지급받기로 하는 노무제공계약을 체결한 사람 중 일정한 직종에 종사하는 노무제공자를 고용보험 적용 대상으로 편입하되, 대통령령으로 정하는 소득 기준을 충족하지 못하는 경우 등에는 고용보험 적용 대상에서 제외하였다.

셋째, 고용노동부장관은 노무제공자에 관한 보험사무의 효율적 처리를 위하여 노무제공플랫폼사업자에게 해당 노무제공플랫폼의 이용 및 보험관계의 확인에 필요한 자료 또는 정보의 제공을 요청할 수 있도록 하였다.

넷째, 노무제공자가 이직일 이전 24개월 동안 피보험단위기간이 통산하여 12개월 이상이고, 근로 또는 노무제공의 의사와 능력이 있음에도 불구하고 취업하지 못한 상태에 있는 등의 요건을 모두 갖춘 경우에는 구직급여를 지급하도록 하였다.

다섯째, 고용노동부장관은 노무제공자인 피보험자가 출산 또는 유산·사산을 이유로 노무를 제공할 수 없는 경우에는 출산전후급여 등을 지급하도록 하였다.

제5절 고용보험법 제27차 개정(2022.6.10. 법률 제18920호)

1 개정이유

출산 또는 유산·사산으로 인해 소득활동이 중단된 예술인과 노무제공자의 생활 안정을 위하여 피보험자였던 예술인과 노무제공자를 출산전후급여 등의 지급대상에 포함하여 대통령령으로 정하는 바에 따라 출산전후급여 등을 지급하려는 것이다.

2 주요개정내용

출산 또는 유산·사산으로 인해 소득활동이 중단된 예술인과 노무제공자의 생활 안정을 위하여 피보험자였던 예술인과 노무제공자를 출산전후급여 등의 지급대상에 포함하였다.

제6절 고용보험법 제28차 개정(2022.12.31. 법률 제19210호)

1 개정이유

실업의 신고방법에 비대면에 의한 신고방법을 추가하여 국민편의를 증진시키고, 기간제·파견근로자의 잔여 유산·사산휴가 급여의 지급을 보장하여 이들의 출산으로 인한 경제적 부담을 완화하는 한편,

예술인·노무제공자의 고용보험 적용 최저연령 규정을 정비하고, 근로자·예술인·노무제공자 또는 자영업자 등 서로 다른 둘 이상의 피보험자격을 취득한 복수피보험자격자에 대한 구직급여 수급요건을 명확히 하는 등 현행 제도의 운영상 나타난 일부 미비점을 개선·보완하고자 하였다.

2 주요개정내용

첫째, 고용보험 적용제외자인 초단시간 근로자에 대해 해당 사업에 한정하여 고용보험 적용이 제외됨을 명확히 하였다.

둘째, 외국인이 근로계약, 문화예술용역 관련 계약 또는 노무제공계약을 체결한 경우에는 체류자격의 활동범위 및 체류기간 등을 고려하여 이 법의 전부 또는 일부를 적용하도록 하였다.

셋째, 자영업자가 동시에 근로자 등인 경우에는 근로자·예술인·노무제공자로서의 피보험자격을 취득하도록 하되, 자영업자의 근로자·예술인·노무제공자 지위가 일용근로자·단기예술인·단기노무제공자인 경우에는 근로자 등 또는 자영업자 피보험자격 중 하나를 선택할 수 있도록 하고, 자영업자가 원하는 경우에는 근로자 등과 자영업자 피보험자격을 모두 취득·유지할 수 있도록 하였다.

넷째, 일용근로자의 구직급여 수급요건을 수급자격 인정신청일이 속한 달의 직전 달 초일부터 수급자격 인정신청일까지의 근로일수의 합이 같은 기간 동안의 총 일수의 3분의 1 미만일 것으로 하였다.

다섯째, 구직급여를 지급받으려는 사람이 직업안정기관에 출석하여 실업을 신고할 때, 재난으로 출석하기 어려운 경우 등 일정한 사유가 있는 경우에는 고용정보시스템을 통하여 비대면으로 신고할 수 있도록 하였다.

여섯째, 근로자·예술인·노무제공자 또는 자영업자인 피보험자로서 서로 다른 둘 이상의 피보험자격을 취득한 자가 이직하여 구직급여를 지급받으려는 경우에는 둘 이상의 피보험자격 중 자신이 선택한 피보험자격을 기준으로 수급자격의 인정 여부를 결정하도록 하고, 이 때 선택한 피보험자격이 가장 나중에 상실한 피보험자격이 아닌 경우에는 가장 나중에 상실한 피보험자격의 이직사유가 수급자격의 제한 사유에 해당하지 아니하는 경우에만 수급자격을 인정하되, 소득감소로 이직하였다고 인정하는 경우에는 수급자격의 제한 사유에 해당하지 아니하는 것으로 보는 대신 4주의 범위에서 대통령령으로 정하는 기간을 대기기간으로 보아 구직급여를 지급하지 아니하도록 하였다.

일곱째, 기간제근로자·파견근로자가 유산·사산휴가기간 중 근로계약기간이 끝나는 경우 근로계약 종료일 다음 날부터 해당 유산·사산휴가 종료일까지의 기간에 대한 유산·사산휴가 급여에 상당하는 금액 전부를 지급하도록 하였다.

여덟째, 예술인·노무제공자가 15세 미만인 경우에는 고용보험의 적용을 제외하되, 15세 미만인 예술인·노무제공자가 원하는 경우에는 고용보험에 가입할 수 있도록 하였다.

아홉째, 예술인·노무제공자의 구직급여 기초일액이 기준보수의 하한액으로 적용되는 대상에 「고용보험 및 산업재해보상보험의 보험료징수 등에 관한 법률」에 따른 적용제외 대상인 단기예술인·단기노무제공자 및 소득합산 예술인·노무제공자가 제외됨을 명시하였다.

❖ 고용보험법·시행령·시행규칙 개정현황

【고용보험법】

개정일자	주 요 글 자
2019.1.15. (법률 제16269호)	○ 65세 전부터 피보험자격을 유지하던 사람이 65세 이후에 계속하여 고용된 경우는 실업급여를 적용함(제10조제2항 신설) ○ 「외국인근로자의 고용 등에 관한 법률」의 적용을 받는 외국인근로자에게는 고용안정·직업능력개발 사업을 적용함(제10조의2제1항 신설) ○ 건설일용근로자의 경우에는 수급자격 인정신청일 이전 14일간 연속하여 근로내역이 없는 경우에도 구직급여를 받을 수 있도록 하고, 7일간의 대기기간 없이 구직급여가 지급될 수 있도록 함(제40조제1항제5호나목, 제49조 단서 신설) ○ 구직급여 수급자격자가 실업의 인정을 받으려는 기간 중에 근로를 제공한 모든 경우에 대하여 그 사실을 신고하도록 하였으나, 고용노동부령으로 정하는 기준에 해당하는 취업을 한 경우에만 신고하도록 함(제47조제1항) ○ 육아휴직을 부여받은 피보험자가 육아휴직 기간 중에 취업한 경우에는 취업한 이후의 모든 기간에 대하여 육아휴직 급여를 지급하지 아니하도록 하였으나, 취업한 기간에 대해서만 육아휴직 급여를 지급하지 아니하도록 함(제73조제2항 신설) ○ 보험료 징수를 위해 고용보험기금에서 국민건강보험공단에 출연하는 금액은 징수업무가 차지하는 비율 등을 기준으로 산정함(제80조제2항 신설) ○ 피보험자격의 취득·상실 확인에 관한 심사의 청구의 경유기관을 직업안정기관에서 근로복지공단으로 변경함(제90조제1항)
2019.8.27. (법률 제16557호)	○ 사업주가 피보험자격의 상실을 신고할 때 이직확인서를 고용노동부장관에게 제출하게 하는 제도를 폐지하고, 직업안정기관의 장이 신청인에 대한 수급자격의 인정 여부를 결정하는 데 필요하여 요청한 경우에만 이직확인서를 제출하도록 함(제16조 삭제, 제43조제4항 신설) ○ 고용노동부장관은 고용안정·직업능력개발 사업의 지원을 받은 자에게 잘못 지급된 지원금이 있으면 그 지급금의 반환을 명할 수 있도록 함(제35조제3항 신설) ○ 이직 당시 1주 소정근로시간이 15시간 미만인 근로자가 일정한 요건에 모두 해당하는 경우의 구직급여 수급 기준기간을 종전의 18개월에서 24개월로 연장함(제40조제2항) ○ 구직급여일액은 수급자격자의 기초일액에 100분의 50을 곱한 금액에서 100분의 60을 곱한 금액으로 인상하고, 최저구직급여일액은 수급자격자의 기초일액에 100분의 90을 곱한 금액에서 100분의 80을 곱한 금액으로 조정함(제46조 및 제69조의5) ○ 거짓이나 그 밖의 부정한 방법으로 구직급여를 받은 사람이 구직급여를 받은 날 또는 실업인정의 신고를 한 날부터 소급하여 10년간 3회 이상 부정행위로 구직급여를 받지 못한 경우에는 3년의 범위에서 새로운 수급자격에 따른 구직급여를 지급하지 않도록 함(제61조제5항 신설)

개정일자	주요골자
2019.8.27. (법률 제16557호)	○ 같은 자녀에 대하여 배우자가 30일 이상의 육아휴직 또는 육아기 근로시간 단축을 실시하지 아니하고 있을 것을 육아휴직 급여 및 육아기 근로시간 단축 급여 지급 요건으로 정하고 있던 현행 규정을 삭제함(현행 제70조제1항제2호 및 제73조의2제1항제2호 삭제) ○ 「남녀고용평등과 일·가정 양립 지원에 관한 법률」에 따른 배우자 출산휴가를 받은 경우에 출산전후휴가 급여 등을 지급할 수 있는 근거를 마련함(제75조 및 제76조) ○ 사업주와 공모하여 부정한 방법으로 고용안정·직업능력개발사업 지원금 등의 급여를 받은 자와 공모한 사업주는 각각 5년 이하의 징역 또는 5천만원 이하의 벌금에 처하도록 함(제116조) ○ 구직급여 소정급여일수를 30일 연장함(별표 1 및 별표 2)
2020.6.9. (법률 제17429호)	○ 근로자가 아니면서 「예술인 복지법」에 따른 예술인 등 대통령령으로 정하는 사람 중 문화예술용역 관련 계약을 체결하고 다른 사람을 사용하지 아니하고 자신이 직접 노무를 제공하는 사람을 예술인으로 규정함(제77조의2 신설). ○ 예술인이 이직일 이전 24개월 동안의 피보험단위기간이 통산하여 9개월 이상일 것, 근로 또는 노무제공의 의사와 능력이 있음에도 불구하고 취업하지 못한 상태에 있을 것 등의 요건을 모두 갖춘 경우에 구직급여를 지급함(제77조의3 신설). ○ 고용노동부장관은 예술인인 피보험자가 출산 또는 유산·사산을 이유로 노무를 제공할 수 없는 경우에는 출산전후급여 등을 지급함(제77조의4 신설).
2021.1.5. (법률 제17859호)	○ 기간제근로자 또는 파견근로자가 출산전후휴가기간 중 근로계약기간이 끝나는 경우 근로계약 종료일부터 해당 출산전후휴가 종료일까지의 기간에 대한 출산전후휴가 급여 등에 상당하는 금액 전부를 기간제근로자 또는 파견근로자에게 지급하도록 함(제76조의2 신설) ○ 근로자가 아니면서 자신이 아닌 다른 사람의 사업을 위하여 자신이 직접 노무를 제공하고 해당 사업주 또는 노무수령자로부터 일정한 대가를 지급받기로 하는 노무제공계약을 체결한 사람 중 일정한 직종에 종사하는 노무제공자를 고용보험 적용 대상으로 편입하되, 대통령령으로 정하는 소득 기준을 충족하지 못하는 경우 등에는 고용보험 적용 대상에서 제외함(제77조의6 신설) ○ 노무제공자에 관한 보험사무의 효율적 처리를 위하여 노무제공플랫폼사업자에게 해당 노무제공플랫폼의 이용 및 보험관계의 확인에 필요한 자료 또는 정보의 제공을 요청할 수 있도록 함(제77조의7 신설) ○ 노무제공자가 이직일 이전 24개월 동안 피보험단위기간이 통산하여 12개월 이상이고, 근로 또는 노무제공의 의사와 능력이 있음에도 불구하고 취업하지 못한 상태에 있는 등의 요건을 모두 갖춘 경우에는 구직급여를 지급하도록 함(제77조의8 신설) ○ 고용노동부장관은 노무제공자인 피보험자가 출산 또는 유산·사산을 이유로 노무를 제공할 수 없는 경우에는 출산전후급여 등을 지급하도록 함(제77조의9 신설)
2022.6.10. (법률 제18920호)	○ 출산 또는 유산·사산으로 인해 소득활동이 중단된 예술인과 노무제공자의 생활 안정을 위하여 피보험자였던 예술인과 노무제공자를 출산전후급여 등의 지급대상에 포함(제77조의3, 제77조의9)

개정일자	주 요 골 자
2022.12.31. (법률 제19210호)	○ 고용보험 적용제외자인 초단시간 근로자에 대해 해당 사업에 한정하여 고용보험 적용이 제외됨을 명확히 함(제10조제1항제2호). ○ 외국인이 근로계약, 문화예술용역 관련 계약 또는 노무제공계약을 체결한 경우에는 체류자격의 활동범위 및 체류기간 등을 고려하여 이 법의 전부 또는 일부를 적용하도록 함(제10조의2제2항). ○ 자영업자가 동시에 근로자 등인 경우에는 근로자·예술인·노무제공자로서의 피보험자격을 취득하도록 하되, 자영업자의 근로자·예술인·노무제공자 지위가 일용근로자·단기예술인·단기노무제공자인 경우에는 근로자 등 또는 자영업자 피보험자격 중 하나를 선택할 수 있도록 하고, 자영업자가 원하는 경우에는 근로자 등과 자영업자 피보험자격을 모두 취득·유지할 수 있도록 함(제18조). ○ 일용근로자의 구직급여 수급요건을 수급자격 인정신청일이 속한 달의 직전 달 초일부터 수급자격 인정신청일까지의 근로일수의 합이 같은 기간 동안의 총 일수의 3분의 1 미만일 것으로 함(제40조제1항제5호가목). ○ 구직급여를 지급받으려는 사람이 직업안정기관에 출석하여 실업을 신고할 때, 재난으로 출석하기 어려운 경우 등 일정한 사유가 있는 경우에는 고용정보시스템을 통하여 비대면으로 신고할 수 있도록 함(제42조제1항 단서 신설). ○ 근로자, 예술인, 노무제공자 또는 자영업자인 피보험자로서 서로 다른 둘 이상의 피보험자격을 취득한 자가 이직하여 구직급여를 지급받으려는 경우에는 둘 이상의 피보험자격 중 자신이 선택한 피보험자격을 기준으로 수급자격의 인정 여부를 결정하도록 하고, 이 때 선택한 피보험자격이 가장 나중에 상실한 피보험자격이 아닌 경우에는 가장 나중에 상실한 피보험자격의 이직사유가 수급자격의 제한 사유에 해당하지 아니하는 경우에만 수급자격을 인정하되, 소득감소로 이직하였다고 인정하는 경우에는 수급자격의 제한 사유에 해당하지 아니하는 것으로 보는 대신 4주의 범위에서 대통령령으로 정하는 기간을 대기기간으로 보아 구직급여를 지급하지 아니하도록 함(제43조의2, 제49조제2항, 제77조의3제6항 제2호 및 제77조의8제6항제2호 신설). ○ 기간제근로자·파견근로자가 유산·사산휴가기간 중 근로계약기간이 끝나는 경우 근로계약 종료일 다음 날부터 해당 유산·사산휴가 종료일까지의 기간에 대한 유산·사산휴가 급여에 상당하는 금액 전부를 지급하도록 함(제76조의2제1항 및 제77조). ○ 예술인·노무제공자가 15세 미만인 경우에는 고용보험의 적용을 제외하되, 15세 미만인 예술인·노무제공자가 원하는 경우에는 고용보험에 가입할 수 있도록 함(제77조의2제2항 제3호 및 제77조의6제2항제3호). ○ 예술인·노무제공자의 구직급여 기초일액이 기준보수의 하한액으로 적용되는 대상에 「고용보험 및 산업재해보상보험의 보험료징수 등에 관한 법률」에 따른 적용제외 대상인 단기예술인·단기노무제공자 및 소득합산 예술인·노무제공자가 제외됨을 명시함(제77조의3제3항 단서 및 제77조의8제3항 단서).

【고용보험법 시행령】

개정일자	주 요 골 자
2019. 2. 12. (대통령령 제29547호)	○ 고용보험 등에 대한 피보험자격의 취득 또는 상실 확인에 관한 심사의 청구를 직업안정기관의 장을 거쳐 고용보험심사관에게 하던 것을 근로복지공단을 거쳐 고용보험심사관에게 하도록 변경하는 내용으로「고용보험법」이 개정됨에 따라 - 종전에 고용노동부장관이 직업안정기관의 장에게 위임하여 수행하던 피보험자격 확인에 관한 업무를 앞으로는 근로복지공단에 위탁하여 수행
2019. 6. 25. (대통령령 제29913호)	○ 외국인근로자 직업능력개발을 위하여「외국인근로자의 고용 등에 관한 법률」의 적용을 받는 외국인근로자에게는 고용안정·직업능력개발 사업을 적용하고 그 밖의 외국인근로자에게는 대통령령으로 정하는 바에 따라 법을 적용하도록 하는 등의 내용으로「고용보험법」이 개정(법률 제16269호, 2019. 1. 15. 공포, 7. 16. 시행)됨에 따라 -「외국인근로자의 고용 등에 관한 법률」의 적용을 받는 외국인근로자가 아닌 사람으로서 취업활동을 할 수 있는 체류자격을 가진 사람 등의 경우에는 고용보험 가입을 신청한 경우에 법을 적용하도록 그 범위를 정함 ○ 직업능력개발을 위한 훈련비용 지원 대상을 대규모 기업의 경우 45세 이상인 피보험자 등으로 한정하던 것을 앞으로는 45세 미만인 경우에도 고용노동부장관이 정하여 고시하는 소득액 미만의 피보험자 등까지 확대하는 한편, 그 밖에 현행 제도의 운영상 나타난 일부 미비점을 개선·보완
2019. 9. 17. (대통령령 제30063호)	○ 배우자 출산휴가 급여의 지급(제100조, 제101조 및 제104조) - 배우자 출산휴가 급여의 상한액은 매년 고용노동부장관이 고시하는 금액으로 하고, 하한액은「최저임금법」에 따른 시간 단위 최저임금액을 기준으로 산정된 배우자 출산휴가 급여의 지원기간 중 통상임금에 상당하는 금액으로 함 - 배우자 출산휴가기간 중 사업주로부터 받은 금품과 배우자 출산휴가 급여를 합한 금액이 휴가 시작일을 기준으로 한 통상임금을 초과한 경우 그 초과 금액을 배우자 출산휴가 급여에서 빼고 지급함 ○ 육아기 근로시간 단축 급여 상향(제104조의2) - 매주 최초 5시간의 단축분에 대한 육아기 근로시간 단축 급여의 산정기준 금액을 통상임금의 80퍼센트에서 100퍼센트로 상향하고, 그 산정기준 금액의 상한을 150만원에서 200만원으로 상향함
2019. 12. 31. (대통령령 제30296호)	○ 사업주가 정년을 연장 또는 폐지하거나 정년의 변경 없이 정년에 도달한 근로자를 계속하여 고용하는 등의 경우에는 고용노동부장관이 그 비용의 일부를 지원할 수 있도록 함으로써 고령자의 계속고용과 재취업을 활성화하고, 임신 중인 근로자에게 60일을 초과하여 근로시간 단축을 허용하고 대체인력을 고용한 경우로서 그 근로자가 근로시간 단축 종료에 연이어 출산전후휴가 등을 시작한 이후에도 같은 대체인력을 계속 고용한 사업주에게 출산육아기 고용안정장려금을 지급하도록 함으로써 사업주의 인력운용상 부담을 경감하고 출산육아기 근로자의 고용안정을 도모하는 한편, 그 밖에 현행 제도의 운영상 나타난 일부 미비점을 개선·보완

개정일자	주요골자

2020.3.31.
(대통령령
제30593호)
	○ 출산육아기 고용안정장려금의 지급 확대·개선(현행 제29조제1항제3호 나목 및 같은 조 제3항 후단 삭제, 제29조제5항 신설)
	  - 종전에는 근로자에게 육아휴직 등을 30일 이상 허용하거나 대체인력을 고용한 사업주가 육아휴직 등이 끝난 후 해당 근로자를 30일 또는 6개월 이상 계속 고용한 후에 출산육아기 고용안정장려금의 대부분을 지급하도록 하던 것을, 앞으로는 해당 근로자의 계속 고용 여부와는 관계없이 해당 사업주에게 출산육아기 고용안정장려금의 100분의 50을 지급하도록 함으로써 육아휴직 등에 대한 지원을 강화함.
	○ 비자발적 퇴직 근로자에 대한 육아휴직 급여 확대(제95조제4항 단서 신설)
	  - 종전에는 육아휴직 급여의 100분의 25는 근로자가 육아휴직 종료 후 6개월 이상 계속 근무한 경우에만 지급하도록 하던 것을, 앞으로는 해당 근로자가 정당한 사유로 계속 근무하지 못한 경우에도 그에 해당하는 급여를 지급하도록 함으로써 비자발적 퇴직 근로자에 대한 육아휴직 급여를 확대함.
	○ 한부모가족에 대한 육아휴직 급여 인상(제95조의2제3항 신설)
	  - 한부모가족의 모 또는 부에 해당하는 피보험자에게 지급하는 육아휴직 급여를 육아휴직 시작일부터 3개월까지는 통상임금의 80퍼센트에서 100퍼센트(월별 상한액 250만원)로, 4개월째부터 6개월까지는 통상임금의 50퍼센트에서 80퍼센트(월별 상한액 150만원)로 인상함으로써 한부모가족에 대한 육아휴직 지원을 강화함.

2020.4.28. (대통령령 제30643호)	○ 실업의 급증 등 고용사정이 악화되어 고용안정을 위하여 필요한 경우 우선지원 대상 기업에 지급하는 고용유지지원금을 종전에는 해당 사업주가 피보험자의 임금보전을 위하여 지급한 금품의 4분의 3에 해당하는 금액으로 하던 것을, 앞으로는 피보험자의 임금보전을 위하여 지급한 금품의 4분의 3 이상 10분의 9 이하로서 고용노동부장관이 정하여 고시하는 비율에 해당하는 금액으로 상향 조정하여 사업주 고용유지조치에 대한 지원을 확대함으로써 고용안정을 도모하려는 것임.

2020.6.9.
(대통령령
제30773호)
	○ 무급 휴직 피보험자에 대한 지원금의 지급 확대(제21조의3제5항 신설)
	  - 고용노동부장관은 「재난 및 안전관리 기본법」에 따른 재난으로 실업의 급증 등 고용사정이 악화되어 고용안정을 위한 긴급한 조치가 필요할 때에는 2021년 6월 30일까지는 무급 휴직 피보험자에 대한 지원금의 지원요건에 해당하지 않는 무급 휴직 피보험자에 대해서도 고용정책심의회의 심의를 거쳐 해당 지원금의 지원 요건과 수준을 고시로 정하여 지급할 수 있게 함으로써 무급 휴직 피보험자에 대한 지원을 확대함.
	○ 고용유지를 위한 노사합의에 대한 지원(제22조의2 신설)
	  - 고용노동부장관은 고용조정이 불가피하게 된 사업주가 단체협약의 체결, 취업규칙의 변경 등 다양한 노사합의를 통해 해당 사업에 고용된 피보험자의 고용을 유지하기로 한 경우에는 예산의 범위에서 사업주에게 필요한 비용을 지원할 수 있도록 함.
	○ 고용촉진장려금의 지원 확대(제26조제8항 신설, 부칙 제5조)
	  - 고용노동부장관은 「재난 및 안전관리 기본법」에 따른 재난으로 실업의 급증 등 고용사정이 악화되어 고용촉진을 위한 긴급한 조치가 필요할 때에는 고용정책심의회의 심의를 거쳐 1년의 범위에서 고용촉진장려금의 지급에 관한 사항을 고시로 달리 정하여 일정한 실업자를 피보험자로 고용한 사업주에 대한 지원을 확대할 수 있도록 함.

개정일자	주 요 골 자
2020.6.9. (대통령령 제30773호)	○ 우선지원 대상기업의 고용유지 비용의 대부(제35조제8호 및 제37조의3 신설) - 고용노동부장관은 고시로 정하는 기간 동안 고용유지조치를 실시하는 우선지원 대상 기업의 사업주가 피보험자의 임금을 보전하는 데에 드는 비용에 대하여 예산의 범위에서 대부할 수 있도록 함.
2020.8.27. (대통령령 제30980호)	○ 구직급여 반복 부정수급에 따른 구직급여 지급 제한 기간(제80조의2 신설) - 10년 동안 거짓이나 그 밖의 부정한 방법으로 구직급여를 받지 못한 횟수가 3회이면 새로운 수급자격에 따른 구직급여를 지급하지 않는 기간을 1년으로 하고, 그 횟수가 4회이면 2년, 5회 이상이면 3년으로 함. ○ 구직급여 지급금의 반환금·추가징수금에의 충당(제81조제3항 신설) - 직업안정기관의 장은 구직급여 지급금을 반환하거나 추가징수금을 납부해야 하는 사람에게 지급받을 구직급여가 있으면 해당 구직급여의 10분의 1에 해당하는 금액을 부정수급에 따른 반환금 또는 추가징수금에 충당하도록 함. ○ 고용보험 관련 사무 수행에 필요한 자료 등의 제공 요청 범위(제142조의2 신설) - 고용노동부장관이 고용보험에 관한 사무 수행을 위해 관계 기관의 장에게 요청할 수 있는 자료 또는 정보를 각종 연금·보험·임금에 관한 자료 또는 정보, 가족관계·근로자·장애인에 관한 자료 또는 정보, 부동산·자동차·선박·항공기에 관한 자료 또는 정보 등으로 함.
2020.9.29. (대통령령 제31078호)	○ 무급휴직 고용안정지원금 지급 요건 완화(제21조의3제1항제2호) - 고용노동부장관은 사업주가 고용조정이 불가피함에도 고용조정을 하지 않고 근로시간을 단축하면서 임금을 보전하는 조치를 3개월 이상 한 후 근로자에 대하여 90일 이상 무급휴직을 실시한 경우 고용안정지원금을 해당 근로자에게 지급하던 것을, 앞으로는 30일 이상 무급휴직을 실시하는 경우에도 지급하도록 함. ○ 사업주의 유급휴가 직업능력개발 훈련 지원 요건 완화(제41조제1항제5호) - 고용노동부장관은 우선지원 대상기업의 사업주나 상시 사용하는 근로자 수가 150명 미만인 사업주 중 고용유지지원금 지급 대상에 해당하는 사업주 또는 고용위기지역이나 특별고용지원 업종에 해당하는 사업장의 사업주가 2020년 12월 31일까지 해당 근로자를 대상으로 1개월 이내 기간 동안에 3일 이상 유급휴가를 주어 18시간 이상의 훈련을 실시하면 직업능력개발 훈련 지원금을 지급하도록 함.
2020.10.20. (대통령령 제31120호)	○ 코로나바이러스감염증-19의 지속에 따른 실업의 급증 등 고용사정의 악화에 대응하여 금년도에는 고용유지지원금의 지급대상이 되는 고용유지조치를 실시한 일수의 상한을 연간 180일에서 60일을 연장하여 연간 240일까지 고용유지지원금을 지급할 수 있도록 함으로써 사업주의 고용유지조치에 대한 지원을 강화하려는 것임.
2020.12.8. (대통령령 제31239호)	○ 고용보험 적용대상 예술인의 범위(제104조의5제1항 및 제2항 신설) - 「예술인 복지법」에 따른 예술인 및 예술 활동 증명을 받지 못하였거나 예술 활동 증명의 유효기간이 지난 예술인으로서 문화예술 분야에서 창작, 실연(實演), 기술지원 등의 활동을 하고 있거나 하려는 사람을 고용보험 적용 대상 예술인으로 정함.

개정일자	주 요 골 자
2020.12.8. (대통령령 제31239호)	- 고용보험이 적용되는 예술인의 소득 기준을 사업주와 체결한 문화예술용역 관련 계약의 월평균소득이 50만원 이상이거나, 예술인이 둘 이상의 문화예술용역 관련 계약을 체결한 경우로서 같은 기간에 해당하는 문화예술용역 관련 계약의 월평균소득을 합산하여 그 합계액이 50만원 이상인 경우로 정함. ○ 예술인의 피보험자격 이중 취득(제104조의6제7항 신설) - 예술인이 둘 이상의 문화예술용역 관련 계약을 동시에 체결하거나 근로계약과 문화예술용역 관련 계약을 동시에 체결한 경우에는 모든 사업에서 피보험자격을 취득하도록 하는 등 예술인의 피보험자격 이중 취득에 관한 사항을 정함. ○ 예술인인 피보험자의 구직급여 지급요건(제104조의8제1항 및 제3항 신설) - 소득감소를 이유로 이직한 예술인에게 구직급여를 지급할 수 있는 요건을 이직 한 달의 직전 3개월 동안에 소득이 전년도 같은 기간의 소득보다 100분의 20 이상 감소한 경우 등으로 정함. - 예술인의 구직급여일액의 상한액을 6만6천원으로 정함. ○ 예술인인 피보험자의 출산전후급여 등의 지급요건(제104조의9제1항 신설) - 예술인인 피보험자의 출산전후급여 등의 지급요건을 출산 또는 유산·사산을 한 날 이전에 예술인으로서의 피보험단위기간이 모두 더하여 3개월 이상이고, 출산전후급여 등의 지급기간에 노무제공을 하지 않아야 하며, 출산 또는 유산·사산을 한 날부터 12개월 이내에 출산전후급여 등을 신청하도록 함.
2020.12.29. (대통령령 제31324호)	○ 코로나바이러스감염증-19로 인한 고용위기 상황이 장기화됨에 따라 현재 고용유지지원금 제도가 적용되지 않는 파견사업주 및 수급사업주에 대해서도 일정한 요건을 충족하면 고용유지지원금을 지급할 수 있도록 하여 고용유지지원금 제도의 사각지대를 해소하고, 특별재난이나 감염병으로 인한 집합 금지 조치 등으로 사업주가 고용유지조치를 실시한 경우에는 고용유지조치 실시일 또는 변경일부터 30일 이내에 고용유지조치계획을 사후 신고할 수 있도록 개선하는 한편, 피보험자가 10명 미만인 사업장의 사업주가 재난으로 고용 사정이 급격히 악화되는 등의 요건을 갖추고 소속 피보험자에 대해 30일 이상 무급휴직을 실시한 때에는 고용노동부장관이 해당 피보험자에게 지원금을 지급할 수 있도록 하려는 것임.
2021.6.8. (대통령령 제31748호)	○ 고용보험이 적용되는 노무제공자를 「보험업법」에 따라 등록한 보험설계사, 학습지 방문강사, 교육교구 방문강사, 집배원(集配員) 또는 배송 업무를 하는 택배원, 대출모집인, 신용카드회원모집인, 방문판매원, 대여 제품 방문점검원, 방과후학교 강사 등 12개 직종에 종사하는 노무제공자로 정하고, 고용보험이 적용되는 노무제공자의 소득 기준을 노무제공자가 사업주와 체결한 노무제공계약에 따라 발생한 월보수액이 80만원 이상이거나, 노무제공자가 둘 이상의 노무제공계약을 체결한 경우로서 같은 기간에 해당하는 노무제공계약의 월보수액을 합산하여 그 합계액이 80만원 이상인 경우로 정함(제104조의11제1항 및 제2항 신설). ○ 노무제공자가 둘 이상의 노무제공계약을 동시에 체결하거나 노무제공계약과 근로계약 또는 문화예술용역 관련 계약을 동시에 체결한 경우에는 모든 사업에서 피보험자격을 취득하도록 하는 등 노무제공자의 피보험자격 이중 취득에 관한 사항을 정함(제104조의12 제4항 신설).

개정일자	주 요 골 자
2021.6.8. (대통령령 제31748호)	○ 소득감소를 이유로 이직한 노무제공자에게 구직급여를 지급할 수 있는 요건을 이직한 달의 직전 3개월 동안에 소득이 전년도 같은 기간의 소득보다 100분의 30 이상 감소한 경우 등으로 정하고, 노무제공자의 구직급여일액의 상한액을 6만6천원으로 정함(제104조의14제1항 및 제4항 신설). ○ 노무제공자인 피보험자의 출산전후급여 등의 지급요건은 출산 또는 유산·사산을 한 날 이전에 노무제공자로서의 피보험단위기간이 합산하여 3개월 이상이고, 출산전후급여 등의 지급기간에 노무제공을 하지 않았으며, 출산 또는 유산·사산을 한 날부터 12개월 이내에 출산전후급여 등을 신청한 경우로 정함(제104조의15제1항 신설).
2021.12.31. (대통령령 제32301호)	○ 고령인구의 고용안정과 신규 고용창출을 지원하기 위하여 고용노동부장관으로 하여금 60세 이상인 근로자를 고용노동부령으로 정하는 기준 이상으로 고용하는 사업주에게 그 고용에 필요한 비용의 일부를 지원할 수 있도록 함(제28조의5 신설). ○ 육아휴직 급여의 지원 금액 인상(제95조제1항) ○ 부모의 영육이 절실한 생후 12개월 이내의 영아기에 부모 모두가 육아휴직을 사용할 수 있도록 촉진하기 위하여 같은 자녀에 대하여 자녀의 출생 후 12개월이 될 때까지 피보험자인 부모가 모두 육아휴직을 하는 경우 그에 대한 최초 3개월의 육아휴직 급여는 각 피보험자의 월 통상임금에 해당하는 금액을 지급하도록 하고, 「한부모가족지원법」에 따른 모 또는 부에 해당하는 피보험자가 육아휴직을 하는 경우 7개월째부터 종료일까지의 육아휴직 급여는 월 통상임금의 100분의 80에 해당하는 금액을 지급하도록 하도록 하여 한부모가족의 육아휴직에 대한 소득 지원을 강화함(제95조의3 신설). ○ 고용보험이 적용되는 노무제공자의 범위에 퀵서비스업자로부터 업무를 의뢰받아 배송 업무를 하는 택배원과 대리운전업자로부터 업무를 의뢰받아 대리운전 업무를 하는 사람을 추가하여 노무제공자에 대한 고용보험 적용을 확대함(제104조의11제1항제12호 및 제13호 신설). ○ 노무제공플랫폼사업자는 노무제공자에 대한 피보험자격 취득·상실에 관한 사항을 그 사유가 발생한 날이 속하는 달의 다음 달 15일까지 고용노동부장관에게 신고하도록 하는 등 노무제공자 피보험자격 취득 및 상실 신고에 관한 사항을 정하고, 고용노동부장관은 노무제공플랫폼사업자에게 노무제공사업 사업주의 이름 및 사업자등록번호 등 노무제공사업 사업주의 보험관계에 관한 사항과 노무제공자의 이름·직종, 노무제공 계약의 시작일 또는 종료일 등 노무제공자의 피보험자격에 관한 사항이 포함된 자료 또는 정보의 제공을 요청할 수 있도록 함(제104조의13 신설). ○ 노무제공플랫폼사업자가 노무제공플랫폼의 이용 및 보험관계의 확인에 필요한 자료 또는 정보의 제공 요청에 따르지 않은 경우에 대한 과태료 부과금액을 1차 위반 시 100만원, 2차 위반 시 200만원, 3차 이상 위반 시 300만원으로 각각 정하는 등 과태료 부과 기준을 마련함(별표 3 제2호라목 및 마목 신설).
2022.6.28. (대통령령 제32730호)	○ 노무제공자의 생활 안정을 도모하고 재취업 기회를 확대하기 위해 소프트웨어기술자, 유통배송기사 등 화물차주, 관광통역안내사, 어린이통학버스 운전기사 및 골프장 캐디 등 5개 직종의 노무제공자를 고용보험 적용대상이 되는 노무제공자의 범위에 추가 ○ 자력고용촉진 지원금 등 각종 지원금의 지원 목적에 부합하지 않는다고 고용노동부장관이 정하여 고시하는 대상이나 업종을 지원금 지원 대상에서 제외하고, 고용노동부령 등으로 정하고 있는 지원금 신청 기간에 관한 위임 근거를 명확히 하는 등 현행 제도의 운영상 나타난 일부 미비점을 개선·보완함

개정일자	주요골자
2022.12.6. (대통령령 제33029호)	○ 사업주단체가 설치·운영하는 상생형 직장어린이집에서 보육하는 영유아 중 우선지원 대상기업 소속 피보험자의 영유아 수의 비율이, 종전에는 매월 말일 기준으로 100분의 50 이상인 경우에만 일반 직장어린이집보다 높은 수준의 운영비용을 지원했으나, 앞으로는 지원을 받은 적이 있고 입소 신청한 우선지원영유아 중 입소하지 못하고 있는 우선지원영유아가 없는 경우에는 그 비율이 100분의 50 미만으로 낮아지는 경우에도 일반 직장어린이집보다 높은 수준의 지원을 계속하여 받을 수 있도록 함(제38조제4항). ○ 출산 또는 유산·사산을 한 날 현재 피보험자가 아니나 종전에 피보험자였던 예술인 또는 노무제공자가 출산전후급여 등을 지급받으려는 경우에는 출산 또는 유산·사산을 한 날 이전 18개월 동안 예술인으로서의 피보험단위기간이 합산하여 3개월 이상이거나 노무제공자로서의 피보험단위기간이 합산하여 3개월 이상이어야 하고, 출산전후급여 등의 금액은 그 피보험단위기간 동안의 월평균보수를 기준으로 산정하도록 함(제104조의9제1항·제3항 및 제104조의16제1항·제3항).
2023.6.27. (대통령령 제33595호)	○ 예술인·노무제공자의 고용보험 적용 최저연령 규정을 정비하고, 근로자·예술인·노무제공자 또는 자영업자 등 서로 다른 둘 이상의 피보험자격을 취득한 복수 피보험자격자에 대한 구직급여 수급요건을 명확히 하는 등의 내용으로 「고용보험법」이 개정(법률 제19210호, 2022. 12. 31. 공포, 2023. 7. 1. 시행)됨에 따라, 15세 미만 예술인·노무제공자의 고용보험 가입 절차, 둘 이상의 피보험자격 취득자의 구직급여 수급요건 등 법률에서 위임된 사항과 그 시행에 필요한 사항을 정함. ○ 각종 지원금의 기원 목적에 부합하지 않다고 고용노동부 장관이 정하여 고시하는 대상이나 업종을 지원금 지원대상에서 제외하고, 지원금 신청 기간에 관한 위임근거를 명확히 함.
2023.11.7. (대통령령 제33845호)	○ 고용보험위원회 위촉위원의 임기가 만료된 경우에도 후임위원이 위촉될 때까지 그 직무를 수행할 수 있도록 하여 고용보험위원회 업무의 연속성을 확보하려는 것임.
2023.12.26. (대통령령 제34048호)	○ 사업주의 '배우자와 직계존속·비속'을 고용유지지원금 지급 대상에서 제외하는 등 그 지급기준을 강화 ○ 조기재취업수당제도를 개편하여 조기재취업 수당 지급 시점을 실업의 신고일부터 '7일'이 지난 후에서 '14일'이 지난 후로 늦추며, 조기재취업을 했더라도 '별정직·임기제 공무원이 아닌 공무원'으로 채용되거나 근로자 평균 근로소득 등을 고려하여 고용노동부장관이 고시하는 임금액 이상을 받는 경우에는 조기재취업 수당 지급 대상에서 제외하고, 조기재취업 수당의 지급기준을 65세 이상인 사람에 대해서는 완화 ○ 부모 공동 육아휴직을 장려하기 위하여, 부모가 같이 또는 번갈아 육아휴직하는 경우 부모 중 한쪽만 육아휴직하는 경우보다 육아휴직 급여를 더 지급하도록 하는 특례 규정의 적용 대상을 '출생 후 12개월 이내의 자녀'에서 '출생 후 18개월 이내의 자녀'로 확대하며, 특례 적용 기간은 부모 공동 육아휴직 '세 번째 달까지'에서 '여섯 번째 달까지'로 늘리고, 늘린 기간에 대한 육아휴직 급여의 상한을 '350만원(네 번째 달), 400만원(다섯 번째 달), 450만원(여섯 번째 달)'으로 보완

【 고용보험법 시행규칙 】

개정일자	주 요 골 자
2019.2.12. (고용노동부령 제244호)	○ 고용보험 등에 대한 피보험자격의 취득 또는 상실 확인에 관한 심사의 청구를 직업안정기관의 장을 거쳐 고용보험심사관에게 하던 것을 근로복지공단을 거쳐 고용보험심사관에게 하도록 변경하는 내용으로 「고용보험법」이 개정됨에 따라 - 종전에 고용노동부장관이 직업안정기관의 장에게 위임하여 수행하던 피보험자격 확인에 관한 업무를 근로복지공단에 위탁하여 수행하도록 하고 관련 서식 등을 정비
2019.7.16. (고용노동부령 제259호)	○ 육아휴직기간 중에 취업한 사실을 기재하지 않거나 거짓으로 기재하여 육아휴직 급여를 받았거나 받으려 한 사람에 대해서는 위반횟수 등을 고려하여 고용노동부령으로 정하는 바에 따라 육아휴직 급여 지급 제한 범위를 달리 정할 수 있도록 하는 등의 내용으로 「고용보험법」이 개정됨에 따라 - 육아휴직 등의 기간 중 취업한 사실을 적지 않거나 거짓으로 적은 것이 1회인 경우 해당 취업한 기간 동안에 해당하는 육아휴직 등의 급여를, 2회인 경우 두 번째 취업한 사실이 있는 월의 육아휴직 등의 급여를, 3회인 경우 세 번째 취업한 사실을 적지 않거나 거짓으로 적어 육아휴직 등의 급여를 지급받았거나 받으려고 한 날 이후의 모든 육아휴직 등의 급여 지급을 제한하는 한편, 그 밖에 현행 제도의 운영상 나타난 일부 미비점을 개선·보완
2019.9.30. (고용노동부령 제263호)	○ 고용노동부장관은 피보험자가 「남녀고용평등과 일·가정 양립 지원에 관한 법률」에 따른 배우자 출산휴가를 받은 경우 배우자 출산휴가 급여를 지급하고, 이직 당시 1주 소정 근로시간이 15시간 미만인 근로자가 일정한 요건에 해당하는 경우 구직급여 수급 기준 기간을 이직일 이전 18개월에서 24개월로 연장하는 등의 내용으로 「고용보험법」이 개정(법률 제16557호, 2019. 8. 27. 공포, 10. 1. 시행)됨에 따라 - 배우자 출산휴가 급여의 신청 절차 및 지급 시 필요한 서식 등을 정하고, 근로자의 초단시간 근로일수를 기재할 수 있도록 관련 서식을 정비하는 등 법령에서 위임된 사항과 그 시행에 필요한 사항을 정함
2019.12.31. (고용노동부령 제276호)	○ 건설일용근로자는 구직급여 수급자격 인정신청일 이전 14일간 연속하여 근로내역이 없는 경우에도 구직급여를 받을 수 있도록 하는 등의 내용으로 「고용보험법」이 개정됨에 따라 - 최종 이직 당시 건설일용근로자로서 연속하여 근로내역이 없어야 하는 14일 기간 중에 실제 근로한 날이 3일 이내인 경우 부정행위에 따른 추가징수액을 거짓이나 부정한 방법에 따라 지급받은 구직급여액에 100분의 30을 곱한 금액으로 하고, 현재 직업안정기관에 구직등록을 한 후 취업 전인 사람인 실업자는 「근로자직업능력 개발법」에 따른 직업능력개발훈련 등을 3회 이상 수강한 사실 있는 사람을 취업훈련 대상자에서 제외하던 것을 앞으로는 그 제한을 없앰으로써 국민들이 전 생애에 걸쳐 직업능력개발이 가능하도록 하는 한편, 그 밖에 현행 제도의 운영상 나타난 일부 미비점을 개선·보완

개정일자	주 요 골 자
2020.3.31. (고용노동부령 제283호)	○ 근로자에게 육아휴직 또는 육아기 근로시간 단축 등을 허용한 사업주에게 지급하는 출산육아기 고용안정장려금의 지급요건과 지급방식을 개선하는 등의 내용으로 「고용보험법 시행령」이 개정(대통령령 제30593호, 2020. 3. 31. 공포·시행)됨에 따라, 종전에는 출산육아기 고용안정장려금 중 1개월분만 육아휴직 등을 시작한 날부터 1개월 이후 지급하고 나머지 금액은 육아휴직 등이 끝난 후 일정 요건을 갖춘 경우에 지급하던 것을, 앞으로는 출산육아기 고용안정장려금의 100분의 50에 해당하는 금액을 육아휴직 등을 시작한 날이 속하는 달의 다음 달부터 3개월마다 신청할 수 있도록 하고, 구직급여 수급기간 연기사유에 「재난 및 안전관리 기본법」에 따른 심각 경보 발령을 추가함으로써 구직급여 수급자격자에 대한 지원을 강화하는 한편, 그 밖에 현행 제도의 운영상 나타난 일부 미비점을 개선·보완하려는 것임.
2020.4.28. (고용노동부령 제284호)	○ 직업능력개발 훈련이 필요한 구직급여 수급자격자에 대한 지원을 강화하기 위하여 직업안정기관의 장이 직업능력개발 훈련 등을 받도록 지시할 수 있는 훈련대상자를 직업안정기관의 장의 직업소개 외에 직업안정기관의 장이 실시하는 일정한 직업상담을 받은 경우를 추가함으로써 그 요건을 완화하려는 것임.
2020.6.19. (고용노동부령 제286호)	○ 종전에는 직장어린이집이 「영유아보육법」이나 다른 법령에 따라 운영비와 인건비에 대한 비용 지원을 받은 경우 그 비용 지원액이 「고용보험법」에 따른 직장어린이집에 대한 지원금보다 적을 때 그 차액만을 지급하던 것을, 「영유아보육법」에 따른 휴원 명령으로 일정 기간 이상 휴원하는 등 고용노동부장관이 정하여 고시하는 사유로 「영유아보육법」이나 다른 법령에 따라 일정한 비용을 지원받은 경우 그 비용 지원액은 「고용보험법」에 따른 지원금과의 차액 계산 시 산입하지 않을 수 있도록 함으로써 직장어린이집에 대한 지원을 확대하여 직장어린이집의 운영상 어려움을 덜어주려는 것임.
2020.8.28. (고용노동부령 제292호),	○ 사업주 일학습병행과정에 대한 지원금의 신청(안 제60조제2항제2호) - 「산업현장 일학습병행 지원에 관한 법률」이 제정됨에 따라 직업능력개발 훈련 중 일학습병행과정에 대한 지원금을 신청하려는 사업주는 일학습병행과정 지원금 신청서를 월별 과정이 끝나는 매월 말일까지 사업장의 소재지를 관할하는 공단 분사무소에 제출하도록 함. ○ 직업안정기관의 장의 사업주에 대한 이직확인서의 제출 요청(안 제82조의2제4항 및 제5항 신설) - 실업을 신고하려는 사람이 이직하기 직전 사업주로부터 일정한 기간 내에 피보험자 이직확인서를 발급받지 못하여 그 이직확인서를 구직급여 수급자격의 인정 신청을 관할하는 직업안정기관의 장에게 제출하지 못한 경우, 직업안정기관의 장은 구직급여의 수급자격 인정 여부를 결정하기 위하여 필요하면 해당 사업주에게 피보험자 이직확인서의 제출을 요청할 수 있도록 하고, 그 요청을 받은 사업주는 요청을 받은 날부터 10일 이내에 제출하도록 함. ○ 구직급여 부정수급에 따른 추가징수액(안 제105조제1항 및 안 제105조제2항 신설) - 거짓이나 그 밖의 부정한 방법으로 구직급여를 지급받은 사람이 그 구직급여를 받은 날 또는 실업인정에 관한 신고를 한 날부터 소급하여 10년 동안 구직급여의 지급 제한을 받은 횟수가 3회 미만이면 부정수급액의 100분의 100에 해당하는 금액을, 3회 이상 5회 미만이면 부정수급액의 100분의 150에 해당하는 금액을, 5회 이상이면 부정수급액의 100분의 200에 해당하는 금액을 추가징수하도록 함.

개정일자	주 요 골 자
2020.8.28. (고용노동부령 제292호)	- 거짓이나 그 밖의 부정한 방법으로 구직급여를 지급받은 사람이 그 구직급여를 받은 날 또는 실업인정에 관한 신고를 한 날부터 소급하여 10년 동안 구직급여의 지급 제한을 받은 횟수에 사업주와 공모하여 거짓이나 그 밖의 부정한 방법으로 구직급여를 지급받아 구직급여의 지급 제한을 받은 횟수가 포함되어 있으면 그 횟수가 3회 미만이면 부정수급액의 100분의 300에 해당하는 금액을, 3회 이상 5회 미만이면 부정수급액의 100분의 400에 해당하는 금액을, 5회 이상이면 부정수급액의 100분의 500에 해당하는 금액을 추가징수하도록 함.
2020.12.10. (고용노동부령 제298호)	○ 예술인인 피보험자의 피보험자격의 취득·상실신고 등(안 제125조의3 신설) - 사업주는 예술인의 피보험자격의 취득 또는 상실에 관한 사항을 신고하는 경우 고용보험 피보험자격취득 신고서 또는 고용보험 피보험자격상실 신고서를 근로복지공단에 제출하도록 하고, 예술인이 직접 그 취득 또는 상실에 관한 사항을 신고하는 경우에는 근로자·예술인 고용보험 피보험자격 신고서에 따르도록 함. ○ 예술인인 피보험자에 대한 구직급여의 지급 결정 등(안 제125조의4 신설) - 예술인인 피보험자에 대한 구직급여 지급 결정의 통지, 수급자격 인정 신청, 수급자격증, 실업 인정의 신청 등은 근로자의 구직급여에 관한 사항을 준용하여 처리하도록 함. ○ 예술인인 피보험자의 출산전후급여 등의 신청·지급(안 제125조의5 신설) - 출산전후급여 등을 지급받으려는 예술인인 피보험자는 예술인 출산전후급여 등 신청서와 노무 미제공 사실 확인서에 출산증명서, 유산 또는 사산을 증명할 수 있는 의료기관의 진단서 등의 서류를 첨부하여 관할 직업안정기관의 장에게 제출하도록 하고, 그 지급 신청은 출산전후급여 등의 지급기간에 대하여 30일 단위로 신청하는 것을 원칙으로 함.
2020.12.31. (고용노동부령 제302호)	○ 코로나19로 고용위기 상황이 장기화됨에 따라 현재 고용유지지원금 제도가 적용되지 않는 파견사업주 및 도급을 받은 사업주에 대해서도 일정한 요건을 충족하면 고용유지지원금을 지급할 수 있도록 하여 고용유지지원금 제도의 사각지대를 해소하는 등의 내용으로 「고용보험법 시행령」이 개정(대통령령 제31327호, 2021. 1. 1. 공포·시행)됨에 따라, 고용조정이 불가피하게 된 사업주의 요건을 보완하고, 전체 피보험자의 총근로시간 산정방법을 고용위기 상황에 맞게 합리적으로 개선하는 한편, 직장어린이집에 대한 지원 요건으로 규정된 피보험자의 자녀 수를 「영유아보육법」에 따른 보호자의 영유아 수로 변경하여 그 지원 대상이 확대될 수 있도록 함.
2021.7.1. (고용노동부령 제322호)	○ 노무제공자의 생활 안정과 조기 재취업 기회를 확대하기 위해 노무제공자에게 고용보험 제도를 적용하고 출산전후급여 등을 지급하도록 하는 내용으로 「고용보험법」이 개정(법률 제17859호, 2021. 1. 5. 공포, 7. 1. 시행)됨에 따라, 노무제공자의 피보험자격의 취득·상실신고, 구직급여의 지급 결정, 출산전후급여의 신청·지급 등에 관한 사항을 정함.
2021.11.28. (고용노동부령 제334호)	○ 임신 중인 여성과 18세 미만인 자의 사용이 금지되는 직종의 범위를 임신 중인 여성과 18세 미만인 자의 안전 및 보건과 밀접한 관련이 있는 업무로서 그 구체적인 업무 범위를 고용노동부령으로 정하도록 하는 내용으로 「근로기준법 시행령」이 개정(대통령령 제32130호, 2021. 11. 19. 공포·시행)됨에 따라 임신 중인 여성의 사용 금지 직종을 '산업안전보건기준에 관한 규칙'에 따른 터널작업 등으로 정하고, 18세 미만인 자의 사용이 금지되는 직종을 같은 규칙에 따른 고압작업 및 잠수작업으로 정하는 등 그 구체적인 범위를 정함.

개정일자	주 요 골 자
2021.12.31. (고용노동부령 제340호)	○ 노무제공플랫폼사업자에게 노무제공자에 대한 고용보험 피보험자격 취득 등을 신고하도록 하는 등의 내용으로 「고용보험법」이 개정(법률 제17859호, 2021. 1. 5. 공포, 2022. 1. 1. 시행)됨에 따라, 노무제공플랫폼사업자의 노무제공자에 대한 고용보험 피보험자격의 취득·상실 절차를 정하는 한편, 같은 자녀에 대하여 자녀의 출생 후 12개월이 될 때까지 육아휴직을 한 피보험자가 육아휴직 급여를 지급받으려는 경우에는 육아휴직 급여 신청서에 신청인이 아닌 부모가 육아휴직을 한 사실을 확인할 수 있는 증명 자료 사본을 첨부하여 관할 직업안정기관의 장에게 제출하도록 하는 등 법령에서 위임된 사항과 그 시행을 위하여 필요한 사항을 정함.
2022.6.30. (고용노동부령 제357호)	○ 지역고용촉진 지원금 등의 신청 기간을 고용노동부령으로 정하도록 하고, 유통배송기사 등 화물차주를 고용보험의 적용대상이 되는 노무제공자에 포함시키는 등의 내용으로 「고용보험법 시행령」(대통령령 제32730호, 2022. 6. 28. 공포, 2022. 7. 1. 시행)이 개정됨에 따라 지역고용촉진 지원금 신청 기간을 조업시작일부터 1년 6개월 이내로 하는 등 각종 지원금의 신청 기간을 정하고, 노무제공자에 대한 고용보험 피보험자격 취득 신고서 등 관련 서식을 정비 ○ 원수급인이 근로복지공단에 하수급인 명세서를 제출하는 경우 하도급계약서 사본과 함께 하수급인의 건설업 등록증 등 하수급인을 확인할 수 있는 자료도 같이 첨부하도록 하고, 구직급여 수급자격이 제한되지 않는 '정당한 이직 사유'를 피보험자의 특성에 맞추어 예술인 및 노무제공자별로 각각 정하는 등 현행 제도의 운영상 나타난 일부 미비점을 개선·보완
2022.12.9. (고용노동부령 제370호)	○ 출산 또는 유산·사산으로 인해 소득활동이 중단된 예술인과 노무제공자의 생활 안정을 위하여 출산전후급여 등의 지급 대상에 출산 등을 하기 전에 고용보험의 피보험자였던 예술인과 노무제공자도 포함하는 내용으로 「고용보험법」이 개정(법률 제18920호, 2022. 6. 10. 공포, 12. 11. 시행)됨에 따라, 출산전후급여 등의 신청 대상에 피보험자였던 예술인과 노무제공자를 추가하고, 이에 맞추어 출산전후급여 등의 신청 서식을 정비 ○ 폐업한 자영업자의 수급자격 인정을 위한 매출액 감소의 비교 시점을 종전에는 직전 연도로 한정했으나, 앞으로는 재난 등 사회적·경제적 위기가 발생한 경우에는 고용노동부 장관이 그 비교 시점을 달리 정하여 고시할 수 있도록 하고, 구직급여의 산정 기초가 되는 1일 소정근로시간의 산정 방법을 개선하는 등 현행 제도의 운영상 나타난 일부 미비점을 개선·보완
2023.6.30. (고용노동부령 제386호)	○ 외국인 예술인·노무제공자 및 15세 미만 예술인·노무제공자의 고용보험 가입·탈퇴 신청방법, 절차 등 법률 및 시행령에서 위임된 사항과 그 시행에 필요한 사항을 정함 ○ 거짓이나 그 밖의 부정한 방법으로 고용안정·직업능력개발 사업의 지원을 받은 부정 행위자가 반환명령을 받은 금액 및 추가징수액 전액을 즉시 납부할 것을 확약서로 작성하여 직업안정기관의 장에게 제출한 경우에는 추가징수액에 100분의 60을 곱한 금액만을 추가징수액으로 하여 징수할 수 있도록 함

개정일자	주 요 골 자
2023.7.14. (고용노동부령 제389호)	○ 고용보험료를 체납한 경우에는 고용안정·직업능력개발 사업의 지원을 제한하도록 하는 규정에 예외를 두어, 경영 악화 등으로 불가피하게 고용보험료를 체납한 자가 '체납한 고용보험료의 100분의 30 이상을 2023년 1월 1일부터 2023년 7월 31일까지의 기간에 내거나,' '체납한 고용보험료와 그 가산금 및 연체금에 대하여 분할 납부를 2023년 1월 1일부터 2023년 7월 31일까지의 기간에 신청하고, 분할 납부의 승인을 받은 날부터 3회 연속 분할 납부금을 연체 없이 전액 낸 경우'에는 예외적으로 고용안정·직업능력개발 사업의 지원을 받을 수 있도록 하려는 것임.
2023.12.29. (고용노동부령 제406호)	○ 고용유지지원금 제도의 취지에 맞게 사업주의 '배우자와 직계존속·비속'을 고용유지지원금 지급 대상에서 제외하도록 「고용보험법 시행령」이 개정(대통령령 제34048호, 2023. 12. 26. 공포, 2024. 1. 1. 시행)됨에 따라, 고용유지지원금의 지원 대상 근로자가 사업주의 '배우자와 직계존속·비속'인지 여부를 확인하기 위하여 담당 공무원이 행정정보 공동이용을 통하여 주민등록표 등본 또는 가족관계등록전산정보를 확인할 수 있도록 함. ○ 고용유지지원금의 지원 대상이 되는 고용조정이 불가피하게 된 사업주인지 여부를 재고량·생산량이 아닌 객관적인 증명이 비교적 용이한 매출액 기준으로 판단하도록 하고, 사업주가 고용유지조치계획 신고를 하는 경우 고용조정이 불가피함을 증명하는 제출서류의 범위에 매출처별 세금계산서합계표를 추가 ○ 직업훈련개발 훈련기관의 과도한 영업행위로 인한 불필요한 교육훈련 수요로 고용보험기금이 고갈되지 않도록 하기 위하여 사업주가 직업능력개발 훈련을 훈련기관에 위탁하여 실시한 경우에도 직업능력개발 훈련비용을 훈련기관이 아닌 사업주에게 직접 지급하도록 함. ○ 65세 이상인 사람은 조기재취업 수당 청구 시 고용되거나 사업을 영위할 것으로 인정받기 위한 서류로 근로계약서나 사업계획서 등을 제출하도록 함.

제3장 고용보험 및 산업재해보상보험의 보험료징수 등에 관한 법률의 발전과정(최근 5년간)

제1절 보험료징수법 제25차 개정(2019.1.15. 법률 제16268호)

1 개정이유

실업급여 보장성을 강화하기 위하여 65세 전부터 피보험자격을 유지하던 사람이 65세 이후에 계속하여 고용된 경우는 실업급여계정 보험료를 징수하고, 보험료 정산 및 반환과 관련한 근로자의 권익을 도모하기 위하여 근로자의 고용관계가 종료되는 경우 보험료를 정산하도록 하며, 과오납 고용보험료를 사업주에게 반환하기 곤란한 사정이 있으면 그 반환금 중 근로자가 부담한 고용보험료에 대해서는 근로자에게 직접 반환할 수 있도록 하며, 또한 자영업자 고용보험제도를 활성화하기 위하여 자영업자 고용보험 당연소멸요건을 완화하였다.

2 주요개정내용

첫째, 65세 전부터 피보험자격을 유지하던 사람이 65세 이후에 계속하여 고용된 경우는 실업급여계정 보험료를 징수하였다.

둘째, 퇴직한 근로자의 편의를 제고하기 위하여 근로자의 고용관계 종료 시 보험료 정산 근거를 마련하였다.

셋째, 근로자의 불편을 해소하기 위하여 잘못 낸 고용보험료의 근로자 직접 반환 근거를 마련하였다.

넷째, 보험료 분할 납부 신청시 사업주의 재산목록 제출제도를 폐지하였다.

다섯째, 자영업자 고용보험관계의 당연소멸요건을 고용보험료를 3개월간 연속 체납한 경우에서 6개월간 연속 체납한 경우로 완화하고 자영업자에 대한 체납처분 제도를 폐지하였다.

제2절 보험료징수법 제26차 개정(2020.6.9. 법률 제17428호)

1 개정이유

현재 예술인은 수입이 불규칙하고 소득이 있는 기간 이외에 사실상 실업상태인 예술 활동 준비기간이 많아 실업상태에 있는 기간 동안 생활안정을 기할 필요가 있으나 「고용보험법」에는 이 기간 동안 구직급여를 받을 수 있는 근거가 없으므로 예술인도 실업 상태에 있는 경우 생활 안정을 기하고 조기에 재취업할 수 있도록 고용보험을 적용하고, 이에 맞추어 이 법을 개정함으로써 예술인의 고용보험료 징수에 관한 근거 규정을 마련하였다.

2 주요개정내용

첫째, 예술인에 대한 월별보험료 산정, 보험료의 정산, 보수총액 등의 신고 등에 관한 사항을 규정하였다.

둘째, 예술인의 보수액은 「소득세법」에 따른 사업소득, 기타소득에서 대통령령으로 정하는 금품을 뺀 금액으로 정하고, 예술인과 이들을 상대방으로 하여 문화예술용역 관련 계약을 체결한 사업의 사업주에 대한 고용보험료율은 종사형태 등을 반영하여 고용보험위원회의 심의를 거쳐 대통령령으로 달리 정할 수 있도록 하는 등 예술인 고용보험 특례를 규정하였다.

제3절 보험료징수법 제27차 개정(2021.1.5. 법률 제17858호)

1 개정이유

실업의 위험에 노출되어 있는 특수형태근로종사자 등 노무제공자의 생활 안정과 조기 재취업 기회를 확대하기 위하여 「고용보험법」을 개정하여 일정한 직종에 종사하는 노무제공자에 대하여 고용보험의 피보험자격 및 구직급여 등에 관한 규정을 적용하는 것에 맞추어 그 보험관계의 성립·소멸, 고용보험료의 산정과 부과·징수 등에 관한 사항 및 노무제공플랫폼사업자의 신고와 노무 제공과 관련된 보험업무의 대행에 관한 사항 등의 규정을 마련하였다.

2 주요개정내용

첫째, 노무제공자에 대한 월별보험료 산정·부과, 보험료의 정산, 보수총액 등의 신고 등에 관한 사항 및 노무제공사업주의 보험관계 성립·소멸, 보험료 지원 등에 관한 사항을 규정하였다.

둘째, 노무제공자의 보수액은 「소득세법」에 따른 사업소득, 기타소득에서 대통령령으로 정하는 금품을 뺀 금액으로 정하고, 노무제공자와 이들을 상대방으로 하여 노무제공계약을 체결한 사업의 사업주에 대한 고용보험료율은 종사형태 등을 반영하여 고용보험위원회의 심의를 거쳐 대통령령으로 달리 정할 수 있도록 하는 등 노무제공자 고용보험 특례를 규정하였다.

셋째, 노무제공플랫폼사업자는 노무제공사업의 사업주와 노무제공플랫폼이용계약을 체결하는 경우 공단에 신고하도록 하고, 「고용보험법」제77조의7에 따라 노무제공플랫폼사업자가 피보험자격의 취득 등을 신고하는 경우 해당 노무제공자 및 노무제공사업의 사업주가 부담하는 고용보험료 부담분을 노무제공플랫폼사업자가 원천공제하여 납부하도록 하였다.

제4절 보험료징수법 제28차 개정(2021.8.17. 법률 제18422호)

1 개정이유

특별고용지원업종, 고용위기지역 지정 등이 완료되면 납부가 유예된 보험료를 일시에 납부하여야 함에 따라, 사업의 정상화에 힘을 쏟고 있는 해당 사업주에게는 또 다른 부담으로 작용할 가능성이 있어 납부기한이 연장된 이후 그 기한이 만료되었음에도 보험료를 납부하지 못해 체납이 발생한 경우 분할납부할 수 있도록 근거규정을 마련하였다.

2 주요개정내용

납부기한을 연장하여 유예된 보험료가 그 기한이 만료되어 체납이 3회 이상 된 경우에는 해당 보험료를 분할납부할 수 있도록 근거를 마련함으로써 사업주의 보험료 부담을 완화를 도모하였다.

제5절 보험료징수법 제29차 개정(2022.6.10. 법률 제18919호)

1 개정이유

보험가입자가 보험료를 납부하지 아니하여 독촉하는 경우 납부의무자의 신청이 있으면 전자문서로 고지할 수 있는 법적 근거를 마련하고, 보험사무 대행기관의 인가 취소 사유를 법률에 명시하는 등 보험사무 대행기관에 관한 사항을 정비하려는 것임

2 주요개정내용

첫째, 건강보험공단은 납부의무자의 신청이 있으면 미납된 징수금의 독촉을 전자문서교환방식 등에 의하여 전자문서로 할 수 있도록 하였다.

둘째, 보험사무 대행기관의 인가를 취소할 수 있는 사유를 명시하고, 보험사무 업무가 폐지되거나 인가가 취소된 보험사무 대행기관은 폐지신고일 또는 인가취소일부터 일정 기간 동안 보험사무 대행기관으로 다시 인가받을 수 없도록 하였다.

제6절 보험료징수법 제30차 개정(2022.12.31. 법률 제19209호)

1 개정이유

월별보험료의 월 단위 부과, 무한책임사원·과점주주·사업양수인에 대한 제2차 납부의무 부여, 보험료의 고액·상습체납자의 인적사항 공개기준 변경, 보험료 납부의무자의 보험료 완납사실 증명, 1건당 2천원 미만의 소액 처리 근거, 예술인·노무제공자의 기준보수 적용 관련 사항 등을 규정하여 보험행정업무를 효율화하고 국민의 편의성을 제고하고자 함

2 주요개정내용

첫째, 예술인·노무제공자의 보수액이 고용노동부장관이 정하여 고시하는 기준보수보다 적은 경우 등에는 기준보수를 그 보수액으로 할 수 있도록 하였다.

둘째, 월별보험료의 일할계산 규정을 삭제하고, 근로자가 월의 중간에 새로이 고용된 경우 등에는 월별보험료를 해당 월의 다음 달부터 하였다.

셋째, 법인의 재산으로 그 법인이 납부하여야 하는 보험료 등을 충당하여도 부족한 경우에는 무한책임사원 또는 과점주주가 그 부족한 금액에 대하여 제2차 납부의무를 지도록 하고, 사업이 양도·양수된 경우에 양도일 이전에 양도인에게 부과 결정된 보험료 등을 양도인의 재산으로 충당하여도 부족한 경우에는 사업의 양수인이 그 부족한 금액에 대하여 제2차 납부의무를 지도록 하였다.

넷째, 보험료의 고액·상습체납자의 인적사항 공개기준을 현행 체납기간 2년 이상에서 1년 이상으로, 체납액 10억원 이상에서 5천만원 이상으로 변경하였다.

다섯째, 보험료 등의 납부의무자가 국가·지방자치단체 등의 기관으로부터 공사·제조·구매·용역 등 계약의 대가를 지급받으려면 보험료 등의 완납 사실을 증명하도록 하였다.

여섯째, 근로복지공단 또는 건강보험공단은 이 법에 따라 징수하여야 할 금액 또는 사업주에게 지급하여야 할 금액이 1건당 2천원 미만인 경우에는 징수 또는 지급하지 아니하도록 하였다.

❖ 고용보험 및 산업재해보상보험의 보험료징수 등에 관한 법률·시행령·시행규칙
(고용보험관련 개정사항)

【 보험료징수법 】

개정일자	주 요 골 자
2019.1.15. (법률 제16268호)	○ 65세 전부터 피보험자격을 유지하던 사람이 65세 이후에 계속하여 고용된 경우는 실업급여계정 보험료를 징수함 ○ 근로자의 고용관계 종료 시 보험료 정산 근거 마련(2020.1.16. 시행) ○ 잘못 낸 고용보험료의 근로자 직접 반환 근거 마련(2020.1.16. 시행) ○ 보험료 분할 납부 신청시 사업주의 재산목록 제출제도를 폐지(2019.7.16. 시행) ○ 자영업자 고용보험관계 당연소멸요건을 완화하고, 자영업자에 대한 체납처분제도를 폐지
2020.6.9. (법률 제17428호)	○ 실업상태에 있는 예술인도 구직급여를 받을 수 있도록 「고용보험법」에 따른 고용보험을 적용함에 따라, 이에 맞추어 예술인에 대한 고용보험료 징수에 관한 사항 등을 규정
2021.1.5. (법률 제17858호)	○ 실업의 위험에 노출되어 있는 특수형태근로종사자 등 노무제공자의 생활 안정과 조기 재취업 기회를 확대하기 위하여 「고용보험법」을 개정하며 일정한 직종에 종사하는 노무제공자에 대하여 고용보험의 피보험자격 및 구직급여 등에 관한 규정을 적용하는 것에 맞추어 노무제공자에 대한 고용보험료 산정·부과에 관한 사항 등을 규정
2021.8.17. (법률 제18422호)	○ 납부기한이 연장된 이후 그 기한이 만료되었음에도 보험료를 납부하지 못해 체납이 3회 이상 발생하였을 경우 분할납부 할 수 있는 근거규정 마련
2022.6.10. (법률 제18919호)	○ 보험가입자가 보험료를 납부하지 아니하여 독촉하는 경우 납부의무자의 신청이 있으면 전자문서로 고지할 수 있는 법적 근거를 마련하고, 보험사무 대행기관의 인가 취소 사유를 법률에 명시하는 등 보험사무 대행기관에 관한 사항을 정비
2022.12.31. (법률 제19209호)	○ 월별보험료의 월 단위 부과, 무한책임사원·과점주주·사업양수인에 대한 제2차 납부의무 부여, 보험료의 고액·상습체납자의 인적사항 공개기준 변경, 보험료 납부의무자의 보험료 완납사실 증명, 1건당 2천원 미만의 소액 처리 근거, 예술인·노무제공자의 기준보수 적용 관련 사항 등을 규정하여 보험행정업무를 효율화하고 국민의 편의성을 제고

【 보험료징수법 시행령 】

개정일자	주요골자
2019.6.25. (대통령령 제29914호)	○ 자영업자의 고용보험 가입 가능 기간을 없애 고용보험 가입 신청 당시 사업자등록을 하고 사업을 영위하고 있으면 고용보험에 가입할 수 있도록 하여 자영업자의 고용보험 가입 기회 확대
2019.9.17. (대통령령 제30084호)	○ 실업급여제도 보장성 강화에 따른 실업급여 보험료율 상향(1천분의13 → 1천분의16)
2020.1.7. (대통령령 제30333호)	○ 퇴직정산제도의 도입에 따라 퇴직정산 시 산정한 월평균보수액을 기준으로 고용보험료 지원금을 환수할 수 있도록 함. ○ 사업주에게 고용보험료를 반환할 수 없다고 공단이 인정하는 경우를 근로자가 고용보험료의 직접 반환을 청구할 수 있는 사유로 정함
2020.12.8. (대통령령 제31240호)	○ 실업상태에 있는 예술인도 구직급여를 받을 수 있도록 「고용보험법」에 따른 고용보험을 적용함에 따라, 이에 맞추어 예술인의 월별보험료 산정에 필요한 사항, 예술인의 보수액 및 고용보험료율에 관한 사항 등 법률에서 위임된 사항과 그 시행에 필요한 사항을 정함
2021.6.8. (대통령령 제31749호)	○ 실업상태에 있는 노무제공자도 구직급여를 받을 수 있도록 「고용보험법」에 따른 고용보험을 적용하고, 이에 맞추어 고용보험료를 징수하는 등의 내용으로 「고용보험 및 산업재해보상보험의 보험료징수 등에 관한 법률」이 개정(법률 제17858호, 2021. 1. 5. 공포, 7. 1. 시행)됨에 따라, 노무제공자의 보수액, 월평균보수, 고용보험료율 등 고용보험료 징수에 필요한 사항 및 산업재해보상보험료의 경감 대상 직종 등 법률에서 위임된 사항과 그 시행에 필요한 사항을 정함.
2021.12.31. (대통령령 제32302호)	○ 노무제공플랫폼사업자의 고용보험 특례 시행에 맞추어 플랫폼사업자와 플랫폼 이용계약을 체결한 노무제공사업주의 고용보험 성립·소멸에 관한 사항 및 플랫폼노무제공자의 보험료 산정 등에 관한 사항, 노무제공플랫폼사업자에 대한 자료 또는 정보의 제공 요청 범위 등 법률에서 위임된 사항 등을 정하고 고용보험기금의 안정적인 운용을 도모하기 위하여 근로자의 고용보험 실업급여의 보험료율을 1천분의 16에서 1천분의 18로, 예술인 및 노무제공자의 고용보험 실업급여 보험료율을 각각 1천분의 14에서 1천분의 16으로 상향(2022.7.1. 시행) 조정함.
2022.6.8. (대통령령 제31749호)	○ 실업상태에 있는 노무제공자도 구직급여를 받을 수 있도록 「고용보험법」에 따른 고용보험을 적용하고, 이에 맞추어 고용보험료를 징수하는 등의 내용으로 「고용보험 및 산업재해보상보험의 보험료징수 등에 관한 법률」이 개정(법률 제17858호, 2021. 1. 5. 공포, 7. 1. 시행)됨에 따라, 노무제공자의 보수액, 월평균보수, 고용보험료율 등 고용보험료 징수에 필요한 사항 및 산업재해보상보험료의 경감 대상 직종 등 법률에서 위임된 사항과 그 시행에 필요한 사항을 정함.

개정일자	주 요 골 자
2022.12.14. (대통령령 제33077호)	○ 보험사무대행기관이 업무 전부에 대한 폐지 신고를 하거나 인가취소 처분을 받은 경우 일정 기간 동안 보험사무대행기관의 인가를 받을 수 없도록 하고, 노무제공플랫폼 사업자가 보험사무에 관한 의무를 이행하는 데 드는 비용의 일부를 근로복지공단이 지원할 수 있도록 하는 등의 내용으로 「고용보험 및 산업재해보상보험의 보험료징수 등에 관한 법률」이 개정(법률 제18919호, 2022. 6. 10. 공포, 2023. 1. 1. 시행)됨에 따라, 보험사무대행기관의 인가 제한 기간과 노무제공플랫폼사업자에 대한 지원 요건 등 법률에서 위임된 사항과 그 시행에 필요한 사항을 정하는 한편, 예술인이나 노무제공자에 대한 고용보험료 지원 요건을 완화하여 고용보험료의 납부 부담을 덜어주고자 함.
2023.6.27. (대통령령 제33594호)	○ 사업 양수인에게 보험료 제2차 납부의무를 부과하며, 고액·상습체납자의 인적사항 공개기준을 낮추는 등의 내용으로 「고용보험 및 산업재해보상보험의 보험료징수 등에 관한 법률」(2022. 12. 31. 공포, 2023. 7. 1. 시행)이 개정됨에 따라, 보험료 제2차 납부의무자인 양수인의 책임범위 및 고액·상습체납자의 납부능력 판단 기준 등 법률에서 위임된 사항과 그 시행에 필요한 사항을 정하려는 것임.
2023.12.26. (대통령령 제34049호)	○ 기업의 고용증가에 따른 보험료 부담을 완화하기 위해, 기업의 상시근로자수가 증가하여 고용안정·직업능력개발사업의 고용보험료율 중 다음 단계의 더 높은 요율을 적용받게 되는 경우에는 3년간 기존 요율을 적용하도록 하고, 노무제공자에 대한 고용보험료 지원 요건을 완화하기 위해 노무제공자의 월 보수액 신고를 하여 피보험자격 취득신고를 한 것으로 보는 경우에도 노무제공자와 그 사업주에 대한 고용보험료 지원을 할 수 있도록 하는 등 현행 제도의 운영상 나타난 일부 미비점을 개선·보완하려는 것임

【 보험료징수법 시행규칙 】

개정일자	주요 골자
2019. 7. 16. (고용노동부령 제260호)	○ 사업주의 보험료 분할납부 신청 시 재산목록을 제출하도록 하는 것을 폐지함에 따라 보험료 분할납부 승인신청서에 재산목록을 첨부하도록 하는 규정 및 관련 별지 서식 삭제
2020. 1. 9. (고용노동부령 제280호)	○ 건설업 등 고용보험료 신고·납부 사업에 대하여 고용보험료 지원신청 기간을 확정보험료 신고·납부기한(다음 보험연도의 3월31일)으로부터 30일 이내로 명확히 함 ○ 근로자가 본인이 부담한 고용보험료의 반환을 신청하려는 경우에는 고용보험료(근로자 부담분) 반환신청서를 근로복지공단에 제출해야 함
2020. 12. 10. (고용노동부령 제299호)	○ 실업상태에 있는 예술인도 구직급여를 받을 수 있도록 「고용보험법」에 따른 고용보험을 적용함에 따라, 이에 맞추어 고용보험료를 징수하기 위해 보험관계의 성립·소멸신고, 보험관계의 변경신고, 월평균보수의 변경신고, 고용보험료 추가 징수 및 고용보험료 지원 신청 등 예술인의 고용보험료 징수에 필요한 사항을 정함
2021. 7. 1. (고용노동부령 제323호)	○ 실업상태에 있는 노무제공자도 구직급여를 받을 수 있도록 「고용보험법」에 따른 고용보험을 적용하고, 이에 맞추어 고용보험료를 징수하는 등의 내용으로 「고용보험 및 산업재해보상보험의 보험료징수 등에 관한 법률」이 개정(법률 제17858호, 2021. 1. 5. 공포, 7. 1. 시행)됨에 따라, 보험관계의 성립·소멸신고, 보험관계의 변경신고, 고용보험료 추가 징수 및 고용보험료 지원 신청 등 노무제공자의 고용보험료 징수에 필요한 사항을 정함
2021. 7. 1. (고용노동부령 제341호)	○ 노무제공자의 생활 안정과 조기 재취업 기회를 확대하기 위해 노무제공자에게 고용보험 제도를 적용하고 출산전후급여 등을 지급하도록 하는 내용으로 「고용보험법」이 개정(법률 제17859호, 2021. 1. 5. 공포, 7. 1. 시행)됨에 따라, 노무제공자의 피보험자격의 취득·상실신고, 구직급여의 지급 결정, 출산전후급여의 신청·지급 등에 관한 사항과 체납 보험료의 분할납부 승인 신청에 관한 사항을 정함
2022. 6. 30. (고용노동부령 제356호)	○ 택배 지·간선기사, 자동차·곡물 운송 화물차주 및 유통배송기사 등을 고용보험의 적용 대상이 되는 노무제공자와 산업재해보상보험의 적용대상이 되는 특수형태근로종사자에 포함시키는 등의 내용으로 「고용보험법 시행령」(대통령령 제32730호, 2022. 6. 28. 공포, 2022. 7. 1. 시행) 및 「산업재해보상보험법 시행령」이 개정(대통령령 제32539호, 2022. 3. 15. 공포, 7. 1. 시행)됨에 따라, 노무제공자에 대한 고용보험 피보험자격 취득 신고서 등 관련 서식을 정비하는 한편, 「고용정책 기본법 시행규칙」에 따른 일자리 안정자금의 지원사업이 종료될 예정임에 따라 고용보험·산재보험 근로자 피보험자격 취득 신고서, 월평균보수 변경신고서, 근로내용 확인신고서 등 관련 서식에서 일자리 안정자금 지원 신청란을 삭제하는 등 현행 제도의 운영상 나타난 일부 미비점을 개선·보완함

개정일자	주 요 골 자
2022.12.30. (고용노동부령 제374호)	○ 고용·산재 보험 납부의무자의 신청이 있는 경우에는 미납된 고용·산재 보험료 징수금의 독촉을 전자문서로 할 수 있도록 하고, 근로복지공단은 노무제공플랫폼사업자가 보험사무에 관한 의무를 이행하는 비용의 일부를 지원할 수 있도록 하는 등의 내용으로 「고용보험 및 산업재해보상보험의 보험료징수 등에 관한 법률」이 개정(법률 제18919호, 2022. 6. 10. 공포, 2023. 1. 1. 시행)됨에 따라, 전자문서 독촉의 신청방법·절차 등을 정하고, 노무제공플랫폼사업자의 보험사무 이행지원금 지급 신청방법·절차 등에 관하여 필요한 사항을 정하는 한편, 고용·산재정보통신망 이용 방법을 개선하는 등 현행 제도의 운영상 나타난 일부 미비점을 개선·보완함

제4장 연도별 고용보험 주요 통계 현황 (최근 5년간)

제1절 고용보험적용 및 피보험자 현황

가. 고용보험 적용사업장

〈산업별 고용보험 적용사업장 추이〉

(단위: 개소, %)

구 분	2019	2020	2021	2022	2023
전 체	2,359,526	2,395,603	2,511,690	2,615,914	2,579,905
	(100.0)	(100.0)	(100.0)	(100.0)	(100.0)
농림어업	18,264	19,173	20,100	21,642	22,687
	(0.8)	(0.8)	(0.8)	(0.8)	(0.9)
광업	1,008	1,023	1,005	987	963
	(0.0)	(0.0)	(0.0)	(0.0)	(0.0)
제조업	341,182	349,135	353,302	360,609	360,976
	(14.5)	(14.6)	(14.1)	(13.8)	(14.0)
전기가스증기수도	1,934	2,184	2,408	2,578	2,728
	(0.1)	(0.1)	(0.1)	(0.1)	(0.1)
하수폐기물원료재생환경복원업	8,184	8,557	8,991	9,390	9,687
	(0.3)	(0.4)	(0.4)	(0.4)	(0.4)
건설업	504,731	467,103	523,450	544,035	479,749
	(21.4)	(19.5)	(20.8)	(20.8)	(18.6)
도소매업	472,536	489,913	502,718	518,325	520,281
	(20.0)	(20.5)	(20.0)	(19.8)	(20.2)
운수업	50,865	53,789	55,694	58,038	58,706
	(2.2)	(2.2)	(2.2)	(2.2)	(2.3)
숙박 및 음식점	297,328	310,549	319,661	340,302	348,470
	(12.6)	(13.0)	(12.7)	(13.0)	(13.5)

구 분	2019	2020	2021	2022	2023
출판영상방송 통신 정보서비스	52,872	57,627	62,237	66,448	68,460
	(2.2)	(2.4)	(2.5)	(2.5)	(2.7)
금융 및 보험업	12,654	13,047	13,565	13,945	13,987
	(0.5)	(0.5)	(0.5)	(0.5)	(0.5)
부동산 및 임대업	92,374	97,301	101,727	105,692	107,045
	(3.9)	(4.1)	(4.1)	(4.0)	(4.1)
전문 과학 기술서비스	112,659	119,634	126,389	132,979	137,615
	(4.8)	(5.0)	(5.0)	(5.1)	(5.3)
사업시설관리 사업지원서비스	67,342	70,044	71,961	75,023	77,107
	(2.9)	(2.9)	(2.9)	(2.9)	(3.0)
공공행정 국방 사회보장행정	6,003	6,108	6,180	6,282	6,331
	(0.3)	(0.3)	(0.2)	(0.2)	(0.2)
교육서비스업	66,299	69,755	75,088	80,725	82,784
	(2.8)	(2.9)	(3.0)	(3.1)	(3.2)
보건업 사회복지서비스	148,875	150,860	152,544	157,773	159,772
	(6.3)	(6.3)	(6.1)	(6.0)	(6.2)
예술스포츠 여가관련서비스	31,826	33,701	36,567	40,162	40,549
	(1.3)	(1.4)	(1.5)	(1.5)	(1.6)
협회 단체수리 기타개인서비스	72,498	75,984	77,977	80,845	81,866
	(3.1)	(3.2)	(3.1)	(3.1)	(3.2)
가구내고용활동 자가소비생산활동	27	23	19	20	24
	(0.0)	(0.0)	(0.0)	(0.0)	(0.0)
국 제 및 외국기관	65	92	106	113	117
	(0.0)	(0.0)	(0.0)	(0.0)	(0.0)

* 자료: 고용보험DB
* 2008년부터 표준산업분류(2007년 9차 개정, 통계청) 기준으로 시계열의 연속성이 보장되지 않음
* 2017년 7월부터 10차 표준산업분류 적용(산업대분류코드 별 분류), 분류 명: 9차 표준산업분류명
* 각 년도의 12월 말 성립 사업장 기준, 분류불능 1개소('20~'23년) 제외

⟨규모별 고용보험 적용사업장 추이⟩

(단위: 개소, %)

연도	전체	5인 미만	5~29인	30~99인	100~299인	300~999인	1,000인 이상
2019	2,359,526	1,774,088	508,016	58,241	14,254	3,976	951
		(75.2)	(21.5)	(2.5)	(0.6)	(0.2)	(0.0)
2020	2,395,603	1,809,920	507,628	58,811	14,281	3,961	1,002
		(75.6)	(21.2)	(2.5)	(0.6)	(0.2)	(0.0)
2021	2,511,690	1,914,403	518,279	59,375	14,546	4,021	1,066
		(76.2)	(20.6)	(2.4)	(0.6)	(0.2)	(0.0)
2022	2,615,914	2,001,134	531,914	62,259	15,234	4,277	1,096
		(76.5)	(20.3)	(2.4)	(0.6)	(0.2)	(0.0)
2023	2,579,905	1,961,902	532,189	65,176	15,183	4,345	1,110
		(76.0)	(20.6)	(2.5)	(0.6)	(0.2)	(0.0)

* 자료: 고용보험DB
* 규모: 사업장 상시근로자수 기준

나. 고용보험 피보험자

⟨산업별 고용보험 피보험자 추이⟩

(단위: 명, %)

구 분	2019	2020	2021	2022	2023
전 체	13,864,138	14,111,690	14,550,033	14,898,502	15,199,534
	(100)	(100)	(100)	(100)	(100)
농업, 임업 및 어업	38,908	40,214	41,036	42,005	53,852
	(0.3)	(0.3)	(0.3)	(0.3)	(0.4)
광업	9,522	9,128	9,036	8,606	8,199
	(0.1)	(0.1)	(0.1)	(0.1)	(0.1)
제조업	3,593,290	3,573,537	3,638,324	3,733,639	3,841,945
	(25.9)	(25.3)	(25.0)	(25.1)	(25.3)
전기, 가스, 증기 및 공기조절 공급업	78,832	79,769	90,661	81,860	82,149
	(0.6)	(0.6)	(0.6)	(0.5)	(0.5)
수도, 하수 및 폐기물 처리, 원료 재생업	83,750	86,947	81,712	93,314	96,158
	(0.6)	(0.6)	(0.6)	(0.6)	(0.6)

구 분	2019	2020	2021	2022	2023
건설업	714,421	731,826	760,534	785,480	780,059
	(5.2)	(5.2)	(5.2)	(5.3)	(5.1)
도매 및 소매업	1,606,976	1,618,605	1,665,669	1,668,314	1,650,186
	(11.6)	(11.5)	(11.4)	(11.2)	(10.9)
운수 및 창고업	649,896	637,727	646,310	650,238	672,413
	(4.7)	(4.5)	(4.4)	(4.4)	(4.4)
숙박 및 음식점업	685,062	652,822	669,822	706,532	747,550
	(4.9)	(4.6)	(4.6)	(4.7)	(4.9)
정보통신업	645,330	685,668	743,526	794,267	800,275
	(4.7)	(4.9)	(5.1)	(5.3)	(5.3)
금융 및 보험업	488,888	491,583	491,815	499,490	502,042
	(3.5)	(3.5)	(3.4)	(3.4)	(3.3)
부동산업	351,654	356,660	385,093	368,125	365,191
	(2.5)	(2.5)	(2.6)	(2.5)	(2.4)
전문, 과학 및 기술서비스업	803,670	862,176	912,948	952,218	975,358
	(5.8)	(6.1)	(6.3)	(6.4)	(6.4)
사업시설관리 사업지원서비스	1,137,001	1,123,251	1,109,723	1,151,976	1,175,269
	(8.2)	(8.0)	(7.6)	(7.7)	(7.7)
공공행정 국방 사회보장행정	331,031	392,844	364,925	354,215	358,626
	(2.4)	(2.8)	(2.5)	(2.4)	(2.4)
교육서비스업	477,485	502,876	543,566	558,064	548,478
	(3.4)	(3.6)	(3.7)	(3.7)	(3.6)
보건업 및 사회 복지서비스업	1,688,292	1,785,771	1,888,406	1,958,879	2,048,050
	(12.2)	(12.7)	(13.0)	(13.1)	(13.5)
예술, 스포츠 및 여가관련서비스업	150,810	147,766	153,284	159,573	161,392
	(1.1)	(1.0)	(1.1)	(1.1)	(1.1)
협회 단체수리 기타개인서비스업	316,584	319,910	340,465	318,831	319,380
	(2.3)	(2.3)	(2.3)	(2.1)	(2.1)
가구내고용활동 자가소비생산활동	107	95	51	47	116
	(0.0)	(0.0)	(0.0)	(0.0)	(0.0)
국제 및 외국기관	12,629	12,515	12,863	12,801	12,846
	(0.1)	(0.1)	(0.1)	(0.1)	(0.1)

* 자료: 고용보험DB
* 2008년부터 표준산업분류(2007년 9차 개정, 통계청)
* 2017년 7월부터 10차 표준산업분류 적용(산업대분류코드 별 분류), 분류명: 9차 표준산업분류명
※ 피보험자는 각 연도말 이력기준으로 추출한 순수피보험자(상용근로자·자영업자)임(예술인·노무제공자 미포함)

〈규모별 고용보험 피보험자 추이〉

(단위: 명, %)

연도	전체	5인 미만	5~29인	30~99인	100~299인	300~999인	1,000인 이상
2019	13,864,138	2,293,673	3,831,943	2,152,625	1,695,106	1,451,734	2,439,057
		(16.5)	(27.6)	(15.5)	(12.2)	(10.5)	(17.6)
2020	14,111,690	2,353,434	3,878,350	2,212,661	1,692,474	1,475,817	2,498,954
		(16.7)	(27.5)	(15.7)	(12.0)	(10.5)	(17.7)
2021	14,550,033	2,467,587	4,030,064	2,278,252	1,736,946	1,450,223	2,586,961
		(17.0)	(27.7)	(15.7)	(11.9)	(10.0)	(17.8)
2022	14,889,502	2,460,605	4,133,757	2,368,980	1,781,656	1,501,479	2,652,025
		(16.5)	(27.7)	(15.9)	(12.0)	(10.1)	(17.8)
2023	15,199,534	2,410,430	4,178,850	2,508,916	1,802,938	1,556,957	2,741,443
		(15.9)	(27.5)	(16.5)	(11.9)	(10.2)	(18.0)

* 자료: 고용보험DB, 2004년 이후 자료는 순수피보험자임
* 규모: 사업장 상시근로자수 기준
※ 피보험자는 각 연도말 이력기준으로 추출한 순수피보험자(상용근로자·자영업자)임(예술인·노무제공자 미포함)

〈연령별 고용보험 피보험자 추이〉

(단위: 명, %)

연도	전체	19세 이하	20~29세	30~39세	40~49세	50~59세	60세 이상
2019	13,864,138	93,147	2,340,599	3,404,139	3,481,160	2,886,727	1,658,366
		(0.7)	(16.9)	(24.6)	(25.1)	(20.8)	(12.0)
2020	14,111,690	76,033	2,360,286	3,348,897	3,506,933	2,987,524	1,832,013
		(0.5)	(16.7)	(23.7)	(24.9)	(21.2)	(13.0)
2021	14,550,033	81,049	2,412,702	3,366,152	3,552,307	3,137,108	2,000,714
		(0.5)	(16.5)	(23.1)	(24.4)	(21.5)	(13.7)
2022	14,898,502	80,297	2,382,979	3,386,435	3,593,692	3,250,199	2,204,900
		(0.5)	(16.0)	(22.7)	(24.1)	(21.8)	(14.8)
2023	15,199,534	76,066	2,344,848	3,456,475	3,584,331	3,367,665	2,370,149
		(0.5)	(15.4)	(22.7)	(23.6)	(22.2)	(15.6)

* 자료: 고용보험DB, 2004년 이후 자료는 순수피보험자임
* 2014년 전체인원에 연령 분류불능 인원 70명 포함
※ 피보험자는 각 연도말 이력기준으로 추출한 순수피보험자(상용근로자·자영업자)임(예술인·노무제공자 미포함)

다. 고용보험 취득자

〈산업별 고용보험 취득자 추이〉

(단위: 명, %)

구 분	2019	2020	2021	2022	2023
전 체	7,336,748	7,223,108	7,760,756	7,964,358	7,753,354
	(100)	(100)	(100)	(100)	(100)
농업, 임업 및 어업	28,816	28,575	31,633	31,459	45,555
	(0.4)	(0.4)	(0.4)	(0.4)	(0.6)
광업	3,881	3,744	3,828	3,527	3,883
	(0.1)	(0.1)	(0.0)	(0.0)	(0.1)
제조업	1,163,840	1,110,289	1,279,466	1,303,565	1,294,875
	(15.9)	(15.4)	(16.5)	(16.4)	(16.7)
전기, 가스, 증기 및 공기조절 공급업	10,464	10,026	12,602	9,067	7,225
	(0.1)	(0.1)	(0.2)	(0.1)	(0.1)
수도, 하수 및 폐기물 처리, 원료 재생업	35,916	37,589	37,113	37,873	37,605
	(0.5)	(0.5)	(0.5)	(0.5)	(0.5)
건설업	386,339	382,675	426,423	437,864	397,708
	(5.3)	(5.3)	(5.5)	(5.5)	(5.1)
도매 및 소매업	889,225	825,627	902,361	885,910	845,934
	(12.1)	(11.4)	(11.6)	(11.1)	(10.9)
운수 및 창고업	226,689	235,268	243,577	256,899	271,924
	(3.6)	(3.3)	(3.1)	(3.2)	(3.5)
숙박 및 음식점업	739,120	636,802	637,170	713,573	778,578
	(10.1)	(8.8)	(8.2)	(9.0)	(10.0)
정보통신업	269,474	282,319	341,951	366,881	309,806
	(3.7)	(3.9)	(4.4)	(4.6)	(4.0)
금융 및 보험업	87,491	75,183	85,200	91,110	83,782
	(1.2)	(1.0)	(1.1)	(1.1)	(1.1)
부동산업	190,595	184,180	212,891	199,383	185,839
	(2.6)	(2.5)	(2.7)	(2.5)	(2.4)
전문, 과학 및 기술서비스업	360,185	387,233	414,929	422,078	394,405
	(4.9)	(5.4)	(5.3)	(5.3)	(5.1)

구 분	2019	2020	2021	2022	2023
사업시설관리 사업지원서비스	805,443	751,083	785,711	824,341	794,935
	(11.0)	(10.4)	(10.1)	(10.4)	(10.3)
공공행정 국방 사회보장행정	384,046	638,855	499,938	404,800	353,902
	(5.2)	(8.8)	(6.4)	(5.1)	(4.6)
교육서비스업	349,399	317,703	389,456	417,960	374,475
	(4.8)	(4.4)	(5.0)	(5.2)	(4.8)
보건업 및 사회 복지서비스업	1,076,335	1,062,230	1,182,098	1,279,618	1,312,309
	(14.7)	(14.7)	(15.2)	(16.1)	(16.9)
예술, 스포츠 및 여가관련서비스업	108,354	89,195	95,781	109,929	103,410
	(1.5)	(1.2)	(1.2)	(1.4)	(1.3)
협회 단체수리 기타개인서비스업	180,198	163,502	177,193	167,569	156,002
	(2.5)	(2.3)	(2.3)	(2.1)	(2.0)
가구내고용활동 자가소비생산활동	143	137	116	71	142
	(0.0)	(0.0)	(0.0)	(0.0)	(0.0)
국제 및 외국기관	795	885	1,216	881	1,057
	(0.0)	(0.0)	(0.0)	(0.0)	(0.0)

* 자료: 고용보험DB
* 2008년부터 표준산업분류(2007년 9차 개정, 통계청)
* 2017년 7월부터 10차 표준산업분류 적용(산업대분류코드 별 분류)
* 해당 연도 1년 동안의 취득자 수(해당 월별 순수 피보험자수의 누적, 예술인·노무제공자 미포함)

〈규모별 고용보험 취득자 추이〉

(단위: 명, %)

연도	전체	5인 미만	5~29인	30~99인	100~299인	300~999인	1,000인 이상
2019	7,336,748	1,776,718	2,251,147	1,060,434	752,034	695,193	801,222
		(24.2)	(30.7)	(14.5)	(10.3)	(9.5)	(10.9)
2020	7,223,108	1,760,515	2,145,952	1,036,377	665,261	813,720	801,283
		(24.4)	(29.7)	(14.3)	(9.2)	(11.3)	(11.1)
2021	7,760,756	1,877,480	2,365,127	1,160,750	745,185	708,443	903,771
		(24.2)	(30.7)	(15.0)	(9.6)	(9.1)	(11.6)
2022	7,964,358	1,829,722	2,463,161	1,229,853	785,715	687,893	968,014
		(23.0)	(30.9)	(15.4)	(9.9)	(8.6)	(12.2)
2023	7,753,354	1,725,681	2,440,305	1,265,899	748,615	666,754	906,100
		(22.3)	(31.5)	(16.3)	(9.7)	(8.6)	(11.7)

* 자료: 고용보험DB, 2004년 이후 자료는 순수인원임
* 해당 연도 1년 동안의 취득자 수(해당 월별 순수 피보험자수의 누적, 예술인·노무제공자 미포함)
* 규모: 사업장 상시근로자수 기준

〈연령별 고용보험 취득자 추이〉

(단위: 명, %)

연도	전체	19세 이하	20~29세	30~39세	40~49세	50~59세	60세 이상
2019	7,336,748	226,468	2,107,898	1,369,434	1,352,249	1,252,811	1,027,888
		(3.1)	(28.7)	(18.7)	(18.4)	(17.1)	(14.0)
2020	7,223,108	185,326	2,044,781	1,269,449	1,300,106	1,260,972	1,162,470
		(2.6)	(28.3)	(17.6)	(18.0)	(17.5)	(16.1)
2021	7,760,756	186,955	2,240,192	1,374,673	1,349,730	1,327,150	1,282,053
		(2.4)	(28.9)	(17.7)	(17.4)	(17.1)	(16.5)
2022	7,964,358	205,351	2,228,002	1,399,029	1,362,636	1,360,281	1,409,059
		(2.6)	(28.0)	(17.6)	(17.1)	(17.1)	(17.7)
2023	7,753,354	197,361	2,072,189	1,381,055	1,288,944	1,326,487	1,487,318
		(2.5)	(26.7)	(17.8)	(16.6)	(17.1)	(19.2)

* 자료: 고용보험DB
* 해당 연도 1년 동안의 취득자 수(해당 월별 순수 피보험자수의 누적, 예술인·노무제공자 미포함)

라. 고용보험 상실자

<산업별 고용보험 상실자 추이>

(단위: 명, %)

구 분	2019	2020	2021	2022	2023
전 체	6,804,826	6,878,552	7,206,859	7,500,301	7,329,561
	(100)	(100)	(100)	(100)	(100)
농업, 임업 및 어업	27,456	26,947	30,054	29,729	33,156
	(0.4)	(0.4)	(0.4)	(0.4)	(0.5)
광업	4,119	3,997	3,895	3,920	4,141
	(0.1)	(0.1)	(0.1)	(0.1)	(0.1)
제조업	1,179,253	1,125,545	1,184,785	1,224,427	1,191,569
	(17.3)	(16.4)	(16.4)	(16.3)	(16.3)
전기, 가스, 증기 및 공기조절 공급업	11,156	9,717	11,425	10,022	7,525
	(0.2)	(0.1)	(0.2)	(0.1)	(0.1)
수도, 하수 및 폐기물 처리, 원료 재생업	30,187	34,166	33,563	34,852	34,773
	(0.4)	(0.5)	(0.5)	(0.5)	(0.5)
건설업	368,272	357,098	388,556	403,665	395,841
	(5.4)	(5.2)	(5.4)	(5.4)	(5.4)
도매 및 소매업	828,264	797,065	837,061	863,022	837,828
	(12.2)	(11.6)	(11.6)	(11.5)	(11.4)
운수 및 창고업	242,786	249,291	236,052	251,475	247,191
	(3.6)	(3.6)	(3.3)	(3.4)	(3.4)
숙박 및 음식점업	664,725	663,038	615,621	665,332	727,478
	(9.8)	(9.6)	(8.5)	(8.9)	(9.9)
정보통신업	245,818	239,199	278,746	314,012	299,360
	(3.6)	(3.5)	(3.9)	(4.2)	(4.1)
금융 및 보험업	75,783	74,182	81,249	88,781	80,945
	(1.1)	(1.1)	(1.1)	(1.2)	(1.1)
부동산업	179,541	173,893	199,624	190,457	186,425
	(2.6)	(2.5)	(2.8)	(2.5)	(2.5)

구 분	2019	2020	2021	2022	2023
전문, 과학 및 기술서비스업	308,072	322,937	357,330	369,960	362,035
	(4.5)	(4.7)	(5.0)	(4.9)	(4.9)
사업시설관리 사업지원서비스	801,757	761,165	780,496	799,915	770,264
	(11.8)	(11.1)	(10.8)	(10.7)	(10.5)
공공행정 국방 사회보장행정	351,401	576,950	524,416	413,362	345,607
	(5.2)	(8.4)	(7.3)	(5.5)	(4.7)
교육서비스업	303,008	272,972	330,627	392,300	369,108
	(4.5)	(4.0)	(4.6)	(5.2)	(5.0)
보건업 및 사회 복지서비스업	917,776	942,521	1,051,161	1,180,074	1,185,182
	(13.5)	(13.7)	(14.6)	(15.7)	(16.2)
예술, 스포츠 및 여가관련서비스업	98,325	91,245	89,897	102,474	99,689
	(1.4)	(1.3)	(1.2)	(1.4)	(1.4)
협회 단체수리 기타개인서비스업	166,177	155,489	171,120	161,506	150,368
	(2.4)	(2.3)	(2.4)	(2.2)	(2.1)
가구내고용활동 자가소비생산활동	118	131	157	74	58
	(0.0)	(0.0)	(0.0)	(0.0)	(0.0)
국제 및 외국기관	832	1,004	857	942	1,018
	(0.0)	(0.0)	(0.0)	(0.0)	(0.0)

* 자료: 고용보험DB
* 2008년부터 표준산업분류(2007년 9차 개정, 통계청)
* 2017년 7월부터 10차 표준산업분류 적용(산업대분류코드 별 분류)
* 해당 연도 1년 동안의 상실자 수(예술인·노무제공자 미포함)

〈규모별 고용보험 상실자 추이〉

(단위: 명, %)

연도	전체	5인 미만	5-29인	30-99인	100-299인	300-999인	1,000인 이상
2019	6,804,826	1,387,568 (20.4)	2,171,807 (31.9)	1,062,172 (15.6)	734,585 (10.8)	684,640 (10.1)	764,054 (11.2)
2020	6,878,552	1,416,274 (20.6)	2,127,431 (30.9)	1,057,267 (15.4)	693,082 (10.1)	784,272 (11.4)	800,226 (11.6)
2021	7,206,859	1,459,831 (20.3)	2,278,360 (31.6)	1,132,797 (15.7)	734,806 (10.2)	695,275 (9.6)	905,790 (12.6)
2022	7,500,301	1,512,818 (20.2)	2,388,279 (31.8)	1,221,023 (16.3)	773,406 (10.3)	668,459 (8.9)	936,316 (12.5)
2023	7,329,561	1,450,407 (19.8)	2,378,019 (32.4)	1,255,934 (17.1)	736,468 (10.0)	644,229 (8.8)	864,504 (11.8)

* 자료: 고용보험DB
* 규모: 사업장 상시근로자수 기준
* 해당 연도 1년 동안의 상실자 수(예술인·노무제공자 미포함)

〈연령별 고용보험 상실자 추이〉

(단위: 명, %)

연도	전체	19세 이하	20-29세	30-39세	40-49세	50-59세	60세 이상
2019	6,804,826	161,713 (2.4)	1,794,469 (26.4)	1,334,315 (19.6)	1,290,384 (19.0)	1,181,402 (17.4)	1,042,543 (15.3)
2020	6,878,552	140,100 (2.0)	1,746,311 (25.4)	1,264,649 (18.4)	1,270,832 (18.5)	1,226,563 (17.8)	1,230,097 (17.9)
2021	7,206,859	125,269 (1.7)	1,862,554 (25.8)	1,320,713 (18.3)	1,289,463 (17.9)	1,253,104 (17.4)	1,355,754 (18.8)
2022	7,500,301	149,958 (2.0)	1,912,618 (25.5)	1,364,273 (18.2)	1,315,843 (17.5)	1,306,049 (17.4)	1,451,558 (19.4)
2023	7,329,561	145,436 (2.0)	1,764,644 (24.1)	1,327,718 (18.1)	1,258,017 (17.2)	1,293,445 (17.6)	1,540,296 (21.0)

* 자료: 고용보험DB(2023년 상실자수 전체인원에 연령 분류불능 인원 2명 포함)
* 해당 연도 1년 동안의 상실자 수(예술인·노무제공자 미포함)

〈이직사유별 고용보험 상실자 추이〉

(단위: 명, %)

구 분	2019		2020		2021		2022		2023	
전 체	6,804,826		6,878,552		7,206,859		7,500,301		7,329,561	
개인사정으로 인한 자진퇴사	4,110,265	(60.4)	3,825,142	(55.6)	4,235,163	(58.7)	4,632,482	(61.8)	4,516,625	(61.6)
사업장 이전, 근로조건변동, 임금체불 등으로 자진퇴사	80,562	(1.2)	76,017	(1.1)	77,150	(1.0)	61,936	(0.8)	44,602	(0.6)
폐업, 도산	227,310	(3.3)	197,017	(2.9)	172,780	(2.3)	175,126	(2.3)	173,262	(2.4)
경영상 필요 및 회사불황으로 인원감축 등에 의한 퇴사 (해고·권고사직·명예퇴직 포함)	791,866	(11.6)	905,867	(13.2)	754,626	(10.4)	710,208	(9.5)	769,271	(10.5)
근로자의 귀책사유에 의한 징계해고·권고사직	69,467	(1.0)	68,646	(1.0)	61,098	(0.8)	59,180	(0.8)	60,862	(0.8)
정 년	50,402	(0.7)	63,474	(0.9)	73,868	(1.0)	75,680	(1.0)	80,004	(1.1)
계약기간 만료, 공사 종료	1,402,456	(20.6)	1,665,890	(24.2)	1,752,200	(24.3)	1,664,729	(22.2)	1,574,460	(21.5)
기 타	72,498	(1.1)	76,499	(1.1)	80,174	(1.1)	120,960	(1.6)	110,475	(1.5)

* 자료: 고용보험DB
* 해당 연도 1년 동안의 상실자 수(예술인·노무제공자 미포함)

제2절 고용안정사업 통계 현황

〈연도별 지원현황〉

(단위: 개소, 건, 명, 백만원)

구 분	순수지원 사업장수	지원건수	순수인원	금 액
2018	115,199	416,143	356,306	1,027,947
2019	145,808	574,978	514,303	1,788,119
2020	199,965	885,472	1,297,944	4,554,948
2021	217,004	1,021,964	1,065,990	4,273,300
2022	165,218	643,992	614,561	1,968,368
2023	120,213	680,014	314,274	768,675

※ 통계출처: 고용보험시스템

〈기업 구분별 지원현황〉

(단위: 백만원, %)

구 분	계	대규모기업		우선지원대상기업	
		지원금액	비율	지원금액	비율
2018	1,027,947	146,331	14.2	881,616	85.8
2019	1,788,119	196,106	11.0	1,592,012	89.0
2020	4,554,948	573,173	12.6	3,981,775	87.4
2021	4,273,300	518,707	12.1	3,754,593	87.9
2022	1,968,368	225,635	11.5	1,742,733	88.5
2023	768,675	24,152	3.1	744,523	96.9

※ 통계출처: 고용보험시스템

〈기업 규모별 지원현황〉

(단위: 백만원, %)

구분	계	5인 미만	5~29인	30~99인	100~299인	300~499인	500~999인	1,000인 이상
2018	1,027,946	184,356	327,274	188,579	135,661	40,540	52,215	99,321
		(17.9)	(31.8)	(18.3)	(13.2)	(3.9)	(5.1)	(9.7)
2019	1,788,119	220,936	605,024	384,444	273,622	81,905	89,242	132,945
		(12.4)	(33.8)	(21.5)	(15.3)	(4.6)	(5.0)	(7.4)
2020	4,554,948	643,463	1,699,291	883,741	602,694	161,421	188,314	376,024
		(14.1)	(37.3)	(19.4)	(13.2)	(3.5)	(4.1)	(8.3)
2021	4,273,300	633,643	1,686,397	813,848	506,666	119,652	129,507	383,587
		(14.8)	(39.5)	(19.0)	(11.9)	(2.8)	(3.0)	(9.0)
2022	1,968,368	269,487	809,306	379,945	240,743	53,896	54,515	160,475
		(13.7)	(41.1)	(19.3)	(12.2)	(2.7)	(2.8)	(8.2)
2023	768,675	108,942	333,300	181,366	94,099	19,795	18,459	12,724
		(14.2)	(43.4)	(23.6)	(12.2)	(2.6)	(2.4)	(1.7)

※ 통계출처: 고용보험시스템

〈주요 세부사업별 지원 현황〉

(단위: 백만원, 건, 명, %)

구 분	2019년				
	현액	건수	순인원	집행액	집행률
■ 전 체	1,621,564	318,628	383,534	1,483,245	91.5
• 고용유지지원금	71,942	4,493	31,064	66,905	93.0
- 유급휴업휴직 고용유지지원금	63,634	4,475	29,885	58,901	92.6
- 무급휴업휴직 고용유지지원금	8,308	18	1,179	8,004	96.3
• 고용창출장려금	1,060,542	228,984	253,222	992,272	93.6
- 고용창출장려금	170,793	18,602	23,916	102,642	60.1
시간선택제 신규고용 지원	13,326	2,208	1,484	5,447	40.9
장년고용지원금	28,360	5,550	3,479	17,945	63.3
일자리함께하기	39,046	578	10,530	38,492	98.6
지역성장산업고용지원	1,476	38	46	115	7.8
전문인력채용지원	497	105	80	256	51.6
고용촉진장려금	88,088	10,123	8,297	40,387	45.8
- 청년추가고용 장려금	889,749	210,382	229,306	889,630	100.0
• (구) 고용창출지원사업	3,000	998	-	1,157	38.6
• 고용장려금융자	28,188	73	-	18,686	66.3
- 일자리함께하기 설비투자 융자	21,060	19	-	11,843	56.2
- 여성고용환경개선지원 융자	828	5	-	828	100.0
- 장년고용환경개선지원 융자	6,300	49	-	6,015	95.5
• 고용안정장려금	152,471	31,180	44,222	108,248	71.0
- 시간선택제 전환 지원	10,216	5,504	5,993	9,183	89.9
- 정규직전환지원	15,396	4,910	4,867	14,573	94.7
- 일가정양립환경개선	15,200	5,538	6,824	15,000	98.7
- 출산육아기고용안정지원	111,659	15,228	26,538	69,492	62.2
• 고령자고용촉진지원	120,238	43,504	32,972	118,514	98.6
- 고용연장지원금	18,819	20,781	11,641	13,469	71.6
- 임금피크제 지원	75,533	17,059	13,898	81,761	108.2
- 장년근로시간단축지원금	25,886	5,664	7,433	23,284	89.9
• 세대간상생고용지원	59,633	1,089	10,433	57,303	96.1
• 직장어린이집지원	125,550	8,307	11,621	120,159	95.7
- 직장어린이집설치지원	49,829	134	-	48,974	98.3
- 직장보육교사 등 인건비 지원	72,187	7,720	11,621	67,770	93.9
- 중소기업 직장어린이집 운영비 지원	3,534	453	-	3,415	96.6

(단위: 백만원, 건, 명, %)

구 분	2020년				
	현액	건수	순인원	집행액	집행율
■ 전 체	4,807,040	543,104	1,176,732	4,220,970	647
• 고용유지지원금	2,647,618	315,030	773,086	2,277,893	86.0
- 유급휴업휴직 고용유지지원금	2,266,987	314,613	758,115	2,224,921	98.1
- 무급휴업휴직 고용유지지원금	380,631	417	14,971	52,972	13.9
• 고용창출장려금	1,778,116	168,349	282,108	1,571,512	88.4
- 고용창출장려금	351,156	28,805	38,239	145,759	41.5
시간선택제 신규고용 지원	5,255	1,806	1,094	4,968	94.9
장년고용지원금	19,820	5,847	3,549	17,726	89.4
일자리함께하기	49,045	493	13,825	42,603	86.9
지역성장산업고용지원	1,206	8	43	101	8.4
전문인력채용지원	126	5	3	12	9.5
고용촉진장려금	275,704	20,646	19,725	80,329	29.1
- 청년추가고용 장려금	1,426,960	139,544	243,869	1,425,753	99.9
• 고용장려금융자	10,070	33	-	8,111	80.5
- 일자리함께하기 설비투자 융자	3,500	1	-	2,011	57.5
- 여성고용환경개선지원 융자	270	2	-	270	100.0
- 장년고용환경개선지원 융자	6,300	30	-	5,830	92.5
• 고용안정장려금	192,818	23,239	85,657	188,863	97.9
- 워라밸일자리 장려금	44,778	4,205	20,837	44,021	98.3
- 정규직전환지원	12,313	967	4,323	11,737	95.3
- 일가정양립환경개선	47,209	5,110	31,757	44,924	95.2
- 출산육아기고용안정지원	88,518	12,957	28,740	88,181	99.6
• 고령자고용촉진지원	63,032	35,577	19,925	59,261	94.0
- 고용연장지원금	13,440	15,219	7,615	9,121	65.2
- 임금피크제 지원	9,012	2,019	1,039	4,875	54.1
- 장년근로시간단축지원금	34,440	17,569	10,581	44,310	128.6
- 고령자 계속고용장려금	6,140	770	690	955	15.5
• 세대간상생고용지원	13,380	84	3,055	13,341	99.7
• 직장어린이집지원	102,006	792	12,901	101,989	100.0
- 직장어린이집설치지원	28,211	120	-	28,211	100.0
- 직장보육교사 등 인건비 지원	70,021	547	12,901	70,004	100.0
- 중소기업 직장어린이집 운영비 지원	3,774	125	-	3,774	100.0

(단위: 백만원, 건, 명, %)

구 분	2021년				
	현액	건수	순인원	집행액	집행율
■ 전 체	4,541,840	661,197	712,963	3,907,263	86.0
• 고용유지지원금	1,855,247	195,296	338,921	1,281,774	69.1
- 유급휴업휴직 고용유지지원금	1,774,826	193,929	315,932	1,206,004	68.0
- 무급휴업휴직 고용유지지원금	80,421	1,367	22,989	75,770	94.2
• 고용창출장려금	703,685	168,283	141,904	654,390	93.0
- 고용창출장려금	567,089	144,922	110,502	524,596	92.5
시간선택제 신규고용 지원	838	271	222	812	96.9
장년고용지원금	23,988	6,647	3,996	19,684	82.1
일자리함께하기	25,801	293	8,051	22,155	85.9
지역성장산업고용지원	252	14	163	243	96.4
전문인력채용지원	0	0	0	0	0.0
고용촉진장려금	516,210	137,697	98,070	481,702	93.3
- 청년채용특별장려금	136,596	23,361	31,402	129,794	95.0
• 청년추가고용장려금	1,516,602	158,219	84,833	1,514,546	99.9
• 고용장려금융자	7,162	1,323	-	6,036	84.3
- 일자리함께하기 설비투자 융자	1,000	0	-	0	0.0
- 고용환경개선지원이차보전	147	1,273	-	92	62.4
- 장년고용환경개선지원 융자	6,015	50	-	5,944	98.8
• 고용안정장려금	293,297	109,172	115,194	292,537	99.7
- 워라밸일자리 장려금	76,833	23,709	30,706	76,669	99.8
- 정규직전환지원	11,795	5,514	4,065	11,788	99.9
- 일가정양립환경개선	86,873	44,308	42,513	86,870	99.9
- 출산육아기고용안정지원	117,796	35,641	37,910	117,210	99.5
• 고령자고용촉진지원	53,592	27,411	16,553	45,822	85.5
- 고용연장지원금	4,216	10,629	5,757	6,912	70.0
- 임금피크제 지원	11,040	695	431	1,694	15.3
- 장년근로시간단축지원금	30,150	9,577	6,024	26,809	88.9
- 고령자 계속고용장려금	8,186	6,510	4,341	10,407	127.1
• 세대간상생고용지원	4,737	68	1,035	4,724	99.7
• 직장어린이집지원	93,064	769	12,740	93,047	100.0
- 직장어린이집설치지원	14,711	60	-	14,711	100.0
- 직장보육교사 등 인건비 지원	74,373	573	12,740	74,356	100.0
- 중소기업 직장어린이집 운영비 지원	3,980	136	-	3,980	100.0
• 지역고용촉진지원금	14,454	656	1,783	14,387	99.5

(단위: 백만원, 건, 명, %)

구 분	2022년				
	현액	건수	순인원	집행액	집행률
■ 전 체	2,666,571	477,632	411,942	1,691,984	63.5
• 고용유지지원금	596,901	65,048	137,114	463,802	77.7
- 유급휴업휴직 고용유지지원금	547,401	64,385	124,160	420,960	76.9
- 무급휴업휴직 고용유지지원금	49,500	663	12,954	42,842	95.6
• 고용창출장려금	685,884	102,360	95,346	469,400	68.4
- 고용창출장려금	189,984	45,155	40,541	165,737	87.2
시간선택제 신규고용 지원	210	9	37	92	43.8
신중년적합직무	24,280	8,100	5,034	23,974	98.7
일자리함께하기	38,140	161	2,922	14,649	35.9
지역성장산업고용지원	1,400	30	255	1,353	96.6
고용촉진장려금	125,954	36,855	32,293	125,669	99.8
- 청년채용특별장려금	495,900	57,205	54,805	303,663	61.2
• 청년추가고용장려금	995,210	52,083	72,900	375,282	37.7
• 고용장려금융자	5,450	263	-	5,356	98.3
- 고용환경개선지원이차보전	36	237	-	32	89.4
- 장년고용환경개선지원 융자	5,414	26	-	5,324	98.3
• 고용안정장려금	210,393	213,398	81,495	206,540	98.2
- 워라밸일자리 장려금	23,345	54,381	12,581	22,302	95.5
- 정규직전환지원	11,120	14,575	3,686	10,345	93.0
- 일가정양립환경개선	25,778	56,318	16,333	24,372	94.5
- 출산육아기고용안정지원	150,150	88,124	48,895	149,521	99.6
• 장년고용안정지원금	50,937	34,329	9,321	50,178	98.5
- 60세이상고령자고용지원금	978	1,149	0	643	65.8
- 고령자고용지원금	23,034	19,986	0	22,567	98.0
- 고령자계속고용장려금	22,252	12,615	7,994	22,631	101.7
- 임금피크제 지원	478	98	94	280	58.5
- 장년근로시간단축지원금	4,195	481	1,233	4,057	96.7
• 세대간상생고용지원	1,333	12	318	1,151	86.3
• 직장어린이집지원	101,021	9,297	13,008	100,987	100.0
- 직장어린이집설치지원	19,711	110	-	19,711	38.3
- 직장보육교사 등 인건비 지원	77,304	8,639	13,008	77,303	61.8
- 중소기업 직장어린이집 운영비 지원	4,006	548	-	3,973	77.0
• 지역고용촉진지원금	19,442	842	2,440	19,288	99.2

(단위: 백만원, 건, 명, %)

구 분	2023년				
	현액	건수	순인원	집행액	집행률
■ 전 체	977,669	202,302	190,764	706,042	72.2
• 고용유지지원금	197,220	22,703	61,176	126,802	64.3
- 유급휴업휴직 고용유지지원금	190,850	22,615	60,577	125,843	65.9
- 무급휴업휴직 고용유지지원금	6,370	88	599	959	15.1
• 고용창출장려금	138,507	23,115	23,184	102,634	74.1
- 신중년적합직무	31,001	3,477	4,995	28,250	91.1
- 일자리함께하기	10,021	31	2,020	4,215	42.1
- 지역성장산업고용지원	3,664	18	808	3,441	93.9
- 고용촉진장려금	64,771	7,710	9,805	43,448	67.1
- 청년채용특별장려금	29,050	4,317	5,556	23,280	80.1
• 청년추가고용장려금	229,358	6,859	17,264	69,995	30.5
• 고용장려금융자	18	156	-	14	77.8
• 고용안정장려금	203,529	36,966	69,497	201,847	99.2
- 워라밸일자리 장려금	16,408	4,314	7,223	16,332	99.5
- 정규직전환지원	10,096	1,504	4,044	9,150	90.6
- 일가정양립환경개선	5,898	997	3,544	5,730	97.2
- 출산육아기고용안정지원	171,127	30,151	54,686	170,635	99.7
• 고령자고용안정지원금	95,762	17,329	7,990	91,380	95.4
- 고령자고용연장지원금	410	109	-	374	91.2
- 고령자고용지원금	75,798	14,563	-	71,666	94.5
- 고령자계속고용장려금	19,295	2,649	7,888	19,101	99.0
- 임금피크제 지원	11	2	2	2	18.2
- 장년근로시간단축지원금	248	8	100	237	95.6
• 세대간상생고용지원	381	2	495	476	124.9
• 직장어린이집지원	92,767	9,363	8,707	92,767	100.0
- 직장어린이집설치지원	12,165	93	-	12,165	100.0
- 직장보육교사 등 인건비 지원	76,807	8,741	8,707	76,807	100.0
- 중소기업 직장어린이집 운영비 지원	3,795	529	-	3,795	100.0
• 지역고용촉진지원금	20,127	1,028	2,451	20,127	100.0

제3절 직업능력개발사업 통계 현황

〈연도별 실업자 직업능력개발 지원현황〉

(단위: 명, 백만원)

구 분		전 체	국민내일배움카드 (실업자)	국가기간전략 산업직종훈련
2019	인 원	211,322	151,060	60,262
	지원금	645,846	216,989	428,857
2020	인 원	422,031	350,788	71,243
	지원금	615,250	251,352	363,898
2021	인 원	659,370	583,917	75,453
	지원금	872,840	465,745	407,095
2022	인 원	531,306	482,525	48,781
	지원금	642,371	353,831	288,540
2023	인 원	587,429	549,245	38,184
	지원금	558,948	340,810	218,138

※ 인원은 훈련시작일 연인원 기준으로, 2019년까지는 전직 실업자훈련, 2020년부터는 실업자 일반직종 등을 의미
※ 지원금은 훈련비 및 훈련장려금으로 지원된 금액임(기타 운영비 예산은 제외)
※ 자료출처: 연도별 결산 설명자료, 한국고용정보원 고용정보통합분석시스템(EIS)

〈연도별 재직자 직업능력개발 지원현황〉

(단위: 명, 백만원)

구 분		사업주 훈 련	유급휴가 훈련	국가인적 자원개발 컨소시엄	일학습 병행	국민내일 배움카드 (재직자)
2019	인 원	3,440,629	24,333	-	-	505,991
	지 원 금	453,957	23,751	155,500	-	154,998
2020	인 원	2,057,338	26,954	62,557 (전략형)	34,339	282,688
	지 원 금	205,269	26,413	112,353	146,208	101,538
2021	인 원	2,128,901	29,562	62,478 (전략형)	32,662	370,669
	지 원 금	218,222	50,157	99,086	157,011	112,445
2022	인 원	2,860,990	28,899	63,811 (전략형)	31,565	316,168
	지 원 금	251,548	35,409	131,650	141,733	109,007
2023	인 원	2,736,172	27,339	67,068 (전략형)	31,625	353,577
	지 원 금	336,929	37,602	144,287	136,970	95,439

※ 사업주직업능력개발은 일반훈련, 대중소공동훈련(대중소상생형, 미래유망분야 등 내역통합), 지역·산업맞춤형, 산업계주도 청년맞춤형, K-디지털 플랫폼, 산업전환공동훈련 등 포함(2016~2019년까지 일학습병행을 포함하였으나, 2020년부터 산업현장일학습병행지원으로 이관되어 별도 실적 관리)
※ 인원은 2019년까지 기금결재일 지급연인원수였으나, 2020년부터 훈련시작일 연인원으로 추출기준 변경
※ 지원금은 훈련비로 지원된 금액임단, 국가인적자원개발컨소시엄은 시설·장비비, 프로그램개발비 등 포함)
※ 자료출처: 한국고용정보원 고용정보통합분석시스템(EIS)

〈연도별 능력개발융자 지원현황〉

(단위: 명, 백만원)

구 분		직업훈련생계비대부
2019	대부인원	7,092
	대부금액	37,956
2020	대부인원	17,120
	대부금액	101,808
2021	대부인원	29,901
	대부금액	173,005
2022	대부인원	10,840
	대부금액	53,848
2023	대부인원	14,611
	대부금액	78,953

※ 대부인원은 2020년까지는 신규신청자 기준, 2021년부터는 누적, 신규신청자 합계 기준임

제4절 실업급여 관련 통계 현황

〈실업급여 신규 신청 및 지급현황〉

(단위: 명, 건, 백만원)

연도	신규 신청자	자격 인정자	지급자	초회 지급자	지급 종료자	실업인정 건 수	지급액 총액	구직급여	취업촉진 수 당
2019	1,147,900	1,143,165	1,526,023	1,128,881	1,107,048	6,205,569	8,382,027	8,091,735	290,292
2020	1,371,733	1,364,296	1,783,204	1,353,853	1,210,693	8,514,506	12,176,941	11,855,625	321,316
2021	1,288,709	1,281,672	1,866,032	1,272,193	1,336,840	8,656,621	12,505,305	12,062,473	442,832
2022	1,202,023	1,196,641	1,727,958	1,182,023	1,211,201	7,878,102	11,378,522	10,910,504	468,018
2023	1,251,818	1,246,837	1,768,191	1,241,345	1,236,839	8,075,632	11,775,474	11,307,120	468,354

* 자료: 고용보험DB에서 추출된 자료로 고용보험 연보 자료와 일부 상이할 수 있음

〈실업급여 이직사유별 신청자현황〉

(단위: 명, %)

연도	전체	도산·폐업	고용조정	권고사직	정년· 계약공사종료	기 타
2019	1,147,900	51,557 (4.4)	489,663 (46.1)	44,990 (3.7)	398,659 (32.3)	163,031 (13.5)
2020	1,371,733	53,765 (3.9)	597,938 (43.6)	45,146 (3.3)	484,246 (35.3)	190,638 (13.9)
2021	1,288,709	44,210 (3.4)	494,474 (38.4)	40,144 (3.1)	525,562 (40.8)	184,319 (14.3)
2022	1,202,023	43,147 (3.6)	447,163 (37.2)	37,048 (3.1)	523,284 (43.5)	151,381 (12.6)
2023	1,251,818	44,920 (3.6)	479,243 (38.3)	35,828 (2.9)	520,044 (41.5)	171,783 (13.7)

* 자료: 수급자격신청자 종합통계 월보(십만원 단위, 비율은 소수점 둘째자리 반올림)
* 권고사직: 2014년 2월 이직사유 분류코드 변경(경영상 필요 및 회사불황으로 인한 권고사직은 고용조정으로 분류, 근로자 개인의 귀책사유에 의한 권고사직은 권고사직으로 분류)

〈연령별 실업급여 신청자 추이〉

(단위: 명, %)

연도	전체	25세 미만	25~29세	30~39세	40~49세	50~59세	60세 이상
2019	1,147,900	61,274 (5.3)	130,846 (11.4)	222,871 (19.4)	234,892 (20.5)	273,855 (23.9)	224,162 (19.5)
2020	1,371,733	77,530 (5.7)	163,453 (11.9)	250,448 (18.3)	272,954 (19.9)	325,652 (23.7)	279,402 (20.4)
2021	1,288,709	69,443 (5.4)	155,387 (12.1)	223,703 (17.4)	248,883 (19.3)	298,465 (23.2)	291,688 (22.7)
2022	1,202,023	65,439 (5.4)	152,531 (12.7)	207,975 (17.3)	221,506 (18.4)	267,441 (22.2)	286,338 (23.8)
2023	1,251,818	61,569 (4.9)	154,259 (12.3)	217,548 (17.4)	226,864 (18.1)	279,102 (22.3)	311,783 (24.9)

* 자료: 수급자격 신청자 종합통계 월보(십만원 단위, 비율은 소숫점 둘째자리 반올림)

〈산업별 실업급여 신청자 추이〉

(단위: 명, %)

구분	2019	2020	2021	2022	2023
전체	1,147,900	1,371,733	1,288,709	1,202,023	1,251,818
농업, 임업 및 어업	6,894 (0.6)	7,020 (0.5)	7,152 (0.6)	6,847 (0.6)	6,394 (0.5)
광업	879 (0.1)	918 (0.1)	805 (0.1)	824 (0.1)	920 (0.1)
제조업	206,903 (18)	232,087 (16.9)	190,854 (14.8)	175,800 (14.6)	187,256 (15.0)
전기, 가스, 증기 및 공기조절 공급업	2,331 (0.2)	2,963 (0.2)	2,828 (0.2)	2,035 (0.2)	1,930 (0.2)
수도, 하수 및 폐기물 처리, 원료 재생업	5,389 (0.5)	5,667 (0.4)	5,727 (0.4)	6,015 (0.5)	6,024 (0.5)
건설업	147,900 (12.9)	168,889 (12.3)	158,606 (12.3)	123,720 (10.3)	149,540 (11.9)
도매 및 소매업	128,010 (11.2)	158,877 (11.6)	140,870 (10.9)	132,659 (11.0)	134,274 (10.7)

구 분	2019	2020	2021	2022	2023
운수 및 창고업	40,874	54,566	51,101	45,124	45,019
	(3.6)	(4.0)	(4.0)	(3.8)	(3.6)
숙박 및 음식점업	73,099	111,272	97,846	80,666	84,996
	(6.4)	(8.1)	(7.6)	(6.7)	(6.8)
정보통신업	33,705	38,289	33,653	37,841	51,245
	(2.9)	(2.8)	(2.6)	(3.1)	(4.1)
금융 및 보험업	19,904	21,268	21,484	23,183	23,491
	(1.7)	(1.6)	(1.7)	(1.9)	(1.9)
부동산업	36,363	42,051	41,242	36,833	37,454
	(3.2)	(3.1)	(3.2)	(3.1)	(3.0)
전문, 과학 및 기술서비스업	46,821	53,373	51,141	50,332	56,843
	(4.1)	(3.9)	(4.0)	(4.2)	(4.5)
사업시설관리 사업지원서비스	124,366	149,549	135,044	125,465	122,888
	(10.8)	(10.9)	(10.5)	(10.4)	(9.8)
공공행정 국방 사회보장행정	57,823	73,567	98,866	90,447	71,828
	(5)	(5.4)	(7.7)	(7.5)	(5.7)
교육서비스업	48,028	53,338	52,612	60,115	70,103
	(4.2)	(3.9)	(4.1)	(5.0)	(5.6)
보건업 및 사회 복지서비스업	128,847	147,496	151,427	158,341	157,341
	(11.2)	(10.8)	(11.8)	(13.2)	(12.6)
예술, 스포츠 및 여가관련서비스업	15,556	20,031	17,928	18,193	18,738
	(1.4)	(1.5)	(1.4)	(1.5)	(1.5)
협회 단체수리 기타개인서비스업	23,855	30,138	29,081	26,084	25,188
	(2.1)	(2.2)	(2.3)	(2.2)	(2.0)
가구내고용활동 자가소비생산활동	9	8	29	11	8
	(0.0)	(0.0)	(0.0)	(0.0)	(0.0)
국제 및 외국기관	342	333	338	308	325
	(0.0)	(0.0)	(0.0)	(0.0)	(0.0)

* 자료: 수급자격 신청자 종합통계 월보(십만원 단위, 비율은 소숫점 둘째자리 반올림)

〈성별 실업급여 신청현황〉

(단위: 명, %)

구분	2019		2020		2021		2022		2023	
	신청자	증감	신청자	증감	신청자	증감	신청자	증감	신청자	증감
계	1,147,900 (100)	7.6	1,371,733 (100)	19.5	1,288,709 (100)	-6.1	1,202,023 (100)	-6.7	1,251,818 (100)	4.1
남	573,588 (50)	8.4	682,726 (49.8)	19.0	630,553	-7.6	557,763	-11.5	591,729	6.1
여	574,312 (50)	6.7	689,007 (50.2)	20.0	658,156	-4.5	644,260	-2.1	660,089	2.5

* 자료: 수급자격 신청자 종합통계 월보(십만원 단위, 비율은 소숫점 둘째자리 반올림)

〈연령별 실업급여 지급현황〉

(단위: 백만원, %)

연도	전체	25세 미만	25~29세	30~39세	40~49세	50~59세	60세 이상
2019	8,382,027	292,968	702,297	1,615,546	1,660,745	2,205,933	1,904,475
		(3.5)	(8.4)	(19.3)	(19.8)	(26.3)	(22.7)
2020	12,176,941	541,827	1,262,810	2,188,527	2,303,740	3,086,101	2,793,732
		(4.4)	(10.4)	(18.0)	(18.9)	(25.3)	(22.9)
2021	12,505,305	532,450	1,321,284	2,141,823	2,292,624	3,070,623	3,146,285
		(4.3)	(10.6)	(17.1)	(18.3)	(24.6)	(25.2)
2022	11,378,522	492,648	1,265,013	1,907,800	1,997,258	2,677,942	3,037,769
		(4.3)	(11.1)	(16.8)	(17.6)	(23.5)	(26.7)
2023	11,775,474	476,323	1,286,470	1,962,445	1,997,528	2,718,774	3,333,745
		(4.0)	(10.9)	(16.7)	(17.0)	(23.1)	(28.3)

* 자료: 실업급여 종합통계 연보(십만원 단위에서 반올림, 비율은 소숫점 둘째자리에서 반올림)

〈산업별 실업급여 지급현황〉

(단위: 백만원, %)

구 분	2019	2020	2021	2022	2023
전 체	8,382,027	12,176,941	12,505,305	11,378,522	11,775,474
농업, 임업 및 어업	40,896	53,938	55,379	52,905	53,136
	(0.5)	(0.4)	(0.4)	(0.5)	(0.5)
광업	8,065	9,734	9,866	9,060	11,086
	(0.1)	(0.1)	(0.1)	(0.1)	(0.1)
제조업	1,764,673	2,440,510	2,267,515	1,980,242	2,058,567
	(21.1)	(20.0)	(18.1)	(17.4)	(17.5)
전기, 가스, 증기 및 공기조절 공급업	24,842	33,490	35,761	25,655	22,810
	(0.3)	(0.3)	(0.3)	(0.2)	(0.2)
수도, 하수 및 폐기물 처리, 원료 재생업	44,337	56,776	61,199	63,788	64,701
	(0.5)	(0.5)	(0.5)	(0.6)	(0.5)
건설업	1,007,897	1,413,827	1,421,424	1,108,857	1,239,394
	(12)	(11.6)	(11.4)	(9.7)	(10.5)
도매 및 소매업	931,228	1,397,526	1,431,844	1,282,136	1,320,120
	(11.1)	(11.5)	(11.4)	(11.3)	(11.2)
운수 및 창고업	305,742	486,486	530,822	452,058	451,540
	(3.6)	(4.0)	(4.2)	(4.0)	(3.8)
숙박 및 음식점업	481,742	886,894	953,223	728,865	754,139
	(5.7)	(7.3)	(7.6)	(6.4)	(6.4)
정보통신업	226,799	333,358	320,823	322,679	425,099
	(2.7)	(2.7)	(2.6)	(2.8)	(3.6)
금융 및 보험업	181,051	226,061	243,454	273,404	268,120
	(2.2)	(1.9)	(1.9)	(2.4)	(2.3)
부동산업	272,340	371,792	396,400	354,947	367,998
	(3.2)	(3.1)	(3.2)	(3.1)	(3.1)
전문, 과학 및 기술서비스업	335,345	472,820	487,490	461,600	518,451
	(4)	(3.9)	(3.9)	(4.1)	(4.4)
사업시설관리 사업지원서비스	897,200	1,336,773	1,333,505	1,202,224	1,187,177
	(10.7)	(11.0)	(10.7)	(10.6)	(10.1)
공공행정 국방 사회보장행정	328,395	510,083	688,406	722,099	597,670
	(3.9)	(4.2)	(5.5)	(6.3)	(5.1)
교육서비스업	302,945	433,123	446,373	488,035	566,856
	(3.6)	(3.6)	(3.6)	(4.3)	(4.8)
보건업 및 사회 복지서비스업	956,163	1,292,204	1,379,659	1,451,623	1,468,028
	(11.4)	(10.6)	(11.0)	(12.8)	(12.5)
예술, 스포츠 및 여가관련서비스업	94,651	156,812	158,290	150,080	156,755
	(1.1)	(1.3)	(1.3)	(1.3)	(1.3)
협회 단체수리 기타개인서비스업	170,030	259,828	278,127	241,098	238,844
	(2)	(2.1)	(2.2)	(2.1)	(2.0)
가구내고용활동 자가소비생산활동	74	91	134	122	100
	(0.0)	(0.0)	(0.0)	(0.0)	(0.0)
국제 및 외국기관	7,599	4,595	4,810	4,627	4,850
	(0.1)	(0.0)	(0.0)	(0.0)	(0.0)

* 자료: 실업급여 종합통계 연보(십만원 단위에서 반올림, 비율은 소숫점 둘째자리에서 반올림)

〈규모별 실업급여 지급현황〉

(단위: 백만원, %)

연도	전체	5인 미만	5-29인	30-99인	100-299인	300-999인	1000인 이상
2019	8,382,027	1,821,384	2,754,453	1,267,607	833,488	805,914	899,174
		(21.7)	(32.9)	(15.1)	(9.9)	(9.6)	(10.7)
2020	12,176,941	2,670,925	3,873,216	1,863,792	1,213,997	1,107,046	1,447,947
		(21.9)	(31.8)	(15.3)	(10.0)	(9.1)	(11.9)
2021	12,505,305	2,821,675	3,897,389	1,789,228	1,247,028	1,078,144	1,671,813
		(22.6)	(31.2)	(14.3)	(10.0)	(8.6)	(13.4)
2022	11,378,522	2,638,828	3,450,353	1,579,588	1,075,949	997,023	1,634,364
		(23.2)	(30.3)	(13.9)	(9.5)	(8.8)	(14.4)
2023	11,775,474	2,732,071	3,544,061	1,752,666	1,120,492	1,048,067	1,578,085
		(23.2)	(30.1)	(14.9)	(9.5)	(8.9)	(13.4)

* 자료: 실업급여 종합통계 연보(십만원 단위에서 반올림. 비율은 소숫점 둘째자리에서 반올림)

제5절 모성보호 및 일·가정양립지원 관련 통계 현황

〈연도별 모성보호급여 지원실적〉

(단위: 명, 백만원)

연도/구분	근로자 출산전후휴가급여 (유산사산휴가 포함)		육아휴직급여	
	인원	급여액	인원	급여액
2019	74,095	269,686	105,165	1,058,853
2020	71,943	287,170	112,040	1,212,143
2021	71,330	290,570	110,555	1,297,525
2022	73,387	302,825	131,084	1,657,231
2023	73,045	321,394	126,008	1,796,995

* 출산전후휴가급여: 71,716명

〈출산전후휴가급여 수급자 대비 육아휴직급여 수급자 비율〉

○ 연도별

(단위: 명, %)

구 분	2019	2020	2021	2022	2023
출산전후휴가	73,279	70,933	70,222	72,187	71,716
육아휴직	105,165	112,040	110,555	131,084	126,008
비율	143.5	158.0	157.4	181.6	175.7

○ 규모별

(단위: 명, %)

구 분	계	10인 미만	10~30인 미만	30~100인 미만	100~300인 미만	300인 이상
출산전후휴가	71,716	13,250	11,121	10,569	9,431	27,345
육아휴직	126,008	22,382	16,697	16,914	16,717	53,298
비율	175.7	168.9	150.1	160.0	177.3	194.9

〈출산육아기 고용안정장려금 지급 현황〉

(단위: 명, 백만원)

연도	구분	비정규직 재고용 지원금	육아휴직, 육아기 근로시간 단축 지원금	대체인력 지원금	합계
2019	순인원	54	20,194	6,290	26,538
	연인원	54	22,544	9,105	31,703
	금액	234	35,785	32,130	68,149
2020	순인원	42	19,862	8,920	28,824
	연인원	42	28,562	15,289	43,893
	금액	193	43,271	44,705	88,169
2021	순인원	6	27,081	10,823	37,910
	연인원	7	47,700	20,107	67,814
	금액	41	59,201	57,968	117,210
2022	순인원	-	38,809	10,086	48,895
	연인원	-	70,543	17,581	88,124
	금액	-	94,660	54,861	149,521
2023	순인원	-	50,739	6,643	57,382
	연인원	-	85,493	9,092	94,585
	금액	-	142,256	28,379	170,635

〈직장보육시설 설치·운영지원 현황〉

○ 직장보육시설 시설비·교재비 무상지원 실적

(단위: 개소, 백만원)

구분		2019	2020	2021	2022	2023
지원액(계)		48,974	28,211	14,711	19,711	12,125
시설비	사업장 수 (우선지원기업/ 대규모기업)	92 (49/43)	67 (27/40)	36 (18/18)	58 (34/24)	36 (13/23)
	지원액	45,322	25,183	13,131	16,995	10,635
교재비	사업장 수 (우선지원기업/ 대규모기업)	110 (48/62)	107 (30/77)	50 (18/32)	92 (38/54)	57 (17/40)
	지원액	3,652	3,028	1,580	2,716	1,529

○ 직장보육교사 등 운영비 지원 실적

(단위: 개소, 백만원)

구 분		2019	2020	2021	2022	2023
인건비	사업장수	519	547	573	574	716
	지원금액	67,770	70,004	74,334	77,303	76,807
운영비	사업장수	115	125	136	133	127
	지원금액	3,415	3,774	3,976	3,973	3,795

제6절 고령자 관련 통계 현황

〈연도별 고령자 계속고용장려금 지원실적〉

(단위: 백만원, 개소, 명)

구분	예산/현액	사업장수	순 인원	지원액
2020	24,560 / 6,140	367	690	955
2021	8,186	1,942	4,341	10,408
2022	10,800 / 22,252	3,028	7,994	22,631
2023	26,795 / 19,295	2,649	7,888	19,101

〈연도별 고령자 고용지원금 지원실적〉

(단위: 백만원, 개소, 명)

구분	예산/현액	사업장수	연인원	지원액
2022	5,400 / 23,034	9,208	-	22,567
2023	55,848 / 75,798	14,563	-	71,659

〈연도별 신중년 적합직무 고용장려금〉

(단위: 백만원, 명)

구분	예산			인 원		
	본예산	추경	집행액(집행률)	목표인원	추경	지원인원
2019	27,360	27,360	16,642(60.1)	5,000	5,000	3,119
2020	27,600	19,320	17,635(91.3)	6,000	4,200	3,522
2021	24,288	23,988	19,684(82.1)	5,100	5,100	3,996
2022	21,859	24,280	23,974(98.7)	4,924	4,924	5,034
2023	20,001	31,001	28,250(91.1)	4,546	4,546	4,995

제5장 고용보험 연구사업 및 홍보사업 (최근 5년간)

제1절 고용보험 연구성과

〈2019년도 고용보험 연구성과〉

구 분	연 구 과 제 명	연구책임자
가. 고용보험 연구용역	1. 직장어린이집 의무 설치 사업장의 설치 효과 및 만족도분석과 실태조사 개선방안 연구	김나영
	2. 자동차부품 근로자 특성별 이직경로 분석	윤동열
	3. 산업 소분류 고용통계 생산을 위한 지역별사업체 노동력 조사 추정방법 연구	이기재
	4. 고용·사회안전망 강화를 위한 정책분석 및 개선방안 마련	오상봉
	5. 취업지원 강화를 위한 고용서비스 효율화 방안 연구	이영민
	6. 채용절차법 개정을 위한 법제 연구	이수연
	7. 자영업자 실업급여 수급자격 인정요건 개선	김재진
	8. 구인구직 정보 등 비정형 데이터 분석 방안 연구	김수경
	9. 사용자경험 개선을 위한 고용센터 온오프라인 서비스 제공방안 연구	최미경
	10. 청년추가고용장려금 성과 및 청년고용지표 개선 효과 분석	최강식
	11. 노동시장 수요·공급 분석을 통한 맞춤형 청년 일자리 정책 연구	윤윤규
	12. 미래세대 직업진로 체험콘텐츠 개발 발전 방안	조대연
	13. 경력단절여성 재취업 촉진을 위한 근로자 및 기업 지원 방안	오은진
	14. 사업장 업종특성별 시간선택제 활용 모델 개발 연구	우창수
	15. 신중년 직업훈련 참여 확대 방안	최강식
	16. 4차 산업혁명 시대 고용과관련된 기업의 사회적 책임	이장원
	17. 지역·산업 중심 고용정책 활성화 방안	주무현
	18. 사업체노동력조사 빈일자리 항목개선 방안 연구	연규필

구 분	연구과제명	연구책임자
가. 고용보험 연구용역	19. 건설업자가 아닌자가 시공하는 건설공사의 총공사금액 산정방법	박예환
	20. 청년고용서비스 전달체계 연계 강화를 위한 청년센터 운영 사업 성과평가 운영 방안 마련	송수종
	21. 가족돌봄 등을 위한 근로시간 단축청구권 현장안착 방안 연구	권 혁
	22. 육아휴직자의 경험에 대한 실태조사	조선주
	23. 사회적기업 고용 및 평가지표 개선을 위한 정책연구	정제련
	24. 고용위기지역 및 특별고용지원업종 지정기준 개선	주무현
	25. 지역고용 관련 법령 정비 연구	홍성민
	26. 근로장려세제의 저소득가구 근로자 근로유인 제고 방안	김재진
	27. 직업능력개발훈련기관 수익성 분석	박자연
	28. 내일배움카드 통합 방안 연구	최영섭
	29. 민간직업훈련시장 활성화 방안 연구	유경준
	30. 심사평가 체계 발전을 위한 관련 직종 취업률 지표개발 연구	조준모
	31. 경제·산업 환경 변화에 따른 전직훈련 수요에 대한 조사연구 (자동차 산업 중심으로)	최수찬
	32. 중소기업 제조혁신을 위한 사업주훈련모델 마련	이병윤
나. 한국직업 능력연구원 위탁 과제	33. 국가기술자격법령 전면개정 방안 검토	최영렬
	34. 한국의 성인학습 국가리뷰: 중소기업의 직업능력개발	김철희
	35. 4차 산업혁명분야 기업주도형 훈련방안 검토	이수경
	36. 4차 산업혁명과 노동자 숙련변화(Ⅱ) - 한국(KRIVET)·독일(BIBB) 공동과제	김미란
	37. 지역·산업의 인력수요를 반영한 심사체계 구축방안 수립	정재호
	38. 국가기술자격 검정수탁기관 적정성 조사·평가(4종목)	정지운
	39. 기능대학 설립 및 공공직업훈련시설 설치 타당성조사 기준 개발	채창균
	40. 인구구조변화 대비 인적자원개발 정책방안 검토	이수경
	41. 직업훈련 심사평가에서 훈련교·강사 요소 반영의 효과분석	양정승
	42. 산업별 훈련수요 분석방안	홍광표

〈2020년도 고용보험 연구성과〉

구 분	연구과제명	연구책임자
가. 고용보험 연구용역	1. 지역 고용정책 성과분석 및 발전방안 연구	이상호
	2. 지역·산업별 일자리 네트워크 모니터링 및 성과 분석	임상훈
	3. 공공공사 법정 제수당 지급 실태조사 및 개선방안 연구	신영철
	4. 국민내일배움카드 추진상황 평가 및 활용방식	김미란
	5. 현장수요에 기반한 훈련과정 선정방안 연구	나동만
	6. 기업 맞춤형 국가기간전략산업직종 훈련 모니터링 및 개선방안 도출	이수경
	7. 원격혼합훈련 시범 모델 평가 및 확산 방안 도출	이지은
	8. NCS 기반 훈련기준 및 자격 제도 개선방안 도출	이영민
	9. 직업능력개발 진단·상담 관련 경력개발 설계지원을 위한 온톨로지 전산 설계	허진숙
	10. 2019년 기준 일가정 양립 실태조사 및 지역별 일생활 균형지수 산출	전기택
	11. 업종·규모·기업별 워라밸 지수 개발 및 활용방안 연구	이승윤
	12. 가족돌봄 등 근로시간 단축제도 활용실태조사 연구	권 혁
	13. 재택근무제 활성화를 위한 정책 연구 및 종합 매뉴얼 마련	성상현
	14. 초고령화시대 새로운 고령자 일자리 모델 도입방안	권 혁
	15. 각 국의 고령화 단계별 대응방안 연구 및 향후 정책방향	노대명
	16. 기업의 고용연장 활성화를 위한 정책방안 연구	주무현
	17. 육아휴직 등 모성보호 제도의 실효성 제고를 위한 효과성 분석	김난주
	18. 고령자 고용 우수기업에 대한 조세감면 등 지원방안	전용일
	19. 고용장려금 개편방안에 대한 연구	전병유
	20. 플랫폼 노동종사자 실태조사	김준영
	21. 40대 고용실태 조사 연구	허재준
	22. 고용친화적 근로장려금(EITC) 제도 설계 방안	김재진
	23. 진입상담 및 취업중심 통합서비스 효율화 방안 연구	이영민
	24. 고용센터 채용지원서비스 체계화 연구	박가열
	25. 해외 주요국의 일경험 프로그램 사례 및 도입방안 연구	정동열
	26. 건설업 하도급 노무비율 산정을 위한 실태조사	남궁권
	27. 인구구조 변화에 따른 청년고용전략 연구 - 청년일자리 대책 등을 통한 노동시장 성과를 바탕으로	김유빈
	28. 공정채용정책 현장실태 조사 및 정책이슈 분석	이병훈
	29. 외국인 취업자 노동시장 영향 분석 및 관리방안 연구	이규용
	30. 메타분석을 통한 고용분야 정책연구성과 분석 및 향후 개선방안 연구	조대연

구 분	연구과제명	연구책임자
가. 고용보험 연구용역	31. 지방자치단체 자체일자리 사업 현황 파악 및 분류방식 개선	고영우
	32. 프리랜서 노무형태 파악을 위한 실태조사	김종진
	33. 파견·용역 및 사내 협력업체 근로자의 고용유지지원금 활용 제고 방안	오상봉
나. 한국직업 능력연구원 위탁 과제	34. 직업능력개발사업 현황 파악 및 분석	오호영
	35. STEP을 활용한 국가기간·전략산업직종 혼합훈련 시범사업 운영지원	이수경
	36. 직업능력개발 중장기 발전 방안(포럼)	고혜원
	37. 디지털신기술 분야 인력수급전망	이상돈
	38. 경력단절여성에 대한 직업훈련 실태 및 개선방안	문한나
	39. 디지털신기술 인력수급 전망체계 구축을 위한 기초분석	이상돈
	40. 4차 산업혁명시대 공통직무능력 자격 종목 신설	오호영
	41. 주요국 최근 직업훈련 동향 및 주요과제	김봄이
	42. 4차 산업혁명과 노동자 숙련변화(Ⅱ) - 한국(KRIVET)·독일(BIBB) 공동과제	김미란
	43. 직업능력개발 진단·상담 관련 경력개발 설계지원을 위한 매트릭스 설계에 관한 위탁	김봄이

〈2021년도 고용보험 연구성과〉

구 분	연구과제명	연구책임자
가. 고용보험 연구용역	1. 디지털·저탄소 산업전환에 따른 노동이동 지원체계 구축방안 마련	김승택
	2. 조선업 특별고용지원 업종 및 7개 고용위기지역 지정 성과분석	권우현
	3. 지역·산업 맞춤형 일자리창출 지원사업 개편방안 마련	윤동열
	4. 포스트 코로나19 시대의 국민체감 고용행정 구축방안 연구	진종순
	5. 건설근로자 임금 실태조사 및 적정임금 산출방안	심규범
	6. 특고 종사자에 대한 취업지원서비스 제공 방안	김강호
	7. 플랫폼을 활용한 노무제공자의 고용보험 적용방안	정영훈
	8. 국민취업지원제도 등 고용센터 주요업무 품질 개선을 위한 업무 소요시간 산정 및 서비스 표준안 개발	윤동열
	9. 가사서비스 공식화를 위한 세제 및 사회보험료 지원 방안 연구	손연정
	10. 고령자 고용연장 추진방안 연구	권 혁
	11. 고용보험 적용 확대에 따른 자영업자 등 육아휴직급여 대상 확대를 위한 기초연구	오상봉
	12. 60세 이상 고령자 고용지원금 효과분석 및 2021년 제도 개편을 위한 연구	최강식
	13. 양질의 일자리 확충과 여성 고용률 제고방안 연구	최세림

구 분	연 구 과 제 명	연구책임자
가. 고용보험 연구용역	14. 포스트 코로나 시대를 대비한 청년고용정책 방향 연구	김유빈
	15. 니트 등 비경제활동 청년층의 노동시장 유입을 위한 정책 방안 연구	김기헌
	16. 공공기관 청년고용의무제 성과분석 및 향후방향 연구	김세움
	17. 포스트 코로나 대비 중·장기 고용정책 수립	성재민
	18. 고용장려금 법령체계 정비 방안 검토	정명훈
	19. 새로운 직업안정 체계 구축을 위한 기초연구	박은정
	20. 고용보험 경험요율제도 도입이 노동시장에 미치는 영향	전용일
	21. 직장문화개선을 위한 제도화 방안 연구	권 혁
	22. 제4차 고령자 고용촉진 기본계획 수립을 위한 기초연구	이승렬
	23. 청년고용활성화를 위한 기업의 CSR에 관한 연구	조준모
	24. 사업재편·전환 및 디지털화에 따른 노동전환 수요기업 지원방안 마련	박정연
	25. 포스트코로나시대, 청년일자리 창출을 위한 기업지원 방안	김세움
	26. 그린분야 신규 국가기간·전략산업 직종 발굴을 위한 연구	이정규
	27. HRD-Net 기반 K-Digital 인재양성 지원체계 시스템화 방안 연구	허진숙
	28. 프랑스 평생 직업훈련 지원사례 연구	옥우석
	29. 전국민 평생직업능력개발을 위한 직업훈련 및 전달체계 개편 방안	전승환
	30. K-Digital Training·credit 훈련과정 모니터링을 통한 성과평가 및 개선방안 도출	이수경
	31. 디지털·비대면 시대의 직업훈련 패러다임 전환	이수경
	32. 산업구조 변화에 따른 노동이동 지원을 위한 직업훈련 방안 모색	나동만
	33. 고졸 취업 활성화를 위한 일반고 재학생 직업훈련 지원 강화 방안	최수정
나. 한국직업 능력연구원 위탁 과제	34. 폴리텍의 지역 내 평생능력개발허브 기능강화 방안	고혜원
	35. 지역·산업 HRD 데이터 허브 구축을 위한 포럼 운영	나동만
	36. 국가기술자격 효용성 평가 활성화 방안 마련	이상준
	37. 직무능력은행제 도입을 위한 제도화 방안	전승환
	38. 국가직무능력표준(NCS) 성과평가 및 개선방안	오호영
	39. 신기술 분야 협업체계 구축을 위한 중장기(2021~2025년) 인력수요 전망에 관한 위탁	정지운
	40. 2021년 지역·산업 수요에 기반한 국가기간·전략산업직종훈련 과정 선정방안	나동만
	41. 사업주 직업능력개발훈련 훈련시간 개선방안	안우진
	42. 국가기술자격 검정수탁기관 적정성 조사·평가(5종목)	김덕기
	43. 플랫폼 종사자 특화훈련 성과평가 및 제도개선 방안	김봄이
	44. 중장년 심층 경력설계 수요조사	전승환

〈2022년도 고용보험 연구성과〉

구 분	연 구 과 제 명	연구책임자
가. 고용보험 연구용역	1. 국가기간·전략산업직종훈련 실시 직종 필요성 검토	조정윤
	2. 플랫폼 종사자 직업능력개발을 위한 직업훈련 지원방안	김봄이
	3. 「산업구조 변화 대응 등 특화훈련」 성과분석 및 제도개선 방안 연구	정은진
	4. 중장년 등의 효과적 직업능력개발을 위한 노사협력형 직업훈련 방안 연구	임상훈
	5. 국민내일배움카드 지원체계의 개선방안 연구	오성욱
	6. 신기술분야 중심 직업훈련체계 확대·개편방안	임병인
	7. 디지털화에 따른 유통산업 일자리 변화 및 지원방안 연구	구진경
	8. 고용형태 공시제 실효성 분석 및 개선방안 연구	오상봉
	9. 기업채용지원서비스 효율화 방안 연구	길현종
	10. 디지털 신기술을 활용한 고용서비스 제공방안 연구	우은경
	11. 2021년 지역별 일·생활 균형지수 산출(정기)	전기택
	12. 계속고용제도 단계적 도입 및 인센티브 설계 방안	권 혁
	13. 초고령시대 대응체계 구축을 위한 고령자고용법 개편방안 연구	김기선
	14. 모성보호제도 활용 관련 실태조사	강민정
	15. 여성의 경제활동 촉진 및 평등한 일터 조성을 위한 중장기 발전방안 연구	장지연
	16. 고령자 고용 우수모델 성공요인 분석 및 기업 적용방안 연구	전용일
	17. 일경험·훈련·일자리 연계 방안	길현종
	18. 채용시장 트렌드를 고려한 노동시장 신규 진입자 일경험 지원방안 체계화 연구	이영민
	19. 공정채용 제도의 현재와 향후 방향 모색	박용철
	20. 한국형 니트 분석 및 노동시장 진입 지원을 위한 정책 방안 연구 (청년도전 지원사업 성과분석 포함)	유민상
	21. 고용위기 단계별 대응체계 구축을 위한 고용안정화 지원방안 연구	노용진
	22. 고용서비스 혁신을 위한 고용센터 기능강화 방안	윤동열
	23. 건설업자가 아닌 자가 시공하는 건설공사의 총공사금액 산정 방법	장주희
	24. 고급전문인력의 범위 연구	오충용
	25. 직무별 임금정보 제공 시스템(한국형 O*net) 구축을 위한 기초 연구	김한준

구 분	연구과제명	연구책임자
가. 고용보험 연구용역	26. 생애주기 기반 개인별 맞춤형 고용서비스 지원 방안 연구	고재성
	27. 건설업 하도급 노무비율 산정을 위한 실태조사	오충용
	28. 고용보험기금 및 산업재해보상보험및예방기금의 여유자금 운용 주간운용사 선정방안 연구	김 술
	29. 근로시간 단축청구권 활성화 방안 연구	손연정
	30. 재택근무 활성화를 위한 법제화 방안 연구	김가선
	31. 기업채용지원의 패키지형 통합 서비스 제공을 위한 연구	이영민
	32. 여성고용 확대를 위한 고용서비스 지원방안 연구	최세림
	33. 디지털 고용서비스 고도화 방안 - AI, 빅데이터 등 신기술을 활용한 고용 촉진 방안을 중심으로	이우영
	34. 고용서비스 게이트웨이 통합 방안 연구(온라인·모바일 등 활용)	우은경
	35. 소득기반 고용보험 전환과 조세-사회보험 사무 개선에 따른 비용편익분석에 관한 연구	정다운
나. 한국직업 능력연구원 위탁 과제	36. 인적자원개발위원회 발전협의회 운영	정은진
	37. 직업능력개발 포럼 운영 사업	이수경
	38. 국가기술자격 대여 신고제도 성과평가 및 개선	김덕기
	39. 제3차 숙련기술장려 기본계획 수립방안 연구	고혜원
	40. 일반고 특화 직업훈련 효용성 제고 방안	장주희
	41. 지역·산업 수요에 기반한 국가기간·전략산업직종 훈련과정 선정방안	백원영
	42. K-디지털 기초역량훈련의 세부훈련 분야 등 수요조사, 훈련과정 모니터링 및 개선방안 도출	정 란
	43. 4차 산업혁명과 재직자 역량 강화 방안	류기락
	44. 제4차 직업능력개발 기본계획 수립을 위한 과제발굴	김봉이
	45. 직업능력개발 포럼 운영 사업(Ⅱ)	이수경

⟨2023년도 고용보험 연구성과⟩

구 분	연 구 과 제 명	연구책임자
가. 고용보험 연구용역	1. 직업능력개발서비스산업 육성방안 연구	이진구
	2. 직업훈련 성과평가 개선방안 연구	류기락
	3. 「2022 국제기능올림픽 특별대회 고양」 개최 결과보고 검증 연구용역	이형근
	4. 산업구조변화대응 등 특화훈련 성과분석 및 우수사례 컨설팅	문한나
	5. 신기술 분야 국가기간·전략산업 직종발굴을 위한 연구	김희성
	6. 자영업자 맞춤형 훈련과정 개발	문한나
	7. 국외의 직업능력개발 지원제도 및 정책연구	문한나
	8. 첨단산업 디지털 핵심인재 양성훈련(KDT) 분야 확대 방안 연구	임경화
나. 한국직업능력연구원 위탁 과제	1. 산업 및 인구구조 변화에 따른 직업훈련 사각지대 해소방안	문한나
	2. 직업능력개발 포럼 운영	김봄이
	3. 국가기술자격 제도발전 포럼 운영	전승환
	4. RSC 운영 전반에 대한 성과 점검 및 피드백 환류체계 마련	장혜정
	5. 지역인적자원개발위원회(RSC) 심층조사 역량 강화 방안 수립 및 실행	이승봉
	6. 사회서비스 일자리에 대한 훈련 수요조사	백원영
	7. 국가기간·전략산업직종 개편 및 성과제고 방안과 지역·산업 수요에 기반한 국가기간·전략산업직종 훈련과정 선정방안	백원영
	8. 훈련 진단·상담 체계화 방안 마련	김봄이
	9. 취업률 제고를 위한 훈련기관과 산업계 연계 강화방안	장혜정

제2절 고용보험 홍보실적

⟨2019년 홍보실적⟩

연번	제작시기	홍보물명	형태	수량	배부처
1	1, 6월	일자리 함께하기 지원사업 캠페인	라디오	-	옥외 전광판, 라디오 등
2	2-3월	청년내일채움공제 공익 광고	방송	-	KBS, JTBC, 케이블 등
3	2-7월	2019년 고용노동부 주요정책 홍보영상 제작	동영상	-	유튜브, 전광판 등
4	3월	청년추가고용장려금 TV홍보	동영상	-	방송사
5	3월	청년내일채움공제 교육영상 제작 (신규가입자용, 만기자용)	동영상	-	워크넷, 유튜브
6	4월	장애인고용촉진 강조기간 홍보	신문	-	일간지 신문
7	6월	고용보험 부정수급 방지 홍보	라디오	-	라디오
8	9월	장년고용정책 CF 홍보	동영상	-	방송사
9	9월	지역고용촉진지원금 사업 홍보	신문	-	일간지 신문
10	9~11월	배우자 출산휴가 등 모성보호 홍보	동영상	-	유튜브 등
11	12월	여성일자리정책 성과 홍보 동영상	동영상	-	유튜브 등

⟨2020년 홍보실적⟩

연번	제작시기	홍보물명	형태	수량	배부처
1	1월	2020년 국민내일배움카드 인포그래픽	인포그래픽	2컷	홈페이지 팝업
2	1~12월	일학습병행 홍보: SNS홍보채널 운영	SNS	상시	유튜브 등
3	1-6월	일학습병행 홍보: 기고·특집 기사	신문	5회	일간지 신문
4	2월	국민내일배움카드 발급 안내문	리플릿	30만부	지방고용노동관서

연번	제작시기	홍보물명	형태	수량	배부처
5	5월	일학습병행 홍보: 지역특산품(한라산 제주소주) 홍보라벨	부착물	50만부	지역특산물 구입 고객
6	6월	국민내일배움카드 카드뉴스	카드뉴스	9컷	SNS 등 온라인
7	6월	국민내일배움카드 안내문	리플릿	10만부	지방고용노동관서
8	7~9월	국민내일배움카드 홍보 동영상	동영상	-	유튜브
9	7월, 9월, 11월	직능국 훈련 및 정책동향 ('직능국 브리프', 격월 발간)	책자	2.5만부	민간훈련기관, 공동훈련센터, 유관기관 등
10	9월	K-Digital Training 온라인 Live 설명회 카카오톡 채널 메시지	SNS	-	카카오톡
11	10월	직업훈련 및 훈련정책 홍보 리플릿 ('우리 동네 취업맛집은?')	리플릿	10만부	지방고용노동관서
12	10월	K-Digital Training 온라인 설명회 리플릿	리플릿	2천부	지방고용노동관서
13	10~12월	일학습병행 홍보: 라디오 캠페인 송출	라디오	3개월	TNB한국교통방송
14	11월	국민내일배움카드 안내문	리플릿	10만부	지방고용노동관서 훈련기관 등
15	11월	직업훈련 정책 3종 홍보 (국민내일배움카드, K-Digital Training, 직업훈련생계비대부)	리플릿, 포스터, 배너, 동영상 등	25만부	지방고용노동관서, 훈련기관, 네이버, 알바몬 등
16	11월	일학습병행 홍보: 특집프로그램 제작 및 한국직업방송	방송	2회	한국직업방송
17	12월	일학습병행 홍보: 동영상	동영상	1개월	KTX, SRT 객차 내 모니터, 전국 IPTV 채널 등
18	12월	일학습병행 홍보: TV 공익광고 캠페인	동영상	1개월	YTN, 연합뉴스 TV
19	12월	국민내일배움카드 동영상	동영상	-	서울역 옥외 전광판
20	12월	직업훈련을 활용한 일자리 지키기	리플릿	5만부	지방고용노동관서

〈2021년 홍보실적〉

연번	제작시기	홍보물명	형태	수량	배부처
1	1월	2020년 국민내일배움카드 인포그래픽	인포그래픽	2컷	홈페이지 팝업
2	1월	청년내일채움공제 관련 홍보	리플릿 포스터	10만부	지방고용노동관서 운영기관 등
3	1~6월	일학습병행 홍보: SNS홍보채널 운영	SNS	상시	유튜브 등
4	5월	청년추가고용장려금 안내문	리플릿	5만부	지방고용노동관서
5	5월	노무제공자 고용보험 카드뉴스	SNS	4회	페이스북, 유튜브
6	5월~6월	노무제공자 고용보험 시행 안내 영상 광고	모션그래픽	-	국가전광판 등
7	6월	청년고용 지원 정책 관련 홍보	리플릿	10만부	지방고용노동관서
8	6월	노무제공자 고용보험 시행 및 적용직종 안내 광고	TV·라디오·TVC	5.5만회	케이블, IPTV 등
9	6월	노무제공자 고용보험 시행 및 세부적용 내용 지면 광고	신문	4회	서울신문 등
10	6월	노무제공자 고용보험 시행 안내	동영상	상시	유튜브
11	6월	노무제공자 고용보험 배너 광고	배너	-	구글, 직종별카페, 네이버밴드, 카카오모먼트 등
12	6월~12월	노무제공자 고용보험 온라인 이벤트	SNS	-	페이스북, 유튜브
13	6월	노무제공자 고용보험 시행 및 적용직종 안내문 옥외광고	배너	-	지하철, 버스외벽, 버스쉘터 등
14	6월	노무제공자 고용보험 적용대상 사업장 안내 자료 제작 배포	리플릿, 포스터	15.6천부	고용보험 적용 사업장, 고용노동(지)청 등
15	7월~11월	장년고용정책 홍보 동영상 송출	동영상	-	유튜브 등
16	8월	2021년 청년고용정책 온라인 홍보	동영상	-	유튜브
17	8월	2021년 청년내일채움공제 수기 공모전	동영상	-	홈페이지 등
18	8월~10월	고령인력 활용을 위한 사업주 가이드북 제작	책자	6,000부	300인 이상 기업, 지방고용노동관서, 중장년일자리 희망센터 등

연번	제작시기	홍보물명	형태	수량	배부처
19	8월-12월	장년고용정책 홍보 카드뉴스 및 인포그래픽	카드뉴스, 인포그래픽	10종	SNS, 블로그 등 온라인
20	8월	노무제공자·예술인 고용보험 공중파 방송 홍보	방송	-	MBC
21	10월	청년디지털 일자리사업 온, 오프라인 홍보	배너	-	카카오, 네이버 등
22	11월	2021년 청년고용정책 온라인 홍보	동영상	-	페이스북
23	11월-12월	장년고용정책 사업 옥외광고	동영상, 부착물	-	지하철
24	11월-12월	장년고용정책 인플루언서 (김창옥 TV) 협찬 영상 광고	동영상	2종	유튜브
25	12월	플랫폼 고용보험 적용 시행 홍보	라디오	-	SBS, KBS, CBS
26	12월	플랫폼 고용보험 적용·시행 일간지 지면 광고	신문	2회	서울신문, 매일경제
27	12월	플랫폼 고용보험 온라인 홍보	온라인	-	퀵서비스·대리운전 주요 커뮤니티, 파워블로그, 홈페이지 등
28	12월	플랫폼 고용보험 적용·시행 주요 앱 및 카페 광고	배너	-	네이버, 카카오, 앱·커뮤니티 등
29	12월	플랫폼 고용보험 적용 기관협업 홍보 자료 배포	리플릿 X-배너 포스터	6,000부	고용센터, 근로복지공단, 콜센터 등
30	12월	노무제공자·플랫폼 고용보험 인식제고 SNS 콘텐츠 및 참여형 이벤트	SNS	-	유튜브
31	12월	노무제공자·플랫폼 고용보험 시행 릴레이 홍보	카드뉴스	2회	유튜브
32	12월	플랫폼 고용보험 적용 시행 관련 광고영상·메시지 송출	동영상	-	IPTV(BTV, 올레TV 등)
33	12월	플랫폼 고용보험 적용·시행 대중교통 그래픽 홍보	모션그래픽	-	지하철 역내
34	12월	플랫폼 고용보험 적용 주요 앱 등 온·오프라인 광고	배너	-	앱, 커뮤니티, 주요앱, 파워블로그 등
35	12월	플랫폼 고용보험 적용 전광판 홍보	모션그래픽	-	고용센터, 공단 지사 등
36	12월	플랫폼 고용보험 시행 기관협업 특고센터별 현장 방문 홍보	매뉴얼, 리플릿 등	1.1천부	퀵·대리 기사 집결지, 이동쉼터

〈2022년 홍보실적〉

연번	제작시기	홍보물명	형태	수량	배부처
1	1~2월	3+3 부모육아휴직제 홍보 동영상	동영상	-	유튜브 등
2	1~2월	모성보호사업운영 활용 홍보	배너	-	온라인 카페 등
3	1~12월	모성보호알리미(SMS) 서비스	SMS	상시	임신·출산 근로자 등
4	1~12월	일학습병행 홍보: 유명 연예인, 웹툰작가와 협업 온라인 홍보	SNS	상시	인스타 그램 등
5	1~12월	일학습병행 홍보: 기고·특집 기사	신문	11회	일간지 신문 등
6	1~12월	일학습병행 홍보: 주요 역사 전광판 홍보	배너	상시	서울역 등
7	3월	가족돌봄비용 및 3+3부모육아휴직제 언론사 지면광고	광고	-	일간지 신문
8	4월	모성보호지원제도 안내 리플렛 제작	리플렛	10만부	보건소, 산후조리원 등
9	6월	고령자 고용정책 홍보 디지털 광고	동영상	-	유튜브 등
10	8~9월	노무제공자 고용보험 방송 광고	광고	-	케이블·IPTV·라디오 등
11	8~10월	노무제공자 고용보험 옥외광고	모션 그래픽	-	대중교통·오피스빌딩 등
12	8~12월	노무제공자 고용보험 온라인 광고	배너·동영상	-	채용사이트·유튜브 등
13	9~10월	노무제공자 고용보험 온라인 카드뉴스 게재	카드뉴스	4회	페이스북 등
14	9~10월	국민내일배움카드 홍보: 온라인 배너 및 홍보 영상 송출	배너, 동영상	-	구인·구직 앱(잡코리아, 사람인 등) 및 유튜브 등
15	10~11월	도약보장패키지 홍보	동영상, 배너	-	KTX 역사, 지하철, 주요 포털 등
16	11월	기업직업훈련 혁신 홍보	동영상	-	KTX열차 및 서울역 광장 등
17	11월	실업급여 부정수급 방지 지하철 스크린도어 홍보	광고	-	지하철(서울역 등)

연번	제작시기	홍보물명	형태	수량	배부처
18	11월	노무제공자 고용보험 온라인 이벤트	SNS	1회	페이스북 등
19	11월~12월	고령자 고용 인식개선 방송 광고	광고	-	공중파, 케이블, IPTV, 옥외전광판 등
20	11~12월	자영업자 고용보험 온라인 카드뉴스 송출	카드뉴스	3회	페이스북 등
21	11~12월	자영업자 고용보험 온라인 광고	배너·동영상·인스타툰	-	포털사이트·SNS·커뮤니티·동영상 등
22	12월	모성보호지원제도 안내 리플렛 제작(2차)	리플렛	3.5만부	보건소, 산후조리원 등
23	12월	자영업자 고용보험 유관기관 홍보	SNS	상시	홈페이지·유튜브·SNS 등
24	12월	자영업자 고용보험 포스터·리플렛 등 배포	포스터·리플렛	7,650부	지방노동관서, 근로복지공단 등
25	12월	자영업자 고용보험 라디오 광고	광고	-	라디오 등
26	12월	자영업자 고용보험 옥외광고	모션그래픽	-	대중교통·편의점 등
27	12월	자영업자 고용보험 온라인 이벤트	SNS	1회	페이스북 등
28	12월	고용장려금 지원 대상 근로자 부정수급 예방 홍보	SMS	상시	모바일 안내

〈2023년 홍보실적〉

연번	제작시기	홍보물명	형태	수량	배부처
1	1월	중장년고용정책 리플릿	리플릿	8만부	고용센터, 유관기관, 중장년내일센터 등
2	1, 6월	도약보장패키지 홍보 이모티콘	SNS	-	카카오톡
3	1월, 9월	고용장려금 지원제도	책자	2.1만부	지방고용노동관서
4	1~12월	국가인적자원개발컨소시엄 유튜브 채널(미래공작소, 챔프마을 등), 네이버 블로그 등 운영	동영상	상시	유튜브, 인스타그램 등
5	1~12월	청년내일채움공제 카드뉴스	카드뉴스	5회	SNS 등 온라인
6	2~4월	청년내일채움공제 편의점용 홍보	영상, 배너	12개	전국 편의점
7	3월	고령자 고용안정지원금 가이드북	책자	3,840부	고용센터, 고객상담센터, 중장년내일센터
8	3월, 6월	고용장려금 부정수급 자진신고 독려	신문	-	서울신문, 헤럴드경제
9	4월	도약보장패키지 안내문	리플릿	10만부	지방고용노동관서
10	4월	육아지원제도 안내 유튜브 영상	영상	-	고용부 유튜브 등
11	4월	모성보호지원제도 안내	리플릿	18만부	보건소, 산후조리원 등
12	4월, 11월	능력개발전담주치의 KTX역사 전광판 홍보	배너	상시	서울역, 오송역 등 주요역사
13	5월	일생활 균형 캠페인 홍보 리플릿	리플릿	2.4만부	지방관서
14	5월	직업계고 졸업생의 선취업 후학습 지원을 위한 고숙련일학습병행(P-TECH) 안내	공문	1회	전국 특성화고등학교 450여개
15	5~12월	일생활 균형 SNS 홍보채널 운영	SNS	상시	인스타그램, 블로그, 페이스북, 유튜브
16	6월	패키지 구독형 원격훈련 우수사례 공유의 장 개최	대면	-	기업, 훈련기관
17	6월, 12월	고용장려금 지원제도	신문	-	이데일리

연번	제작시기	홍보물명	형태	수량	배부처
18	7월	출산·육아지원제도 우수기업 사례집	책자	5천부	경총, 중기중앙회, 대한상의 등
19	7~12월	일생활 균형 홍보 공익광고	동영상, 음성, 배너 등	-	TV, 라디오, 신문, 유튜브, 교통수단, 전광판, 포털사이트 등
20	8월	유연근무 지원제도 안내	리플렛	4만부	지방관서
21	8월	고용24 네이밍 대국민 선호도 조사	포스터	315부	고용센터 (온라인은 별도)
22	8~10월	일·생활 균형 등 조직문화 활성화를 위한 캠페인 영상 제작	동영상	-	유튜브 등
23	8~11월	2023년 청년내일채움공제 수기 공모전	책자 파일	1,200부 1개	지방고용노동관서, 홈페이지 등
24	8~12월	일학습병행 체험박람회 행사소개, 리뷰, 스케치영상	카드 뉴스, 동영상	2회	유튜브, 인스타그램, 블로그, 페이스북
25	9월	워라밸 일자리 장려금, 유연근무 장려금 홍보 영상	모션 그래픽	2종	유튜브, 지방관서 등
26	9월	대체인력뱅크 네이밍 공모 및 홍보	신문	-	일간지 신문
27	9월, 12월	고용장려금 지원제도	리플렛	1.8만부	지방고용노동관서
28	10~11월	우수 중견기업 방송홍보 (기업 도약보장패키지)	방송	1회	KBS 중견만리
29	10~12월	일학습병행 부정훈련 예방 웹툰 제작	SNS	-	인스타그램 등
30	11월	일생활 균형 웹예능 제작 (워라밸을 통한 평화로운 직장생활)	영상/ 쇼츠	6편/ 12편	유튜브
31	11월	고용보험(실업급여) 부정수급 예방 온·오프라인 홍보	광고	-	카카오톡/네이버 지하철·SRT
32	11~12월	국민내일배움카드 홍보 영상 제작 및 광고	동영상	-	방송사
33	11~12월	AI기반 디지털 고용서비스 TV홍보	동영상	-	tvN, JTBC, 케이블 등
34	12월	대중소상생 아카데미 CF 송출	광고	-	KTX 차내, 연합뉴스TV

제6장 주요 고용보험일지(최근 5년간)

제1절 2019년 고용보험일지

년 월 일	주 요 내 용
2019. 1. 1.	○ 출산전후휴가 급여 상한액 160만원 → 180만원으로 인상 ○ 육아휴직 4개월째부터 육아휴직급여 인상 　- 통상임금의 40 → 50%(상한 100 → 150만원, 하한 50 → 70만원) ○ 출산육아기 고용안정장려금 　- 육아기 근로시간 단축 우선지원대상기업 지원금액 확대 월 30만원 　　(대규모기업 월 10만원) 　- 대체인력지원금 지원기간 확대(인수인계기간 2주 → 2개월) 및 지원금액 확대 　　(인수인계기간 중 우선지원대상기업 지원금 인상 월 60만원 → 120만원) ○ 직장어린이집 등 설치·운영 규정 일부 개정 　- 건립비·매입비 지원확대(컨소시엄, 산단형 → 全중소기업) 　- 공동직장어린이집 지원요건 완화(80 → 60%) 　- 설치비 선수급 지원비율 상향(70 → 90%) 　- 직장어린이집 설치 수요조사 매년 정기적 실시
1. 15.	○ 「고용보험법」 일부 개정 　- 65세 이상 근로자 실업급여 수급자격 확대 　　* 65세 전부터 피보험자격을 유지하던 사람이 65세 이후에 계속하여 　　　고용된 경우는 실업급여를 적용 　- 「외국인근로자의 고용 등에 관한 법률」의 적용을 받는 외국인근로자에게는 　　고용안정·직업능력개발 사업을 적용 　- 건설일용근로자의 구직급여 수급요건 완화 　- 구직급여 수급자격자가 실업의 인정을 받으려는 기간 중에 근로를 제공한 경우 　　고용노동부령으로 정하는 기준에 해당하는 취업을 한 경우에만 신고하도록 함 　- 육아휴직 기간중에 취업한 경우 취업한 기간에 대해서만 육아휴직급여를 지급 　　하지 않도록 함 　- 고용보험기금에서 국민건강보험공단에 출연하는 금액은 징수업무가 차지하는 　　비율 등을 기준으로 산정 　- 피보험자격 취득·상실 확인에 관한 심사의 청구의 경유기관을 직업안정기관에서 　　근로복지공단으로 변경

년 월 일	주 요 내 용

1. 15.	○ 근로자 직업능력개발훈련 지원규정 개정
	  - 고용보험 미가입 중소기업·비정규직 노동자에 대해 카드발급 대상 확대 등
	○ 직업훈련생계비대부 규정(고시) 개정(1.16.)
	  - 소득요건을 2019년 기준 4인가구 기준 중위소득(5,540만원)이하로 개정

1. 20.	○ 「사업주직업능력개발훈련지원규정」 개정 - 공통법정훈련 지원제외, 직무법정훈련 지원율 인하 등
2. 12.	○ 「고용보험법 시행령 및 동법 시행규칙」 일부 개정 - 고용노동부 장관이 직업안정 기관의 장에게 위임하여 수행하던 피보험자격 확인에 관한 업무를 근로복지공단에 위탁하여 수행하려는 것임

2. 14.	○ 2019년 제1차 고용보험운영전문위원회 개최
	  - 2018회계연도 고용보험기금 결산(안)
	  - 고용보험제도 개선 방안(안)
	  - 2019년 고용보험기금 운용계획
	  - 2018년 고용보험기금 여유자산 운용성과
	  - 출산육아기 비정규직 재고용장려금 통합 검토

2. 20.	○ 2019년 제1차 고용보험위원회 개최
	  - 2018회계연도 고용보험기금 결산(안)
	  - 고용보험제도 개선 방안(안)
	  - 2019년 고용보험기금 운용계획
	  - 2018년 고용보험기금 여유자산 운용성과
	  - 출산육아기 비정규직 재고용장려금 통합 검토

3. 7.	○ 2019년 제1차 성과평가위원회 개최
	  - 2018년 금융시장 동향 및 자산운용성과 보고
	  - 고용보험기금 주간운용사 정성평가 PT

3. 8.	○ 2019년 제1차 자산운용위원회 개최
	  - 2018년 금융시장 동향 및 자산운용성과 보고
	  - 고용보험기금 연간 자산운용계획(안) 심의

3. 14.~19. 〈서면심의〉	○ 2019년 제2차 성과평가위원회 개최 - 고용보험기금 성과평가 규정 개정(안) 심의

3. 27.~28.
〈서면심의〉
	○ 2019년 제2차 자산운용위원회 개최
	  - 2019년 1/4분기 자산운용 현황 및 운용성과 보고
	  - 2019년 2/4분기 자산운용계획(안) 심의

3. 27.	○ 2019년 제1차 리스크관리위원회 개최
	  - 고용·산재보험기금 리스크관리 현황 보고
	  - 2019년 시장위험 한도 설정(안) 심의

4. 18.	○ 2019년 제2차 고용보험운영전문위원회 개최
	  - 2019년 고용보험기금 운용계획 변경(안)
	  - 강원도 동해안 특별재난지역에 대한 고용보험료 경감(안)
	  - 여유자금 운용 현황 및 연간 자산배분 계획

년월일	주요내용
4. 19.	○ 2019년 제2차 고용보험위원회 개최 - 2019년 고용보험기금 운용계획 변경(안) - 강원도 동해안 특별재난지역에 대한 고용보험료 경감(안) - 여유자금 운용 현황 및 연간 자산배분 계획
5. 17.	○ 2019년 제3차 자산운용위원회 개최 - 고용·산재기금 우선협상대상기관 협상결과 보고
5. 24.	○ '고용복지플러스센터 초기상담 운영방안 및 업무매뉴얼 개발' 완료
5. 29.	○ 2019년 제3차 고용보험운영전문위원회 개최 - 2020년 고용보험기금 운용계획(안)
5. 30.	○ 2019년 제3차 고용보험위원회 개최 - 2020년 고용보험기금 운용계획(안)
6. 3.	○ 실업자 등 직업능력개발훈련실시규정 개정 - 고용보험 미가입 자영업자 및 특수형태근로종사자는 국가기간·전략산업직종훈련 지원대상자로 한정 ○ 근로자 직업능력개발훈련 지원규정 개정 - 고용보험 미가입 자영업자 및 특수형태근로종사자에 대해 카드발급 대상 확대
6. 7.	○ 고용센터 오프라인 단체 직업심리검사 서비스 시범운영 개시
6. 20.	○ 2019년 제3차 성과평가위원회 개최 - 자산운용 현황 및 운용성과 보고 - 기타안건(차기 주간운용사 우선협상대상 선정기관과 협상 결과, 2018회계연도 기재부 기금운용 평가 결과) 보고 - 주간운용사 성과평가 기준수익률 변경 검토 심의 - 성과평가 규정 개정(안) 심의
6. 25.	○ 「고용보험법 시행령 및 동법 시행규칙」 일부 개정 - 「외국인근로자의 고용 등에 관한 법률」의 적용을 받는 외국인근로자가 아닌 사람으로서 취업활동을 할 수 있는 체류자격을 가진 사람 등의 경우에는 고용보험 가입을 신청한 경우에 법을 적용하도록 그 범위를 정함 - 직업능력개발을 위한 훈련비용 지원대상을 대규모기업의 경우 45세 미만인 경우에도 고용노동부 장관이 정하여 고시하는 소득액 미만의 피보험자까지 확대 ○ 2019년 제2차 리스크관리위원회 개최 - 고용·산재보험기금 리스크관리 현황 보고 - 주식시장 변동에 따른 기금 포트폴리오 점검 보고 - 대체자산 관리 및 운용강화 방안 보고 - BM 변경에 따른 컴플라이언스 기준 개정(안) 심의
6. 26.	○ 고용보험심사위원회 위원 윤리강령 제정(전원회의 개최) - 공정하고 투명한 재심사업무 처리를 위한 위원의 직무상 윤리의무 규정
6. 28.	○ 2019년 제4차 자산운용위원회 개최 - 2019년 2/4분기 자산운용 현황 및 운용성과 보고 - 2019년 3/4분기 자산운용계획(안) 심의

년 월 일	주 요 내 용
7. 1.	○ 근로자 직업능력개발훈련 지원규정 개정 - 대규모기업에 고용된 월평균 임금 250만원 미만 피보험자에 대해 카드발급 대상 확대
7. 16.	○ 「고용보험법 시행규칙」 일부 개정 - 육아휴직기간 중에 취업한 사실을 기재하지 않거나 거짓으로 적은 횟수에 따라 육아휴직급여 지급을 제한하도록 개선
8. 14.	○ 2019년 청년추가고용장려금 지원사업 재개공고 ○ 민간자율형 일학습병행(대한상의) 도입·추진(8.14.) - 변화하는 기업 환경에 신속하고 유연하게 대처하기 위한 기업 주도 일학습병행(高지원·高규제 방식 → 低지원·低규제) ○ 2019년 제3차 리스크관리위원회 개최 - 고용·산재보험기금 리스크관리 현황 보고 - 금융시장 급변에 따른 고용보험기금 자산운용 리스크 점검 보고 - 기타채권형 자산운용 상황 관리 계획 심의
8. 27.	○ 「고용보험법」 일부 개정 - 실업급여 지급수준 인상(평균임금의 50% → 60%), 지급기간 확대(90일~240일 → 120일~270일), 실업급여 하한액 조정(최저임금의 90% → 80%) - 초단시간 근로자의 실업급여 수급요건 완화(이직 전 18개월 동안 180일 이상 근로 → 이직 전 24개월동안 180일이상 근로) - 이직확인서 제도 개선 - 고용안정·직업능력개발 사업을 지원받은자에게 잘못 지급된 지원금이 있으면 그지급금의 반환을 명할수 있도록 함 - 부정수급 제재 강화(실업급여 보장성 확대에 따른 부정수급의 부작용을 예방하고, 공모하거나 반복적인 악성 부정수급자에 대한 처벌을 강화) - 배우자출산휴가급여 신설 ○ 「산업현장 일학습병행 지원에 관한 법률」 제정(시행일: 2020.8.28.) - 일학습병행 운영 및 지원에 관한 사항 - 외부평가 합격시 계속고용, 차별적 처우 금지 등 학습근로자 보호 - 내부·외부평가, 일학습병행 자격 부여 등
8. 28.	○ 2019년 제4차 고용보험운영전문위원회 개최 - 2019년 고용보험기금 운용계획 변경(안) - 고용보험제도 개선 방안(안) - 여유자금 운용현황 및 하반기 운용계획
9. 2.	○ 일학습병행 운영 및 평가규정(고시) 개정 - 훈련비 및 훈련기준 개편
9. 3.	○ 2019년 제4차 고용보험위원회 개최 - 2019년 고용보험기금 운용계획 변경(안) - 고용보험제도 개선 방안(안) - 여유자금 운용현황 및 하반기 운용계획
9. 9.	○ 일학습병행 우수사례 경진대회 - 일학습병행 참여기업의 우수 훈련 사례, 학습 노하우 전수 등 우수사례 발굴·공유 홍보

년월일	주요 내용
9. 17.	○ 「고용보험법 시행령」 일부 개정 - 배우자 출산휴가 급여의 지급 - 육아기 근로시간 단축 급여 상향
9. 27.	○ 2019년 제5차 자산운용위원회 개최 - 2019년 3/4분기 자산운용 현황 및 운용성과 보고 - 2019년 4/4분기 자산운용계획(안) 심의 - 주간운용사 상품 현황 점검 및 대응방안 심의
9. 30.	○ 「고용보험법 시행규칙」 일부 개정 - 배우자 출산휴가 급여의 신청 절차 및 지급에 필요한 서식 등을 정함 - 초단시간근로자의 근로일수를 기재할 수 있도록 서식 정비
10. 1.	○ 배우자 출산휴가 확대 및 급여 지원 - 유급 10일 부여(1회 분할, 출산일로부터 90일 이내 청구) - 우선지원대상기업 소속 근로자 최초 5일분 지원(상한액 382,770원) ○ 육아기 근로시간 단축 확대 및 급여 인상 - 1년 부여(육아휴직 미사용기간 가산시 최대 2년), 1일 1시간 단축 허용 (단축 후 근로시간 15시간 이상 35시간 이내) - 최초 5시간 단축분은 통상임금 100%(상한 200만원) 인상
10. 7.	○ 고용센터 오프라인 단체 직업심리검사 서비스 전국 확대운영 개시
10. 8.~11. (서면심의)	○ 2019년 제5차 고용보험위원회 개최 - 고용보험제도 개선 방안(안)
10. 25.	○ 2020년 P-TECH 신규 운영대학 선정 - 도제학교 졸업생의 직무역량 향상을 위한 융합·신기술 훈련과정인 P-TECH 2020년 신규 운영대학 선정
10. 29.	○ 일학습병행 공동훈련센터 전담자 우수사례 경진대회 - 공동훈련센터 전담자 우수 훈련 사례 발굴 및 공유
10. 31.	○ 2019년 KNOW 재직자조사 완료 - 조사기간: 2019.6.5~2019.10.31 - 조사대상: 총 17,100명(직업당 30명 * 570개 직업) ○ 산학일체형 도제학교 기간만료 사업단 재선정 - 특성화고 2학년(또는 3학년)부터 채용되어 학교와 기업을 오가며 직업교육훈련에 참여하는 현장중심 고교단계 일학습병행인 산학일체형 도제학교 사업단 재선정
11. 1.	○ 근로자 직업능력개발훈련 지원규정 개정 - 지원금액 지원기준 100분의 60 해당 직종 확대(48개 직종) - 동일 과정 반복 수강(1회 반복 가능), 연 훈련수강 최대 5회 제한 등 ○ 2019년 제4차 성과평가위원회 개최 - 자산운용 현황 및 운용성과 보고 - 고용보험기금 이슈 현황 및 향후 계획 보고
11. 8.	○ 전문대 재학생단계 공동훈련센터 신규 선정 - 조기취업이 가능한 전문대학 재학생을 대상으로 하는 전문대 재학생단계 일학습병행 2020년 신규 운영기관 선정

년월일	주요내용
11. 11.	○ 2019년 제5차 고용보험운영전문위원회 개최 - 2020년 고용보험기금 운용계획(안) - 고용보험제도 개선 방안(안)
11. 15.	○ 2019년 제6차 고용보험위원회 개최 - 2019년 고용보험기금 운용계획변경(안) - 고용보험제도 개선 방안(안)
11. 19.	○ 2019년 고용보험(재)심사관 및 업무담당자간 합동연찬회 개최 - 정책부서와 일선기관 업무담당자 소통으로 전문성 제고 피보험자 권리구제 및 심사제도 발전 도모
11. 27.	○ 2019년 제6차 자산운용위원회 개최 - 주간운용사 상품 현황 점검 및 대응방안 심의
12. 9.	○ 산학일체형 도제학교 특집 KBS1 '도전골든벨' 방송 - 163개 도제학교 대상으로 도전자 100명을 선발하여 문제풀이 등을 진행하며 일학습병행(도제학교)에 대한 대국민 홍보 실시

12. 18.	○ 2019 NCS 기업활용 컨설팅 우수사례 경진대회
	- 민간기업의 NCS 활용 우수사례를 발굴하여 타 민간기업 확산을 위한 우수사례 경진대회 개최
	  * (최우수상) 서울랜드, 대영전자, DGB데이터시스템, 하진산업개발, 씨와이
	    (우수상) 셀메이트, 디오텍코리아, (장려상) 트래닛

12. 24.	○ 육아기 근로시간 단축 허용요건 완화 - 재직기간 1년 이상 → 6개월 이상
12. 26.	○ 2019년 제5차 성과평가위원회 개최 - 자산운용 현황 및 운용성과 보고 - TF회의 기타채권 평가 권고안 검토 보고 - 주간운용사 성과평가 변경 검토(안) 심의
12. 27.	○ 2019년 제4차 리스크관리위원회 개최 - 고용·산재보험기금 리스크관리 현황 보고 - 2019년 공정가치평가 결과 보고 - 대체투자상품 관리방안 보고 - 기타채권형 리스크관리방안 보고
12. 27.-31. (서면심의)	○ 2019년 제7차 자산운용위원회 개최 - 2019년 4/4분기 자산운용 현황 및 운용성과 보고 - 2020년 1/4분기 자산운용계획(안) 심의 - 주간운용사 상품 현황 점검 및 대응방안 심의
12. 30.	○ 사업주직업능력개발훈련지원규정 개정 - 훈련비 단가 인상 ○ 2019 NCS 신규개발 및 개선 완료 - 수소연료전지제조 등 20개 NCS 신규개발 완료 → 총 1,017개 국가직무능력표준(NCS) 개발

년 월 일	주 요 내 용
12. 30.	- 빅데이터플랫폼구축 등 138개 NCS 개선 완료 ◦ 2019년 NCS 활용지원 완료 - 700개 민간기업 대상 NCS 활용컨설팅 완료 ◦ 2019년 능력중심 채용모델 개발 및 보급완료 - 능력중심 채용모델 5개 직군(95개 직무) 개발 완료 - 능력중심 채용모델 283개 기업 대상 보급 완료
12. 31.	◦ 「고용보험법 시행령」 일부 개정 - 고령자 계속고용장려금 신설 - 출산육아기 대체 인력 지원 요건 확대 ◦ 「고용보험법 시행규칙」 일부 개정 - 건설일용근로자가 최종이직 당시 연속하여 근로내역이 없어야하는 14일 기간 중에 실제 근로한 날이 3일 이내인 경우 부정행위에 따른 추가징수액을 거짓이나 부정한 방법에 따라 지급받은 구직급여액의 100분의 30을 곱한 금액으로 함 - 「근로자직업능력 개발법」에 따른 직업능력개발훈련 등을 3회 이상 수강한 사실이 있는 사람을 취업훈련 대상자에서 제외하던 것을 그 제한을 없앰으로써 국민들이 전 생애에 걸쳐 직업능력개발이 가능하도록 함 ◦ 국민내일배움카드 운영규정 제정 - 실업자, 재직자 구분없이 국민내일배움카드로 통합 등

제2절 2020년 고용보험일지

년 월 일	주 요 내 용
2020. 1. 1.	○ 출산전후휴가 급여 상한액 180만원 → 200만원으로 인상
1. 20.	○ 사업주 직업능력개발훈련 지원규정 개정 - 시공간의 제약이 없는 원격훈련 제도개선을 통해 산업현장이 필요로 하는 신기술 훈련 활성화
1. 31.	○ 직업능력개발훈련 품질관리에 관한 규정 일부개정 - 심사평가위원 위촉, 해촉 절차 등을 명확히 하고, 훈련기관 인증등급 유효기간 확대(1년 → 3년)에 따른 인증평가 및 우수훈련기관 선정체계 개선사항을 반영, 훈련사업 성과평가 근거 및 절차 마련 등
2. 8.	○ 고용유지조치에 대한 특별 지원 기간 고시 제정 - 2020.2.1.~7.31.까지 실시한 고용유지조치에 대해 지원수준 상향 (우선지원대상: 2/3 → 3/4, 대규모: 1/2~2/3 → 2/3)
2. 14.	○ 2020년 제1차 고용보험운영전문위원회 개최 - 2019 회계연도 고용보험기금 결산(안) - 고용보험제도 개선방안(안) - 2020 고용보험기금 운용계획 - 2019 고용보험기금 여유자산 운용성과
2. 21.	○ 2020년 제1차 고용보험위원회 개최 - 2019 회계연도 고용보험기금 결산(안) - 고용보험제도 개선방안(안) - 2020 고용보험기금 운용계획 - 2019 고용보험기금 여유자산 운용성과
2. 27.~28. (서면심의)	○ 2020년 제2차 고용보험위원회 개최 - 2020년 고용보험기금운용계획 변경(안)
2. 27.~28. (서면심의)	○ 제1차 리스크관리위원회 - 구조화상품 운용 관련 의견수렴 보고
2. 28.	○ 부부동시 육아휴직 허용 및 육아휴직급여 지급 - 「남녀고용평등법 시행령」의 허용예외 및 고용보험법의 지급조건 삭제 ○ 부부 동시 육아휴직시 육아휴직급여 특례 적용 제외 - 같은 자녀에 대하여 부모의 육아휴직이 겹치는 기간 동안의 육아휴직 급여는 제95조 적용
3. 2. (서면심의)	○ 2020년 제3차 고용보험위원회 개최 - 2020년 고용보험기금운용계획 변경(안)
3. 2.	○ 「일학습병행제 운영 및 평가 규정」 고시 개정 - 도제학교 관련 지원요건 완화, 대학연계형 재직기간 산정 예외 확대 등

년월일	주 요 내 용
3. 12.~13. (서면심의)	○ 제1차 자산운용위원회 - 2019년 자산운용 현황 및 자산운용성과 보고 - 고용보험기금 연간 자산운용계획(안) 심의 - 산재보험기금 연간 자산운용계획(안) 심의
3. 16.	○ 관광·공연업 등 특별고용지원 업종 지정 고시 제정 - 관광·공연업 등 특별고용지원 업종 지원수준 상향 (우선지원대상: 3/4 → 9/10, 대규모: 2/3 → 2/3-3/4)
3. 23.~26. (서면심의)	○ 제1차 성과평가위원회 - 2019년 금융시장 동향 및 자산운용 성과 보고 - 고용·산재기금 주간운용사 성과보수 의결(안) 심의
3. 27.~31. (서면심의)	○ 2020년 제4차 고용보험위원회 개최 - 2020년 고용보험기금운용계획 변경(안) - 고용보험제도 개선방안(안)
3. 30.	○ 제2차 리스크관리위원회 - 고용·산재보험기금 리스크관리 현황 보고 - 코로나19에 따른 포트폴리오 점검 및 위기상황 대응 결과 보고 - 고용·산재기금 2020년 시장위험 한도 설정(안) 심의
3. 30.~31. (서면심의)	○ 제2차 자산운용위원회 - 2020년 1/4분기 자산운용 현황 및 운용성과 보고 - 고용·산재기금 2/4분기 자산운용계획(안) 심의

3. 31.	○ 「고용보험법 시행령」 개정
	- 출산육아기 고용안정장려금의 지급 확대·개선
	- 비자발적 퇴직 근로자에 대한 육아휴직 급여 확대
	- 한부모가족에 대한 육아휴직 급여 인상
	  * 첫 3개월은 통상임금 100%(상한 250만원), 4-6개월은 통상임금 80%
	    (상한 120만원), 7개월 이후는 통상임금 50%(상한 120만원)
	○ 「고용보험법 시행규칙」 개정
	- 출산육아기 고용안정장려금 지급요건과 지급방식 개선에 따른 신청방식 개편
	- 구직급여 수급자격에 대한 지원 강화

3. 31.	○ 한부모 육아휴직급여 인상 - 첫 3개월은 통상임금 100%(상한 250만원), 4-6개월은 통상임금 80% (상한 120만원), 7개월 이후는 통상임금 50%(상한 120만원)
3. 31.	○ 국민내일배움카드 운영규정 개정 - 국민 누구나 지원, 다만, 공무원, 사립학교 교직원, 고소득 자영업자·대규모 기업 근로자, 졸업예정자 이외 재학생 등은 제외
4. 6.	○ 사업주 직업능력개발훈련 지원규정 개정 - 원격훈련에 대한 훈련비 지원금 개정 - 원격훈련 인정요건(훈련생 본인 인증) 변경 - 개인정보의 수집·이용 및 제공에 관한 동의서)에 내용 추가 등

년월일	주 요 내 용
4. 7.~8. 〈서면심의〉	○ 제3차 자산운용위원회 - 고용·산재기금 운영지원기관 선정 계획(안) 심의
4. 8.	○ 「고용보험법 시행령」 개정 - 고용유지지원금 지급 비율 상향 조정
4. 17.	○ 직업훈련생계비대부 규정 개정 - 가구원 판단 기준을 「국민기초생활법 시행령」에 따른 '개별가구' 정의에 맞게 조정 * 본인, 주민등록등본상 동일 세대 거주자, 동일 세대가 아닌 배우자·30세 미만 미혼 자녀 - 소득요건을 완화(기준 중위소득 80% 이하 → 100% 이하) - 특별재난지역 거주 훈련생에 대해 소득요건을 완화(기준 중위소득 80% 이하 → 8천만원 이하)하고, 대부한도를 확대(1천 → 2천만원)
4. 23.	○ 제4차 자산운용위원회 - 감사원 감사결과 보고 및 후속조치 검토 심의 - 전담 자산운용체계 운영규정 개정(안) 심의

4. 27.	○ 항공기취급업 등 특별고용지원 업종 지정 고시 제정
	- 항공기취급업 등 특별고용지원 업종 지원수준 상향
	  (우선지원대상: 3/4 → 9/10, 대규모: 2/3 → 2/3-3/4)
	○ 무급휴업·휴직 고용유지지원금 지급규정 개정
	- 관광·공연업, 항공기취급업 등 특별고용지원 업종 무급휴직 신속지원제도 운영
	  * (기존)무급휴직 전 1개월 이상 휴업 → (개정)즉시 무급휴직 실시 가능
	  * 9.15.까지 최대 90일간 1인당 월 50만원 지원

4. 28.	○ 「고용보험법 시행규칙」 개정 - 직업안정기관의 장이 직업능력개발 훈련 등을 받도록 지시할 수 있는 훈련 대상자를 직업안정기관의 장의 직업소개 외에 직업안정기관의 장이 실시하는 일정한 직업상담을 받은 경우를 추가
4. 28.	○ 고용유지지원금 특별 지원 고시 전부개정 - 2020.4.1.~6.30.까지 실시한 고용유지조치에 대해 우선지원대상기업 지원 수준 추가 상향(우선지원대상: 3/4 → 9/10)
5. 6.~7. 〈서면심의〉	○ 2020년 제5차 고용보험위원회 개최 - 2020년 고용보험기금운용계획 변경(안) - 고용보험제도 개선방안(안)
5. 8.	○ 제3차 리스크관리위원회 - 고용·산재기금 리스크관리 현황 보고 - 자산운용 제도개선TF 운영결과 보고 - 리스크관리 규정 개정(안) 심의 ○ 제2차 성과평가위원회 - 2019년 고용보험기금 주간운용사(한국투자증권) 정성평가 PT 보고 - 2019년 산재보험기금 주간운용사(삼성자산운용) 정성평가 PT 보고 - 자산운용 현황 및 운용성과 보고 - 자산운용 제도개선TF 운영결과 보고

년월일	주 요 내 용
5. 8.	- 기타채권 벤치마크 설정 방안 심의 - 개별상품의 투자손실 발생시 정성평가 방안 심의 - 해외자산군 성과평가 규정 개정(안) 심의
5. 26.	○ 2020년 제2차 고용보험운영전문위원회 개최 - 2020년 추경 고용보험기금운용계획 변경(안) - 2021년 고용보험기금운용계획(안) - 부정수급 방지 관련 추진 현황 - 여유자금 운용 현황 및 연간 자산배분 계획
5. 28.	○ 2020년 제6차 고용보험위원회 개최 - 2020년 추경 고용보험기금운용계획 변경(안) - 2021년 고용보험기금운용계획(안) - 부정수급 방지 관련 추진 현황 - 여유자금 운용 현황 및 연간 자산배분 계획
6. 8.~9. (서면심의)	○ 제5차 자산운용위원회 - 고용·산재기금 운영지원기관 선정(안) 심의
6. 9.	○ 「고용보험법」 개정 - 예술인 고용보험 적용 ○ 「고용보험법 시행령」 개정 - 무급 휴직 피보험자에 대한 지원금의 지급 확대 - 고용유지를 위한 노사합의에 대한 지원 - 고용촉진장려금의 지원 확대 - 우선지원 대상기업의 고용유지 비용의 대부
6. 10.	○ 일학습병행 특별조치 시행 - 코로나19 고용위기 극복을 위하여 한시적으로 일학습병행 지원대상 및 지원금 확대 등을 통한 참여기업 고용유지 지원 등 ＊ 2020.12.8. 연장 시행
6. 12.	○ 국가직무능력표준(NCS) 일부개정 확정·고시 - 스마트공장시스템설치 등 20개 추가개발, 138개 개선
6. 15.~16. (서면심의)	○ 제4차 리스크관리위원회 - 산재기금 시장위험 한도 소진율 상승에 따른 대응 결과 보고
6. 15.	○ 무급휴직 고용유지지원금 특별 지원 고시 제정 - 전업종에 대해 무급휴직 신속지원제도 운영 ＊ (기존)무급휴직 전 3개월 이상 휴업 → (개정)무급휴직 전 1개월 이상 휴업 ＊ 7.1.부터 12.31.까지 최대 90일간 1인당 월 50만원 지원
6. 19.	○ 「고용보험법 시행규칙」 개정 - 「영유아보육법」에 따른 휴원명령으로 일정 기간 이상 휴원하는 등 고용노동부 장관이 정하여 고시하는 사유로 「영유아보육법」이나 다른 법령에 따라 일정한 비용을 지원받은 경우 그 비용 지원액은 「고용보험법」에 따른 지원금과의 차액 계산 시 산입하지 않을 수 있도록 함으로써 직장어린이집에 대한 지원을 확대

년 월 일	주 요 내 용
6. 29.~30. (서면심의)	○ 제6차 자산운용위원회 - 2020년 2/4분기 자산운용 현황 및 운용성과 보고 - 고용·산재기금 3/4분기 자산운용계획(안) 심의
7. 3.	○ 직업훈련생계비대부 규정 개정 - 기존 비정규직 근로자 및 전직실업자에서 무급휴직자, 특수형태근로종사자, 폐업·휴업한 자영업자까지 확대 등
7. 8.	○ 고용유지지원금 특별 지원 고시 개정 - 2월 및 4월 상향된 지원수준을 9.30.까지 적용 (우선지원대상: 2/3 → 9/10, 대규모: 1/2~2/3 → 2/3)
7. 31.	○ 2020년 제3차 고용보험운영전문위원회 개최 - 예술인 고용보험 세부 적용방안 - 예술인 고용보험 추가 논의사항 - 무급휴직 고용유지지원금 요건 합리화 - 유급휴가훈련 지원요건 완화 - 예술인 고용보험 관련 고용보험 제도개선 TF 논의결과
8. 12.	○ 2020년 제7차 고용보험위원회 개최 - 예술인 고용보험 세부 적용방안 - 예술인 고용보험 추가 논의사항 - 무급휴직 고용유지지원금 요건 합리화 - 유급휴가훈련 지원요건 완화 - 예술인 고용보험 관련 고용보험 제도개선 TF 논의결과
8. 24.	○ 관광·공연업 등 특별고용지원 업종 지정 고시, 항공기취급업 등 특별고용지원 업종 지정 고시 개정 - 2020년에 한해 코로나19 관련 특별고용지원업종 지원기간 60일 연장 (연간 180 → 240일) - 특별고용지원업종 무급휴직 신속지원 기간 연장(~12.31.)
8. 25.	○ 직업능력개발훈련 품질관리에 관한 규정 일부개정 - 코로나19 대비 혼합훈련 운영 역량을 높이고 미래형 직업훈련 체제로의 전환을 위하여 집합 훈련기관이 민간 학습관리시스템(LMS)을 임대하여 구축·운영하도록 하는 신규 사업 추진
8. 26.	○ 전문대재학단계 일학습병행 운영대학 신규 선정(1차) - 직업교육 중심으로 운영되고, 조기취업이 가능한 전문대재학생 대상 일학습병행 신규운영대학 선정(동의과학대 등 5개교)
8. 27.~31. (서면심의)	○ 제7차 자산운용위원회 - 2020년 상반기 자산운용 현황 및 운용성과 보고 - 고용보험기금 2020년 하반기 자산운용계획 변경(안) 심의
8. 27.	○ 「고용보험법 시행령」 개정 - 구직급여 반복 부정수급에 따른 구직급여 지급 제한 기간 - 구직급여 지급금의 반환금·추가징수금에의 충당 - 고용보험 관련 사무 수행에 필요한 자료 등의 제공 요청 범위

년월일	주요내용
8. 27.	○ 「산업현장 일학습병행 지원에 관한 법률 시행령」 제정 　- 학습기업 지정 및 지정취소 요건 　- 공동훈련센터 지정 및 지정취소 요건 　- 학습근로계약 해지 사유, 학습근로시간 범위 명확화 　- 평가 및 자격에 관한 사항 등
8. 28.	○ 「산업현장 일학습병행 지원에 관한 법률 시행규칙」 제정 　- 학습기업 지정 절차 　- 학습기업 지정취소, 일학습병행 과정취소, 공동훈련 센터 취소 등 조치기준 　- 일학습병행 자격 등 사업운영에 필요한 서식 등 ○ 일학습병행 직종 및 직종별 교육훈련기준 제정 　- 일학습병행 실시가 가능한 직종 및 직종별 교육훈련기준을 정함 ○ 일학습병행자격 발급 시작 　- 「일학습병행법」 시행(제정 2019.8.27., 시행 2020.8.28.)에 따른 일학습병행 자격 발급
8. 28.	○ 「고용보험법 시행규칙」 개정 　- 사업주의 일학습병행과정에 대한 지원금의 신청 　- 직업안정기관의 장의 사업주에 대한 이직확인서의 제출 요청 　- 구직급여 부정수급에 따른 추가징수액 범위 설정
8. 30.	○ 일학습병행자격과 국가기술자격 간 연계방안 마련 　- 일학습병행자격와 국가기술자격 수준이 동등함을 공식화하고, 자격간 시험 일부 면제를 통하여 연계하는 등을 심의(제29차 자격정책심의회) 　　* L2: 기능사, L3~4: 산업기사, L5: 기사
9. 9.~10. (서면심의)	○ 2020년 제8차 고용보험위원회 개최 　- 2020년 고용보험기금 운용계획 변경(안) 　- 고용보험제도 개선(안)
9. 10.	○ 일학습병행 우수사례 경진대회 　- 일학습병행 학습기업 등의 우수 훈련 사례, 학습 노하우 전수 등 우수사례 발굴·공유 홍보 ○ Best of Champ-Day 개최 　- 컨소시엄 공동훈련의 성적 우수자에 대한 시상을 통해 훈련의 내실화를 도모하고 훈련참여자의 자긍심 고취
9. 15.~16. (서면심의)	○ 2020년 제9차 고용보험위원회 개최 　- 고용보험제도 개선(안)
9. 22.	○ 제3차 성과평가위원회 　- 자산운용 현황 및 운용성과 보고 　- 고용보험기금 성과평가 방안 변경(안) 심의 　- 고용·산재기금 성과평가 규정 개정(안) 심의
9. 25.	○ 제5차 리스크관리위원회 　- 고용·산재기금 리스크관리 현황 보고 　- 고용기금 자산운용계획 변경에 따른 리스크관리 방안 심의 　- 리스크관리 규정 개정(안) 심의

년 월 일	주 요 내 용
9. 28.~29. (서면심의)	○ 제8차 자산운용위원회 - 2020년 3/4분기 자산운용 현황 및 운용성과 보고 - 산재보험기금 4/4분기 자산운용계획(안) 심의

9. 28.	○ 무급휴업·휴직 고용유지지원금 지급규정 개정
	- 무급휴직 신속지원 대상자가 타 사업장 일용근로 시 지원금액 차감 완화
	  * (기존)최대 50만원 범위 내에서 일용근로 소득을 차감하고 지원 →
	    (개정)198만원 범위 내에서 일용근로소득을 차감하고 지원(최대 50만원 지원)

9. 29.	○ 「고용보험법 시행령」 개정 - 무급휴직 실시 요건 완화 (기존 무급휴직 전 3개월 이상 휴업 → 무급휴직 전 1개월 이상 휴업 시 지원 가능) - 무급휴직 고용안정지원금 지급 요건 완화 - 사업주의 유급휴가 직업능력개발 훈련 지원 요건 완화
9. 29.	○ 일학습병행 운영 규정 고시 전부 개정 - 학습기업 및 공동훈련센터 지정, 운영 - 기업현장교사 교육, 등급관리 - 내부평가, 외부평가 등 법에서 위임된 사항 - 학습기업, 공동훈련센터 지원 및 지원금 관리·반납 등 ○ 국가인적자원개발컨소시엄 운영규정 - 일학습병행 공동훈련센터와 관련 규정삭제 - 고숙련 훈련과정을 NCS 6수준이상 → 5수준이상으로 개정

10. 13.	○ 사업주 직업능력개발훈련 지원규정 개정
	- 유급휴가훈련 요건* 한시적 완화(~2020.12.31.)
	  * 1개월 범위내 탄력적으로 3일 이상의 유급휴가 부여 가능
	    (우선지원기업 5일, 20시간 → 3일, 18시간 등)

10. 20.	○ 「고용보험법 시행령」 개정 - 고용유지지원금의 지급대상이 되는 고용유지조치를 실시한 일수의 상한을 연간 240일까지 연장 - 2020년에 한해 일반업종의 지원기간 60일 연장(연간 180 → 240일)
10. 20.	○ IPP형 일학습병행 공동훈련센터 재지정 - 4년제 대학 재학생을 대상으로 장기현장실습 및 일학습병행을 실시하는 IPP형 공동훈련센터(2기) 재지정 ※ 대상 9개교, 재지정 9개교
10. 27.	○ 고숙련 일학습병행(P-TECH) 공동훈련센터 추가 지정 - 도제학교 졸업생의 직무역량 향상을 위한 융합·신기술 훈련과정인 P-TECH 운영대학 지정 - 14개교 추가지정
10. 29.	○ 직업훈련생계비대부 규정 개정 - (지원대상 확대) 고용보험 피보험자격을 취득한 자로 특별고용지원업종에 종사하며 근로시간 조정·교대 근무 또는 1개월 미만의 휴업 등을 통해 임금이 감소하고 이를 소속 사업장에서 확인한 사람 - (부칙) 신규로 포함된 지원대상은 2020년 연말까지 한시적으로 적용

년월일	주 요 내 용
11. 12.	○ 2020년 제4차 고용보험운영전문위원회 개최 - 2020 고용보험기금 운용계획 변경(안) - 고용보험제도 개선방안(안)
11. 17.	○ 제1차 일학습병행 추진계획수립 - 일학습병행 사업의 질적 내실화 및 효율적 운영을 위한 3개년(2021~2023) 추진계획 수립·시행
11. 19.~20. (서면심의)	○ 제6차 리스크관리위원회 - 고용·산재보험기금 2020년 공정가치평가 검증 계획(안) 심의
11. 20.	○ 2020년 제10차 고용보험위원회 개최 - 2020 고용보험기금 운용계획 변경(안) - 고용보험제도 개선방안(안)
11. 20.	○ 전문대재학단계 일학습병행 운영대학 신규 선정(2차) - 직업교육 중심으로 운영되고, 조기취업이 가능한 전문대재학생 대상 일학습병행 신규운영대학 선정 - 경기과학기술대 등 3개교
12. 7.~9. (서면심의)	○ 제4차 성과평가위원회 - 자산운용 현황 및 운용성과 보고 - 고용보험기금 주간운용사 운용현황 보고 - 고용보험기금 비상 자산운용체계 세부 성과평가(안) 심의 - 기타채권 벤치마크 설정(안) 심의
12. 7.	○ 2020년 NCS 기업활용 컨설팅 우수사례 경진대회 - 민간기업의 NCS 활용 우수사례를 발굴하여 타 민간기업 확산을 위한 우수사례 경진대회 개최 * 제이디씨파트너스(주), (주)성우테크, (주)스코넥엔터테인먼트, (주)수미, (주)리얼커머스
12. 8.	○ 「고용보험법 시행령」 개정 - 고용보험 적용대상 예술인의 범위 - 예술인의 피보험자격 이중 취득 - 예술인인 피보험자의 구직급여 지급요건 - 예술인인 피보험자의 출산전후급여 등의 지급요건
12. 8.	○ 도제학교 도제준비과정(Job-Market) 시범운영 - 도제학생과 기업이 상호 충분한 정보 탐색하고 기업과 학생 간 대대다 면접 및 비대면 화상면접 후 기업 현장을 견학하여 실제 직무도 사전 체험 - 11개 산학일체형 도제학교 시범운영 ※ 2022년도 전 도제학교로 확대 예정
12. 10.	○ 「고용보험법 시행규칙」 개정 - 예술인인 피보험자의 피보험자격의 취득·상실신고 등 - 예술인인 피보험자에 대한 구직급여의 지급 결정 등 - 예술인인 피보험자의 출산전후급여 등의 신청·지급

년월일	주 요 내 용
12. 21.	○ 2020년 제11차 고용보험위원회 개최 - 전국민 고용보험 로드맵(안)
12. 23.~24. 〈서면심의〉	○ 제9차 자산운용위원회 - 2020년 4/4분기 자산운용 현황 및 운용성과 보고 - 고용보험기금 2021년 1/4분기 자산운용계획(안) 심의
12. 23.~24. 〈서면심의〉	○ 제7차 리스크관리위원회 - 고용·산재기금 리스크관리 현황 보고 - 2020년 공정가치평가 결과 및 검증 계획 심의
12. 29.	○ 「고용보험법 시행령」 개정 - 2021.1.1.부터 90일 이상 피보험가입 근로자를 대상으로 지원
12. 30.	○ 국가인적자원개발컨소시엄사업 운영규정 - 평가체계 강화를 통한 공동훈련센터의 효율적 관리와 성과 제고를 위하여 개정

12. 30.	○ 직업훈련생계비대부 규정 개정
	- (소득요건) 가구합산 소득이 기준 중위소득 100% 이하인 자
	  * 고용위기지역·특별고용지원업종 및 특별재난지역 훈련생은 코로나19로 인한 어려움이 지속되는 점을 감안, 소득요건 폐지 지속
	- (대부한도) 월 단위 200만원*(1인당 총 2,000만원) 한도
	  * 고용위기지역·특별고용지원업종 및 특별재난지역 훈련생은 코로나19로 인한 어려움을 감안, 월 300만원(1인당 총 3,000만원) 한도
	- (지원기간) 훈련 종료 기간까지 지원

12. 31.	○ 「고용보험법 시행령」 개정 - 고용유지지원금 제도가 적용되지 않는 파견사업주 및 수급사업주에 대해서도 일정한 요건을 충족하면 고용유지지원금을 지급할 수 있도록 제도개선 등 ○ 「고용보험법 시행규칙」 개정 - 파견사업주 및 도급을 받은 사업주에게도 고용유지지원금을 지급할 수 있도록 개편 - 직장어린이집 지원요건인 피보험자의 자녀 수를 자녀 수를 「영유아보육법」에 따른 보호자의 영유아 수로 변경
12. 31.	○ 고용유지지원금 특별 지원 고시 개정 - 2021년에 한하여 피보험가입기간과 관계없이 지원 - 집합제한·금지 업종의 지원 수준 상향 (우선지원대상: 2/3 → 9/10, 대규모: 1/2~2/3 → 2/3)
12. 31.	○ 국민내일배움카드 운영규정 개정 - 직업능력개발 진단 및 상담, 국민취업지원제도 등 법·제도 등의 변경시행에 따라 용어 개선 등

제3절 2021년 고용보험일지

년 월 일	주 요 내 용
1. 8.~11. (서면심의)	○ 2021년 제1차 고용보험위원회 개최 - 2021년 고용보험기금 운용계획 변경(안)
1. 18.	○ 일학습병행 외부평가 응시 및 자격증 발급수수료 제정 - 「일학습병행법」 시행(제정 2019.8.27., 시행 2020.8.28.)으로 일학습병행자격(국가자격)을 발급함에 따라 외부평가 응시 및 자격증 발급 수수료 기준 마련
2. 15.	○ 2021년 제2차 고용보험위원회 개최 - 고용보험제도 개선방안(안) - 2020회계연도 고용보험기금 결산(안) - 2021년 고용보험기금 운용계획 변경(안) - 특고 고용보험 적용 관련 고용보험 제도개선 TF 논의 결과 - 2021년 고용보험기금 운용계획 - 2020년 고용보험기금 여유자산 운용성과
2. 25.~26. (서면심의)	○ 2021년 제3차 고용보험위원회 개최 - 2021년 고용보험기금 운용계획 변경(안) - 고용보험제도 개선(안)
3. 16.	○ 2021년 제1차 고용·산재보험기금 자산운용위원회 개최 - 2020년 금융시장 동향 및 자산운용성과 보고(안) - 고용보험기금 2021년 연간 자산운용계획(안) - 산재보험기금 2021년 연간 자산운용계획(안) - 고용·산재보험기금 자산운용규정 개정(안)
3. 24.	○ K-digital platform 5개 선정 - 5개 기관 선정(한국산업기술대학교, 한국기술교육대학교, 대구디지털산업진흥원, 광주과학기술원, 부산대학교)
3. 29.	○ 2021년 제1차 고용·산재보험기금 성과평가위원회 개최 - 자산운용 현황 및 성과 보고(안) - 고용·산재보험기금 성과평가 규정 개정(안) - 주간운용사 성과보수 의결(안) - 고용·산재보험기금 주간운용사 성과평가
3. 30.	○ 2021년 제1차 고용·산재보험기금 리스크관리위원회 개최 - 고용·산재보험기금 리스크관리현황 보고(안) - 대체투자자산 공정가치평가 검증결과 보고(안) - 고용보험기금 2021년도 시장위험한도 설정(안) - 산재보험기금 2021년도 시장위험한도 설정(안) - 원금비보장형 파생결합상품 리스크한도 설정(안) - 리스크관리 규정 개정(안)

년월일	주요 내용
3. 30.~31. 〈서면심의〉	○ 2021년 제2차 고용·산재보험기금 자산운용위원회 개최 - 자산운용 현황 및 운용성과 보고(안) - 고용보험기금 2021년 2/4분기 자산운용계획(안) - 산재보험기금 2021년 2/4분기 자산운용계획(안)
4. 9.	○ 사업주 훈련 활성화 방안 - 기업 자율성 강화 및 불필요한 규제 개선, 행정절차 간소화 등 추진방안 마련
4. 26.~27. 〈서면심의〉	○ 2021년 제2차 고용·산재보험기금 성과평가위원회 개최 - 자산운용 현황 및 운용성과 보고(안) - 2020년도 고용보험기금 연간 여유자금 운용성과 분석(안) - 2020년도 산재보험기금 연간 여유자금 운용성과 분석(안) - 고용·산재보험기금 성과평가 규정 개정(안) - 2021년도 고용보험기금 주간운용사 성과평가 방안
4. 30.	○ 2021년 제3차 고용·산재보험기금 자산운용위원회 개최 - 2020년도 고용보험기금 여유자금 운용성과 분석(안) - 2020년도 산재보험기금 여유자금 운용성과 분석(안) - 고용보험기금 운용 환경 변화에 따른 계약내역 변경(안)
5. 21.	○ 2021년 제1차 고용보험운영전문위원회 개최 - 특고 고용보험 세부적용방안(고시 규정사항) - 2022년 고용보험기금 운용계획(안) - 2021년 고용보험기금 운용계획 변경(안) - 2021년 여유자금 운용 현황 및 연간 자산배분 계획
5. 26.	○ 2021년 제4차 고용보험위원회 개최 - 특고 고용보험 세부적용방안(고시 규정사항) - 2022년 고용보험기금 운용계획(안) - 2021년 고용보험기금 운용계획 변경(안) - 2021년 여유자금 운용 현황 및 연간 자산배분 계획
6. 9.	○ 2021년 제2차 고용·산재보험기금 리스크관리위원회 개최 - 고용·산재보험기금 리스크관리현황 보고(안) - 대체투자자산 리스크관리 현황 보고(안) - 금리상승에 따른 기금 포트폴리오 점검 보고(안)
6. 17.	○ IPP형 일학습병행 연계과정 개선 방안 - 일학습병행 연계과정 참여 및 연계 실적을 기반으로 장기현장실습 운영을 개선
6. 18.	○ 국가인적자원개발 컨소시엄 20주년 기념 및 우수기관 시상식 개최 - 2020년 성과평가 결과 우수한 공동훈련센터 시상
6. 24.~25. 〈서면심의〉	○ 2021년 제5차 고용보험위원회 개최 - 2021년 고용보험기금 운용계획 변경(안)
6. 29.~30. 〈서면심의〉	○ 2021년 제4차 고용·산재보험기금 자산운용위원회 개최 - 자산운용 현황 및 운용성과 보고(안) - 고용보험기금 2021년 3/4분기 자산운용계획(안) - 산재보험기금 2021년 3/4분기 자산운용계획(안)
6. 30.	○ 사업주훈련 기업일배움카드[바우처] 훈련기관 모집 공고 - 사업주훈련 참여에 어려움을 겪는 중소기업을 위한 우수과정 이용가능 사업 (상시근로자 수 30인 미만, 훈련비 최대 500만원 지원)

년월일	주요 내용
6. 30.	○ 국민내일배움카드 운영규정 개정 - '디지털 기초역량훈련과정(K-디지털 크레딧)' 등 특화사업 지원근거 마련
7. 1.	○ 2021년 제2차 고용보험운영전문위원회 개최 - 고용보험 제도개선(안)
7. 1.	○ 「고용보험법 시행령」 개정 - 노무제공자 고용보험 적용대상 등 - 노무제공자인 피보험자에 대한 구직급여 수급자격 등 ○ 「고용산재보험료징수법」 개정 - 노무제공자의 보험료 부과소득 기준·보험료·고용보험료 지원 등
7. 1.	○ 직업훈련생계비대부규정 개정 - 신청인 증빙서류(주민등록등본 등)를 행정정보공동이용시스템을 통해 근로복지공단이 확인하도록 국민 편익 증가
7. 9.	○ 2021년 제6차 고용보험위원회 개최 - 고용보험 제도개선(안)
7. 30.	○ 일학습병행 공동훈련센터 복수사업 통합운영 계획 - 사업유형별로 지정·운영하던 공동훈련센터를 일원화하여 '일학습병행 통합 공동훈련센터'로 운영
8. 1.	○ 중소사업주를 위한 '기업직업훈련카드' 시범사업 시행 - 최근 3년간 직업훈련을 실시 하지 않은 상시 근로자 수 30인미만 중소기업 대상으로 훈련비를 최대 500만원(자부담 10%)을 지원
8. 10.~11. (서면심의)	○ 2021년 제7차 고용보험위원회 개최 - 2021년 고용보험기금 운용계획 변경(안)
8. 17.	○ 일학습병행 훈련방식 다각화 추진 방안 마련 - 훈련 우수기업 참여 확대를 위해 기존 직능사업과의 연계를 통한 훈련기간· 시간 제한 및 대기업에 대한 훈련비·훈련장려금 감액 지원기준을 완화
8. 18.	○ SW특화 기업맞춤형 훈련 참여기업 모집 공고 - SW분야 벤처·중소기업의 재직자 훈련 지원을 위하여 기존 기본·단기과정에서 장기(최대 1년) 모델까지 신설
8. 24.	○ 2021년 제5차 고용·산재보험기금 자산운용위원회 개최 - 자산운용 현황 및 운용성과 보고(안) - 고용보험기금 국가소송 추진(안) - 고용보험기금 주간운용사 손실상품 점검결과 보고(안)
8. 25.	○ PBL 운영방식 일학습병행 재학단계 확대운영 계획 - 성과기반 훈련 체계 구축과 훈련 운영의 자율성 강화를 위한 PBL(Project Based Learning) 운영 방식을 기존 재직자단계에서 재학생단계까지 확대 도입
8. 30.	○ 국민내일배움카드 운영규정 개정 - '디지털 기초역량훈련과정(K-디지털 크레딧)' 훈련생 자부담 비용 (훈련비용의 10%) 수료 후 환급 규정 신설
8. 31.	○ 2021년 제6차 고용·산재보험기금 자산운용위원회 개최 - 고용보험기금 국가소송 추진(안) - 고용보험기금 주간운용사 손실상품 점검결과 보고(안)

년월일	주요 내용
9. 1.	○ 2021년 제8차 고용보험위원회 개최 - 고용보험기금 재정건전화 방안
9. 6.	○ 지역특화 장기유급휴가훈련 확대 추가 - 기존 경상남도 외에 부산광역시 및 인천광역시 중구와 지역특화 장기유급 휴가 훈련 업무협약 추가 체결
9. 7.	○ 2021년 제7차 고용·산재보험기금 자산운용위원회 개최 - 고용보험기금 국가소송 추진(안)
9. 15.	○ 2021년 제3차 고용·산재보험기금 리스크관리위원회 개최 - 고용·산재보험기금 리스크관리 현황 보고(안) - 위기인식지수 개선(안) 보고(안) - 업무연속성계획(BCP) 신설(안) - 고용보험기금 주간운용사 손실상품 점검결과 보고(안)
9. 16.	○ 2021년 제3차 고용·산재보험기금 성과평가위원회 개최 - 자산운용 현황 및 성과 보고(안) - 2020회계년도 기금운용 평가결과[자산운용부문] 보고(안) - 고용보험기금 파생결합펀드(DLF) 운용 결과 보고(안) - 벤치마크(BM)설정의 적정성 검토 결과 보고(안)
9. 16.-17. (서면심의)	○ 2021년 제9차 고용보험위원회 개최 - 2021년 고용보험기금 운용계획 변경(안) - 고용보험 제도개선(안)
9. 16.	○ 일학습병행 우수사례 경진대회 - 일학습병행 학습기업 등의 우수 훈련 사례, 학습 노하우 전수 등 우수사례 발굴·공유 홍보
9. 28.	○ 2021년 제8차 고용·산재보험기금 자산운용위원회 개최 - 자산운용 현황 및 운용성과 보고(안) - 고용보험기금 2021년 4/4분기 자산운용계획(안) - 산재보험기금 2021년 4/4분기 자산운용계획(안) - 고용보험기금 주간운용사 손실상품 점검결과 보고(안)
9. 29.	○ 「근로자직업능력 개발법 시행령」 개정 - 사업주 직업능력개발훈련과정의 인정요건 중 최소훈련시간 4시간 이상으로 단축
10. 1.	○ 사업주 직업능력개발훈련 지원규정 개정 - 신기술·우수훈련 과정에 대한 조정계수 및 지원한도 폐지, 평가방식 다양화, 지원금 지급방식 개편 등 행정절차 간소화
10. 1.	○ 「고용보험법 시행령」 개정 - 현장맞춤형체계적훈련 장기간(6개월 이상) 훈련시 사업주 훈련 지원한도 산정에서 제외

11. 24.	○ 2021년 제4차 고용·산재보험기금 성과평가위원회 개최
	- 자산운용 현황 및 성과 보고(안)
	- [고용보험기금]
	  2020년도 기금운용 성과분석에 따른 이행상황 점검 결과 보고(안)
	- [산재보험기금]
	  2020년도 기금운용 성과분석에 따른 이행상황 점검 결과 보고(안)

년 월 일	주 요 내 용
11. 24.~26. (서면심의)	○ 2021년 제10차 고용보험위원회 개최 　- 2021년 고용보험기금 운용계획 변경(안)
12. 1.	○ 2021년 제4차 고용·산재보험기금 리스크관리위원회 개최 　- 고용·산재보험기금 리스크관리 현황 보고(안) 　- 위기상황 대응전략 개정(안) 　- 업무연속성계획(BCP) 신설(안) 　- 컴플라이언스 기준 개정(안)
12. 20.	○ 2021년 제11차 고용보험위원회 개최 　- 2022년 근로자 기준보수 고시(안) 　- 예술인 기준보수 및 경비율 고시(안) 　- 실업급여 부정수급 업무 개편 방안 　- 실업인정 개편 방안
12. 21.	○ 2021년 제9차 고용·산재보험기금 자산운용위원회 개최 　- 자산운용 현황 및 운용성과 보고(안) 　- 고용보험기금 2022년 1/4분기 자산운용계획(안) 　- 산재보험기금 2022년 1/4분기 자산운용계획(안) 　- 산재보험기금 ESG 도입 연구용역 보고(안)
12. 23.	○ 고숙련 일학습병행 확대 운영 　- 직업계고 졸업생의 국가자격과 전문학사 취득을 돕는 '고숙련 일학습병행 　(P-TECH)' 운영 대학 11개교 추가 선정하여 60개 대학으로 확대
12. 27.~28. (서면심의)	○ 2021년 제5차 고용·산재보험기금 리스크관리위원회 개최 　- 2021년 공정가치평가 결과 및 검증계획(안)

제4절 2022년 고용보험일지

년월일	주 요 내 용
1. 1.	○ 직업훈련생계비대부규정 개정 - 대부대상 중 특수형태근로종사자 제외, 자영업자인 피보험자 지원 - 소득요건(기준 중위소득 80%이하) 및 대부한도(1인당 월 2백만원, 총 1천만원 한도) 규정 - 대상훈련을 총 훈련시간(140시간 이상)으로 명확히 설정
1. 13.	○ 일학습병행 직종 및 직종별 교육훈련기준 고시 일부 개정 - 신기술분야 11개 종목 신설, 기존 2개 종목을 8개로 분할 편성 - 138개 종목 교육훈련기준 개선 ○ 사업주 직업능력개발 지원규정 고시 일부 개정 - 사업주훈련 인정요건(직무훈련의 지원범위확대, 인터넷원격훈련 최소훈련시간 단축 등)에 관한 규정
1. 27.	○ '일학습병행정책과' → '기업훈련지원과' 부서 명칭 변경
2. 23.~25.	○ 2022년 제1차 고용보험위원회 개최 (서면심의) - 2021년 회계연도 고용보험기금 결산(안) - 2021년 고용보험기금 여유자산 운용성과 - 2022년 고용보험기금 운용계획
3. 4.	○ 2022년 제2차 고용보험위원회 개최 - 특고 고용보험 추가 적용방안
3. 10.	○ 2022년 제1차 자산운용위원회 - 고용·산재보험기금 2021년 자산운용 성과 - 고용·산재보험기금 연간 자산운용계획(안)
3. 29.	○ 2022년 제1차 리스크관리위원회 - 고용·산재보험기금 리스크관리 현황 - 고용·산재보험기금 2022년 시장위험한도 설정(안) - 고용·산재보험기금 대체투자자산 공정가치평가 검증결과 - 금융시장 변동성 확대에 따른 기금 포트폴리오 점검
3. 30.~31.	○ 2022년 제2차 자산운용위원회 (서면심의) - 고용·산재보험기금 자산운용 현황 및 성과 - 고용·산재보험기금 2/4분기 자산운용계획(안)
3. 31.	○ 중소기업 직업능력개발 지원사업 실시규정 고시 일부 개정 - 중소기업의 체계적인 현장훈련 참여 제한업종 요건 완화 규정 ○ 2022년 제1차 성과평가위원회 - 고용·산재보험기금 주간운용사 성과평가 시행계획 - 고용·산재보험기금 주간운용사 정성지표 평가 및 성과평가 최종결과 확정 - 고용·산재보험기금 자산운용현황 및 성과 - 고용·산재보험기금 주간운용사 성과보수 의결(안)
4. 6.	○ 2022년 제1차 고용보험운영전문위원회 개최 - 2023년 고용보험기금 예산(안) 편성방향

년 월 일	주 요 내 용
4. 7.	○ 일학습병행 운영규정 고시 일부 개정 - 대기업 지원 체계 개편, 행정절차 간소화 및 용어 정비 등
4. 8.	○ 국가인적자원개발컨소시엄운영규정 고시 일부 개정 - 공동훈련센터 요건 추가를 통한 참여기관 다각화 및 신규 추진 사업의 법적 근거 마련을 위하여 현행 규정 개정
4. 19.	○ 2022년도 미래유망분야 고졸인력 양성사업 참여학과 선정 - 32개학과, 26개교 ○ 일학습병행 경력개발 고도화 시범운영 계획 승인 - 7개교 시범사업 승인
4. 27.	○ 국가인적자원개발컨소시엄 산업전환 공동훈련센터 약정식 - 신규기관 14개소 약정체결 및 운영방안 논의
4. 29.	○ 2022년 제2차 고용보험운영전문위원회 개최 - 2023년 고용보험기금 중점투자 방향
5. 4.~9.	○ 2022년 제3차 고용보험위원회 개최 (서면심의) - 2022년 고용보험기금운용계획 변경(안) - 공공자금관리기금 예수이자상환 감액
5. 20.	○ 2022년 제3차 고용보험운영전문위원회 개최 - 2023년 고용보험기금운용계획(안) - 2022년 여유자금 운용 현황 및 연간 자산배분계획
5. 23.	○ 일학습병행 공동훈련센터 통합운영 계획 수립 - 일학습병행 공동훈련센터 사업간 간막이를 제거하여 비효율 개선 및 사업유형간 연계 강화
5. 26.	○ 2022년 제4차 고용보험위원회 개최 - 2023년 고용보험기금운용계획(안) - 2022년 여유자산 운용 현황 및 연간 자산배분계획
6. 27.	○ 2022년 제2차 리스크관리위원회 - 고용·산재보험기금 리스크관리현황 - 고용·산재보험기금 대체투자 리스크관리 현황 - 고용·산재보험기금 운영위험 체크리스트 신설(안) - 고용·산재보험기금 21회계연도 기금 자산운용부문 평가 결과
6. 27.~29.	○ 2022년 제5차 고용보험위원회 개최 (서면심의) - 2022년 고용보험기금운용계획 변경(안)
6. 28.	○ 2022년 제3차 자산운용위원회 - 고용·산재보험기금 자산운용 현황 및 성과 - 고용·산재보험기금 3/4분기 자산운용계획(안) - 고용·산재보험기금 자산운용위원회 분리 검토(안)
6. 29.	○ 2022년 제2차 성과평가위원회 - 고용·산재보험기금 자산운용 현황 및 성과 - 고용·산재보험기금 2021회계연도 기금 자산운용부문 평가결과 - 고용·산재보험기금 연간 자산배분계획

년 월 일	주 요 내 용
7. 19.	○ 기업직업훈련 혁신 및 활성화 방안 발표 - 직업훈련을 통한 중소기업의 혁신성장 지원 방안 발표
7. 29.	○ 2022년 제3차 리스크관리위원회 - 금융시장 변동성 확대에 따른 기금 포트폴리오 긴급 점검
8. 19.	○ 기업직업훈련카드 시범사업 실시 - 한도 내 직업훈련제도의 비용 및 행정절차 부담을 완화한 기업직업훈련카드 도입
8. 26.	○ 2022년 제4차 고용보험운영전문위원회 개최 - 고용보험 제도개선(안) - 2022년 고용보험기금운용계획 변경(안)
9. 2.	○ 2022년 제6차 고용보험위원회 개최 - 고용보험 제도개선(안) - 2022년 고용보험기금운용계획 변경(안) - 2023년 고용보험기금 운용계획(정부안)
9. 26.	○ 2022년 제4차 리스크관리위원회 - 고용·산재보험기금 리스크 관리 현황 - 고용·산재보험기금 대체투자자산 기업투자군 현황 점검 - 고용·산재보험기금 리스크관리규정 폐지 및 제정(안)
9. 27.	○ 2022년 제4차 자산운용위원회 - 고용·산재보험기금 자산운용 현황 및 성과 - 고용·산재보험기금 4/4분기 자산운용계획(안) - 고용·산재보험기금 자산운용지침(IPS) 개정(안)
9. 29.	○ 2022년 제3차 성과평가위원회 - 고용·산재보험기금 자산운용현황 및 성과 - 고용·산재보험기금 대체투자 현황 - 고용·산재보험기금 성과평가규정 폐지 및 제정(안)
10. 12.~14.	○ 2022년 제7차 고용보험위원회 개최 (서면심의) - 2022년 고용보험기금운용계획 변경(안)
11. 22.	○ 2022년 제5차 자산운용위원회 - 고용·산재보험기금 차기 주간운용사 선정 추진상황
11. 24.	○ 직업훈련 규제혁신 방향 발표 - 기업의 직업훈련 자율성 확대, 근로자 직업훈련 선택권 강화 - 기업의 훈련비용 면제와 행정절차 간소화
11. 28.	○ 2023년도 미래유망분야 고졸인력 양성사업 참여학과 공모 - 23개 학과 모집 예정
11. 29.~12. 1.	○ 2022년 제8차 고용보험위원회 개최 (서면심의) - 고용보험 제도개선(안) - 2022년 고용보험기금운용계획 변경(안)
12. 6.	○ 국가인적자원개발컨소시엄운영규정 고시 일부 개정 - 지원받은 시설·장비에 대해 내용연수에 따른 보조금의 잔존가액 반납 원칙 명료화 및 공동훈련센터 운영상황에 따른 현행화를 위하여 현행 규정 개정

년월일	주 요 내 용
12. 19.	○ 2022년 제6차 자산운용위원회 　- 고용·산재보험기금 자산운용 현황 및 성과 　- 고용·산재보험기금 차기 주간운용사 선정 기준·절차(안) 　- 고용·산재보험기금 2023년 1/4분기 자산운용계획(안)
12. 22.	○ 2022년 제4차 성과평가위원회 　- 고용·산재보험기금 자산운용 현황 및 성과 　- 고용·산재보험기금 투자자산 리스크 점검 　- 제3기 고용·산재보험기금 주간운용사 선정 추진상황 　- 고용·산재보험기금 성과평가규정 폐지 및 제정(안)
12. 28.	○ 사업주 직업능력개발 지원규정 고시 일부 개정 　- 능력개발전담주치의 제도 운영 근거마련, S-OJT·학습조직화 사업의 규제개선을 위한 규정개정
12. 28.~30.	○ 2022년 제5차 고용보험운영전문위원회 개최 (서면심의) 　- 2023년 고용보험기금운용계획
12. 29.	○ 2022년 제5차 리스크관리위원회 　- 고용·산재보험기금 리스크관리 현황 　- 고용·산재보험기금 투자자산 리스크점검 　- 고용·산재보험기금 대체투자 리스크관리 현황 　- 고용·산재보험기금 공정가치평가 결과 및 검증계획 　- 고용·산재보험기금 리스크관리규정 제정(안)

제5절 2023년 고용보험일지

년 월 일	주 요 내 용
1. 1.	○ 고용위기지역 지정 고시 제정 　- 거제시 고용위기지역 신규 지정 ○ 직업훈련생계비대부규정 개정 　- 우대지원 대상 확대(보호종료아동 포함) 및 온라인교육 훈련시간 합산규정 제외 등 ○ 국민내일배움카드 운영규정 고시 일부 개정 　- 아프간 특별 기여자, 차상위계층 등 취약계층 훈련비 지원 강화 등
1. 11.~12.	○ 제1차 자산운용위원회 (서면심의) 　- 차기 주간운용사 선정 기준·절차(안)
1. 17.~18.	○ 제2차 자산운용위원회 (서면심의) 　- 차기 주간운용사 선정 절차 및 기준(안)
1. 31.	○ 일학습병행 외부평가 응시 및 자격증 발급수수료 일부 개정 　- 일학습병행 18개 직종(19개 종목) 신설에 따른 평가 응시 수수료 개정 고시
2. 2.	○ 능력개발전담주치의 발대식(공단 23개 사무소, 135명)
2. 20.	○ 2023년 제1차 고용보험운영전문위원회 개최 　- 고용보험법·고용산재보험료징수법 개정사항 주요 내용 　- 고용보험위원회 운영세칙 개정(안) 　- 2022년 고용보험기금 여유자산 운용성과 　- 2023년 고용보험기금 운용계획 　- 농·어업분야 고용보험 제도개선 방안
2. 24.	○ 2023년 제1차 고용보험위원회 개최 　- 고용보험법 등 하위법령 개정(안) 　- 2022회계연도 고용보험기금 결산(안) 　- 고용보험위원회 운영세칙 개정(안) 　- 농·어업분야 고용보험 제도개선 방안 　- 2022년 고용보험기금 여유자산 운용성과 　- 2023년 고용보험기금 운용계획
3. 10.	○ 제3차 자산운용위원회 　- 2022년 자산운용성과 　- 고용보험기금 2023년 연간 자산운용계획(안) 　- 산재보험기금 2023년 연간 자산운용계획(안)
3. 30.	○ 제1차 리스크관리위원회 　- 고용·산재보험기금 리스크관리 현황 　- 해외부동산 투자현황 점검 　- 고용보험기금 2023년 시장위험 한도 설정(안) 　- 산재보험기금 2023년 시장위험 한도 설정(안)

년월일	주요내용
3. 30.	○ 제1차 성과평가위원회 - 2022년 고용·산재보험기금 주간운용사 성과평가 시행계획 - 주간운용사 정성지표 평가 및 성과평가 최종결과 확정 - 주간운용사 성과보수 의결(안) - 자산운용 현황 및 성과
3. 30.	○ 2023년 기업 맞춤형 국가기간·전략산업직종훈련 심사계획 공고
3. 30.~31.	○ 제4차 자산운용위원회 (서면심의) - 자산운용 현황 및 운용성과 - 고용보험기금 2/4분기 자산운용계획(안) - 산재보험기금 2/4분기 자산운용계획(안)
4. 5.	○ 2023년 제2차 고용보험운영전문위원회 개최 - 2024년 고용보험기금 예산(안) 편성방향
4. 21.	○ 「일학습병행 직종 및 직종별 교육훈련기준」 일부개정 - 일학습병행 6개 직종(6개 종목) 신설 - 10개 직종(11개 종목)의 능력단위, 훈련시간 조정 등 교육훈련기준 개선
5. 17.	○ 제2차 리스크관리위원회 - SVB사태 이후 금융 리스크 점검과 대응계획 - 대체투자자산 공정가치평가 검증결과
5. 22.	○ 2023년 제3차 고용보험운영전문위원회 개최 - 2024년 고용보험기금운용계획(안) - 2023년 여유자금 운용현황 및 연간 자산배분계획
5. 26.	○ 2023년 제2차 고용보험위원회 개최 - 2024년 고용보험기금운용계획(안) - 2023년 고용보험사업 평가결과 - 2023년 여유자금 운용 현황 및 연간 자산배분 계획
6. 1.	○ 국민내일배움카드 운영규정 고시 일부 개정 - 지원 대상 확대(생계급여 조건 부과 유예자) 및 K-디지털 트레이닝 단기과정 신설, 중장년 새출발 카운슬링(크레딧) 자부담 폐지 등
6. 2.	○ 제2차 성과평가위원회 - 자산운용 현황 및 성과 - 해외부동산 리스크관리 현황 - 차기 주간운용사 우선협상대상기관 선정 결과 - 고용·산재보험기금 주간운용사 성과평가 개선방안 - 고용보험기금 성과평가규정 개정(안) - 산재보험기금 성과평가규정 개정(안)
6. 21.	○ 제5차 자산운용위원회 - 자산운용 현황 및 운용성과 - 고용보험기금 3/4분기 자산운용계획(안) - 산재보험기금 3/4분기 자산운용계획(안) - 고용·산재보험기금 주간운용사 우선협상대상기관 협상결과

년 월 일	주 요 내 용
7. 4.	○ 제3차 리스크관리위원회 - 리스크관리 현황 - 위기상황 대응전략 개정(안) - 고용·산재보험기금 주간운용사 선정 결과 - 2022회계연도 기금 자산운용평가부문 평가결과
7. 18.	○ 제3차 성과평가위원회 - 22회계연도 기금운용(자산운용부문) 평가 결과 - 고용·산재보험기금 제3기 주간운용사 선정 결과 - 2023년 상반기 주간운용사 성과보수 의결(안)
7. 21.~24.	○ 2023년 제4차 고용보험운영전문위원회 개최 (서면보고) - 2023년 고용보험기금운용계획 변경(안)
7.24.~26.	○ 2023년 제3차 고용보험위원회 개최 (서면심의) - 2023년 고용보험기금운용계획 변경(안) - 2023년 고용보험사업 평가결과 - 2023년 여유자금 운용 현황 및 연간 자산배분 계획
8. 16.	○ 2023년 기업 맞춤형 국가기간·전략산업직종훈련 선정결과 공고
8. 22.	○ 2023년 제5차 고용보험운영전문위원회 개최 - 고용보험법 및 하위법령 등 개정(안)
8. 31.	○ 제4차 리스크관리위원회 - 리스크관리 현황 - 해외부동산 주요 리스크 점검 - 최근 금융시장의 특이 현상 점검 - 한미 금리 역전 심화에 따른 리스크 점검 - 하반기 글로벌 은행권 리스크 점검
9. 1.	○ 2023년 제4차 고용보험위원회 개최 - 고용보험법 및 하위법령 등 개정(안)
9. 12. ~9. 26.	○ 우수사례 경진대회 - 컨소시엄(9.12.~13.), 사업주(9.25.), 일학습병행(9.26.)
9. 14.	○ 2023년 제6차 고용보험운영전문위원회 개최 - 고용보험법 및 보험료징수법 하위법령 개정(안)
9. 21.	○ 2023년 제5차 고용보험위원회 개최 - 고용보험법 및 보험료징수법 하위법령 개정(안)
9. 21.	○ 제6차 자산운용위원회 - 자산운용 현황 및 운용성과 - 고용보험기금 4/4분기 자산운용계획(안) - 산재보험기금 4/4분기 자산운용계획(안) - 고용·산재보험기금 대체투자 운용 현황
10. 16.	○ 제5차 리스크관리위원회 - 고용보험기금 해외부동산 추가출자 검토(안)

년월일	주요 내용
10. 16.~17.	○ 2023년 제7차 고용보험운영전문위원회 개최 〈서면보고〉 - 2023년 고용보험기금운용계획 변경(안)
10. 17.~18.	○ 2023년 제6차 고용보험위원회 개최 〈서면심의〉 - 2023년 고용보험기금운용계획 변경(안)
10. 23.	○ 국민내일배움카드 운영규정 고시 일부 개정 - 취약계층 지원 강화를 위한 계좌한도 추가지원 대상 변경 및 국가기간·전략산업 훈련 직종 신설, 가사근로자의 훈련비 자부담율 완화 등
10. 31.	○ 외국인 직업훈련 활성화를 위한 현장간담회 개최 - 6개 조선사 현장간담회를 통한 애로사항 수렴
11. 28.	○ 2023년 제8차 고용보험운영전문위원회 개최 〈서면보고〉 - 2023년 고용보험기금운용계획 변경(안) - 고용산재보험료징수법 관련 고시 개정(안) - 농어업분야 제도개선 관련 고용보험법 등 하위법령 개정(안) - 소득기반 고용보험 제도개선 TF 주요 논의 진행 사항(적용, 부과·징수)
11. 29.	○ 제4차 성과평가위원회 - 자산운용 현황 및 성과 - 고용·산재보험기금 제3기 주간운용사 사업계획
11. 30.	○ HD현대중공업 산업전환 공동훈련센터 개소식(국가인적자원개발컨소시엄)
11. 30.~12.1.	○ 2023년 제7차 고용보험위원회 개최 〈서면심의〉 - 2023년 고용보험기금운용계획 변경(안) - 고용산재보험료징수법 관련 고시 개정(안) - 농어업분야 제도개선 관련 고용보험법 등 하위법령 개정(안)
12. 18.~19.	○ 2023년 제9차 고용보험운영전문위원회 개최 〈서면보고〉 - 2023년 고용보험기금운용계획 변경(안)
12. 20.~21.	○ 2023년 제8차 고용보험위원회 개최 〈서면심의〉 - 2023년 고용보험기금운용계획 변경(안)
12. 22.	○ 제6차 자산운용위원회 - 자산운용 현황 및 운용성과 - 고용보험기금 1/4분기 자산운용계획(안) - 산재보험기금 1/4분기 자산운용계획(안)
12. 26.	○ 고용보험법 시행령 일부개정 - 고용유지지원 제도 개편안 반영
12. 26.	○ 제6차 리스크관리위원회 - 리스크관리 현황 - 2023년 공정가치평가 결과 및 검증계획 - 대체투자 리스크관리 현황
12. 29.	○ 고용보험법 시행규칙 일부개정 - 고용유지지원 제도 개편안 반영

**2024년판
고용보험백서**

The Employment
Insurance
White paper

고용보험제도 그간의 변천과정

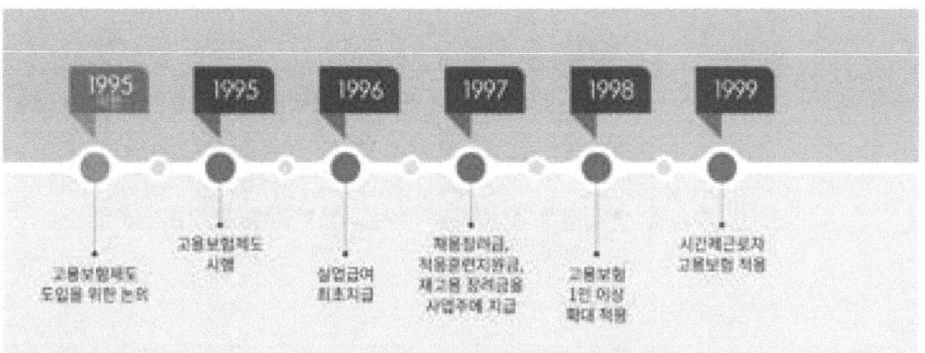

| 1995년 이전 | **고용보험제도 시행준비** |

1990. 12.
- 정부, 제7차 경제사회발전 5개년 계획 중 고용보험제도 준비를 위한 고용보험소위원회 구성

1991. 6.
- 경제기획원에서 관계부처 및 학계, 노사대표 등이 참석한 가운데 고용보험제도 도입에 대한 정책협의회 개최

1991. 8.
- 제7차 경제사회발전 5개년 계획 고용보험 도입 결정

1992. 3.
- 제7차 경제사회발전 5개년 계획 고용보험 시행키로 방침 확정

1992. 5.
- 한국노동연구원 학계인사 30명으로 '고용보험기획단' 구성, 고용보험 실시방안 연구 작업 착수

1993. 4.
- 노총, 경총의 중앙노사합의에서 고용보험제도 조기실시를 대정부 건의사항으로 채택

1993. 5.
- 고용보험기획단 '우리나라 고용보험제도의 실시방안' 정부 제출

1993. 7.
- 신경제 5개년 계획에서 고용보험제도를 1995년에 시행하기로 함

1993. 12.
- 「고용보험법」 제정
- 국회 본회의에서 만장일치로 통과

1994. 8.
- 고용보험전산망 구축을 위한 기본계획 수립

1995년 이전

적용 · 징수

1995. 4.
- 「고용보험법 시행령」 제정

1995. 6.
- 「고용보험법 시행규칙」 제정

1995. 7.
- 고용보험제도 시행
  - 적용대상: 실업급여 30인 이상, 고용안정·직업능력개발 70인 이상
  - 「고용보험법」 적용제외: 건설공사 금액 40억원 미만
- 고용보험피보험자관리규정 제정
- 휴업수당지원금, 인력재배치지원금, 전직훈련지원금, 고령자 다수고용장려금, 육아휴직장려금, 직장보육시설설치비융자 등의 지원제도 신설

1996. 7.
- 고용보험 전산망 구축

1996. 12.
- 60세 이전에 고용된 고용보험적용 대상자도 65세가 되면 적용제외

1997. 5.
- 우선지원 대상기업 범위 확대

1997. 8.
- 휴직, 기타 이와 유사한 상태에 있는 기간 동안 지급받는 금품 중 고용노동부장관이 정하는 금품에 대하여 임금으로 봄

1998. 1.
- 고용안정·직업능력개발 50인 이상 사업장 적용 확대
- 실업급여 10인 이상 사업장 적용 확대

1998. 2.
- 시간제근로자 적용제외 대상범위 설정
  (1개월간 소정근로시간이 80시간 미만인 자)

1998. 3.
- 실업급여 5인 이상 사업장 적용 확대

1998. 6.
- 「고용보험법」 적용제외 건설공사 금액변경
  (34억원 → 3억 4천만원 미만)

1998. 7.
- 고용안정·직업능력개발 5인 이상 사업장 적용확대

1998. 9.
- 적용대상자 확대
  - 시간제: 주 30.8시간 이상 → 월 80시간(주 18시간) 이상
  - 임시직: 3개월 이상 → 1개월 이상
- 단기고용근로자 범위 축소(3개월 → 1개월 이내)

1998. 10.

- 고용보험 전 사업장으로 적용 확대
  - 근로자를 1인 이상 고용하는 모든 사업장
  - 임시·시간제 근로자도 적용 실시

1999. 1.

- 고용보험료율 인상
  - 실업급여 사업 6/1000 → 10/1000
  - 고용안정 사업 2/1000 → 3/1000

1999. 2.

- 선원에 대한 고용보험 적용 확대
  (원양봉수망어업, 원양채 낚기어업 등의 종사선원도 적용대상)

1999. 7.

- 시간제근로자 고용보험 적용

1996~1999년 | 고용안정 · 직업능력 개발사업

1996. 3.

- 하나의 사업주가 2 이상의 사업을 행하는 경우 교육훈련 등 계획의 신고시 주된 사업장에서 일괄 제출하던 것을 사업장 별로 관할 고용센터에 제출

1996. 9.

- 직업능력개발지원금을 당해 연도 훈련 종료 후 지급할 수 있도록 변경
- 고령자수강장려금의 지원 범위 확대

1997. 5.

- 창업교육훈련실시 사업주에 대해 창업교육훈련지원금 지급
- 채용장려금, 적응훈련지원금, 재고용장려금을 사업주에 지급
- 퇴직공제부금 지원제도 신설
- 교육훈련에 대한 시설, 장비구입비용 대부
- 이직예정자를 대상으로 하는 창업교육훈련지원금 신설

1997. 6.
- 고령자고용촉진장려금 지원기준 상향(5% → 6%)

1997. 12.
- 근로시간단축지원금, 고용유지훈련지원금, 근로자사외파견 지원금, 장기실직자채용 장려금 지원제도 신설
- 수강장려금 지급대상 확대
  (50세 이상자 외에 고용조정으로 인한 이직예정자)

1998. 7.
- 휴직수당지원금 신설하여 고용유지지원금으로 통합
- 고용유지지원금 지급요건을 완화하여 근로시간 단축기간 조정(3개월 이상 → 1개월 이상)

1999. 2.
- 채용장려금에 감원방지기간을 설정
- 채용장려금 지급 수준 상향(1/3 → 1/2)
- 고용유지지원금 지원기간 명확화(6개월 → 180일)
- 종업원 인수기업에 대한 지원제도 도입
  - 종전사업 근로자의 60% 이상이 당해사업에 재배치
  - 종전사업 근로자가 당해사업 지분의 50%를 초과하여 취득하고 있는 사업이 휴업·근로시간 단축 등 고용유지 조치를 취하는 경우

1999. 7.
- 직업능력개발훈련비용 지원한도 사유 확대
- 재고용장려금 제도, 장기실업자고용촉진장려금제도 신설

1995~1999년 실업급여 · 모성보호 사업

1995. 7.
- 실업급여 30인 이상 사업장 적용

1996. 7.
- 실업급여 최초(기본급여 + 취직촉진수당) 지급 개시

1998. 1.

- 실업급여 10인 이상 사업장 적용 확대

1998. 3.

- 실업급여 5인 이상 사업장 적용 확대
- 특별연장급여 신설
- 대량 실직에 따라 구직급여 수급요건 한시 완화
  (1998.3.1.~1999.6.30.)
  - 18개월간 피보험 단위 기간 12개월간 → 12개월간 피보험 단위 기간 6개월
- 25세 미만자의 소정급여일수 확대(30~210일 → 60~210일)
- 정부, 종합실업대책 발표
  - 총 재원을 노사정합의 5조21억원에서 7조9천억원으로 증액
  - 공공근로사업의 확충, 실직자생계지원, 영세중소기업고용 안정지원, 직업훈련 지원확대 등

1998. 7.

- 제1차 특별연장급여 시행(1998.7.15.~1999.1.14.)
- 특별연장급여 지급제한 범위 결정
  (24개월분(730일분) 이상의 금품을 지급받은 자)

1998. 9.

- 이직시 고액금품 수령자에 대해 실업신고일로부터 3개월간 구직급여 지급 유예

1998. 10.

- 고용보험 전 사업장(1인 이상)으로 적용 확대
- 최저 구직급여일액 70% 설정
- 고액금품(1억) 수령자 3개월 지급유예 시행

1999. 1.

- 제2차 특별연장급여 시행(1999.1.15.~1999.6.30.)
  - 지급일수 60일, 구직급여일액의 70% 지급

1999. 2.

- 실업예방을 위한 고용유지지원금 확충, 실직자재취업을 위한 채용장려금 확대
- 개별연장급여 시행
  - 취직이 특히 곤란하고 생계지원이 필요한 수급자격자에게 구직급여의 70%를 60일간 연장지급
  - 지급기간 단일화(30세 미만 30일, 30세 이상 60일 → 60일)
- 특별연장급여 선택제도 도입
- 실업급여 4인 이하 사업장 지급 개시

1999. 7.

- 급여 기초임금일액 하향 조정(7만원 → 6만원)
- 제3차 특별 연장급여 시행(1999.7.1.~1999.12.31.)

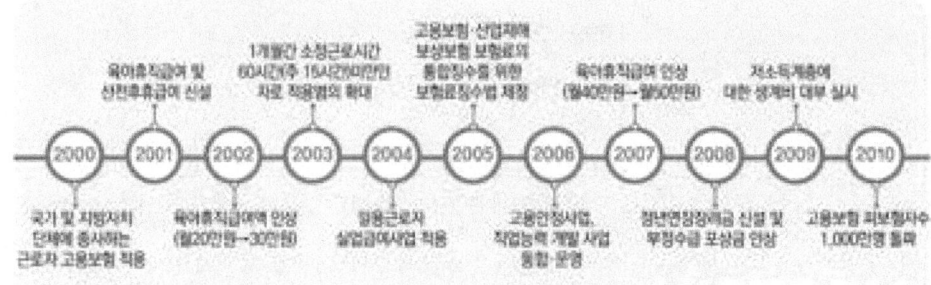

| 2000~2023년 | 적용 · 징수 |

2000. 1.
- 고용보험 적용 확대(국가 및 지방자치단체에 종사하는 근로자)
- 65세 이상 근로자는 적용제외

2000. 12.
- 고용보험료 전자납부제 도입
  - 인터넷 및 ARS시스템을 통한 보험료 납부제도 시행

2002. 12.
- 적용범위 확대
  - 농업·임업·어업 및 수렵업 중 법인이 상시 4인 이하의 근로자 사용하는 사업장

2003. 1.
- 보험료율 인하
  - 실업급여 사업 10/1000 → 9/1000
  - 고용안정 사업 3/1000 → 1.5/1000

2003. 12.
- 「고용보험법」 적용 확대
  - 1개월간 소정근로시간 60시간(주 15시간) 미만인 자로 확대

2004. 1.
- 일용근로자 실업급여사업 적용

2004. 6.
- 고용보험통계분석시스템(EIS) 구축·시행

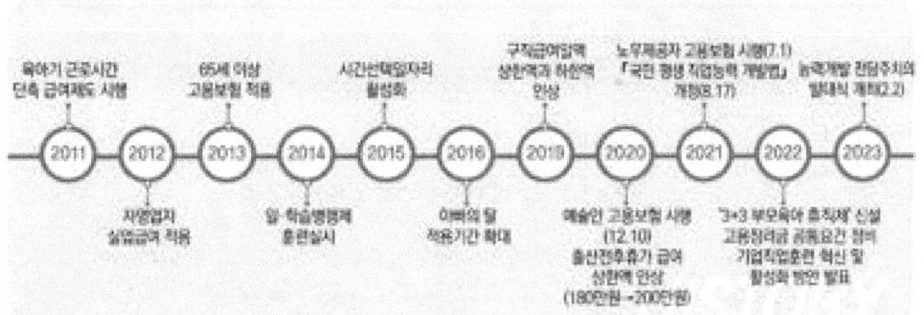

2005. 1.
- 고용보험, 산업재해보상보험 보험료의 통합징수를 위한 「고용보험 및 산업재해보상 보험의 보험료징수 등에 관한 법률」(보험료징수법) 제정

2006. 1.
- 고용안정·직업능력개발사업 통합, 규모별 요율을 합산
- 65세 이상자 고용안정·직업능력개발 사업 적용
- 자영업자 고용보험(고용안정·직업능력개발 사업) 임의가입 제도 도입

2008. 9.
- 별정직 및 계약직 공무원 고용보험(실업급여) 적용 확대

2009. 12.
- 고용보험료 산정 기준 변경(임금 → 보수)
- 보험료 부과·징수체계 방식 변경 (근로복지공단 → 건강보험관리공단)

2010. 8.
- 고용보험 피보험자수 1,000만명 돌파

2010. 12.
- 보수에서 제외되는 금품 규정
- 우선지원 대상기업 수혜기간 연장(유예제도 도입)

2011. 4.

- 실업급여 보험료율 인상(0.9% → 1.1%)

2011. 9.

- 자활사업 참여자에 대해 고용보험 적용
  - 기초수급생활자 고용안정·직업능력개발 사업 적용 혜택
  - 차상위계층: 고용안정·직업능력개발 사업, 실업급여 혜택

2012. 1.

- 자영업자 고용보험(실업급여) 적용
  - 50인 미만 근로자를 사용하는 자영업자

2012. 7.

- 두루누리 사회보험지원제도 시행

2013. 6.

- 65세 이상자 고용보험(실업급여) 적용
- 우선지원 유예기간 확대

2013. 7.

- 실업급여 보험료율 인상(1.1% → 1.3%)

2014. 9.

- 고용·산재보험료 신용카드 납부 허용
- 고용·산재보험료 연체금 산정기준 관련 규정 등 다른 사회 보험과 통일
- 보험사무대행기관 인가대상에 개인세무사 포함

2014. 12.

- 구직급여 상한액 현행 4만원 → 4만3천원으로 상향 (2015.1.1. 시행)

2015. 1.

- 실업급여수급계좌에 대한 압류 금지

2015. 7.
- 근로자 직업능력개발 훈련 지원대상 확대
- 출산육아기 고용안정 지원금 제도의 개선
- 육아휴직 급여액의 사후 지급 비율 상향 조정

2015. 12.
- 임금피크제 지원금 제도개선
- 근로시간단축 지원금 신설
- 일·가정 양립 고용환경을 개선하는 사업주에 대한 지원 근거 마련
- 같은 자녀에 대한 부모의 순차적 육아휴직 지원 강화
- 고용보험료 지원대상 건설공사 사업장 확대
  (1억 미만 → 10억 미만)
- 고용보험료 지원대상 사업장의 지원수준 상향
  (2분의 1까지 → 5분의 3까지)
- 자영업자 고용보험 가입제한기간 완화(6개월 → 1년)

2016. 12.
- 고용보험료 등의 신용카드 등 납부상한액 기준 폐지
- 고액의 재산·소득이 있는 근로자는 고용보험료 지원 대상에서 제외
- 보험료 체납 시 연체금 산정방식을 월 단위에서 일할 계산으로 변경
- 실업급여 적용제외자 변경
  (기초생활보장 수급권자 → 생계급여 수급권자)

2017. 6.
- 고용보험료 지원 대상 사업 요건 일원화
- 고용보험료 지원 제외 대상 근로자의 재산 및 소득 기준 신설

2017. 12.
- 자영업자 고용보험 가입가능기간 연장
  - 사업자등록일로부터 1년 이내 → 5년 이내
- 고용보험료 지원대상 사업장의 지원수준 상향
  - 고용보험료의 5분의 3범위 → 고용보험료의 범위

2018. 2.

- (서식개정)보수총액신고서 상 근무지 기재
  - 고용보험료의 산정기준인 기준보수가 지역별로 구분하여 정하여질 수 있음을 고려

2018. 5.

- 「개인정보보호법」 취지에 맞춰 피보험자 수집 정보 최소화
  - 수집자료를 주민등록표 등본 → 주민등록표 초본으로 변경

2019. 1.

- 「고용산재보험료징수법 시행령」 개정(2019.1.1. 시행)
  - 고용보험료 지원 신청방법 개선(해당 사업의 근로자도 신청 가능)
  - 보험사무 위임사업주의 범위 확대(상시근로자수 300명 미만 → 300명 이상을 고용하고 있는 사업주도 가능)
- 「고용산재보험료징수법」 개정(2019.1.15. 시행)
  - 65세 전부터 피보험자격을 유지하던 사람이 65세 이후에 계속하여 고용된 경우 실업급여계정 보험료를 징수
  - 퇴직한 근로자의 편의를 제고하기 위하여 근로자의 고용관계 종료시 보험료 정산 근거 마련
  - 잘못 낸 고용보험료의 근로자 직접 반환 근거 마련
  - 보험료 분할 납부 신청시 사업주의 재산목록 제출제도 폐지
  - 자영업자 고용보험관계의 당연소멸요건 완화(고용보험료를 3개월간 연속 체납 → 6개월간 연속 체납) 및 자영업자에 대한 체납처분제도 폐지

2019. 7.

- 「고용산재보험료징수법 시행령」 개정(2019.7.1. 시행)
  - 자영업자 고용보험 가입 기회 확대(고용보험 가입 가능 기간 폐지)

2020. 12.

- 「고용산재보험료징수법」 개정(2020.12.10. 시행)
  - 예술인에 대한 월별보험료 산정, 보험료의 정산, 보수총액 등의 신고 등에 관한 사항을 규정

2021. 1.

- 노무제공자 고용보험 산정·부과 방안 마련(2021.7.1. 시행)
  - 노무제공자에 대한 고용보험 적용이 시행됨에 따라 노무제공자에 대한 월별보험료 산정, 보험료의 정산, 보수총액 등의 신고 등에 관한 사항을 규정

2021. 8.

- 체납 보험료 분납제도 마련(2022.1.1. 시행)
  - 납부기한이 연장된 이후 그 기한이 만료되었음에도 보험료를 납부하지 못해 체납이 3회 이상 발생하였을 경우 분할납부 할 수 있는 근거 규정 마련

2021. 12.

- 노무제공플랫폼사업자 보험료 산정·부과 방안 마련 (2022.1.1. 시행)
  - 플랫폼노무제공자 고용보험 적용 및 노무제공플랫폼사업자 특례 시행(2022.1.1.~)에 따라 플랫폼노무제공자 관련 월별 보험료 산정·부과 방식 등에 관한 사항을 규정
- 고용보험료율 인상(2022.7.1. 시행)
  - 고용보험기금의 안정적인 운용을 도모하기 위하여 고용보험 실업 급여의 보험료율을 1천분의 16에서 1천분의 18로, 예술인 및 노무제공자의 고용보험 실업급여 보험료율을 각각 1천분의 14에서 1천분의 16으로 상향(2022.7.1. 시행) 조정함.

2022. 6.

- 「고용보험법 시행령」 개정(2022.7.1. 시행)
  - 골프장 캐디 등 5개 직종 노무제공자에 대한 고용보험 적용·시행
- 「고용산재보험료징수법 시행령」 개정(2022.7.1. 시행)
  - 자영업자의 특성을 가지는 일부 고유번호증 보유자에게 대한 자영업자 고용보험 적용 근거 마련
- 독촉의 전자고지 근거 마련(2023.1.1. 시행)
  - 납부의무자의 신청이 있으면 미납된 징수금의 독촉을 전자문서교환 방식 등에 의하여 전자문서로 할 수 있도록 함
- 보험사무대행기관 재인가 제한 사유 등 신설(2023.1.1. 시행)
  - 보험사무 대행기관의 인가를 취소할 수 있는 사유를 명시하고, 보험사무 업무가 폐지되거나 인가가 취소된 보험사무 대행기관은 폐지 신고일 또는 인가취소일부터 일정 기간 동안 보험사무 대행기관으로 다시 인가받을 수 없도록 함

2022. 7.

- 소프트웨어기술자 등 5개 직종의 노무제공자가 고용보험 적용대상인 노무제공자의 범위에 추가됨
  - 소프트웨어기술자, 화물차주(택배 지선·간선기사, 유통배송기사, 특정품목 운송차주), 관광통역안내사, 어린이통학버스 운전기사 및 골프장 캐디도 2022.7.1.부터 고용보험의 적용 대상이 되는 노무제공자 범위에 추가됨

2022. 12.

- 고용산재보험료 제2차 납부의무 신설(2023.7.1. 시행)
  - 법인의 재산으로 그 법인이 납부하여야 하는 보험료 등을 충당하여도 부족한 경우에는 무한책임사원 또는 과점주주가 그 부족한 금액에 대하여 제2차 납부의무를 지도록 하고, 사업이 양도·양수된 경우에 양도일 이전에 양도인에게 부과 결정된 보험료 등을 양도인의 재산으로 충당하여도 부족한 경우에는 사업의 양수인이 그 부족한 금액에 대하여 제2차 납부의무를 지도록 함

2023. 12.

- 고용안정직업능력개발 보험료율 적용시기 개선(2024.1.1. 시행)
  - 기업의 고용증가에 따른 보험료 부담을 완화하기 위해, 기업의 상시 근로자수가 증가하여 고용안정·직업능력개발사업의 고용보험료율 중 다음 단계의 더 높은 요율을 적용받게 되는 경우에는 3년간 기존 요율을 적용하도록 함

[2000~2023년] 고용안정 · 직업능력 개발사업

2000. 4.

- 채용장려금 알선기관 확대, 수강장려금에 대한 지원기준 구체화
- 고용안정사업의 각종 지원금 및 장려금을 부정한 방법으로 지원받은 경우 지급받은 금액의 배액 징수

2000. 12.

- 사외파견지원금 폐지
- 고용유지훈련지원금 인상(지급임금의 1/2~2/3 → 2/3~3/4)
- 근로자수강장려금 지원대상 확대
  - 도산·폐업 등으로 인한 이직예정자
  - 50세 이상 근로자 중 비자발적 이직예정자
  - 정보화기초과정 수강 피보험자

2001. 7.

- 전직지원장려금제도 신설
- 채용장려금 폐지

2002. 12.

- 사업주 공동 전직서비스 지원
- 중장년훈련수료자채용장려금 제도 신설
- 우선지원대상 대상기업 사업주의 직업능력개발훈련비용 지원액 상향 조정(개산보험료의 100분의 180 → 100분의 270)
- 중소기업 유급휴가훈련 지원요건 완화(30일 이상 → 14일 이상)
- 근로자 수강지원금 지원대상 확대(이직예정자·50세 이상자 → 50세 미만 중소기업 피보험자)
- 능력개발비용 대부 제도 신설

2004. 2.

- 중소기업근로시간단축지원금 신설
- 직업능력개발훈련 지원대상 확대(고용보험 미적용 대상자 포함)
- 근로자수강지원금 지원대상 확대
  (50인 미만 → 300인 미만, 50세 이상 → 40세 이상)
- 정년퇴직자 계속고용장려금 신설

2004. 10.

- 교대제전환지원금 신설
- 유급휴가훈련 지원요건 완화
  (150인 미만 → 150인 미만 또는 우선지원 대상기업 등)
- 교대제 적용받는 자 지원(기준 외 훈련 80~100% → 90~110%)
- 우선지원 대상기업의 사업주 직업능력개발훈련 비용지원액 상향조정(개산보험료의 270% → 360%)
- 근로자수강지원금 지원대상 확대
  - 근로계약기간이 1년 이하인 자
  - 단시간 근로자 및 파견근로자
- 근로자수강지원금 훈련과정 지원요건 완화
  (2주 이상 40시간 이상 → 2주 이상 20시간 이상)

2005. 1.
- 중소기업지원제도 신설(고용환경개선지원금, 전문인력채용장려금, 신규업종진출지원금)
- 고용유지(교대제전환) 지원금 신설
- 재고용장려금 통합

2006. 1.
- 고용안정사업, 직업능력개발사업 통합·운영
- 임금피크제지원금 제도 신설

2006. 11.
- 건설근로자 고용안정지원금 상향 지원(전자카드를 사용하여 근로내역확인신고 하는 사업주)
- 근로자능력개발카드에 의한 직업능력개발훈련 수강지원제도 신설

2006. 12.
- 근로자능력개발카드 지원 요건 확대(1년간 최대 100만원, 5년간 최대 300만원 한도)

2007. 4.
- 출산 후 계속고용지원금 개선
  - 임신 16주 이상의 기간 중 근로계약이 종료되는 여성근로자와 근로계약을 체결하는 사업주로 확대
- 신규고용촉진장려금 개선

2007. 10.
- 신규고용촉진장려금 알선요건 도입
- 고령자고용촉진장려금 중 정년연장장려금 도입

2008. 1.
- 정년연장장려금 신설

2008. 2.
- 중소기업고용환경개선지원금 지원대상 조정
- 중소기업전문인력활용장려금 지원대상 정비

2008. 4.

- 고용유지지원금(업종전환에 따른 인력재배치 지원금) 지원수준 인상 및 지원요건 완화
- 전직지원장려금 지원수준 인상(소요비용 100% 지원)
- 신규고용촉진장려금 지원요건 강화
- 부정수급 포상금 인상
  (제보자의 포상금 지급비율을 부정수급액의 10% → 20%)
- 육아기 근로시간 단축 장려금 지급
- 건설근로자 계속고용지원금 지급 신설
- 외국인 일용근로자의 고용보험 가입 절차 개선

2008. 8.

- 중소기업고용환경개선지원금 고용환경개선 투자금액의 지원한도 인상(3,000만원 → 5,000만원)

2008. 9.

- 중소기업신규업종진출 지원금, 재고용장려금, 중장년 훈련 수료자채용장려금 폐지
- 신규고용촉진 장려금의 신청시기 변경(월 또는 분기 단위 → 6개월 단위) 및 지원대상 조정

2008. 12.

- 중소기업고용환경개선지원금 지원대상 확대
- 전직지원장려금 지원범위 확대
- 훈련을 받는 자가 근로자능력개발계좌카드(신용카드)를 사용하여 훈련비용을 결제 할 수 있도록 조치

2009. 3.

- 저소득 계층에 대한 생계비대부 실시

2009. 5.

- 신규고용촉진장려금 지원대상자별 지원수준 20% 인상
  (월 15~60만원 → 월 18~72만원)
- 고용유지 교대제전환 지원 신설
- 고용유지자금대부 제도 신설
- 신규고용촉진 장려금의 신청시기 변경(6개월 → 3개월)

2009. 12.

- 신규고용촉진장려금 대상자별 지원수준 환원
- 중소기업 근로시간단축 지원수준 환원

2010. 2.

- 미취업 이공계 석박사에 대한 우대지원
  (중소기업전문인력활용장려금)

2010. 5.

- 신규고용촉진장려금 관련 장기구직자 실업기간 변경
  (6개월 → 12개월)
- 직업능력개발기본계획 수립주기 명확화(5년)
- 직업능력개발훈련을 위탁받아 실시하는 자에 대한 평가 근거 신설

2010. 12.

- 임금피크제 유형별 지원요건을 명확히 하고, 정년보장형 지원은 폐지(임금피크제 지원금)
- 고용창출 지원사업 통폐합
- 고용유지지원금 지원요건 개선
- 전직지원장려금 제도 개편
- 지역고용촉진지원금 지원요건 합리적 조정
- 고령자 고용연장지원금의 내용 개선
- 고용촉진지원금의 지급요건 개편
- 건설근로자 퇴직공제부금 지원 사업 폐지
- 장기실업자 등 창업촉진지원 사업 폐지
- 전직지원서비스사업 운영근거 마련 및 단시간일자리 창출 지원 사업 폐지
- 사업주 능력개발 지원 사업 지원한도 설정 기준 변경

2011. 3.

- 「근로자직업능력 개발법」 행정제재 기준의 형평성 확보

2011. 4.

- 「근로자직업능력 개발법」 상의 과태료 부과의 합리성 제고

2011. 7.

- 고용촉진지원금 지원 대상 확대
  (고령자 취업능력향상 프로그램 추가)

2011. 9.

- 고용환경개선지원 확대
  (16인승 이상 35인승 이하 → 통근차량 36인승 이상)
- 계좌제 지원 대상 확대 및 계좌발급신청시 훈련 상담 강화

2011. 12.

- 사업주에 대한 직업능력개발 지원 사업 수행기관 변경
  (지방고용노동관서 → 한국산업인력공단)
- 실업자 등에 대한 직업능력개발훈련의 대상자 확대
  (다문화 가족 구성원 추가)

2012. 1.

- 고용연장 기간에 따라 정년지원금, 정년퇴직자 재고용지원금의 지원기간 확대(3년 이상 연장, 재고용시 지원기간 2배 확대)
- 임금피크제지원금 우선지원대상기업 지원 확대
  (임금감액률 요건 20% → 10% 완화)
- 2012년 국가인적자원개발컨소시엄 사업 특성화
  - 정책목적에 따른 특성화 유도(중소기업 인적자원개발 지원, 전략분야 인력양성, 지역공동훈련), 일-학습병행 교육훈련 시범사업 추진 등
- 고용유지지원금의 경기변동에 대응한 지원수준의 탄력적 운영 제도화
  (경기 악화시 장관이 고시로 지원수준을 달리 정할 수 있는 근거 마련)
- 고용촉진지원금 장애인등 취업지원프로그램 이수 면제자에 대한 고용유지요건 완화(6개월 → 3개월)
- 고용창출 지원금 중소기업 교대제전환지원 강화
  (연 720만원 → 1,080만원)
- 직장어린이집 설치지원 확대
  - 직장어린이집 보육교사 등 인건비지원 상향
    (우선지원 대상기업 1인당 월 80만원 → 1인당 월 100만원)
  - 중소기업 직장어린이집 운영비 지원 상향(보육시설 아동수에 따라 월 120~480만원 → 월 120~520만원)
  - 2012년부터 산업단지형 공동 직장어린이집 건립비(증·개축 등) 및 설치비 지원(15억원)

- 고령자고용연장 지원금 정비
  (정년연장기간 또는 재고용기간에 따라 지원기간 차등화)

2012. 3.

- 자영업자 전직지원사업 시행

2013. 1.

- 반듯한 시간선택제일자리 창출 지원사업 지원 확대
  - 지원한도를 월 40만원 → 월 60만원으로 상향
  - 시간선택제 근로자 수행 직무를 변경가능하도록 함
- 고용창출지원사업 지원 상향
  - 일자리함께하기 대기업 교대제전환 지원금 인상
    (면 720만원 → 900만원)
  - 유망창업기업고용지원 신성장동력분야 지원대상 확대
    (2개 → 17개 업종), 국내복귀기업 지원 대상 추가
  - 전문인력채용지원 대상 확대
    (지적재산권 전문가, 관세사, 원산지관리사)
- 고용촉진지원금 지원 상향
  - 지원수준 인상(650만원 → 860만원)
  - 채용요건 완화(무기계약 → 일부계층 1년 이상 상용직 근로계약)
  - 지원금 지급주기 단축(6개월 → 3개월)
- 출산육아기 고용안정지원금 지원 상향
  - 비정규직 재고용 지원지원금 대상 완화(계약체결 시기를 '출산 후 1년 이내' → '출산 후 15개월 이내'로 완화)
  - 대체인력지원금 중소기업 단가 상향(월 30만원 → 월 40만원)
- 60세 이상 고령자고용지원금 지원 확대
  - 정년미설정 사업장의 고용기간 1년 이상인 60세 이상 다수 고용 사업주에 대해서 2014년까지 한시적으로 지원 추가 정비
- 근로시간단축형 임금피크제 지원요건 완화(소정근로시간 및 임금 50% 이상 감소→ 주당 소정근로시간 15시간-30시간으로 단축 및 임금 30% 이상 감소)
- 정년연장지원금과 정년퇴직자재고용지원금의 지원기준 연령 (56세 또는 57세)을 58세로 상향

2013. 3.

- 자영업자전직지원사업 지원대상 확대
  - '폐업자' 뿐만 아니라 '전직지원 서비스가 필요한 자영업자'까지 확대

2013. 4.

- 무급휴업휴직근로자지원제도 시행
- 고용유지지원금의 '휴업' 인정 범위 확대(기존 '소정근로시간' 뿐만 아니라 '연장근로 등 총근로시간' 조정을 통한 고용유지 조치의 경우에도 인정)

2013. 6.

- 고용률 70% 로드맵 발표
  - (4대 전략) ▲ 창조경제를 통한 일자리 창출, ▲ 일하는 방식과 근로시간 개혁, ▲ 핵심인력의 고용가능성 제고, ▲ 일자리를 위한 사회적 연대와 책임 강화

2013. 9.

- 일학습병행제 도입

2013. 12.

- 지역, 산업 맞춤형 인력양성 체제 구축
  (14개 '지역인적자원개발위원회' 설치)

2014. 1.

- 고용창출지원사업 제도 개선
  - 일자리함께하기 설비투자비 무상 및 융자지원 신설, 기존 근로자 임금보전비용 지원 신설
  - 고용환경개선지원 시설비 융자지원 신설
  - 지역성장산업 고용지원 기존 '유망창업기업고용지원'에서 명칭 변경, 지역특화 산업, 인력수급 불일치 업종 지원 신설
- 장년고용지원금제도 개선
  - 정년연장형 임금피크제 임금감액 요건 완화(20% → 1년차 10%, 2년차 15%, 3년차 20%), 지원금액 한도 상향(연간 600만원 → 720~ 840만원)
  - 재고용형 임금피크제 임금감액 요건 완화(15%~30% → 10%~20%), 지원대상 확대(정년 57세 사업장 → 55세)
  - 고령자 고용연장지원금 지원 대상 조정(전 사업장 → 300인 미만), 정년연장 요건 상향(58세 → 60세)

2014. 2.

- 자영업자 전직지원사업 제도 개선
  - 전직지원에 참여한 자영업자에게 참여수당 지원
  - 자영업 경영개선 지원을 위한 경영정보 제공
  - 찾아가는 전직지원 서비스 지원

2014. 4.

- 고용창출지원사업 시행지침 일부 개정
    - 융자지원사업에 대한 대출금리 조정(우선지원대상 1%, 대규모기업 2%)
    - 국내복귀기업 지원요건 완화

2014. 9.

- '직업능력개발 혁신 실천 3개년 계획' 수립
- 「산업현장 일·학습 지원에 관한 법률」 제정안 마련, 입법예고
- 고용창출지원사업 제도 개선
    - 고용창출지원 근로자 요건 완화(취약계층에 대하여는 1년 이상 계약근로자 허용)
    - 5대 유망서비스산업 청년 고용시 지원기간을 2년으로 확대
    - 전문인력채용 지원 대상에 안전보건관리자 지원대상 및 기간 확대. 관련분야 근무경력 5년 이상 학사학위소지자 포함

2014. 10.

- 고용촉진지원 제도 개선
    - 고용촉진지원금을 2단계에서 5단계로 확대
    - 중장년 대상 취업지원 또는 직업능력향상 프로그램 이수자 중 기초생활수급자, 차상위 계층을 고용촉진지원 대상에 포함
- '직업능력개발계좌제 실시규정' 개정 고시
    - 훈련과정 심사위탁기관 변경
      (한국직업능력개발원 → 한국산업인력공단)
    - 취업률 산정시 취업취약계층에 대한 우대 근거 마련

2014. 12.

- 전 산업분야를 대상으로 797개 국가직무능력표준(NCS) 개발
    - 민간훈련 1,052개 과정 및 폴리텍대학 1,589개 과정에 적용
- 일학습병행제 2,079개 기업 선정
    - 730개 기업에서 학습근로자 3,197명을 채용하여 훈련
- '자영업자전직지원사업'을 '자영업자 고용안정·직업능력개발 지원'으로 통합(2015.1.1. 시행)
- 국가인적자원개발 컨소시엄 운영규정 개정
    - 공동훈련센터 대상 기관 확대, 지역인적자원개발위원회 구성 개선 및 지원 확대 등

2015. 1.

- 전환형 시간선택제 지원제도 시행
  - 전일제 근로자가 필요한 경우(자녀 돌봄, 퇴직준비, 학업, 간병 등) 근로시간을 단축할 수 있도록 전환제도를 도입·운영한 사업주에 대한 지원제도 신설

- 고용창출지원사업 시행지침 일부 개정
  - 각 사업별로 다양한 지원인원 한도를 월평균근로자수의 30% 이내로 단순화
  - 고용창출지원 심사위원회 개최 주기를 격월에서 매월로 확대
  - 일자리함께하기 기존근로자 임금보전지원 현실화 (월 10만원 → 월 30만원) 등
  - 고용환경개선융자 사업방식 이차보전으로 변경
  - 지역특화산업 시행(신설)
  - 국내복귀기업 지원대상 요건 완화 (국내복귀기업 선정 후 6개월 이내 → 2년 이내)
  - 전문인력채용지원 전문인력 지원범위 추가 (외국어 통역사, 공인회계사 등)

- 출산육아기 고용안정지원금(비정규직 재고용) 인상
  - 무기계약으로 재고용시 처음 6개월 30만원을 40만원으로, 이후 6개월 60만원에서 80만원으로 인상

- 임금피크제지원금 지원 상향
  - 정년연장형 임금피크제지원금 지원수준 상향 (연 최대 840만원 → 1,080만원)
  - 근로시간단축형 임금피크제 지원금 사업주 지원 신설 (월 30만원 최대 1년)

- 사업주 및 사업주단체등에 대한 직업능력개발 지원 시, 고령자 또는 준고령자를 대상으로 하는 경우 우대 근거 마련

- 직업능력개발 훈련 교사 결격사유 변경
  - 금치산자 및 한정치산자 → 피성년후견인 및 피한정 후견인

- 국가기술자격종목에 미용사(메이크업) 종목 신설
  - 최근 메이크업에 대한 수요의 증가와 전문화 추세 등 미용업의 현실을 반영하여 「공중위생 관리법 시행령」 미용분야의 면허가 세분화됨에 따라 미용(메이크업) 분야 전문 인력의 양성을 위하여 국가기술자격 종목에 미용사(메이크업) 종목을 신설

- 국제의료관광코디네이터 응시자격 확대
  - 학력 차별이 아닌 능력중심사회 구현을 위해 관련 학과 졸업자와 관련 분야 실무경력을 인정하는 내용으로 국제 의료관광코디네이터 종목의 응시자격을 개정

- 기능사 필기시험을 면제받을 수 있는 군기술교육기관의 기술훈련과정 정비

- 숙련기술장려 관련 각종 지원금의 지급 제한금액(지급되지 아니한 금액 또는 지급 받으려는 금액) 및 지원제한 기간(5년의 범위) 등의 기준 근거 마련
- 지원제한기간, 반환명령 등에 필요한 사항은 대통령령으로 위임할 수 있는 근거 마련

2015. 7.

- 출산육아기 고용안정지원금(육아휴직 등 부여) 중소기업 지원 강화
  - 육아휴직은 우선지원대상기업 20만원 변동 없음, 대기업은 10만원에서 1,000인 미만 10만원, 1,000인 이상 5만원으로 축소
    * 국가, 지자체, 공공기관은 지원대상에서 제외
  - 육아기 근로시간 단축은 우선지원대상기업 20만원에서 30만원으로 인상, 대기업은 10만원에서 20만원으로 인상
- 출산육아기 고용안정지원금(대체인력지원금) 지원 요건 완화
  - 대체인력 채용 시점을 출산전후휴가, 유산·사산휴가, 육아휴직 등의 시작일 전 30일이 되는 날 이후에서 60일이 되는 날 이후로 지원 요건 완화
  - 대체인력에 대해서 사업주에게 국가, 지자체에서 지원금이나 장려금을 지급하는 경우 그 금액을 빼고 지원
- 육아휴직 후 직장 복귀율 제고
  - 육아휴직 등 부여지원금 종전 복귀 1개월 후 50% 지급, 6개월 후 50% 지급에서, 육아휴직 등 사용 1개월 후 1개월치 지급, 복귀 6개월 후 나머지 지급
  - 육아휴직 후 복귀하여 6개월 이상 계속 근무한 경우 지급하는 육아휴직 급여 사후지급금을 종전 15%에서 25%로 인상

2015. 9.

- 고용창출지원사업 시행지침 일부 개정
  - 지역특화산업(대구 - 안경) 지원요건 지역(대구시 북구 3공단 → 대구시 북구) 및 업종(제조업 외 무역 및 무역중개업 추가) 확대
  - 전문인력채용지원 전문인력 지원범위 추가(정보보호 관련 전문가)

2015. 12.

- 임금피크제지원금제도 개선
  - 지원기간 연장(~2018년)
  - 임금 감액률 요건 완화(10%~20% → 10%)
  - 지원제한소득수준 상향(연 6,870만원 → 7,250만원)
  - 장년근로시간단축지원금 지원 수준 상향 및 지원요건 완화(연 최대 500만원 → 1,080만원, 15시간~30시간으로 근로시간 단축 55세 이상 근로자 → 32시간으로 단축 50세 이상 근로자)
- 인터넷원격 직업훈련에 대한 훈련기간 및 훈련시간 규제를 완화

- 일률적인 직업훈련 기간 및 시간에 대한 규제를 완화함으로써 국가직무능력표준에 기반한 직무능력단위별 모듈형 훈련과정을 개발·운영할 수 있는 여건을 마련
- 3D프린터개발, 빅데이터분석 등 미래유망분야 포함 50개 국가직무능력표준(NCS) 추가 개발 → 총 847개 국가직무능력표준(NCS) 개발 완료

2016. 1.

- 능력중심사회 구축 위한 직업훈련체제 개편
    - 지역·산업계 주도의 직업능력개발훈련, 국가역량체계(훈련·자격·학력 연계) 구축 등 능력 중심사회 추진 근거 마련
    - 직업능력개발훈련 관리를 체계화하고 직업훈련기관에 대한 감사를 통해 부정훈련을 방지
    - 행정구역 단위로 지역인적자원개발위원회를 구성·운영할 수 있도록 하여 지역별 산업수요를 반영하여 직업능력개발 훈련을 활성화하도록 함
- 직업훈련교사 양성 및 직업훈련시설 지정요건 완화
    - 직업능력개발훈련교사 양성 훈련시설에 대한 승인을 삭제하고 훈련과정에 대한 승인으로 일원화
    - 지정직업훈련시설 지정요건 중「건축법」등 법령위반에 따른 행정 처분으로 직업훈련시설로 사용할 수 없게 된 경우 지정취소하도록 함

2016. 7.

- 국내 개최 국제기능올림픽대회 입장료 징수 폐지
- 국가직무능력표준(NCS) 확정·고시(847개)
- 청년내일채움공제 시범사업 실시

2016. 12.

- 국가기술자격 정책심의위원회의 심의사항 중 일부 내용 전문위원회에 위임
- 50세 이상의 고령자 및 준고령자를 대상으로 직업능력개발 훈련을 실시하는 사업주에게도 훈련비용 우대 지원
- 출산육아기 고용안정 장려금 제도 개선
    - 1년 이상 근로계약시 지급기간을 최대 6개월 → 1년까지 지급할 수 있도록 요건 강화
    - 사업주가 대체인력을 고용한 경우 장려금의 지급기간에 2주간의 업무 인수인계 기간 포함
- 고용촉진 지원금 제도 개선
    - 고용촉진 지원금의 명칭을 고용촉진장려금으로 변경

- 지급주기를 3개월 이상 고용한 경우 3개월 주기 → 6개월 이상 고용한 경우 6개월 주기
- 소형무인기비행체개발, 바이오의약품개발 등 미래유망분야 포함 50개 국가직무능력표준(NCS) 추가 개 → 총 897개 국가직무능력표준(NCS) 개발 완료

2017. 1.

- 출산육아기 고용안정 장려금(비정규직 재고용 장려금) 제도 개선
  - 1년 이상 기간으로 재계약하면 지원하던 것을 무기계약 재고용만 지원하는 것으로 요건 강화
    * 임금 등을 체불하여 명단이 공개 중인 사업주는 지급대상에서 제외
- 출산육아기 고용안정 장려금(육아휴직 등 부여 장려금) 제도 개선
  - (육아휴직) 우선지원대상기업 지원 확대, 대규모기업 지원 폐지
    * 우선지원대상기업 월 30만원, 사업장 최초 육아휴직자예컨 1호 인센티브로 10만원 추가 지원
  - (육아기 근로시간 단축) 우선지원대상기업 월 20만원, 대규모기업 월 10만원 지원
    * 임금 등을 체불하여 명단이 공개 중인 사업주는 지급 대상에서 제외
- 출산육아기 고용안정 장려금(대체인력지원금) 제도 개선
  - 출산전후휴가, 육아휴직 등을 사용한 기간에 대해 지원하던 것을 출산전후휴가, 육아휴직 시작 전 2주의 업무 인수인계 기간 포함하여 지원
    * 임금 등을 체불하여 명단이 공개 중인 사업주는 지급 대상에서 제외
- 사업주지원 고용안정사업 통합 개편
  - 고용안정사업 중 고용장려금은 기존 근로자 고용지원(고용 안정장려금)과 신규고용지원(고용창출장려금)으로 개편
  - 고용안정사업 중 고용유지지원금은 현행 유지
  - 고용안정장려금 및 고용창출장려금의 지원수준과 운영기준을 통일하여 고시 및 지침 마련
- 「고용보험법 시행령, 시행규칙」 개정
  - 임금 체불 사업장 지원 제외, 고용촉진장려금 지급 주기 연장(3개월 → 6개월), 최저임금 110% 미만 자 지원 제외 등 제도 개선 사항 반영
- 지역산업맞춤형일자리창출지원(융자)사업 통합 개편
  - 일자리함께하기시설비투자융자, 여성·장애인·고령자고용환경 개선 융자*, 재택·원격근무인프라구축융자**를 지역산업 맞춤형일자리창출지원(융자)으로 통합
    * 2017년부터 융자방식 변경(이차보전 → 대하)
    ** 2017년 신설
- 실업자 직업능력개발훈련 제도 개선
  - 훈련비 지원율 변경(50~80% → 20~95%)
  - 훈련비 우대지원(NCS 적용과정으로 인정받아 주말반 과정 운영 시 우대지원)

- 개인사업자 지원요건 변경
  (연간매출액 15,000만원 미만, 사업기간 1년 이상)
- 다문화가족 이주청소년(15~24세) 및 난민인정자 지원대상 포함
- 청년내일채움공제 본 사업 시행
  - 참여경로 다양화(취업인턴 → 취업인턴, 취성패, 일학습병행훈련 경로)

2017. 2.

- 근로자 직업능력개발훈련 제도 개선
  - 근로자카드 유효기간 확대(1년 → 3년)
  - 우선지원 대상기업 근로자 지원확대(80% → 100%)
  - 스마트훈련, 우편원격훈련 도입
  - 일용근로자 카드발급 요건 강화(90일 동안 10일 이상 근로 → 30일 동안 10일 이상 근로)
- 사업주 직업능력개발훈련 제도 개선
  - 자체훈련 지원단가와 위탁훈련 지원단가 통일
  - 원격(위탁)훈련 훈련비 신청 및 지급대상 변경
    (사업주 → 훈련기관)

2017. 3.

- 조선업특별고용지원업종 고용유지지원금 지원요건 완화
  - 대행3사를 지원대상으로 포함, 휴업률 완화(20% → 10%), 무급휴직 요건 완화(실시전 1년 이내 3개월 이상 휴업 및 훈련실시 → 실시전 1년 이내 1개월 이상 휴업 및 훈련실시)
- 「근로자직업능력 개발법 시행령」 개정
  - 직업능력개발훈련 강사 자격기준 명확화 및 직업능력개발 훈련교사 자격기준 개편
- 「근로자직업능력 개발법 시행규칙」 개정
  - 직업능력개발훈련과 관련된 훈련기준의 설정 또는 변경을 제안한 사람에 대한 처리 결과 통보 기한을 총 74일 이내에서 총 60일 이내로 단축

2017. 4.

- 직업훈련 생계비대부 제도개선
  - 대부대상 소득요건 완화(전직실업자는 배우자합산 4천만원 이하, 비정규직 노동자는 본인 3천만원 이하 → 배우자합산 연간소득금액 8천만원 이하)
  - 대부한도 확대(월 100만원 → 월 200만원)
- 국가직무능력표준(NCS) 확정·고시(897개)

2017. 7.

- 공공기관 편견없는 채용·블라인드 채용 도입
  - 全 공공기관을 대상으로 채용과정(입사지원서·면접) 등에서 편견이 개입되어 불합리한 차별을 야기할 수 있는 출신지, 가족관계, 학력, 외모 등 항목을 걷어내고, 실력(직무능력)을 평가하여 인재를 채용하는 방식 도입
- 국가인적자원개발컨소시엄지원사업 제도개선
  - 산업단지 內 근로자 대상 4차 산업혁명 기반 신기술 훈련 실시
  - 사업계획 심사 방식(서면 → 온라인) 변경

2017. 8.

- 중소기업 청년 추가고용 장려금 시행
  - 성장유망업종에 해당하는 중소기업에서 청년 3명을 고용하는 경우 1명 분의 임금을 지원(연 2천만원 한도, 3년간 지원)
- 청년내일채움공제 만기공제금 확대
  - (당초) 1,200만원 → (확대) 1,600만원

2017. 10.

- 조선업특별고용지원업종 고용유지지원금 지원수준 확대 및 한도상향
  - 우선지원대상기업의 지원수준확대(사업주가 지급한 임금의 3/4 → 9/10) 및 1일 한도액 상향(6만원 → 7만원)
- 정규직 전환지원사업 지원한도 확대
  - 임금상승분의 80%와 간접노무비 20만원을 월 60만원 한도로 지원 → 월 80만원한도로 지원

2017. 11.

- 중소기업 청년 추가고용 장려금 제도개선
  - 지원대상 완화(업종코드+주요품목 → 업종코드 또는 주요 품목), 청년 채용 인정 요건 완화(정규직 채용 → 인턴 후 정규직 전환시에도 인정)

2017. 12.

- 「국가기술자격법 시행령」 개정
  - 교육·훈련 이수자의 국가기술자격(과정평가형 자격) 취득 기회 확대
    * 과정평가형 자격 관련 교육·훈련과정을 이수한 이후 최초로 응시한 외부평가에 대한 합격자 공고일부터 2년 이내에는 횟수 제한 없이 외부평가에 재응시가 가능하도록 개선
- 「국가기술자격법 시행규칙」 개정
  - 3D프린터개발산업기사, 3D프린터운용기능사, 잠수기능장, 식육가공기사, 농작업안전보건기사 등 5개 국가기술자격 종목 신설

- IOT통신망구축, 실감형콘텐츠하드웨어개발 등 미래유망분야 포함 50개 국가직무능력표준(NCS) 추가 개발 → 총 947개 국가직무능력표준(NCS) 개발 완료

2018. 1.

- 고용창출장려금·고용안정장려금의 신청 및 지급에 관한규정 개정(1.1.)
  - (폐지사업 정비) 2018년 사업폐지(지출규모가 작거나 유사·중복되어 실효성이 낮은 사업)가 결정되어 예산이 미반영 된 사업 규정 폐지
    * 성장유망업종, 지역특화산업, 전문인력고용지원, 일자리 함께하기 설비투자시설비
  - (접수기간 규정 신설) 참여신청서 및 사업계획서의 접수기간을 사업 시행계획 공고에 따르도록 명시
  - 융자금 대출거래 확인서 제출 규정 신설

- 고용창출장려금·고용안정장려금의 신청 및 지급에 관한규정 개정(1.22.)
  - (신중년 적합직무 고용 지원 신설) 고령자 또는 준고령자가 근무하기에 적합한 것으로 인정하는 직무에 고령자 또는 준고령자인 실업자를 고용하는 기업의 사업주에게 근로자 임금의 일부를 지원
    * 1년간 우선지원대상기업 80만원, 중견기업 40만원 지원
  - (고용창출장려금 지원대상 확대) 지원대상 제외 항목의 제외 규정에 「고용상 연령차별금지 및 고령자고용촉진에 관한 법률」 제2조제1호의 고령자와 2년을 초과하여 근로계약을 체결하는 경우 신설
  - (일자리 함께하기 지원수준 강화) 근로시간 단축에 따른 근로자 신규 채용 및 기존 근로자 임금감소분 보전에 대한 지원을 확대하고 신규 채용 인건비 지원 한도 폐지
    * 신규채용 인건비(1인당 月 최대 80만원) 지원기간 연장(1 → 2년, 제조업우선지원대상기업 및 중견기업), 인원 한도(고용보험 피보험자 30%) 폐지
    ** 사업주가 근로자 임금감소분 보전시, 지급 금액의 80%(월 40만원 한도) 지원: 지원대상을 우선지원대상기업(중소기업 등) → 중견 기업까지 확대
  - (시간선택제 신규고용 지원수준 강화) 중견기업에 대하여 우선지원 대상기업에 준하여 지원요건 완화(최저임금의 120 → 110%) 및 지원 수준 인상(월 30 → 60만원)
  - (고용촉진장려금 지원대상 확대) '내일이룸학교(여가부)' 수료자를 고용촉진장려금 지원대상에 추가
  - (일자리 함께하기 설비투자시설비 지원금 반환규정 정비) 사용의무 기간(4년) 중 지원대상 시설의 실제 사용기간을 제외하고 남은 기간에 대한 개선지원금을 일할 계산하여 반환하도록 개선
  - (융자사업 규정 정비) 일·가정양립 환경개선지원 대출거래 확인서 제출 규정 신설

- 실업자등직업능력개발훈련 실시규정 개정
  - 일용근로자 등 지원대상 확대 및 사업자의 지원요건을 소득 구조에 따라 조정
  - 국가기간·전략산업직종 개편(2개 직종 제외 및 12개 직종 신규 선정) 등
- 근로자 직업능력개발훈련 지원규정 개정
  - 대규모기업의 단시간근로자 지원 신설 등
- 사업주직업능력개발훈련지원규정 개정
  - 고숙련·신기술훈련 훈련비 우대(최대 300%), 중소기업 훈련지원센터 설치 근거 규정 등 마련
- 중소기업직업능력개발지원사업실시규정 개정
  - 체계적현장훈련 근거 규정 마련

2018. 3.

- 일학습병행 운영 및 평가규정 고시 개정
  - 일학습병행 관련 용어 정의 정비
  - 성과가 높은 기업의 학습근로자 한도 상향(상시근로자 수의 25% 이상)
  - 일학습병행 수료증에 외부평가 합격 능력단위 명시
- 제2차 숙련기술장려 기본계획 발표
  - 우수숙련기술인 풀(Pool) 확대, 융합형 숙련기술 습득기반 강화, 초/중학생의 숙련기술체험 지원 확대, 일반계고 비진학 학생 직업교육 지원, 숙련기술인의 세계적 위상 유지·강화 등
- 사업주 직업능력개발훈련 제도 개선
  - 중소기업 근로자 기술향상훈련 지원 우대(고숙련·신기술 훈련은 NCS단가의 300%까지 지원)
  - 상시 심사과정(자체훈련, 기업맞춤형훈련 등) 전자 출결관리 시스템 도입
- 중소기업 훈련지원센터 지정 및 체계적 현장훈련 신설

2018. 5.

- 지원금간 상호조정시 지원금 조정비율 고시 개정(5.16.)
  - 사업의 신설 또는 지원금명 변경시에 지원금 상호조정에 대한 법적 공백이 발생하지 않도록 사업명칭이 아닌 시행령 조문 인용방식으로 개정
  - 청년내일채움공제의 사업주 순지원금은 사업 참여 및 운영 과정에서 필요한 제도운영 비용지원 및 인센티브로 인건비 지원이 아닌 점 등을 고려하여 일자리 함께하기 지원에 대한 지원금과 중복시 100% 지원
- 고용창출장려금·고용안정장려금의 신청 및 지급에 관한규정 개정(5.28.)
  - (고용촉진장려금 지원대상 확대) 고용위기지역 지정, 조선업 특별고용지원업종 지정기간 연장 등에 따라 고용위기지역 및 특별고용지원업종 퇴직자를 지원 대상으로 추가

- 근로자 직업능력개발훈련 지원규정 개정
  - 고용위기지역 근로자 우대 지원 근거 마련
- 직업훈련 생계비 대부 규정 개정
  - 고용위기지역에 대한 대부한도 확대근거 마련

2018. 6.

- 국가직무능력표준(NCS) 확정·고시(948개)
- 청년내일채움공제 '3년형' 추가 시행
  - (2년형) 청년 300 + 기업 400 + 정부 900 = 1,600만원
  - (3년형) 청년 600 + 기업 600 + 정부 1,800 = 3,000만원

2018. 7.

- 고용창출장려금·고용안정장려금의 신청 및 지급에 관한규정 개정(7.1.)
  - (일자리 함께하기 지원대상 확대)「근로기준법」개정에 따라 주 근로시간을 단축하고 실업자를 고용하여 근로자 수가 증가한 경우 지원
  - (출산육아기 고용안정장려금) 출산육아기 대체인력지원금 지원요건 완화
    * 육아휴직 등을 사용한 노동자의 자기 사정으로 인해 사업주가 계속 고용하지 못한 경우에는 지원금 지급
-「고용보험법 시행령」개정
  - 중소기업 장기유급휴가훈련 훈련비 지원 확대
- 사업주 직업능력개발훈련 제도 개선
  - 근로자 직무와 훈련과정 간 관련성 확인서 징구 및 반복수강 지원 제한
  - 원격훈련 지원율 조정(해당금액 초과 과정 지원금의 15% 적용)
  - 채용예정자 훈련 취업률에 따른 지원율 차등 적용 및 채용 예정자 훈련 기업규모별 지원한도 설정

2018. 8.

- 고용창출장려금·고용안정장려금의 신청 및 지급에 관한규정 개정(8.20.)
  - (정규직전환 지원수준 인상) 전환된 근로자 1인당 간접노무비 지원 수준을 월 20만원에서 월 30만원으로 인상)
  - (시간선택제 신규고용) 고용유지율 제고를 위해 중도 이직한 경우 월할 계산하여 장려금 지급하는 규정 삭제

2018. 11.

- 고용창출장려금·고용안정장려금의 신청 및 지급에 관한규정 개정(11.12.)
  - 민원서식 개선 우수사례 고시 서식에 반영

- 제4차 국가기술자격 제도발전 기본계획 발표
  - 과정평가형 자격 확산 및 경력평가형 자격제도 도입, 융합형 자격 도입, 자격신설 절차 단축 등 자격의 현장성 강화 등

2018. 12.

- 일학습병행 운영 및 평가규정 고시 개정
  - 시범사업에 대한 근거 및 특례 규정 마련
- 실업자등직업능력개발훈련 실시규정 개정
  - 계좌제훈련 자부담율 조정, 국가훈련 훈련장려금 축소
  - 출석인정 일수 적용 훈련과정 확대, 실업자 원격훈련 등급에 따른 훈련비 지원 등
- 「근로자직업능력 개발법 시행령」 개정(12.24.)
  - 규제 재검토기한 설정 해제(훈련강사 자격, 훈련교사 자격취득기준)
- 「근로자직업능력 개발법 시행규칙」 개정(12.27.)
  - 규제 재검토기한 설정 해제(훈련교사 자격취득훈련, 자격취소·정지 기준 등)
- 직업능력개발훈련의 직종별 훈련기준 고시(12.29.)
- 직업능력개발훈련시설장비자금대부규정 폐지(12.31.)
- 드론콘텐츠제작, 스마트 설비설계, 증강현실(AR)콘텐츠제작 등 미래유망분야 포함 50개 국가직무능력표준(NCS) 추가 개발
  → 총 997개 국가직무능력표준(NCS) 개발 완료

2019. 1.

- 근로자 직업능력개발훈련 지원규정 개정(1.15.)
  - 고용보험 미가입 중소기업·비정규직 노동자에 대해 카드발급 대상 확대 등
- 직업훈련생계비대부 규정(고시) 개정(1.16.)
  - 소득요건을 '19년 기준 4인가구 기준 중위소득(5,540만원) 이하'로 개정
- 사업주직업능력개발훈련지원규정 개정(1.20.)
  - 공통법정훈련 지원제외, 직무법정훈련 지원율 인하 등

2019. 3.

- 과정평가형 국가기술자격 확산 방안 발표(3.25.)
  - 공교육기관 중심으로 과정평가형 자격이 검정형 자격 취득자의 10% (6만명) 확대 목표로 편성기준 정비 등 추진과제 마련

2019. 4.

- 「근로자직업능력 개발법 시행령」 개정
  - 고용보험 미적용자에 대한 훈련 지원 근거 마련, 기능대학의 설립 타당성 조사 절차 신설, 기능대학 졸업이수학점 규정의 이관, 지정 직업훈련시설 지정요건 중 시설규정의 구체화, 직업능력개발훈련교사의 공통 자격취득요건 법분 정비
- 「근로자직업능력 개발법 시행규칙」 개정
  - 공공직업훈련시설 설치 타당성 조사 절차 신설, 신고포상금 지급 관련 제출서류 간소화
- 국가직무능력표준(NCS) 품질관리 혁신방안 발표(4.26.)
  - NCS 개발·개선 방식 고도화, 유연한 NCS 활용 확대, 국가기술자격과의 연계강화, 품질관리 체제 구축 등

2019. 6.

- 실업자 등 직업능력개발훈련실시규정 개정(6.3.)
  - 고용보험 미가입 자영업자 및 특수형태근로종사자는 국가기간·전략 산업직종훈련 지원대상자로 한정
- 근로자 직업능력개발훈련 지원규정 개정(6.3.)
  - 고용보험 미가입 자영업자 및 특수형태근로종사자에 대해 카드발급 대상 확대
- 「국가기술자격법 시행령 및 시행규칙」 개정(6.11.)
  - 과정평가형 자격을 한국산업인력공단에서 다른 검정수탁기관으로 확대할 수 있는 근거 마련
  - 빅데이터 분석기사 등 5개 종목 신설 및 63개 자격 개선

2019. 7.

- 근로자 직업능력개발훈련 지원규정 개정(7.1.)
  - 대규모기업에 고용된 월평균 임금 250만원 미만 피보험자에 대해 카드발급 대상 확대
- 국가직무능력표준(NCS) 개발·개선 및 폐지 등에 관한 규정(7.25.)
  - 개발·개선 및 폐지 우선순위 설정, 미래유망분야의 NCS 개발 절차 별도설정, NCS 활용실태 조사 실시 등

2019. 8.

- 민간자율형 일학습병행(대한상의) 도입·추진(8.14.)
  - 변화하는 기업 환경에 신속하고 유연하게 대처하기 위한 기업 주도 일학습병행(高지원·高규제 방식 → 低지원·低규제)
- 「산업현장 일학습병행 지원에 관한 법률」 제정(8.27.)
  - 일학습병행 운영 및 지원에 관한 사항
  - 외부평가 합격시 계속고용, 차별적 처우 금지 등 학습근로자 보호
  - 내부·외부평가, 일학습병행 자격 부여 등

2019. 9.

- 「일학습병행 운영 및 평가규정(고시)」 개정(9.2.)
  - 훈련비 및 훈련기준 개편

2019. 11.

- 근로자 직업능력개발훈련 지원규정 개정(11.1.)
  - 지원금액 지원기준 100분의 60 해당 직종 확대(48개 직종)
  - 동일 과정 반복 수강(1회 반복 가능), 연 훈련수강 최대 5회 제한 등

2019. 12.

- 「근로자직업능력 개발법 시행규칙」 개정
  - 국민내일배움카드 도입에 따른 지원한도 조정 및 계좌발급 횟수 개편, 부정훈련 등에 따른 조치기준 정비, 지정직업훈련시설 폐업시 지정서 반납기한 연장
- 국가직무능력표준(NCS) 개발 및 개선절차 개혁방안(12.24.)
  - NCS 개발·개선 절차 간소화 및 개발·개선기관의 자율성 확대 등
- 사업주직업능력개발훈련지원규정 개정(12.30.)
  - 훈련비 단가 인상
- 국민내일배움카드 운영규정 제정(12.31.)
  - 실업자, 재직자 구분 없이 국민내일배움카드로 통합 등
- 직업훈련 생계비대부규정 개정(12.31.)
  - 소득산정의 대상이 되는 가구원을 부부(2인)에서 모든 가구원으로 하고 지원 대상을 '4인가구 기준 중위소득 이하인 자'에서 '가구별 기준 중위소득의 80% 이하'로 개정

2020. 1.

- 청년내일채움공제 제도 개선 시행(1.1.)
  - 임금상한액 하향조정(월 500 → 350만원 이하), 중견기업 가입범위 축소(3년 평균 매출액 3천억원 미만으로 한정) 등
- 고용창출장려금·고용안정장려금의 신청 및 지급에 관한 규정 개정(1.1.)
  - (워라밸일자리 장려금) 시간선택제 전환지원 사업명칭을 워라밸일자리 장려금으로 변경, 소정근로시간 단축 요건을 주 15~30시간에서 주 15~35시간으로 변경
  - (일·가정 양립 환경개선 지원) 기존 재택·원격 근무 인프라에서 근무 혁신 인프라 지원유형 추가 및 지급기준 구체화, 사업명을 '일·생활 균형 인프라 구축비 지원'으로 변경
  - (출산육아기 고용안정장려금) 대체인력 1인당 인건비 지원액을 우선 지원 대상기업 월 60만원에서 월 80만원으로 인상

- 사업주 직업능력개발훈련 지원규정 개정(1.20.)
  - 시공간의 제약이 없는 원격훈련 제도개선을 통해 산업현장이 필요로 하는 신기술 훈련 활성화

2020. 2.

- 고용유지조치에 대한 특별지원기간 고시 제정(2.28.)
  - 2020.2.1.~7.31.까지 실시한 고용유지조치에 대해 지원수준 상향
    (우선지원대상: 2/3 → 3/4, 대규모: 1/2~2/3 → 2/3)
- 세종지역 인적자원개발위원회 설치(광역단위 17개소 설치 완료)

2020. 3.

- 일학습병행제 운영 및 평가 규정 고시 개정(3.2.)
  - 도제학교 관련 지원요건 완화, 대학연계형 재직기간 산정 예외 확대 등
- 관광·공연업 등 특별고용지원 업종 지정 고시 제정(3.16.)
  - 관광·공연업 등 특별고용지원 업종 지원수준 상향
    (우선지원대상: 3/4 → 9/10, 대규모: 2/3 → 2/3~3/4)
- 국민내일배움카드 운영규정 개정
  - 지원대상을 포지티브 방식에서 네거티브 방식으로 변경
    (지원 대상자 명시 → 지원 제외자 명시)

2020. 4.

- 고용창출장려금·고용안정장려금의 신청 및 지급에 관한 규정 개정(4.2.)
  - (워라밸일자리 장려금) 코로나19 감염증 확산에 따라 한시적으로 워라밸일자리 장려금의 지원요건 완화 및 지원수준 인상
  - (출산육아기 고용안정장려금) 간접노무비는 육아휴직 등 기간 중 지원금의 50%를 3개월 주기로 지급하고, 나머지는 복귀한 근로자를 6개월 이상 계속 고용한 경우 일괄 지급, 대체인력 인건비는 대체인력 채용 기간 중 지원금의 50%(우선지원대상기업 월 40만원, 대규모기업 월 15만원)를 3개월 주기로 지급, 나머지는 복귀 근로자를 1개월 이상 계속 고용한 경우 일괄 지급
- 고용창출장려금·고용안정장려금의 신청 및 지급에 관한 규정 개정(4.2.)
  - (워라밸일자리장려금) 지원요건 완화 및 지원수준 강화
  - (출산육아기 고용안정장려금) 「고용보험법 시행령 및 시행규칙」 개정에 따른 서식 정비
- 사업주 직업능력개발훈련 지원규정 개정(4.6.)
  - 원격훈련에 대한 훈련비 지원금 개정
  - 원격훈련 인정요건(훈련생 본인 인증) 변경
  - 개인정보의 수집·이용 및 제공에 관한 동의서에 내용 추가 등
- 직업훈련생계비 대부규정 개정
  - 기준중위소득 100% 이하인 자로 지원대상 확대

- 항공기취급업 등 특별고용지원 업종 지정 고시 제정(4.27.)
  - 항공기취급업 등 특별고용지원 업종 지원수준 상향
    (우선지원대상: 3/4 → 9/10, 대규모: 2/3 → 2/3~3/4)
- 무급휴업·휴직 고용유지지원금 지급규정 개정(4.27.)
  - 관광·공연업, 항공기취급업 등 특별고용지원 업종 무급휴직 신속지원 제도 운영
    * (기존)무급휴직 전 1개월 이상 휴업 → (개정)즉시 무급휴직 실시 가능
    * 9.15.까지 최대 90일간 1인당 월 50만원 지원
- 고용유지지원금 특별 지원 고시 전부개정(4.28.)
  - 2020.4.1.~6.30.까지 실시한 고용유지조치에 대해 우선지원대상기업 지원수준 추가 상향(우선지원대상: 3/4 → 9/10)

2020. 5.

- 기업 맞춤형 국가기간·전략산업직종훈련 운영규정 제정
  - 훈련기관이 개별 기업과 훈련과정 설계·운영 등에 관한 협약을 체결하여 기업이 원하는 직무능력, 지식, 기술, 소양 등을 갖추도록 지원하는 훈련

2020. 6.

- 일학습병행 특별조치 시행(6.10.) → 연장 시행(12.8.)
  - 코로나19 고용위기 극복을 위하여 한시적으로 일학습병행 지원대상 및 지원금 확대 등을 통한 참여기업 고용유지 지원 등
- 국가직무능력표준(NCS) 일부개정 고시(6.12.)
  - 신규개발 스마트공장 시스템설치 등 20개와 개선 138개 NCS
- 무급휴직 고용유지지원금 특별 지원 고시 제정(6.15.)
  - 전업종에 대해 무급휴직 신속지원제도 운영
    * (기존)무급휴직 전 3개월 이상 휴업 → (개정)무급휴직 전 1개월 이상 휴업
    * 7.1.부터 12.31.까지 최대 90일간 1인당 월 50만원 지원

2020. 7.

- 고용유지지원금 특별 지원 고시 개정(7.8.)
  - 2월 및 4월 상향된 지원수준을 9.30.까지 적용
    (우선지원대상: 2/3 → 9/10, 대규모: 1/2~2/3 → 2/3)
- 고용창출장려금·고용안정장려금의 신청 및 지급에 관한 규정 개정(7.27.)
  - (고용촉진장려금) 고용촉진장려금 특례 지원대상 추가, 특례지원에 따른 지급 주기에 관한 규정 등 세부사항 신설
  - (워라밸일자리장려금) 코로나19로 소정 근로시간 단축 수요가 감소함에 따라 워라밸일자리장려금 인상 지원수준을 연말까지 연장하여 지원
- 직업훈련생계비 대부규정 개정
  - 기준중위소득 150% 이하인 자로 지원대상 확대

2020. 8.

- 관광·공연업 등 특별고용지원 업종 지정 고시, 항공기취급업 등 특별고용지원 업종 지정 고시 개정(8.24.)
  - 2020년에 한해 코로나19 관련 특별고용지원업종 지원기간 60일 연장 (연간 180 → 240일)
  - 특별고용지원업종 무급휴직 신속지원 기간 연장(~12.31.)
- 「산업현장 일학습병행 지원에 관한 법률 시행령」 제정(8.27.)
  - 학습기업 지정 및 지정취소 요건
  - 공동훈련센터 지정 및 지정취소 요건
  - 학습근로계약 해지 사유, 학습근로시간 범위 명확화
  - 평가 및 자격에 관한 사항 등
- 「산업현장 일학습병행 지원에 관한 법률 시행규칙」 제정(8.28.)
  - 학습기업 지정 절차
  - 학습기업 지정취소, 일학습병행 과정취소, 공동훈련 센터 취소 등 조치기준
  - 일학습병행 자격 등 사업운영에 필요한 서식 등
- 일학습병행 직종 및 직종별 교육훈련 기준 제정(8.28.)
  - 일학습병행 실시가 가능한 직종 및 직종별 교육훈련기준을 정함
- 일학습병행자격 발급 시작(8.28.)
  - 「일학습병행법」 시행(2020.8.28.)에 따른 일학습병행 자격 발급
- 일학습병행자격과 국가기술자격 간 연계방안 마련(8.30.)
  - 일학습병행자격과 국가기술자격 수준이 동등함을 공식화하고, 자격간 시험 일부 면제를 통하여 연계하는 등을 심의(제29차 자격정책심의회)
  * L2: 기능사, L3~4: 산업기사, L5: 기사

2020. 9.

- 「국가기술자격법 시행령 및 시행규칙」 개정(9.8.)
  - 국가기술자격의 종목을 신설·변경 또는 폐지하려는 경우 「자격기본법」에 따른 국가직무능력표준과 연계
  - 제과산업기사 등 2개 종목 신설 및 59개 자격 개선
- Best of Champ-Day 개최(9.10.)
  - 컨소시엄 공동훈련의 성적 우수자에 대한 시상을 통해 훈련의 내실화를 도모하고 훈련참여자의 자긍심 고취
- 무급휴업·휴직 고용유지지원금 지급규정 개정(9.28.)
  - 무급휴직 신속지원 대상자가 타 사업장 일용근로 시 지원금액 차감 완화
  * (기존)최대 50만원 범위 내에서 일용근로 소득을 차감하고 지원 → (개정)198만원 범위 내에서 일용근로소득을 차감하고 지원(최대 50만원 지원)
- 「고용보험법 시행령」 개정(9.29.)
  - 무급휴직 실시 요건 완화(기존 무급휴직 전 3개월 이상 휴업 → 무급휴직 전 1개월 이상 휴업 시 지원 가능)

- 일학습병행 운영 규정 고시 전부 개정(9.29.)
  - 학습기업 및 공동훈련센터 지정, 운영
  - 기업현장교사 교육, 등급관리
  - 내부평가, 외부평가 등 법에서 위임된 사항
  - 학습기업, 공동훈련센터 지원 및 지원금 관리, 반납 등
- 국가인적자원개발컨소시엄 운영규정(9.29.)
  - 일학습병행 공동훈련센터와 관련 규정삭제
  - 고숙련 훈련과정을 NCS 6수준이상 → 5수준이상으로 개정

2020. 10.

- 사업주 직업능력개발훈련 지원규정 개정(10.13.)
  - 유급휴가훈련 요건* 한시적 완화(~2020.12.31.)
    * 1개월 범위내 탄력적으로 3일 이상의 유급휴가 부여 가능
      (우선지원기업 5일, 20시간 → 3일, 18시간 등)
- 「고용보험법 시행령」 개정(10.20.)
  - 2020년에 한해 일반업종의 지원기간 60일 연장(연간 180 → 240일)
- 고용창출장려금·고용안정장려금의 신청 및 지급에 관한 규정 개정(10.29.)
  - (신중년적합직무) 돌봄서비스 관련 필수대면직무 4종의 경우 사업주가 근로계약기간을 6개월 이상으로 정하여 고용하는 경우에도 지원
  - (특별고용촉진장려금) 피보험자수의 100분의 100을 지원인원 한도로 하되, 산정기준 피보험자수가 3인 미만인 사업장의 경우 3인까지 지원

2020. 11.

- 제1차 일학습병행 추진계획수립(11.17.)
  - 일학습병행 사업의 질적 내실화 및 효율적 운영을 위한 3개년(2021~2023) 추진계획 수립·시행
- 고용창출장려금·고용안정장려금의 신청 및 지급에 관한 규정 개정(11.20.)
  - (특별고용촉진장려금) 고용촉진장려금 지원 특례의 지급주기 개정
    * 사업주 신청에 따라 6개월 이상 계속 고용을 할 것으로 확인되는 경우 고용일로부터 최대 5개월분까지 예산 범위 내 우선 지원(선지급)
    * 2020.12.20. 이후 3개월 단위 계속 고용 후 지원
  - (고용촉진장려금 지원 특례 지급신청 기한) 2021년 9월 30일까지 고용촉진장려금 지원신청서를 제출한 사업주에 대해 적용

2020. 12.

- 도제학교 도제준비과정(Job-Market) 시범운영(12.8.)
  - 도제학생과 기업이 상호 충분한 정보 탐색하고 기업과 학생 간 대대다 면접 및 비대면 화상면접 후 기업 현장을 견학하여 실제 직무도 사전 체험
  - 11개 산학일체형 도제학교 시범운영
    ※ 2022년도 전 도제학교로 확대 예정

- 고용유지지원금 특별 지원 고시 개정(12.29.)
  - 2021.1.1.부터 피보험가입 90일 이상 근로자를 대상으로 지원
- 국가인적자원개발컨소시엄 운영규정(12.30.)
  - 평가체계 강화를 통한 공동훈련센터의 효율적 관리와 성과 제고를 위하여 개정
- 고용유지지원금 특별 지원 고시 개정(12.31.)
  - 2021년에 한하여 피보험가입기간과 관계없이 지원
  - 집합제한·금지 업종의 지원 수준 상향(우선지원대상: 2/3 → 9/10, 대규모: 1/2~2/3 → 2/3)
- 고용창출장려금·고용안정장려금의 신청 및 지급에 관한 규정 개정(12.31.)
  - (워라밸일자리 장려금) 지원대상 근로자의 근속기간 6개월로 변경, 초과근로에 대한 근태관리 요건 개선, 근태관리 2회 위반 부지급 규정 삭제, 신청기한 요건 완화, 신청시기를 '소정근로시간 단축개시일의 다음 달부터'로 일원화, 간접노무비 지원인원 한도 설정
  - (일·가정 양립 환경개선 지원) 인프라 지원대상시설에 대한 사용 의무기간 명시, 인프라 구축비 지원금의 용도를 구체화, 인프라 구축비 지원 명칭 정비
  - (출산육아기 고용안정장려금) 우선지원 대상기업에 지급하는 육아휴직등 부여 지원금(월30만원)에 대해 육아휴직 부여 인센티브 확대 및 육아기 근로시간 단축 인센티브 신설
- 국민내일배움카드 운영규정 개정
  - 직업능력개발 진단 및 상담, 국민취업지원제도 등 법·제도 등의 변경 시행에 따라 용어 개선 등
- 직업훈련생계비 대부규정 개정
  - 기준중위소득 100%이하인 자로 지원대상 환원(코로나19로 지원대상 한시 확대하였던 것을 환원)

2021. 1.

- 고용창출장려금·고용안정장려금의 신청 및 지급에 관한 규정 개정(1.1.)
  - (워라밸일자리 장려금) 초과근로에 대한 근태관리 요건 개선 및 2회 위반시 지급제외 규정 삭제, 간접노무비 지원인원 한도 설정
  - (일·가정 양립 환경개선 지원) 참여 신청일 이전 유연근무제를 활용하거나 신규 고용된 근로자도 지원대상에 포함, 출퇴근 관리 요건 개선, 시차출퇴근제 근로시간(30분 이상 → 1시간 이상) 변경
  - (출산육아기 고용안정장려금) 육아휴직 인센티브 확대 및 육아기 근로시간단축 인센티브 신설
- 무급휴업·휴직 고용유지지원금 지급규정 개정(1.15.)
  - 무급지원금 산정방식 개정(2021년 지원금을 고려하여 산정)

- 「한국산업인력공단법」 개정(1.5.)
  - 사업범위에 국가직무능력표준의 개발·개선 및 활용 지원, 글로벌인재 양성 추가

2021. 3.

- K-digital platform 5개 기관 선정(3.24.)
  - 지역 내 다양한 수요자가 디지털 훈련인프라를 자유롭게 활용할 수 있도록 개방, 공유하고, 디지털 신기술 분야 훈련실시
    * 한국기술교육대학교, 한국산업기술대학교, 광주과학기술원, 부산대학교, 대구디지털산업진흥원

2021. 4.

- 고용유지지원금 특별 지원 고시 개정(4.7.)
  - 집합제한업지업종, 경영위기업종 특례지원
    (우선지원 9/10, 대규모 2/3, ~2021.6.30.)
- 사업주 훈련 활성화 방안(4.9.)
  - 기업 자율성 강화 및 불필요한 규제 개선, 행정절차 간소화 등 추진 방안 마련

2021. 5.

- 국가인적자원개발컨소시엄 상생협의회 워크숍(5.26.)
  - 국가인적자원개발 컨소시엄 활성화를 위한 사업 추진계획 공유 및 상생협의회 역할과 활동의제 발굴 등

2021. 6.

- IPP형 일학습병행 연계과정 개선방안 마련(6.17.)
  - 일학습병행 연계과정 참여 및 연계 실적에 따른 목표 부여 등 장기 현장실습 운영 개선
- 국가인적자원개발 컨소시엄 20주년 기념 및 우수기관 시상식 개최(6.18.)
  - 2020년 성과평가 결과 우수한 공동훈련센터 시상
- 사업주훈련 기업일배움카드[바우처] 훈련기관 모집 공고 (6.30.)
  - 사업주훈련 참여에 어려움을 겪는 중소기업을 위한 우수과정 이용가능 사업(상시근로자 수 30인 미만, 훈련비 최대 500만원 지원)
- 국민내일배움카드 운영규정 개정(6.30.)
  - '디지털 기초역량훈련과정(K-디지털 크레딧)' 등 특화사업 지원근거 마련

2021. 7.

- 무급휴업·휴직 고용유지지원금 지급규정 개정(2021.7.1.)
  - 매출액 등 비교시점 조정
    (2021.7.1.~2022.6.30.간 직전연도(2021년) → 2019년)
- 직업훈련생계비대부규정 개정(7.1.)
  - 신청인 증빙서류(주민등록등본 등)를 행정정보공동이용시스템을 통해 근로복지공단이 확인하도록 국민 편익 증가
- 일학습병행 공동훈련센터 복수사업 통합운영 계획 수립(7.30.)
  - 사업유형별로 지정·운영하던 공동훈련센터를 일원화하여 '일학습병행 통합 공동훈련센터'로 운영

2021. 8.

- 「국민 평생 직업능력 개발법」 개정(8.17.)
  - 「근로자직업능력 개발법」에서 「국민 평생 직업능력 개발법」으로 제명 변경
  - 지원대상을 근로자에서 국민으로 확대
  - 직무능력 범위에 '지능정보화 및 포괄적 직업·직무기초능력' 포함
  - 직업능력개발훈련 실시기관에 대한 감염병 예방조치 규정
- 국민내일배움카드 운영규정 개정(8.30.)
  - '디지털 기초역량훈련과정(K-디지털 크레딧)' 훈련생 자부담 비용 (훈련비용의 10%) 수료 후 환급 규정 신설
- 중소사업주를 위한 '기업직업훈련카드' 시범사업 시행(8.1.)
  - 최근 3년간 직업훈련을 실시 하지 않은 상시 근로자 수 30인미만 중소기업 대상으로 훈련비를 최대 500만원(자부담 10%)을 지원
- 일학습병행 훈련방식 다각화 추진 방안 마련(8.17.)
  - 훈련 우수기업 참여 확대를 위해 기존 직능사업과의 연계를 통한 훈련기간·시간 제한 및 대기업에 대한 훈련비·훈련장려금 감액 지원 기준을 완화

2021. 9.

- 지역특화 장기유급휴가훈련 확대 추가(9.6.)
  - 기존 경상남도 외에 부산광역시 및 인천광역시 중구와 지역특화 장기 유급휴가 훈련 업무협약 추가 체결
- 일학습병행 우수사례 경진대회(9.16.)
  - 일학습병행 학습기업 등의 우수 훈련 사례, 학습 노하우 전수 등 우수사례 발굴·공유 홍보
- 「근로자직업능력 개발법 시행령」 개정(9.29.)
  - 직업능력개발훈련 지원대상 확대(대학생 졸업예정자 → 3학년 등)
  - 사업주 훈련과정 인정요건 완화
    (최소훈련시간 4시간이상으로 단축 등)

2021. 10.

- 사업주 직업능력개발훈련 지원규정 개정(10.1.)
  - 신기술·우수훈련 과정에 대한 조정계수 및 지원한도 폐지, 평가방식 다양화, 지원금 지급방식 개편 등 행정절차 간소화
- 「고용보험법 시행령」 개정(10.1.)
  - 현장맞춤형체계적훈련 장기간(6개월 이상) 훈련시 사업주 훈련 지원 한도 산정에서 제외
- 2022년 K-digital platform 신규기관 선정 공고(10.27.)
  - K-디지털 플랫폼 운영기관을 20개소로 확대하여 지역 내 디지털 훈련의 거점으로 자리매김할 수 있도록 운영기관 추가선정 공고

2021. 11.

- 지역 인적자원개발위원회 사무국 개편방안 시행(11.1.)
  - 사무국 운영·지원 체계를 통합, 지역수요자 중심 정책(사업) 추진 역량 강화 등

2021. 12.

- 고용창출장려금·고용안정장려금의 신청 및 지급에 관한 규정 개정(22.1.1.)
  - 장려금별 지원대상, 지원수준 및 지원방식 등을 통일적으로 규정하고 관련 서식 정비
- 고용유지지원금 특별 지원 고시 개정(22.1.1.)
  - 단계적 일상 회복 단계로 전환됨에 따라 그간 적용된 고용유지지원금 특례 지원에 대하여 관련 규정 개정
- 「한국산업인력공단법 시행령」 개정(12.21.)
  - 한국산업인력공단 유사명칭 사용 시 과태료 조항 신설
- 고숙련 일학습병행 확대 운영(12.23.)
  - 직업계고 졸업생의 국가자격과 전문학사 취득을 돕는 '고숙련 일학습 병행(P-TECH)' 운영 대학 11개교 추가 선정하여 60개 대학으로 확대

2022. 1.

- 신중년 적합직무 지원대상 확대
  - 기타 직무로 선정된 직무를 심사하여 3개 직무를 정식 적합직무로 편입, 총 245개 적합직무 운영
- 직업훈련생계비대부 규정 개정(1.1.)
  - 특수형태근로종사자 대부대상 제외, 자영업자인 피보험자 지원 등
- 일학습병행 직종 및 직종별 교육훈련기준 고시 일부 개정(1.13.)
  - 신기술분야 11개 종목 신설, 기존 2개 종목을 8개로 분할 편성
  - 138개 종목 교육훈련기준 개선

- 사업주 직업능력개발 지원규정 고시 일부 개정(1.13.)
  - 사업주훈련 인정요건(직무훈련의 지원범위확대, 인터넷원격훈련 최소 훈련시간 단축 등)에 관한 규정

2022. 2.

- 인적자원개발위원회의 구성 및 운영에 관한 규정 고시 전부 개정(2.18.)
  - 지역 인적자원개발위원회 사무국 운영 개선방안, 산업별 인적자원개발위원회 사업 활성화 방안 등 제도 개선에 필요한 사항 반영
- 국민내일배움카드 운영규정 개정(2.23.)
  - 근거 법령 개정에 따른 제명 변경 및 국민내일배움카드 지원제외대상의 범위 조정 등
- 고용창출장려금고용촉진장려금의신청및지급에 관한 규정 개정(2.23.)
  - 법무부의 특별기여자 대상 취업프로그램을 고용촉진장려금 지원대상 취업지원프로그램에 추가 등

2022. 3.

- 중소기업 직업능력개발 지원사업 실시규정 고시 일부 개정(3.31.)
  - 중소기업의 체계적인 현장훈련 참여 제한업종 요건 완화 규정

2022. 4.

- 항공기취급업 등 특별고용지원업종 지정 고시 개정(4.1.)
  - 항공기취급업, 면세점, 전시국제회의업, 공항버스를 2022.12.31.까지 지원기간 연장
- 택시운송업 특별고용지원 업종 지정 고시 개정(4.1.)
  - 택시운송업을 2022.12.31.까지 지원기간 연장
- 관광공연업 등 특별고용지원 업종 지정 고시 개정(4.1.)
  - 여행업, 관광숙박업, 관광운송업, 공연업을 2022.12.31.까지 지원기간 연장
- 영화업 등 특별고용지원업종 지정 고시 개정(4.1.)
  - 영화업, 수련시설, 유원시설, 외국인전용카지노, 항공기부품제조업, 노선버스를 2022.12.31.까지 지원기간 연장
- 일학습병행 운영규정 고시 일부 개정(4.7.)
  - 대기업 지원 체계 개편, 행정절차 간소화 및 용어 정비 등
- 국가인적자원개발컨소시엄 운영규정 고시 일부 개정(4.8.)
  - 공동훈련센터 요건 추가를 통한 참여기관 다각화 및 신규 추진 사업의 법적 근거 마련을 위하여 현행 규정 개정
- 2022년도 미래유망분야 고졸인력 양성사업 참여학과 선정(4.19.)
  - 32개학과, 26개교

- 일학습병행 경력개발 고도화 시범운영 계획 승인(4.19.)
  - 7개교 시범사업 승인
- 국가인적자원개발컨소시엄 산업전환 공동훈련센터 약정식(4.27.)
  - 신규기관 14개소 약정체결 및 운영방안 논의

2022. 5.

- 일학습병행 공동훈련센터 통합운영 계획 수립(5.23.)
  - 일학습병행 공동훈련센터 사업간 칸막이를 제거하여 비효율 개선 및 사업유형간 연계 강화

2022. 6.

- 관광공연업 등 특별고용지원 업종 지정 고시 개정(6.30.)
  - 항공운송여객업 및 여행업에 대해 유급고용유지지원금 지원기간을 90일 연장
- 영화업 등 특별고용지원 업종 지정 고시 개정(6.30.)
  - 항공기부품제조업, 외국인전용카지노 업체에 대해 유급고용유지지원금 지원기간을 90일 연장
- 항공기취급업 등 특별고용지원 업종 지정 고시 개정(6.30.)
  - 항공기취급업, 공항버스, 면세점업에 대해 유급고용유지지원금 지원기간을 90일 연장
- 「고용보험법 시행규칙」 개정(7.1.)
  - 지역고용촉진지원금 등 각종 지원금의 신청 기간에 대한 위임 근거 마련

2022. 7.

- 국민내일배움카드 운영규정 개정(7.14.)
  - 국민내일배움카드 지원제외대상 및 훈련장려금 지급대상 명확화 등
- 고용창출장려금·고용안정장려금의 신청 및 지급에 관한 규정 개정(7.18)
  - 고용장려금 신청기간 명시 및 지원 대상·업종 등 정비, 서식 정비 등
- 기업직업훈련 혁신 및 활성화 방안 발표(7.19.)
  - 직업훈련을 통한 중소기업의 혁신성장 지원 방안 발표

2022. 11.

- 직업훈련 규제혁신 방향 발표(11.24.)
  - 기업의 직업훈련 자율성 확대, 근로자 직업훈련 선택권 강화
  - 기업의 훈련비용 면제와 행정절차 간소화
- 23년도 미래유망분야 고졸인력 양성사업 참여학과 공모(11.24.)
  - 23개 학과 모집 예정

2022. 12.

- 고용유지자금 대부 고시 개정(12.15.)
  - 대부금액 상관없이 분할상환 가능 및 상환기간 1년 연장
- 고용유지지원금 특별지원고시 개정(2023.1.1.)
  - 매출액 등 비교 연도(직전연도 → 19년 또는 22년) 조정
- 무급휴업·휴직 고용유지지원금 지급규정 개정(2023.1.1.)
  - 여전히 경영난을 겪고 있는 업종의 상황 등을 고려하여, '23년 12월 말까지 기간에 한하여 계속 지원 허용
- 국가인적자원개발컨소시엄 운영규정 고시 일부 개정(12.6.)
  - 지원받은 시설·장비에 대해 내용연수에 따른 보조금의 잔존가액 반납 원칙 명료화 및 공동훈련센터 운영상황에 따른 현행화를 위하여 현행 규정 개정
- 사업주 직업능력개발 지원규정 고시 일부 개정(12.28.)
  - 능력개발전담주치의 제도 운영 근거마련, S-OJT·학습조직화 사업의 규제개선을 위한 규정개정

2023. 1.

- 인적자원개발위원회의 구성 및 운영에 관한 규정 고시 개정(1.1.)
  - 지역 인자위 위원 위촉절차 개선, 산업 인자위 연간 지원한도액 상향 조정 등
- 국민내일배움카드 운영규정 고시 일부 개정(1.1.)
  - 아프간 특별 기여자, 차상위계층 등 취약계층 훈련비 지원 강화 등
- 직업훈련생계비대부규정 개정(1.1.)
  - 우대지원 대상 확대(보호종료아동 포함) 및 온라인교육 훈련시간 합산 규정 제외 등
- 고용창출장려금·고용안정장려금의 신청 및 지급에 관한 규정 개정(1.1.)
  - 고용촉진장려금 신청·지급결정 절차에서 사업주 등의 사무부담 경감을 위해 산정기준에 포함된 '임금', 지원 제외기준인 '최저임금액 미만의 임금' 요건을 공공정보 연계로 신속하게 확인 가능한 '보수'로 변경
  - 한국고용직업분류의 소분류에 따른 직무 중 42개 직무를 제외한 모든 직무를 허용하는 네거티브 방식으로 적합직무 대상을 변경
- 일학습병행 외부평가 응시 및 자격증 발급수수료 일부 개정(1.31.)
  - 일학습병행 18개 직종(19개 종목)을 신설함에 따라 일학습병행 외부평가 응시 수수료를 개정 고시

2023. 2.

- 능력개발 전담주치의 발대식 개최(2.2.)
  - 23개소/135명(2월) → 188명(12월)

2023. 4.

- 「일학습병행 직종 및 직종별 교육훈련기준」일부개정(4.21.)
  - 일학습병행 6개 직종(6개 종목)을 신설
  - 기존 10개 직종(11개 종목)의 능력단위, 훈련시간 조정 등 교육훈련기준 개선

2023. 6.

- 국민내일배움카드 운영규정 고시 일부 개정(6.1.)
  - 지원 대상 확대(생계급여 조건 부과 유예자) 등

2023. 8.

- 일학습병행 체험 박람회(8.21 및 11.28.)
  - 1차(8.21.) 서울·경기권 2,500여명 참여, 2차(11.28.) 부산·경상권 1,500여명 참여
- 「고용보험법」일부 개정안 발의(8.21., 환노위 계류)
  - 대규모 위기시 유연한 대응체계 마련 근거 신설
  - 고용유지조치(휴업, 휴직) 간소화 및 산출방식 개선

2023. 9.

- 컨소시엄 Best of Champ day(9.12.~13.)
- 우수사례 경진대회
  - 컨소시엄(9.12.~13.), 사업주(9.25.), 일학습병행(9.26.)
- 지역 인적자원개발위원회 10주년 기념행사(9.7.)
  - 기념식, 세미나, 포상(장관상, 장관표창)

2023. 10.

- 국가인적자원개발컨소시엄 유형통합(10.23.)
  - 국가인적자원개발사업 내 8개 유형을 훈련분야의 유사성 등을 기준으로 2개로 통합하여 사업효율화 추진
- 국민내일배움카드 운영규정 고시 일부 개정(10.23.)
  - 취약계층 지원 강화를 위한 재좌한도 추가지원 대상 변경 및 국가기간·전략산업훈련 직종 신설, 가사근로자의 훈련비 자부담율 완화 등
- 외국인 직업훈련 활성화를 위한 현장간담회 개최(10.31.)
  - 6개 조선사 현장간담회를 통한 애로사항 수렴

2023. 11.

- 고용창출장려금·고용안정장려금의 신청 및 지급에 관한 규정 개정(11.27.)
    - 고용촉진장려금 취업지원프로그램 정비
    - 기타 관련 법령 현행화 및 조문, 서식 정비
- HD현대중공업 산업전환 공동훈련센터 개소식(11.30.)

2023. 12.

- 「고용보험법 시행령」일부 개정(12.26.)
    - 고용유지지원금 지원제외 대상 근로자에 사업주의 배우자 및 직계존·비속 추가
    - 고용유지지원금 지원제외 사업주 요건으로 지원받은 이후 2년 이내 일정규모 이상 고용조정시 신규 지원 제한 추가
- 「고용보험법 시행규칙」일부 개정(12.29.)
    - 지원대상 사업주 판단기준을 '매출액'으로 단일화

2000-2023년 실업급여 · 모성보호 사업

2000. 1.

- 소정급여일수 확대(60~210일 → 90~210일), 최저급여 수준 인상, 실업급여 수급요건 완화 등

2000. 4.

- 피보험단위기간 단축(18개월 중 12월 → 180일)
- 수급기간 연장(10월 → 1년)
- 최저 구직급여일액 상향(70% → 90%)
- 조기재취업 수당 계속 고용요건 단축(1년 → 6월)
- 실업급여 수급제한 규정 신설
- 훈련연장급여 훈련과정 지정

2000. 12.

- 급여기초임금일액 상향(6만원 → 7만원)

2001. 1.

- 구직급여일액 상한액 인상(3만원 → 3.5만원)

2001. 7.
- 조기재취직수당 지급기준 상향(잔여급여의 1/2 → 인력난 겪는 기업체 재취직시 잔여급여 전부지급)

2001. 11.
- 육아휴직급여(월 20만원) 및 산전후휴가급여(상한액 135만원) 신설

2002. 12.
- 육아휴직급여액 인상(월 20만원 → 월 30만원)

2004. 1.
- 일용 근로자 실업급여 지급
- 구직급여 대기기간 단축(14일 → 7일)
- 영리 목적 창업자에게 조기재취업 수당 지급

2004. 2.
- 육아휴직급여액 인상(월 30만원 → 월 40만원)

2004. 4.
- 개별연장급여 임금기준 완화(임금 4만원 → 5만원)

2005. 12.
- 구직급여 일액 상한액 인상(35,000원 → 40,000원)

2006. 1.
- 산전후휴가 90일분의 급여를 전부 지원(우선지원 대상기업)
- 육아휴직 가능 연령 확대(생후 1년 미만 → 생후 3년 미만의 영유아를 가진 근로자)
- 휴가기간동안 사업주에게 금품을 받은 경우 감액 지급 규정
- 실업인정주기 탄력 운영(2주 → 1~4주)
- 구직급여일액 상한액 인상(3.5만원 → 4만원)
- 조기재취업 수당 지급기준 변경
  (미지급일수의 1/2 → 1/3, 1/2, 2/3)
- 실업급여 부정수급 제보 포상금 도입
  (부정수급액의 10%, 100만원)

2007. 4.
- 육아휴직급여 인상(월 40만원 → 월 50만원)

2008. 3.
- 훈련연장급여 지급수준 상향(구직급여의 70% → 100%)

2008. 4.
- 훈련연장급여 직업소개 3회 요건 추가
- 부정수급 제보 포상금 한도 상향
  (부정수급액의 10% → 20%, 100만원 → 300만원)
- 직장보육시설 운영비 지원 요건 완화

2008. 6.
- 산전후휴가급여 사업주가 대위 신청할 수 있도록 규정

2009. 2.
- 개별연장급여 임금 및 재산기준 완화(임금 5만원 → 5.8만원, 재산기준 6천만원 → 1억원, 재산세액 3만원 → 7만원)

2009. 3.
- 특별연장급여 지급요건 추가(고용정책심의회에서 지급이 필요하다고 의결한 경우)

2010. 2.
- 실업급여 부정수급 제보 포상금 한도 상향(300만원 → 500만원)
- 개별 연장급여 지급 요건 완화 및 부양가족 요건 추가
- 조기재취업수당 지급기준 변경(6개월 이상 고용된 이후 지급, 지급기준 변경(남은 일수의 1/3~2/3 → 1/2~2/3))
- 육아휴직 가능 연령 확대(생후 3년 미만 → 만6세 이하 초등학교 취학 전 자녀를 가진 근로자)

2011. 1.
- 육아휴직 급여액 인상(월 50만원 → 월 통상임금의 40%)
  (상한액 100만원, 하한액 50만원)
- 육아휴직 급여 지급방식 변경(육아휴직 급여의 15%는 육아 휴직 종료후 복직하여 6개월 이상 근무한 경우에 지급)

2011. 3.

- 인터넷 실업인정신청제도 도입

2011. 9.

- 배우자 국외 발령에 따른 동거목적 거소 이전시 수급기간 연기사유 추가
- 육아기 근로시간 단축 급여제도 시행

2011. 11.

- 취업상담 예약제 도입

2012. 1.

- 실업급여 압류방지 전용통장 개설(우리은행)
  - 농협은행(2013. 3월) 추가

2012. 8.

- 산전후 휴가 명칭을 출산전후 휴가로 변경
- 출산전후 휴가 분할사용 허용
- 유산·사산 휴가 범위 확대(16주 전에도 가능)
- 배우자 출산휴가 확대(3일 → 5일)
- 육아기 근로시간 단축 청구권 도입
- 가족돌봄휴직제도 도입

2013. 12.

- 조기재취업수당 제도개편
  - 고용유지기간(6개월 → 12개월), 지급수준(1/2 단일화), 수급자격기준(잔여소정 급여일수 30일 이상 → 1/2이상), 관련사업주 기준 간소화

2014. 1.

- 직장어린이집 등 설치·운영 규정 전부개정
  - 설치지원 상향(단독 2억원 → 3억원, 공동 5억원 → 6억원) 및 컨소시엄형 공동 직장어린이집 설치지원 6억원 신설
  - 융자 지원 방식 변경(직접 → 이차보전방식), 5년 거치 5년 상환 → 1년 거치 4년 상환으로 변경
  - 우선지원대상기업 직장보육교사 등 인건비 지원 상향(1인당 월 100만원 → 월 120만원)(2013.12.26. 고시 개정)

2014. 3.

- 실업인정 시스템을 1단계와 2단계로 구분하여 실업인정 및 재취업지원 방식을 달리적용
  - 1단계 실업신고일~3차 실업인정일까지 자기주도적 재취업활동
  - 2단계 4차 실업인정일~수급만료일까지 심층상담 등 적극적 개입

2014. 7.

- 다태아 출산의 경우 출산전후휴가 120일 부여 및 급여 확대

2014. 9.

- 임신기 근로시간 단축제도 신설(임신 12주 이내 36주 이후 2시간 단축근무 단, 급여는 삭감하지 않음)

2014. 10.

- '아빠의 달' 육아휴직 특례제도 신설
- 육아기근로시간단축급여액을 통상임금의 40% → 60%로 상향 조정
- 출산육아기고용안정지원금 제도 개선
  - 비정규직 재고용 지원금 지원 대상 확대
    (임신, 출산 → 임신, 출산, 육아휴직)

2015. 1.

- 고액 금품 수령에 따른 구직급여의 지급 유예 규정 삭제(이직 당시 퇴직금 등으로 수령한 총액이 1억원 이상인 경우 3개월 동안 구직급여 지급 유예 규정 삭제)
- 출산육아기 고용안정지원금(비정규직 재고용) 무기계약 체결시 지원금 6개월간 월 30만원에서 40만원으로, 이후 6개월간 월 60만원에서 80만원으로 상향 조정

2015. 4.

- 실업급여 전용 수급계좌의 법적 근거 마련

2015. 7.

- 육아휴직급여 사후지급금 비율 확대(종전 15% → 25% 확대)
- 출산육아기 고용안정지원금(육아휴직등 부여)
  - (지원대상 조정) 국가, 자치단체, 공공기관은 육아휴직 부여 지원금 폐지

- (지원방식 변경) 육아휴직 후 1개월에 대한 금액은 시작한 날부터 1개월 이후 지급하고 나머지 금액은 육아휴직 등 종료 후 6개월 이상 계속 고용할 경우 지급
- 육아휴직: 대규모기업 10만원 → 1,000인 이상 5만원, 1,000인 미만 10만원
- 육아기 근로시간 단축: 우선지원대상기업 20만원 → 30만원, 대규모기업 10만원 → 20만원

• 출산육아기 대체인력지원금
- (채용기간 확대) 대체인력 채용기간을 출산전후휴가·육아휴직 등 시작 전 30일 이후에서 60일 이후로 조건 완화
- (감액기준 마련) 이 영 또는 다른 법령에 따라 국가 또는 지방자치단체가 해당 대체인력 채용에 대하여 사업주에게 지급하는 지원금 또는 장려금 등이 있는 경우 그 지원금 또는 장려금 등의 금액을 뺀 금액으로 지원하되, 지원금은 사업주가 해당 대체인력에게 지급한 임금액을 초과할 수 없음

2015. 9.

• 개별연장급여 지급을 위한 임금 및 재산기준 완화(평균임금: 58,000원 → 63,000원 이하, 재산합계액: 재산세액 7만원 → 12만원 이하)
• 직업능력개발수당 1일 지급액 인상(5,000원 → 5,800원)

2016. 1.

• 남성 육아휴직(아빠의 달 육아휴직 인센티브) 기간 확대
- 「고용보험법 시행령」 제95조의2 개정: 두 번째 육아휴직자의 육아휴직 급여를 통상임금의 100%(상한 150만원)로 하는 '아빠의 달' 적용기간을 육아휴직 첫 1개월에서 첫 3개월로 확대 시행(2016.1월)
• 민간 대체인력뱅크 2개소 선정·운영
- 육아휴직, 근로시간 단축 등이 예상되는 일자리에 적합한 대체인력 풀을 미리 확보하여 사업주가 대체인력을 적시에 충원할 수 있도록 마련한 인력풀 선정·운영

2016. 3.

• 임신기 근로시간 단축제도 전 사업장 확대
- 2014년 9월부터 상시근로자 300인 이상 사업장에 적용하던 임신기 근로시간 단축 제도를 상시 근로자 300인 미만 전 사업장으로 확대 적용

2016. 5.

• '실업크레딧' 제도 도입
- 구직급여 수급기간도 국민연금 가입기간으로 산입될 수 있도록 하고, 국민연금 보험료의 100/25 범위 지원

2016. 12.

- 생계급여를 받지 못하는 기초생활수급자에게 구직급여 지급
- 둘째 이상 자녀에 대해 부모 순차적 육아휴직 급여액 상향
  - 2017.7.1. 이후 출생 둘째 이상 자녀에 대해 부모가 순차 적으로 육아휴직을 하는 경우 두 번째 육아휴직을 하는 근로자에게 최초 3개월 동안 지급하는 육아휴직 급여를 150만원 → 200만원으로 상향

2017. 1.

- 실업인정 및 재취업지원규정(예규 제119호) 개정·시행
  - 해외 체류 중 인터넷 실업인정 신청 일부 허용 (해외취업 목적으로 체류시)
  - 직업안정기관뿐만 아니라 공공·민간의 취업지원기관에서 실시하는 취업지원 프로그램에 참여한 경우에도 재취업 활동으로 인정 명확화
  - 통상 직업지도 프로그램에 참여한 경우 재취업활동 2회로 인정(8시간 미만인 경우에는 재취업활동 1회로 인정)
- 출산전후휴가 급여 상한액 135만원 → 150만원으로 인상

2017. 4.

- 구직급여 상한액 현행 46,584원 → 50,000원으로 인상 (2017년 4월 시행)
- 중소기업 직장어린이집 설치비 지원 상향
  - 단독 3억원 → 4억원, 공동 6억원 → 8억원
  - 시설개보수비 신설(1억원), 교재교구비 5천만원 → 7천만원

2017. 7.

- 둘째 자녀에 대하여 두 번째 육아휴직을 사용하는 경우 상한액 150만원 → 200만원으로 인상(2017.7.1. 이후 출생한 자녀)

2017. 9.

- 육아휴직 첫 3개월간 육아휴직 급여는 통상임금의 80%(상한액 150만원/하한액 70만원), 나머지 기간은 통상임금의 40% (상한액 100만원/하한액 50만원)

2018. 1.

- 구직급여일액 상한액 상향 50,000원 → 60,000원으로 인상
- 출산전후휴가 급여 상한액 150만원 → 160만원으로 인상

2018. 5.

- 실업인정 업무 개정지침
  - 재취업활동 의무 횟수 완화(5차 실업인정일 이후 4주 4회 → 4주 2회)
  - 실업급여 반복수급자 및 장기수급자에 대한 취업알선 강화
  - 재취업활동 인정 프로그램 범위 확대
    (민간의 각종 취업 프로그램 참여도 인정)
- 육아휴직 기간을 연차휴가 산정시 출근한 것으로 인정
- 육아휴직 거부가능사유(해당사업장 근속기간) 완화: 1년 미만 → 6개월 미만

2018. 6.

- 직업능력개발수당 지급수준 상향
  - 1일 5,800원 → 1일 7,530원

2018. 7.

- 아빠육아휴직 보너스제 상한액 인상: 첫째 150만원, 둘째부터 200만원 → 모든 자녀 200만원
- 직장어린이집 등 설치·운영 규정 일부 개정
  - 중소기업 직장어린이집 인건비, 운영비 지원금 산정 시 전체 보육 영유아의 고용보험피보험자의 자녀 비율에 비자발적 이직 근로자 자녀 비율 포함

2018. 8.

- 광역구직활동비 지급기준 완화
  - 거주지로부터 구직활동 사업장까지의 거리 50km → 25km

2018. 12.

- 출산육아기 고용안정장려금 비정규직 재고용 지원금 폐지
  - 신청규모 축소 및 정규직 전환 지원금과의 중복문제 제기로 사업 효율화 차원에서 폐지 결정

2019. 1.

- 구직급여일액 상한액과 하한액 인상
  - 상한액 60,000원 → 66,000원
  - 하한액 54,216원 → 60,120원
- 개별연장급여 지급요건 완화
  - 급여기초임금일액 63,000원 → 74,000원

- 재산합계액 1억원 이하 → 1억4천만원 이하
- 재산세 과세액 12만원 → 16만원

● 65세 이후 계속 고용시 실업급여 적용
- 65세 전부터 피보험자격을 유지하던 사람이 65세 이후에 계속 고용된 경우에는 사업주가 변경되더라도 실업급여 적용

● 출산전후휴가 급여 상한액 160만원 → 180만원으로 인상

● 육아휴직 첫 3개월이후 육아휴직급여 인상
- 통상임금의 40 → 50%(상한 100 → 120만원, 하한 50 → 70만원)

● 출산육아기 고용안정 장려금 제도 개선
- 육아기 근로시간 단축 우선지원대상기업 지원금액 확대 월 30만원 (대규모기업 월 10만원)
- 대체인력지원금 지원기간 확대(인수인계기간 2주 → 2개월) 및 지원금액 확대(인수인계기간 중 우선지원대상기업 지원금 인상 월 60만원 → 120만원)

● 직장어린이집 등 설치·운영 규정 일부 개정
- 건립비·매입비 지원확대(컨소시엄, 산단형 → 중증소기업)
- 공동직장어린이집 지원요건 완화(80 → 60%)
- 설치비 선수금 지원비율 상향(70 → 90%)
- 직장어린이집 설치 수요조사 매년 정기적 실시

2019. 2.

● 실업인정 업무 개정지침
- 행정업무 효율화 및 간소화(재취업활동 횟수 완화)
- 허위형식적 구직활동 사전 예방 강화 (워크넷 이메일 입사지원 횟수 제한)
- 장기수급자와 취업지원서비스를 원하는 수급자에 대한 재취업 지원 강화

● 실업인정 및 재취업지원규정(예규) 일부개정
- 재취업활동계획서(IAP) 및 유형분류를 '수급자 재취업지원 설문지'로 일원화
- 워크넷 이메일 입사지원 횟수 제한(소정급여일수 120일 이하 수급자 3회, 150일 이상 수급자 5회까지만 재취업활동으로 인정)

2019. 7.

● 건설일용 근로자의 구직급여 수급요건 완화
- 신청일 이전 14일간 연속하여 근로내역이 없는 경우에도 수급자격 인정
- 대기기간(7일) 없이 구직급여 지급

2019. 10.

- 구직급여 지급수준 강화
  - 구직급여 지급수준 인상(평균임금 50% → 60%)
  - 하한액은 최저임금의 90%에서 80%로 변경
  - 구직급여 지급기간 연장(소정급여일수 90~240일 → 120~270일)
  - 주 2일 이하 초단시간 근로자의 기준기간 변경(18개월 → 24개월)
- 배우자출산휴가 확대
  - 5일(유급 3일) → 유급 10일
- 배우자출산휴가급여 신설
  - 우선지원대상기업 근로자에 한해 최초 5일분 급여 지원
    (통상임금 200만원 상한, 상한액 382,770원)
- 육아기 근로시간 단축급여 상향·확대
  - 통상임금의 60 → 80%, 단축급여 최초 주5시간 통상임금 100% 지급
- 육아기 근로시간 단축기간 확대
  - 1년 부여, 단, 육아휴직 미사용 기간 합산 가능(최대 2년)
  - 1일 1시간 단축 허용(주당 근로시간 15~35시간 이내)

2019. 12.

- 「근로기준법」 제76조의2에 따른 직장 내 괴롭힘을 당한 경우에도 수급자격이 제한되지 아니하는 정당한 이직사유로 시행규칙 별표2에 명시
- 육아기 근로시간 단축 허용요건 완화
  - 재직기간 1년 이상 → 6개월 이상
- 육아휴직·육아기 근로시간 단축 종료 간주 사유의 개선
  - 영유아의 양육에 기여하지 않는 경우만으로 한정
- 난임치료휴가 신청요건 개선
  - 사전 신청기한(시작하려는 날의 3일 전까지) 삭제

2020. 1.

- 출산전후휴가 급여 상한액 180만원 → 200만원으로 인상
- 출산육아기 고용안정 장려금 제도 개선
  - 대체인력지원금 인상(우선지원대상기업 월60만원 → 80만원)
  - 임신근로자의 근로시간 단축을 사유로 채용한 대체인력을 동일 근로자의 연이은 출산전후휴가 등의 기간에 계속 고용했다면 출산육아기 대체인력지원금 지급(2020.1.1.~)

2020. 2.

- 부부동시 육아휴직 허용 및 육아휴직급여 지급

2020. 3.

- 한부모 육아휴직급여 인상
  - 첫 3개월 통상임금 100%(상한 250만원), 4~6개월은 통상임금 80% (상한 150만원), 7개월 이후 통상임금 50%(상한 120만원)
- 비자발적 퇴직자에 대한 사후지급금 지급
  - 정당한 이직사유로 6개월 이상 계속 근무하지 못한 경우
- 출산육아기 고용안정 장려금 제도 개선
  - 육아휴직 등 사용기간 중 지원금의 50% 지급(3개월 주기), 나머지 50%는 복귀한 근로자를 계속 고용한 것이 확인된 이후에 일괄 지급 하도록 지급방식 개선
- 「고용보험법 시행규칙」 제92조의2 신설(3.31.)
  - 「재난 및 안전관리 기본법」 제38조에 따른 심각 경보 발령을 수급기간 연기 사유로 추가

2020. 7.

- 직장어린이집 등 설치·운영 규정 일부개정
  - 코로나19등 천재지변 등 비상상황에 대비한 긴급지원 (인건비 지급요건 완화, 인건비·운영비 조기지급)

2020. 8.

- 실업급여 부정수급자 제재 수위 및 징벌 강화
  - 징벌 강화(1년 이하 징역 또는 1천만원 이하 벌금 → 최대 5년 이하 징역 또는 5천만원 이하 벌금)
  - 추가징수 강화(부정수급한 구직급여액 상당액 → 부정수급한 구직 급여액의 최대 5배 이하)
  - 10년 내 3회 이상 부정수급 적발시 3년 이내 범위에서 실업급여 수급 자격 제한
  - 부정수급으로 인한 환수율 제고(부정수급 처분에 따른 반환금 중 미납 확인되는 사람이 실업급여를 신청할 경우 향후 지급받을 실업급여의 일부를 의무 충당)

2020. 12.

- 예술인 실업급여 제도 시행(12.10.)
  - 고용보험 적용 사업장에서 이직일 이전 24개월간 9개월 이상 노무를 제공한 예술인이 비자발적 사유로 이직하는 경우 구직급여 수급자격 인정
- 예술인 출산전후급여 제도 시행(12.10.)
  - 출산일 이전 피보험단위기간 3개월 이상인 예술인에게 출산전후급여 90일 지급

2021. 7.

- 노무제공자 실업급여 제도 시행(7.1.)
  - 고용보험 적용 사업장에서 이직일 이전 24개월간 12개월 이상 노무를 제공한 노무제공자가 비자발적 사유로 이직하는 경우 구직급여 수급자격 인정
- 노무제공자 출산전후급여 제도 시행(7.1.)
  - 출산일 이전 피보험단위기간 3개월 이상인 노무제공자에게 출산전후급여 90일 지급
- 기간제·파견근로자 출산전후휴가급여 상당액 지급
  - 기간제·파견근로자가 출산전후휴가기간 중 계약만료되는 경우 잔여 휴가기간에 대해 법정 출산전후휴가급여 상당액 지급

2021. 11.

- 임신 중 육아휴직 허용(11.19. 시행)

2021. 12.

- 육아휴직 급여 제도개선을 위한 「고용보험법 시행령」 등 개정 (12.31.)
  - 생후 12개월 이내 자녀를 대상으로 부모가 동시에 또는 순차적으로 육아휴직 사용 시, 부모 각각의 첫 3개월간 육아휴직급여를 통상임금의 100%(상한 200~300만원)로 상향하여 지급하는 '3+3 부모육아휴직제' 신설(2022.1.1. 시행)
  - 육아휴직 4개월 이후 급여를 인상하여 통상임금의 80%(상한 150만원)로 지급(2022.1.1. 시행)
  - 한부모 근로자 육아휴직급여 7개월 이후 급여를 통상임금의 80%(상한 150만원)로 인상(2022.1.1. 시행)
- 출산육아기 고용안정장려금 제도개선을 위한 「고용보험법 시행령」 등 개정(12.31.)
  - 만 12개월 이내 자녀 대상 3개월 이상 연속하여 육아휴직을 부여한 경우 첫 3개월 동안 월 200만원을 지원하는 육아휴직 지원금 특례 신설
  - 출산육아기 장려금 지원대상을 우선지원대상기업으로 한정(대규모 기업 지원 폐지)

2022. 1.

- 플랫폼노무제공자 실업급여 제도 추가 시행(1.1.)
  - 대리운전기사, 퀵서비스기사 등 플랫폼 노무제공자의 고용보험 적용

2022. 7.

- 노무제공자 실업급여 제도 추가 시행(7.1.)
  - IT소프트웨어프리랜서, 화물차주, 골프장 캐디, 관광통역안내사, 어린이통학버스기사 등 5개 직종이 추가로 고용보험 적용

2022. 7.

- 실업인정 및 재취업지원 강화 지침
  - 재취업활동 인정기준 수급자별 특성에 맞게 실업인정 방식 차별화
    (일반, 반복, 장기, 만60세 이상 및 장애인 수급자)
  - 수급자 선별관리를 통해 집중 취업알선 등 맞춤별 재취업지원서비스 제공
  - 허위·형식적 구직활동에 대한 모니터링 강화

2022. 8.

- 직장어린이집 등 설치·운영 규정 일부 개정
  - 중소기업 근로자 영유아 비율 50% 유지 의무 미준수 시 설치지원금을 반환하는 규정을 삭제

2022. 12.

- 예술인·노무제공자 출산전후급여 대상 범위 확대
  - 출산일 현재 피보험자격을 상실했더라도 출산일 이전 18개월 중 3개월 이상 피보험단위기간 충족한 예술인·노무제공자도 출산전후급여 지원대상에 포함

2023. 1.

- 출산전후휴가 급여 상한액 200만원 → 210만원으로 인상
- 배우자 출산휴가급여 상한액 382,770원 → 401,910원으로 인상
- 직장어린이집 보육교사 등 인건비 및 우선지원 대상기업 운영비 지원에 관한 규정 일부 개정
  - 중소기업 근로자 영유아 비율 50% 유지 의무 미준수 시에도 인건비·운영비 차등지원

2023. 7.

- 복수 피보험자격자에 대한 구직급여 수급요건 명확화
  - 근로자·예술인·노무제공자 등 서로 다른 둘 이상의 피보험자격을 취득한 자에 대한 구직급여 수급요건 명확화
- 기간제·파견근로자 출산전후휴가급여 등 상당액 지원대상에 유산·사산휴가 추가
  - 기간제·파견근로자가 유산·사산휴가기간 중 계약만료되는 경우 잔여 휴가기간에 대해 법정 유산·사산휴가급여 상당액 지급

2023. 12.

- 육아휴직 급여 제도 개편을 위한「고용보험법 시행령」개정(12.26.)
  - 생후 18개월 이내 자녀를 대상으로 부모가 동시에 또는 순차적으로 육아휴직 사용 시, 부모 각각의 첫 6개월간 육아휴직급여를 통상임금의 100%(상한 200~450만원)로 상향하여 지급하는 '6+6 부모 육아휴직제' 신설(2024.1.1. 시행)

2017-2023년

고령자

2017. 12.

- 60세 이상 고령자고용지원금 연장 및 지원규모 확대
  - 최저임금 인상에 따른 소상공인·영세중소기업의 인건비 부담 최소화 및 60세 이상 고령자의 고용안정을 위해 지원기간 연장 및 지원단가 인상(2018.1.1. 시행)
    * (지원기간 연장) 2017.12.31.까지 → 2020.12.31.까지(지원단가 단계적 인상) (2018) 노동자 1명당 분기 24만원 → (2019) 27만원 → (2020) 30만원

2018. 1.

- 장년근로시간단축지원금 지원사유 확대
  - 그간 사업주 경영방침에 따라 전 근로자에게 적용되는 단축 경우만 인정 → 교육·직업훈련 참가(2018.1.4), 질병·부상·간병(2019.1.1.)까지 인정
- 60세 이상 고령자고용지원금 연장 및 지원규모 확대
  - 최저임금 인상에 따른 소상공인·영세중소기업의 인건비 부담 최소화 및 60세 이상 고령자의 고용안정을 위해 지원기간 연장 및 지원단가 인상(2018.1.1. 시행)
    * (지원기간 연장) 2017.12.31.까지 → 2020.12.31.까지(지원단가 단계적 인상) (2018) 노동자 1명당 분기 24만원 → (2019) 27만원 → (2020) 30만원

2019. 2.

- 신중년 적합직무 지원대상 확대(2.22. 시행)
  - 2018년 73개 적합직무 → 2019년 213개 적합직무

2019. 10.

- 근로시간 단축지원금 제도 개선(10.17. 시행)
  - 고액임금 근로자 지원수준 제한(직전 연도 근로소득 8,230만원 초과)
  - 근로시간 단축 이행 확인방식 근거 신설(전자·기계적 방식)
  - 사업주 지원금 지급수준 개선(근로자 지원금 월30만원 미만은 제외)

2019. 12.

- 고령자 계속고용장려금 신설
  - 고령자의 주된 일자리에서 고용안정 지원

2020. 1.

- 신중년 적합직무 기타직무 범위 확대(1.1. 시행)
  - 지역일자리 수요 및 사업장 특성을 고려하여 지방고용노동관서 심사위원회를 통해 신중년 적합직무 인정 가능(관서별 전체 적합직무의 5% 이내)
- 장년근로시간단축지원금 폐지
  - 유사중복 사업인 워라밸일자리장려금으로 통합
- 고령자 계속고용장려금 시행(1.1. 시행)
  - 정년을 운영중인 중소·중견기업이 계속고용제도를 도입 시행한 이후 정년에 도달한 근로자를 1년 이상 계속고용시 최대2년간 720만원 지원

2020. 10.

- 60세 이상 고령자고용장려금 일부 업종 기준고용율 완화 (10월~12월)
  - 코로나19 필수대면 노동자 종사업종(운수업, 방역 등) 지원기준율 50% 완화

2021. 1.

- 디지털·그린 분야 신중년 적합직무 확대
  - 나무의사, 스마트공장 운영자 등 29개 직무 추가 발굴

2021. 4.

- 고령자 계속고용장려금 지급 규정 개정(4.17. 시행)
  - (계속고용제도 적용예외 허용) 계속고용 희망자 모두 계속고용만 인정 → 노사합의로 재고용 제외 기준 마련할 경우 적용예외 허용
  - (소급적용 허용) 사실상 정년 도달자를 계속고용하고 있는 경우 취업규칙 등에 계속고용제도의 시행일을 소급하여 명시하면 등 시행일 이후 정년 도달자도 지원(2021.12.31까지 한시적 적용)

2021. 8.

- 고령자 계속고용장려금 지급 규정 개정(8.9. 시행)
  - (지원대상 확대) 지원기간 기준일 2년 이내 정년도달자, 정년퇴직 이후 3개월 이내 재고용 → 계속고용제도 시행일 5년 이내 정년도달자, 정년퇴직 이후 6개월 이내 재고용
  - (지급기간 변경) 최초 정년도달자의 재고용일로부터 2년이내 정년도달자 → 지원대상 근로자별 계속고용일 각각 2년 지급
  - (지원한도 상향) 피보험자수의 20%한도 → 30%로 상향

2022. 1.

- 고령자 고용안정지원금 지급 규정 개정(1.1. 시행)
  - 고령자 고용지원금 신설에 따라 고령자 계속고용장려금과 통합 규정 마련
  - (고령자 계속고용장려금) 지원근로자 확대(월 임금 686만원 초과자, 4촌이내 혈족 및 인척)
- 신중년 적합직무 지원대상 확대
  - 기타 직무로 선정된 직무를 심사하여 3개 직무를 정식 적합직무로 편입, 총 245개 적합직무 운영

2022. 7.

- 고령자 고용안정지원금 지급 규정 개정(7.1. 시행)
  - (고령자 계속고용장려금) 10인 미만 사업장 계속고용제도 시행일 객관적 기준 마련, 100인 이상 기업 지원 제외 요건 완화(고령자 비율 20% → 30%), 최대 30명 한도 신설, 지원근로자 확대(월 임금 686만원 초과자, 4촌이내 혈족 및 인척 지원)
  - (고령자 고용지원금) 최초 지원금 신청시 신청기간 설정(공고기간 내)

2023. 1.

- 고령자 고용안정지원금 지급 규정 개정(1.1. 시행)
  - (공통) 중대산업재해 등으로 명단이 공표된 사업주를 지원대상에서 제외
  - (고령자 계속고용장려금) 지원 제외대상 근로자 요건 '최저임금 미만자' → '월 평균 보수총액 110만원 미만자'
  - (고령자 고용지원금) 월 소정근로시간 60시간 미만자(2023.1.1.) 및 신청분기 중 신규채용자(2023.7.1.)를 지원대상에서 각각 제외
- 신중년 적합직무 지원대상 확대
  - 한국고용직업분류의 소분류에 따른 직무 중 42개 직무를 제외한 모든 직무를 허용하는 네거티브 방식으로 적합직무 대상을 변경

2024년판 고용보험백서 집필자 명단

소속	이름
고령사회인력정책과	유광미, 김민철, 김병엽, 전형준
고용문화개선정책과	최어지니, 임익수, 김민석
고용보험기획과	김용주, 배인, 윤현욱, 김동주, 조성근, 임온진, 이재호, 이유진, 김상언, 박광주
소득기반고용보험확대TF	이현주, 신혜숙, 김수명, 임동석, 박승세
고용보험심사관실	원종경
고용보험심사위원회	신현종, 심성보, 김민수
고용서비스기반과	김찬중, 임현호
고용서비스정책과	여승연, 김소영, 김예지, 곽필순, 유능재, 배성희, 정기영, 장종수, 김인섭
고용정책총괄과	김성진, 이원재, 조영록
기업일자리지원과	배지연, 공세현, 이지선, 정미선, 김용현, 강현경, 배지혜, 이지은, 이울림
고용지원실업급여과	배혜영, 유현우, 김영욱, 정원영, 오세명, 박주윤, 이지명, 조혜린, 이하나
미래고용분석과	신효빈, 이현종
산재보상정책과	장현태, 신동걸
여성고용정책과	김지은, 임정묵, 장지훈, 민세걸, 마윤경, 임수훈, 임지우
일가정양립추진단	전연진, 김영숙, 박상태
자산운용팀	오진욱, 김병섭
지역산업고용정책과	김현아, 서유리, 이동훈, 진기호, 민수진, 김상한
직업능력정책과	진혜숙, 박미연, 구순회, 정훈, 유형열, 최호범, 김재현, 최은정
직업능력평가과	박노완, 주영일, 김무연, 류정우
인적자원개발과	박채원, 이성애, 유순동, 강윤주, 고경주, 유현정
기업훈련지원과	정승태, 김남균, 강창호, 류승우, 임한규, 한호정, 김숙희
공정채용기반과	이호균, 서동윤
혁신행정담당관	김민규, 유호정
외국인력담당관	강주현, 권지훈

고용보험 백서 2024

초판 인쇄 2025년 07월 16일
초판 발행 2025년 07월 21일

저 자 고용노동부
발행인 김갑용

발행처 진한엠앤비
주소 서울시 서대문구 독립문로 14길 66 205호(냉천동 260)
전화 02) 364 - 8491(대) / 팩스 02) 319 - 3537
홈페이지주소 http://www.jinhanbook.co.kr
등록번호 제25100-2016-000019호 (등록일자 : 1993년 05월 25일)
ⓒ2025 jinhan M&B INC, Printed in Korea

ISBN 979-11-290-6052-5 (93330)   [정가 55,000원]

☞ 이 책에 담긴 내용의 무단 전재 및 복제 행위를 금합니다.
☞ 잘못 만들어진 책자는 구입처에서 교환해 드립니다.
☞ 본 도서는 [공공데이터 제공 및 이용 활성화에 관한 법률]을 근거로 출판되었습니다.